LLIAWS RHITH

Yr Athro Marged Haycock

Dawn Marged

I do iau hanfod Awen a rannodd,
rhoi enaid i ddalen,
â'i llaw hael rhyddhaodd Llên
o afael yr ysgrifen.

Annes Glynn

LLIAWS RHITH

Astudiaethau ar Lenyddiaeth
Gymraeg a Cheltaidd

Studies in Welsh
and Celtic Literature

Cyflwynedig i'r
Athro Marged Haycock

Golygwyd gan
David Callander, Barry J. Lewis
a Jenny Rowland

GWASG PRIFYSGOL CYMRU
2025

Hawlfraint © Y Cyfranwyr, 2025

Cedwir pob hawl. Ni cheir atgynhyrchu unrhyw ran o'r cyhoeddiad hwn na'i gadw mewn cyfundrefn adferadwy na'i drosglwyddo mewn unrhyw ddull na thrwy unrhyw gyfrwng electronig, mecanyddol, ffotogopio, recordio, nac fel arall, heb ganiatâd ymlaen llaw gan Wasg Prifysgol Cymru, Cofrestrfa'r Brifysgol, Rhodfa'r Brenin Edward VII, Caerdydd CF10 3NS.

www.gwasgprifysgolcymru.org

Mae cofnod catalogio'r gyfrol hon ar gael gan y Llyfrgell Brydeinig.

ISBN 978-1-83772-267-9
e-ISBN 978-1-83772-268-6

Datganwyd gan y Cyfranwyr eu hawl foesol i'w cydnabod yn awduron ar y gwaith hwn yn unol ag adrannau 77 a 78 Deddf Hawlfraint, Dyluniadau a Phatentau 1988.

Ar gyfer ymholiadau Rheoliadau Diogelwch Cynnyrch Cyffredinol (GPSR), cysylltwch ag Easy Access System Europe Oü, 16879218, Mustamäe tee 50, 10621, Tallinn, Estonia.
gpsr.requests@easproject.com

Cysodwyd gan Richard Huw Pritchard
Argraffwyd gan CPI Group (UK) Ltd, Croydon CR0 4YY

CYNNWYS

Cyflwyniad / Introduction		vii
Gweithiau cyhoeddedig / Published works		xix
Rhestr cyfranwyr / List of contributors		xxxi

1 **Ysgolion Barddol: Sefydliad Celtaidd?** 1
   Simon Rodway

2 **The *awdl* linked to the Welsh Tristan in the Black Book of Carmarthen** 23
   Jenny Rowland

3 **Undod Testunol 'Ardwyre Reget'** 39
   David Callander

4 **'Arf dda yw bwa o bell': golwg ar saethyddiaeth a saethwyr ym marddoniaeth yr Oesoedd Canol** 67
   Jenny Day

5 **Iolo Goch a Dafydd ap Gwilym: cymhariaeth eirfaol** 103
   Dafydd Johnston

6 **Y cerddi Cymraeg cynharaf i'r Forwyn Fair** 127
   Barry J. Lewis

7 **Gwerful Mechain a'r gyfraith** 163
   Ceridwen Lloyd-Morgan

8 **Y tawddgyrch cadwynog: *tour de force* y beirdd** 183
   Ann Parry Owen

9 **Y corff dirywiedig a dadfeiliedig: thema ym marddoniaeth Gymraeg yr Oesoedd Canol diweddar** 211
   Bleddyn Owen Huws

10	The date of *Pedeir Keinc y Mabinogi*: a second look Thomas M. Charles-Edwards	233
11	A variant version of the Fourth Branch of the Mabinogi Patrick Sims-Williams	259
12	Drych Rhonabwy: further reflections Catherine McKenna	293
13	*Ysbryd Gwido a'r Prior*: golygiad newydd Iestyn Daniel	329
14	Exploring early modern Welsh prose style: Roger Smyth's 'Ciceronian mode' in *Gorsedd y Byd* Erich Poppe	379
15	'A sprig of herb': an Irish poem on a Welsh prince? Máire Herbert	411
16	An exegetical reading of the tale *Scél Tuáin meic Chairill do Finnen Maige Bile* 'Tuán mac Cairell's tale to Finnia of Movilla' Jan Erik Rekdal	427
17	Geoffrey of Monmouth and Icelandic romance: Wace's place in the textual history and rhetoric of *Breta sǫgur* Ralph O'Connor	451
18	Hidden treasure in Welsh legendry Elissa R. Henken	499
19	Traddodiad llafar mynydd-dir Elenid G. Angharad Fychan	523
20	J. J. Glanmor Davies, Ceinewydd Gwen Awbery	553

Byrfoddau / Abbreviations	577
Llyfryddiaeth / Bibliography	583
Mynegai / Index	651

CYFLWYNIAD

Dwywaith, yn 1999 a 2011, gwahoddwyd yr Athro Marged Haycock i draddodi darlith gyweirnod i'r Gyngres Astudiaethau Celtaidd Ryngwladol. Yn y ddarlith gyntaf rhoes fraslun o ysgolheictod Cymraeg ar yr Oesoedd Canol o amser yr arloeswyr mawr hyd at y garfan gyfoes – a hithau ei hun yn barod ymysg y rhai pwysicaf ohonynt. Edrychodd yn ei hail ddarlith ar ddefnydd technoleg newydd yn y Gymraeg, ei phosibiliadau a'i manteision. Mae'r ddwy ddarlith yn nodweddiadol o gyhoeddiadau a gwaith dysgu Marged, gan eu bod yn cyfuno'r gorau o'r hen a'r newydd. Ni all y rhagymadrodd hwn drafod yn gyflawn sut y mae hi wedi cyfrannu at olygu a dadansoddi testunau na chwmpas eang ei chyflawniadau, ond ceir awgrym o rychwant ei champau yng nghynnwys y gyfrol hon a gyflwynir er anrhydedd iddi.

Ar ôl graddio o Goleg Girton, Caergrawnt, lle enillodd radd ddosbarth cyntaf, aeth Marged i Aberystwyth lle enillodd radd MA mewn Gwyddeleg a PhD o dan gyfarwyddyd rhagorol J. E. Caerwyn Williams. Cydnabyddir ei thraethawd doethurol, 'Llyfr Taliesin: astudiaethau ar rai agweddau' (1983), yn waith hanfodol i ddealltwriaeth testunau y llawysgrif hon ac i farddoniaeth Gymraeg yr Oesoedd Canol yn gyffredinol. Ynddi, golygodd a thrafododd Marged gerddi a briodolir i'r 'Taliesin' chwedlonol, cerddi dyrys iawn nad oeddent wedi cael cymaint o sylw â gweithiau honedig y bardd hanesyddol. Er gwaethaf aeddfedrwydd ei thraethawd fe barhaodd Marged i gaboli ei thestunau a'i dadleuon. Cyhoeddodd a darlithiodd ar y llawysgrif, ar fydryddiaeth y cerddi, ac ar agweddau ar y Taliesin chwedlonol a'i ddysg, yn ogystal â chyhoeddi testunau unigol. Yn 2007 ymddangosodd *Legendary Poems from the Book of Taliesin* sy'n cynnwys testunau golygedig ynghyd â nodiadau helaeth a chyfieithiadau.

Yn sicr bu cael y testunau golygedig hyn yn hwb i ailystyried lle'r cerddi yn hanes barddol Cymru. Yn barod mae'r ddadl a gyflwynodd Marged yn y gyfrol honno, sef fod Prydydd y Moch, un o Feirdd y Tywysogion, wedi cyfansoddi rhai o'r cerddi gan ddefnyddio *persona* Taliesin, yn herio syniadau cyffredin am farddoniaeth Gymraeg, gan gynnwys dyddiadau'r cerddi a briodolir i Daliesin, ond nid yw priodoli oed gymharol ddiweddar i rai o'r cerddi yn tanseilio'u pwysigrwydd. Mae ffigur y Taliesin chwedlonol yn feistr ar ddoniau a dysg delfrydol y beirdd, gan gynnwys nid yn unig ddysg frodorol, draddodiadol ond hefyd, fel y dangosodd Marged, ddysg Gristnogol ryngwladol yr Oesoedd Canol. Archwiliodd Marged agwedd arall ar waith a briodolir i ffigur Taliesin ar wahân i ganu mawl yn *Prophecies from the Book of Taliesin* a gyhoeddwyd yn 2013. Unwaith eto ceir yma olygiad a chyfieithiadau o gerddi anodd, a thrafodaeth â tharddiad a datblygiad y canu brud.

Yn gynharach, yn *Blodeugerdd Barddas o Ganu Crefyddol Cynnar* (1994), dangosodd Marged ymateb y beirdd Cymraeg i Gristnogaeth ryngwladol yn eu cerddi crefyddol. Trefnwyd y gyfrol honno yn ôl themâu a genres yn hytrach na dyddiad y canu. Mae'r cyfieithiadau, y nodiadau a'r trafodaethau treiddgar wedi sicrhau bod y gwaith o ddiddordeb ac o ddefnydd i ysgolheigion yn ogystal ag i gynulleidfa ehangach. Mae sawl erthygl bwysig gan Marged yn tynnu sylw at ferched yn gweithredu fel beirdd a hefyd fel gwrthrychau cerddi, ac mae hyn hefyd wedi ysbrydoli rhagor o waith gan ysgolheigion eraill mewn beirniadaeth ffeministaidd. Mae gan Marged hefyd erthyglau ar agweddau ar ddiwylliant materol mewn barddoniaeth, lle mae'n dangos sut y gall y farddoniaeth ychwanegu at dystiolaeth ffynonellau eraill. Yn bennaf ymysg yr erthyglau hyn y mae'r bennod hir sydd yn ffrwyth i'w hymchwil a wnaeth yn y *Norwegian Academy of Sciences and Letters*, 'Living with War: Poets and the Welsh Experience *c*.600–1300'. Yma mae hi'n edrych ar wahanol agweddau ar ryfela yn y farddoniaeth gan eu cymharu â ffynonellau hanesyddol. Yn aml rhoddai'r beirdd ddarlun cadarnhaol o frwydro drwy dynnu ar hen ddelfrydau arwrol, ond mae'r gymhariaeth rhwng y darlun hwn a'r realiti yn drawiadol. Mae Marged yn dal i gyhoeddi'n rheolaidd ar y pynciau hyn ac ar faterion eraill. Ar

Cyflwyniad / Introduction

y gweill y mae bywgraffiad o'i rhagflaenydd yn y maes Taliesinaidd, Syr Ifor Williams, a fydd yn canolbwyntio ar dwf a dylanwad ei ysgolheictod.

Mae myfyrwyr Marged wedi elwa ar ddysgu sy'n seiliedig ar ei hymchwil, a hefyd ar ei gwybodaeth a'i diddordebau eang. Ar wahân i gyfnodau cymharol fyr yng Ngholeg Prifysgol Dulyn a Vienna, yn Adran y Gymraeg, Aberystwyth y bu'n darlithio'n bennaf, sef am 36 o flynyddoedd, ac yno fe'i penodwyd hi, yn hollol deilwng, i gadair bersonol. Cwblhawyd nifer eithriadol o draethodau PhD, MPhil ac MA o dan ei harolygiaeth ac arweiniodd cryn dipyn ohonynt at gyhoeddiadau a gyrfâu academaidd. Yn ogystal, bu ei barn a'i hawgrymiadau fel arholwr allanol ar dros 25 o raddau ymchwil yn hael ac yn drylwyr. Gweithiodd hefyd fel arholwr allanol ar gyrsiau gradd yng Nghymru, yr Alban ac Iwerddon. Mae hi wedi rhoi darlithoedd a seminarau gwadd yn lleol ac mewn gwledydd tramor. Mae hi'n aelod o fyrddau golygyddol cylchgronau, ac wedi gwasanaethu ar nifer o fyrddau gweinyddol, gan gynnwys un Ysgol Efrydiau Celtaidd Sefydliad Uwchefrydiau Dulyn (Dublin Institute for Advanced Studies) rhwng 2015 a 2025.

Mae gwasanaeth Marged i'w bro ac i Gymru gyfan hefyd yn drawiadol. Bu'n aelod o bwyllgorau addysg lleol a chenedlaethol. Paratôdd wers ar-lein ar gyfer Cyd-bwyllgor Addysg Cymru yn manteisio ar y cyfrwng i ddangos sut i ddarllen cerdd o'r hengerdd. Bu'n feirniad ar Goron yr Eisteddfod Genedlaethol ac ar wobrau llenyddol eraill. Mae'n hael ei chymwynas yn darlithio i gynulleidfaoedd y tu allan i'r prifysgolion, gan rannu ei gwybodaeth yn glir ac yn ddifyr. Yn ei bro mae'n aelod brwd o'r gymdeithas, yn y capel, y gerddorfa, ac mewn ymgyrchoedd gwleidyddol a chymdeithasol. Mae hi hefyd yn ffyddlon i sir ei magwraeth, ac yn un o'r ychydig o sir Faesyfed sy'n medru dehongli lle'r sir yn hanes llenyddol Cymru. Mae'n hollol addas mai iddi hi y rhoddwyd yr orchwyl newydd bwysig o olygu'r *Radnorshire County History*.

Fel yn achos moliant barddol yr Oesoedd Canol i fenywod, fe all disgrifiadau fel hwn o rinweddau athro fod braidd yn ystrydebol. Diogel yw dweud fod cyfranwyr y gyfrol hon wedi eu hysgogi gan gyfeillgarwch diffuant yn ogystal ag edmygedd o ysgolheictod

Marged. Mae hi wedi bod yn ddrws agored i fyfyrwyr, cyn-fyfyrwyr a chydweithwyr, yn cynnig cyngor, anogaeth ac yn aml iawn groeso cynnes ar ei haelwyd. Gyda'i gŵr, Patrick Sim-Williams, mae hi wedi creu cartref cynnes, ac maent wedi magu eu plant, Gwen a Gwilym, mewn tŷ llawn llyfrau, cerddoriaeth, bwyd da a chroeso. Caiff pawb sy'n ymweld â Marged a Patrick yn eu cartref ar gyrion Aberystwyth brofi'r bwrlwm syniadau sy'n llifo rhwng y ddau ysgolhaig hyn, dau sydd wedi gwneud cyfraniadau mor ddisglair, ac eto mor wahanol, i faes astudiaethau Celtaidd a'r Gymraeg. Mae'n bleser cynnig y gyfrol hon i ddiolch am gyfraniad Marged yn benodol ac i ddangos ein gwerthfawrogiad mawr ohoni.

* * *

Mae'r gyfrol hon yn ceisio adlewyrchu ychydig o ehangder gweithgarwch Marged yn ei hymchwil, ei dysgu a'i harweiniad academaidd, er na fyddai byth obaith y gellid adlewyrchu popeth rhwng cloriau un llyfr. Gwelir ynddi ymchwil gan ystod o ysgolheigion sydd wedi cael y fraint o adnabod Marged ac elwa o'i chefnogaeth ddiwyro i'r maes.

Canolbwyntia nifer o'r cyfranwyr ar farddoniaeth gynnar Gymraeg a barddoniaeth Geltaidd ganoloesol, yn ddrych i brif faes ymchwil Marged. Â Simon Rodway ar drywydd ysgolion barddol, gan gymharu'r dystiolaeth o Gymru am addysg farddol â ffynonellau o Lydaw ac Iwerddon. Dadleua mai ychydig iawn o dystiolaeth sydd bod ysgolion barddol sefydlog wedi bodoli yng Nghymru. Y cymeriad chwedlonol Trystan mewn barddoniaeth gynnar Gymraeg sy'n cael sylw Jenny Rowland, sy'n golygu ac yn dadansoddi'n fanwl yr awdl o Lyfr Du Caerfyrddin a gysylltir ag ef. Try David Callander at Lyfr Taliesin gan geisio dehongli 'Canu Taliesin VII' ('Ardwyre Reget'), un o'r cerddi hanesyddol heriol a briodolir i'r bardd.

Milwriaeth o fath arall a gawn gan Jenny Day sy'n cynnig golwg ar saethyddiaeth a saethwyr mewn barddoniaeth ganoloesol Gymraeg, gan ystyried ymddangosiad a gwneuthuriad bwâu a'u defnydd milwrol ac anfilwrol. Cymhara Dafydd Johnston eirfa Iolo Goch ag eiddo Dafydd ap Gwilym, gan adeiladu ar ei waith diweddar ar iaith Dafydd ap Gwilym i arddangos a dehongli creadigrwydd ieithyddol ei gydoeswr diweddar. Gwaith Iolo Goch a beirdd eraill sy'n mynd â sylw Barry Lewis yntau yn ei ymdriniaeth â'r cerddi Cymraeg cynharaf i'r Forwyn Fair, sy'n olrhain siâp a datblygiad y traddodiad hwn. Beirdd yr Uchelwyr yw maes llafur Ceridwen Lloyd-Morgan yn y gyfrol hon hefyd, sy'n ystyried ymwneud Gwerful Mechain â'r gyfraith yn ei barddoniaeth a chynnig deongliadau newydd o'i cherddi.

Mydryddiaeth yw canolbwynt cyfraniad Ann Parry Owen sy'n astudio un o fesurau cymhleth yr awdl, sef tawddgyrch cadwynog, o'r gramadegau barddol hyd at ddegawdau olaf y bymthegfed ganrif. Fe'i defnyddia'n fodd i awgrymu cysylltiadau newydd rhwng beirdd unigol. Erys Bleddyn Owen Huws gyda barddoniaeth ganoloesol ddiweddar gan edrych ar thema'r corff dirywiedig a dadfeiliedig, a chan roi'r cynnydd mewn ymchwil ryngwladol ar y pwnc ar waith i ddehongli'r testunau Cymraeg.

Mae gwaith Marged yn effro i holl gyfoeth rhyddiaith Cymraeg Canol hefyd a dyma sy'n cael sylw nifer o'r cyfranwyr dilynol. Cynigia Thomas Charles-Edwards olwg ar ddyddiad *Pedeir Keinc y Mabinogi* a drafododd mewn erthygl enwog dros hanner canrif yn ôl, gan ailystyried nifer o nodweddion sy'n berthnasol i ddyddio'r testun, gan gynnwys yr ymwneud ag Iwerddon. Astudia Patrick Sims-Williams yntau *Pedeir Keinc y Mabinogi* ond nid y testunau sy'n gyfarwydd inni. Yn hytrach, canolbwyntia ar y dystiolaeth dros fodolaeth fersiwn amgen o'r Bedwaredd Gainc. Ailymwêl Catherine McKenna â *Breudwyt Ronabwy* gan astudio natur gweledigaeth Rhonabwy fel *drych* ac amrywiol ystyron y term hwn. Testun llai cyfarwydd yw *Ysbryd Gwido a'r Prior*, sef ymddiddan crefyddol a gyfieithwyd o'r Lladin i Gymraeg Canol yn y bedwaredd ganrif ar ddeg, ac a olygir yma yn llawn am y tro cyntaf gan Iestyn Daniel. Cyfieithiad ychydig yn ddiweddarach yw canolbwynt Erich Poppe, sy'n dadansoddi arddull Ciceronaidd Roger Smyth yn *Gorsedd y Byd* (1615).

Fel un a astudiodd lenyddiaeth gynnar Wyddeleg yn fanwl, mae Marged yn elwa o'i gallu i fwrw'r rhwyd yn ehangach na llenyddiaeth Gymraeg a thynnu cymariaethau trawiadol, a llenyddiaeth gymharol (yn y byd Celtaidd a'r tu allan iddo) sy'n derbyn sylw'r tair pennod nesaf. *Gas lossa* (cerdd Wyddeleg o ddiwedd y nawfed ganrif neu ddechrau'r ddegfed) yw testun cyfraniad Máire Herbert. Sonia'r gerdd am 'fab brenin y Brythoniaid' ac ystyria Herbert gyd-destunau posibl ar gyfer y cyfeiriad diddorol hwn. Cynigia Jan Erik Rekdal ddehongliad newydd o'r chwedl Wyddeleg *Scél Tuáin meic Chairill do Finnen Maige Bile* gan ei hystyried fel alegori Gristnogol. Brythoniaid y tu allan i Brydain sy'n cael sylw gan Ralph O'Connor, sy'n teithio i Wlad yr Iâ wrth olrhain datblygiad *Breta Sǫgur* (yr addasiad Islandeg o *De gestis Britonum* Sieffre o Fynwy) a thrafod ei arwyddocâd yn hanes llenyddiaeth Islandeg.

Traddodiadau a ffynonellau a gofnodir yn ddiweddarach, ond sydd â pherthnasedd o hyd wrth astudio llenyddiaeth gynharach, yw canolbwynt y tri chyfraniad olaf. Ystyria Elissa R. Henken dopos trysor cudd a'i arwyddocâd mewn llên gwerin o Gymru. Traddodiadau llafar o fynydd-dir Elenid sy'n cael sylw gan G. Angharad Fychan wrth astudio'n ddiacronig ystod o gynheiliaid y traddodiadau hyn. Symuda Gwen Awbery ychydig i'r de-orllewin wrth gynnig astudiaeth fanwl o'r tafodieithegydd J. J. Glanmor Davies, Ceinewydd, a'i ddulliau arbrofol o astudio seineg.

Gyda'i gilydd, ffurfia'r penodau ystod gyfoethog o ymdriniaethau ag iaith a llenyddiaeth Cymraeg a Cheltaidd. Amlygant nifer o ganolbwyntiau sydd wrth galon gwaith Marged, gan gynnwys ymdriniaethau manwl â cherddi canoloesol, gwerthfawrogiad o lenyddiaeth gan fenywod ac i fenywod, a gweddau cymharol a diacronig ar ymdrin â llenyddiaeth Gymraeg.

Y golygyddion
7 Mai 2024

INTRODUCTION

Professor Marged Haycock was twice invited to give a plenary lecture to the International Congress of Celtic Studies, in 1999 and 2011. In the first of these lectures she presented a survey of Welsh scholarship on the Middle Ages from the period of the great pioneers up to the contemporary generation, of which she was already one of the most important. Her second plenary lecture looked at the use of new technology in Welsh, its possibilities and advantages. The two lectures are representative of Marged's publications and teaching, combining the best of the old and the new. This introduction cannot cover completely the extent to which she has contributed to the editing and interpreting of texts nor the wide range of her achievements, but there is an indication of the range of her accomplishments in the contents of this volume which is presented in her honour.

After graduation with a first-class degree from Girton College, Cambridge University, Marged went to Aberystwyth where she earned an MA (in Irish) and PhD under the exceptional supervision of J. E. Caerwyn Williams. Her doctoral dissertation, 'Llyfr Taliesin: astudiaethau ar rai agweddau' (1983), is acknowledged as an essential work for understanding the texts of this manuscript and Welsh poetry of the Middle Ages in general. In it she edited and discussed the poems attributed to the legendary 'Taliesin', difficult poems which had not received the same attention as the works of the supposed historical bard. Despite the maturity of her thesis Marged continued to refine her texts and her arguments. She published and lectured on the manuscript, the metrics of the poems, and aspects of the legendary Taliesin and his learning, as well as publishing some individual texts. In 2007 *Legendary Poems from the Book of Taliesin* appeared, which contains edited texts along with extensive notes and translations. These edited texts have definitely encouraged reconsideration of the place of these poems in the history of Welsh bardic poetry. The argument that Marged presented in this volume, that Prydydd y Moch, one of the Poets of the Princes, composed some of these poems using the persona of Taliesin, has already challenged common ideas about Welsh poetry, including the date of the poems attributed to Taliesin, but this comparatively late date for some of the poems does not undermine their importance. The figure of the legendary Taliesin is an idealised master of the craft and traditional knowledge of the poets, including not only native learning but also, as Marged shows, the international Christian learning of the Middle Ages. Marged explored another aspect of the work attributed to the figure of Taliesin, apart from praise poetry, in *Prophecies from the Book of Taliesin*, which was published in 2013. Once again it contains editions and translations of difficult poems, and a discussion of the origin and development of prophetic verse.

Earlier, in *Blodeugerdd Barddas o Ganu Crefyddol Cynnar* (1994), Marged showcased the response of Welsh poets to international Christianity in their religious poems. This volume is arranged according to themes and genres rather than the date of the poetry. The translations, notes and insightful discussions have ensured that the book is of interest and of use both to scholars and a wider audience. In several important articles Marged has cast light on women acting as poets and also as the subjects of poems, and her work has also inspired more work by other scholars in feminist criticism. Marged also has articles on aspects of material culture in poetry, in which she shows how poetry can add to the evidence from other sources. Chief among these is the long chapter which was the fruit of the research she did under the auspices of the Norwegian Academy of Sciences and Letters, 'Living with War: Poets and the Welsh Experience *c.*600–1300'. In it she looks at various aspects of warfare in Welsh poetry, comparing it to historical sources. Frequently the poets give a positive picture of warfare by drawing on the old heroic ideals, but the comparison with the reality can be striking. Marged continues to publish regularly on these subjects and others. In preparation is her biography of her predecessor in the field of Taliesin studies, Sir Ifor Williams, which will concentrate on the development and influence of his scholarship.

Marged's students have benefitted from teaching based on her research, and also her wide knowledge and interests. Apart from comparatively brief periods in University College, Dublin and Vienna, she lectured in the Welsh Department of Aberystwyth for thirty-six years, where she was appointed to a well-deserved personal chair. An exceptional number of PhD, MPhil and MA theses were completed under her supervision, and many of them led to publications and academic careers. In addition, her criticism and suggestions as an external examiner in over twenty-five higher degrees have been generous and thorough. She also worked as an external examiner for degree courses in Wales, Scotland and Ireland. She has given invited lectures and seminars locally and abroad. She is a member of the publishing boards of academic journals, and has served on several administrative boards, including the governing board of the School of Celtic Studies of the Dublin Institute between 2015 and 2025.

Marged's service to her community and to Wales has also been striking. She has been a member of educational committees locally and nationally. She prepared an online course for the Welsh Joint Educational Committee, which takes advantage of the medium to show how to read an early Welsh poem. She has been adjudicator of the Crown in the National Eisteddfod and of other literary prizes. She generously gives lectures outside the university setting, sharing her knowledge clearly and entertainingly. In her local community she is an involved member of her chapel and the town orchestra, and participates in political and social compaigns. Marged is also faithful to the county of her birth, and is one of the few Radnorshire natives who can interpret the place of the county in Welsh literary history. It is completely appropriate that she has been given the important new responsibility of editing the *Radnorshire County History*.

As is the case in medieval bardic praise of women, descriptions like this of the virtues of a professor can seem rather conventional. It is safe to say that the contributors to this volume were motivated by sincere friendship in addition to admiration of Marged's scholarship. She has been welcoming to students, former students and colleagues, offering advice, encouragement and frequently a warm welcome to her house. With her husband, Patrick Sims-Williams, she has made a loving home, and they have raised their children, Gwen and Gwilym, in a house full of books, music, good food and welcome. Everyone who visits Marged and Patrick in their home on the outskirts of Aberystwyth experiences the constant flow of ideas between these two scholars who have made such brilliant, yet such different, contributions to the fields of Welsh and Celtic studies. It is a pleasure to present this volume to Marged to thank her for her own individual contribution and to show our great appreciation of her.

* * *

This volume attempts to reflect some of the breadth of Marged's activity in research, teaching and academic leadership, although it would never be possible to reflect everything in the pages of one book. It contains research from a range of scholars who have had the privilege of knowing Marged and benefitted from her constant support for the field.

A number of the contributors focus on early Welsh verse and medieval Celtic poetry, reflecting Marged's primary area of research. Simon Rodway takes up the question of bardic schools, comparing the Welsh evidence for bardic education with sources from Brittany and Ireland. He argues that there is very little evidence for the existence of bardic schools in Wales. Jenny Rowland focuses on the legendary figure Tristan in early Welsh poetry and edits and critically analyses the Tristan *awdl* in the Black of Carmarthen. David Callander looks at the Book of Taliesin in attempting to interpret 'Canu Taliesin VII' ('Ardwyre Reget'), one of the challenging historical poems attributed to Taliesin.

Jenny Day examines a different sort of militarism in studying archery and archers in medieval Welsh poetry, including consideration of the appearance and production of bows and their military and non-military use. Dafydd Johnston compares the vocabulary of Iolo Goch with that of Dafydd ap Gwilym, building on his recent work on Dafydd ap Gwilym's language. In doing so, he highlights and interprets Iolo Goch's own linguistic creativity. Barry Lewis also studies Iolo Goch and other poets in his treatment of the earliest Welsh poems to the Virgin Mary, which traces the shape and development of this poetic tradition. Ceridwen Lloyd-Morgan also focuses on the *Beirdd yr Uchelwyr* period in considering Gwerful Mechain's engagement with the law in her poetry and offering new interpretations of her poems.

Ann Parry Owen focuses on metrics in her contribution which studies the complicated *awdl* metre *tawddgyrch cadwynog*, starting with the bardic grammars and tracing its development into the final decades of the fifteenth century. She demonstrates how this metre can be used to suggest new connections between individual poets. Bleddyn Owen Huws also considers late medieval poetry in examining the theme of the debased and ruined body, applying the recent advances in the study of this subject internationally to interpret the Welsh poems.

Marged's work is also alert to the richness of Middle Welsh prose and this receives attention from a number of the following contributors. Thomas Charles-Edwards offers a new examination of the date of *Pedeir Keinc y Mabinogi*, which he discussed in a celebrated article over fifty years ago. In this, he reconsiders a number of factors relevant to dating the text, including its engagement with Ireland. Patrick Sims-Williams also focuses on the Four Branches, but not the familiar text. Rather, he assesses the evidence for the existence of a lost version of the Fourth Branch. Catherine McKenna re-examines *Breudwyt Ronabwy* in studying the nature of Rhonabwy's vision as a *drych*, with consideration of this term's range of meaning. Iestyn Daniel edits fully for the first time the little-known *Ysbryd Gwido a'r Prior*. This is a fourteenth-century Middle Welsh adaptation of a Latin religious dialogue. Erich Poppe studies another translation text in analysing Roger Smyth's Ciceronian style in *Gorsedd y Byd* (1615).

Having studied early Irish literature in detail, Marged benefits from the ability to cast the net more widely than Welsh literature and make persuasive comparisons. It is therefore fitting that comparative literature (both within and beyond the Celtic world) receives attention in the following three chapters. Máire Herbert studies *Gas Lossa*, an Irish poem dating from the end of the ninth century or beginning of the tenth. The poem mentions 'the son of the king of the Britons' and Herbert considers possible contexts for this interesting reference. Jan Erik Rekdal offers a new interpretation of the Irish tale *Scél Tuáin meic Chairill do Finnen Maige Bile*, considering it as a Christian allegory. Ralph O'Connor takes us to Iceland in tracing the development of *Breta Sǫgur* (the Icelandic adaptation of Geoffrey of Monmouth's *De gestis Britonum*) and discussing its significance in Icelandic literary history.

The final three contributions focus on traditions and sources that are recorded in later periods but which remain relevant for studying earlier texts. Elissa R. Henken considers the topos of hidden treasure and its significance in Welsh folklore. G. Angharad Fychan studies oral traditions from the mountainous areas of Elenid, providing a diachronic examination of a range of transmitters of these traditions. Gwen Awbery takes us a little further to the south-west in offering a detailed study of the dialectologist J. J. Glanmor Davies, Ceinewydd, and his experimental methods for studying phonetics.

Together these chapters form a rich range of treatments of Welsh and Celtic language and literature. They make manifest a number of research concentrations at the heart of Marged's work, including detailed study of medieval poems, appreciation of literature by women and for women, and comparative and diachronic methods of studying Welsh literature.

The editors
7 May 2024

GWEITHIAU CYHOEDDEDIG YR ATHRO MARGED HAYCOCK
PUBLISHED WORKS OF PROFESSOR MARGED HAYCOCK

1979

A Concordance to the Book of Taliesin (Cardiff: University of Wales Press, 1979), tt./pp. vi + 4 microfiche.

1981

'Early Welsh Poetry', yn/in Peter Ryan (gol./ed.), *Memory and Poetic Structure* (s.l.: Middlesex Polytechnic, 1981), tt./pp. 91–135.

1982

Adolygiad/Review: Rachel Bromwich a/and R. Brinley Jones (goln/eds), *Astudiaethau ar yr Hengerdd / Studies in Old Welsh Poetry: cyflwynedig i Syr Idris Foster* (Caerdydd: Gwasg Prifysgol Cymru, 1978), yn/in *Zeitschrift für celtische Philologie*, 39 (1982), 321–5.

1984

'"Preiddeu Annwn" and the figure of Taliesin', *Studia Celtica*, 18–19 (1983/4), 52–78.

1985

'Dylan Ail Ton', *Ysgrifau Beirniadol*, 13 (1985), 26–38.

'Welsh Studies: Early and Medieval Literature', *The Year's Work in Modern Language Studies*, 47 (1985), 583–7.

Adolygiad/Review: Gwyn Thomas, *Llenyddiaeth y Cymry: Cyflwyniad Darluniadol o tua 500 i tua 1500* (Y Bontfaen: D. Brown a'i Feibion), yn/ in *Llais Llyfrau* (gaeaf 1985), 13.

1986

Cyfraniadau i / Contributions to Meic Stephens (gol./ed.), *Cydymaith i Lenyddiaeth Cymru* (Caerdydd: Gwasg Prifysgol Cymru, 1986).
Cyfraniadau i / Contributions to Meic Stephens (gol./ed.), *The Oxford Companion to the Literature of Wales* (Oxford: Oxford University Press, 1986).
(gol. gyda/ed. with Ceridwen Lloyd-Morgan, Kathryn Curtis a/and Elin ap Hywel), *Y Traethodydd*, 141 (Ionawr 1986) [rhifyn arbennig merched a llenyddiaeth], 84 tt./pp.
'Welsh Studies: Early and Medieval Literature', *The Year's Work in Modern Language Studies*, 48 (1986), 611–13.
Adolygiad/Review: R. Geraint Gruffydd (gol./ed.), *Bardos: Penodau ar y Traddodiad Barddol Cymreig a Cheltaidd: Cyflwynedig i J. E. Caerwyn Williams*, yn/in *Zeitschrift für celtische Philologie*, 41 (1986), 294–7.
Adolygiad/Review: Derek Brewer with photographs by/gyda ffotograffau gan Ernest Frankl, *Arthur's Britain: The Land and the Legend* (Cambridge: Pevensey Press, 1985), yn/in *Book News from Wales* (gwanwyn 1986), 15.

1987

'"Some talk of Alexander and some of Hercules": three early medieval poems from the Book of Taliesin', *Cambridge Medieval Celtic Studies*, 13 (1987), 7–38.
'Welsh Studies: Early and Medieval Literature', *The Year's Work in Modern Language Studies*, 49 (1987), 551–4.
Adolygiad/Review: Frank Delaney, *The Celts* (London: BBC Publications/Hodder and Stoughton, 1986), yn/in *Book News from Wales* (hydref 1987), 17.

1988

'Diffinio'r ffin: Ffransis Payne', *Y Traethodydd*, 143 (Ebrill, 1988), 84–98.

'Llyfr Taliesin', *Cylchgrawn Llyfrgell Genedlaethol Cymru / National Library of Wales Journal*, 25 (1988), 357–86.

'Metrical models for the poems in the Book of Taliesin', yn/in Brynley F. Roberts (gol./ed.), *Early Welsh Poetry: Studies in the Book of Aneirin* (Aberystwyth: National Library of Wales, 1988), tt./pp. 155–78.

'Welsh Studies: Early and Medieval Literature', *The Year's Work in Modern Language Studies*, 50 (1988), 622–5.

Adolygiad/Review: Karl Horst Schmidt gyda/with Rolf Ködderitzsch (goln/eds), *Geschichte und Kultur der Kelten: Vorbereitungskonferenz, 25.–28. Oktober 1982 in Bonn: Vorträge*, yn/in *Studia Celtica*, 22/3 (1987/8), 250–5.

1989

'Welsh Studies: Early and Medieval Literature', *The Year's Work in Modern Language Studies*, 51 (1989), 549–52.

1990

'The significance of the *Cad Goddau* tree-list in the Book of Taliesin', yn/in Martin J. Ball et al. (goln/eds), *Celtic Linguistics/Ieithyddiaeth Geltaidd: Readings in the Brythonic Languages: Festschrift for T. Arwyn Watkins* (Amsterdam: John Benjamins Publishing Company, 1990), tt./pp. 297–331.

'Merched drwg a merched da: Ieuan Dyfi v. Gwerful Mechain', *Ysgrifau Beirniadol*, 16 (1990), 97–110.

Adolygiad/Review: Sioned Davies, *Cyfres Llên y Llenor: Pedeir Keinc y Mabinogi* (Caernarfon: Gwasg Pantycelyn, 1989), yn/in *Llais Llyfrau* (haf 1990), 12.

1991

'Probleme der frühmittelalterlichen kymrischen Metrik', yn/in Hildegard L. C. Tristram (gol./ed.), *Metrik und Medienwechsel / Metrics and Media*, Script Oralia 35 (Tübingen: Gunter Narr, 1991), tt./pp. 155–71.

[Golygydd/Editor: Marged Haycock; Awduron/Authors: Aled Jones a/ and Catrin M. S. Davies], *Lle neis i blant? London, twenty thousand miles from Ceredigion* (Cardiff: Broadcasting Support Services, 1991), 32 tt./pp.
Adolygiad/Review: Dafydd Johnston (gol. a chyf./ed. and trans.), *Canu Maswedd yr Oesoedd Canol / Medieval Welsh Erotic Poetry* (Caerdydd: Tafol, 1991), yn/in *Book News from Wales* (gaeaf 1991), 17.

1992

Beirniadaeth ar gyfer cystadleuaeth y Goron, *Cyfansoddiadau a Beirniadaethau Eisteddfod Genedlaethol Cymru Aberystwyth 1992* (Aberystwyth: Gwasg Dinefwr dros Lys yr Eisteddfod Genedlaethol, 1992).

'Welsh Studies: Early and Medieval Literature', *The Year's Work in Modern Language Studies*, 54 (1992), 578–87.

1993

Am y Ffin â'r Gorffennol: Golwg ar Lenyddiaeth Gynnar rhwng Wysg a Thefeidiad, Darlith Lenyddol Eisteddfod Genedlaethol Cymru, Llanelwedd (s.l.: Llys yr Eisteddfod, 1993), 21 tt./pp.

'Llandrindod, tre'r ffynhonnau', *Barn*, 366/367 (Gorffennaf/Awst 1993), 23–6.

Gareth Lloyd Hughes, 'Ych yng ngwedd: darnau o hen gerddi ac engrafiadau ar bren' (Bow Street: Gwasg y Wern, 1993) [Dewiswyd y cerddi a'u diweddaru gan Marged Haycock/Poems selected and updated by Marged Haycock].

1994

(gol. a chyf./ed. and trans.), *Blodeugerdd Barddas o Ganu Crefyddol Cynnar* (Abertawe: Barddas, 1994), xxvii + 385 tt./pp. [enillydd Gwobr Sir Ellis Griffiths Bwrdd Gwybodau Celtaidd Prifysgol Cymru yn 1997 am y gwaith ysgolheigaidd Cymraeg gorau dros y tair blynedd diwethaf/ winner of the University of Wales Board of Celtic Studies Sir Ellis Griffiths Prize in 1997 for best Welsh-language scholarly work of the preceding three years].

'Lewys Glyn Cothi and Radnorshire', *Transactions of the Radnorshire Society*, 64 (1994), 25–35.

'Jones y Dwyrain 1746–94', *Y Traethodydd*, 149 (hydref 1994), 226–34.
'Taliesin's "Lesser Song of the World" ', yn/in Tegwyn Jones a/and E. B. Fryde (goln/eds), *Ysgrifau a Cherddi Cyflwynedig i Daniel Huws / Essays and Poems Presented to Daniel Huws* (Aberystwyth: Llyfrgell Genedlaethol Cymru/National Library of Wales, 1994), tt./pp. 229–50.

1995
'"Canu y Medd"' o Lyfr Taliesin', *Dwned*, 1 (1995), 7–23.
'Gwireddu breuddwyd', *Taliesin*, 92 (gaeaf 1995), 124–5 [Adolygiad/Review: Kathleen Anne Bramley et al. (goln/eds), *Gwaith Llywelyn Fardd I ac eraill o feirdd y ddeuddegfed ganrif*, Cyfres Beirdd y Tywysogion II (Caerdydd: Gwasg Prifysgol Cymru, 1994), a Nerys Ann Jones ac/and Ann Parry Owen (goln/eds), *Gwaith Cynddelw Brydydd Mawr, II*, Cyfres Beirdd y Tywysogion IV (Caerdydd: Gwasg Prifysgol Cymru, 1995)].

1996
'Medd a mêl farddoni', yn/in Morfydd E. Owen a/and Brynley F. Roberts (goln/eds), *Beirdd a Thywysogion* (Caerdydd: Gwasg Prifysgol Cymru, 1996), tt./pp. 39–59.

1997
'Taliesin's Questions', *Cambrian Medieval Celtic Studies*, 33 (1997), 19–79.
'Gramadeg Barddoniaeth', *Barn*, 409 (Chwerfror 1997), 36–7 [Adolygiad/Review: Gwyneth Lewis, *Cyfrif Un ac Un yn Dri* (Felindre, Abertawe: Barddas, 1996)].
Adolygiad/Review: R. Iestyn Daniel (gol./ed.), *Ymborth yr Enaid* (Caerdydd: Gwasg Prifysgol Cymru, 1995), yn/in *Y Traethodydd*, 152 (Ionawr 1997), 53–7.

1998
'"Canu y Cwrw" o Lyfr Taliesin', *Dwned*, 4 (1998), 9–32.

1999
Ysgrif goffa/Obituary: 'Y Sgolor Mawr [teyrnged i J. E. Caerwyn Williams]', *Barn*, 438/439 (Gorffennaf/Awst 1999), 68–71.

2000

'*Where Cider Ends, There Ale Begins to Reign*': *Drink in Medieval Welsh Poetry* (H. M. Chadwick Memorial Lecture) (Cambridge: ASNC, 2000), 29 tt./pp.

2001

'"Deunydd hyd Ddydd Brawd": Rhai Sylwadau ar Ferched ym Marddoniaeth yr Oesoedd Canol', yn/in Geraint H. Jenkins (gol.), *Cymru a'r Cymry 2000 / Wales and the Welsh 2000* (Aberystwyth: Canolfan Uwchefrydiau Cymreig a Cheltaidd/Centre for Advanced Welsh and Celtic Studies, 2001), tt./pp. 41–70.

2003

(gol. gyda/ed. with Iestyn Daniel, Dafydd Johnston a/and Jenny Rowland), *Cyfoeth y Testun: Ysgrifau ar Lenyddiaeth Gymraeg yr Oesoedd Canol* (Caerdydd: Gwasg Prifysgol Cymru, 2003), 396 tt./pp.

'Cadair Ceridwen', yn/in Iestyn Daniel, Marged Haycock, Dafydd Johnston a/and Jenny Rowland (goln/eds), *Cyfoeth y Testun: Ysgrifau ar Lenyddiaeth Gymraeg yr Oesoedd Canol* (Caerdydd: Gwasg Prifysgol Cymru, 2003), tt./pp. 148–75.

'Between Cardiff and Cork: Work on Medieval Welsh Literature since 1963', yn/in Máire Herbert a/and Kevin Murray (goln/eds), *Retrospect and Prospect: Proceedings of the Eleventh International Congress of Celtic Studies* (Dublin: Four Courts Press, 2003), tt./pp. 29–44.

2004

'Myrddin', *Oxford Dictionary of National Biography*, cyhoeddwyd/published 23 Medi/September 2004, *https://doi.org/10.1093/ref:odnb/19711*.

'The Scholarship and Creativity of Ffransis G. Payne', *Transactions of the Radnorshire Society*, 74 (2004), 25–49.

'Williams, Sir Ifor', *Oxford Dictionary of National Biography*, cyhoeddwyd/published 23 Medi/September 2004, *https://doi.org/10.1093/ref:odnb/55457*.

2005

'Literary Criticism in Wales to *c*. 1300', yn/in Alastair Minnis a/and Ian Johnson (goln/eds), *The Cambridge History of Literary Criticism*, Volume 2: The Middle Ages (Cambridge: Cambridge University Press, 2005), tt./pp. 333–44.

'*Sy' abl fodd, Sibli fain*: Sibyl in Medieval Wales', yn/in Joseph Falaky Nagy ac/and Ellen Jones (goln/eds), *Heroic Poets and Poetic Heroes in Celtic Tradition*, Celtic Studies Association of North America Yearbook 3–4 (Dublin: Four Courts Press, 2005), tt./pp. 115–30.

2006

'Cynfeirdd', *Oxford Dictionary of National Biography*, cyhoeddwyd/published 28 Mehefin/June 2006, *https://doi.org/10.1093/ref:odnb/95355*.

'Bromwich, Rachel' a/and 'Taliesin [2] the Taliesin Tradition', yn/in John T. Koch (gol./ed.), *Celtic Culture: A Historical Encyclopedia*, 5 cyf./vols (Santa Barbara, CA: ABC-CLlO, 2006), II: 294–5; V: 1653–6.

Taliesin a Brwydr y Coed, Darlith Goffa J. E. a Gwen Caerwyn Williams (Aberystwyth: Canolfan Uwchefrydiau Cymreig a Cheltaidd Prifysgol Cymru, 2006), 36 tt./pp.

2007

'Hanes Heledd hyd yma', yn/in Jason Walford Davies (gol./ed.), *Gweledigaethau: Cyfrol Deyrnged i Gwyn Thomas* (s.l.: Barddas, 2007), tt./pp. 29–60.

(gol. a chyf./ed. and trans.), *Legendary Poems from the Book of Taliesin* (Aberystwyth: CMCS Publications, 2007), 560 tt./pp. Ail argraffiad diwygiedig/second revised edition 2015.

2010

'Dwsin o Brydyddesau? Achos Gwladus "Hael" ac craill', *Dwned*, 16 (2010), 93–114; ailgyhoeddwyd yn/republished in Bleddyn Owen Huws a/and A. Cynfael Lake (goln/eds), *Genres y Cywydd* (Talybont: Cyhoeddwyd gan y golygyddion gyda chefnogaeth y Coleg Cymraeg Cenedlaethol, 2016), tt./pp. 125–41.

2011

(gol. a chyf./ed. and trans.), 'Glaswawt Taliessin' a/and John K. Bollard gyda/with Marged Haycock, 'The Welsh Sources Pertaining to the Battle', yn/in Michael Livingston (gol./ed.), *The Battle of Brunanburh: A Casebook* (Exeter: Exeter University Press, 2011), tt./pp. 46–9, 177–182, 245–68.

(cyf./trans.), 'Roedd gorffwylledd wedi dod gyda'r glaw', *Taliesin*, 142 (gwanwyn 2011), 118–25. Cyfieithiad o/Translation of Yanick Lahens, 'La folie était venue avec la pluie'.

Ysgrif Goffa/Obituary: 'Rachel Sheldon Bromwich', *Zeitschrift für celtische Philologie*, 58 (2011), 1–3.

2012

Cyfieithiadau ar gyfer/Translations for 26 Characters Limited, *26 Treasures: 4 National Museums, 104 Objects, 62 words each* (London: Unbound Digital, 2012).

'Marwnad Owain ab Urien', *Ysgrifau Beirniadol*, 31 (2012), 33–48.

2013

'Early Poets Look North', yn/in Alex Woolf (gol./ed.), *Beyond the Gododdin; Dark Age Scotland in Medieval Wales* (St Andrews: The Committee for Dark Age Studies, University of St Andrews, 2013), tt./pp. 7–39; fersiwn diwygiedig/revised version: 'The Old North in Medieval Wales', yn/in Oisín Plumb, Alexandra Sanmark a/and Donna Heddle (goln/eds), *What is North? Imagining the North from Ancient Times to the Present Day* (Turnhout: Brepols, 2020), tt./pp. 53–70.

(gol. a chyf./ed. and trans.), *Prophecies from the Book of Taliesin* (Aberystwyth: CMCS Publications, 2013), 200 tt./pp.

2014

Beirniadaeth ar gystadleuaeth y Goron, *Cyfansoddiadau a Beirniadaethau Eisteddfod Genedlaethol Cymru Sir Gâr 2014* (s.l.: Llys yr Eisteddfod, 2014).

2015
'Medieval Welsh Texts Today and Tomorrow', yn/in Liam Breatnach et al. (goln/eds), *Proceedings of the XIV International Congress if Celtic Studies: Maynooth University 2011* (Dublin: Dublin Institute for Advanced Studies, 2015), tt./pp. 95–109.
Adolygiad/Review: Myrddin ap Dafydd, *Yn ôl i'r Dref Wen: Golwg ar Ganu Heledd a Chanu Llywarch Hen* (s.l.: Barddas, 2015), yn/in *Taliesin*, 156 (gaeaf 2015), 106–9.

2016
'Living with War: Poets and the Welsh Experience *c*.600–1300', yn/in Jan Erik Rekdal a/and Charles Doherty (goln/eds), *Kings and Warriors in Early North-West Europe* (Dublin: Four Courts Press, 2016), tt./pp. 24–87.

2017
(gyda/with) Patrick Sims-Williams, 'Welsh *Vch* "Fox?" in the Book of Taliesin', *Cambrian Medieval Celtic Studies*, 73 (summer 2017), 21–30.
'Book of Aneirin', 'Book of Taliesin' a/and 'Taliesin', yn/in Siân Echard a/and Robert Allen Rouse (goln/eds), *The Encyclopedia of Medieval Literature in Britain*, 4 cyf./vols (Chichester, West Sussex: Wiley Blackwell, 2017).
Ysgrif Goffa/Obituary: 'D. J. Bowen (1925–2017)', *Barn*, 656 (Medi 2017), 25.
'Brethyn gwlân y defaid mân', *Barn*, 654/655 (Gorffennaf/Awst 2017), 83 [Adolygiad/Review: Branwen Davies, *Melinau Gwlân/Woollen Mills of Wales* (Llandysul: Gomer, 2017)].
'Y tafod coch a'r tafod tew', *Barn*, 658 (Tachwedd 2017), 40 [Adolygiad/Review: Gwyn Griffiths a/and Meic Stephens (goln/eds), *The Old Red Tongue: An Anthology of Welsh Literature from the 6th to the early 21st century* (London: Francis Boutle Publishers, 2017)].

2018

(gyda/with Peredur Lynch), 'Yr Hengerdd a'r Cywyddau' (adnodd addysgiadol gyda chyflwyniadau i gerddi Taliesin, 'Gwaith Argoed Llwyfain' a 'Marwnad Owain' gan Marged Haycock/an educational resource with introductions to Taliesin poems, 'Gwaith Argoed Llwyfain' and 'Marwnad Owain' by Marged Haycock). Cyhoeddwyd/Published 19 Medi/September 2018, *https://resources.wjec.co.uk/Pages/ResourceSingle.aspx?rIid=2819*.

2020

'Grymuso darllenwyr', *O'r Pedwar Gwynt* (gaeaf 2020), 38. [Adolygiad/Review: Rhiannon Marks, *Y Dychymyg Ôl-fodern: Agweddau ar Ffuglen Fer Mihangel Morgan* (Caerdydd: Gwasg Prifysgol Cymru, 2020)].

'Golwg newydd ar fawredd Dafydd', *Barn*, 692 (Medi 2020), 45 [Adolygiad/Review: Dafydd Johnston, *Iaith Oleulawn: Geirfa Dafydd ap Gwilym* (Caerdydd: Gwasg Prifysgol Cymru, 2020)].

'Dafydd ar newydd wedd', *Barn*, 694 (Tachwedd 2020), 34 [Adolygiad/Review: Daniel Davies, *Ceiliog Dandi* (Llanrwst: Gwasg Carreg Gwalch, 2020)].

2021

'Clancy, Joseph Patrick', *Oxford Dictionary of National Biography*, cyhoeddwyd/published 14 Ionawr/January 2021, *https://doi.org/10.1093/odnb/9780198614128.013.90000380198*.

'A Prophetic Poem attributed to Meugan', *Cambrian Medieval Celtic Studies*, 81 (summer, 2021), 1–41.

'Enwau wrth ein Traed', *O'r Pedwar Gwynt* (Rhagfyr 2021), 42. [Adolygiad/Review: Gareth A. Bevan et al. (goln/eds), *Ar Drywydd Enwau Lleoedd: Ysgrifau i Anrhydeddu Gwynedd O. Pierce* (Talybont: Y Lolfa, 2021)].

Adolygiad/Review: David Stephenson, *Patronage and Power in the Medieval Welsh March: One Family's Story* (Cardiff: University of Wales Press, 2021), yn/in *Mortimer History Society Journal*, 5 (2021–2), 82–5.

2022

'Meddai Syr Ifor', *O'r Pedwar Gwynt* (gwanwyn 2022), 25–7.

'Agor ffenestri', *Barn*, 707/708 (Rhagfyr/Ionawr 2021–2), 71 [Adolygiad/Review: M. Wynn Thomas, *The History of Wales in Twelve Poems* (Cardiff: University of Wales Press, 2021)].

Adolygiad/Review: Natalia I. Petrovskaia, *Delw y Byd: A Medieval Welsh Encyclopedia* (Cambridge: Modern Humanities Research Association, 2020), yn/in *Llên Cymru*, 45 (2022), 235–7.

2023

Beirniadaeth ar gystadleuaeth y Goron, *Cyfansoddiadau a Beirniadaethau Eisteddfod Genedlaethol Cymru Llŷn ac Eifionydd 2023* (Caerdydd: Eisteddfod Genedlaethol Cymru, 2023).

'Creature Comforts in Medieval Mid Wales', Darlith Arlein/Online Lecture Tachwedd/November. Ar gael arlein: *https://abbeycwmhir.org/talks/online-talk-creature-comforts-in-medieval-mid-wales/*.

'Gemau'r Cynfeirdd', yn/in T. Robin Chapman a/and Bleddyn Owen Huws (goln/eds), *Penrhaith ein heniaith ni: Cyfrol Deyrnged Gruffydd Aled Williams* (Llanfihangel Genau'r Glyn: Atebol, 2023), tt./pp. 1–21.

'Tensiynau Cefn Gwlad', *O'r Pedwar Gwynt* (haf 2023), 34. [Adolygiad/Review: Tom Bullough, *Sarn Helen: A Journey through Wales, Past, Present and Future* (London: Granta Books, 2023)].

Adolygiad/Review: Rebecca Thomas, *History and Identity in Early Medieval Wales*, Studies in Celtic History 44 (Cambridge: D. S. Brewer, 2022), yn/in *Llên Cymru*, 46 (2023), 95–8.

2024

'Ale-wives in Welsh poetry *c.*1450–*c.*1650', yn/in Victoria Flood (gol./ed.), *Medieval Welsh Literature and its European Contexts: Essays in Honour of Professor Helen Fulton* (Woodbridge: Boydell and Brewer, 2024), tt./pp. 20–34.

Ysgrif goffa/Obituary: 'Morfydd E. Owen 1936–2024', *Barn*, 736 (Mai 2024), 40.

2025
'The Bells of Osney, the Mariner's Compass and Monogrammed Swans: Novelty and Poetic Imagination in Fifteenth-Century Wales', yn/in Helen Fulton a/and Georgia Henley (goln/eds), *Imagination and Innovation in Medieval Celtic Literatures* (Cardiff: University of Wales Press, 2025), tt./pp. 95–106.

'Canrif Fawr *Dafydd Nanmor*: Cyfrol Gyntaf Gwasg Prifysgol Cymru (1923)', yn/in Gareth Evans-Jones ac/and Elis Dafydd (goln/eds), *Gweddnewidiadau: Ysgrifau Beirniadol XXXV* (Talybont: Y Lolfa, 2025), tt./pp. 10–27.

'Cecile O'Rahilly: Ysgolhaig Dwy Genedl', *Barn*, 743–44 (Rhagfyr 2024/Ionawr 2025), 76–8

'Ifor Williams's *Lectures on Early Welsh Poetry*, Dublin Institute for Advanced Studies, 1943', mewn cyfrol a olygir gan/in a volume edited by Gregory Toner, Lára Ní Mhaoláin a/and Fionntán de Brún (An Sagart: Maynooth 2025), tt./pp. 591–600.

I'w cyhoeddi / Forthcoming
'Seven Types of Obscurity', yn/in Chantal Kobel (gol./ed.), *Obscuritas: Intentional Obscurity in Medieval Celtic Literature.*

Ar waith / In preparation
Bywgraffiad Syr Ifor Williams/A Biography of Sir Ifor Williams (Gwasg Prifysgol Cymru).

'Payne, Ffransis G.', *Oxford Dictionary of National Biography.*

(gol./ed.), *Radnorshire County History* ar gyfer/for 2030.

RHESTR CYFRANWYR

Dr Gwen Awbery, Tafodieithegydd, cyn-aelod o staff Amgueddfa Werin Cymru, Sain Ffagan

Dr David Callander, Uwch-Ddarlithydd yn y Gymraeg, Prifysgol Caerdydd

Yr Athro Thomas M. Charles-Edwards, Athro Celteg emeritws, Coleg yr Iesu, Rhydychen

†Dr Iestyn Daniel, tan ei ymddeoliad yn Gymrawd Ymchwil yng Nghanolfan Uwchefrydiau Cymreig a Cheltaidd Prifysgol Cymru

Dr Jenny Day, Cymrawd Ymchwil yng Nghanolfan Uwchefrydiau Cymreig a Cheltaidd Prifysgol Cymru

Dr G. Angharad Fychan, Golygydd Hŷn, Geiriadur Prifysgol Cymru

Annes Glynn, Bardd ac Awdur

Yr Athro Elissa R. Henken, Athro emerita, Prifysgol Georgia; Llên Gwerin ac Astudiaethau Celtaidd

Yr Athro Máire Herbert, Athro Gwyddeleg Cynnar a Chanoloesol emerita yng Ngholeg Prifysgol Corc

Dr Bleddyn Owen Huws, Uwch-ddarlithydd, Adran y Gymraeg ac Astudiaethau Celtaidd, Prifysgol Aberystwyth

Yr Athro Dafydd Johnston, Cyn-Gyfarwyddwr Canolfan Uwchefrydiau Cymreig a Cheltaidd Prifysgol Cymru

Yr Athro Barry J. Lewis, Athro yn yr Ysgol Astudiaethau Celtaidd, DIAS, Dulyn

Dr Ceridwen Lloyd-Morgan, Cymrawd er Anrhydedd, Prifysgol Cymru y Drindod Dewi Sant, a Chyn-Bennaeth Llawysgrifau a Delweddau Gweledol, Llyfrgell Genedlaethol Cymru

Yr Athro Catherine McKenna, Athro Margaret Brooks Robinson mewn Ieithoedd a Llenyddiaethau Celtaidd, Prifysgol Harvard

Yr Athro Ralph O'Connor, Athro Llenyddiaeth a Diwylliant Prydain, Iwerddon a Gwlad yr Iâ, Prifysgol Aberdeen

Lliaws Rhith

Yr Athro Ann Parry Owen, Athro Ymchwil, Canolfan Uwchefrydiau
  Cymreig a Cheltaidd Prifysgol Cymru, a Golygydd Hŷn,
  Geiriadur Prifysgol Cymru
Yr Athro Erich Poppe, Cyn-Athro Celteg, Prifysgol Marburg
Yr Athro Jan Erik Rekdal, Cyn-Athro, Adran Ieithyddiaeth ac
  Astudiaethau Llychlynnaidd, Prifysgol Oslo
Dr Jenny Rowland, tan ei hymddeoliad yn Uwch-Ddarlithydd yng
  Ngholeg y Brifysgol, Dulyn
Dr Simon Rodway, Uwch-Ddarlithydd, Adran y Gymraeg ac
  Astudiaethau Celtaidd, Prifysgol Aberystwyth
Yr Athro Patrick Sims-Williams, Athro emeritws, Adran y Gymraeg
  ac Astudiaethau Celtaidd, Prifysgol Aberystwyth

LIST OF CONTRIBUTORS

Dr Gwen Awbery, Dialectologist, formerly a member of staff at the
  National Museum of History, St Fagan's
Dr David Callander, Senior Lecturer in Welsh, Cardiff University
Prof. Thomas M. Charles-Edwards, Emeritus Professor of Celtic,
  Jesus College, Oxford
†Dr Iestyn Daniel, formerly Research Fellow at the University of
  Wales Centre for Advanced Welsh and Celtic Studies
Dr Jenny Day, Research Fellow at the University of Wales Centre for
  Advanced Welsh and Celtic Studies
Dr G. Angharad Fychan, Senior Editor at Geiriadur Prifysgol
  Cymru
Annes Glynn, Poet and Author
Prof. Elissa R. Henken, Professor emerita, University of Georgia;
  Folklore and Celtic Studies
Prof. Máire Herbert, Professor emerita of Early and Medieval Irish,
  University College Cork

Rhestr Cyfranwyr / List of Contributors

Dr Bleddyn Owen Huws, Senior Lecturer, Department of Welsh and Celtic Studies, Aberystwyth University

Prof. Dafydd Johnston, Former Director of the University of Wales Centre for Advanced Welsh and Celtic Studies

Prof. Barry J. Lewis, Professor in the School of Celtic Studies, DIAS, Dublin

Dr Ceridwen Lloyd-Morgan, Honorary Fellow, University of Wales Trinity St Davids, and former Head of Manuscripts and Visual Images, National Library of Wales

Prof. Catherine McKenna, Margaret Brooks Robinson Professor of Celtic Languages and Literatures, Harvard University

Prof. Ralph O'Connor, Professor in the Literature and Culture of Britain, Ireland and Iceland, Aberdeen University

Prof. Ann Parry Owen, Research Professor, University of Wales Centre for Advanced Welsh and Celtic Studies and Senior Editor at Geiriadur Prifysgol Cymru

Prof. Erich Poppe, former Professor of Celtic, Marburg University

Prof. Jan Erik Rekdal, Department of Linguistics and Scandinavian Studies, University of Oslo

Dr Jenny Rowland, formerly Senior Lecturer at University College Dublin

Dr Simon Rodway, Senior Lecturer, Department of Welsh and Celtic Studies, Aberystwyth University

Prof. Patrick Sims-Williams, Emeritus Professor, Department of Welsh and Celtic Studies, Aberystwyth University

YSGOLION BARDDOL: SEFYDLIAD CELTAIDD?

Simon Rodway

Gwaith llenorion proffesiynol yw'r rhan fwyaf o'r farddoniaeth fawl hysbys yn Gymraeg ac yn yr ieithoedd Gaelaidd. Mae'n hynod gymhleth o ran iaith a mydryddiaeth ac mae'n dangos ôl gwybodaeth drylwyr o ddysg frodorol. Yn amlwg, crefft a ddysgid sydd yma. Yng ngeiriau J. E. Caerwyn Williams, "'Poeta nascitur, non fit", meddai'r Rhufeiniwr, ond yn Iwerddon yr Oesoedd Canol byddai "poeta nascitur et fit" yn nes o lawer at y gwirionedd,' ac mae hyn yn wir am Gymru hefyd.[1] Yn y byd Gaelaidd, mae'n debyg y gwneid rhai, o leiaf, yn feirdd yn yr ysgol.[2] Mae gennym ddisgrifiad manwl o ysgol farddol fodern gynnar o Iwerddon yn y traethawd sy'n rhagflaenu'r *Memoirs of the Marquis of Clanricarde*, a gyhoeddwyd yn ddienw yn 1722, ond y dangoswyd gan Robin Flower ei fod yn waith Thomas O'Sullivan o Tipperary.[3] Ystyriai Osborn Bergin fod y disgrifiad hwn yn cyfeirio at y sefyllfa yn gynnar yn yr ail ganrif ar bymtheg.[4] Cyflwynaf yma grynodeb Flower o'r adran berthnasol:

> He [O'Sullivan] explains that poetry was an hereditary profession, and that the students gathered in some remote place far from the resort of people, and worked in a large structure divided up into cubicles each furnished with a bed, lying upon which in complete darkness they composed their poems on themes set by the master. The poem composed, lights were brought and they wrote it down and presented it to the masters in the main place of assembly. For week-ends and holidays they were entertained by the gentlemen and rich farmers of the neighbourhood, who also provided the

provisions for the subsistence of the school. They worked only from Michaelmas to the first of March and the full course lasted six or seven years.⁵

O ystyried pa mor drwm y mae ysgolheigion modern yn dibynnu ar y testun hwn am eu dealltwriaeth o ysgolion barddol Iwerddon, anghysurus yw nodi bod O'Sullivan braidd yn annibynadwy.[6] Addurnodd hanes bywyd Geoffrey Keating â phob math o anecdotau na ellir eu gwirio, ac mae rhai ohonynt yn edrych yn wirioneddol amheus.[7] Ymddengys iddo gymryd mantais o ddiffyg gwybodaeth am faterion Gwyddelig ei gydnabod, yr ysgolhaig o Sais Humfrey Wanley, gan sôn wrtho am gasgliad rhithiol o lawysgrifau Gwyddelig yn yr Almaen,[8] a ffugio dogfennau hanesyddol yn Lladin ac yn Wyddeleg.[9] Yn anochel mae hyn wedi arwain at gwestiynau am ddibynadwyedd ei ddisgrifiad o'r ysgolion barddol.[10] Gellir gwireddu rhai manylion yn ei ddisgrifiad trwy graffu ar ffynonellau eraill o'r un cyfnod, fodd bynnag, yn enwedig y farddoniaeth ei hunan. Yng ngeiriau Damian McManus:

> Poets travelling long distances to study at particular schools, being assigned to class according to their ability; reading, writing and a good memory as essential parts of the training, composition in the dark, submission of work for examination etc. are all referred to directly or indirectly in the poetry.[11]

Ar ben hynny, mae Elizabeth FitzPatrick yn nodi bod lleoliad yr ysgolion barddol mwyaf adnabyddus yn Iwerddon yn cefnogi datganiad O'Sullivan eu bod yn sefyll mewn lleoedd anghysbell.[12] Ymddengys, felly, fod Robin Flower yn iawn i ddweud, 'O'Sullivan's description can be trusted' – bydd pob celwyddgi yn dweud y gwir o bryd i'w gilydd.[13] Wrth gwrs, nid oedd yn gwbl ddiduedd. Mae Eamon Darcy wedi dangos ei fod yn ceisio gwrthbwyso honiadau bod paganiaeth yn rhan bwysig o ddiwylliant y Gwyddelod trwy bwysleisio tebygrwydd yr ysgolion barddol i fyd y mynaich.[14]

Mae llawer un wedi derbyn y gellir taflunio'r darlun hwn yn ôl i gyfnod cynharach o dipyn nag einioes O'Sullivan. Nododd Bergin:

'The manners of the professional classes in Ireland, indeed the whole structure of society, were so wonderfully conservative that Clanricarde's description [sic] will probably hold good for several centuries earlier.'[15] Mewn modd tebyg, datganodd Caerwyn Williams '[nad] yw'n debygol o gwbl fod yr ysgolion hyn wedi newid rhyw lawer yn ystod y pedair canrif flaenorol'.[16] Mae rhai wedi cynnig tarddiad Celtaidd i'r ysgolion barddol. Felly mae Kenneth Jackson yn dweud:

> Celtic society was organized as an aristocracy; the kings and chiefs supported client poets, poets laureate ... These men were trained in their art at special 'bardic schools', or learned it individually from some poet of established reputation.[17]

Roedd Calvert Watkins yntau yn barod i dybied ceidwadaeth eithafol, gan ddweud, am ddisgrifiad O'Sullivan, 'This remarkable document probably comes as close as we will get to an eyewitness account of the formation of an Indo-European poet.'[18] Ni fentraf innau i'r niwl Indo-Ewropeaidd yma, ond ystyriwn y posibiliad bod yr ysgolion hyn yn Iwerddon yn rhan o'r gwaddol Celtaidd yn niwylliant y wlad honno.

Os sefydliad Celtaidd oedd yr ysgol farddol, yna gellid disgwyl gweld tystiolaeth amdani yn yr ieithoedd Celtaidd eraill. Dyma farn J. E. Caerwyn Williams yn 1983:

> [Y]r oedd gan Gymru, fel yr oedd gan Iwerddon, ysgolion barddol, ysgolion a allai olrhain eu hach yn ôl i ysgolion derwyddol y cyfeiria Julius Caesar at eu bodolaeth ymhlith Celtiaid y Cyfandir. Yr oedd y rhain yn hen pan gyrhaeddodd Cristnogaeth i'n hynys ni: ynddynt hwy yr hyfforddwyd Talhaearn 'Tad Awen' y Cymry, a Torna Eigeas y Gwyddyl[19]

Nid dyma'r lle i ystyried yn fanwl y syniad cyffredin bod y beirdd canoloesol Celtaidd eu hiaith rywsut yn ddisgynyddion i'r hen dderwyddon, syniad sy'n mynd yn ôl mor bell â gwaith John Leland yn 1540,[20] ac sydd wedi dod i'r brig yn fwy diweddar yn rhith honiadau bod beirdd Gwyddeleg canoloesol yn dderwyddon yn y bôn,[21] neu fod y traddodiad barddol Cymraeg yn estyn trwy Daliesin yn y chweched ganrif i'r derwyddon.[22] Digon yw dweud na phrofwyd yr honiadau hyn, ac mae'n debyg na ellir mo'u profi. Ond am y tro, derbyniwn fod hyn yn bosibiliad.

Addysg y derwyddon

Os felly, teg yw troi yn y lle cyntaf at yr 'ysgolion derwyddol' y cyfeirir atynt yn y dyfyniad uchod. Hwyrach, fodd bynnag, eu bod yn rhithiau. Dyma'r hyn y mae Iŵl Cesar (100–44 CC) yn ei ddweud am addysg y derwyddon (*De bello gallico*, VI.14):

> The Druids are exempt from military service and do not pay taxes like other citizens. These important privileges are naturally attractive: many present themselves of their own accord to become students of Druidism, and others are sent by their parents or relatives. It is said that these pupils have to memorize a great number of verses – so many, that some of them spend twenty years at their study.[23]

Ceir adlais o hyn yng ngwaith Pomponius Mela (*fl.* 37 × 50 OC), sy'n dweud (3.2.18–19): 'They [y derwyddon] teach, in caves or hidden groves, many things to the nobles in a course of instruction lasting up to twenty years.'[24] Noder nad tystiolaeth annibynnol mo hyn, o reidrwydd, o ystyried y ffaith bod y ddau dan ddylanwad gwaith Posidonios (*c.*135–50 CC),[25] a oedd yntau'n ddyledus i waith Timaeus (*fl.* 356 × 260 CC).[26] Fodd bynnag, er gwaethaf honiad hyderus Caerwyn Williams, nid oes yn nisgrifiad Cesar sôn am 'ysgolion derwyddol' fel y cyfryw. Mae'n bosibl mai system o brentisiaeth a oedd gan y derwyddon. Noder y cyfeiriad yn y saga Gwyddeleg canoloesol *Táin Bó Cúailnge* at wyth disgybl y derwydd Cathbad.[27] Fodd bynnag, mae ymhell o fod yn eglur faint o wybodaeth ddibynadwy a oedd gan lenorion canoloesol yn Iwerddon am dderwyddon cyn-Gristnogol – dim gwybodaeth o gwbl, o bosibl. Felly, ni allwn ystyried hyn yn ffynhonnell ddilys am addysg y derwyddon yn Iwerddon, nac ychwaith penderfynu beth yw ei berthnasedd i gwestiwn hynafiaeth yr ysgolion barddol.

A oedd ysgolion barddol yng Nghymru?

Gadawn lonydd i'r hen dderwyddon a throi at Gymru'r Oesoedd Canol. Mae rhai ysgolheigion o'r un farn â Caerwyn Williams bod yr ysgolion yn bod yma,[28] ond cytunir yn gyffredinol nad oes gennym 'dystiolaeth gadarn'.[29] Mae cysoni'r syniad bod gan feirdd Cymraeg ysgolion â'r diffyg tystiolaeth hwn yn gallu arwain at ddatganiadau dryslyd megis eiddo Ceri W. Lewis sydd yn edrych fel ymgais i gadw ei dorth a'i fwyta:

> A craft as difficult as that practised by the medieval Welsh court poets could only have been learned and mastered after years of instruction, and this craft must have been taught in bardic schools. It is, nonetheless, something of a misnomer to speak of 'schools', for novitiates were probably apprenticed to a leading bard. Naturally, however, poets of outstanding ability could attract more than one pupil, and so the use of the word 'school' in this particular connection may not be entirely misleading.[30]

Casgliad Berwyn Prys Jones yw bod 'printer y dystiolaeth ym marddoniaeth y Gogynfeirdd a'r Cywyddwyr ynghylch yr ysgol farddol yn awgrymu na cheid adeiladau arbennig ar gyfer y gwaith o hyfforddi'r prentis-feirdd'.[31] Ond mae un ysgolhaig wedi dadlau yn ddiweddar bod tystiolaeth am adeiladau arbennig i ddysgu beirdd yn Llydaw, ac mae wedi lled-awgrymu bod hyn hefyd yn wir yng Nghymru. Ystyriwn y dystiolaeth.

Y dystiolaeth o Lydaw

Dadl Hervé Le Bihan yw bod enwau lleoedd Llydaweg sy'n cynnwys yr elfen *Skoldi* 'ysgoldy' yn adlewyrchu ysgolion barddol yn Llydaw. Dadleua fod yr enwau'n hen oherwydd trefn yr elfennau, *skol* + *ti*, gyda'r ail yn cymhwyso'r gyntaf, yn gwrthgyferbynnu â'r ffurfiant modern *ti-skol*.[32] Mae'n cymharu enwau lleoedd Cymraeg sy'n cynnwys yr elfen *ysgoldy* 'dont la rôle n'a toujours pas été determiné, non plus' ('nad yw ei rôl wedi'u penderfynu o hyd, ychwaith').[33] Yn Rhestr o Enwau Lleoedd Hanesyddol Comisiwn Brenhinol Henebion Cymru, ceir 43 o enwau sy'n cynnwys yr elfen *Ysgoldy*, a'r rhain o Fôn (Ysgoldy-cweryd, Caergybi Wledig) i Fynwy (Hên Ysgoldy, Llanofer Fawr (Dwyrain)).[34] A yw'r rhain yn dystiolaeth o ysgolion barddol?

Y peth cyntaf i'w nodi yw bod tystiolaeth am fodolaeth ysgolion barddol yn Llydaw hyd yn oed yn brinnach nag yng Nghymru. Ceir nifer o honiadau eu bod yn bodoli hyd ddechrau'r ail ganrif ar bymtheg,[35] ond ymddengys imi fod yr honiadau hyn wedi'u seilio'n bennaf ar y rhagdybiaeth bod beirdd yn Llydaw wedi cadw llawer o nodweddion yr hen feirdd Celtaidd a oedd hefyd yn rhagflaenwyr i feirdd mawl Cymru a'r byd Gaelaidd a bod yr ysgol farddol yn sefydliad pan-Geltaidd. Mae yma berygl o ddadl gylchol. Nid oes llawer o dystiolaeth gadarn am feirdd proffesiynol yn Llydaw. Mae bodolaeth y gair *barz* mewn Llydaweg Canol yn awgrymog, ond ni all hyn ar ei ben ei hunan brofi dim am swyddogaeth y bardd yn hanesyddol am fod ystyron geiriau yn gallu newid yn sylweddol dros amser.[36] Nid oes dim canu mawl wedi goroesi o'r Oesoedd Canol yn Llydaweg, er ei bod yn bosibl bod gennym adleisiau o ganu o'r fath mewn llenyddiaeth Ladin o Lydaw.[37] Daw'r dystiolaeth orau am berthynas 'enetaidd' rhwng barddoniaeth Llydaw a barddoniaeth Cymru yn yr Oesoedd Canol o faes mydryddiaeth, yn enwedig y ffaith bod system o odli mewnol sy'n debyg i gynghanedd lusg (h.y. gydag odl fewnol rhwng sillaf cyn y *caesura* ac un cyn y brifodl) yn bodoli mewn Llydaweg Canol. Er enghraifft, yn y dernyn hwn a gopïwyd gan Ivoned Omnez yn ymyl f. 144v o lawysgrif Llyfrgell Genedlaethol Ffrainc, Lladin 14354, *c*.1330 × *c*.1350:

> an gu*en* hegu*en* am loue*n*as,
> an hegara*t*, an lac*at* glas ...
> mar ham guor*ant* va kara*nt*it

da vout in n*os* oh he c*os*tit,
uam gar*et*, nep pr*et* - [*et*]

(Yr un wen ei grudd a'm llawenhaodd / Yr hygar, y llygatlas ... / Os addawa fy nghariad imi / [y caf] fod yn y nos wrth ei hochr, / Ferch annwyl, bob amser)[38]

Cymharer yn Gymraeg 'Y ferch dáw**el** | wallt f**él**en', 'Pan ddé**l** | yr haf hir-f**él**yn', 'A mwyn ád**ar** | a'm c**ár**ai', ac yn y blaen.[39] Dywed D. Ellis Evans: 'Fe gofir bod Syr John Morris-Jones wedi esbonio'r enw a ddodwyd ar gynghanedd lusg trwy dybio bod llusgo gynt ar yr ail odl obennol cyn iddi ddod i gynnal y brif acen. Dichon bod egin y gynghanedd hon felly yn bur hen.'[40] Mae Aneirin Karadog wedi awgrymu bod yr ail linell yn y gerdd Lydaweg a gofnodwyd gan Ivoned Omnez (gw. uchod) yn cynnwys addurn sy'n cyfateb i gynghanedd sain bengoll, cyn mynd yn ei flaen i'w galw'n gynghanedd sain – mewn gwirionedd, nid yw'n cyfateb yn fanwl i'r un na'r llall. Ymhellach, mae'n honni bod gan y gynghanedd honno hefyd wreiddiau dwfn yn y Gymraeg, gan ddyfynnu'r llinellau enwog o'r *Gododdin*: 'Gwŷr a **aeth** Gatr**aeth** oedd ffr**aeth** eu llu. / Glasfedd eu hanc**wyn** a gwen**wyn** fu. / Trich**ant** trwy beiri**ant** yn cattáu. / Ac wedy el**wch** tawel**wch** fu.'[41] Noder, fodd bynnag, nad oes yna gyseinedd yn y llinellau hyn o'r *Gododdin*, dim ond odl fewnol. Mae yna ambell i linell lle ceir cyseinedd, er enghraifft, *gwenwyn eu hadl**am** nyt mab **M**am ae **M**aeth*, neu *en emdwyn aryf gr**yt** **GW**r**yt** **GW**ryaf*, ond mae'n rhy anghyffredin i honni bod system ar waith yma.[42]

Casgliad John Koch yw: 'the most natural explanation is that the metrical correspondences – like the systematic correspondences between the languages themselves – are mostly inheritances, the common legacy of Celtic discourse'.[43] Mewn astudiaeth drylwyr o 'gynghanedd' y Llydaweg, daw Aneirin Karadog hefyd at y casgliad bod y ddwy system fydryddol yn gytras, ac yn ffrwyth traddodiad Brythonaidd o farddoni.[44] Mae Evans yn llai hyderus: 'dylid efallai cofio rhybudd Loth bod y testunau Llydaweg a Chernyweg yn rhy ddiweddar inni allu seilio arnynt hwy gasgliadau sicr ynghylch barddoniaeth gynnar'.⁴⁵ Mae ysgolheigion eraill, megis Yves Le Berre a Ronan Calvez, yn casglu mai cyd-ddigwyddiad yw'r cyffelybiaethau hyn, gan dynnu sylw at systemau cymhleth a chain o addurno cerddi yn yr ieithoedd Clasurol ac mewn ieithoedd Ewropeaidd megis y Ffrangeg yn yr Oesoedd Canol.⁴⁶ Hyd yn oed os derbyniwn fod y ddwy system yn gytras, mae casglu ar sail hyn bod ysgolion barddol yn ffynnu yn Llydaw tan ddechrau'r ail ganrif ar bymtheg (adeg diflaniad odlau mewnol o'r fath hon mewn barddoniaeth Lydaweg) yn mynd ymhell y tu hwnt i'r dystiolaeth. Gellid trosglwyddo systemau mydryddol felly o genhedlaeth i genhedlaeth heb ysgol, wedi'r cwbl. Ond, unwaith eto, derbyniwn am y tro fod hyn yn bosibiliad.

Trown at y gair *skoldi* ei hunan a'r geiriau cytras iddo yn yr ieithoedd Celtaidd eraill. Yn y Gymraeg ceir *ysgoldy*, *sgoldy* ac yn Wyddeleg *sgoilteach*.⁴⁷ O ystyried mai benthyciad o'r Lladin yw'r elfen gyntaf yn y geiriau hyn, ni ellir cynnig tarddair Celteg, **skolotegos, i *skoldi* a'r ffurfiau cyfatebol yn yr ieithoedd Celtaidd eraill.⁴⁸ Rhaid bod y ffurfiau Gwyddeleg a Brythoneg wedi eu creu'n annibynnol ar ei gilydd. Mae'n bosibl bod y geiriau Llydaweg a Chymraeg yn cynrychioli ffurf Frythoneg, ond eto mae cyfansoddeiriau o'r math hwn gyda'r elfen gyntaf yn cymhwyso'r ail (*tatpuruṣa*, a defnyddio'r term Sansgrit) yn dal yn gynhyrchiol yn Gymraeg hyd heddiw, er enghraifft *gweplyfr* am 'Facebook', ac yn Llydaweg hefyd, fel mae Le Bihan yn cyfaddef, gan ddyfynnu *prefeti* 'préfecture', *preti* 'restaurant'.⁴⁹ Felly mae'n bosibl hefyd bod *ysgoldy*, *skoldi* yn ddatblygiadau annibynnol yn y ddwy iaith. Mae'n debyg nad oes gennym enghreifftiau cynnar o'r geiriau hyn yn Llydaweg nac yn Gymraeg: mae'r enghreifftiau cynharaf o'r elfen *skoldi* mewn enwau lleoedd Llydaweg a ddyfynnir gan Hervé Le Bihan yn dyddio o 1521, ac nid oes yna enghraifft o'r gair *ysgoldy* yn GPC cyn geiriadur William Salesbury yn 1547.⁵⁰ Nid yw hyn yn profi nad hen eiriau ydynt, wrth gwrs, ond, hyd yn oed os ydym yn derbyn bod *skoldi* yn Llydaw yn dynodi ysgol farddol, nid yw'n dilyn bod yr un peth yn wir am *ysgoldy* yng Nghymru.

Nid oes cofnod o'r un enw lle yng Nghymru sy'n cynnwys yr elfen *Ysgoldy* cyn y bedwaredd ganrif ar bymtheg, yn ôl y Rhestr o

Enwau Hanesyddol. Nid wyf wedi mynd ar ôl bob un, ond mae'n sicr bod rhai ohonynt, o leiaf, yn cyfeirio at ysgolion modern: er enghraifft, *Ysgoldy Tre-fechan*, sef adeilad ysgol Sul yn Nhrefechan, Ceredigion, ac 'Yscoldy Clarach', cyfeiriad at ysgol eglwysig yng Nghlarach yn yr un sir.[51] Hyd y gwelaf i, prif ystyr y gair *ysgoldy* ar lafar heddiw yw 'festri capel', neu adeilad ar wahân a berthynai i'r capel lle y cynhelid yr ysgol Sul.[52] Y tebyg, felly, yw bod rhai o'r ysgoldai yn y Rhestr o Enwau Hanesyddol yn dwyn yr ystyr hwn. Ym mynegai'r llyfr *Capeli Môn*, ceir 14 o 'ysgoldai' nas cofnodir yn y Rhestr.[53] Yn sicr, ni welaf unrhyw reswm dros gredu bod yr un o'r enwau lleoedd hyn yng Nghymru yn cyfeirio at ysgolion barddol.

Cyfeiriadau posibl at ysgolion barddol yn Gymraeg

Trown yn awr at ddyrnaid o enghreifftiau o'r gair *ysgol* mewn testunau canoloesol a modern cynnar a all fod yn berthnasol, gan ddechrau gyda'r un fwyaf addawol. Yn y fersiwn gynharaf o *Statud Gruffudd ap Cynan*, a gyfansoddwyd ar achlysur eisteddfod gyntaf Caerwys yn 1523, darllenwn:

> Hevyd na bo i ddisgybl wnaethur disgybl arall na dysgv dim ar a gafas gann i athraw onid a wnel dann i athraw yn ysgol yr athro nev drwy i ganiad i ddysgv arall ac ar | bob disgybl bod gida i athraw ygrawys ac yn Enwedic pob disgybl ysbas nes ynill gradd disgybliaidd dan boen kolli i radd oni bydd karchar nev glevyd nev gyvryw achos kyvreithlawn.

> (Also, that an apprentice shall not make another apprentice nor teach anything which he has received from his teacher unless he does so beneath his teacher in the teacher's school or by his permission to teach another, and every apprentice must be with his teacher during Lent and especially every temporary apprentice until he has gained the instructable degree, under pain of losing his degree except through imprisonment or illness or a similar legitimate reason.)[54]

Ni cheir y cyfeiriad at *ysgol* yn ail fersiwn y *Statud* (1567). Yn wir, mae T. Gwynn Jones yn nodi, 'This is the only instance I have observed of the use of the word "school" in these texts.'[55] O gofio natur unigryw y cyfeiriad hwn, a yw'n werth ystyried y posibiliad bod yma ddylanwad Gwyddelig? Priodolid y *Statud*, yn anghywir, i'r tywysog Gruffudd ap Cynan o Wynedd (*c*.1055–1137), ac roedd gan hwnnw gysylltiadau Gwyddelig hysbys. Cafodd ei eni yn Nulyn, yn fab i'r alltud Cynan ab Iago a'r dywysoges Rhagnell, o dras Gwyddelig a Norsaidd, ac roedd Gwyddelod yn ei osgordd pan ddaeth yn ôl i Gymru i hawlio ei goron yn 1081.[56] Ond er bod traddodiadau diweddarach amdano, gan ddechrau gyda *Historie of Cambria* David Powel (1584), lle honnir iddo ddod â cherddorion gydag ef o Iwerddon i drawsnewid cerddoriaeth Cymru, yn pwysleisio'r cysylltiadau Gwyddelig hyn, nid yw'r *Statud* yn gwneud felly.[57] Nid oes unrhyw reswm i feddwl bod gan awdur y testun hwnnw unrhyw wybodaeth neilltuol am y gyfundrefn farddol yn Iwerddon.

Nawr, trof at dystiolaeth y cerddi. Chwiliais y farddoniaeth ganoloesol am y gair *ysgol*: un enghraifft yn unig sydd ym mynegai Graham Isaac o'r hengerdd, dim un ym mynegeiriau saith cyfrol *Cyfres Beirdd y Tywysogion*,[58] a thair yng nghoncordans yr Athro Ann Parry Owen o farddoniaeth y bedwaredd ganrif ar ddeg.[59] Cefais ddyrnaid o enghreifftiau pellach trwy gribo mynegeiriau golygiadau modern o farddoniaeth o'r bymthegfed ganrif a'r unfed ar bymtheg. Mae'n bosibl bod rhagor.

Y broblem gyntaf sy'n ein hwynebu wrth ddehongli'r cyfeiriadau hyn yw'r ffaith bod mewn Cymraeg Canol dri gair a oedd, erbyn canol y drydedd ganrif ar ddeg, yn homoffonig, sef (1) ein *ysgol* ni o'r Lladin *schola*, (2) *ysgol* 'cyfres o ffyn neu risiau rhwng dau gynhalbost neu ddwy raff, &c.', a ddefnyddir i ddringo i fyny neu i lawr', benthyciad o'r Lladin *scāla*, a (3) gair prin a geir mewn barddoniaeth hyd y ddeuddegfed ganrif o leiaf sy'n golygu 'arwr, pencampwr, rhyfelwr' ac sy'n gytras â Gwyddeleg Canol *scál* 'bod goruwchnaturiol, cawr, arwr'.[60] *Ysgawl* oedd ffurf y ddau olaf yn yr Oesoedd Canol cynnar (gydag /au/ < /a:/), ond trodd /au/ yn /o/ mewn sillafau diacen yn ystod yr Oesoedd Canol – mae rhai sillafiadau yn Llyfr Du

Caerfyrddin yn dangos bod hyn wedi digwydd erbyn *c*.1250.⁶¹ Mae rhai o'r enghreifftiau o *ysgol* yn y farddoniaeth yn amherthnasol, felly: er enghraifft, yn awdl Casnodyn i'r Drindod (a gyfansoddwyd cyn *c*.1330), 'Troch heol ysgol esgar boethfan' ('Ffordd drist yw['r] ysgol [i] boethle['r] gelyn'), lle mai 'ladder' yw'r ystyr yn amlwg.⁶² Nid yw hyn yn ormod o broblem, fodd bynnag, am fod ceidwadaeth orgraffyddol yn golygu bod y ddau air olaf yn cael eu sillafu fel *ysgawl* fel arfer trwy'r cyfnod Cymraeg Canol. Mae rhai o'r enghreifftiau a erys, lle mae'n sicr mai'r gair am 'sefydliad addysg' sydd yno, yn cyfeirio at ysgolion eglwysig ac ati (e.e. yn y gerdd 'Ysgolan' o Lyfr Du Caerfyrddin).⁶³

Daw'r enghraifft farddonol fwyaf addawol o'r cwpled hwn gan Lewys Daron yn ei farwnad i Dudur Aled (m. 1525 neu 1527):

> Ein ysgol oedd, yn was glân,
> Ysgol aeth is-gil weithian.⁶⁴

Mae'r defnydd ffigurol hwn o *ysgol* i gyfeirio at ddawn Tudur fel athro barddol yn awgrymog. Gellir ychwanegu cwpl o enghreifftiau o'r gair *ysgol* sy'n cyfeirio, mwy na thebyg, at 'ysgolion cerddoriaeth' (unwaith eto yn ffigurol). Yn ei farwnad i'r telynor Siôn Eos a ddienyddiwyd am lofruddiaeth, mae Dafydd ab Edmwnd (*fl.* 1450 × 1497) yn dweud 'ai ddisgybl yn ddi ysgol'.⁶⁵ Wrth ddyfalu'r ceiliog bronfraith yn ei gywydd gofyn amdano ar ran Siôn Ifans o Lansilin, mae Gruffudd Hiraethog (m. 1564) yn ei alw'n 'Ysgol gân dysg lowygain deg'.⁶⁶ Efallai bod y cyfeiriadau hyn yn berthnasol, o ystyried y berthynas agos rhwng cerdd dant a cherdd dafod. Nid oes prawf, fodd bynnag, fod y rhain yn gyfeiriadau at ysgolion 'swyddogol' yn hytrach na rhyw drefniant addysgol mwy llac. Mae Raff ap Robert (1525 × 1570), wrth farwnadu'r telynor Siôn Erch ar ran Edward Llwyd, yn dweud 'F'ysgol ocdd fiwsig o'i law', prawf mai athro telyn Edward oedd Siôn, ond rhyw brentisiaeth a awgrymir yma, mae'n debyg.⁶⁷ Gellid cymharu cyfeiriad gan y bardd Gwyddelig Cú Choigcríche mhac Mheic Con Í Chléirigh (*fl.* 1624–64) at 'na cliarsgola', sef 'ysgolion y *clíar*'.⁶⁸ Beirdd a cherddorion iselradd oedd y *clíar*, yn cyfateb i *glêr*

Cymru:⁶⁹ go brin eu bod yn derbyn addysg ffurfiol mewn ysgol, felly defnydd llac o'r gair *scol* sydd yma. Cyfieithiad Eleanor Knott o'r ymadrodd yw 'minstrel bands'.⁷⁰ Dylid nodi, yn ogystal, bod y bardd Hywel Swrdwal yn disgrifio Robert Mathau o Feisgyn yn 'ysgol ynys Feisgyn' yn ei farwnad iddo tua chanol y bymthegfed ganrif.⁷¹ Dyn dysgedig oedd Robert Mathau, ond nid bardd nac athro barddol ydoedd, na cherddor ychwaith, hyd y gwyddys.⁷² Felly ni allwn gymryd yn ganiataol bod y gair *ysgol* yng ngherdd Lewys Daron yn gyfeiriad at ysgol farddol fel y cyfryw, ac mae rhaid i ni ddychwelyd at y casgliad nad oes yna dystiolaeth uniongyrchol am sefydliadau felly yng Nghymru ac eithrio'r cyfeiriad unigryw hwnnw yn *Statud Gruffudd ap Cynan*.

Efallai, fodd bynnag, bod cerdd Lewys Daron, sydd bron yn union gyfamserol â'r *Statud*, yn gallu taflu rhywfaint o oleuni ar y cyfeiriad hwnnw. Mae Dafydd Johnston yn awgrymu:

> [y] tebyg yw mai'r cwbl a feddylir wrth sôn am ysgol yn y Statud yw bod nifer o ddisgyblion yn digwydd cael eu dysgu yr un pryd gan athro, arfer a ddaeth yn fwy cyffredin, efallai, yn yr unfed ganrif ar bymtheg.⁷³

Rydym yn gwybod bod Tudur Aled yn athro barddol i nifer o feirdd: Gruffudd Hiraethog, Siôn ap Hywel, Huw ap Dafydd, Raff ap Robert, Siôn Ceri ac, efallai, Gruffudd ab Ieuan.⁷⁴ Roedd Gruffudd Hiraethog yntau'n athro ar nifer o ddisgyblion hefyd ac, yn ei achos ef, mae gennym dystiolaeth, yn rhith englyn dienw a ganwyd gan gyw fardd a oedd yn paratoi bwyd i Ruffudd a'i ddisgyblion, ei fod yn eu dysgu ar yr un pryd, fel Cathbad y derwydd a'i wyth disgybl yn *Táin Bó Cúailnge*:

> Vn oedd yn aros i botwen⁷⁵ ferwi i'w rhoi i brydyddion oedd gida Hiraethog yn dysgv:
>
> > Pan fo'r god barod e'i bwrir – i'r bwrdd
> > Y mae'r beirdd mynydd-dir,

A gwae hon, e'i gwahenir,
Y god, o'u dyfod i dir.[76]

Efallai y tâl inni ystyried llinell gan Ddafydd ap Gwilym ym mlynyddoedd canol y bedwaredd ganrif ar deg o'r gerdd 'Telynores Twyll', sef 'Nid un ysgol hudoliaeth'.[77] Nid cyfeiriad yw hwn at ysgol hud a lledrith go iawn yn null Hogwarts. Y tebyg yw, felly, bod y defnydd achlysurol o'r gair *ysgol* wrth sôn am addysg barddol yng Nghymru'n adlewyrchu datblygiad diweddar lle byddai bardd mawr ei barch yn denu llawer o brentisiaid ato, yn hytrach nag at sefydliad cytras ag ysgolion barddol Iwerddon gyda'u hystafelloedd tywyll.[78] Mewn geiriau eraill, estyniad ydyw ar yr ail ddull o addysgu beirdd yn y byd Celtaidd y cyfeiriodd Jackson ato, sef 'individually from some poet of established reputation', cyfundrefn y mae hen ddigon o dystiolaeth amdani o Gymru'r Oesoedd Canol.

Ysgolion barddol yn Iwerddon gynnar

Trown ein golygon unwaith eto at y byd Gaelaidd. Ymddengys imi fod sefydlu ysgolion barddol yn Iwerddon yn ateb i amgylchiadau hanesyddol arbennig na fodolent yng Nghymru nac, at hynny, yng Ngâl yn yr hen gyfnod.[79] Cafodd diwygiad yr Eglwys a dyfodiad y Sistersiaid i Iwerddon yn y ddeuddegfed ganrif effaith hynod andwyol ar y dosbarthiadau dysgedig brodorol a oedd hyd yna wedi elwa ar ysgolion eglwysig a oedd yn gyffredinol sympathetig i gynnal a throsglwyddo cyfarwyddyd brodorol.[80] Gadawodd hyn fwlch, a lanwyd yn y pen draw gan sefydlu ysgolion seciwlar i ddysgu'r gyfraith, meddyginiaeth a hanes, yn ogystal â barddoniaeth.

Yn 1139, cofnodir marwolaeth y bardd Cú Chonnacht na scoile Ua Dálaigh ('C. Ch. yr ysgol U. D.') a elwir hefyd yn *ardollamh lé dán* 'prifathro barddoniaeth', ac awgryma hyn oll mai pennaeth ysgol farddol ydoedd.[81] Posibiliad arall, a grybwyllir gan Proinsias Mac Cana, fodd bynnag, yw ei fod yn athro mewn ysgol fynachaidd, efallai Cluain Iraird.[82] Os felly, ni allwn ddefnyddio hyn yn dystiolaeth am fodolaeth ysgolion barddol yn y ddeuddegfed ganrif. Yn wreiddiol, mae'n debyg i'r ysgolion hyn gael eu cynnal yng nghartrefi eu noddwyr aristocrataidd, ond erbyn yr unfed ganrif ar bymtheg mae gennym gyfeiriadau at yr ysgoldy, sef *sgoilteach* neu *teach na scoile*. Efallai'r cynharaf o'r cyfeiriadau hyn yw'r un sy'n digwydd mewn nodyn ymylol mewn llawysgrif o'r unfed ganrif ar bymtheg (BL Egerton 88) o ysgol gyfreithiol y teulu Mac Aodhagáin yn Park, swydd Galway: 'Is minic tic Gerailt do túr luderim don sgoilteagh uchán' ('Yn aml y daw Geralt i chwilio am ??? i'r ysgoldy, och a gwae').[83] Ar 6 Mawrth 1590, cawn y meddyg 29 oed Risteard Ó Conchubhair, a syched a chwant bwyd arno, yn copïo RIA 3 C 19 *a ttech na sgoili a nAchadh Mhic Airt*, hynny yw, yn yr ysgoldy yn ysgol feddygol Aghnamacart.[84] Rhesymol yw casglu bod beirdd hefyd yn cael eu dysgu mewn ysgoldai erbyn hynny.

Beth bynnag, nid oes gennym reswm anorfod, mi gredaf, dros wthio ysgolion barddol Iwerddon yn ôl i'r Oesoedd Canol cynnar, heb sôn am yr Hen Fyd. Os ydym am feddwl am system addysg barddol 'Celtaidd' a etifeddwyd o'r cyfnod cynhanesyddol, yna mae'n fwy tebygol mai system o brentisiaeth oedd y system honno, a bod y cyfeiriadau anfynych at ysgolion yn y ffynonellau Cymraeg yn adlewyrchu trefniant digon llac rhwng athro a nifer o ddisgyblion.

Nodiadau

1   J. E. Caerwyn Williams, *Traddodiad Llenyddol Iwerddon* (Caerdydd: Gwasg Prifysgol Cymru, 1958), t. 128. Ar y wireb, gw. William Ringler, '*Poeta nascitur non fit*: Some Notes on the History of an Aphorism', *Journal of the History of Ideas*, 2 (1941), 497–504. Yr Athro Marged Haycock a'm cyflwynodd i farddoniaeth Gymraeg ganoloesol pan oeddwn yn fyfyriwr israddedig yn Adran y Gymraeg, Prifysgol Cymru, Aberystwyth, fel yr oedd ar y pryd. Mawr yw fy nyled iddi am ei chefnogaeth a'i charedigrwydd dros y blynyddoedd.

2   Yn y cyd-destun Gaelaidd, fel y gwelwn, roedd yr ysgol farddol yn adeilad arbennig a godwyd yn unswydd ar gyfer addysgu cyw-feirdd. Prif bwrpas y papur hwn fydd ystyried y dystiolaeth am ysgolion o'r fath yng Nghymru a Llydaw. Byddaf yn edrych ar agweddau eraill ar addysg y beirdd Cymraeg mewn man arall.

3   Robin Flower, 'A Lost MS. of the "Clanricarde Memoirs"', *The British Museum Quarterly*, 5 (1930), 24–5; Robin Flower, *The Irish Tradition* (Oxford: Clarendon Press, 1947), tt. 95–6; Robin Flower, *Catalogue of Irish Manuscripts in the British Museum*, III (London: British Museum, 1953), tt. 15–17. Credid yn gynt mai Marcwis Clanricarde oedd awdur y traethawd. Cwbl ddryslyd yw fy

nghyfeiriad at yr awdur yn fy nodyn 'Awen yr Ymadawedig: Dau Gyfeiriad ym Marddoniaeth Wiliam Llŷn', *Dwned*, 25 (2019), 79–89 (79).

4   Osborn Bergin, *Irish Bardic Poetry: Texts and Translations*, gol. David Greene a Fergus Kelly (Dublin: Dublin Institute for Advanced Studies, 1970), t. 5. Cf. James F. Kenney, *The Sources for the Early History of Ireland: Ecclesiastical* (Shannon: Irish University Press, 1968), t. 36: 'The conditions depicted must have been of the seventeenth century.'

5   Flower, *Irish Tradition*, t. 96. Am ddetholion o'r testun ei hunan, gw. Bergin, *Irish Bardic Poetry*, tt. 5–8; Kenney, *Sources for the Early History of Ireland*, tt. 36–7. Ceir cyfieithiad Cymraeg o ran o'r disgrifiad yn T. Gwynn Jones, 'Hen Ysgolion Celtaidd', *Y Geninen*, 37 (1919), 1–8 (6–7).

6   Am ragor o wybodaeth amdano, gw. Alan Harrison, *The Dean's Friend: Anthony Raymond 1675–1726, Jonathan Swift and the Irish Language* (Dublin: Edmund Burke, 1999), tt. 105–8.

7   Bernadette Cunningham, *The World of Geoffrey Keating: History, Myth and Religion in Seventeenth-Century Ireland* (Dublin: Four Courts Press, 2000), tt. 589–60.

8   Robin Flower, 'Manuscripts of Irish Interest in the British Museum', *Analecta Hibernica*, 2 (1931), 292–340 (303–4).

9   Am un enghraifft, gw. Diarmuid Ó Murchadha, 'Was the O'Neill-McCarthy Letter of 1317 a Forgery?', *Irish Historical Studies*, 23 (1982–3), 61–7. Dywedodd Dr Peadar Ó Muircheartaigh wrthyf ei fod yn paratoi golygiad o lythyr Gwyddeleg a ffugiwyd gan O'Sullivan sydd mor amrwd fel bod myfyrwyr israddedig yn gallu adnabod nad yw'n ddilys ar ôl semester yn unig o astudio llythyrau'r cyfnod.

10 Kim McCone, *Pagan Past and Christian Present in Early Irish Literature* (Maynooth: Department of Old Irish, National University of Ireland, Maynooth, 1990), t. 27; Michelle O Riordain, *Irish Bardic Poetry and Rhetorical Reality* (Cork: Cork University Press, 2007), t. 306, n. 43; Richard Glyn Roberts, 'Achau Llafaredd', *Dwned*, 15 (2009), 33–56 (54).

11 Damian McManus, 'The bardic poet as teacher, student and critic: a context for the grammatical tracts', yn Cathal G. Ó Háinle a Donald E. Meek (goln), *Unity in Diversity: Studies in Irish and Scottish Gaelic Language, Literature and History* (Dublin: The School of Irish, Trinity College, 2004), tt. 97–123 (t. 121).

12 Elizabeth FitzPatrick, 'The landscape and settlements of the Uí Dhálaigh poets of Muintir Bháire', yn Seán Duffy (gol.), *Princes, Prelates and Poets in Medieval Ireland: Essays in Honour of Katharine Simms* (Dublin: Four Courts Press, 2013), tt. 460–80; Elizabeth FitzPatrick, '*Ollamh*, *biatach*, *comharba*: lifeways of Gaelic learned families in medieval and early modern Ireland', yn Liam Breatnach, Ruairí Ó hUiginn, Damian McManus a Katherine Simms (goln), *An XIV Comhdháil Idirnáisiúnta sa Léann Ceilteach, Maigh Nuad 2011: Imeachtaí/XIV International Congress of Celtic Studies, Maynooth 2011: Proceedings* (Dublin: Dublin Institute for Advanced Studies, 2015), tt. 165–89 (tt. 178–80).

13 Flower, *Irish Tradition*, t. 96. Mae'n debyg bod rhan O'Sullivan yn astudiaeth Wanley o Efengylau Mael Brigte yn ddigon difai hefyd (Richard Sharpe,

'Humfrey Wanley, Bishop John O'Brien, and the Colophons of Mael Brigte's Gospels', *Celtica*, 29 (2017), 251–92).

14 Eamon Darcy, '"The footsteps of that custom ... still remaining": Medieval Memory Culture and Thomas O'Sullevane's Portrayal of the Irish Bardic Tradition', *Proceedings of the Royal Irish Academy*, 122C (2022), 203–6 (205).

15 Bergin, *Irish Bardic Poetry*, t. 5.

16 Williams, *Traddodiad Llenyddol Iwerddon*, t. 129.

17 Kenneth Jackson, *A Celtic Miscellany* (ail ol., Harmondsworth: Penguin, 1971), t. 227; cf. Kenneth Jackson, *The Gododdin: The Oldest Scottish Poem* (Edinburgh: Edinburgh University Press, 1969), t. 60.

18 Calvert Watkins, *How to Kill a Dragon: Aspects of Indo-European Poetics* (Oxford: Oxford University Press, 1995), t. 77. Fel y mae Eamon Darcy ('"The footsteps of that custom ... still remaining"') wedi dangos, mae datganiadau o'r math yn anwybyddu cyd-destun gwaith O'Sullivan yn llwyr, ac yn eironig, braidd, o ystyried ei fod yn ceisio gwrthbwyso honiadau bod yr ysgolion barddol yn baganaidd eu naws.

19 J. E. Caerwyn Williams, *Geiriadurwyr y Gymraeg yng Nghyfnod y Dadeni* (Caerdydd: Amgueddfa Genedlaethol Cymru, 1983), t. 10.

20 G. J. Williams, 'Leland a Bale a'r Traddodiad Derwyddol', LlC, 4 (1956–7), 15–25 (17–19); G. J. Williams, 'The History of Welsh Scholarship', SC, 8/9 (1973–4), 195–219 (199).

21 Gw. e.e. Eleanor Knott (gol.), *The Bardic Poems of Tadhg Dall Ó hUiginn (1550–1592)*, I: *Introduction and Text* (London: Irish Texts Society, 1922), t. xli.

22 Daniel Huws, *Cynnull y Farddoniaeth* (Aberystwyth: Canolfan Uwchefrydiau Cymreig a Cheltaidd Prifysgol Cymru, 2004), t. 4. Ar hanes y cysylltiad hwn yng Nghymru, gw. Angelika Heike Rüdiger, 'Writing Britain's Celtic History in the Nineteenth Century: The Study of Folk Tradition by Sir John Rhŷs', *Studia Celto-Slavica*, 10 (2019), 77–110 (95), nad yw, fodd bynnag, yn trafod y cysyniad hwn yng ngwaith Leland.

23 S. A. Handford (cyf.), *Caesar: The Conquest of Gaul* (Harmondsworth: Penguin, 1951), tt. 32–3. Dywedodd J. J. Tierney, 'It is possible that the statement that the Druids spend twenty years learning a large number of verses is a transference to them of what was rather true of the Bards' ('The Celtic Ethnography of Posidonius', *Proceedings of the Royal Irish Academy*, 60C (1959–60), 189–275 (223–4)). Dyfalu yw hyn, afraid dweud.

24 John T. Koch a John Carey, *The Celtic Heroic Age* (pedwerydd arg., Aberystwyth: Celtic Studies Publications, 2003), t. 31. Yn ôl Miranda Aldhouse-Green (*Caesar's Druids: Story of an Ancient Priesthood* (New Haven, CT and London: Yale University Press, 2010), t. 47), 'the allusion ... to "twenty years" is probably a literary device for expressing "a long time" rather than a reference to a precise time span'. Cf. Stuart Piggott, *The Druids* (Harmondsworth: Penguin, 1968), t. 96, sydd hefyd yn ystyried y posibiliad ei fod yn cyfeirio at gylch calendraidd o bedair blynedd ar bymtheg – mae'n debyg bod Calendr Coligny'n tystio i wybodaeth o gylch o'r fath ymysg y Galiaid (t. 105).

25 Piggott, *Druids*, tt. 95–6.

26 Aldhouse-Green, *Caesar's Druids*, tt. 14, 15.
27 Cecile O'Rahilly (gol.), *Táin Bó Cúalnge from the Book of Leinster* (Dublin: Dublin Institute for Advanced Studies, 1967), llau. 922–4; cyfieithiad ar d. 163.
28 E.e. J. Lloyd-Jones, 'The Court Poets of the Welsh Princes', PBA, 34 (1948), 167–97 (t. 170); Melville Richards (gol.), *Breudwyt Ronabwy* (Caerdydd: Gwasg Prifysgol Cymru, 1948), t. xii; Thomas Parry, 'The Welsh Metrical Treatise Attributed to Einion Offeiriad', PBA, 47 (1961), 177–95 (177–8); Williams, 'History of Welsh Scholarship', 195–6; R. P. M. a W. P. Lehmann, *An Introduction to Old Irish* (New York: Modern Language Association of America, 1975), t. 139; Morfydd E. Owen, *Golwg Bardd Cymreig yr Oesoedd Canol ar Gymdeithas: Drych yr Oes Haearn* (Machynlleth: Ymddiriedolaeth y Tabernacl, 1992), t. 18; Sara Elin Roberts, 'Addysg Broffesiynol yng Nghymru yn yr Oesoedd Canol: Y Beirdd a'r Cyfreithwyr', LlC, 26 (2003), 1–17 (8).
29 A. T. E. Matonis, 'Problems relating to the composition of the Welsh bardic grammars', yn A. T. E. Matonis a Daniel F. Melia (goln), *Celtic Language, Celtic Culture: A Festschrift for Eric P. Hamp* (Van Nuys, CA: Ford and Bailie, 1990), tt. 273–91 (t. 287). Cf. A. T. E. Matonis, 'The Welsh Bardic Grammars and the Western Grammatical Tradition', *Modern Philology*, 79 (1981), 121–45 (123–4); E. I. Rowlands, 'Bardic Lore and Education', BBCS, 32 (1985), 143–55 (143–4, 153).
30 Ceri W. Lewis, 'The court poets: their function, status and craft', yn A. O. H. Jarman a Gwilym Rees Hughes (goln), *A Guide to Welsh Literature*, i (Cardiff: University of Wales Press, 1976), tt. 123–56 (t. 140).
31 Berwyn Prys Jones, 'Astudiaeth gymharol o gyfundrefnau'r beirdd yng Nghymru ac Iwerddon' (traethawd MA anghyhoeddedig, Prifysgol Cymru, 1973), 8.
32 Herve Le Bihan (gol.), *An Dialog etre Arzur Roe d'an Bretounet ha Guynglaff /Le dialogue entre Arthur roi des Bretons et Guynglaff* (Rennes: TIR, 2013), t. 18 ac yno n. 33; Herve Le Bihan, 'Notennoù diwar-benn al lec'hanv krBr. *Scoldy*, ar varzhed ha dibenn arver ar c'hlotennoù diabarzh', *Hor Yezh*, 276 (2013), 37–9; Hervé Le Bihan, 'Arthur in earlier Breton traditions', yn Ceridwen Lloyd-Morgan ac Erich Poppe (goln), *Arthur in the Celtic Languages: The Arthurian Legend in Celtic Literatures and Traditions* (Cardiff: University of Wales Press, 2019), tt. 281–303 (t. 292). Ar y ddau fath o enw cyfansawdd hyn, gw. Kenneth Jackson, *Language and History in Early Britain* (Edinburgh: University of Edinburgh Press, 1953), tt. 225–7.
33 Le Bihan, *Dialog etre Arzur Roe d'an Bretounet ha Guynglaff*, t. 18.
34 Gw. *https://enwaulleoeddhanesyddol.cbhc.gov.uk/* (cyrchwyd 30 Gorffennaf 2019).
35 E.e. Gwennolé Le Menn, 'Inscriptions en moyen-breton à Gourin', *Annales de Bretagne*, 79 (1972), 887–904 (899–900); Gwennolé Le Menn, 'La prosodie des chants en moyen breton (1350–1650)', yn J. Quéniart (gol.), *Le Chant Acteur de l'histoire* (Rennes: Presses universitaires de Rennes, 2000), tt. 13–21; Léon Fleuriot, 'Brittonica', EC, 19 (1982), 259–74 (266); Rhisiart Hincks, *I Gadw Mamiaith Mor Hen* (Llandysul: Gomer, 1995), t. 46.

36 Gw. Simon Rodway, 'Ailystyried y Bardd Celtaidd: Defodau Urddo a Dulliau Cyfansoddi', *Dwned*, 21 (2015), 11–47 (25–7). Mae fy sylwadau ar darddiad y gair *bardd* braidd yn gamarweiniol yn Simon Rodway, 'Dychan "Celtaidd"?', *Dwned*, 23 (2017), 79–120 (86–8); cf. Simon Rodway, 'New Light on Rhys's *Lectures on Welsh Philology*', CMCS, 77 (summer 2019), 3–16 (6–7).

37 Gw. Rodway, 'Ailystyried y Bardd Celtaidd', 16–18, lle rhoddir cyfeiriadau pellach. Mae Gary German wedi gweld tystiolaeth anuniongyrchol am draddodiad o farddoniaeth arwrol yn Llydaweg yn y llysenwau sy'n adlewyrchu'r math o rinweddau rhyfelgar a ganmolir mewn barddoniaeth Gymraeg – mae hyn braidd yn fentrus yn fy marn i. Gw. Gary D. German, 'Breton patronyms and the British Heroic Age', yn Anne Hellegouarc'h-Bryce a Heather Williams (goln), *Regards croisés sur la Bretagne et le Pays de Galles* (Brest: Centre de Recherche Bretonne et Celtique ac Aberystwyth: Centre for Advanced Welsh and Celtic Studies, 2013), tt. 53–88.

38 Hincks, *I Gadw Mamiaith Mor Hen*, tt. 43–4. Dadleua Léon Fleuriot y gallai'r gerdd ddyddio o'r unfed ganrif ar ddeg ('Langue et société dans la Bretagne ancienne', yn Jean Balcou ac Yves Le Gallo (goln), *Histoire littéraire et culturelle de la Bretagne* (Paris: Champion, 1997), tt. 7–28 (t. 19)). Am enghraifft ddiweddarach o'r un math o addurn mydryddol, gw. Yves Le Berre (gol.), *La Passion et la Résurrection bretonnes de 1530 suivies de trois poèmes* (Brest: Centre de Recherche Bretonne et Celtique, 2011), t. 490. Yn gyffredinol, gw. sylwadau R. M. Jones, 'Hanes Llenyddiaeth Lydaweg y 15fed Ganrif', *Y Traethodydd*, 132 (1977), 90–108 (96–8); Emile Ernault, *L'ancien vers Breton* (Brest: Brud Nevez, 1991), t. 11; Peter Schrijver, 'Middle and Early Modern Breton', yn Elmar Ternes (gol.), *Brythonic Celtic – Britannisches Keltisch: From Medieval British to Modern Breton* (Bremen: Hempen Verlag, 2011), tt. 359–425 (t. 367).

39 John Morris Jones, *Cerdd Dafod* (Rhydychen: Gwasg Prifysgol Rhydychen, 1925), t. 173.

40 D. Ellis Evans, 'Rhagarweiniad i astudiaeth o fydryddiaeth y *Gododdin*', yn Rachel Bromwich ac R. Brinley Jones (goln), *Astudiaethau ar yr Hengerdd* (Caerdydd: Gwasg Prifysgol Cymru, 1978), tt. 89–122 (t. 116).

41 Aneirin Karadog, 'Bu'r iaith hon rhwng Brythoniaid: golwg ar y gynghanedd yn Llydaweg', yn Aneirin Karadog ac Eurig Salisbury (goln), *Y Gynghanedd Heddiw* (Llandybïe: Cyhoeddiadau Barddas, 2020), tt. 82–99 (t. 90).

42 Rwyf yn ddiolchgar i'r Athro Mererid Hopwood am drafod hyn gyda mi, a hefyd am sylwadau'r Athro Barry Lewis, a dynnodd fy sylw at yr enghreifftiau ychwanegol o'r *Gododdin* (CA, llau. 366 a 413).

43 John T. Koch, *The Gododdin of Aneirin: Text and Context from Dark-Age North Britain* (Cardiff: University of Wales Press, 1997), t. cxxxv.

44 Karadog, 'Bu'r iaith hon rhwng Brythoniaid'.

45 Evans, 'Rhagarweiniad i astudiaeth o fydryddiaeth', t. 116.

46 E.e. Yves Le Berre a Ronan Calvez, *Entre le riche et le pauvre: La littérature de breton entre 1450 et 1650* (Brest: Emgleo Breiz, 2012), t. 82; cf. Karadog, 'Bu'r iaith hon rhwng Brythoniaid', t. 90.

47 Dim ond un enghraifft o *sgoilteach* a geir yn *eDIL*, a hynny o gerdd gan Tadhg Ó hUiginn o'r drydedd ganrif ar ddeg hwyr (Lambert McKenna (gol.), *The Book of Magauran* (Dublin: Dublin Institute for Advanced Studies, 1947), ll. 218; https://bardic.celt.dias.ie/, cerdd 590, 38.4), ond mae o leiaf un enghraifft arall mewn llawysgrif o'r unfed ganrif ar bymtheg (gw. isod).

48 Henry Lewis a Holger Pedersen, *A Concise Comparative Celtic Grammar* (ail ol., Göttingen: Vandenhoeck and Ruprecht, 1961), t. 59.

49 Stefan Zimmer, *Studies in Welsh Word-Formation* (Dublin: Dublin Institute for Advanced Studies, 2000), t. 568; Le Bihan, 'Notennoù diwar-benn al lec'hanv krBr. *Scoldy*', 38, n. 12.

50 Le Bihan, 'Notennoù diwar-benn al lec'hanv krBr. *Scoldy*', 38.

51 Gw. Iwan Wmffre, *The Place-Names of Cardiganshire* (Oxford: BAR, 2004), tt. 988, 1010.

52 Gw. GPC s.v. *ysgoldy* '(Adeilad a ddefnyddir fel) ysgol, ystafell addysgu mewn tŷ neu ysgol, coleg; festri'; Ceinwen H. Thomas, *Tafodiaith Nantgarw* (Caerdydd: Gwasg Prifysgol Cymru, 1993), cyf. II, t. 732, 'festri tŷ cwrdd; *a chapel vestry*'. Trwy ymholiad ar y tudalen Facebook 'Iaith' (29 Medi 2021), daeth yn amlwg bod yr ystyr hwn yn gyfarwydd dros Gymru i gyd, bron, ac ymysg Cymry Lerpwl. Am wybodaeth am y tudalen Facebook hwn, gw. Guto Rhys, *AmrywIAITH: Blas ar Dafodieithoedd Cymru* (Llanrwst: Gwasg Carreg Gwalch, 2020), tt. 11–12.

53 Geraint I. L. Jones, *Capeli Môn* (Llanrwst: Gwasg Carreg Gwalch, 2007), t. 119.

54 David Klausner, 'Statud Gruffudd ap Cynan/The Statute of Gruffudd ap Cynan', *Hanes Cerddoriaeth Cymru*, 3 (1999), 282–307 (287, 294); cf. hefyd David Klausner (gol.), *Records of Early Drama: Wales* (Toronto: University of Toronto Press, 2005), tt. 161, 351–2.

55 T. Gwynn Jones, 'Bardism and Romance: A Study of the Welsh Literary Tradition', THSC (1913–14 (1915)), 205–310 (255, n. 2).

56 Am amlinelliad byr o'i yrfa gyda chyfeiriadau pellach, gw. GMB, tt. 66–7.

57 Sally Harper, 'So How Many Irishmen Went to Glyn Achlach? Early Accounts of the Formation of *Cerdd Dant*', CMCS, 42 (winter 2001), 1–25 (15–17); Sally Harper, *Music in Welsh Culture before 1650: A Study of the Principal Sources* (Aldershot: Ashgate, 2007), tt. 45–6; Patrick Sims-Williams, *Irish Influence on Medieval Welsh Literature* (Oxford: Oxford University Press, 2011), t. 20.

58 Graham Isaac, *Yr Hengerdd: Mynegeiriau Cyflawn*, CD-ROM (Aberystwyth: Adran y Gymraeg, Prifysgol Cymru, Aberystwyth, 2001); R. Geraint Gruffydd (gol.), *Cyfres Beirdd y Tywysogion*, 7 cyf. (Caerdydd: Gwasg Prifysgol Cymru, 1991–6). Erbyn hyn mae concordans o *Gyfres Beirdd y Tywysogion* ar gael ar dudalen academia.edu yr Athro Ann Parry Owen.

59 Rwyf yn ddiolchgar iawn i'r Athro Parry Owen am adael imi chwilio'r concordans hwn.

60 GPC s.vv. *ysgol¹*, *ysgol²* ac *ysgawl¹*. Ar yr olaf, gw. Ifor Williams, 'Bellum Cantscaul', BBCS, 6 (1931–3), 351–4 (352); Ifor Williams, 'ysgawl', BBCS, 7 (1933–5), 34. Daw'r enghraifft ddiweddaraf yr wyf yn ymwybodol ohoni o 'Arwyrain Madog ap Maredudd' gan Walchmai ap Meilyr, *a*. 1160 (GMB 6.3).

61 Gw. Simon Rodway, *Dating Medieval Welsh Literature: Evidence from the Verbal System* (Aberystwyth: CMCS Publications, 2013), t. 99.
62 GC 7.59, a'r nodyn ibid. ar d. 132. Am ddyddiad yr awdl, gw. yno, t. 7.
63 LlDC 25.7.
64 GLD 25.37–8. Ar ddyddiad marwolaeth Tudur Aled, gw. yno, t. 124; GLMorg ii, t. 629.
65 DE, t. 79. Yr wyf yn ddyledus i'r Athro Gruffudd Aled Williams am y cyfeiriad hwn.
66 GGH 103.64.
67 GRR 7.27, a'r nodyn ar d. 105.
68 Eleanor Knott, *An Introduction to Irish Syllabic Poetry of the Period 1200–1600* (ail arg., Dublin: Dublin Institute for Advanced Studies, 1957), t. 70, ll. 1e = 1657, 11f yn y Bardic Poetry Database (https://bardic.celt.dias.ie/).
69 Mae'n debyg mai benthyciad o'r Wyddeleg yw'r gair Cymraeg: gw. Th. M. Chotzen, *Recherches sur la poésie de Dafydd ab Gwilym* (Amsterdam: H. J. Paris, 1927), tt. 75–6; GDG, tt. 439–41; Huw M. Edwards, *Dafydd ap Gwilym: Influences and Analogues* (Oxford: Clarendon Press, 1996), tt. 1–4; Proinsias Mac Cana, 'Ireland and Wales in the Middle Ages: an overview', yn Karen Jankulak a Jonathan M. Wooding (goln), *Ireland and Wales in the Middle Ages* (Dublin: Four Courts Press, 2007), tt. 17–45 (t. 42); Sims-Williams, *Irish Influence*, t. 289.
70 Knott, *Irish Syllabic Poetry*, t. 109. Noder, fodd bynnag, mai 'bardic schools' yw'r cyfieithiad a gynigir o *cliarsgola* yn *eDIL*, s.v. *cliar*, gan nodi fod gan *cliar* yr ystyr eilaidd 'poem, song'. Cf. y cyfeiriad at *sgoil* yn y farwnad Wyddeleg o 1773 i Art Ó Laoghaire gan ei wraig Eibhlín Dubh (*Go bhfaghaidh Art Ua Laoghaire deoch / Roimh é dhul isteach 'sa sgoil* 'hyd oni chaiff Art Ó Laoghaire ddiod cyn mynd i mewn i'r ysgol' (Williams, *Traddodiad Llenyddol Iwerddon*, t. 193)), os derbyniwn gyda Kenneth Jackson mai cyfeirio a wna at yr 'assembly of learned clergy buried' ym mynwent Kilcrea (Jackson, *Celtic Miscellany*, t. 323), ond mae'n bosibl, gan ddilyn Daniel Corkery, ei ddeall fel cyfeiriad at ysgol farddol hefyd (gw. y cyfeiriadau yn Rodway, 'Ailystyried y Bardd Celtaidd', 32–3). Mae Tadhg Ó Dúshláine wedi herio'r dadansoddiad olaf, gan dynnu sylw at enghreifftiau mewn ieithoedd eraill o ddelwedd y *schola mortis* ('Critique Uí Chorcora ar "Chaoine Airt Uí Laoire"', yn Eoin Mac Cárthaigh a Jürgen Uhlich (goln), *Féilscríbhinn do Chathal Ó Háinle* (Indreabhán: Cló Iar-Chonnacht, 2012), tt. 591–609; cf. crynodeb o fersiwn Saesneg Tadhg Ó Dúshláine, 'Corkery's Critique on *Caoine Airt Uí Laoire*', *Proceedings of the Harvard Celtic Colloquium*, 25 (2005), 292.
71 GHS 10.4. Ar ddyddiad marwolaeth Robert Mathau, gw. yno, t. 163.
72 Gw. GHS, t. 163.
73 Dafydd Johnston, *Llên yr Uchelwyr: Hanes Beirniadol Llenyddiaeth Gymraeg 1300–1525* (Caerdydd: Gwasg Prifysgol Cymru, 2005), t. 22.
74 Gw. GHD, t. 7; GSC, tt. 4–5; GSH, t. 6; Johnston, *Llên yr Uchelwyr*, tt. 215, 408, 409, 413.
75 Mae'r Athro Barry Lewis yn tynnu fy sylw at y ffurf *poten wen* a ymddengys yng ngwaith geiriadurwyr modern cynnar (gw. cyfeiriadau yn GPC) gyda'r ystyr *haggis*. Byddai'r *god*, felly, yn cyfeirio at stumog anifail.

Ysgolion Barddol: Sefydliad Celtaidd?

76 GGH, cerdd 155. Cf. yno, tt. xxxix-xl. Mewn erthygl o 1927, cofnoda D. Caradog Morris: 'cydnebydd Richard Davies mewn hen lawysgrif ei ddyled fawr i Ysgol Farddol Gruffydd Hiraethog, yr hon a gynhelid yn Llansannan' ('Oes a Gwaith yr Esgob Richard Davies', *Cymru*, 72 (1927), 104–8 (106)), ond nid yw'n eglur beth oedd y ffynhonnell neu a ddigwyddodd y term *ysgol farddol* ynddi. Noda D. J. Bowen mai gŵr o Langollen, nid o Lansannan, oedd Gruffudd Hiraethog (GGH, t. xxxvii). Gofynnais farn Daniel Huws a Gruffudd Antur am y cyfeiriad hwn, ac maent yn nodi prinder llawysgrifau yn llaw Richard Davies (LlGC 17115 a rhan o lsgr. Coleg Corff Crist, Caer-grawnt 114) ac yn amau mai tarddiad diweddarach sydd i'r stori, mewn gwaith hynafiaethol. Rwyf yn ddiolchgar iawn iddynt am eu sylwadau. Gw. nawr RepWM, cyf. II, t. 19.

77 DG.net 135.2.

78 Dangosais mewn man arall (Rodway, 'Ailystyried y Bardd Celtaidd'; cf. Rodway, 'Awen yr Ymadawedig') nad oes tystiolaeth argyhoeddiadol bod beirdd Cymraeg yn arfer cyfansoddi yn y tywyllwch.

79 O'r cyfnod cynharach, dywed Fergus Kelly yn *A Guide to Early Irish Law* (Dublin: Dublin Institute for Advanced Studies, 1988), t. 91: 'Some masters [a ddysgai farddoniaeth] must have run training establishments rather like modern boarding-schools', ond nid yw'n cynnig unrhyw dystiolaeth am hyn.

80 Williams, *Traddodiad Llenyddol Iwerddon*, tt. 61–2; Alan Harrison, *The Irish Trickster* (Sheffield: Sheffield Academic Press, 1989), t. 50; Katharine Simms, 'Literacy and the Irish Bards', yn Huw Pryce (gol.), *Literacy in Medieval Celtic Societies* (Cambridge: Cambridge University Press, 1998), tt. 238–58 (t. 242).

81 Brian Ó Broin, 'Ó Dálaigh Family', yn John T. Koch (gol.), *Celtic Culture: A Historical Encyclopedia* (Santa Barbara, CA, Denver, CO ac Oxford: ABC-CLIO, 2006), tt. 1374–5; cf. Flower, *Irish Tradition*, t. 94.

82 Proinsias Mac Cana, 'The Rise of the Later Schools of Filidheacht', *Ériu*, 25 (1974), 126–43 (133–4).

83 Standish Hayes O'Grady, *Catalogue of Irish Manuscripts in the British Museum*, I (London: Printed for the Trustees of the British Museum, 1926), t. 120. Mae O'Grady yn deall *luderim* fel anagram o *der lium*, ac yn cyfieithu 'Gerald keeps on coming too often to the schoolhouse in quest of certain girls of mine'; cf. FitzPatrick, '*Ollamh, biatach, comharba*', t. 187, n. 89. Nid yw'r esboniad hwn yn argyhoeddi.

84 Aoibheann Nic Dhonnchadha, 'The Medical School at Aghmacart, Queen's County', *Ossory, Laois and Leinster*, 2 (2006), 11–43 (13–14). Mewn man arall, mae Risteard yn sôn am gael ei hebrwng *cum tighe sgoile* 'i dŷ ysgol' yn ddeuddeg oed, sef yn 1573 × 1574 (Winifred Wulff a Kathleen Mulchrone, *Catalogue of Irish Manuscripts in the Royal Irish Academy*, Fascicle X (Dublin: Royal Irish Academy, 1933), t. 1170; Paul Walsh, *Gleanings from Irish Manuscripts* (ail arg., Dublin: At the Sign of the Three Candles, 1933), t. 127, gyda chyfieithiad eithaf llac ar d. 131; Nic Dhonnchadha, 'Medical School at Aghmacart', 24, nn. 37, 26).

THE *AWDL* LINKED TO THE WELSH TRISTAN IN THE BLACK BOOK OF CARMARTHEN

Jenny Rowland

In 1911, Joseph Loth discussed and edited poetry on pages 100 to 101 (ff. 49v–50r) in the thirteenth-century manuscript, the Black Book of Carmarthen, placing the poems in the context of the medieval Welsh Trystan story.[1] The poetry consists of sixteen lines in *awdl* metre, followed by two *englyn milwr* stanzas. The first of these two latter stanzas refers to *d(i)ristan*, that is, Drystan, and to March. Drystan or Trystan, March and March's wife, Esyllt, are the major characters in the love story which gave rise to the earliest surviving written medieval romances about Tristan in French. The second *englyn* is addressed to a hostile dwarf, and the speaker expresses a desire to avenge or be avenged on a certain *kyheig*. Cyheig is an uncommon name,[2] but one which also occurs in the *awdl*. No character corresponding convincingly to Cyheig by name or role can be identified in the romances. Only isolated incidents of the Trystan tale are alluded to in Welsh, with no certainty that these predate possible influence of the foreign romances. However, the Welsh, Cornish and Breton origin of the Trystan tales is generally accepted and some of the remnants in Welsh may be native in origin.[3] The analysis of the *awdl* and the context for it by Loth and later Rachel Bromwich was dominated by identifying possible parallels with the romance of Tristan and the assumption that this was similar to the Welsh material which inspired it.[4] (Also relevant may be a desire to identify a text predating the foreign-language tales and free of their influence.) This approach, although cautious, is not fully convincing, and may have obscured understanding of the *awdl* rather than illuminating it. Despite the name of Cyheig and the manuscript association of the *awdl* with the following *englynion*, the *awdl* may not be directly connected to the tale of Trystan.[5] Nevertheless it is of interest in its own right.

Loth described the *awdl* and *englynion* as two fragments, but with a unified background. Bromwich's discussion treats the *awdl* and *englynion* as fragments of a single poem, although in a later discussion of the text she entertains the possibility, without further elaboration, that the *awdl* and *englynion* may be fragments of separate poems.[6] While some *awdlau* of the Poets of the Princes do have a concluding stanza or stanzas in a different metre, the arrangement here would not conform to the usual practices, not least in the use of three-line *englynion* rather than four.[7] The title given in A. O. H. Jarman's edition of the Black Book, 'Dau Ddarn o Chwedl Trystan', does not necessarily indicate that he believes the *englynion* and *awdl* are from a single poem or that the *awdl* is incomplete.[8] In addition, the two *englynion* may be stray verses from a larger piece or from two different works. The question of how secure is the relationship of the *awdl* to the *englyn* naming Trystan is important in interpreting the *awdl*.

The layout of the material in the manuscript clearly shows that it is presented as belonging together. A single large capital separates this verse from the preceding and following material, both of which begin with a similar-sized capital. The *awdl* portion is written continuously, with irregular smaller capitals at the beginning of some lines. The end of the *awdl* is followed by penwork which fills out the last line. Both *englynion* begin on the left with smaller capitals, and there is additional penwork at the end of the first *englyn* and the second. *Englynion* series in the Black Book are usually written continuously, but penwork between verses can be found: compare page 97, where it is used consistently, and page 98, where it is found episodically.[9] If we do have two (or even three) separate poems, it is important to consider why the compiler, whether the Black Book scribe or a previous one, brought them together, and whether they are in fact related.[10] While the *englynion* fit generally into the surrounding poems in character in the manuscript, this need not be true of the *awdl*.

The *englynion* have no metrical links to the end of the *awdl* or to each other. They are unfortunately problematic and difficult to translate. The first one speaks of Drystan in the third person. The translation of the final line is fairly secure: 'For my part, I betrayed March for you.' The 'you' (sg.) here logically is one of the two lovers. The reference to Trystan in the first line suggests that it cannot be addressed by Esyllt to Trystan or Trystan to Esyllt, leaving only a character who assisted the lovers. Esyllt's maid plays a prominent role in the foreign romances, even taking Esyllt's place in the marriage bed on her wedding night, but other members of the court could have betrayed King March by helping the lovers in the Welsh tale. The speaker appears to be addressing Esyllt.[11] Since the *awdl* has a male figure addressing another, this would rule out the poetry being a continuous text. In addition, the second *englyn*, also difficult, has an address to a hostile dwarf which probably indicates that the two *englynion* themselves are not from a single poem. There is no way to identify the speaker if it is not the same as in the first *englyn*, and no absolute certainty that the verse is connected to the Trystan cycle.[12]

What the *awdl* and the second *englyn* have in common is reference to a certain 'Cyheig'. The story of Cyheig appears to be central to the *englyn*, but the reference in the *awdl* is an allusion, with the speaker (or the poet) looking for reconciliation (*cymod*) in the manner of (*in llvrv*) Cyheig. Either this is another man named Cyheig which the compiler or scribe took to be the same, or an allusion to a known character from the story in both pieces. The story background of the *englyn*, however, speaking as it does of avenging Cyheig, does not appear directly relevant to the themes of the *awdl*.[13]

The main questions to resolve are the genre of the *awdl* and the identity of its first-person speaker. Bromwich notes that the position in the manuscript is among poems in character related to story, or with an antiquarian role. However, the place in the manuscript may be due to the Black Book scribe's habit of compilation, with the two allusions to Cyheig his reason for placing material together rather than grouping by genre. The following two *englynion* are definitely poems in character, and poems of this genre are far more common in this metre. If the *awdl* is incomplete, as assumed by Loth and Bromwich, it is more difficult to assess its genre. While described as 'fragmentary', the *awdl* does not appear to be disjointed, and both Loth and Bromwich suggest that only a few lines may be missing – at different points.[14] Only a missing stanza or two would be sufficient to have held information that would radically change our understanding of the poem, and it can equally be argued that the poem is complete. The allusions to events could refer either to a background narrative or genuine experience. There is a general lack of personal or place-names which, unless the poem is very fragmentary, would seem to rule out a poem showcasing antiquarian knowledge like many in the Black Book. Bromwich notes that the sea imagery might evoke the many fateful sea journeys in the Tristan romances, and that this is possibly a *marwnad* 'elegy' placed in the mouth of a story character, although she rightly rejects forcing the interpretation into a narrative frame derived from the romances.[15]

Is it a *marwnad*, related to a known story character, or otherwise? The subject is not named, which would be unusual for the subject of a *marwnad*.[16] The negative references to the sea and waves might suggest a lament for someone drowned. In tentative support of this, Bromwich suggests that the difficult line 10 might be read 'washing his breast' instead of 'washing my breast', although how the misreading could have occurred is not convincing. The line already appears corrupt, and the following line suggests that the breast in question may not be washed by a literal wave. The opening lines of the poem express hatred of the sea because it has repeatedly covered 'the rock of a hero' or perhaps as a place-name 'Carreg Camwr'. (The notes to the translation should be consulted for further discussion of lines open to interpretation.) The rock which has been repeatedly washed over may be a navigational hazard, and may express fear of seafaring rather than referencing a shipwreck. The speaker laments in the second strophe that the violence of the wave caused a sad wound or rift between himself and the subject (*y ron*), which suggests disagreement rather than the division of death, especially since the strophe ends with a call for reconciliation (*kimod yron*). In addition, the sea imagery almost certainly is not only literal but also evokes a mood of regret and longing which is a topos in Welsh poetry.[17]

The final four lines speak of regret concerning 'his' expeditions, 'ban wrissuis pebrur pell y aghev'. This could certainly be taken as 'when the brave man rushed afar to his death', but the warrior rushing to battle as a sign of heroic eagerness is a commonplace. As in the examples of rushing towards the spear, this may be a sign of heroism (he rushed towards death/battle) rather than a statement of the subject's death. It equally could refer to the death on campaign of a third person important to the subject, since in the following line the subject is addressed, speaking of *in dev*. The speaker's lack of participation on the distant(?) campaign in which his patron chose to take part could explain his regret, for the breaking of the *cyweithydd* 'company, band' of the two rather than for death. The repetition of the phrase *glev diwal* applied to the subject in line 4 and to the *cyweithydd* of the two evokes former unity.

Who then is the speaker? In line 4 the subject is called a bardic patron, *yscinvaen beirt*, literally, 'the mounting block of poets', that is, 'one who raises up poets, exalter of poets'. It is a *topos* of bardic poetry to praise patronage of poets and by implication the patron's own generosity to the poet addressing him. The third-person reference in the following line 5 could refer to the patron if Heilyn is a personal name, either 'He of the fame of Heilyn made a lamentable loan' or 'The fame of Heilyn caused a lamentable loan' or ?'gift'.[18] In the first case Heilyn might be an ancestor or hero of story; in the second we may have the patron named. However, the common noun *heilyn* 'dispenser of drink, dispenser' with *clod* makes a concise link between the role of the generous patron and the obligation of the bard to spread fame.[19] *Goruc clod heilin benffic awirtul* 'the dispenser of praise made a lamentable loan/borrowing'[20] may be an impersonalized confession of wrongdoing by the poet himself otherwise speaking in the first person, and would avoid even a hint of criticism of the patron with whom the poet hopes for reconciliation. The juxtaposition of *clod* with the reference to bardic patronage in either case evokes the role of bard to patron. More generalized expressions of a close relationship, probably extending to fighting together, are less diagnostic. A final clue, however, may lie in the speaker's desire for reconciliation 'in the manner of Cyheig'. Cyheig could be a figure who was known both to the speaker and subject of the *awdl* and whose treatment was relevant. But if this Cyheig is a figure of story and the Black Book grouping in any way valid, the second of the following *englynion* may be instructive. The speaker of the second *englyn* expresses desire to avenge Cyheig *am y kywrev ymelis* 'because of his sweet songs'. *Cyfrau* can mean 'words' or 'songs' such as the cuckoo song in 'Claf Abercuawg', but it is also associated with bardic verse, as is the use of *melys* and *mêl* to describe bardic song.[21]

With the speaker probably a poet who expresses strong regret and the desire for reconciliation, it appears that this poem may be an example of a *dadolwch*, a poem seeking reconciliation with an angered bardic patron. The disastrous loan, whether made by the speaker or subject, is not elaborated on, and is distanced by use of the third person. Past companionship in battle is contrasted with regret for not undertaking an expedition, and unwillingness to undertake a sea voyage may explain why the poet states that the wave caused the sad rift between them. The allusiveness, textual problems and possible incompleteness of the poem make many aspects open to interpretation and the notes should be consulted. One striking feature is the lack of address to the subject in the second singular. Instead there are three usages of the first plural underlining the plea for restored unity, including two as end-rhyme in the same stanza.

Rhian Andrews in her full study of all surviving examples of *dadolwch* among the works of the Poets of the Princes notes that there is little standardization in their content.[22] The reason for the rift between bard and patron is either unstated or alluded to rather than spelled out.[23] The Black Book poem certainly strongly hints on points of disagreement, with expressions of regret for both. There is, however, no appeal to Christian forgiveness, which is found in all but one of the poems Andrews surveys, nor is there any direct reference to the anger of the poet's patron.[24] Andrews also notes the use of gnomic elements in other examples of *dadolwch*. While the poem here does not have classic gnomic formulae, the enigmatic line 11 and the final line of the poem may both generalize the idea of letting bygones be bygones, water under the bridge.

The metre of the poem is straightforward *cyhydedd naw ban*, well attested in the poetry of the Poets of the Princes.[25] It is ornamented by alliteration and internal rhyme. Unusually, generic rhyme, *proest*, and two examples of *trwm ac ysgafn* are found among the end-rhymes. The *cymeriad geiriol* of the opening stanzas has parallels in some early *awdlau* such as 'Edmyg Dinbych', but is also attested in later poems. The epenthetic style of the Poets of the Princes is found in two lines of the opening stanza, but the style on the whole is straightforward and direct. The poet uses water imagery literally but also symbolically and to emotional effect, and this fluid movement contributes to some of the ambiguities in the poem.

Loth dated the poem to the first half of the twelfth century, predating the earliest surviving written Tristan romances from the mid-twelfth century. Bromwich argues for a date before 1100 or even a century or so earlier, pointing out putative 'archaic' features.[26] Generic or 'Irish' rhyme, although like *trwm ac ysgafn* avoided in the works of the Poets of the Princes, is not reliably diagnostic of early date. If *golchiw* in line 10 is the verbal noun it would appear early, but it could have been preserved in conventional rhymes as was the first singular present/future ending in -*if* in line 9.[27] Indeed, given the problems with the line, *golchiw* may be the first singular form or even a plausible misreading of an earlier exemplar; see the note. If not a personal name, *heilyn* according to GPC is borrowed from Middle English. However, the useful metrical possibilities with *hael*, etc. may have made it a relatively early borrowing, perhaps via Old Norse.[28] There are other stylistic and vocabulary links to the Poets of the Princes.[29]

Since the *awdl*, unlike the *englynion*, does not certainly attest to the Tristan story in Welsh, a later date which does not necessarily predate the earliest Tristan romances is not disappointing. The poem has its own interest and importance. As Nerys Ann Jones points out, our knowledge of the poets and their works from *c*.1050 to 1300 is highly dependent on the interest in the poets of the major courts by the scribes of the main manuscripts.[30] These poets can only be a small fraction of those composing in the same period. This is arguably an example of a poem composed by a poet patronized by a minor court or nobleman. That is not to say a 'lesser poet', but a trained bardic poet serving a different audience which held different expectations.[31] The use of generic rhyme, largely direct style and modest length may point to this origin, suitable for a smaller, more intimate court with a less elaborate ceremonial for praise poetry. Nevertheless, the poem is clearly in the tradition of bardic verse, illustrating aspects of the relationship of poet and patron, and reflecting with relatively minor differences the style, metrics and vocabulary of the Poets of the Princes. Other genres of court poetry, praise or *marwnadau*, could be put in the mouth of a past poet or character for antiquarian or narrative purposes. Since this type of composition is now recognized as continuing in the period of the Poets of the Princes, even among the most distinguished practitioners, it is possible that this is a similar use of the *dadolwch* genre.[32] On the whole, it seems more likely that this poem adds to the few examples of *dadolwch*, and also gives a glimpse of the work of a poet working outside the princely courts.

Text and translation

1 **Kyd karhwiue morva. cassaaue mor.**
   Although I love the seashore, I hate the sea
   pyr toei wanec carrec camhur.
   Because the wave would cover over the rock of a champion.
   glev diwal hygar hael huyscur.
   The brave, fierce, beloved, generous, powerful one,
   yscinvaen beirt bit butic clydur.
   The one who raises up poets (lit. the mounting block of poets) will be a beneficial protection.
5 **Goruc clod heilin benffic awirtul.**
   The dispenser of fame made a lamentable loan.

The awdl linked to the Welsh Tristan

hid braud parahaud y ertiwul.
  Until judgment day ?grief for it will continue.

Kyd carhuiwe morua cassaaue ton.
  Although I love the seashore, I hate the wave.
Digones ton treis oer cleis y ron.
  The wave wrought violence, a cold rupture between us.
Ew kuynhiw iny wuiw in hervit hon.
  I will lament because of this ?until I may be
10 **Gweith heinyw golchiw ar win/vywron.**
  Of lively action, ?.......................breast.
kid [d]ylleinv keudaud nis beirv calon.
  Although it fills the mind, it does not enrage the heart.
Ac in llvrv kyheic kimod yron.
  And in the (same) manner as Cyheig: (may there be) reconciliation between us.

Yssim edivar oe negessev.
  I have regret because of his expeditions,
ban wrissuis pebrur pell y aghev.
  When the splendid warrior rushed far away towards death (?battle)
15 **glev diwal kyweithit yd v[v]am indev.**
  The two of us were a brave, fierce company.
Menic it arwet duwir dalennev.
  Frequently water bears away leaves.

Notes

The text has been arranged in metrical lines with interlinear translation. There is minimal emendation.

1 <u>Kyd karhwiue morva. cassaaue mor</u> Ll. 1 and 7 are identical except for minor differences of orthography and substitution of the rhyme word *ton* as *pars pro toto* for 'sea'. *Morfa* could conceivably be a

place-name or abbreviated place-name. This first stanza begins with a *proest* rhyme and ends with two generic rhymes.

2 *pyr toei* Also possible is 'why would the wave have covered ...'; see GPC s.v. *pyr¹*.

carrec camhur This line inevitably recalls the opening of Hywel ap Owain Gwynedd's 'Gorhoffedd': *Tonn wenn orewyn a or6lych bet / Gwytua Ruua6n Bebyr*... 'A very foamy wave washes over a grave, the grave of Rhufawn Bybr ...'; GLlF 6.1. The resemblance might have encouraged Bromwich's conclusion that this is a *marwnad*. Sea imagery often establishes a mood of longing and regret, as in the 'Gorhoffedd', which of course is not about Rhufawn, nor is it a *marwnad*. However, allusions to the sea in the poem seem far more integral than merely setting a mood.

The most likely meaning for *carreg* here is a substantial rock or crag. The covering over by the sea makes it unlikely that this refers to a craggy fortress of a hero (*camwr*). *Carreg* with or without modifiers is well attested for seashore or offshore outcrops and very small islands; cf. Carreg Bica (Pembrokeshire), Carreg Chwislen, Carreg Gybi (Gwynedd). Careg Camwr in this case may be a place-name which does not reference the subject of the poem. The similarity to the opening of 'Gorhoffedd Hywel' may have encouraged the interpretation that this refers to the seaside grave of a *camwr* 'hero, champion', the subject addressed by the poet in this case, but *carreg bedd* is a much more recent usage; see GPC. The washing over of rocky islets or outcrops may be intended to evoke storms and the danger of seafaring. The poet's continued love of the seashore suggests that he is not referring to an inundation event.

4 *bit* In the usual orthography of the Black Book *bit* would stand for *bydd* in modern orthography. The 3rd sg. future of *bod* may be used for the habitual *bid* here or this could be an anomalous spelling for *bid*. If *byd* should be read the phrase *beird byt* 'the poets of the world' in CA l. 285 can be compared. Both the verbal forms would imply that a living patron is being addressed.

5 *Goruc clod heilin benffic awirtul* As noted in the discussion Heilin/ Heilyn is attested as a personal name; for examples see Peter C. Bartrum, *A Welsh Classical Dictionary* (Aberystwyth: National Library of Wales, 1993), pp. 360–1. If it is a personal name here, the subject is compared to a past ruler of storied fame, or to an ancestor of the subject, or it may even reference the subject himself. Bromwich and Jarman take *heilin* 'dispenser, provider' as the common noun. The GPC entry acknowledges that some examples of this noun may be the personal name; the personal name is generally preferred for examples in the edition of Poets of the Princes; see the note, GCBM ii, 4.156n (p. 78). In most instances the distinction between a reference to the patron as a generous provider of drink, as opposed to a reference to a shadowy hero of the past associated with generosity, is moot. However, both Gwalchmai and Cynddelw use the unambiguous verbal noun *heiliaw* (GMB 7.105, GCBM ii, 8.21). According to GPC *hail* is borrowed from Middle English. The borrowing would seem to come from the formulaic toast wishing good health in Middle English; see Hiroki Okamoto, '"Wassail" and History in the Middle English Romance *Havelok the Dane*', *The Japan Society for Medieval English Studies*, 29 (2014), 54. Welsh *hail* and its derivatives do not reflect the full drinking formula. It is possible that OE *hál* 'good health' (via Old Norse *heill*?) was taken up from the general salutation of good wishes and linked to the provision of hospitality and drink earlier than the first attestations in the mid-twelfth century. Certainly the poets exploited both the metrical possibilities with *hael*, etc., and the alignment with the topos of the provision of drink symbolizing the bond between the generous ruler and his followers. Heilin 'provider of drink, dispenser' may be influenced by the personal name. *Clod* could be adjectival here 'the famous dispenser/generous one' or 'one of the fame of Heilin'. The third person seemingly makes a reference to the subject more likely, and a ruler might be in a better position to make a disastrous loan. However, giving or spreading fame is more the role of poets, referred to in the previous line. The poet may be referring to his own

regrettable deed rather than criticizing his patron, and distancing the deed and regret for it by the use of the third person.

benffic Bromwich prefers a meaning closer to L. *beneficium* 'benefit, kindness, favour, service'. This is not supported in GPC but might make better sense here.

6 *ertiwul Erddyfwl* or *erddifwl* is not attested elsewhere. Bromwich suggests 'grief, lament' and this is followed in GPC. The lasting grief seems to be for the effects of the disastrous loan. If 'his grief', it would suggest the giver of the loan was not the poet.

8 *Digones ton treis oer cleis y ron* 'The violence of the wave caused a cold/sad break between us' if poetic order for *treis ton*. *Oer* 'cold, sad' could refer to the wave or the the wound/break (*cleis*), but the internal rhyme supports a caesura after *treis*.

9 *Ew kuynhiw iny wuiw in hervit hon* Bromwich expands to take this as 'I will lament while I live because of this', with *hon* referring to the wave alluded to in the previous line, but *treis* or *cleis* could also be alluded to, or more generally the situation of rupture. She compares 'Marwnad Cynddylan': *Ef cwynif oni fwyf i'm derwin fedd / O leas Cynddylan* (CLlH XIII.4–5) which expresses similar lifelong lament, but it does not support taking *yni* in an unusual sense of 'while'. Perhaps take this with the next line: 'I will lament because of this (or this break) until I may be vigorous in battle (again)' or 'doing lively work' (*gweith heinyw*).

10 *golchiw ar win/vywron* Bromwich modernizes this to *golchif ar fy nwyfron* but argues that the orthography of the exemplar was misunderstood giving the possibility of emending and translating 'on his breast'. This underlines that while the second half of the line appears fairly straightforward, the exemplar or exemplars may have caused difficulties with a wealth of minims. *Golchif* as a verbal noun would be archaic, whereas the dissimilation from *gwo-* is not. The verbal noun ending is attested in the nine Juvencus *englynion* (Bl BGCC 1.7). It is possible other, later examples have been modernized, although in the case of the analogous older form of the first singular present/future in *-if* was preserved as a poetic option for final and internal rhymes in the works of the

Poets of the Princes up to the thirteenth century; see Rodway, *Dating Medieval Welsh Literature*, p. 166. Bromwich takes *golchiw* as the verbal noun, referring to the action of the wave. If the antecedent is not the wave, or the general situation of regret the poet mourns, 1st sg. pres./fut. is also possible, and more likely, especially if it is relevant to the strong emotions in the next line: 'I will wash my breast (with tears)'.

The chief problem with both interpretations is that *golchi* takes a direct object so the preposition *ar* is unexpected. The manuscript form *Ar winvywron* could be an error for *arwyn ddwyfron* 'washing/or I will wash a very fair breast'; if *win* was taken as 1st sg. possessive then nasal mutation may have been supplied erroneously. An unattested place-name with the prefix *Ar-* is possible, taking *bron* as 'slope': 'washing the slope of Ar...fron', either the wave washing a faraway place or the warrior 'lively in battle' washing the destination in blood. However, the next line, also difficult, has two further words for 'breast, heart'.

11 <u>kid y lleinv keudaud nis beirv calon</u> This line is also problematic. One would expect *cyd* to be followed by the subjunctive, as in the first line of the poem. The following *y* is odd; a syllabic form of an infixed pronoun would be expected, and a preverbal particle would not be used after *cy[d]*. Bromwich solves the latter difficulty by emending to *cy[d] dylleinw*, a compound of *llanwaf, dyllanwaf*: 'although it fills the hollow/bosom/mind'. The subject is unclear. If a drowning is described, the wave of l. 8 could be washing a breast and filling a hollow. However, *dwyfron, ceudod,* and *calon* all have similar meanings of 'breast, heart, spirit, mind' (along with other more individual senses like 'hollow' for *ceudod*), and the reference may be to the rift between the two men expressed in line 8 and long-lasting grief (l. 9). There may be deliberate ambiguity if the previous line refers to washing the breast with tears: the tears being sufficient to both fill a hollow and fill the heart with emotion. This line appears crucial to understanding the poem, but appears somewhat contradictory. It may downplay hurt and disappointment: yes, the deed of the speaker is foremost in thought but not something ultimately to cause

rage. This section then ends with a strong call for reconciliation. Internal generic rhyme may be intended between *beirw, lleinw*.

14 *ban wrissuis pebrur pell y aghev* Bromwich takes this as either 'when the lively warrior rushed afar to his death', or as a separate statement 'when the lively warrior attacked, afar was his death'. As GPC notes, *brysiaf* (and often *rhuthraf*) describes rushing to battle, attacking. Comparing CLlH I.12 *Bydei re ruthrwn y waew* and GCBM ii, 6.110 *Pan ruthr6s hil Run ar rutgrein gwaewa6r*, this possibly expresses the willingness to rush towards possible death in battle. The *pebrur pell* could also be taken as 'the ardent, faraway warrior'. While possibly the poet is referring to the subject addressed, the following line refers to him together with the poet in the first plural. The lively warrior may have been an ally in war, with the subject having joined a disastrous and distant campaign which the poet to his regret did not undertake.

15 *glev diwal kyweithit* The words in l. 3 applied to the subject here describes the former companionship (in battle) of the two, the desired situation to be restored after the failure of the poet to participate in this campaign. If *glev diwal* is used substantively, as in l. 3, 'the company of the brave, fierce one'; otherwise 'the brave, fierce company'.

16 *Menic it arwet duwir dalennev* This line seems to be a nature gnome, evoking the sweeping away of minor, transitory things. Andrews notes that a *dadolwch* often has a gnomic element. Loth and Bromwich connect this with an episode in two of the early romances, 'The Tryst beneath the Tree', in which Tristan arranges a tryst by means of sending whittled twigs into a stream. There is no compelling reason to emend to *men yt* other than supporting a link to the Tristan romances, and as noted above the *englyn* is probably not connected to the *awdl*. However, the orthography of 'c' for 'ch' is unusual and may be early. The poem begins and ends with evocation of the movement of water, inwards in the rush of the wave and outwards in the current bearing leaves.

Notes

1. J. Loth, 'Contributions à l'étude des romans de la Table Ronde', RC, 32 (1911), 403–13.
2. It is attested in Llyfr Llandaf; J. Gwenogvryn Evans, *The Text of the Book of Llan Dâv* (Oxford, 1893; reproduced by the National Library of Wales, Aberystwyth, 1979), p. 277, 'ceheic filio elcu'.
3. See Rachel Bromwich, 'The Tristan of the Welsh', in Rachel Bromwich, A. O. H. Jarman and Brynley F. Roberts (eds), *The Arthur of the Welsh: The Arthurian Legend in Medieval Welsh Literature* (Cardiff: University of Wales Press, 1991), pp. 209–29. See also Rachel Bromwich, 'Some Remarks on the Celtic Sources of Tristan', THSC (1955), 32–60.
4. Rachel Bromwich, 'The "Tristan" Poem in the Black Book of Carmarthen', SC, 14/15 (1979), 54–65, with further discussion by the same author, 'The Tristan of the Welsh', pp. 213–14.
5. See Jenny Rowland, 'Trystan and Esyllt', in Ceridwen Lloyd-Morgan and Erich Poppe (eds), *Arthur in the Celtic Languages* (Cardiff: University of Wales Press, 2019), pp. 51–63 (pp. 56–8).
6. Bromwich, 'The Tristan of the Welsh', p. 213. She calls it 'a fragmentary poem (or poems)'.
7. See Peredur Lynch, 'Yr awdl a'i mesurau', in Brynley F. Roberts and Morfydd E. Owen (eds), *Beirdd a Thywysogion: Barddoniaeth Llys yng Nghymru, Iwerddon a'r Alban* (Caerdydd: Gwasg Prifysgol Cymru, 1996), pp. 258–87 (pp. 277–8).
8. LlDC, p. 74.
9. For a discussion of the layout and composition of the Black Book see Myriah Jean Williams, 'Studies in the Black Book of Carmarthen' (unpublished PhD thesis, University of Cambridge, 2017). She suggests that the layout of the *englynion* here may indicate that they were separately collected and collated by the scribe (p. 103).
10. Williams, 'Studies in the Black Book of Carmarthen', 102–3. She notes that the Black Book frequently reveals the work of the scribe as a compiler and collator of material.
11. Bromwich, 'The "Tristan" Poem', 62.
12. Rowland, 'Trystan and Esyllt', pp. 57–8.
13. It is also possible that the speaker seeks vengeance for a misdeed of Cyheig; this is in part dependant on the interpretation of *y kywrev ymelis*; see below and Rowland, 'Trystan and Esyllt', p. 57.
14. Bromwich, 'The "Tristan" Poem', 55, 60. The assumption that each *awdl* should be the same length is a dubious one. In addition, she is probably assuming that there should be a link between the *awdl* and *englynion*, and that further *englynion* are missing.
15. Bromwich, 'The "Tristan" Poem', 54–5.
16. However, one interpretation of l. 5 could give the name Heilyn as a possible subject; see below. This still would fall short of the usual clear focus on the subject in a *marwnad*.

17 For sea imagery establishing mood compare the poem 'Marwnad Gwên', stanzas 20 and 21, in CLlH, p. 4, where the sea imagery is clearly not descriptive of the speaker's setting, and the note to l. 2 above. Marged Haycock discusses its use by poets to establish 'an elegiac mood' in *Legendary Poems from the Book of Taliesin* (Aberystwyth: CMCS, 2007), p. 463.

18 Bromwich's suggestion that *benffyg* could have a sense closer to the Latin here is not accepted in GPC but is plausible; see the note to line 5.

19 Bromwich, Jarman (LlDC) and GPC all take this as an example of *heilyn* as the common noun. See further the notes to line 5.

20 Bromwich, 'The "Tristan" Poem', 59, takes *clod heilin* as referring to the subject of the poem; see the note.

21 Cf. LlDC 5.75-6 *kiwrev / beirt*; Bl BGCC 17.15 *bardgyfreu*; GMB 28.4 *Per uegys pur uelys uola6d*; GMB 2.25 *mel vartoni*. In the absence of context the *englyn* could be disparaging Cyheig's deceptive 'sweet words'; see Rowland, 'Trystan and Esyllt', p. 57. This usage is found in a medical treatise in Hafod 16 [C 3.242], but may betray foreign influence; Ida B. Jones, 'A Medieval Welsh Medical Treatise', EC, 7 (1955), 46–75 (68).

22 Rhian Andrews, 'Cerddi Bygwth a Dadolwch Beirdd y Tywysogion', SC, 41 (2007), 117–36.

23 Andrews, 'Cerddi Bygwth', 134–5.

24 Andrews, 'Cerddi Bygwth', 134.

25 Lynch, 'Yr awdl a'i mesurau', p. 258, notes that *cyhydedd naw ban* is most frequently combined with other measures in the poetry of the Poets of the Princes, but this is not invariable.

26 'The "Tristan" Poem', 55. She bases the date on features in the *englynion* as well as the *awdl*.

27 D. Simon Evans, 'Iaith y llys a Beirdd y Tywysogion', in Roberts and Owen (eds), *Beirdd a Thywysogion*, pp. 60–74 (p. 66). Simon Rodway, *Dating Medieval Welsh Literature: Evidence from the Verbal System* (Aberystwyth: CMCS, 2013), p. 166, concludes that the form ceased to be used by the thirteenth century

28 GPC s.v. *heilin, heilyn*; also *hail* and *heiliaf: heilio*. This is discussed further below in the note.

29 See the notes below. Bromwich, 'The "Tristan" Poem' includes others not discussed here.

30 Nerys Ann Jones, 'Y Gogynfeirdd a'r englyn', in Roberts and Owen (eds), *Beirdd a Thywysogion*, pp. 288–301 (p. 298).

31 Jenny Rowland, *Ailystyried y Canu Mawl Cynnar* (Aberystwyth: Canolfan Uwchefrydiau Cymreig a Cheltaidd, 2016), pp. 15–18.

32 Haycock, *Legendary Poems*, pp. 26–36. If the genre is not court poetry, this could also explain departures in linguistic use and metrics from court praise poetry; Haycock, *Legendary Poems*, pp. 37–9.

UNDOD TESTUNOL 'ARDWYRE REGET'

David Callander

Cyflwyniad[1]

Mae gwaith anhepgor yr Athro Marged Haycock wedi gwella ein dealltwriaeth o'r cerddi Taliesinaidd yn aruthrol a chynnig cyfleoedd inni roi gwybodaeth newydd ar waith wrth ddehongli cerddi hanesyddol Llyfr Taliesin. Er bod tuedd i'w trin fel grŵp, mae ffawd y deuddeg cerdd a olygodd Syr Ifor Williams yn *Canu Taliesin* (CT) wedi amrywio dipyn. Mae rhai, megis 'Gweith Argoet Llwyfein' a 'Marwnad Owain ab Urien', yn destunau canonaidd sy'n cael eu gosod i'w hastudio yn yr ysgolion o hyd.[2] Mae eraill, fel y gerdd dan sylw gennyf yn y bennod hon ('Ardwyre Reget', CT cerdd VII), heb ddenu braidd dim gwaith. Ar un ystyr, mae'r diffyg yn ddealladwy. Mae ieithwedd y gerdd yn dra heriol ac ymddengys fod y testun wedi ei lygru wrth gael ei drosglwyddo.

Yn ei waith arloesol 'Taliesin', nododd Syr John Morris-Jones:

> There are several other historical poems in the Book of Taliesin, all more difficult than the above [trafodasai 'Gwaith Argoed Llwyfain', 'Gwaith Gwen Ystrad', 'Uryen yr echwydd', 'Eg Gorffowys', 'Dadolwch Urien', 'Marwnad Owain ab Urien'], but not therefore *less* likely to be genuine. The other poems to Urien are the following: ... (2) 'Arδwyre Reget rysseδ rieu' ... which contains the reference

to Ulph, and to Urien coming to Aeron ; there are many other historical allusions in the poem, including a list of Urien's battles.³

Gwelir nad yw anawsterau'r gerdd yn rhwystro'r dehongli yn llwyr. Trinia John Morris-Jones y gwaith fel un gerdd a noda gyfeiriadau pwysig a geir ynddi, er nad oes yma ymgais i ddehongli'r gerdd fel gwaith llenyddol cyfan. Mae Ifor Williams yntau yn grwpio'r testun gyda'r cerddi hanesyddol eraill sy'n ffurfio ei gyd-destun llawysgrifol uniongyrchol, ond digon gwahanol i farn ei hen athro oedd ei ddehongliad ohono:

Dengys rhif VII olion cymysgfa yn y testun. Perthyn ll. 1–29 i un gân: trafod y mae'r bardd y dirywiad oedd yn ysbryd milwrol Rheged nes dyfod Ulph ll. 11 ac Urien ll. 12, gan arwain i nifer o frwydrau y naill ar ôl y llall gan derfynu gyda chyfranc waedlyd â'r Saeson gan Ulph yn rhyd, ll. 29. Yna ll. 31–41, sonnir i ddechrau am wisgoedd gwych rhyw bennaeth; yna milwyr yn arfog drwy'r haf tan y gaeaf yn gwylio'r ffin. Yn ll. 42–53 cawn Goddau a Rheged yn ymfyddino, *neu vi erthycheis*, *neu vi a weleis* wr yn buarthaw, *neu vi gogwn ryfel*, etc., a diweddu gydag Urfoen (wedi ei lurgunio yn *uruwyn*), sef ffurf ar enw Urien ... Daw'r byrdwn i Urien i gloi'r cyfan. Rhedwyd felly ddwy gân (o bosibl tair) i'w gilydd.⁴

Gwna Syr Ifor gynnydd ar waith Syr John wrth ddadansoddi'r testun yn fanylach nag a wnaethpwyd erioed o'r blaen. Awgryma hefyd, yn chwareus o ddiymhongar, fod dwy neu o bosibl tair cerdd wedi eu cymysgu yma. Pan fydd Ifor Williams yn ansicr, mae fel arfer rheswm da dros yr ansicrwydd, ac nid oes rhagor o gonsensws wedi ei ffurfio ynghylch y testun oddi ar gyhoeddi *Canu Taliesin*. Yn ogystal â gwaith fan hyn a fan draw ar elfennau penodol ohono, ceir trafodaeth ddefnyddiol gan Thomas Clancy a chyfieithiadau pwysig.⁵ Yn wir, mae'r cyfieithiadau o'r gerdd yn llawer amlach na'r trafodaethau ohoni, sydd eto'n adlewyrchu'r heriau y mae'n eu codi.

Bwriad y bennod hon yw ystyried y gerdd fel y saif, gan astudio ei ffurf a cheisio ei dehongli wrth amlygu ei phrif themâu a'i chysylltiadau â thestunau eraill. Ni chanolbwyntiaf ar gwestiwn ei dyddiad yn y bennod hon fel nad yw'n dominyddu'r drafodaeth. Ystyriaf yn benodol a ddylid dilyn Syr Ifor wrth rannu'r testun yn ddarnau o ddwy neu dair cerdd.

Llawysgrif, ffurf a mydryddiaeth

Yn gyntaf, ceisiaf osod allan rai ffeithiau. Mae 'Ardwyre Reget' yn llenwi'r cyfan o f. 29r o Lyfr Taliesin (26 llinell lawysgrifol) ac ychydig dros hanner o f. 29v (16 o 26 llinell lawysgrifol).[6] Mae f. 29 yn rhan o bedwerydd plyg Llyfr Taliesin. Collodd y plyg ei ddalen gyntaf ond mae'n gyflawn fel arall ac mae cipair yn dangos nad oes dail wedi eu colli rhyngddo a'r plyg dilynol.[7] Ar f. 29r, gadawyd bwlch ar gyfer teitl mewn rhuddell ar ddiwedd y llinell gyntaf, ond nis llanwyd ac erys y testun yn ddienw. Ar ddechrau'r gerdd, ceir priflythyren ddwy-linell 'A' yn las. Mae hyn yn dilyn patrwm yr ysgrifydd o roi priflythrennau coch a glas am yn ail i ddechrau testunau.[8] Coch yw priflythyren 'Gweith Argoet Llwyfein' (y gerdd sy'n ei rhagflaenu ar f. 28v) a choch yw priflythyren 'Ysbail Taliesin' sy'n ei dilyn ar f. 29v. Nid yw'r ysgrifydd yn gwneud dim i awgrymu rhaniad yn y testun, yn wahanol i'r testun printiedig yn *Canu Taliesin* sy'n gadael bwlch rhwng ll. 29 a ll. 30, a ll. 41 a ll. 42 (a chyn y tag Taliesinaidd ar y diwedd). Defnyddir priflythrennau bach weithiau yn dilyn yr atalnodi. Newidiodd yr ysgrifydd *g6rth* i *6rth* yn ll. 7 trwy osod *punctum delens* o dan yr 'g'.[9] Defnyddiodd yr un dull i ddileu *om*, sef dechreuad camgopïad o *ormant* a gopïodd wedyn. Mae f. 29r yn hollol lân heblaw *signe-de-renvoi* ar bwys 'a gododin a lleu towys'. (Tybed ai'r cyfeiriad at y Gododdin a aeth â sylw'r darllenydd hwn?) Mae ymylon f. 29v, ar y llaw arall, wedi eu llenwi gan law ddiweddarach, o'r unfed ganrif ar bymtheg o bosibl, yn ysgrifennu 'enwev y tair prifgeinc ar ddec'.[10]

    Rhanna Syr Ifor Williams y testun yn 57 llinell ar sail prifodl a mesur. Dyma'r gerdd hwyaf yn *Canu Taliesin* felly, yn fwy na dwywaith hyd rhai o'r cerddi hanesyddol eraill. Gall hyn gefnogi'r ddadl bod rhagor nag un gerdd wedi ei rhedeg at ei gilydd yma, ond nid yw hyd y gerdd yn gwbl eithriadol. Mae 'Ysbail Taliesin' (VIII) yn 49 llinell o hyd a chynnwys yr ail gerdd i Wallog (XII) 50 llinell, ac mae hyn yn arwyddocaol gan eu bod yn dilyn yn syth ar ôl y gerdd hon.[11] Nid yw 'Ardwyre Reget' yn sefyll allan yn ei chyd-destun, felly, a cheir cerddi eraill sy'n sylweddol hwy yn Llyfr Taliesin. Mae'r tabl hwn yn nodi prifodl y testun:

Llinellau	Prifodl
1–7	-eu[12]
8–12	-on
13–17	-wys (lleddf)[13]
18–20	-en/-yn
21–4	-er/-wr (proest)[14]
25–6	-oet/-aet (proest)
27–30	-yt/-et (proest)
31–5	-awn/-awr/-awl (odl enerig)
36–9	-aw
40	-elw
41	-eu (llinell anghyflawn?)
42	-wyd (odl fewnol â'r llinell nesaf)
43–5	-aw
46–8	-awr
49–50	-yn
51–7	-en[15]

Gwelir bod y gerdd yn ymrannu'n bennaf yn awdlau unodl o wahanol hydoedd.[16] Gwelir defnydd helaeth o broest (llau. 21–30).[17] Ceir odl enerig rhwng -*awn* (ll. 31), -*awr* (llau. 32–4) ac -*awl* (ll.35).[18] Rhaid bod yr amrywio rhwng gwahanol derfyniadau yn cynnwys y deusain *aw* yn arwyddocaol hefyd yn llau. 31–48 ac o bosibl yn ffordd o glymu'r rhan hon o'r gerdd at ei gilydd. Mae cyseinedd yn cysylltu 'dyha6l am del6 / dile6r' (llau. 40–1) ac odl fewnol yn cysylltu llau. 42 a 43 ('h6yd / ... ysc6yd').[19] Llai amlwg yw'r cysylltiad rhwng llau. 39 a 40 ond ceir cyseinedd enerig rhwng 'ka6' a 'gofydin goyscub'.[20] Mae'r patrymau hyn o bontio'r newid odl yn cael sylw yn nhraethawd doethurol anhepgor Marged Haycock.[21] Ll. 41 sy'n peri'r prif broblemau o ran odl, gan ei bod yn gorffen ag *-eu* heb ddim cyswllt amlwg â'r llinellau o'i chwmpas. Awgryma hyn fod Ifor Williams yn iawn i nodi toriad ar ôl 'leuuereu'.[22]

Yng ngweddill y gerdd, defnyddir y technegau canlynol i bontio'r newid odl, rhai ohonynt yn amlycach na'i gilydd: cyseinedd ('g6ledic 6rth ... / ... gyrr ... geissaton' (llau. 7–8), 'kyhoedd ... / kat ... Alclut, kat' (llau. 20–1), 'y dygyfranc ... / ... glutuein, g6eith' (llau. 24–5), 'pyr ... / ... pen perchen' (llau. 30–1), 'goll6yf y argolla6r / ... ymgor6yth' (llau. 48–9)); cymeriad ('yny .... / hyny ... / ny' (llau. 11–13)); odl rannol ('buartha6 / sarff' (llau. 45–6); cymeriad, ailadrodd llafariaid a chyseinedd ('de6r ... g6ydu6ys / diueuyl dyd6yn ... G6yden' (llau. 17–18)). Gwelir mai cyseinedd yw'r dechneg bontio fwyaf cyffredin. Noder nad oes techneg bontio amlwg rhwng ll. 35 (prifodl *-awl*) a ll. 36 (prifodl *-aw*) heblaw ailadrodd y sain /v/, a rhaid bod tebygrwydd y ddwy brifodl i'w gilydd yn chwarae rôl.

Ymddengys bod yr atalnodi (defnyddir y *punctus* yn unig) yn fydryddol yn bennaf ac yn dilyn y brifodl fel arfer, ond nid yn gyson. Weithiau ceir cymaint â dwy linell neu ragor heb atalnodi (llau. 14–15, 17–18, 24–5, 29–31, 49–52). Gall hyn awgrymu bod yr ysgrifydd yn cael trafferth deall y llinellau hyn neu batrwm eu hodl, ond ni allwn fod yn sicr nes cael astudiaeth lawn o atalnodi mewn llawysgrifau Cymraeg Canol. Mae'n ymddangos bod arfer yr ysgrifydd (neu ei ffynhonnnell) yn ddigon amrywiol: er enghraifft, o ran y tag Taliesinaidd, mae'n gosod *punctus* ar ôl 'ymdyrwen' yn CT cerdd V, ond nid yn y cerddi eraill sy'n ei gynnwys. Ni cheir *punctus* ar ôl 'aghen' yn y tag yn 'Dadolwch Vryen', ond fe'i ceir ym mhob enghraifft arall.[23] Ceir rhagor o atalnodi nag arfer (pedwar *punctus*) wrth restru brwydrau yn llau. 21–3, gyda'r ysgrifydd o bosibl yn ceisio rhannu'r brwydrau gydag atalnodi yn llau. 22–3.

O ran mydryddiaeth, perthyn y testun i Ddosbarth 2 ym model Marged Haycock, sef llinell ag un orffwysfa, pedair acen a 7–12 sillaf. Parthed swyddogaeth y dosbarth hwn, noda Haycock:

> Dyma linell *par excellence* y canu darogan yn *Llyfr Taliesin* (cf. cerddi darogan BBC a RBH ar yr un mesur); fe'i defnyddir hefyd mewn

cerddi mawl ffurfiol (e.e. *Etmic Dinbych*, *Gweith argoet llwyfein*, *Ardwyre reget ryssed rieu*) ac mewn caneuon elegeiog (e.e. *Preideu annwn*; *Marwnat Corroi m. Dayry*) (cf. *Moliant Cadwallon* a *Marwnad Cynddylan* – mawl a marnwad). Yr unig gerddi o adran I. 1 (*persona* Taliesin) sydd yn defnyddio'r llinell hon yw *kanu y med*, darnau o *Buarth beird* a *Golychafi gulwyd*. Llinell amlbwrpas oedd hon, mae'n ymddangos.[24]

Felly mae'r gerdd (neu gerddi) yn defnyddio'r un mesur â rhai cerddi mawl eraill, gan gynnwys 'Gweith Argoet Llwyfein', cerdd sy'n gysylltiedig yn agos â hi ac sy'n ei rhagflaenu'n uniongyrchol yn y llawysgrif. Dyma bwynt pwysig o blaid undod y testun: ni ellir ei rannu'n ddarnau ar sail mydryddiaeth. Yr unig ddarn sy'n amlwg yn wahanol yn fydryddol yw'r tag Taliesinaidd, sydd i'w gysylltu yn hytrach â dosbarth 3 ac sy'n creu uchafbwynt clir i ddiwedd y testun hwn a cherddi eraill.[25] Mae'r dadansoddiad isod o fydryddiaeth 'Ardwyre Reget' yn dilyn dull Haycock, gan nodi nifer y sillafau yn y llinellau a phatrwm yr acenion.[26] O ran yr acenion, defnyddia Haycock ddau ddull (un sy'n modelu ar gyfer cyfnod ieithyddol cynharach, ac un ar gyfer cyfnod ieithyddol diweddarach):

> Gwnaethpwyd y dadansoddi yn ôl dau Fethod. Mae Method A yn rhagdybio acen (boed yn acen bwys neu'n acen draw) sydd yn syrthio ar sillaf olaf gair lluosill. Yr un acen yw hon â'r un ar eiriau acennog unsill. Mae Method B yn rhagdybio acen ar y goben mewn geiriau lluosill (yr un acen â honno ar eiriau acennog unsill).[27]

Defnyddiaf 'x' i nodi sillaf ddiacen a '/' i nodi sillaf acennog. Oherwydd anawsterau'r gerdd hon, ni allaf gadw at gyngor doeth Haycock o beidio â chynnwys llinellau aneglur eu hystyr, ond gadawaf linell 41 allan o'r astudiaeth gan ei bod yn ymddangos yn anghyflawn. Nid wyf yn cynnwys y tag Taliesinaidd yma, gan fod mydryddiaeth y darn hwnnw'n wahanol.

Mydryddiaeth 'Ardwyre Reget'

Nifer y llinellau a gynhwyswyd: 52
Nifer y llinellau seithsill: 1
Nifer y llinellau wythsill: 12 (23%)
Nifer y llinellau nawsill: 25 (48%)
Nifer y llinellau decsill: 11 (21%)
Nifer y llinellau un sillaf ar ddeg: 3 (6%)

Patrwm y sillafau o gwmpas yr orffwysfa

(5/4) x 22 (42%)
(6/4) x 8 (15%)
(4/4) x 7 (13%)
(5/3) x 4 (8%)
(5/5) x 2, (4/5) x 2, (7/4) x 2, (3/5), (4/6), (5/6), (4/3), (6/3)

Acennu

Method A cyn yr orffwysfa
/x/x/ (9), x/x/ (7), x//x/ (6), x/x/x/ (5), x/xx/ (3), xx/x/ (2), /x// (2), x/xx/ (2), x//, x/x//, xx//, xx//x/, x/xx/, /x//, /xx/x/, x/xx/, x/x/xx/, /xx//, /xxx/, xxx//, x/xx/, xx/x/, x/xx/x/, /x/xx/

Method A ar ôl yr orffwysfa
x/x/ (30), /x/ (4), /xx/ (3), /x// (3), /x/x/ (2), x// (2), xx/x/, x/xx/, x//x/, x/xxx/, xx/xx/, xx/x, //x/, xx//

Method B cyn yr orffwysfa
x/x/x (10), /xx/x (7), /x/x (4), x/xx/x (4), /x/x/ (3), //x/x (3), x//x (3), xx/x/ (2), x//x/x (2), /x//x (2), //x/ (2), /x/, xx/x/x, xx//, xx//x, /xxx/x, x/x/, /x/x/x, xx/xx/x, x/xx/, x/x/x/x

Method B ar ôl yr orffwysfa
/x/x (12), xx/x (10), x/x/ (8), x//x (7), //x (3), /xx/x (2), x// (2), /xx/ (2), xxx/x, x/x/x, x/xx/x, xx/x/x, //x/x, /x/

45

Mae'r gerdd yn fydryddol gyson ac ni cheir gwahaniaethau amlwg wrth symud o un o ddarnau Ifor Williams i'r llall. Megis yn y symud at fesur arall ar gyfer y diweddglo, y mae rhai sifftiau mydryddol nad ydynt yn arwydd o newid testun ac a drafodir isod. At ei gilydd, mae'r llinellau ychydig yn hwy o l. 36 ymlaen (ac eithrio llau. 41, 53 a'r diweddglo) gyda 9–11 o sillafau. O ran yr acennu, nid yw Method A yn amlwg yn arwain at ganlyniadau mwy cyson na Method B, er bod amlder y patrwm x/x/ ar ôl yr orffwysfa yn drawiadol o ddilyn Method A.

O edrych ar ffurf a mydryddiaeth, yn ogystal â'r llawysgrif ei hun, nid oes arwydd amlwg bod gennym sawl dernyn yn hytrach nag un gerdd. Mae'r fydryddiaeth a'r odl, er hynny, yn awgrymu bod rhyw fath o doriad ar ôl ll. 41. Mae ll. 41 yn fyr, gyda saith sillaf yn unig ('dile6r am leuuereu'). Yr unig linell o'r un hyd yw ll. 25. Nid yw ll. 41 yn odli â dim chwaith ac nid oes elfen arall sy'n pontio rhyngddi a ll. 42, sy'n awgrymu bod peth deunydd ar goll, ond gall fod mor fach â rhan o linell.[28] Sut y gall y deunydd hwn fod wedi mynd ar goll? Mae *leuuereu* yn gorffen â'r terfyniad tra chyffredin *-eu* a gall yn hawdd fod llygad yr ysgrifydd wedi neidio i air arall a orffennai ag *-eu*. Os felly, mae'n fwy tebygol bod ychydig o ddeunydd ar goll yn hytrach na bod tudalen cyfan yn eisiau yn y cynsail, sef awgrym Ifor Williams, er nad yw hynny'n amhosibl chwaith.

Dehongliadau blaenorol

At ei gilydd, felly, mae ffurf, mydryddiaeth a chyd-destun llawysgrifol y gerdd o blaid ei hundod (gyda pheth colled), ond beth am ei chynnwys? Dyna a astudiaf nesaf gan dynnu ar ddeongliadau ysgolheigion eraill hefyd. Mae cyfieithiadau ac aralleiriadau modern o'r gwaith yn dilyn gwahanol lwybrau a gall fod yn fuddiol crynhoi'r deongliadau a awgrymir ganddynt cyn cynnig fy marn fy hun. Tuedd Joseph Clancy, Derec Llwyd Morgan a Meirion Pennar yw cadw at y darlleniadau a ffefrir gan Ifor Williams, tra mae cyfieithiad John Koch yn ceisio deongliadau newydd. Cawn y disgrifiad canlynol o'r gerdd gan Clancy mewn nodyn:

This may originally have been two, or even three, poems. The middle section has been omitted as being unrelated and in any case hopelessly obscure and corrupt. The first section or incomplete poem apparently dealt with the rise of Rheged under Ulph and Urien, after a disastrous period of decline, the last with a particular battle.[29]

Felly cyflwynir llau. 1–29 a llau. 42–57 ar wahân yn ei gyfieithiad, heb gynnwys y llinellau yn y canol. Yn aralleiriad Derec Llwyd Morgan yn *Yr Aelwyd Hon*, dim ond llinellau 1–29 a gynhwysir. Yn ôl y ddau gyfieithiad, mae'r bardd yn cyfarch Rheged (llau. 1–2) cyn sôn yn negyddol am ddynion yn ochain a disgrifio arglwydd (llau. 3–10). Gwrthgyferbynnir gwendid blaenorol â dyfodiad Ulph ac Urien (llau. 11–13). Cyflwynir Urien fel ymladdwr yn erbyn llwythau Brythonaidd eraill gan Clancy, ond amwysach yw aralleiriad Morgan, sydd fel petai'n agored i'r awgrym eu bod yn gynghreiriaid (14–20). Ar ôl y rhestr o frwydrau (21–5), terfyna'r rhan hon gyda delweddau treisgar a chyfeiriadau at yr Eingl ac Ulph (26–9). Gan neidio dros lau. 30–41, ailddechreua cyfieithiad Clancy â delweddau milwrol personol (llau. 42–8) sy'n arwain at foliant i Urien a'r tag Taliesinaidd (llau. 49–57).

Cynigia John Koch ddehongliad gwahanol o'r gerdd yn ei gyfieithiad ohoni yn *The Celtic Heroic Age*.[30] Cyflwyna gyfieithiad llawn gan adael bwlch o linell ar ôl llau. 7, 17, 20, 24, 26, 19, 30, 35, 48, 50 a 53, fel arfer i nodi newid y brifodl. Yn ôl ei ddehongliad, ar ôl dwy linell gyflwyniadol, cysylltir llau. 3–7 â dynion Rheged yn marw wrth ymladd yn erbyn Urien, y brenin cyfiawn a folir yn llau. 7–9. Ceir defnydd o'r motiff *ubi sunt* yn ll. 10 wrth nodi y bydd pawb yn marw yn y byd hwn (gan gyfeirio yn ôl at golledion Rheged efallai, ond yn taro nodyn chwithig braidd yng nghyd-destun moliant Urien). Mae llau. 11–13 yn cyferbynnu dyfodiad Wulf[31] ac Urien â'r cyflwr cyn hyn pan nad oedd Rheged yn brwydro'n ôl. Yn llau. 14–20, cnwir Urien a nifer o deyrnasoedd, gan awgrymu bod Urien yn ddewrach na Phowys, disgrifio'r Gododdin mewn ffordd bositif, a nodi dioddefaint Deira, gyda chyfeiriad at arweinwyr Llwyfenydd a brwydro. Wedyn ceir y rhestr o frwydrau (llau. 21–5). Mae llau. 26–9 yn dra arwyddocaol o ran dehongliad Koch. Deellir 'edyl gwrthryt' (ll. 27) y llawysgrif fel ffurf garbwl ar 'Æthelfrith', gan nodi,

> I tentatively take this as a reference to the defeat and killing of Æthelfrith, the Angle, king of Bernicia, by Rædwald of the Wuffingas (descendants of Wulf) of East Anglia at the Battle on the Banks of the River Idle in east-central England in 617.[32]

Mae'n amlwg bod cyfeiriad at frwydro gwaedlyd yma, ond erys elfennau eraill dehongliad Koch yn ddadleuol. Mae modd dehongli 'edyl' a 'gwrthryt' fel geiriau Cymraeg, fel y gwna Ifor Williams, ac nid ydynt yn agos at ffurf ar Æthelfrith. Ni sonnir dim am Rædwald yn y gerdd, ac os y 'Wuffing' (sef mab neu ddisgynydd Wulf) a folir yma ac nid Wulf ei hun, ni ddisgwyliem golli'r terfyniad *-ing* gan fod y terfyniad hwnnw i'w gael yn yr un ystyr yn Gymraeg.[33] Nid yw'r cysylltiad ag Urien yn eglur chwaith. Yn y llinellau canlynol (30–42), molir brenin arwrol Prydain sy'n rhagori ar eraill. Dengys Koch yn glir fod modd dehongli y rhan fwyaf o lau. 30–41 er gwaethaf eu hanawsterau aml. Ceir rhagor o ddelweddau milwrol (a chyfeiriad at Oddau a Rheged) gydag elfen bersonol amlycach wrth i'r bardd sôn am ei brofiad ei hun (42–8). Nid yw'r 15 llinell olaf mor wahanol i gyfieithiad Clancy â'r gweddill. Mae'r elfen bersonol yn parhau tan y diwedd, wrth nodi haelioni Urien a diweddu'n daclus gyda'r tag Taliesinaidd (49–57).

Darlleniad o'r gerdd

Mae'r testun yn enghreifftio'n dda amrywiaeth deongliadau ysgolheigion o ddarnau penodol o'r Hengerdd. Nid yw hynny'n golygu nad oes modd ceisio dehongli ei ystyr a'i arwyddocâd fel cyfanwaith. Noda Thomas Clancy am y gerdd: '[it] seems to me to describe the process of kingdom building in the context of Rheged. More than any other poem, it seems to focus on the creation or at least the stabilisation of Rheged under Urien.'[34] Mae'r pwyslais ar Reged yn amlwg o'r llinellau cyntaf:

Undod Testunol 'Ardwyre Reget'

Ard6yre Reget, ryssed rieu!
Neu ti rygosteis, kyn b6yf teu.

Mae *ard6yre* yn amwys: gallai gyfeirio at Reged yn codi (myn. pres. 3ydd un.) neu gallai ei gorchymyn i wneud felly, neu fe all fod yn ferfenw.[35] Mae ergyd y llinell yn amlwg wrth foli gogoniant Rheged er bod yr amrywiol ddehongliadau o *ard6yre* yn cynnig persbectifau ychydig yn wahanol. Mwy heriol yw'r ail linell. Ymddengys mai Rheged yw'r *ti* y mae'r bardd yn ei gyfarch a dehongla Ifor Williams *rygosteis* fel cyfeiriad at wylio drosti.[36] O ran *kyn b6yf teu*, awgryma Syr Ifor, 'Gwell yw *kyn ni bwyf teu*; rhydd *ni* fesur gwell (naw sill fel yn ll. 1). Negydd *cyd* 'though' yw *cyn ni* ... Gwyliai dros Reged, er nad oedd yn un o'i deiliaid. Rhydd hyn hefyd well synnwyr na chymryd *cyn* fel cysylltair amserol.'[37] Felly i aralleirio'r llinell yn ôl dehongliad Syr Ifor: 'yr wyf wedi gwylio drosot, er nad wyf yn eiddo iti'. O ran diwygio i *kyn ni*, mae'r Athro Haycock wedi dangos bod angen gofal wrth ddiwygio ar sail nifer y sillafau, gan fod hydoedd y llinellau mor amrywiol ac mae llinellau wyth sill yn weddol gyffredin yn y gerdd hon.[38] O ran synnwyr y llinell, mae dehongliad Ifor Williams yn dderbyniol, yn enwedig os gwelwn wreiddiau Taliesin y tu allan i Reged. Mae'r gweithred o wylio'n gweithio'n dda gyda'r llinellau dilynol, lle mae'n ymddangos ei fod yn disgrifio cyflwr blaenorol y deyrnas. Ond nid dyma'r unig ddehongliad posibl. Awgrym John Lloyd-Jones yw diwygio *rygosteis* i *rygosseis* ('yr wyf wedi cyfarch'?), sydd eto'n bosibilrwydd, er bod gan gynnig Syr Ifor y fantais o gadw darlleniad y llawysgrif.[39] Cyfieitha Koch y gair fel 'I have chosen' ond heb esboniad. Mae amwysedd y llinell hon yn nodweddiadol o'r gerdd yn hytrach nag yn eithriad: rhaid i bob dadansoddiad o'r gerdd aros yn betrus. Beth bynnag fo'r dehongliad, mae'n ymddangos bod y bardd yn cyfarch Rheged ac yn nodi nad oedd ef ei hun wastad wedi trigo yn yr ardal. Awgryma'r ddwy linell fod newid wedi dod i'r deyrnas.

Mae'r llinellau canlynol fel petaent yn disgrifio cyflwr gwael Rheged (3–10) nes dyfodiad Ulph ac Urien (11–12). Gall fod llau. 3–6 yn beirniadu dynion gwan Rheged a oedd yn cuddio y tu ôl i'w tariannau, tra bo llau. 7–10 yn trafod brenin. Dechreua llau. 3 a 4 â'r un ferf, sef *gnissynt*. Dehongla Ifor Williams hyn fel cyfeiriad at weithred y gelyn yn y presennol: maent yn tuchan rhag arfau ei filwyr (gan ddiwygio *kat* i *rac* yn y drydedd linell).[40] Dilyna Clancy, Pennar ac Owen Ifor Williams wrth drin *gnissynt* fel presennol, tra mae Koch yn ei weld yn amherffaith ('groaned' yn y ddau achos).[41] Mae *-ynt* yn derfyniad amwys yn yr Hengerdd: gall fod yn amherffaith neu'n bresennol. Mae'r ddau ddehongliad yn bosibl ac yn synhwyrol: gall *gnissynt* fod yn ddisgrifiad sarhaus o elynion yn y presennol neu'n ddisgrifiad o wendid Rheged cyn dyfodiad Urien. Ymddengys bod dwy linell gyntaf y gerdd yn disgrifio sefyllfa bresennol (er bod cyfeiriad at y gorffennol hefyd). Yn ll. 6 mae *ny mat vr6ytr6yt* yn ffurf orffennol ddiamwys. Mae cwestiwn felly ynghylch pryd y symudir yn ôl i'r gorffennol. Nid yw amser llinell 5 ('lleeu gawy[42] g6yn g6ylein yMathreu') yn glir, gan nad oes berf amlwg yn y llinell.[43] Ymddengys nad yw'r llinell yn bositif, gyda'r cyfeiriad at wylanod awchus o bosibl, a gellid ei chysylltu â'r llinell flaenorol neu'r llinell ganlynol.[44] Yn wir, mae llau. 3–6 yn uned sydd â llais negyddol, sarhaus. Ffafriaf ddehongli ll. 6 fel 'ni frwydrwyd yn dda yn erbyn y brenin, nid peth da yw celwydd'.[45] O'i hystyried felly, gellid gweld Urien fel y brenin dan sylw yn ll. 6, a thrin llau. 3–6 fel disgrifiad o wendid Rheged cyn iddo ennill y deyrnas. Mae llau. 3–4 yn gweithio orau yn y cyd-destun hwn os trinnir *gnissynt* fel ffurf amherffaith: roedd milwyr Rheged yn arfer tuchan fel hyn (ond nid bellach). Dyma symudiad yn ôl i'r gorffennol yn nhrydedd linell y testun felly, ac erys y gorffennol yn bwysig yn y gerdd trwyddi draw.

Mae'n amlwg bod llau. 11 a 12 yn cynnig rhyw fath o uchafbwynt sy'n cyferbynnu â'r deunydd o'u cwmpas:

> Yny doeth Vlph yn treis ar y alon,
> Hyny doeth Vryen yn e dyd yn Aeron.

Ailadroddir y cysylltair '(h)yny' i bwysleisio bod newid rhwng y cyfnod heb Ulph ac Urien a'r cyfnod o dan eu harweiniad. Mae hefyd sifft yn y rhythm yma i nodi newid arwyddocaol yn y gerdd: ceir dwy linell hir (10 ac 11 o sillafau) a nifer hwy o sillafau ar ôl yr orffwysfa (6 yn y ddau achos), sy'n tynnu sylw at weithred yr arwr/y ddau arwr. Mae ll. 13 yn cyferbynnu â llau. 11–12: 'Ny bu kyfergyryat, ny bu gynn6ys' nes eu dyfodiad. Ond beth yw rôl llau. 7–10?

> Yd ymarmerth g6ledic 6rth kymryeu.
> Nys gyrr neges y geissaton.
> Gocha6n marcha6c m6th molut g6ryon:
> 'O dreic dyla6 a da6 doetha6don?'

Roedd rhyw fath o sefyllfa yn parhau nes dyfodiad Ulph ac Urien, ond a raid gweld llau. 7–10 fel cyfeiriad at y gorffennol hefyd, neu a ydynt yn disgrifio'r presennol gyda ll. 13 yn unig yn cyferbynnu â llau. 11 a 12? Mae llau. 7–8 yn disgrifio'r hyn y dylai brenin ei wneud a gall fod beirniadaeth ymhlyg ar frenin blaenorol na chadwodd at hyn. Cydia Clancy a Morgan l. 9 wrth y llinellau blaenorol a'i chyfieithu fel 'Fine swift horseman, fame of Gwrion' ac 'Ardderchog farchog chwim, o glod Gwrion!', a dehongliad positif tebyg a geir gan Koch: 'The swift horseman glories in the praise of heroic men'. Gellid dehongli'r llinell felly fel cyfeiriad at Urien/Ulph. Mwyaf amwys a phroblematig yw ll. 10. Dehongla Ifor Williams y cyfeiriad at *dreic dyla6* fel 'y pennaeth anfedrus, anaddas i'w safle, a ddilornir yn y rhan hon o'r gerdd' ac fe'i dilynir gan Morgan, Pennar a Clancy.[46] Gwahanol yw cynnig Koch: 'from the dragon-like war-leader to the minor hero, the most noble and cultured of the Earth pass away'. Gwell gennyf ddehongliad Ifor Williams ar y cyfan, gan fod cysylltiad amlycach gyda'r llinellau blaenorol. Nid yw 'a da6 doetha6don' yn glir o gwbl: mae temtasiwn i weld *doetha6don* fel rhyw ffurf luosog ond nid oes dim sy'n gweithio'n berffaith yma. Os yw *dreic dyla6* yn feirniadaeth ar frenin blaenorol (neu ryw frenin arall a fynnai wrthsefyll Urien (cymh. ll. 6)), gwell cymryd llau. 7–8 fel beirniadaeth ymhlyg ohono hefyd, sy'n cyferbynnu â'r moliant i Urien (ll. 9) a'i ddyfodiad (llau. 11–12).

Fel y nodais, mae llau. 11–12 yn drawiadol o ran eu hyd a'u rhythm a'u cymeriad geiriol, fel utgyrn sy'n datgan dyfodiad y brenin. Ond nid Urien yn unig sy'n dod: daw Ulph hefyd. Gwna Thomas Clancy yr awgrymiadau canlynol:

In the first place, [the poem] appears to depict Urien as an outsider to Rheged, or in some other sense a newcomer – perhaps someone who has come to seize lordship from a less usual position. But it also seems to portray the success of Rheged as being down to the activities of a man called Ulph, as well as Urien ...

Ifor Williams did not really address this issue, and as far as I can see no one else has to date. Although Williams noted the possibility that Ulph might be a name of Latin origin (< *Ulpius*), it must be said that it also might be Germanic – a British adaptation of Anglian *Wulf* or the like. I have two suggestions concerning the identity of this Ulph. One is that it is another name for Urien, and the poem can certainly bear out this reading. Perhaps this was his Anglian nickname, just as Fflamddwyn was ostensibly a nickname for an Anglian ruler? Alternatively, we might envisage Ulph as Urien's warleader, the two of them jointly responsible for victories in battle.[47]

Mae gan y dehongliad o Ulph oblygiadau pwysig ar gyfer deall y testun. O ran undod y gerdd, cyfeirir at Ulph yn llau. 11 (cyn Urien) a 29 yn unig, felly dim ond yn y gerdd gyntaf yn rhaniad triphlyg Ifor Williams. Os yw Ulph yn ffigwr pwysig ar wahân i Urien, byddai angen esbonio pam na chyfeirir ato ar ôl ll. 29. Os yw Ulph yn enw amgen ar Urien, ni chyfyd yr un broblem o ran undod, gan fod enw Urien yn cael ei grybwyll yn llau. 53 a 57 hefyd. Noda Clancy ddau darddiad posibl ar gyfer yr enw Ulph, sef yr enw Lladin 'Ulpius', yn dilyn Syr Ifor, a'r enw Saesneg 'Wulf'.[48] Ystyriwn y ddau yn eu tro.

O ran y Lladin, medd Ifor Williams:

> Brython ag enw Lladin arno? Cynigiaf mai Cymreigiad yw o *Ulpius*, gw. am un gŵr a allai roi bri arno, *Ulpius* Marcellus. Cyfeiria Bruce (*Roman Wall* 47) ato fel 'governor of Britain in the joint reign of Marcus Aurelius and Commodus, and was sent back to Britain by Commodus to repair the effects of the disaster which befel the Roman arms by a Caledonian invsion of about 180'.[49]

Gwyddys, felly, i 'Ulpius' gael ei ddefnyddio fel enw personol ym Mhrydain yn ystod y cyfnod Rhufeinig, a gwyddys hefyd fod nifer o enwau personol Cymraeg yn deillio o enwau personol Lladin. O ran hanes y ffurf, mae'r datblygiad o 'lp' > 'lff' yn rheolaidd (cymh. 'Alpīnus' > 'Elffin') ac felly hefyd colli'r terfyniad.[50] Mwy problematig yw'r llafariad dechreuol. Noda Henry Lewis, 'Pan fo *ŭ* yng ngoben y gair Lladin ac *i*-gytsain (i̯) yn y sillaf olaf, try'r *ŭ* yn *y* (y sain glir) yn y gair Cymraeg: cuneus > *cuni̯us > *cŷn*, dīl*uui*um > dil*y*w, Merc*uri*us > Merch*y*r.'[51] O ddilyn y patrwm, disgwylid 'y' fel llafariad dechreuol. Nid yw pob enw yn cadw at yr un patrwm, wrth gwrs. Daw 'Awstin' o 'Augustīnus' heb yr affeithiad-i disgwyledig gan ei fod yn fenthyciad dysgedig diweddarach.[52] Eto, nid oes rheswm penodol pam y byddai 'Ulpius' yn cael ei fenthyg yn ddiweddarach mewn cyd-destun dysgedig yn yr un ffordd. Mae'r tarddiad Lladin yn bosibl, felly, ond nid yw'n amhroblematig.

O ran y tarddiad Saesneg, mae 'Wulf' yn digwydd fel enw personol yn Lloegr. Nid yw'n digwydd yn aml a llawer mwy cyffredin yw ei gael yn rhan o enw cyfansawdd, megis 'Wulfric'. Rhestra'r *Prosopography of Anglo-Saxon England* ddau unigolyn o'r enw 'Wulf' yn byw yn ne-ddwyrain Lloegr yn yr unfed ganrif ar ddeg.[53] Ceir rhagor o enghreifftiau o Wulf fel enw ar gymeriadau llenyddol neu chwedlonol.[54] Mae hefyd yn enw cyffredin ('blaidd') sy'n digwydd yn aml.[55] Nid yw'r llafariad yn newid yn ystod y cyfnod Hen Saesneg (tardda'r gair o Hen Ermaneg '*wulfaz').[56] Os daw o'r Saesneg, mae'n debygol mai 'ŭ' sy'n cael ei chynrychioli gan 'V' ar ddechrau 'Vlph'. Nid dyma orgraff arferol Llyfr Taliesin, ond gall yn hawdd fod orgraff hŷn wedi ei chadw yma os nad oedd yr ysgrifydd yn gyfarwydd â'r enw. Y gwahaniaeth amlwg rhwng *wulf* ac Ulph yw colli'r /w/ ddechreuol. Gwelir hyn hefyd yn yr ieithoedd Gogledd-ermanaidd (*ulfr* Hen Lychlyneg), ond ni raid chwilio am darddiad o'r ieithoedd hynny. Mae enghreifftiau eraill o 'wŭ' dechreuol Saesneg yn troi'n 'ŭ' yn Gymraeg, megis 'wtgnaiff' < 'woodknife' a geir o'r bymthegfed ganrif ymlaen ac 'wdwart' < 'wode-ward' a ddefnyddid erbyn y bedwaredd ganrif ar ddeg.[57] O ran ffurf, felly, mae'r tarddiad Saesneg yn llai problematig na'r tarddiad Lladin.

Fel y nodais, mae'n haws gweld y gerdd fel undod os yw Ulph yn enw ar Urien ac yn dod o'r Saesneg. Os 'Ulpius' yw'r tarddiad, mae'n anodd esbonio pam y rhoddid yr enw personol hwn ar Urien ac fe ddisgwylid i Ulph y testun fod yn rhywun arall. Os 'Wulf' yw'r tarddiad, mae posibilrwydd o ddilyn awgrym Clancy mai llysenw Saesneg ar Urien ydoedd, yn ddrych i'r llysenwau Cymraeg a ddodid ar rai brenhinoedd Seisnig, ac felly bod y gerdd gyfan yn gân o fawl i Urien. Os yw Ulph yn rhywun arall, mae gennym ffigwr sy'n bwysig yn 29 llinell gyntaf y gerdd ond sy'n diflannu wedyn, sy'n darparu peth tystiolaeth o blaid rhaniad Ifor Williams o'r testun. Nid yw'r dystiolaeth ieithyddol yn gadael inni benderfynu'n gwbl derfynol y naill ffordd neu'r llall ond mae ll. 26 'Ll6yth llithya6c cun ar ormant g6aet' yn cyfeirio at haid o fleiddiaid neu gŵn yng nghyd-destun brwydr. O ystyried sefyllfa'r llinell hon, rhwng y ddau gyfeiriad at Ulph (llau. 11 a 29) gall fod y bardd yn chwarae ar ystyr enw Ulph. Byddai hyn yn cefnogi'r dehongliad mai llysenw ar Urien sydd gennym, llysenw yr oedd y bardd yn ymwybodol o'i ystyr.[58] Cawn ragor o dystiolaeth o blaid hyn yn y ffaith bod 'Blaidd' wedi cael ei defnyddio fel epithet Rhirid Flaidd o'r ddeuddegfed ganrif y canodd Cynddelw iddo, a'i daid 'Y Blaidd Rhudd'.[59] O edrych ar yr holl dystiolaeth, rwy'n cytuno'n betrus ag awgrym Clancy mai llysenw ar Urien yw Ulph, a bod yr enw yn tarddu o'r Saesneg *Wulf*, ond mae hefyd yn bosibl gweld Ulph yn enw ar arglwydd arall a oedd yn ymladd ar ochr Urien.

O l. 14 ymlaen, symudwn i ffwrdd o Reged i deyrnasoedd eraill ond heb golli'r canolbwynt ar Urien (a enwir yn ll. 14, yn ogystal ag enwi Ulph yn ll. 29). Mae modd dehongli llau. 14–20 fel disgrifiad o Urien yn curo teyrnasoedd Brythonaidd eraill (Powys a'r Gododdin yn benodol). Awgryma Ifor Williams ddiwygio *ny bu hyfrwt* i *rybu hyfrwt* yn ll. 15, sydd â goblygiadau mawr ar gyfer y dehongli. Os *rybu*, mae gennym yn ll. 15 ganmoliaeth o 'br6t echen Gyrr6ys' (y gair olaf, mae'n debyg, yn enw personol). Os cedwir *ny bu*, mae lleihad (*litotes*) yma i nodi nad oeddynt mor frwd â hynny (wrth ymladd ag Urien). Gwell gennyf yr ail ddehongliad gan ei fod yn cadw darlleniad y llawysgrif. O ddarllen y llinell felly, byddai modd gweld ll. 16 fel parhad o ystyr ll. 15: ni fu'r holl elynion hyn yn frwd i ymladd yn erbyn Urien. O ddilyn y dehongliad hwn, mae *hyueid* yn ansoddair eironig (cymh. *br6t* yn y llinell flaenorol) neu'n chwarae'n eironig ar ystyr yr enw personol. Mae llau. 18–20 yn moli Urien dewr y mae ei luoedd yn codi ofn ar arglwyddi eraill. Daw rhythm *staccato* pwerus yn y tair llinell ganlynol sy'n dechrau bob un â *kat* gan ffurfio rhestr o frwydrau (llau. 21–5). Mae modd lleoli rhai brwydrau'n fwy nag eraill ac maent wedi eu trafod gan Alexander Falileyev.[60] Cyfeiria *Alclut* at deyrnas Frythonaidd Strathclyde, ac felly *Ryt Alclud* at ryd ar afon Clyde ger Dunbarton, mae'n debyg.[61] Awgrymodd Kenneth Jackson mai *Bremenium* yw *Bre6yn*, sef caer Rufeinig ger Rochester yn Northumberland.[62] Gwelir canolbwynt gogleddol amlwg felly, er gwaethaf yr ansicrwydd ynghylch lleoli rhai o'r brwydrau, sy'n cyd-fynd â'r cyfeiriad at y Gododdin, ond noder y cyfeiriad mwy deheuol at Bowys hefyd, os yr hyn a ddaeth yn deyrnas yng ngogledd-ddwyrain Cymru a olygir.[63] Gall hyn awgrymu bod Urien yn ymladd brwydrau'n eang iawn ac efallai'n cael statws uwcharglwydd, gan fod yr arglwyddi eraill yn ei ofni. Ar ôl rhestru'r brwydrau, cawn ddisgrifiad o ymladd gwaedlyd yn llau. 26–9, gyda chyfeiriad at 'Ll6yth llithya6c cun' sydd o bosibl yn chwarae ar ystyr Ulph fel y nodais uchod. Nid yw 'Atueila6 g6yn' yn amlwg, ond o ddilyn diwygiad bach Ifor Williams i 'atueila6 g6yr', ceir ystyr derbyniol fel rhan o'r disgrifiad o frwydro. Cyflwynir yr Eingl fel gelynion sy'n gwrthwynebu (ll. 28) cyn cyfeiriad at frwydr waedlyd ag Ulph wrth ryd (ll. 29). Nid yw'n glir a yw hyn yn cyfeirio'n ôl at frwydr a restrwyd neu'n cynrychioli brwydr newydd.

    Dyma ddiwedd y darn cyntaf o gerdd, yn ôl Ifor Williams. Gyda ll. 29 y daw aralleiriad *Yr Aelwyd Hon* i ben a cheir bwlch sylweddol nes ll. 42 yng nghyfieithiad Clancy. Ond tybed na fedrem weld peth cyswllt yma? Dyma lau. 30–3:

> G6ell ganher g6ledic pyr y ganet.
> Yvd Prydein, pen perchen broestla6n,
> Yvd nyt ymduc dillat na glas na ga6r
> Na choch nac ehoec vyc mor lla6r.

Mae llau. 32–3 yn canmol arglwydd gan wneud yn glir nad oes neb arall mor arwrol ag ef yn gwisgo dillad ysblennydd. Gellir dehongli'r ddau sillafiad rhyfedd *y vd* fel ffurf ar *iud* Hen Gymraeg ('udd'). Os felly, dyma ganmoliaeth o'r un unigolyn ag a folir yn ll. 31. Yn fwyaf arwyddocaol, fe'i disgrifir yn 'udd Prydain'. Cynigia'r llinellau hyn uchafbwynt: geilw ll. 30 am ragor o foliant o'r Arglwydd Dduw am i udd Prydain gael ei eni.[64] Pwy ydyw'r dyn hwn onid Urien? Mae llau. 14–29 yn amlinellu ei ymerodraeth: mae wedi brwydro'n eang ac wedi rhagori ar deyrnasoedd eraill yn y gogledd ond hefyd y tu hwnt i'r gogledd. Arweinia hyn at ddatgan Urien yn arglwydd Prydain. Nid oes modd profi nad yw ll. 30 yn ddechrau darn newydd, ond gan fod y llawysgrif a'r fydryddiaeth o blaid undod, ni welaf reswm dros greu rhaniad. Yn wir, mae'r rhan hon o'r gerdd yn dra effeithiol fel y saif. Sylwer mor wahanol yw'r Urien hwn i ddisgrifiad dylanwadol Saunders Lewis ohono, sy'n datgelu gymaint y mae un neu ddwy o gerddi yn unig wedi llunio ein delwedd o Urien: 'He is no adventurer. He does not win a kingdom.'[65]

Parhau y mae'r mawl yn llau. 34–5: nid oes neb mor angerddol wedi esgyn ar farch drud. Nid ysblander ond diwydrwydd milwrol sy'n nodweddu mawl llau. 36–8: gwylia Urien trwy'r flwyddyn ag arf yn ei law gan wersyllu ger amddiffynfeydd pwysig. Mae llau. 39–41 yn amwys, ond gellir eu gweld yn cyfrannu at foliant Urien. Fe'i cofir yn gyson tan ddiwedd y byd fel yr hwn sy'n dinistrio lluoedd bach eraill. Fel yr amlinellais uchod, mae tystiolaeth ffurf a mydryddiaeth o blaid bwlch rhwng llau. 41 a 42 er na raid i'r bwlch fod yn fwy na rhan o linell.[66]

O l. 42 ymlaen (trydydd darn Ifor Williams), symudwn at nodyn mwy personol gyda'r cymeriad geiriol yn ailadrodd *neu vi* (llau. 42, 45, 47, 49, 51). Yn wir, y person cyntaf sy'n dominyddu'r llinellau hyn. Eto, cawn barhad o'r delweddau milwrol: yma mae'r bardd ei hun yn ymladd (llau. 42–3). Mae diwedd ll. 43 *yscbyt yn lla6* yn arwyddocaol gan ei fod yn adleisio ll. 36 *araf yn lla6*, sy'n disgrifio Urien. Fel yr oedd Urien yn dal arf, felly y mae Taliesin yn dal tarian. Dyma ddelwedd sy'n clymu'r ddau ffigwr at ei gilydd ac yn fodd rhethregol i bwysleisio eu perthynas agos, sydd mor ganolog i gymaint o'r cerddi hyn.

Cyfetyb ll. 44 'Godeu a Reget yn ymdulla6' i 'Gweith Argoet Llwyfein', ll. 4 'godeu a reget y ymdullu'. Nid yw arwyddocâd y gyfatebiaeth hon wedi derbyn sylw, ond mae'n pwysleisio agosrwydd y ddwy gerdd hyn sy'n dilyn ei gilydd yn Llyfr Taliesin. Gall awgrymu mai'r un bardd a'u cyfansoddodd neu fod y naill gerdd yn tynnu ar y llall, neu fod rhyw fath o gymysgu helaethach wedi digwydd yn ystod y broses drosglwyddo (ond gwell gennyf y ddau opsiwn cyntaf, gan fod yr odl yn wahanol ac felly mae'n amlwg nad camgymeriad ysgrifyddol syml mo hwn). O ran 'Ardwyre Reget', dyma gysylltiad arwyddocaol â dechrau'r gerdd a'i ganolbwynt ar deyrnas Reged. Os darn o gerdd wahanol sydd gennym yma, erys ei bwnc yn debyg.

Disgrifia llau. 45–6 Urien fel pennaeth arwrol sy'n casglu gwartheg i'w fuarth trwy gyrchoedd llwyddiannus. Yn llau. 47–8, cawn flas ar y Taliesin proffwydol gwybodus, sy'n cyfeirio at ryfel a ddarogenir (os derbynnir diwygiad Ifor Williams o *argolla6r* (ll. 47) i *argoela6r*) a dynion yn cael eu colli. Tybed nad yw 'A'r meint a goll6yf y argolla6r' yn cyfeirio at allu'r bardd i ragweld pwy fydd farw?[67] Hynny yw, os bydd Taliesin wedi dweud bod milwr yn mynd i farw, dyna a ddigwydd. Noda'r bardd y medd a gafodd gan yr arwr beiddgar (llau. 49–50) cyn ei ganmol ymhellach: mae'r bardd wedi ei ddatgan fel cysgod brwydr; rhoddodd anrhegion yn llawen. Gall gwlad fel Rheged fod yn dda ynddi ei hun, ond fel y mae'r gerdd wedi ei ddangos, mae hyn yn ddiwerth mewn cymhariaeth â chael arweinydd gwych fel Urien (ll. 53).[68] Yn olaf, cawn y tag Taliesinaidd sy'n datgan na all Taliesin fod yn llawen heb foli Urien. Ni ellid cael diweddglo mwy addas i gerdd sy'n disgrifio holl wychder Urien fel rhyfelwr ac fel brenin.

Casgliad

Wedi astudio gwahanol agweddau ar y gerdd, dyma grynhoi'r dystiolaeth dros undod 'Ardwyre Reget': undod ffurf a mydryddiaeth; cyflwyniad y gwaith fel un gerdd yn y llawysgrif; presenoldeb Urien a Rheged yn narnau 1 a 3 (yn enwedig os yw Ulph yn llysenw ar Urien); disgrifiadau o frwydro'n gymysg â moliant i arglwydd ym mhob darn; dechrau darn 2 yn cynnig uchafbwynt i ail hanner darn 1; proestio rhwng darnau 1 a 2; adleisiau o ddarn 2 yn narn 3 *(yn lla6* ac odl fynych yn cynnwys *aw).* Ni fynnwn ddadlau o gwbl na cheir amrywiaeth o fewn y gerdd, ond mae peth amrywiaeth i'w ddisgwyl ac i'w gael yn aml mewn cerddi Taliesinaidd. O ystyried hyn, y casgliad symlaf yw mai un gerdd sydd gennym, sef cân o fawl i Urien, ond bod peth deunydd ar goll (ni wyddys faint) rhwng llau. 41 a 42. Nid yw'r darnau'n bod, felly. Yn bwysicach na hynny o bosibl, nid yw'r gerdd hon yn gymysgfa annealladwy chwaith, er gwaethaf y llygredd amlwg a geir ynddi. Mae rhannau ohoni'n dra effeithiol, megis yr uchafbwyntiau yn llau. 11–12 (dyfodiad Urien/Ulph) a llau. 30–1 (canmol Urien fel arglwydd Prydain). Mae gwaith yr Athro Haycock yn dra phwysig yn y cyswllt hwn. Diolch i'w gwaith hi a gwaith eraill megis Ifor Williams, mae cael mynediad at yr Hengerdd yn haws nag erioed o'r blaen, ac yn fwy pleserus. Mae Marged Haycock wedi ein dysgu i weld rhinweddau'r canu Taliesinaidd, ei gampau ffurfiol a'i ddysg: nid er mwyn ei ddehongli yn unig ond er mwyn ei werthfawrogi hefyd.

Atodiad: testun 'Ardwyre Reget' ac aralleiriad

Er mwyn hwyluso defnydd o'r erthygl hon, rwy'n cynnwys yma destun y gerdd o Lyfr Taliesin, wedi ei llinellu gyda phriflythrennau, rhaniadau geiriol ac atalnodi modern. Cedwais <6> lle y mae'n digwydd yn y llawysgrif, ond ei newid i <w> yn y teitl i hwyluso cyfeirio. Nodais bob tro y diwygiais y testun, fel arfer yn dilyn awgrymiadau Ifor Williams yn nodiadau CT. Rwy'n cynnwys hefyd aralleiriad petrus o'r gerdd.

    Ard6yre Reget, ryssed rieu!
    Neu ti rygosteis, **kyn ni**[69] b6yf teu.
    Gnissynt **rac**[70] lafna6r a chat vereu,
    Gnissynt wyr ydan kylch6ya6r.
5   Lleeu **gawy**[71] g6yn g6ylein yMathreu:
    Ny mat vr6ytr6yt ri. Ny mat geu.
    Yd ymarmerth g6ledic 6rth kymryeu.
    Nys gyrr neges y geissaton.
    Gocha6n marcha6c m6th molut g6ryon:

10   'O dreic dyla6 a da6 doetha6don?'
        Yny doeth Vlph yn treis ar y alon,
        Hyny doeth Vryen yn e dyd yn Aeron,
        Ny bu kyfergyryat, ny bu gynn6ys.
        Talgyna6t Vryen yrac Powys,
15   Ny bu hyfr6t br6t echen Gyrr6ys;
        Hyueid a Gododin a lleu towys,
        De6r yn enmyned a theith g6ydu6ys,
        Diueuyl dyd6yn yg6aet G6yden:
        A weles Ll6yuenyd udyd kygryn
20   Yn eidoed kyhoed yn eil mehyn.
        Kat yn Ryt Alclut, kat y mynuer,
        Kat gella6r Bre6yn, kat hir eurur,
        Kat ym prysc Katleu, kat yn aber,
        Ioed y dygyfranc a dur breuer
25   Ma6r, kat glutuein, g6eith Pencoet,
        Ll6yth llithya6c cun ar ormant g6aet,
        Atueila6 **g6yr**,[72] **g6ychyr**[73] kyt.
        Mynan Eigyl edyl g6rthryt,
        Lletrud a gyfranc ac Vlph yn ryt.
30   G6ell ganher g6ledic pyr y ganet:
        Yvd Prydein, pen perchen broestla6n,
        Yvd nyt ymduc dillat na glas na ga6r
        Na choch nac ehoec vyc mor lla6r.
        Nyt ardodes y vord6yt dros voel maela6r
35   Veirch o genedyl vrych mor greida6l.
        Haf y dan ayaf ac araf yn lla6,
        A ryt a rotwyd eu har6yla6,
        A g6est ydan geird, ac ymd6yra6.
        Ac hyt orffen byt edrywyt ka6:
40   gofydin goyscub, dyha6l am del6
        dile6r am leuuereu ...
        Neu vi erthycheis yn eis rac h6yd,
        Peleidyr ar ysc6yd, ysc6yt yn lla6,
        Godeu a Reget yn ymdullya6.

45 Neu vi a weleis 6r yn buartha6,
    Sarff soned virein, segidyd la6r.
    Neu vi gog6n ryfel yd **argoela6r**,⁷⁴
    A'r meint a goll6yf y argolla6r.
    Neu vi neu ymgor6yth medu medlyn
50 Gan hyfeid hy6r hy6st dilyn.
    Neu vi neu yscenhedeis kysca6t g6eithen.
    Dithrych6ys vy rieu radeu lawen.
    G6acsa g6lat da 6rth **Uruoen**.⁷⁵
    Ac yny vall6yf y hen,
55   y'm dygyn agheu aghen,
    ny bydif ymdirwen,
    na mol6yf Vryen.

Aralleiriad

Mae Rheged yn codi, gogoniant arglwyddi!
Rwyf wedi gwylio drosot, er nad wyf yn eiddo iti.
Cwynent o flaen llafnau a gwaywffyn y frwydr,
Cwynai dynion o dan darianau.
5 Lleoedd gwylanod gwyn, awchus ym *Mathreu*;
Ni frwydrwyd yn dda yn erbyn y brenin, nid peth da yw celwydd.
Mae arglwydd yn ymbaratoi ar gyfer trallodion.
Nid yw'n anfon neges at erfynwyr.
Mae moliant cyflym Gwrion yn anrhydeddu marchog:
10 'A ddaw ... gan arweinydd anfedrus?'
Nes y daeth Wlff yn ormes ar ei elynion,
Nes y daeth Urien yn ei ddydd yn Aeron,
Doedd dim ymosod, doedd dim croeso iddo.
Urien goronog o flaen Powys,
15 Doedd disgynyddion brwd *Cyrrwys* ddim mor frwd â hynny;
Un gwrol o'r Gododdin ac arweinydd fel golau,
Un dewr yn ei ddioddefgarwch â natur bwystfil gwyllt,
Cipio di-fai yn llinach Gwydden:
Arglwyddi ofnus yw'r sawl a welodd Lwyfenydd

20   Yn amddiffynfa (?) amlwg mewn lle cadarn.
      Brwydr yn rhyd Allt Clud, brwydr y goron,
      Brwydr stordai Brewyn, brwydr hir y gŵr rhagorol,
      Brwydr yn llwyn Cadlew, brwydr mewn aber,
      (Roedd yr ymladd ag un mawr, cryf, croch)
25   Brwydr y pentwr o gerrig, brwydr Pencoed,
      Haid o fleiddiaid, wedi eu bwydo gan genedl ar lawer o waed,
      Dynion yn nychu, cyfarfod ffyrnig.
      Dymuna'r Eingl beri trallod,
      Brwydr waedlyd ag Wlff ar y rhyd.
30   Boed i'r Arglwydd gael ei foli'n well am iddo gael ei eni:
      Arglwydd Prydain, perchennog ... (?) pennaf,
      Arglwydd, nad oes neb mor unigryw wedi gwisgo dillad glas neu ...(?)
      Neu goch neu borffor gogoneddus.
      Does neb mor angerddol wedi rhoi ei glun
35   Dros feirch moel tywysogaidd o fath brith.
      O haf tan aeaf ag arf yn ei law,
      A chadw gwyliadwraeth ar ryd a chlawdd,
      A threulio'r nos o dan gloddiau, ac ymestyn yn y bore.
      A hyd ddiwedd y byd, bydd yr un medrus yn ystyried:
40   mae'n ysgubo byddin bach i ffwrdd gan hawlio delw
      dilëwr o gwmpas goleuadau ...
      Myfi a duchanodd yn fy mrest o flaen y cynnwrf,
      gwaywffyn ar fy ysgwydd, tarian yn fy llaw,
      Goddau a Rheged yn ymffurfio'n rhengau.
45   Myfi a welodd ddyn yn gyrru gwartheg i'w fuarth,
      arweinydd o glod ysblennydd, sathrwr rhagorol.
      Myfi sy'n gwybod y rhagwelir rhyfel,
      ac fe gollir y rhai a gollaf.
      Myfi a wnaed yn feddw gan ddiod o fedd
50   gan ddyn dewr ffyrnig â'i erlyn yn rhyfelgar.
      Myfi a'i datganodd yn gysgod mewn brwydr.
      Rhannodd fy arglwydd roddion yn llawen.
      Mae gwlad dda yn ddiwerth mewn cymhariaeth ag Urien.
          A nes imi farw'n hen

Lliaws Rhith

55   Yn fy angen eithafol am farwolaeth,
       Ni fyddaf yn llawen
       Oni folaf i Urien.

Nodiadau

1   Hoffwn ddiolch yn arbennig i Rebecca Thomas a Ben Guy am drafod y testun hwn. Diolch hefyd i'm cyd-olygyddion ac i John Koch am ateb ymholiadau penodol. Nid barn yr ysgolheigion eraill hyn a geir yma o reidrwydd a myfi sy'n gyfrifol am bob camgymeriad a erys.

2   Mae Marged Haycock wedi creu golygiadau tra gwerthfawr o'r ddwy gerdd hyn ar gyfer ysgolion (maent o werth arhosol i ysgolheigion hefyd): gw. 'Canu Taliesin' yn M. Haycock a P. Lynch, 'Yr Hengerdd a'r Cywyddau' (CBAC, 2018). Ar gael arlein: *https://resource.download.wjec.co.uk/vtc/2018-19/int18-19_1-4/_cym/uned02/02-gwaith-argoed-llwyfain.html* (cyrchwyd 28 Medi 2023).

3   J. Morris-Jones, 'Taliesin', *Y Cymmrodor*, 28 (1918), 1–290 (195).

4   CT, t. xxxiv. Cyfieithir y geiriau hyn yn fanwl yn I. Williams a J. E. Caerwyn Williams (cyf.), *The Poems of Taliesin* (Dublin: The Dublin Institute for Advanced Studies, 1968), tt. li–lii, ond gan newid y frawddeg olaf ychydig: 'So the words of at least two, possibly of three, poems are included in the text which the scribe copied and which we have printed here as a single poem.'

5   T. O. Clancy, 'The kingdoms of the North: poetry, places, politics', yn A. Woolf (gol.), *Beyond the Gododdin: Dark Age Scotland in Medieval Wales* (St Andrews: Committee for Dark Age Studies, University of St Andrews, 2013), tt. 153–75; T. O. Clancy (gol.), *The Triumph Tree: Scotland's Earliest Poetry AD 550–1350* (Edinburgh: Cannongate, 1998), tt. 85–6; J. T. Koch gyda J. Carey, *The Celtic Heroic Age: Literary Sources for Ancient Celtic Europe and Early Ireland & Wales* (pedwerydd arg., Aberystwyth: Celtic Studies Publications, 2003), tt. 362–4; G. Thomas (cyf.), *Yr Aelwyd Hon: Diweddariadau o Hen Farddoniaeth Gymraeg* (Llandybïe: Llyfrau'r Dryw, 1970), t. 34; M. Pennar (cyf.), *Taliesin Poems* (Felinfach: Llannerch, 1988), tt. 83–5. Mae cyfieithiad Pennar ychydig yn llac ond tuedda i ddilyn dehongliad Ifor Williams. Mae cyfieithiad llenyddol ar gael yn G. Lewis a R. Williams (cyf.), *The Book of Taliesin: Poems of Warfare and Praise in an Enchanted Britain* (London: Penguin, 2019), tt. 17–19.

6   Ceir 26 neu 27 llinell ar dudalennau'r llawysgrif fel arfer: M. Haycock, 'Llyfr Taliesin', NLWJ, 25 (1988), 357–86 (357).

7   Haycock, 'Llyfr Taliesin', 349.

8   Mae'r patrwm hwn yn weddol gyson ond nid yn ddieithriad: er enghraifft, ceir tri thestun yn dechrau â phriflythrennau coch ar ôl 'Ardwyre Reget'.

9   Nodir hyn yn CT, t. 64.

10   Haycock, 'Llyfr Taliesin', 359.

11 Noder bod Ifor Williams yn gweld 'Ysbail Taliesin' 'yn ddwy gân, ond mae'r gyntaf yn gyfan': CT, t. xxxiv. Yn ddiweddar, dadleuodd Barry Lewis fod y gerdd yn undod yn ei Ddarlith Goffa Paul Walsh ('Nature and Art in Early Welsh Verse' (Prifysgol Maynooth, 2021)).
12 Mae ll. 4 yn gorffen â 'kylch wyawr' ond dechreua ll. 5 â 'lleeu', sy'n odli â'r brifodl yn y rhan hon o'r gerdd. Tybed na all hyn fod yn enghraifft o odl fewnol yn cael ei defnyddio yn lle'r brifodl? Awgryma Ifor Williams ddiwygio 'kylch wyawr' i 'kylchwyeu' i gael odl yn *-eu* (CT, t. 63) ond mae'r hen derfyniad *-awr* yn *lectio difficilior* sy'n gweddu i ddisgrifio arfau mewn cerdd gynnar arwrol: gw. S. Nurmio, 'Middle Welsh *-awr*: The case of the lost plural suffix', SC, 48 (2014), 139–70.
13 Cymh. CD, tt. 235–42.
14 Dehonglaf *eurur* yn ll. 22 yn ffurf ar *eurwr* ('gŵr rhagorol'): gw. GPC d.g. 'eurwr'. Awgryma Ifor Williams ddiwygio i *eurer*: CT, t. 67.
15 O ddilyn diwygiad Ifor Williams o *Uru6yn* i *Uruoen* yn ll. 53: CT, t. 71.
16 Cymh. sylw Haycock ar y canu'n fwy cyffredinol: 'Nid yw darnau unodl yn rheolaidd eu hyd' (LlTA, cyf. II, t. 593).
17 Cymh. LlTA, cyf. II, tt. 591–2; CD, tt. 254–62. Cymh. hefyd LlTA, cyf. II, t. 593: 'Nid ymddengys fod y gwaharddiad yn erbyn trwm ac ysgafn ... yn berthnasol ym mhob achos yn *Llyfr Taliesin*.'
18 Cymh. LlTA, cyf. II, tt. 589–90; CA, t. lxxiv.
19 Dyfynnir y gerdd o'r testun isod, tt. 58–60.
20 Cymh. LlTA, cyf. II, t. 599.
21 LlTA, cyf. II, tt. 594–9.
22 Gw. isod t. 46.
23 Dylid nodi *punctus* ar ôl 'aghen' yn 'Ardwyre Reget', ll. 55, er nas argreffir yn CT.
24 LlTA, cyf. II, t. 583; cymh. M. Haycock, 'Metrical models for the poems in the Book of Taliesin', yn B. F. Roberts (gol.), *Early Welsh Poetry: Studies in the Book of Aneirin* (Aberystwyth: National Library of Wales, 1988), tt. 155–77 (t. 171). Am ymdriniaethau eraill â mydryddiaeth yr Hengerdd, gw. P. J. Donovan, 'Mydryddiaeth Canu Aneirin a Chanu Taliesin' (traethawd MA heb ei gyhoeddi, Prifysgol Cymru (Aberystwyth), 1975); G. R. Isaac, 'Agweddau ar fydr yr Hengerdd', 2 gyf. (traethawd PhD heb ei gyhoeddi, Prifysgol Cymru (Aberystwyth), 1992); D. Ellis Evans, 'Rhagarweiniad i astudiaeth o fydryddiaeth y *Gododdin*', yn R. Bromwich a R. Brinley Jones (goln), *Astudiaethau ar yr Hengerdd* (Caerdydd: Gwasg Prifysgol Cymru, 1978), tt. 89–122.
25 LlTA, cyf. II, tt. 583–8; cymh. Haycock, 'Metrical models', t. 171.
26 Am esboniad llawn o'r dull, gw. LlTA, cyf. II, tt. 536–8; cymh. Haycock, 'Metrical models', tt. 162–3.
27 LlTA, cyf. II, t. 536. Dilynaf Haycock wrth beidio â gwahaniaethu rhwng y brif acen a'r acen eilradd at ddiben yr astudiaeth hon.
28 Mae ll. 42 yn amlwg yn rhan o gyfres gyda'r llinellau dilynol. Mae odl fewnol rhwng *h6yd* 42 ac *ysc6yd* 43 a all awgrymu bod hyn yn enghraifft o rywbeth tebyg i doddaid yn 42–3 ond lle na cheir y brifodl yn y llinell gyntaf, goddefiad

a welir o bryd i'w gilydd mewn testunau cynnar. Diolch i Barry Lewis am nodi hyn.
29   Noda wedyn ddeongliadau posibl o enw Ulph a drafodir isod: Clancy, *Triumph Tree*, t. 328.
30   Koch, *Celtic Heroic Age*, tt. 362–4.
31   Noda '*or* Wuffing' (t. 348): dychwelaf at hyn isod.
32   Koch, *Celtic Heroic Age*, t. 363.
33   Gw. GPC d.g. *-ing, -yng*.
34   Clancy, 'Kingdoms of the North', t. 163. Mae'n ymddangos bod Clancy yn trin y testun fel un gerdd.
35   CT, t. 63.
36   CT, t. 63. Ymddengys mai estyniad o ystyr 'gwylio drosodd' yw 'cherished' yng nghyfieithiad Clancy, *Triumph Tree*, t. 85.
37   CT, t. 63.
38   Haycock, 'Metrical models', t. 157.
39   J. E. Lloyd Jones, *Geirfa Barddoniaeth Gynnar Gymraeg* (Caerdydd: Gwasg Prifysgol Cymru, 1931–63), d.g. ?*cossi¹*.
40   Gw. yn enwedig drafodaeth werthfawr Ifor Williams yn 'gnis', BBCS, 13/4 (1950), 193–4.
41   Nid yw Koch yn diwygio ll. 3 ('Blades of battle and shafts of battle groaned'), ond mae anhawster wrth gysylltu'r gair *gnissynt* â sŵn arfau, sy'n rhoi peth cefnogaeth i ddiwygiad bach Syr Ifor.
42   Diwygiad Ifor Williams o *go6y*.
43   Cyfyd Ifor Williams y posibilrwydd o gysylltu *go6y* â *dyofod* (gw. GPC d.g. *dyofod*), ond yn ffafrio diwygio i 'gawy'. Cyfieitha Koch *lleeu go6y* fel 'came down'.
44   Dehongliad amlycaf y llinell hon yw bod y gwylanod yn bresennol am eu bod yn bwyta cyrff y meirw, gan gysylltu â'r llinellau o'i chwmpas. Nid dyma eu rôl arferol o fewn llenyddiaeth Gymraeg. Yn 'Edmyg Dinbych', er enghraifft, ymddengys iddynt gael eu cyflwyno mewn ffordd fwy positif: I. Williams, 'Moliant Dinbych Penfro', THSC (1940), 66–83 (74), ll. 35. Mae gwylanod, yn enwedig y rhywogaethau mwy, yn bwyta sborion pan fo cyfle, ac mae'n ddigon posibl y byddent yn bwyta cyrff y meirw wedi brwydr: S. Cramp ac eraill (goln), *Birds of the Western Palearctic, Volume 3: Waders to Gulls* (Oxford: Oxford University Press, 1983), tt. 697–882. Cysylltir gwylanod â'r fath rôl yn y gerdd Hen Saesneg *Andreas* (R. North a M. D. J. Bintley (goln), *Andreas: An Edition* (Liverpool: Liverpool University Press, 2016), t. 137, ll. 371b–372a) ac o bosibl yn y gerdd Hen Lychlyneg *Liðsmannaflokkr*, pennill 9 (Russell Poole, 'Anonymous, *Liðsmannaflokkr*', yn D. Whaley (gol.), *Poetry from the Kings' Sagas 1: From Mythical Times to c.1035*, Skaldic Poetry of the Scandinavian Middle Ages 1 (Turnhout: Brepols, 2012), t. 1014. Ar gael arlein: *https://skaldic.org/m.php?p=text&i=1023* (cyrchwyd 27 Medi 2023)). Diolch i Eric Lacey am drafod hyn gyda fi a thynnu fy sylw at yr enghreifftiau Saesneg a Llychlyneg.
45   Cymh. Koch ,'Waging war against the king was ill-fated'.
46   CT, t. 65.

47 Clancy, 'Kingdoms of the North', tt. 163–4. Cymh. Clancy, *The Triumph Tree*, t. 328.
48 Noder bod Koch yntau'n cefnogi tarddiad Saesneg ar gyfer yr enw, er nad oes tystiolaeth ei fod yn cyfeirio at y Wuffingas yn benodol: gw. uchod t. 48.
49 CT, t. 65.
50 H. Lewis, *Yr Elfen Ladin yn yr Iaith Gymraeg* (Caerdydd: Gwasg Prifysgol Cymru, 1943), t. 22.
51 Lewis, *Elfen Ladin*, t. 6.
52 Lewis, *Elfen Ladin*, t. 33.
53 J. L. Nelson ac eraill, *The Prosopography of Anglo-Saxon England Database Project*, d.g. 'Wulf'. Ar gael arlein: *https://pase.ac.uk/index.html* (cyrchwyd 1 Chwefror 2022).
54 Gw. 'Wulf and Eadwacer', llau. 4, 9, a 13, yn G. P. Krapp ac E. V. K. Dobbie (goln), *The Exeter Book* (New York: Columbia University Press, 1936), tt. 179–80; *Beowulf*, llau. 2965 a 2993, yn R. D. Fulk, R. E. Bjork a J. D. Niles (goln), *Klaeber's Beowulf* (Toronto: University of Toronto Press, 2008); 'Solomon and Saturn', ll. 213, yn E. V. K. Dobbie (gol.), *The Anglo-Saxon Minor Poems* (New York: Columbia University Press, 1942), tt. 31–48.
55 Gw. A. DiPaolo Heaney, *Dictionary of Old English Corpus* (Toronto). Ar gael arlein: *https://tapor.library.utoronto.ca/doecorpus/* (cyrchwyd 1 Chwefror 2022).
56 OED d.g. 'wolf'.
57 GPC d.g. 'wtgnaiff' ac 'wdwart'; T. H. Parry-Williams, *The English Element in Welsh* (London: Honourable Society of Cymmrodorion, 1923), t. 277.
58 Gellir cymharu'r defnydd o'r gair Saesneg *ffoxas* yn 'Armes Prydein Vawr': I. Williams (gol.), *Armes Prydein o Lyfr Taliesin* (Caerdydd: Gwasg Prifysgol Cymru, 1955), t. 3, ll. 66; R. Thomas a D. Callander, 'Reading Asser in Early Medieval Wales', *Anglo-Saxon England*, 46 (2017), 115–45 (124–6); R. Thomas, *History and Identity in Early Medieval Wales* (Cambridge: Boydell, 2022), tt. 84–8.
59 B. Guy, *Medieval Welsh Genealogy: An Introduction and Textual Study* (Woodbridge: Boydell, 2020): gw. Index of Genealogies, d.e. Rhirid Flaidd a Cillin y Blaidd Rhudd; CBT III: 283–322.
60 A. Falileyev, 'CT/PT VII, 23–24 *kat yn aber / ioed y dygyfranc adur breuer* und die frühwalisische Schlachtenkatalogtradition', yn S. Zimmer, R. Ködderitzsch ac A. Wigger (goln), *Akten des zweiten deutschen Keltologen-Symposiums* (Tübingen: Max Niemeyer Verlag, 1999), tt. 32–46.
61 Ond cymh. Clancy, 'Kingdoms of the North', t. 155.
62 K. Jackson, 'Arthur's Battle of Breguoin', *Antiquity*, 23 (1949), 48–9.
63 Noder bod Ifor Williams yn awgrymu y gellid cymryd *powys* yn enw cyffredin yma: CT, t. 65. Ar ddatblygiad Powys, gw. T. Charles-Edwards, *Wales and the Britons 350–1064* (Oxford: Oxford University Press, 2013), tt. 14–17.
64 Er nad yw'n ddiamwys, dehonglaf 'g6ledic' ll. 30 yn gyfeiriad at Dduw o ystyried y defnydd aml o ganu i gyfeirio at foli Duw a'r ffaith y gall 'gwledic' gyfeirio at Dduw: cymh. 'Armes Dydd Brawd', llau. 16–17: 'Vch Nef, is Nef, / Nyt gwledic namyn ef': Bl BGCC cerdd 20.

65 S. Lewis, 'The tradition of Taliesin', yn A. R. Jones a G. Thomas (goln), *Presenting Saunders Lewis* (Cardiff: University of Wales Press, 1973), tt. 145–53.
66 Gw. uchod t. 46.
67 Ar y llinell hon, gw. hefyd P. Sims-Williams, 'Sandhi *h* after third-person pronouns in Middle Welsh', *Celtica*, 34 (2022), 60–86 (65).
68 Am ddehongliad arall o *gwlat* yma, cymh. Charles-Edwards, *Wales and the Britons*, tt. 379–80. Ar ffurf enw Urien, gw. CT, t. 71.
69 kyn ni] kyn
70 rac] kat
71 gawy] go6y
72 g6yr] g6yn
73 g6ychyr] gouchyr
74 argoela6r] argolla6r
75 Uruoen] Uru6yn

'ARF DDA YW BWA O BELL': GOLWG AR SAETHYDDIAETH A SAETHWYR YM MARDDONIAETH YR OESOEDD CANOL

Jenny Day

Heddiw mae'r bwa yn un o'r arfau a gysylltir fwyaf â milwyr Cymreig yr Oesoedd Canol. Ei rôl yn y Rhyfel Can Mlynedd sydd fwyaf adnabyddus, ond mor gynnar â degawd olaf yr unfed ganrif ar ddeg enwodd Rhygyfarch ap Sulien fwa a saethau (ar y cyd â chleddyf, tarian a gwaywffon) fel yr arfau na feiddiai'r Cymry eu codi bellach yn erbyn gormes y Normaniaid, ac yn y ddeuddegfed ganrif crybwyllodd Gerallt Gymro *sagittarum manipulis* ('sypynnau o saethau') ymhlith arfau Cymry ei oes ef, gan ganmol sgiliau saethwyr Gwent yn arbennig.[1] Roedd bwa a saethau'n offer cymharol rad am eu bod wedi eu gwneud o bren, heb fod angen ond ychydig o fetel ar gyfer pennau'r saethau, ac yr oeddynt yn effeithiol iawn, nid yn unig mewn cad ar faes ond hefyd mewn cudd-ymosodiadau a rhyfel gwarchae.[2] Arfau i filwyr cyffredin oedd bwâu fel arfer, yng Nghymru megis yn Lloegr ac mewn gwledydd eraill yng ngorllewin Ewrop, a châi'r saethwyr proffesiynol hyn eu diystyru a'u dirmygu'n aml.[3] Roedd effeithlonrwydd y bwa wrth daro ergyd o bell, a'r ffaith ei fod yn storio ac yn dwysáu cryfder naturiol dyn wrth gael ei blygu, yn mynd yn groes i ddelfrydau arwrol a sifalrig a fynnai fod gŵr yn dod o fewn gafael i'w elyn i brofi ei filwriaeth. At hynny, cynrychiolai'r bwa fygythiad arbennig i farchogion a milwyr breintiedig eraill am fod ceffylau'n darged hawdd, ac nid oedd arfwisgoedd yn effeithiol yn erbyn saethau bob amser.[4] Y tu allan i gyd-destun cad ar faes, hefyd, gallai bwâu fod yn fygythiad i drefn y gymdeithas, am eu bod yn arfau defnyddiol i herwyr, gwrthryfelwyr, llofruddwyr, lladron a photswyr.[5] Ar y llaw arall, gwerthfawrogid saethu fel camp uchelwrol mewn perthynas â saethu targedau, ac wrth hela ceirw a chreaduriaid eraill.

Hyd at ddiwedd Oes y Tywysogion, mae cyfeiriadau'r beirdd at saethyddiaeth mewn unrhyw gyd-destun yn brin. Gellir cysylltu hyn â'r pwyslais mawr ar ganmol milwriaeth noddwyr yn y canu mawl, ac â bri'r cleddyf a'r waywffon fel y prif arfau arwrol neu sifalrig. O ganlyniad i'r newidiadau gwleidyddol a chymdeithasol ar ôl 1282/3, fodd bynnag, daeth y beirdd yn fwy parod i ganmol doniau a berthynai i weithgareddau anrhyfelgar megis hela a champau corfforol eraill. Gwelwyd hefyd gynnydd ym mhoblogrwydd *genres* eraill o ganu. Mae'r cerddi gofyn a diolch, yn arbennig, yn cynnig cyfoeth o fanylion am offer saethu.[6] Ond yn wir, gellir gweld saethyddiaeth yn dod yn amlycach yn y farddoniaeth yn gyffredinol, mewn cerddi mawl a marwnad, cerddi serch, cerddi dychan a cherddi crefyddol hyd yn oed. Yn aml cyfeiriai'r beirdd at saethu neu offer saethu yn symbolaidd neu fel trosiadau neu gymariaethau, at wahanol ddibenion llenyddol. Roedd Guto'r Glyn, bardd a fu'n saethydd proffesiynol yn ei ieuenctid, yn feistr ar y math hwn o ddelweddaeth, a gwneid defnydd effeithiol ac amrywiol ohoni gan Ddafydd ap Gwilym yntau.[7] Nod y bennod hon, fodd bynnag, yw bwrw golwg (heb fod yn hollgynhwysfawr) dros y dystiolaeth a geir yn y farddoniaeth am natur y bwâu a oedd yn gyfarwydd i'r beirdd a'u noddwyr; am ddefnydd yr arfau hyn wrth hela a saethu targedau, ac ar gyfer rhyfel a hunanamddiffyn; ac am agweddau tuag at saethu a saethwyr, fel y'u mynegir yn y cerddi.

Golwg a gwneuthuriad y bwa

Amrywiai bwâu o ran eu maint a'u pŵer yn yr un modd ag y mae pobl yn amrywio. Ni fyddai pawb wedi medru tynnu'r bwâu rhyfel mawr a ddarganfuwyd yn llongddrylliad y *Mary Rose*, er enghraifft; defnyddid bwâu ysgafnach gan ddynion nad oeddynt yn arbennig o gryf a phrofiadol, a chan ferched yn yr un modd.⁸ Gwneid bwâu bychain, hawdd eu tynnu ar gyfer plant: cyfeiriodd Lewys Glyn Cothi at y 'bwa o flaen y ddraenen' y chwaraeai ei fab ifanc ag ef, ar y cyd â '[ch]leddau digon brau o bren'.⁹ At hynny, gellid dewis bwa o fath neu faint penodol at ddiben penodol. Ar gyfer hela, er enghraifft, roedd bwâu ysgafn yn cael eu ffafrio am eu bod yn haws i'w plygu heb dynnu sylw'r anifail, a gellid eu dal ar annel wrth aros am yr eiliad gorau i ollwng y saeth.¹⁰

Canolbwyntir yn y bennod hon ar fwâu a dynnir â llaw yn hytrach na bwâu croes, ac yn wir, er na ellir bod yn gwbl sicr beth a olygai'r beirdd wrth y gair 'bwa' ym mhob achos, ymddengys mai'r math syml hwn o fwa sydd fwyaf cyffredin o lawer yn y farddoniaeth. Cyfeiriodd Rhys ap Maredudd mewn cywydd i ofyn bwa gan Wiliam Eutun, er enghraifft, at ei dynnu 'Dros fy mraich ar draws fy mron', ac mewn cerdd o fawl i Feistr Siôn Salbri, siambrlen Dinbych, disgrifiodd Tudur Aled anelu bwa fel ei fod ar ffurf 'olwyn'.¹¹ Rhydd y cyfeiriad cyntaf ddarlun effeithiol o safiad y bardd wrth saethu, a'i ochr tuag at ei nod, a'r ail yn un o nifer o gymariaethau barddol – ceir 'enfys' a 'lleuad' hefyd, er enghraifft – sy'n adlewyrchu'r ffaith fod bwa da'n ffurfio rhan o gylch perffaith wrth gael ei dynnu.¹² Gellid cymharu'r ymadrodd 'rounde compasse' a ddefnyddiodd Roger Ascham yn ei lyfr *Toxophilus* ('un sy'n caru'r bwa') a gyflwynwyd i Harri VIII.¹³

Ceir yr argraff yn aml mai bwâu hir mawr iawn a ddefnyddid gan y beirdd a'u noddwyr, hyd yn oed wrth arfer campau heddychlon. Gall fod hyn yn adlewyrchu'r realiti, wrth gwrs, ond ni ddylid cyffredinoli'n ormodol yn y cyd-destun hwn oherwydd natur anghytbwys y dystiolaeth. Mae cyfeiriadau at faint a phŵer bwâu i'w cael fel arfer naill ai yn y canu gofyn a diolch, lle gellid disgwyl gor-ddweud wrth ddisgrifio a chanmol y rhodd, neu yn y canu mawl, lle'r oedd disgrifio gallu noddwr i dynnu bwa mawr a gollwng ergyd pwerus yn un o ddulliau'r beirdd o ganmol cryfder a medrau corfforol. Gallai dyn eglwysig gael ei ganmol fel hyn hyd yn oed, fel yn achos un o gerddi Gutun Owain i'r Abad Dafydd ab Ieuan o Lyn-y-groes:

> 'Oes wyth o'r bobl a saetho
> A blyka i vwa yvo?
> Llathen heb yr adenydd
> Yn y saeth a dynnai 'sydd.[14]

Ac ymfalchïodd Lewys Glyn Cothi, mewn cywydd gofyn, yn ei allu arbennig i dynnu'r arf sy'n wrthrych ei gais:

> Mae fo fal na allo neb
> ei dynnu hyd ei wyneb;
> minnau a'i tyn, myn Ieuan,
> heblaw'r glust, yn biler glân.[15]

Nododd Lewys yn y llinellau sy'n rhagflaenu'r darn hwn fod y bwa a erchir o'r un hyd â'i hen fwa (a gafodd ei ddwyn), ond ni chyfeiriodd ato'n benodol fel 'bwa hir'. Yn wir, nid ymddengys fod yr ymadrodd hwn yn gyffredin yn ei gyfnod ef, na chynt, er cael un achos mewn cywydd arall ganddo, mewn perthynas â lluoedd meibion Tomas ap Gruffudd ap Nicolas: 'Bwâu hirion hwynt bioedd, / bwâu crwys yn bicra oedd'.[16] Efallai fod y bardd yn defnyddio'r ymadrodd yma i wahaniaethu rhwng y bwâu hyn a'r bwâu croes ('bwâu crwys') yn ail linell y cwpled.[17] Mae'n debyg fod arwyddocâd cyffelyb i'r term 'bwâu llaw' a geir mewn cywydd mawl arall ganddo (i Feredudd ap Hywel a thref Groesoswallt) ac, yn yr unigol, yng nghywydd Dafydd ap Gwilym i'r ehedydd; hynny yw, fod yr ymadrodd hwn yn cyfeirio at fwa a dynnid ac a ollyngid yn uniongyrchol â llaw yn hytrach na thrwy fecanwaith.[18] At hynny, mae'n debyg mai gwrthgyferbynnu'r ddau fath o fwa a wnaeth Dafydd ap Gwilym wrth gyfeirio at Ruffudd Gryg fel 'bwa crefft' ac fel 'arblastr'.[19]

O bren yr ywen y gwneid y bwâu hir gorau, ac adlewyrchir hyn yn y farddoniaeth. A dethol ychydig enghreifftiau ymysg llawer: canmolodd Guto'r Glyn ei noddwr Siancyn Hafart o Aberhonddu fel 'bwa o yw da', yn ffigurol; melltithiodd Lewys Glyn Cothi berchennog 'bwa yw' am iddo frifo Dafydd ap Siôn; gofynnodd Maredudd ap Rhys am '[F]wa o'r yw, o bu raid / A rôi darf i rai diriaid'; a diolchodd Tomas Derllys i Syr Lewis o Langatwg, mynach o Efenni, am 'Fwa yw'r sant i fwrw saeth', gan alw'r bwa'n '[g]orsen o'r ywen rywiog' ac yn 'ffon yw coch' hefyd.[20] Mae lliw bwâu yw'n cael cryn dipyn o sylw yn y cerddi. Gellid cymharu 'ffon yw coch' Tomas Derllys â'r cyfeiriadau at 'fy yw rhudd' a 'dy yw rhudd' yng nghywydd gofyn Lewys Glyn Cothi.[21] At hynny, mewn cwpled arall gwrthgyferbynnodd Tomas Derllys ddau liw sy'n perthyn i'r bwa, 'Os ei fol y sy felyn, / Ei gefn ef a gâf yn wyn', a cheir gwrthgyferbyniad tebyg gan Lewys Glyn Cothi, 'lliw'r tân ar hyd ei ganol, / lliw'r ôd yn well ar ei ôl'.[22] Yn yr un modd, gelwir gwrthrych cerdd ofyn Maredudd ap Rhys yn '[dd]illyn cefnwyn' ac yn 'Enfys … / A'i fol yn dân ufelyn'.[23] Mae 'bol' neu 'ganol' y bwa (y rhan agosaf at y saethydd, y tu mewn i grymedd y bwa wrth iddo gael ei dynnu) yn 'felyn' neu fel 'tân', felly, a'r 'cefn' neu'r 'ôl' (y rhan allanol, pellaf oddi wrth y saethydd) yn wyn. Lliwiau naturiol pren yw a ddisgrifir yma. Mae lliw'r pren a geir yn union o dan y rhisgl, y 'gwynnin', bron fel ifori pan fydd yn newydd, gan dywyllu i liw mêl gydag amser, ac mae lliw'r 'rhuddin' a geir yn ddyfnach yn y cyff yn dywyllach, gan amrywio (pan fydd yn newydd) o frown i ruddfelyn.[24] Mae gwynnin ywen yn gwrthsefyll tyndra'n arbennig o dda, a'r rhuddin yn rhagori wrth wrthsefyll cywasgu, a'r rhinweddau hyn, pan fydd bwa yw wedi ei lunio â'i gefn o wynnin a'i fol o ruddin, sy'n esbonio ei ragoriaeth fel arf.[25]

Gwneir y bwâu cryfaf o foncyff y goeden yn hytrach nag o'r canghennau, a dylid dewis darn o bren dinam, heb gnotiau, a gadael iddo aeddfedu ar ôl ei dorri.[26] Adlewyrchir hyn oll, fel mae Barry Lewis wedi nodi, yn y llinellau gan Guto'r Glyn sy'n gwrthgyferbynnu 'bwa o yw da' (yn cynrychioli Siancyn Hafart) â bwa a wnaed 'O frig yw afrywiog ir' ac a oedd yn debygol o dorri.[27] Gellid cymharu diolchgarwch Tomas Derllys am fwa 'o'r ywen rywiog', sef, o bren da, dinam, a chyfeiriad Dafydd Gorlech, mewn cywydd brud, at fwa a gwaywffon 'o gyffion da'.[28] Gall mai safon y pren oedd ym meddwl Tudur Penllyn hefyd, wrth wneud cais am fwa heb 'dro na dryll' i gymryd lle ei hen fwa a oedd wedi torri.[29] Gwelir ymwybyddiaeth o bwysigrwydd safon pren bwa mewn cyd-destun ffigurol gwahanol yn y cywydd 'Merch yn Ymbincio' gan Ddafydd ap Gwilym, gyda'i gyfeiriad at '[f]wa yw ni bo iach' wedi ei liwio ag 'aur' ar ei gefn i guddio ei gyflwr gwael.³⁰ Mae'n ddiddorol cymharu un o ordinhadau gwneuthurwyr bwâu Efrog, a fynnai na ddylai neb beintio bwa cyn i archwilwyr y gild gael cyfle i edrych arno.³¹ Er gwaethaf rhagoriaeth ac amlygrwydd y bwa yw, un math arall o bren y ceir tipyn o dystiolaeth amdano mewn perthynas â bwâu Cymreig yw pren y llwyfen. Nid yw hyn yn annisgwyl, oherwydd o'r llwyfen (yn benodol, rhai a dyfai mewn cysgod) y ceid y pren ail orau ar gyfer bwâu yng ngogledd Ewrop.³² Crybwyllodd Guto'r Glyn bren yr ywen a'r llwyfen gyda'i gilydd wrth wrthgyferbynnu'r tafod, fel bwa ffigurol, â bwâu go-iawn: 'Nid bwa hwn, cystlwn cur, / Yw neu lwyf a wnâi lafur'.³³ At hynny, mewn cywydd gan Hywel Rheinallt sy'n gofyn dwsin o fwâu gan Syr Siôn Elis ac Owain Eutun o Faelor dros Abad Enlli, cyfeirir yn benodol at bren llwyf:

> Y coed gan ddeuwr y'u câf,
> Llwyfennau oll a fynnaf.
> Teg yw yr anrheg a rôn' –
> Tribaich o goed Rhiwabon.³⁴

Ceir tystiolaeth gynharach am y bwa llwyf yn nisgrifiad Gerallt Gymro o arfau'r Cymry:

> Non autem arcu utuntur corneo, non alburneo, non taxeo: solum ex ulmellis silvestribus arcus formant, non formosos, non politos, immo rudes prorsus et informes; rigidos tamen et fortes: non tantum ad eminus missilia mittenda, sed etiam ad graves cominus ictus percutiendo tolerandos.

> Ond ni ddefnyddiant fwâu nac o gorn, nac o wynnin, nac o yw: o lwyfenni bychain y goedwig yn unig y lluniant eu bwâu, nid yn gain, nid yn gabol, ond yn hollol ddi-lun a thrwsgl, er hynny'n galed a chryf: nid yn unig i ollwng saethau ffordd hir, ond hefyd i ddioddef rhoi ergydion trymion wrth daro o agos.³⁵

Awgryma'r cyfeiriad penodol at 'lwyfenni bychain y goedwig' mai'r llwyfen lydanddail, *Ulmus glabra*, sydd dan sylw.[36] Dyma lwyfen sy'n gyffredin yng Nghymru, sy'n tyfu mewn coedwigoedd fel arfer, ac sy'n tueddu bod yn llai ei maint na rhywogaethau eraill sy'n fwy nodweddiadol o dirweddau agored, megis y llwyfen Seisnig, *Ulmus procera*.[37] Ni wahanieithir rhwng y gwahanol fathau o lwyfen fel arfer mewn ffynonellau canoloesol, ac felly mae'r manylyn hwn gan Gerallt yn arbennig o werthfawr.

Mae'r cyfeiriad at gorn, hyd yn oed fel rhywbeth nas defnyddiai'r Cymry, yn ddiddorol am ei fod yn awgrymu bod Gerallt yn gwybod am fwâu cyfansawdd, a wneid drwy gludo haenau o gorn a gïau wrth graidd o bren.[38] Mae lle i amau, fodd bynnag, ai o bren llwyf yn unig y lluniai'r Cymry eu bwâu yn ei gyfnod ef, fel bod y bwa yw heb ei ddefnyddio o gwbl ganddynt. Efallai fod hwn yn un o'r achosion lle gorbwysleisiodd Gerallt y gwahaniaethau rhwng y Cymry a'r Eingl-Normaniaid, gan briodoli i'r Cymry nodweddion 'barbaraidd' weithiau. Yn sicr, mae ei gyfeiriad at eu bwâu 'hollol ddi-lun a thrwsgl' yn gydnaws â'i ddarlun ohonynt fel pobl gymharol ansoffistigedig.[39]

Mae'n bosibl iawn, fodd bynnag, fod bwâu yw'n gymharol brin yng Nghymru yn amser Gerallt ond iddynt ddod yn fwy cyffredin yn yr Oesoedd Canol diweddarach am fod mwy o bren yw ar gael erbyn y cyfnod hwnnw. Gwyddys bod llawer o'r pren yw ar gyfer bwâu byddinoedd Lloegr yn cael ei fewnforio erbyn y bedwaredd ganrif ar ddeg, yn enwedig o Sbaen ac ardaloedd y Baltig a'r Adriatig, ac o Iwerddon weithiau, ac mae'n debyg ei fod ar gael yn ehangach hefyd a heb fod yn rhy gostus.[40] At hynny, roedd y pren yw a fewnforid o wledydd poethach neu oerach na Chymru a Lloegr yn arbennig o addas ar gyfer llunio bwâu oherwydd dwysedd ei strwythur mewnol.[41] Adlewyrchir ymwybyddiaeth o hyn o bosibl mewn un o'r cerddi gofyn bwa diweddarach, gan Ruffudd Hiraethog, lle cyfeirir at 'yw o'r Ýsbaen'.[42] Fodd bynnag, dengys y cyfeiriadau barddol a drafodwyd uchod fod pren llwyf – o darddiad brodorol – yn parhau i gael ei ddefnyddio a'i werthfawrogi yng Nghymru yn y bymthegfed ganrif. Mae'n ddiddorol hefyd fod bwa yw a bwa llwyf wedi eu cynnwys gan John Jones, Gellilyfdy, wrth restru termau am 'Arfau o Bob Ryw' ac am offer y 'Pledrydd', sef gwneuthurwr bwâu a saethau, yn y geirfâu a ysgrifennodd yn 1632–3.[43]

A throi at linyn y bwa, fe'i gwneid o lin neu gywarch yn aml, fel y gwelir yng ngherdd ofyn Tudur Penllyn, 'Gloyw yw'r llin o'r gwlw i'r llall', a cherdd ddiolch Tomas Derllys, 'Carcharwyd, rhwymwyd fy rhodd, / Cywarch hir a'i carcharodd'.[44] Defnyddid llinynnau o goludd a gïau hefyd, a chrybwyllir yr olaf wrth ddisgrifio'r bwâu 'o ascwrn eliffant' sy'n perthyn i ddau uchelwr ifanc yn chwedl *Owain neu Iarlles y Ffynnon*:

> nachaf deu was pengrych melyn … a bwa o ascwrn eliffant yn llaw pob vn onadunt, a llinyneu o ieu hyd arnadunt, a saetheu ac eu peleidyr o askwrn morwil gwedy eu haskellu ac adaned paun, a ffenheu eur ar y peleidyr; a chyllell a llafneu eureit udunt ac eu carneu o askwrn moruil ym pob vn o'r deu not, ac hwynteu yn saethu eu kyllyll.[45]

Disgrifir yr offer moethus hyn yn rhan o'r stori o fewn stori a adroddir gan Gynan yn llys Arthur tua dechrau'r chwedl, ac maent yn ateb diben llenyddol penodol drwy gyfrannu at y darlun hyfryd o'r '[g]aer vawr llywychedic' y mae Cynan yn dynesu ati.[46] Nid oes angen cymryd y cyfan o ddifrif yn dystiolaeth am offer cyfoes, felly. Mae'n werth nodi, fodd bynnag, fod plu peunod yn cael eu defnyddio weithiau ar gyfer saethau yn yr Oesoedd Canol diweddar, er defnyddio plu'r ŵydd neu'r alarch yn fwy cyffredin, fel y disgwylid.[47]

Darlun o fwa ac ategolion digon moethus a geir yng nghywydd gofyn Lewys Glyn Cothi hefyd:

> Llinyn arno fo yn fân
> a osodaf o sidan.
> Deugorn, wedy r' fendigo,
> arian fydd arno efô.
> Gwisgo breichledr, os medraf,
> o arian neu aur a wnaf.[48]

Gwerthfawrogid sidan fel defnydd llinyn bwâu am ei fod yn arbennig o gryf a gwydn.[49] Fodd bynnag, yn yr un modd â stori Cynan, nid oes angen deall popeth yn y darn hwn yn llythrennol; rhan o ddrama'r cais, mae'n debyg, yw'r darlun o'r ategolion drud yr hoffai'r bardd eu cael ar gyfer ei fwa newydd. O ledr, neu o gorn mewn un achos, y gwnaed yr ategolion amddiffynnol ar gyfer breichiau saethwyr a ddarganfuwyd yn llongddrylliad y *Mary Rose*, a'r tebyg yw mai 'breichledr' o fath tebyg a oedd gan Lewys Glyn Cothi mewn golwg. Yn wir, awgryma elfen olaf y gair mai rhywbeth a wnaed o ledr oedd hwn yn y bôn, er bod addurn o aur neu arian arno yn bosibilrwydd.[50]

O ran 'deugorn ... arian' bwa Lewys, mae hyn yn cyfeirio at ddarnau ar ddau ben y bwa, lle'r oedd y rhiciau i ddal y llinyn.[51] Mae'n debygol y gelwid pennau bwa'n 'gyrn' oherwydd eu siâp a'u lleoliad yn bennaf; arferid y gair am bigynnau hanner lleuad yn yr un modd.[52] Ond fel mae'n digwydd, defnyddid darnau o gorn gwartheg i atgyfnerthu pennau bwâu yn aml, fel yr adlewyrchir o bosibl yng nghyfeiriad Tomas Derllys at ei fwa fel 'Ffon yw coch a phennau cyrn', a diau fod hyn wedi effeithio ar sut y deellid y gair 'corn' yn y cyd-destun hwn.[53]

Erys un darn hollbwysig arall o offer saethu, sef y saeth ei hun. Nid yw tystiolaeth y beirdd am y saeth mor gyfoethog ag y mae am y bwa, er cyfeirio weithiau at faint mawr saethau, fel yn achos y saeth 'llathen' o hyd (heb gyfrif y plu wrth ei bôn) yng ngherdd Gutun Owain a ddyfynnwyd uchod, sy'n dwyn i gof gyfeiriadau Saesneg at *cloth-yard shafts* bwâu hir.[54] Cyfeiriodd Tudur Aled mewn cywydd gofyn at '[f]wrw saeth drom', a thrymder y saeth yn awgrymu y rhoddai ergyd pwerus.[55] Dyma un o'r manylion a nododd Roger Ascham yn ei lyfr *Toxophilus*, mewn perthynas â saethau ar gyfer rhyfel:

> it were better to make them of good Asshe, and not of Aspe, as they be now a dayes. For of all other woodes that euer I proued Asshe being big is swiftest and agayne heuy to giue a greate stripe with all, whyche Aspe shall not doo.[56]

Mae'n debyg mai pren yr aethnen a olygir wrth 'Aspe', a gellid cymharu cyfeiriad Tudur Aled at saeth fel 'aethnen hir' yn ei gerdd i Feistr Siôn Salbri.[57] Ceir manylion diddorol pellach am saethau (a bolltau) yng nghyd-destun hela, a thrafodir y rhain yn yr adran nesaf.

Hela a saethu targedau

Ceir gan Ddafydd ap Gwilym nifer fawr o gyfeiriadau at hela, a'i agwedd tuag ato'n amrywio yn ôl *genre*'r gerdd ac yn ôl y gwahanol *personae* a fabwysiadai. Yn ei gywydd mawl 'Basaleg', honna Dafydd iddo saethu ceirw yng nghwmni Ifor Hael, ymysg gweithgareddau eraill megis 'hely â chŵn', heboga a 'gware ffristiawl a thawlbwrdd'; hynny yw, ei fod yn aelod llawn o'r gymdeithas uchelwrol ac yn cymryd rhan yn llawn yn eu campau.[58] Gwahanol iawn yw'r Dafydd sy'n ceisio saethu llwynog wrth aros am ei gariad o dan y coed, a'i fwa'n torri'n 'drichnap' ('tri darn') yn ei law.[59] Gwisgo ei *bersona* gwrtharwrol cyffredin a wnâi'r bardd wrth adrodd yr hanes tro trwstan hwn, gan wneud hwyl am ei ben ei hun.[60] Cyfeirir at weithgareddau hela pobl eraill hefyd, mewn nifer o gerddi, ac er bod y cyd-destunau llenyddol yn amrywio mae'n drawiadol pa mor aml y dymuna Dafydd fethiant i'r heliwr, fel pe bai'n teimlo brawdgarwch tuag at drigolion byd natur. Yn ei farwnad (ffug, o bosibl) i Ruffudd ab Adda, er enghraifft, disgrifir 'gwyllt saethydd' yn dod yn fradwrus i'r llwyn i geisio lladd eos 'â bollt bedryollt' (a'r eos yn cynrychioli Gruffudd yn ffigurol, mae'n debyg).[61] Mewn cerddi eraill cynghora Dafydd yr iwrch i beidio ag ofni 'saeth lifaid', ymfalchïa fod yr ehedydd yn hedfan mor uchel fel ei fod allan o gyrraedd 'bwa llaw', a chyfeiria mewn gwahanol gyd-destunau ffigurol at anawsterau ceisio lladd gwiwer a gwylan â bolltau.[62] Mae anghysondeb difyr yn ei ddau gywydd am gyffylog: yn y naill, cynghorir yr aderyn i ffoi rhag dyn 'Â bollt benfras a bwa', ond yn y llall dymuna'r bardd iddo gael ei daro gan '[f]olltod braff' am iddo godi dychryn arno ef a'i gariad.[63]

Mae'n werth oedi i ystyried beth yw natur yr offer hyn. Câi saeth ac iddi ben llydan adfachog ei ffafrio ar gyfer hela anifeiliaid mawr, ac mae'n bosibl mai dau fin amlwg y math hwn o saeth a oedd ym meddwl Dafydd wrth iddo gyfeirio at 'saeth lifaid'.[64] Efallai ei fod yn meddwl am ben llydan wrth gyfeirio at '[f]ollt benfras' a 'bolltod braff', yn yr un modd, ond mae'n bosibl hefyd mai bollt ac iddi ben pŵl a olygir. Câi bolltau, a saethau, o'r fath eu defnyddio'n aml wrth hela creaduriaid bychain, am na fyddent yn achosi cymaint o ddifrod i'w cyrff.[65] Ond pa fath o fwa oedd gan Ddafydd mewn golwg wrth sôn am folltau? Mae'r '[f]ollt bedryollt' sy'n bygwth yr eos yn dwyn i gof y cwarel, a gysylltir yn arbennig â'r bwa croes.[66] At hynny, cysylltir y gair 'bollt' ei hun â bwa croes fel arfer, er nad yn ddieithriad, yn ôl *Geiriadur Prifysgol Cymru*.[67] Erys ansicrwydd yn achos cerddi Dafydd, oherwydd er ei fod yn cyfeirio weithiau at fwâu croes mewn cyd-destunau eraill, nid oes sôn penodol amdanynt yn y cyd-destunau hela a drafodir yma. Mae'n bosibl, felly, fod Dafydd yn defnyddio'r gair 'bollt' i ddynodi saethau arbennig ar gyfer hela creaduriaid bychain, heb feddwl yn benodol am fwa croes.

Ceir gan feirdd y bymthegfed ganrif dystiolaeth bellach am hela â bwa. Cyfeiriodd Lewys Glyn Cothi ato ef ei hun yn 'saethu iwrch â saeth wen' yn ei gerdd ofyn am fwa, ac mewn cywydd gofyn cyllell gan Rys Goch Eryri disgrifir y bardd hwnnw'n 'arwain … / Bwa a milgi buan' wrth hela '[ll]wdn deunawosgl'.[68] Ceir mewn cywydd gofyn wtgnaiff gan Gutun Owain linellau yr ymddengys iddynt ddisgrifio dull o hela ceirw a elwid yn Saesneg yn *bow and stable*, lle arhosai saethwyr mewn man penodol a chŵn gerllaw, a cheirw'n cael eu gyrru tuag atynt gan helwyr eraill:

> Daly'r wyf, tra vo dail ar wŷdd,
> Maes i geirw y mysg irwŷdd.
> Bŵäev a chŵn bvain
> Sy y'w rroi lle bo kwrs y rhain.[69]

Cyfeiriodd Guto'r Glyn at fwa a chorn canu fel offer nodweddiadol fforestwr mewn cywydd sy'n gofyn corn ar ran Siôn Eutun: 'Nid onest pen fforestwr / Heb gorn gyda bwa gŵr' ('teilwng o ŵr' yw grym 'gŵr' yma, mae'n debyg).[70] Dylid crybwyll hefyd linellau gan Ddafydd Epynt sy'n awgrymu bod Cynog Sant wedi defnyddio bwa yn ei blentyndod ac iddo saethu 'hydd', 'hwyad' a '[g]leisiad', a hyn o bosibl yn adlewyrchu hen draddodiad am y sant a gollwyd bellach.[71] A throi at saethu targedau, dylid crybwyll eto'r cyfeiriad yn chwedl *Owain* at uchelwyr ifainc yn defnyddio carnau eu cyllyll yn nodau; at hynny, ceir disgrifiad byrrach o'r un arfer yn stori *Peredur*.[72] Diau fod dewis nodau saethu'n eithaf mympwyol yn aml. Efallai fod rhai ohonynt wedi eu gwneud o sypynnau o wellt neu frwyn: gall fod ymwybyddiaeth o hyn wedi ei hadlewyrchu yng nghyfeiriadau Dafydd ap Gwilym, mewn cyd-destunau ffigurol, at rym treiddiol '[C]ronsaeth trwy ysgub grinsofl' neu'r 'pilwrn drwy'r brwynswrn draw'.[73] Gall mai targedau o'r math hwn, hefyd, oedd y 'parsel(au)' a grybwyllodd Rhys ap Cynfrig Coch ac Ieuan ap Rhydderch wrth ymffrostio am eu sgiliau saethu.[74] Disgrifir saethu at ryw fath o faner, o bosibl, yng nghywydd gofyn Tudur Aled: 'Bwrw saeth drom o'r braswaith draw, / Bwrw stonddart a'm brest ynddaw'.[75]

Cynhwysir saethu ymhlith y 24 camp a restrir mewn llawysgrifau sy'n dyddio o'r unfed ganrif ar bymtheg ymlaen, ac a gofnodwyd gan John Davies tua diwedd ei *Dictionarium Duplex* yn 1632. Dechreua'r rhestr gynnar yn Peniarth 56 (tt. 28–9) â 'deg wrolgamp', sef 'kodi llwyth', rhedeg, neidio, nofio, ymafael, marchogaeth, saethu, dau fath o 'chware' â chleddyf, a'r 'ffon ddwy big'.[76] Campau tebyg a geir ar ddechrau rhestr ddiweddarach John Davies, er galw'r gyntaf yn '[g]ryfder', a rhoi'r pedair olaf mewn isddosbarth pellach, sef 'Y pedair gwrolgamp o rym arfau'. Crybwyllir amrywiol niferoedd a mathau o gampau corfforol a diwylliannol gan nifer o feirdd yr Oesoedd Canol diweddar, ond gall mai Lewys Glyn Cothi oedd y cyntaf i gyfeirio at ddosbarthiad penodol o 24 camp, a hynny mewn cywydd mawl i Wiliam ap Tomas Fychan.[77] Yn y gerdd hon gelwir saethu'n un o '[b]edair prifgamp', ar y cyd â neidio, nofio a rhedeg.[78] Cyfeiriodd Rhys Goch Eryri yntau, mewn rhestr hir o gampau noddwr nas enwir, at 'Neidio, saethu, tynnu teg, / Rheidiau gŵr, nofio, rhedeg', gan leoli'r rhain rhwng ymwan ('Gware ... / Â phelydr') a gemau megis 'sies' a '[th]abler gris'.[79]

Yn yr un modd, roedd saethu'n un o'r campau a grybwyllodd Guto'r Glyn ym marwnad Harri Gruffudd o'r Cwrtnewydd:

> Ni thrwsiodd maen na throsol,
> Ni bu neb na bai'n ei ôl.
> Saeth fawr a saethai f'eryr,
> Saethu 'mlaen seithmil o wŷr.
> Nid âi i'w naid un dyn iach,
> Nid oedd ieithydd du ddoethach.[80]

Diau fod Harri Gruffudd yn gyfarwydd â bwa hir mewn perthynas â'i wasanaeth milwrol yn Ffrainc, ond nid oes tystiolaeth iddo arfer ei sgiliau saethu ar faes y gad erioed: yn hytrach, ceir cyfeiriadau ato ar wahanol adegau yn y 1430au a'r 1440au fel gŵr arfog (*man-at-arms*), ysgwïer a chapten y cwmni ordnans.[81]

Roedd ymarfer sgiliau saethu'n bwysig iawn i saethwyr proffesiynol, wrth gwrs, a'r tebyg yw ei fod yn weithgaredd eithaf cyffredin yn y gymdeithas ehangach. Ceir awgrym o hyn yn 'Englynion y Misoedd' wrth ddisgrifio mis Awst: 'gwell gwaith kryman no bwa; / amlach das no chwarwyva'.[82] Efallai fod gan y bardd dienw saethu targedau mewn golwg yn benodol os yw'r 'chwarwyva' yn ymwneud â'r bwa fel y mae'r das yn ymwneud â'r cryman. Mae'n anodd gwybod beth oedd y berthynas rhwng ymarferion saethu pobl gyffredin a'r campau uchelwrol, ond diau fod y campau'n cael eu harfer a'u harddangos mewn amrywiol amgylchiadau ar wahanol achlysuron. Ceir awgrym am natur y gynulleidfa a geid weithiau yng nghywydd Guto'r Glyn 'i wallt du Harri Gruffudd':

> Och ym er dir a chymell
> O bu ŵr â bwa well,
> Na chystal, ynial annerch,
> Ar y maen mawr er mwyn merch.[83]

Gellid cymharu geiriau olaf y darn uchod â chwpled mewn cywydd diweddarach gan Syr Dafydd Trefor sy'n gofyn bwa ar ran noddwr o'r enw Syr Wiliam: 'Ni thynnai, pan welai wen, / Yn llai weithiau na llathen'.[84]

Roedd campau corfforol fel saethu'n bwysig fel dull o ddangos bod dyn yn haeddu ei le yn y gymdeithas uchelwrol, a diau fod cystadleuaeth ac adloniant yn elfennau pwysig hefyd. Yng nghywydd Guto'r Glyn i wallt Harri Gruffudd, er enghraifft, brolia Guto am ei enwogrwydd ei hun fel pencampwr wrth fwrw maen (ond nid fel saethydd!), cyn cydnabod bod Harri wedi ei ddisodli.[85] Mae ychydig o dystiolaeth am wobrau diriaethol hefyd: canmolodd Dafydd ab Edmwnd ei noddwr Robert ap Dafydd o Nanheudwy (mewn cywydd gofyn daeargi) fel un yr oedd ganddo '[l]awer camp', a'i ddisgrifio'n 'Arwain bwa da i daith, / Ac ennill fflicht aur ganwaith'.[86]

Mae'n anodd dod o hyd i dystiolaeth am gampau adloniannol yn y canu cynharach: yr argraff a geir yw bod campau, a hela yn yr un modd, yn cael eu hystyried yn bynciau anaddas ar gyfer canu mawl.[87] Nid yw hynny'n golygu nad oedd noddwyr y beirdd yn cymryd rhan mewn gweithgareddau o'r fath, wrth gwrs. Gwyddys bod hela'n bwysig i'r tywysogion a'u dilynwyr, a diau fod gan filwyr y cyfnod amrywiol ddulliau o ymarfer eu sgiliau milwrol, fel y nododd Gerallt Gymro: 'ac fel y myfyriant dros frwydrau mewn heddwch, ymbaratoant ymlaen-llaw ar gyfer rhyfel, gan ddefnyddio gwaywffon yn awr, a saethau bryd arall'.[88] Ni fyddai'n rhyfedd pe bai elfennau o gystadleuaeth ac adloniant yn yr ymarferion hyn weithiau.[89] Ac wrth gwrs, adlewyrchir yn y chwedlau rhyddiaith ddiddordeb mewn twrnameintiau, yn ogystal â saethu targedau, er bod agweddau tuag at y twrnamaint braidd yn gymysg.[90] Mae'n bwysig nodi, hefyd, nad arwyr y chwedlau ond yn hytrach lanciau ifanc mewn dillad moethus sy'n saethu eu cyllyll yn storïau *Owain* a *Peredur*.

Y bwa fel arf rhyfel ac ar gyfer amddiffyn

Y cyfeiriad cynharaf y daethpwyd ar ei draws at offer saethu yng nghyd-destun canmol milwriaeth unigolyn yw'r llinellau hyn mewn awdl a ganodd Einion Offeiriad i Syr Rhys ap Gruffudd (m. 1356), barwn pwerus o dde Cymru a fu'n arweinydd milwrol yng ngwasanaeth

Edward II ac Edward III, gan gymryd rhan mewn ymgyrchoedd yn yr Alban ac yn Ffrainc:[91]

> Ei orwydd hylwydd i haelion – ys rhaith,
> Ys maith ar saith o'r saethyddion.
> Saethydd digerydd ac nid dig eron,
> Saethau brys[,] yw Rhys yn rhwysg ymryson,
> Saethyddiaeth arfaeth ag arfau llymion,
> Saethiad mad medrnod o'r mydrnwyd gofion.[92]

Ymddengys fod y bardd yn canmol rhagoriaeth Syr Rhys dros 'saethyddion' eraill, a'i ddisgrifio nid yn unig fel un a drawai'r nod yn fedrus ('medrnod') ond hefyd fel saethydd mewn 'ymryson'.[93] Defnyddir y gair hwn ar gyfer cystadleuaeth heddychlon wrth gwrs yn ogystal â gwrthdaro milwrol, ond awgryma cyd-destun ehangach y darn mai'r ystyr olaf sy'n berthnasol yma, ac felly hefyd y cyfeiriadau at geffyl ('[g]orwydd') Syr Rhys ac at 'arfau llymion'. Mae'n amheus, fodd bynnag, faint sydd a wnelo'r llinellau hyn â gyrfa filwrol go-iawn y noddwr pwerus hwn. Ymddengys mai bwriad Einion Offeiriad wrth lunio'r gerdd oedd creu gorchestwaith: defnyddiodd ynddi bron pob un o'r 12 mesur awdl a gynhwysodd yn ei ramadeg barddol, a phan ystyrir yr holl gyfeiriadau ynddi at arfau gwelir yr un duedd at helaethder ac amrywiaeth.[94] Efallai fod y bardd yn ceisio canmol milwriaeth ei noddwr mewn perthynas â chynifer o wahanol ddulliau brwydro â phosibl: nid yn unig y rhai ac iddynt hanes hir yn y traddodiad barddol megis taflu gwaywffyn ac ymladd â chleddyf ond hefyd y rhai newydd megis saethu ac ymwan.[95] Gellid ystyried hefyd a fwriedid ystyr ffigurol i 'saethydd', 'saethyddiaeth' a 'saethiad', fel eu bod yn cyfleu cyflymder a ffyrnigrwydd Syr Rhys wrth ymladd.[96] Ymddengys yn rhesymol, fodd bynnag, ystyried y darn hwn yn dystiolaeth am ymwybyddiaeth y bardd o bwysigrwydd saethwyr ym myddinoedd y cyfnod. Gwelir hyn hefyd yng nghanmoliaeth Gruffudd ap Maredudd o Dudur Fychan ap Goronwy o Drecastell a Phenmynydd (m. 1367) fel 'tremyniad saethgad' ('ymosodwr [mewn] brwydr saethau').[97]

Ceir cyfeiriad symlach at fwa mewn perthynas â noddwr mewn cywydd brud gan Ddafydd Gorlech sy'n dyddio o deyrnasiad Rhisiart III:

> Mi a brydaf o'm brodir
> I Wil fal dug Elfael dir.
> Gwayw, bywiog yw, a bwa,
> Â phen dur, o gyffion da.[98]

Ymddengys fod y bardd a'r noddwr (nas enwir ond fel 'Wil') yn byw yn yr awyr agored fel herwyr oherwydd eu cefnogaeth i Harri Tudur. Arf addas fyddai'r bwa dan yr amgylchiadau hyn; er enghraifft, ar gyfer hela neu gudd-ymosod. Roedd y cysylltiad rhwng saethyddiaeth a herwyr yn eang, ac i'w weld yn y storïau am Ddafydd ap Siencyn, cefnogwr i'r Lancastriaid yn gynharach yn y bymthegfed ganrif, yn ogystal ag yn y chwedlau Seisnig am Robin Hood.[99] Mae'n bosibl, yn wir, fod Dafydd Gorlech yn defnyddio bwa 'Wil' yn symbol o'i fywyd fel herwr.[100]

Gall fod ystyron symbolaidd i nifer o gyfeiriadau eraill gan feirdd o'r bymthegfed ganrif sy'n cysylltu bwâu â noddwyr mewn cyd-destunau milwrol. Mewn un o gywyddau Gutun Owain, er enghraifft, mae'r bardd am weld Tomas Salbri Ieuanc yn cario '[b]wa'r Mars' o afon Dyfrdwy i Ynys Môn, ac mae hyn yn rhoi awgrym o gyrhaeddiad daearyddol ei rym.[101] Mae ystyr symbolaidd yn debygol hefyd yn achos cyfeiriad Ieuan Deulwyn at '[f]wa Vr[ie]n' mewn cywydd i Syr Rhys ap Tomas o Abermarlais, a'r bwa'n cynrychioli'r nerth a'r filwriaeth a drosglwyddwyd i Syr Rhys drwy ei ddisgynyddiaeth o Urien Rheged.[102] At hynny, mewn un o'i gerddi eraill, sy'n gofyn cŵn gan noddwr o'r enw Hywel, cysylltodd Ieuan Deulwyn 'fwa lliwloiw' yn arbennig o gryf â rhyw Lywelyn Fychan drwy osod yr ymadrodd hwn yn sangiad rhwng dwy elfen ei enw.[103]

Gallai bwa gynrychioli noddwr yn ffigurol hefyd erbyn y cyfnod hwn, fel yn llinellau Lewys Glyn Cothi mewn cerdd i Wiliam Herbert o Raglan, iarll Penfro, lle ceir bwyell a gwaywffon yn yr un rôl symbolaidd:

> Arddwrn yw Herbart i Gaerferddin,
> llaw yw a bwyall i Gaerlleon,
> bwa yw a roed drwy holl Brydyn,
> sythwayw yw o Went drwy Swth-hantwn.[104]

Mae'n debyg fod yma chwarae ar eiriau, oherwydd yn ogystal â bod yn ffurf ferfol a ailadroddir ym mhob llinell (fe'i ceir yn y pedair llinell flaenorol hefyd), gallai 'yw' gael ei ddehongli, yn y drydedd linell a ddyfynnir, yn gyfeiriad at bren y bwa. Cynrychioli grym milwrol Herbert a wna'r 'bwa (yw)', gan adlewyrchu hefyd, o bosibl, ymwybyddiaeth y bardd fod ganddo saethwyr profiadol yn ei wasanaeth. Gall yr un peth fod yn wir yn achos cywydd mawl Gutun Owain i Ddafydd Llwyd ap Tudur o Iâl:

> Mil o wŷr â dur mal iâ,
> Mintai arfog mewn tyrfa:
> Gwae Sais, rhag ofn gwayw a saeth
> Gŵr o aelwyd gwrolaeth.[105]

Hynny yw, gellid dehongli 'gwayw' a 'saeth' fel arfau'n symboleiddio gallu milwrol y noddwr neu fel rhai sy'n cynrychioli arfau ei '[f]intai'. Crybwyllir y cyfuniad hwn o arfau mewn cyd-destunau tebyg gan feirdd eraill. Canmolodd Lewys Glyn Cothi ei noddwr Meredudd ap Morgan drwy honni mai 'Ef â'i onwayw a'i fwa annel / yw braich Ystrad Yw megis Brochwel', a chrybwyllodd Dafydd Nanmor 'waew' a 'saeth' ymhlith yr arfau a berthynai i Domas ap Rhys o'r Tywyn, neu (drwy estyniad) i'w wŷr:

> D[y v]aner a bryderant,
> Dy swrn gwŷr, d'isarnav gant.
> [A'th] waew, a'th saeth, wrth ŵyth sir,
> A'th lafn, a'th law a ofnir.[106]

Yn yr un modd, mewn cywydd mawl gan Hywel Cilan i Ieuan Gethin o'r Rhiwlas, er cysylltu saethau a bwa (a bwyell) â'r noddwr yn benodol, efallai fod y bardd yn meddwl am offer saethu ei ddilynwyr, a grybwyllir fel 'llu Rolant' yn y llinellau blaenorol:

> Y mae gennyd gyngyd gwych
> A llu Rolant lle'r elych.
> Od oes wthio, dy saethau,
> I arbed dyn, yw'r bw tau,
> Lle delai, ni byddai ball,
> Fwa Ieuan a'i fwyall.[107]

Mewn achosion eraill nid oes amheuaeth nad offer saethu dilynwyr y noddwr sydd dan sylw. Cyfeiriodd Dafydd Nanmor mewn cerdd arall at '[f]wav'r Owtils, a Bryttaen' ymhlith yr arfau a berthynai i luoedd Siasbar Tudur, a cheir y llinellau canlynol gan Lewys Glyn Cothi mewn cerdd o fawl i Henri ap Gwilym:

> Yn ei ôl gwaywawr a anelid,
> miliwn o fwâu mal na feiid
> o flaen y lluoedd a gyflenwid.[108]

Awgryma'r 'miliwn o fwâu', wrth gwrs, fod gan y noddwr lawer iawn o saethwyr medrus a ffyddlon yn ei wasanaeth.

Nid fel unigolion y portreadir y saethwyr yma, ond fel un o adnoddau milwrol y noddwr. Ni fyddai'n deg beirniadu Lewys Glyn Cothi yn ormodol am hyn, fodd bynnag: i'r gwrthwyneb, adlewyrchir pwysigrwydd saethwyr proffesiynol ym mrwydrau'r cyfnod yn arbennig o gryf yn ei gerddi ef. Disgrifiodd Wiliam Herbert, er enghraifft, fel un a oedd 'a'i fwâu ym mhob fowart' (sef 'blaenfyddin'), a chyfeiriodd at '[f]wâu llaw da' a 'bwâu hirion' (ar y cyd â 'bwâu crwys') gwŷr Meredudd ap Hywel a gwŷr meibion Tomas ap Gruffudd ap Nicolas, ac at bresenoldeb 'bwâu i ryfel' yn llys Robert Hwitnai.[109] Crybwyllodd rôl bwysig y bwa wrth amddiffyn cadarnleoedd hefyd. Ceir y cwpled 'Saethau o'i dyrau sydd yn dirwyn / cylch ei dref mor gref â thref y Grwyn [sef Corunna yn Sbaen]' mewn cerdd i Rys ap Dafydd Llwyd, ac ym marwnad Lewys i Edmwnd Tudur mae 'gwag twr heb sowdiwr a bwa saeth' yn un o nifer o ymadroddion diarhebol eu naws sy'n cyfleu cyflwr truenus y wlad hebddo.[110] Yn y fersiwn o 'Afallennau Myrddin' yn ail ran llawysgrif Peniarth 3, sef y rhan a ysgrifennwyd rhwng 1275 a 1325, ceir cyfeiriad diddorol at saethu mewn perthynas ag ymosodiad ar Wynedd o du'r môr: 'seith long y deuuant a seith gant dros donneu, / disgynant ar draeth a dan saetheu'.[111] Gall hyn olygu naill ai bod gwŷr Gwynedd yn ceisio saethu'r ymosodwyr (a'r rheini'n Llychlynwyr neu Eingl-Normaniaid o bosibl), neu fod y gelyn yn saethu o'u llongau i hwyluso glaniad eu milwyr. Mae cyfeiriadau cynharach at saethu mewn rhyfel yn brin, ond dylid tynnu sylw at yr ymadrodd '[p]edryollt bennawr' yn y *Gododdin*, sydd o bosibl yn disgrifio pennau ac iddynt bedwar awch neu bedair ochr a allai fod wedi perthyn i waywffyn, saethau, chwareli bwâu croes, neu folltau peiriant rhyfel megis y *ballista* neu'r *catapulta*.[112] Mae'n werth nodi hefyd y 'llinin ar dynn ar du kelain' a grybwyllir yn rhan o ganmoliaeth Einion ap Gwgon o fuddugoliaethau Llywelyn ab Iorwerth yn y cyfnod hyd at 1215, ond mae'r dehongliad yn ansicr am na chrybwyllir bwa yma, fel nas crybwyllir yn y llinell berthnasol o'r *Gododdin* ychwaith.[113]

Mewn marwnad gan y Prydydd Bychan (*fl.* 1222–68), ymddengys fod gŵr o'r enw Blegywryd wedi ei ladd neu ei anafu'n farwol gan saeth cyn ei gladdu yn abaty Ystrad Fflur: 'Ger Flur, yr dolur dilen saeth, – dedwyd / O'e dytwet olo y daeth'.[114] Gelwir ei ddiwedd yn 'ddirvavr ddaruot' ac yn 'uaur uar6olaeth' ond ni chyfeirir at yr amgylchiadau'n benodol; yn hytrach, canolbwyntir ar ganmol y gwrthrych a disgrifio'r galar ar ei ôl.[115] Gall fod yn arwyddocaol fod y ganmoliaeth yn canolbwyntio ar fedrau milwrol Blegywryd gan gyfeirio ddwywaith at ei ddawn fel cleddyfwr, a bod y bardd yn honni iddo godi braw ar Saeson ('Brynaich') mewn brwydr.[116] Gall hyn awgrymu iddo farw mewn brwydr, ond ar y llaw arall, nododd y bardd mai Duw a fu'n gyfrifol am ei '[dd]wyn'.[117] Efallai iddo gael ei saethu trwy ddamwain, wrth hela o bosibl, fel y digwyddodd i sawl bonheddwr arall yn yr Oesoedd Canol, ond erys y posibilrwydd iddo farw mewn brwydr neu sgarmes a bod y bardd wedi dewis peidio â chrybwyll hyn.[118] Os felly, efallai iddo gadw'n dawel am nad oedd eisiau rhoi unrhyw sylw na chydnabyddiaeth i'r saethwr (anhysbys, efallai) a laddodd ei noddwr. Roedd rhai o feirdd y bymthegfed ganrif, ar y llaw arall, yn barod iawn i feirniadu saethwyr am eu gweithredoedd. Rhoddir cryn sylw i amgylchiadau'r ergyd farwol mewn marwnad gan Hywel Swrdwal, neu ei fab Ieuan o bosibl, i Watgyn Fychan o Frodorddyn, perthynas i Wiliam Herbert a lofruddiwyd yn Henffordd yn 1456:

> On'd tost, melltith Dduw'n eu tai,
> I'n tir pan 'i hanturiai
> Y bilain Sais â blaen saeth
> Y mab hynaf i'm pennaeth?
> Och na bu grin y llinyn
> Neu'r bwa'n dwn ar ben dyn.
> Gwae fi nad myfi a fu
> Yn ei ôl wrth ei anelu!
> Ei ddwylaw, leidr, a ddaliwn
> A'i saeth nid â 'mynwes hwn.[119]

Mae'n ddiddorol fod Hywel Swrdwal, fel Guto'r Glyn, wedi gwasanaethu fel saethydd yn Ffrainc.[120] Yn wir, os ef oedd yr awdur, efallai fod y profiad hwn wedi ei adlewyrchu yn ei hyder y gallai fod wedi rhwystro'r saethydd rhag gollwng ei saeth, petai ond wedi cael y cyfle.

Er gwaethaf profiad Hywel Swrdwal fel saethydd, neu efallai oherwydd hynny, mae ei feirniadaeth ar y saethydd o Sais yn arbennig o hallt. Yn ogystal ag 'y bilain Sais', gelwir ef yn 'ynfyd' ac yn '[ll]eidr', a'r term olaf yn awgrymu natur ddianrhydedd ei weithred, fel y gwelir hefyd yn y cyfeiriad ato'n defnyddio 'saeth dan sêl' (hynny yw, yn gyfrinachol).[121] Cymherir y saethydd â'r gŵr a drywanodd Iesu â gwaywffon hyd yn oed, a cheir yr un gymhariaeth gan Guto'r Glyn mewn cywydd sy'n gofyn iachâd ar ran un o'i noddwyr ef, Dafydd ab Ieuan, a anafwyd gan saeth.[122] Cymharodd Guto'r Glyn y sawl a anafodd Ddafydd â Herod hefyd, ond ni roddodd unrhyw fanylion am amgylchiadau'r clwyf; yn hytrach, mae'r pwyslais ar ddioddefaint y noddwr a'r angen am iachâd.[123] Mewn cywydd iachâd gan Lewys Glyn Cothi, yn yr un modd, mae'r pwyslais ar alw am wellhad i'w noddwr Dafydd ap Siôn, ond nid yw'r bardd yn ymatal rhag mynegi ei deimladau am y saethydd a fu'n gyfrifol, gydag eraill, am anafu'r noddwr mewn ymosodiad neu sgarmes yng Nghaerdydd:

> Yn ulw bid a anelodd
> y bwa yw, nid o'm bodd,
> a'r saeth ag a beris hyn,
> a'r llaw yno a'r llinyn.[124]

Mae'n ddiddorol cymharu'r teimladau a fynegir yn y cerddi hyn, a marwnad Watgyn Fychan yn arbennig, ag agwedd Huw Cae Llwyd tuag at y sawl a laddodd Philip Fychan, un o ddilynwyr Wiliam Herbert, â maen gwn yn ystod gwarchae Herbert ar gastell Harlech:

> Nid trwy wrolaeth saethu,
> Troi brad fawr trwy bared fu.
> Nid o rym neu ymwan,
> Ond trwy'r twyll taro a'r tân;
> Tân, llyfrwas, ytiw'n llofrudd,
> Trwy'r carl a'i trawai o'r cudd.[125]

Fel y mae Dylan Foster Evans wedi nodi wrth drafod y gerdd hon mewn perthynas ag agweddau'r cywyddwyr tuag at y gwn, mae pwyslais ynddi ar statws uchelwrol Philip a'i allu mawr wrth ymladd â 'llafn' ac â 'gwayw', a hyn fel pe bai'n dwysáu'r feirniadaeth tuag at y 'llyfrwas' neu'r 'carl' ('taeog') a'i lladdodd drwy '[d]wyll' yn hytrach na thrwy 'rym' neu 'wrolaeth'.[126] Yn yr un modd, yng ngherdd Hywel Swrdwal (neu ei fab Ieuan) gelwir Watgyn Fychan yn '[b]cn-cun' ac yn '[f]ab hynaf i'm pennaeth', ac awgrymir cyffelybiaeth rhyngddo a'r arwyr Rolant ac Ector.[127] Gellid ystyried bod yn y ddwy gerdd, felly, fynegiant penodol o'r ddrwgdybiaeth uchelwrol ehangach ynghylch natur y bwa a'r gwn fel arfau y gallai'r dyn mwyaf distadl eu defnyddio o bell i ladd milwr profiadol ac iddo statws llawer uwch.[128] Dylid nodi, fodd bynnag, mai arfau gwahanol iawn yw'r bwa a'r gwn, nid yn unig o ran eu pŵer a'u gweithrediad, ond hefyd eu hanes a'u cysylltiadau.[129] At hynny, 'dan sêl' y lladdwyd Watgyn Fychan, nid mewn rhyfel, a gall llawer o'r feirniadaeth yn ei farwnad ef ymwneud â natur ddirgelaidd, lwfr y weithred honno, ac ag ethnigrwydd Seisnig y saethydd.

Rhoddodd Hywel Swrdwal sylw i saethwyr, hefyd, yn ei farwnad i Wiliam Herbert ei hun. Dienyddiwyd Wiliam yn sgil buddugoliaeth lluoedd Richard Neville, iarll Warwig, ym mrwydr Banbri neu Edgcote (1469), ac awgryma cwpled cyntaf y farwnad mai ar saethwyr Warwig y rhoddai'r bardd lawer o'r bai: 'Ni bo i berchen bwa / Racw'n swydd Iorc unnos dda'.[130] Nid saethwyr yn benodol ond y Saeson yn gyffredinol yw gwrthrych atgasedd dialgar y bardd yn nes ymlaen yn y gerdd, fodd bynnag. Ystyrid canlyniad y frwydr yn drychineb yng Nghymru, a gwelir ymateb sawl bardd mewn nifer o farwnadau a cherddi eraill.[131] Ceir cyfeiriad arall at saethwyr ym marwnad Guto'r Glyn i Wiliam Herbert, wrth iddo fynegi pryderon am y dyfodol: 'Ymgyrchu i Gymru a gân', / Ymsaethu 'm Mhowys weithian'.[132] Ni fanylir ar natur y bygythiad; gall ymwneud naill ai â Saeson neu â'r 'aliwns' ('pobl dramor') a grybwyllir yn y llinell ddilynol.[133] Mewn cerdd arall sy'n gysylltiedig â brwydr Banbri, ymfalchïodd Ieuan Llwyd Brydydd yn y ffaith fod Hywel ab Einion wedi dod adre'n fyw, gan ganmol ei 'bais' fel symbol o nawdd Duw: 'Nid rhaid yt ofal malais, / Na phen saeth, na ffonwayw Sais'.[134]

Ceir amrywiol gyfeiriadau eraill at saethau mewn perthynas ag effeithiolrwydd arfogaeth amddiffynnol. 'Nid êl gwayw na saeth ym mhais Melwas, / na darn o gwaerel draw'n ei guras' oedd gobaith Lewys Glyn Cothi wrth ganmol Ieuan ap Gwilym Fychan, ac mewn cywydd gofyn bwcled (gan Siôn ap Dafydd dros Ruffudd ap Meredudd) disgrifiodd y gwrthrych fel 'Luna a Sol rhag blaen saeth'.[135] Cyfeiriodd Guto'r Glyn yntau at frigawn, math o siaced gynfas wedi ei hatgyfnerthu â phlatiau haearn, fel 'Pais rhag gwayw Sais a'i saeth', wrth wneud cais amdano i Sieffrai Cyffin o Groesoswallt ar ran Dafydd Llwyd ap Gruffudd o Abertanad.[136] Ochr arall y geiniog, fel petai, yw hyder Maredudd ap Rhys na thyciai llurig yn erbyn saeth o'r bwa y gwnaeth ef gais amdano.[137] Cyfeirir at natur beryglus saethau mewn *genres* eraill hefyd. Mewn un o'i gywyddau dychan, gwnaeth y bardd o filwr Guto'r Glyn hwyl am ben Dafydd ab Edmwnd am ei fod ef yn rhy fach a gwan i fod yn filwr o'r iawn ryw.[138] Mae'n debyg fod yr honiad fod arno 'Ôl saethau ergydiau'r gad' yn goeglyd; yn wir, mae'r un gerdd yn haeru bod Dafydd mor denau fel na allai saethydd weld ei goes![139] At hynny, anogodd Dafydd ap Gwilym groesfwäwr ('albrasiwr') Ffrengig i saethu'r Gŵr Eiddig yn ei arlais, ac mewn cerdd arall cynghorodd ferch ddienw i roi ei serch iddo ef yn hytrach nag i filwr am y rheswm (ymysg eraill) fod hwnnw'n debygol o ddod adref ac ôl saeth arno: 'Creithiog fydd, saethydd a'i sathr'.[140]

Yn ychwanegol at y cyfeiriadau niferus at saethau fel perygl yr oedd angen amddiffyn yn ei erbyn, ceir cryn dystiolaeth fod bwâu a saethau eu hunain yn arfau amddiffynnol pwysig ym myd y cywyddwyr. Hyderai Tudur Penllyn y byddai'r bwa a archodd yn ei helpu i 'ochel herwyr',[141] ac mae cyfeiriad Maredudd ap Rhys at fwa fel arf da 'o bell' yn perthyn i gyd-destun tebyg:

> Arf dda yw bwa o bell,
> A chystal fydd â chastell;
> Ef a'm ceidw rhag direidwyr
> Arf o goed ac a friw gwŷr.[142]

Gall mai arwyddocâd 'arf o goed' yw bod y bwa'n medru amddiffyn ei berchennog a briwio dynion eraill er ei fod o goed, sef, o ddefnydd rhad a chyffredin. Datblygir y thema ymhellach wrth ganmol y 'Bwa o'r yw o bai raid / A rôi darf i rai diriaid', a dychwelir ati wrth gloi'r gerdd: 'Os caf i'm cadw 'mhob adwy / Y nhyb y bydda' fyw'n hwy'.[143] Yng ngherdd ofyn Lewys Glyn Cothi hefyd ceir awgrym fod y bwa'n amddiffyn ei berchennog: 'Tebyg i'r Groes Fendigaid / yw fy yw rhudd pan fo rhaid'.[144] Yn yr un modd, diolchodd Tomas Derllys i Syr Lewys am roi '[ll]euad / Im, o bren, i amau brad',[145] a chyfeiriodd at ddefnyddioldeb arbennig y bwa wrth fynd ar daith:

Ni ddygaf o'm hystafell
Isarn bôl i siwrnai bell;
Dygaf i'm harfedigaeth
Fwa yw'r sant i fwrw saeth.[146]

Nid yw'n amhosibl fod y bardd yn meddwl am fynd i ryfel wrth sôn am 'siwrnai bell', am fod naws filwrol i'r dyfalu yn nes ymlaen yn y gerdd, ond gall y cyfeiriadau hynny at 'frwydr' fel cyd-destun 'bloedd' y bwa, ac at y saethau fel 'gelynion Saeson', fod yn rhan ddychmygus o'r ganmoliaeth o'r offer yn hytrach na mynegi unrhyw fwriad rhyfelgar gan y bardd.[147] Yn y gerdd gan Hywel Rheinallt sy'n gofyn bwâu dros abad Enlli, ar y llaw arall, ceir mynegiant eglur o'r bwriad i'w defnyddio i amddiffyn rhag perygl penodol. Honnodd y bardd fod 'darogan / Sorri wrth Enlli â thân', gan gyfeirio at 'aros Dulyn' a 'gofyn rhag dygyfor / Arfau'n y maes ar fin môr'.[148] Mae naws filwrol hefyd i'r disgrifiad o'r bwâu fel 'Llu coed yn dryllio cedyrn' a '[ch]oedwyr teg i gadw'r tir'.[149] Wrth bersonoli'r bwâu fel hyn ceir rhyw fath o gynrychiolaeth o'r saethwyr a'u defnyddiai; ond, fel yn achos cynifer o gerddi eraill, erys y dynion hynny'n ddienw.

Casgliadau

Ceir ym marddoniaeth Gymraeg yr Oesoedd Canol diweddar gyfoeth o dystiolaeth am fwâu a saethwyr. Nid yw'r drafodaeth uchod ond wedi crafu'r wyneb, ond serch hynny gellir awgrymu'n bur hyderus mai'r bwa yw oedd fwyaf cyfarwydd i feirdd y cyfnod hwn, er gwaethaf sylwadau cynharach Gerallt Gymro, ond bod y bwa llwyf yn parhau i gael ei ddefnyddio hefyd. Mae'n amlwg fod y beirdd yn gwerthfawrogi eu bwâu ac yn gyfarwydd iawn â'u priodweddau. Yn achos Guto'r Glyn, ymddengys fod ei brofiad fel saethydd wedi ei adlewyrchu yn y ddelweddaeth saethu a ddefnyddiodd mor aml yn ei ganu; ac eto, mae'n drawiadol na chyfeiriodd yn uniongyrchol ato ef ei hun fel saethydd, ac eithrio mewn cyd-destun ffigurol.[150] Ni chyfeiriodd Hywel Swrdwal, bardd arall a wasanaethodd fel saethydd, at y profiad hwnnw'n uniongyrchol ychwaith. Efallai fod a wnelo hyn i ryw raddau â statws isel saethwyr yn y gymdeithas, ac â delwedd anarwrol, ansifalrig y bwa yng nghyd-destun rhyfel, er bod rhaid cadw mewn cof wrth gwrs nad datgelu manylion am eu bywydau eu hunain oedd prif amcan y beirdd proffesiynol. Fel y nodwyd yn y cyflwyniad uchod, mae'n debyg *fod* confensiynau'r canu mawl, ac agweddau negyddol tuag at saethu a saethwyr, yn gyfrifol i raddau helaeth am brinder y cyfeiriadau at offer saethu cyn 1300.[151] Ond mae'n bosibl hefyd nad oedd saethu mor bwysig yn ymwybyddiaeth beirdd y cyfnod hwn, a beirdd y gogledd yn arbennig, ag yr oedd yn ddiweddarach. Perthyn i'r gogledd y mae'r rhan fwyaf o'r canu mawl sy'n goroesi o Oes y Tywysogion, ac, yn ôl Gerallt Gymro, nid oedd y gogleddwyr yn ffafrio'r bwa gymaint ag yr oedd milwyr y de; y waywffon oedd eu hoff arf hwythau.[152] Ni ddylid dehongli hyn fel rhaniad daearyddol cadarn ac absoliwt, wrth gwrs: dywed Gerallt ei hun fod y Cymry yn gyffredinol yn paratoi at ryfel drwy ymarfer â'u gwaywffyn a'u saethau, a bod yr holl filwyr Cymreig a recriwtiwyd ar gyfer y Drydedd Groesgad yn fedrus â'r arfau hynny.[153] Ond efallai fod y gogleddwyr yn defnyddio'r bwa rywfaint yn llai na'r deheuwyr yn y cyfnod hwn, a hynny o bosibl yn gysylltiedig â'u hoffter o arf 'o bell' arall, sef y waywffon dafl. Cyfeiriodd Gerallt at y Cymry (yn gyffredinol) yn taflu cawodydd o waywffyn (*crebris … jaculorum ictibus*), a nododd y croniclydd Lodewyk van Velthem fod gwaywffyn tafl, ar y cyd â bwâu a chleddyfau, ymhlith arfau'r Cymry a wasanaethai ym myddin Edward I yn Fflandrys yn 1297.[154] Roedd y waywffon dafl yn eithaf amlwg yn y farddoniaeth hefyd, ac mae'n ddiddorol nodi iddi gael ei darlunio'n arf hollol deilwng o arwyr a thywysogion, er gwaethaf ei natur fel arf 'o bell'. Efallai fod a wnelo hyn â'r ffaith fod taflu gwaywffon yn dibynnu'n fwy uniongyrchol ar nerth y milwr na saethu o fwa, a bod y dull brwydro hwn yn cael ei ystyried yn berthynas agos i ddulliau eraill o ymladd â gwaywffon, a'i gysylltu â marchogfilwyr.[155]

Diau fod y twf mawr yn y cyfeiriadau at saethyddiaeth yn yr Oesoedd Canol diweddarach i'w briodoli i raddau helaeth i newidiadau yn *genres* y farddoniaeth ac yn nulliau mawl y beirdd, ond efallai ei fod yn adlewyrchu hefyd gynnydd gwirioneddol ym mhwysigrwydd y bwa i filwyr Cymreig, yn enwedig yng nghyfnodau'r Rhyfel Can Mlynedd a Rhyfeloedd y Rhosynnau. Erbyn y bymthegfed ganrif, yn arbennig, ymddengys fod y bwa wedi ennill ei blwyf yn y farddoniaeth fel arf y gellid ei ddefnyddio i symboleiddio sawl agwedd ar rym milwrol noddwr, a rhoddir mwy o sylw i rôl saethwyr proffesiynol mewn rhyfel hefyd. Weithiau gwelir y saethwyr ar yr un ochr â'r bardd a'i noddwr, ac weithiau maent yn elynion. Ceir achosion o feirniadaeth hallt ar saethwyr, megis y rhai yr oedd Hywel Swrdwal yn eu beio am ganlyniad brwydr Banbri, neu'r 'bilain Sais' a laddodd Watgyn Fychan. Yn achos marwnad Watgyn mynegodd Hywel Swrdwal neu ei fab Ieuan atgasedd a dirmyg llwyr tuag at y saethydd, a'r cyfeiriadau at natur guddiedig ('dan sêl') gweithred y '[ll]eidr' yn adlewyrchu effeithlonrwydd arbennig y bwa fel arf ar gyfer ymosodiad dirgel o bell. Ac eto, mae'n anodd diddymu agweddau tuag at saethyddiaeth yn gyffredinol oddi wrth deimladau a gorddwyd gan weithred saethydd penodol. Pwysleisir y syniad mai *trosedd* oedd hon drwy ddymuno y câi'r Sais ei grogi: 'Ynghrog wrth ei rywogaeth / Y bo'r Sais a'r bwa'r saeth!'[156] Diau fod ethnigrwydd Seisnig y saethydd yn ystyriaeth hefyd; nid oes angen ond cymharu gwrth-Seisnigrwydd hallt marwnad Hywel Swrdwal i Wiliam Herbert. Yn fwy cyffredinol, dylid nodi y ceir sawl achos o gydleoli 'saeth' a 'Sais' yn y farddoniaeth, gan gymryd mantais o'r cyseinedd rhyngddynt. Fodd bynnag, nid ymddengys fod y beirdd yn cysylltu'r bwa â Saeson yn arbennig, fel rheol; fe'i darlunnir, yn hytrach, yn arf effeithiol a chyffredin, nad oedd yn gysylltiedig ag unrhyw genedl yn fwy na'r llall.

Nid oedd gan y bwa erioed yr un cysylltiadau arwrol â'r cleddyf a'r waywffon, ond erbyn yr Oesoedd Canol diweddar ymddengys fod ganddo statws pwysig ac amlweddog yn ymwybyddiaeth y beirdd. Fe'i darlunnir yn arf rhyfel pwerus a pheryglus (er gwell neu er gwaeth), yn rhan o offer helfeydd a champau uchelwrol, ac yn rhodd i'w werthfawrogi. At hynny, câi'r bwa rôl storïol mewn cerddi ac iddynt elfennau dramatig, a defnyddid bwâu a saethau'n helaeth mewn amrywiol gyd-destunau ffigurol a symbolaidd. Trwy ystyried golwg y beirdd ar y bwa, hefyd, ceir darlun o'r gymdeithas sy'n llawer mwy cynhwysfawr a chyfoethog nag a geir wrth ystyried cyfeiriadau at arfau mwy arwrol neu sifalrig eu delwedd: nid yn unig y saethwyr proffesiynol ar faes y gad a'r uchelwyr a ddangosai eu doniau yn y campau ac wrth hela ceirw, ond hefyd y fforestwyr a'r dynion eraill a gludai fwa yn y goedwig, yn gyfreithlon neu'n anghyfreithlon, a'r teithwyr a deimlai'n llawer mwy diogel o gael cystal arf â bwa gerllaw.

Nodiadau

1. Michael Lapidge, 'The Welsh-Latin Poetry of Sulien's Family', SC, 8/9 (1973/4), 68–106 (90–1) ('Cwynfan Rhygyfarch', llau. 51–5; dylid nodi'r cyffelybiaethau i waith Horace, Ofydd a Lucan y tynnir sylw atynt, 'The Welsh-Latin Poetry of Sulien's Family', t. 105); Gerallt Gymro, *Itinerarium Kambriae*, I.4, gol. James F. Dimock, *Giraldi Cambrensis Opera*, cyf. VI (London: Longmans and Co., 1868); Gerallt Gymro, *Descriptio Kambriae*, I.8, gol. Dimock, *Giraldi Cambrensis Opera*, cyf. VI (Thomas Jones (cyf.), *Gerallt Gymro: Hanes y Daith trwy Gymru/Disgrifiad o Gymru* (Caerdydd: Gwasg Prifysgol Cymru, 1938), tt. 49–52, 180). Ar saethwyr Cymreig yr Oesoedd Canol, gweler trafodaethau Matthew Strickland a Robert Hardy, *The Great Warbow: From Hastings to the Mary Rose* (ail arg., Yeovil: Haynes Publishing, 2011), tt. 43–4, 84–96; Sean Davies, *War and Society in Medieval Wales 633–1283: Welsh Military Institutions* (Cardiff: University of Wales Press, 2014), tt. 151–3; Adam Chapman, *Welsh Soldiers in the Later Middle Ages 1282–1422* (Woodbridge: Boydell Press, 2015), tt. 203–7, *et passim* yn y cyfrolau hyn.
2. Davies, *War and Society*, tt. 151–3.
3. A. T. Hatto, 'Archery and Chivalry: A Noble Prejudice', *The Modern Language Review*, 35 (1940), 40–54; Jim Bradbury, *The Medieval Archer* (Woodbridge: Boydell Press, 1985), tt. 1–7.
4. Ar y 'ras arfau' ganoloesol rhwng arfwisgoedd ac offer saethu, gweler Strickland a Hardy, *Great Warbow*, tt. 266–79.
5. Bradbury, *Medieval Archer*, tt. 169–70; Strickland a Hardy, *Great Warbow*, tt. 140–4.
6. Mae bwa'n wrthrych cerdd ofyn gynnar gan Ruffudd ap Dafydd ap Tudur (*fl. c.*1300), a cheir saith o gerddi eraill yn gofyn neu'n diolch am offer saethu o'r cyfnod cyn *c.*1500, ynghyd â 14 cerdd o'r cyfnod rhwng *c.*1500 a *c.*1630 (Bleddyn Owen Huws, *Y Canu Gofyn a Diolch* c.*1350–*c.*1630* (Caerdydd: Gwasg Prifysgol Cymru, 1998), tt. 9, 231–3, 235). Canolbwyntir ar y dystiolaeth ganoloesol yn y bennod hon.
7. Jenny Day, '"Arms of stone upon my grave": weapons in the poetry of Guto'r Glyn', yn Dylan Foster Evans, Barry J. Lewis ac Ann Parry Owen (goln), '*Gwalch*

Lliaws Rhith

     Cywyddau Gwŷr': Ysgrifau ar Guto'r Glyn a Chymru'r Bymthegfed Ganrif (Aberystwyth: Canolfan Uwchefrydiau Cymreig a Cheltaidd Prifysgol Cymru, 2013), tt. 233–81.
8   Strickland a Hardy, *Great Warbow*, tt. 37–8.
9   GLGC 237.11–12.
10   Strickland a Hardy, *Great Warbow*, t. 38, yn cyfeirio at gyngor Gaston Phébus yn ei *Livre de chasse*.
11   GMRh 6.28; TA XXII.25–6 'Yw'n olwyn a anelir, / A thynnu 'n hwn aethnen hir'.
12   Gweler, er enghraifft, Catrin T. Beynon Davies, 'Cerddi'r tai crefydd' (traethawd MA heb ei gyhoeddi, Prifysgol Cymru, Bangor, 1973), 114.17; GMRh 6.25.
13   Roger Ascham, *Toxophilus, 1544*, gol. E. Arber, English Reprints, cyf. III (London, 1868), t. 133; Strickland a Hardy, *Great Warbow*, tt. 12–13.
14   GO XXIV.33–6.
15   GLGC 211.17–20 ('I ofyn bwa gan Ddafydd Llwyd ap Gruffudd').
16   GLGC 18.27–8. Hon yw'r unig enghraifft o'r cyfuniad 'bwa hir' a nodir yn GPC d.g. *bwa*[1], ond mae'n ddiddorol fod 'Bwa hir' wedi ei gynnwys mewn rhestr o 'Arfau o Bob Ryw' a ysgrifennodd John Jones, Gellilyfdy, yn 1632–3; gweler Ann Parry Owen (gol.), *Geirfâu'r Fflyd 1632–3: Casgliad John Jones, Gellilyfdy o Eiriau'r Cartref, Crefftau, Amaeth a Byd Natur* (Caerdydd: Gwasg Prifysgol Cymru, 2023), 50.5.
17   Cymharer sylw J. C. Holt, *Robin Hood* (London: Thames and Hudson, 1982), t. 79, wrth ddadlau yn erbyn y ddamcaniaeth fod y bwa hir wedi datblygu o 'fwa byr': 'the longbow was so described to distinguish it, not from a short, but from the crossbow'. Gweler hefyd Strickland a Hardy, *Great Warbow*, tt. 34–8.
18   GLGC 208.50; DG.net 44.58. Cymharer OED s.v. *handbow* 'A bow in which the string is drawn and released by hand, as distinguished from a crossbow.'
19   DG.net 30.1–2, a gweler ll. 30.1n. Awgrymir yn GGGr, t. 24, y gall fod y cwpled hwn yn adlewyrchu profiad Gruffudd Gryg fel saethydd go iawn.
20   GG.net 31.40; GLGC 101.13–14; GMRh 6.35–6; Davies, 'Cerddi'r tai crefydd', 114.26, 43, 47.
21   GLGC 211.50, 56.
22   Davies, 'Cerddi'r tai crefydd', 114.41–2; GLGC 211.37–8 (rhan o gymhariaeth estynedig, yn ymwneud â lliw, rhwng y gwahanol rannau o'r bwa a phedwar defnydd dyn; gweler GLGC 211.33–42n).
23   GMRh 6.24, 25–6.
24   Strickland a Hardy, *Great Warbow*, t. 10.
25   Strickland a Hardy, *Great Warbow*, t. 10.
26   Robert Hardy, *The Longbow: A Social and Military History* (pedwerydd arg., Stroud: Sutton Publishing, 2006), tt. 55, 136.
27   GG.net 31.36n.
28   Davies, 'Cerddi'r tai crefydd', 114.43; GDGor 4.5–6.
29   GTP 35.36 ('I ofyn bwa gan Ruffudd ap Rhys o Faesmor').
30   DG.net 138.17–24.

31 Strickland a Hardy, *Great Warbow*, t. 23; ar baent neu farnais ar fwâu, gweler hefyd Hardy, *Longbow*, t. 83.
32 Hardy, *Longbow*, t. 17.
33 GG.net 11.7–8.
34 Elsbeth Wendy Owen Davies, 'Testun beirniadol o waith Hywel Rheinallt ynghyd â rhagymadrodd, nodiadau a geirfa' (traethawd MA heb ei gyhoeddi, Prifysgol Cymru, Aberystwyth, 1967), 27.25–8; gweler hefyd l. 34, 'Llefain o gorff llwyfen gau'.
35 Gerallt Gymro, *Itinerarium Kambriae*, I.4, a'r cyfieithiad yn seiliedig ar Jones, *Gerallt Gymro*, t. 52, gan ddiwygio '[y] llwyfen wyllt' yn 'llwyfenni bychain y goedwig' (ar gyfer *ulmellis silvestribus*) ac 'asgwrn eliffant' yn 'wynnin' (ar gyfer *alburneo*); cf. Lewis Thorpe (cyf.), *The Journey Through Wales and the Description of Wales* (Harmondsworth: Penguin, 1978), t. 113, 'sapwood', 'the dwarf elm-trees in the forest'. Ar ddehongliad y darn hwn, gweler Hardy, *Longbow*, tt. 36–8, 53; Strickland a Hardy, *Great Warbow*, t. 43. Mae'n amlwg fod *alburneo* yn disgrifio rhyw fath o ddefnydd golau ond nid yw'n sicr beth a olygir; gweler *The Dictionary of Medieval Latin from British Sources*, gol. R. E. Latham, D. R. Howlett a R. K. Ashdowne (Oxford: British Academy, 1975–2013), s.v. *alburneus* 'made of "auburn" (*alburnus* b)'; s.v. *alburnus* 'white, gleaming', (b) '((…) C[lassical] L[atin] = sapwood) "auburn", kind of wood used for bows (? *Viburnum*)'.
36 Diolchaf i'r Athro Barry Lewis am dynnu'r pwynt hwn i'm sylw.
37 Oliver Rackham, *Ancient Woodland: Its History, Vegetation and Uses in England* (London: Edward Arnold Ltd, 1980), pennod 16.
38 Strickland a Hardy, *Great Warbow*, t. 99.
39 Gweler trafodaeth Robert Bartlett, *Gerald of Wales: A Voice of the Middle Ages* (arg. newydd, Stroud: Tempus, 2006), pennod VI.
40 Strickland a Hardy, *Great Warbow*, tt. 16, 23–4, 41.
41 Strickland a Hardy, *Great Warbow*, t. 16.
42 GGH 110.56.
43 Parry Owen (gol.), *Geirfâu'r Ffyd*, 50.3, 57.30 'Bwa yw', 50.4, 57.31 'Bwa llwy', 'Bwa llwyf'.
44 Bradbury, *Medieval Archer*, tt. 72, 167; Strickland a Hardy, *Great Warbow*, t. 7; GTP 35.42; Davies, 'Cerddi'r tai crefydd', 114.37–8 (cf. TA XXII.23 'Rhwymo pren â'r hemp yr wyd'). Mae *gwlw* (ffurf ar *gylf*), yn llinell Tudur Penllyn, yn air am ddau ben pigfain bwa (cymharer *corn*, a drafodir isod) neu'n benodol am y rhic ynddynt sy'n dal y llinyn; gweler GPC d.g. *gwlf*, *gwlw*, a'r cyfuniad *gwlf (gwlw) bwa*.
45 R. L. Thomson (gol.), *Owein, or Chwedyl Iarlles y Ffynnawn* (Dublin: Dublin Institute for Advanced Studies, 1986), t. 2, ll. 41–t. 3, ll. 3.
46 Thomson (gol.), *Owein*, t. 2, ll. 40.
47 Strickland a Hardy, *Great Warbow*, tt. 41–2, 146.
48 GLGC 211.25–30.
49 Hardy, *Longbow*, t. 193.
50 Dyma achos cynharaf y gair yn ôl GPC d.g. *breichledr*; nodir yno ei darddiad o *braich* + *lledr*, gan ei gymharu â *breichled* hefyd.

51 Gwrthgyferbynner 'ei ddau ben oedd o binus', sef pren pîn, yn yr un gerdd (GLGC 211.41, yn rhan o'r trosiad estynedig am y pedwar defnydd).
52 GPC d.g. *corn* 3(a); cymharer OED s.v. *horn, n*, 18b (a'r enghraifft gynharaf yn dyddio o 1611).
53 Davies, 'Cerddi'r tai crefydd', 114.47.
54 OED s.v. *cloth-yard*.
55 Bleddyn Owen Huws (gol.), *Detholiad o Gywyddau Gofyn a Diolch* (Abertawe: Cyhoeddiadau Barddas, 1998), 16.45 ('I ofyn bwa yw gan Ruffudd ap Dafydd, maer Rhuthun').
56 Strickland a Hardy, *Great Warbow*, t. 33; Ascham, *Toxophilus*, t. 126. Cyfeiriodd Ascham, *Toxophilus*, tt. 123–4, at 15 math o goed a ddefnyddid i wneud saethau, gan gynnwys hefyd fedw, derw, drain duon, ffawydd, ysgaw a chastanau.
57 TA XXII.26 (dyfynnwyd uchod, n. 11).
58 DG.net 14.33–42.
59 DG.net 60.13–22.
60 Gweler nodyn cefndir y gerdd yn DG.net.
61 DG.net 21.9–19, a gweler nodyn cefndir y gerdd.
62 DG.net 46.23, 44.57–62, 76.9–12, 144.27–32.
63 DG.net 52.19–26, 53.57–8.
64 Hardy, *Longbow*, tt. 54–5; Wm. A. ac F. Baillie-Grohman (goln), *The Master of Game by Edward, Second Duke of York: The Oldest English Book on Hunting*, gyda rhagair gan Theodore Roosevelt (London: Ballantyne, Hanson and Co., 1904), t. 118.
65 Baillie-Grohman (goln), *Master of Game*, tt. 118–21; cymharer OED s.v. *bird bolt*.
66 DG.net 21.12. Cf. y 'pen bollt bedwarollt' sy'n peryglu brân mewn cerdd arall a all fod yn waith Dafydd (DG.net 163.26).
67 GPC d.g. *bollt* 'saeth, yn enw[edig] un fer a phraff ar gyfer bwa croes'.
68 GLGC 211.24; GRhGE 5.9–10.
69 GO XIII.25–8; a gweler John Cummins, *The Art of Medieval Hunting: The Hound and the Hawk* (arg. newydd, Edison, New Jersey: Castle Books, 2003), pennod 3.
70 GG.net 99.25–6.
71 GDEp 3.17–20n; Barry Lewis (gol.), *Medieval Welsh Poems to Saints and Shrines* (Dublin: Dublin Institute for Advanced Studies, 2015), 15.17–20nn. Yn ei nodyn ar linellau 19–20 awgryma Barry Lewis y gallai'r bardd fod wedi cyfeirio at y bwa, mewn perthynas â hela, fel symbol o fagwraeth uchelwrol Cynog, ac y gall fod cysylltiad symbolaidd rhwng y tri anifail a Chynog ei hun (gan nodi ei bod yn bosibl mai rhywun arall, ac nid Cynog, sy'n eu saethu). Tynnodd Lewis gymhariaeth, ymhellach, â thri 'dyuot' neu ddarganfyddiad Sant, tad Dewi, sef 'karw a gleissyat a heit o wenyn' (gweler golygiad D. Simon Evans, *Buched Dewi* (Caerdydd: Gwasg Prifysgol Cymru, 1959), t. 1, llau. 11–12).
72 Thomson (gol.), *Owein*, t. 2, ll. 41 – t. 3, ll. 3 (dyfynnwyd uchod); Glenys Witchard Goetinck (gol.), *Historia Peredur vab Efrawc* (Caerdydd: Gwasg Prifysgol Cymru, 1976), t. 36, llau. 29–30 'deu was ieueinc yn saethu karneu eu kyllyll o ascwrn morvil'; gweler hefyd Eurys I. Rowlands, 'Saethu Cyllyll', LlC, 6 (1960–1), 109–10.

73 DG.net 78.46, 81.4. Dart, saeth (ysgafn) neu waywffon (dafl) yw 'pilwrn' yn ôl GPC.
74 Dafydd Johnston, 'Cywydd gan Ddisgybl Iolo Goch?', *YB*, XVIII (1992), 100–9 (105–6, llau. 19–20) 'saethu'n isel barselau / a wnawn, teg fu'r mawrddawn mau'; GIRh 3.115–16 'Saethu fal gŵr o Sythwerc / Yn isel barsel dan berc'. Cf. ASCent 2.91–2 'Y bwa po dynna' y dêl / I roi pursaeth i'r parsel', a gweler GPC d.g. *parsel* (b) 'Targed, twmpath y gosodir targed arno …; mwdwl.'
75 Huws (gol.), *Detholiad o Gywyddau Gofyn*, 16.45–6. Cymharer y cyfeiriadau at saethu at *standard*, a hefyd at *wand* neu *prick*, a drafodir yn Joseph Strutt, *The Sports and Pastimes of the People of England* (argraffiad newydd wedi ei ehangu a'i gywiro gan J. Charles Cox, London: Methuen and Co., 1801), tt. 44, 50; Bradbury, *Medieval Archer*, t. 162.
76 Mae fersiynau digidol o lawysgrif Peniarth 56 a'r *Dictionarium Duplex* i'w gweld ar wefan LlGC yn *http://hdl.handle.net/10107/4781570* a *http://hdl.handle.net/10107/5371525* (cyrchwyd 21 Mawrth 2025). Ar Peniarth 56, gweler hefyd RepWM s.n.
77 GPC d.g. *camp*¹ … *y Pedair C[amp] ar Hugain*; GLGC 50.19n.
78 GLGC 50.21–4.
79 GRhGE 12.21–6.
80 GG.net 36.43–8. Am gyfeiriadau pellach at saethu wrth ganmol campau noddwyr gweler, er enghraifft, GHC XXIII.33–40 (i Edwart ap Madog Pilstwn); GLGC 55.43–6 (i Owain ap Tomas); ID cerdd XXIX (i Syr Risiart Herbert).
81 Harri Gruffudd a gyflwynodd Guto'r Glyn i wasanaeth Rhisiart, dug Iorc, fel y nodir yn yr un gerdd; gweler GG.net 36.23–4 a nodiadau Barry Lewis, ac ar yrfa Harri gweler ymhellach Adam Chapman, '"He took me to the duke of York": Henry Griffith, a "Man of War"', yn Foster Evans, Lewis a Parry Owen (goln), *'Gwalch Cywyddau Gwŷr'*, tt. 103–34.
82 Nicolas Jacobs (gol.), *Early Welsh Gnomic and Nature Poetry* (London: Modern Humanities Research Association, 2012), XII.8c–d.
83 GG.net 33.39–42.
84 GSDT 8.43–4; ar ddehongli '[g]wen' fel cyfeiriad at ferch, gweler ll. 43n.
85 GG.net 33.43–6.
86 Huws (gol.), *Detholiad o Gywyddau Gofyn*, 10.32, 35–6; a gweler GPC d.g. *fflicht, ffleicht* 'saeth ysgafn at saethu ymhell'.
87 Disgrifir hela yn 'Pais Dinogad', ond nid yw'r gerdd hon yn perthyn i brif ffrwd canu mawl neu ganu arwrol (gweler CA, tt. l–li; R. L. Thomson, 'Amser ac agwedd yn y Cynfeirdd', yn Rachel Bromwich ac R. Brinley Jones (goln), *Astudiaethau ar yr Hengerdd* (Caerdydd: Gwasg Prifysgol Cymru, 1978), tt. 179–207 (t. 207)).
88 Gerallt Gymro, *Descriptio Kambriae*, I.8 (Jones, *Gerallt Gymro*, t. 180), ac ar hela, gweler Dafydd Jenkins, 'Hawk and Hound: Hunting in the Laws of Court', yn T. M. Charles-Edwards, M. E. Owen a P. Russell (goln), *The Welsh King and his Court* (Cardiff: University of Wales Press, 2000), tt. 255–80.

89 Am un achos posibl, mewn perthynas â'r waywffon, gweler y drafodaeth am gyfeiriad Einion ap Gwalchmai at addfwynder 'g6are gwae6 ac arwyt' (GMB 29.30) yn Jenny Day, '"Ongyr gwŷr wedi gwyro" a "hëyrn ar naid": Dwy Agwedd ar Frwydro â Gwaywffyn yng Ngherddi Beirdd y Tywysogion', *Dwned*, 14 (2008), 11–47 (34–5); J. P. Day, 'Arfau yn yr Hengerdd a Cherddi Beirdd y Tywysogion' (traethawd PhD heb ei gyhoeddi, Prifysgol Aberystwyth, 2010), 268–9, *http://hdl.handle.net/2160/4646* (cyrchwyd 21 Mawrth 2025).
90 Regine Reck, *The Aesthetics of Combat in Medieval Welsh Literature* (Rahden: Marie Leidorf, 2010), tt. 132–4.
91 Chapman, *Welsh Soldiers*, tt. 48–67, 164.
92 GEO 1.132–7.
93 Gweler aralleiriad a nodiadau'r gerdd yn GEO.
94 Ar y mesurau, gweler GEO, t. 5.
95 Ar ymwan, gweler Jenny Day, '*Ewin o ddur, onn a ddwg*: Y Rhest Gwaywffon a'r Beirdd', *Dwned*, 25 (2019), 11–46, *https://repository.uwtsd.ac.uk/id/eprint/1286/* (cyrchwyd 21 Mawrth 2025).
96 Cymharer yr ystyron 'gwibio, fflachio' yn GPC d.g. *saethaf*.
97 GGMD i, 2.30 (testun ac aralleiriad).
98 GDGor 4.3–6.
99 Elissa R. Henken, *National Redeemer: Owain Glyndŵr in Welsh Tradition* (Cardiff: University of Wales Press, 1996), tt. 103–5; Strickland a Hardy, *Great Warbow*, tt. 140–4; Holt, *Robin Hood*.
100 GDGor 4.5–6n.
101 GO LVIII.27–8 'Arwedded, o Beryddonn, / Vwa'r Mars, hyd ar var Môn'.
102 ID XXXIII.11–12 'bwa Vrein [*sic*; darllener *Vrien*] yn barod / a'i saeth yn wen ysy i'th nod' (addaswyd yr atalnodi a'r priflythrennau). Trafodir ymadroddion tebyg yn ymwneud â gwaywffyn yn Day, '*Ewin o ddur*', 24, n. 50.
103 ID XLIII.5–6.
104 GLGC 112.109–12. Cymharer cyfeiriad Gwilym ab Ieuan Hen at Domas ap Gruffudd ap Nicolas o Abermarlais fel 'bwa Deheubarth' (GDID VII.72); hefyd GDEp 9.33–4 'Bwa yw'r mab i wŷr Môn / A dwy Wynedd a'u dynion' (i Wiliam Herbert o Golbrwg).
105 GO XL.17–20 (diwygiwyd *ia* y golygiad yn *iâ*).
106 GLGC 135.17–18; DN VIII.33–6 (eiddo'r gyfrol yw'r bachau sgwâr).
107 GHC XIII.19–24.
108 DN XIV.13–16 'Kleddyddav helmav'r hoyw Almaen – a geir, / A gwewyr o'r Ysbaen. / Bwav'r Owtils, a Bryttaen, / A gwnns mawr, ag ensis maen'. Cyfeiria 'Owtils' at ynysoedd sy'n bell o'r tir mawr, mae 'kleddyddav' yn amrywiad ar 'cleddyfau', a magnelau yw'r 'ensis maen' (t. 152); GLGC 54.45–7.
109 GLGC 111.50, 208.50, 18.27–8, 123.36.
110 GLGC 203.37–8 (a gweler ll. 38n), 10.114. Cymharer GTP 35.35 'Bwa gorchest wrth gestyll' (er y gall mai lleoliad campau heddychlon a olygir), a llinell olaf y gerdd honno lle dychmyga'r bardd anfon saeth '[t]ua'r Fflint a thrwy'i phlwm', sef trwy do gorthwr castell Edwardaidd y Fflint yn ôl pob tebyg.

111 Ifor Williams, 'Y Cyfoesi a'r Afallennau yn Peniarth 3', BBCS, 4 (1927–9), 112–29 (121, llau. 8–9); RepWM s.n. Peniarth 3. Cymharer y fersiwn o'r gerdd yn LlDC 16.23–4 'Seithlog y deuant dros lydan lin, / A seith cant, dros mor y oreskin'. Diwygiwyd yr atalnodi a rhaniad y geiriau wrth ddyfynnu o'r golygiadau hyn.
112 CA, ll. 95 (awdl XI); diolchaf i'r Athro Ken Dark am yr awgrym am y peiriannau rhyfel. Gweler ymhellach Day, 'Arfau', 223–5, 342–3, 445–6, a'r cyfeiriadau a nodir yno.
113 GDB 18.42, a gweler yr aralleiriad, 'A'r llinyn [bwa] yn dynn [ar annel] tuag at gelain' (eiddo'r gyfrol yw'r bachau sgwar), a th. 252. O ran ystyr *celain* yma, cymharer yr ymadrodd 'lladd celain' yn yr ystyr 'lladd' neu 'llofruddio' (GPC d.g. *lladdaf ... lladd celain*).
114 GBF 20.13–14.
115 GBF 20.4, 24.
116 GBF 20.3 'bolchgled aruot', 11 'lle6 gryt llafynddur', 17 'Gvnaeth a'e la6 aer6ra6 aureol – Bryneich'.
117 GBF 20.15–16 'Dwyn gwa6r tryl6yn, trwy hiraeth, / Du6 ury, devr Urenhin, a'e gwnaeth'.
118 Trafodir damweiniau hela yn Bradbury, *Medieval Archer*, tt. 6–7.
119 GHS 23.11–20, a gweler y nodyn cefndir i'r gerdd yno.
120 Chapman, '"He took me to the duke of York"', tt. 119–20.
121 GHS 23.19, 24, 40. Awgrymir ar d. 192 y gall fod Watgyn wedi ei ladd drwy gynllwyn.
122 GHS 23.39–42; GG.net 69.7–8.
123 GG.net 69.9–10, a gweler nodiadau'r gerdd. Gweler ymhellach Bleddyn Owen Huws, '"Llawer dyn ... / Â chywydd a iachawyd": Guto'r Glyn yr Iachawr', yn Foster Evans, Lewis a Parry Owen (goln), *'Gwalch Cywyddau Gwŷr'*, tt. 283–303.
124 GLGC 101.13–16, a gweler llau. 5–6 'Oer fu hen gynnen gennyf / iangwyr y dom yng Nghaerdyf'. Trafodir y gerdd yn H. Meurig Evans, 'Lewys Glyn Cothi (*c.* 1425–*c.* 1489)', *Y Traethodydd*, CLVII (2002), 15–37 (33).
125 HCLl XXXIX.15–20.
126 Dylan Foster Evans, '"Y carl a'i trawai o'r cudd": Ergyd y Gwn ar y Cywyddwyr', *Dwned*, 4 (1998), 75–105 (87–93).
127 GHS 23.6, 14, 28, 48.
128 Foster Evans, '"Y carl a'i trawai o'r cudd"', 91–3 (am gerdd Huw Cae Llwyd).
129 Ar y gwn, gweler Foster Evans, '"Y carl a'i trawai o'r cudd"'.
130 GHS 7.1–2. Daeth llawer o ddilynwyr Warwig o gyffiniau Efrog (GHS 7.2n).
131 Barry Lewis, 'The Battle of Edgecote or Banbury (1469) through the Eyes of Contemporary Welsh Poets', *Journal of Medieval Military History*, 9 (2011), 97–117.
132 GG.net 24.73–4.
133 GG.net 24.73n, 75n.
134 GILlF 7.55–6 a tt. 115–16.
135 GLGC 137.45–6, 28.38.

136 GG.net 98.40; gweler ymhellach Jenny Day, 'Brigandines in Two Fifteenth-Century Request Poems', SC, XLVII (2013), 167–82.
137 GMRh 6.33–4 'Nid gwell lle disgyn, nid gau, / Llurig na charthen lloriau'.
138 GG.net cerdd 67, a gweler y nodyn cefndir.
139 GG.net 67.15, 35–6. Mewn cywydd arall dychenir Dafydd ab Edmwnd fel anifail bach sy'n cael ei hela gan Guto a beirdd eraill: 'Gollyngais a saethais i / Ddoe i Ddacyn ddeuddeci: / Â saith gywydd y saethwyd, / Ac yno y llas y gown llwyd' (GG.net 66.15–18).
140 DG.net 116.47–56, 72.35.
141 GTP 35.39 'Hwyrach ym ochel herwyr'. Ar ystyr lythrennol *hwyrach* yma, gweler GTP t. 130.
142 GMRh 6.19–22.
143 GMRh 6.35–6, 41–2.
144 GLGC 211.49–50.
145 Davies, 'Cerddi'r tai crefydd', 114.17–18. Ystyr 'amau' yma yw 'disgwyl, drwgdybio', mae'n debyg (gweler GPC^2 d.g. *amheuaf*^{1} (c)).
146 Davies, 'Cerddi'r tai crefydd', 114.23–6.
147 Davies, 'Cerddi'r tai crefydd', 114.55–60.
148 Davies, 'Testun beirniadol o waith Hywel Rheinallt', 27.13–14, 16–18; ceir y gerdd yn Davies, 'Cerddi'r tai crefydd' hefyd (cerdd 120). Awgryma Catrin T. Beynon Davies ('Cerddi'r tai crefydd', 526), y gall fod y cythrwfl wedi ymwneud â gweithgareddau Lambert Simnel yn 1487 neu Perkin Warbeck yn 1495–7, er nodi bod gwrthdaro a achoswyd gan bererinion o Iwerddon yn bosibilrwydd arall.
149 Davies, 'Testun beirniadol o waith Hywel Rheinallt', 27.31, 36.
150 Gweler Day, '"Arms of stone"'.
151 Mae cyfeiriadau ffigurol at saethu'n brin hefyd yn y cyfnod hwn; gweler Day, 'Arfau', 342–3.
152 Gerallt Gymro, *Itinerarium Kambriae*, II.5; cf. Gerallt Gymro, *Descriptio Kambriae*, I.6 (am wŷr Meirionydd) (Jones, *Gerallt Gymro*, tt. 126, 176).
153 Gerallt Gymro, *Descriptio Kambriae*, I.8; Gerallt Gymro, *Itinerarium Kambriae*, II.13 (Jones, *Gerallt Gymro*, tt. 180, 150), a gweler trafodaethau Day, 'Arfau', 161–2; Davies, *War and Society*, tt. 150–3; Chapman, *Welsh Soldiers*, tt. 205–9.
154 Gerallt Gymro, *Descriptio Kambriae*, II.3 (Jones, *Gerallt Gymro*, t. 212); D. L. Evans, 'Some Notes on the History of the Principality of Wales in the Time of the Black Prince (1343–1376)', THSC (1925–6), 25–110 (46, n. 1), yn cyfeirio at Lodewyk van Velthem, *Spiegel Historiaal* (gol. Le Long, 1727), llyfr IV, pennod 5. Dylid nodi bod gwaith awduron clasurol wedi dylanwadu ar ddarlun Gerallt Gymro o'r Cymry (Bartlett, *Gerald of Wales*, t. 168), a bod Iŵl Cesar, er enghraifft, wedi disgrifio'r Brythoniaid yn taflu gwaywffyn o'u cerbydau rhyfel (*De Bello Gallico*, 4.33; cyfieithwyd gan Philip Freeman yn John T. Koch a John Carey (goln), *The Celtic Heroic Age: Literary Sources for Ancient Celtic Europe and Early Ireland and Wales* (pedwerydd arg., Aberystwyth: Celtic Studies Publications, 2003), t. 23), ond serch hynny mae'n werth ystyried sylwadau Gerallt o ddifrif, yng ngoleuni'r dystiolaeth arall.

155 Jenny Rowland, 'Warfare and Horses in the Gododdin and the Problem of Catraeth', CMCS, 30 (winter 1995), 13–40; Day, '"Ongyr gwŷr wedi gwyro"'; Day, 'Arfau', 240–50.
156 GHS 23.25–6.

IOLO GOCH A DAFYDD AP GWILYM: CYMHARIAETH EIRFAOL[1]

Dafydd Johnston

Dafydd ap Gwilym ac Iolo Goch oedd beirdd mwyaf Cymru yn y bedwaredd ganrif ar ddeg, ac mae'r gymhariaeth rhwng y ddau arloeswr ar fesur y cywydd yn ganolog i hanes barddoniaeth y ganrif. Fy nod yn yr ysgrif hon yw dilyn trywydd geirfaol, gan adeiladu ar yr astudiaeth a gyhoeddais yn ddiweddar ar gerddi Dafydd ap Gwilym a cheisio rhoi ychydig o gig ar esgyrn fy honiad fod yr un creadigrwydd ieithyddol i'w weld gan gyfoeswyr Dafydd hefyd.[2]

Un o gyfoeswyr iau Dafydd ap Gwilym oedd Iolo Goch o Ddyffryn Clwyd. Gellir dyddio ei gerddi cynharaf i'r 1340au, y degawd yr oedd Dafydd ap Gwilym yn ei flodau. Canodd Iolo farwnad i Ddafydd gan dalu teyrnged i'w ddylanwad ar bawb a ganai ar fesur y cywydd.[3] Er nad oes dim sicrwydd ynghylch dyddiadau Dafydd ap Gwilym, tybir bellach iddo farw tua 1350 neu'n fuan wedyn, ac os felly am gyfnod byr iawn y byddai'r ddau fardd wedi cydoesi. Nid yw'r farwnad yn cyfleu argraff o adnabyddiaeth bersonol (yn wahanol iawn i farwnad Iolo i Lywelyn Goch ap Meurig Hen),[4] ac mae'n berffaith bosibl bod Iolo'n gyfarwydd â cherddi Dafydd, yn ysgrifenedig neu'n debycach drwy berfformiadau gan ddatgeiniaid, heb adnabod y dyn ei hun. Eto i gyd, beirdd teithiol oedd y ddau, a dichon i'w llwybrau groesi pan oedd Iolo ar un o'i deithiau clera i'r de, neu pan oedd Dafydd ar ymweliad â Gwynedd lle lleolir nifer o'i gerddi. Fodd bynnag, nid yw cyswllt personol rhwng y ddau fardd yn bwysig i'r drafodaeth yn yr ysgrif hon.

Cafodd Iolo Goch yrfa farddol nodedig o hir yn ymestyn hyd ddegawd olaf y bedwaredd ganrif ar ddeg. Serch hynny, mae'r corff o gerddi a ddiogelwyd o'i waith yn llai o lawer nag eiddo Dafydd ap Gwilym – prin draean o ran nifer y llinellau. Un rheswm am hynny, efallai, yw mai bardd mawl oedd Iolo yn bennaf, a bod llai o alw am gael clywed cerddi mawl gan gynulleidfaoedd diweddarach, ac felly llai o gymhelliad i ddatgeiniaid gadw'r cerddi ar gof – gydag ambell eithriad amlwg fel ei ganu i Owain Glyndŵr neu i deulu Penmynydd. Posibilrwydd arall yw bod y corff mawr o ganu serch Dafydd ap Gwilym yn ffrwyth cyfnod dwys o greadigrwydd angerddol, a bod Iolo wedi mynd ati'n fwy cymesur a phwyllog i lunio cerddi uchelgeisiol ac unigryw ar achlysuron arbennig, megis y farwnad fawreddog i Ithel ap Robert neu'r cywydd cyngor i Rosier Mortimer. Beth bynnag yw'r rheswm am brinder cymharol ei gerddi, y canlyniad yw bod llai o dystiolaeth ar gael wrth ddadansoddi geirfa Iolo Goch, ac mae angen cadw hynny mewn cof wrth gymharu'r ddau fardd.

Cyfraniad pennaf Iolo Goch i'r traddodiad barddol oedd dyrchafu mesur newydd y cywydd yn gyfrwng addas ar gyfer moli uchelwyr. Er mai Dafydd ap Gwilym oedd y cyntaf, mae'n debyg, i ddefnyddio'r cywydd i foli ei noddwyr Ifor Hael a Rhydderch ab Ieuan Llwyd,[5] cerddi personol, anffurfiol a chwareus hyd yn oed, oedd y rheini, ac mae cywyddau Iolo megis ei fawl i'r Brenin Edward III ar ddiwedd y 1340au a'i farwnad i Dudur Fychan yn 1367 yn gerrig milltir pwysig am eu bod yn cymhwyso ieithwedd ac arddull aruchel canu mawl clasurol Beirdd y Tywysogion. Mae hyn yn hysbys ddigon, ac nid af dros dir cyfarwydd yma, ond bydd dwy enghraifft yn fodd i amlygu tebygrwydd a hefyd wahaniaeth rhwng Iolo a Dafydd.[6]

Un o allweddeiriau canu mawl Beirdd y Tywysogion yw'r ferf *arwyreaf* 'dyrchafaf, molaf' a'r berfenw *arwyrain* a ddefnyddir yn deitl ar gerddi yn Llawysgrif Hendregadredd lle ceir y ferf yn y llinell gyntaf.[7] Defnyddiodd Dafydd ap Gwilym y gair mewn cywydd serch, gan sôn am ei *eiriau arwyrain* a haeddai dâl, a Llywelyn Goch ar ei ôl am fawl i ferch.[8] Ond Iolo Goch oedd y cywyddwr cyntaf i arfer y term *arwyrain* gyda holl lwyth ei ystyr draddodiadol, a hynny mewn llinell arwyddocaol iawn ar ddechrau ei gywydd am achau Owain Glyndŵr, gan fanteisio ar yr odl ag enw'r gwrthrych i lunio cynghanedd sain:

> Myfyrio bûm i farwn
> Moliant dyhuddiant i hwn;
> Arwyrain Owain a wnaf[9]

Mae yma adlais clir o deitlau cerddi i Owain Gwynedd yn Llawysgrif Hendregadredd, ac yn enwedig awdl Gwalchmai ap Meilyr, 'Arwyrein Ywein', sy'n olrhain achau Owain hyd Eneas.[10] Y llawysgrif honno yw'r unig gasgliad hysbys o gerddi Beirdd y Tywysogion yn y bedwaredd ganrif ar ddeg, ac erbyn ail hanner y ganrif mae'n weddol sicr ei bod ym meddiant Rhydderch ab Ieuan Llwyd yng Ngheredigion. Un peth sy'n gyffredin i'r tri chywyddwr cynnar a ddefnyddiodd y gair *arwyrain* yw'r ffaith iddynt ymweld â chartref Rhydderch (naill ai Glyn Aeron neu Barcrhydderch) a chael cyfle i weld Llawysgrif Hendregadredd.[11] Mae geiriau Llywelyn Goch yn tystio i ddiddordeb byw Rhydderch a'i gyfyrder Llywelyn Fychan yng nghynnwys y llawysgrif – 'deallu barddlyfr da a ellynt' – a hawdd eu dychmygu'n trafod y cerddi astrus gyda'r beirdd.[12] Cofier hefyd fod Dafydd ap Gwilym yn ôl pob tebyg wedi manteisio ar y cyfle i ysgrifennu ei englynion i'r Grog o Gaerfyrddin ar dudalennau gwag yn y llawysgrif.[13]

Gair arall y gallai Dafydd ac Iolo fod wedi ei weld yn Llawysgrif Hendregadredd, neu yn y copi o'r Trioedd mewn llawysgrif arall yng nghartref Rhydderch, y Llyfr Gwyn, yw *rhuddfoawg*. Y ddwy enghraifft ganddynt hwy yw'r unig ddefnydd ar y gair gan Feirdd yr Uchelwyr hyd y gwyddys. Yn wahanol i *arwyrain*, ni fyddai ystyr y gair hwn yn dryloyw, ac nid oes wybod sut yn union y buasai'r beirdd diweddarach yn ei ddeall. Fe'i ceir gan Feirdd y Tywysogion yng nghyd-destun rhyfela, ac mae'n debyg mai rhywbeth fel 'anrheithgar' oedd ei ystyr.[14] Byddai hynny'n cyd-fynd yn fras â *cyfoethawg* yn yr enghraifft gan Ddafydd ap Gwilym am ei gyflwr cyn iddo golli Morfudd:

Cyweithas, hoywdras, hydrum,
Cyfoethawg, rhuddfoawg fûm.[15]

Defnydd rhyfedd braidd, a choeglyd o bosibl, yw hwnnw. O gymharu honno â'r enghraifft gan Iolo Goch gwelwn yr un patrwm ag yn achos *arwyrain*, gan i Iolo ddychwelyd at y defnydd traddodiadol o'r gair, fwy neu lai, wrth ddisgrifio arfwisg milwr:

Helm gribawg ruddfoawg fyth.[16]

Marwnad yw honno i Dudur Fychan o Fôn, un o ddisgynyddion Ednyfed Fychan, prif weinidog Llywelyn Fawr, ac un a ddarlunnir fel amddiffynnwr ei bobl rhag gormes estron. Priodol iawn, felly, yw ieithwedd yr hen ganu mawl, megis *mechdëyrn Môn* 'uchel-arglwydd Môn', ymadrodd a geir gan Gynddelw am Owain Gwynedd,[17] *ffelaig*, gair arall am arglwydd, a ddefnyddir gan Gynddelw am yr Arglwydd Rhys,[18] a *marchog midlan* 'marchog maes y gad', ymadrodd a geir ddwywaith gan Gynddelw.[19]

Er mai ym maes y canu mawl y gwnaeth Iolo Goch ei brif gyfraniad i'r traddodiad barddol, wrth ystyried ei eirfa mae'n bwysig cydnabod y rhychwant eang o *genres* a geir yn ei waith, sy'n cynnwys hefyd nifer o gerddi dychan, canu crefyddol, canu serch a marwnadau i'w gyd-feirdd.

Gwrthwyneb mawl yw dychan ar un olwg, ac fel yn achos Dafydd ap Gwilym mae cerddi dychan Iolo Goch yn ychwanegu gwedd arall i'w eirfa o ran y cywair isel. Mae ei wyth cerdd ddychan yn gyfran sylweddol o'i waith ac yn drysorfa eirfaol lle cofnodir nifer o eiriau llafar eu naws am y tro cyntaf. Iolo biau'r unig enghreifftiau y tu allan i eiriaduron o'r gair *gwilff* 'caseg' a ddefnyddiwyd ganddo i ddychanu gwrthrychau benywaidd, sef y delyn ledr oherwydd ei sŵn fel gweryrad gwyllt caseg am geffylau, y llong oherwydd ei symudiad herclyd anwadal, a'r hen wraig Herstin Hogl.[20] Mae'r un peth yn wir o ran y dystiolaeth ysgrifenedig am *disgamar* 'aflêr', eto am y delyn ledr, ond yn ddiddorol iawn parhaodd y gair yn fyw ar lafar tan y cyfnod modern yn ardal y Dinas, sir Benfro yn y ffurf *disgambar*.²¹ Cryfach yw'r dystiolaeth dros *hwgwd* 'bwgan' ac *ysgrwd* 'corff marw', a'r ddau'n perthyn i haenen o eiriau yn yr iaith lafar am bobl ddirmygedig. Gair cyffredin iawn hyd heddiw a gofnodwyd am y tro cyntaf yng nghywydd Iolo yn cwyno am ei farf yw *gwep*, ac eto mae'r naws ddifrïol yn ddigamsyniol.²²

O'r tair cerdd serch sydd gan Iolo Goch, mae dwy yn nodweddiadol o ganu serch digrif y Cywyddwyr cynnar. Yr eithriad nodedig yw ei gywydd gorchestol yn disgrifio merch.²³ Un wedd ar orchest y gerdd hon yw'r modd y disgrifir y ferch yn gwbl drefnus o'i chorun i'w sawdl gan ddilyn patrwm rhethregol cydnabyddedig.²⁴ Ac mae camp gyfatebol ar ieithwedd ac addurn seinegol y gerdd hefyd, yn enwedig o ran y defnydd dwys o eiriau cyfansawdd, fel y gwelir yn y llinellau cyntaf:

> Caru'dd wyf, caruaidd yw,
> Cwrelrudd cyriwalryw,
> Cares falch, hepgores fedd,
> Caredigferch caer Degfedd;
> Cangen ddifethl aelgethloyw,
> Ceginwrych geirwddwfr crych croyw;
> Cegiden bebyrwen babl,
> Cogeilgorff cu ogelgabl,
> Hoywliw'r don fel haul ar dŵr,
> Brwynengorff heb rin ungwr.²⁵

Mae'r amrywiaeth o wahanol fathau o eiriau cyfansawdd yn hafal i arddull fwyaf celfydd Dafydd ap Gwilym, er enghraifft yn yr ail linell yma lle ceir dau gyfansoddair wedi eu ffurfio o ddau enw, y cyntaf yn enw, 'grudd [o liw] cwrel', a'r ail yn ansoddair, 'yr un fath â chriafol'. Mae cyfansoddair o ddau enw yn fodd i gyfleu cymhariaeth yn gryno, fel *cogeilgorff* 'corff [syth fel] cogail', *brwynengorff* 'corff [main fel] brwynen', ac yn nes ymlaen *brialluwallt* 'gwallt [melyn fel] briallu'.²⁶ Mathau eraill o eiriau cyfansawdd a geir yma yw ansoddair ac enw yn ffurfio enw, fel *caredigferch* a *hoywliw*, a bôn berfol ac enw'n ffurfio ansoddair, fel *gogelgabl* 'yn osgoi gwarth, di-fai'. Gwnaeth Iolo ddefnydd helaeth o eiriau cyfansawdd gydag elfennau berfol er mwyn cyfleu gweithgarwch, fel *medeingl* 'sy'n torri i lawr Saeson' am un o hynafiaid Owain Glyndŵr, *rhwygfanadl* 'sy'n rhwygo banadl' am yr aradr, ac â'r bôn berfol yn ail elfen, *bresychgach* 'sy'n cachu bresych' a *cawsgasgl* 'sy'n casglu caws' am Herstin Hogl.[27]

Gwedd arall ar orchest lenyddol y cywydd hwn yw'r adlais o un o gerddi serch Hywel ab Owain Gwynedd yn y llinellau hyn:

> O chemir bys yn chwimwth
> O'i blaen, lygad crynfaen crwth,
> Brwynen ewinwen wanwyrth,
> Braidd fel tywys haidd na syrth.[28]

Adlais, neu'n hytrach atgof efallai, sydd yma o'r llinellau hyn gan Hywel:

> Claer wanllun wenlleddf wynlliw cywydd,
> Wrth gamu brwynen braidd na ddygwydd.[29]

Nid yr un syniad yn union sydd yma, gan fod y ferch yn camu ar frwynen yng ngherdd Hywel, tra bo'r frwynen yn ddelwedd am y ferch gan Iolo (cymh. *brwynengorff* uchod), a hithau bron yn syrthio os bydd rhywun yn plygu bys o'i blaen. Serch hynny, mae'r cyfatebiaethau geiriol – *camu* (er mai dwy ferf wahanol sydd yma mewn gwirionedd), *brwynen*, *braidd na*, a'r cyfystyron *dygwydd* a *syrthio* – yn ddigon i brofi cyswllt rhwng y ddau ddarn, a'r ffordd orau o esbonio hynny, mae'n debyg, yw tybio i Iolo ddarllen cerdd Hywel yn Llawysgrif Hendregadredd pan oedd ar ymweliad â Rhydderch ab Ieuan Llwyd, a'i dwyn i gof wedyn wrth gyfansoddi ei gywydd ei hun.[30] Mae'n amlwg bod y cywydd hwn wedi ei fodelu ar yr hen rieingerddi, a hawdd deall pam y cafodd ei gynnwys fel yr unig gywydd yn y casgliad o farddoniaeth yn Llyfr Coch Hergest.

Yn unol â naws ddyrchafedig y rhieingerdd, dethol iawn yw'r geiriau benthyg a geir yn y cywydd, a'r rheini'n perthyn i ddiwylliant materol llysoedd yr uchelwyr – *mold, gold, peintio* – ac yn enwedig y dillad bonheddig sy'n arwydd o statws cymdeithasol y ferch: *ysgarladwisg*, *ffwrri fenfyr*, *wrls* (math o fenthyciad a geid yng ngherddi Beirdd y Tywysogion ac awdlau Dafydd ap Gwilym megis 'Marwnad Angharad').[31]

Gair benthyg trawiadol sy'n cyfleu statws cymdeithasol gwisg yw *sientli* yn llinell gyntaf un arall o gerddi serch Iolo Goch, 'Chwarae Cnau i'm Llaw':

> Y ferch a wisg yn sientli,
> Main ei hael a mwyn yw hi.[32]

Hon yw'r unig enghraifft a gofnodwyd o *sientli*, benthyciad o'r Saesneg *gently* yn yr ystyr 'bonheddig', ac mae hefyd yn esiampl brin o fenthyg adferf. Mae'r cyfosodiad â *mwyn* yn y llinell ddilynol yn arwyddocaol gan fod lle i gredu bod *mwyn* yn y cyfnod hwn yn gweithredu fel calc yn cyfleu dwy ystyr y Ffrangeg *gentil* a'r Saesneg *gentle*, sef 'bonheddig' a hefyd yr ymddygiad cwrtais a thirion a nodweddai foneddigion (gan gynnwys ymroddiad i serch cwrtais).[33]

Mae gweddill y cywydd hwn yn llai dyrchafedig, gydag ieithwedd gymysg yn sgil y cyferbyniad rhwng y wraig ifanc a'i gŵr eiddigeddus, yn debyg i nifer o gywyddau Dafydd ap Gwilym fel 'Gwallt Morfudd'.[34] Ymddiddan rhwng y gŵr a'i wraig wrth iddynt chwarae'r gêm ddyfalu 'cnau i'm llaw' sydd yng nghorff y gerdd, a chyfleir blas llafar cryf trwy ebychiadau a melltithion. Y gŵr sy'n siarad gyntaf yn y darn hwn, ac mae sylwadau o'r neilltu yn llais y bardd ei hun yn yr ail gwpled:

> 'Dos allan gynta' y gellych.'
> 'Nac af, 'sgwir, od wyd was gwych.'
> 'Dos i ddiawl,' wenwynawl naid,
> 'Nac af, syre,' neges afraid.[35]

Arbennig o ddadlennol fel enghraifft o ddylanwad Saesneg llafar ar Iolo Goch yw'r cyfarchiad dirmygus *syre*, a oedd yn fenthyciad o'r Saesneg Canol *sire* (yn ddiweddarach *sirrah*).[36] Mae'r enghreifftiau cynharaf o'r ystyr honno yn Saesneg yn dyddio o ganol y bymthegfed ganrif, ac felly mae defnydd Iolo o'r benthyciad yn dystiolaeth bwysig o fodolaeth yr ystyr ryw gan mlynedd yn gynharach.

Yn ôl Cyfraith Hywel roedd gan y gŵr hawl i guro ei wraig â ffon yn gosb am ei hanffyddloneb, ac adroddir y trais domestig yn fyw iawn:

> Cael o Eiddig, farfddig ferf,
> Crynffon, wialenffon lawnfferf;
> Rhoi pwys y ffon ar honno
> Ar hyd ei phen – bu rhaid ffo.[37]

Ond mae cymhariaeth ddiarhebol ei naws yn y paragraff clo yn trawsnewid y wraig ddioddefus gan roi iddi rym treisgar ei hun, ac yn diraddio'r gŵr yr un pryd trwy'r gair benthyg dychanol *trwsa* 'sypyn':

> Ni charai gath ewindew
> Dros ei blwydd hen drwsa blew.[38]

Dengys marwnadau Iolo i feirdd eraill ei fod yn cyfranogi o ddelfrydau barddol y Cywyddwyr cynnar. Ym mharagraff cyntaf y farwnad i Ddafydd ap Gwilym, y cywydd ei hun sy'n galaru am ei bencampwr, ac mae'r darn yn llawn cyfeiriadaeth at gerddi Dafydd o'r llinell gyntaf un:

> Hudol doe fu hoedl Dafydd,
> Hoyw o ddyn pe hwy fai'i ddydd[39]

Adlais sydd yma o'r llinell 'Hudol yw hoedl i lawer' yn awdl farwnad Dafydd i Angharad, mam Rhydderch ab Ieuan Llwyd, cerdd y gallai Iolo fod wedi gweld copi ohoni yn Llawysgrif Hendregadredd, a chlywed ei datganu yng nghartref Rhydderch o bosibl.[40]

Mae *hoyw* ar ddechrau'r ail linell yn ansoddair priodol iawn i ddisgrifio Dafydd ap Gwilym gan ei fod yn air cyffredin dros ben yn ei gerddi ac yn un a ddefnyddiwyd ganddo amdano'i hun yn yr ymadrodd 'hoywfardd yr haf'.[41] Roedd ystyron y gair yn eang iawn, gan gwmpasu syniadau o ddisgleirdeb a harddwch, sioncrwydd a llawenydd. Nid mater o ddylanwad Dafydd ap Gwilym yn benodol yw hyn, ond yn hytrach ddatblygiad ieithyddol ehangach, efallai dan ddylanwad y Ffrangeg *gai* a'r Saesneg *gay*, a oedd yn adlewyrchu ffasiwn gymdeithasol ymhlith dosbarth yr uchelwyr.[42] Roedd Iolo yr un mor hoff o'r gair â Dafydd ap Gwilym, ac fe'i defnyddir ganddo am arglwyddi,[43] am ferched,[44] am gerddoriaeth,[45] ac am arfau.[46]

Math arall o adlais yn y farwnad yw geiriau a ddefnyddiwyd gan Ddafydd ap Gwilym ei hun am feirdd eraill. Gan Ddafydd y cafwyd yr enghreifftiau cynharaf o *tegan* a *mold*, y ddau'n ffigurol am feirdd eraill,[47] ac felly Iolo am Ddafydd ei hun:

> Gem oedd y siroedd a'u swch
> A thegan gwlad a'i thegwch,
> Mold y digrifwch a'i modd[48]

Gair arall a ddefnyddiwyd gan Ddafydd am fardd yw *cethlydd*, ac er bod y bôn *cathl* 'cân' yn awgrymu'r ystyr gyffredinol 'cantor', y gwir amdani yw bod yr enghreifftiau o'r gair y tu allan i'r cywyddau cynnar i gyd yn cyfeirio at adar cân, a rhai at y gog yn benodol. Mae'r ymadrodd *coeth gethlydd* ym marwnad Dafydd i Gruffudd Gryg yn rhan o ddelwedd estynedig o'r bardd fel aderyn cân.[49] Yr un ddelwedd, a'r un trawiad cynganeddol, sydd gan Iolo am feirdd y cywydd:

> Cywydd pob cethlydd coethlawn,
> Canys aeth, cwynofus iawn.[50]

Mae'r adleisiau o gywyddau Dafydd wedi eu crynhoi yn rhan gyntaf y farwnad lle mae'r cywydd ei hun yn llefaru, a diau fod hynny'n fwriadol oherwydd mae tôn y gerdd yn newid yn llwyr wrth i Iolo ddechrau llefaru yn ei lais ei hun.

> Tydi gi, taw di gywydd!
> Nid da'r byd, nid hir y bydd.[51]

Lliaws Rhith

Mae ei ddirmyg at y cywydd yn amlwg yn ddyfais i foli cyfraniad Dafydd, ond neges ail ran y farwnad yw bod Dafydd yn fwy na bardd digrif y cywyddau serch a natur yn unig. Y gair allweddol yma yw *athro*, sef y radd uchaf o fardd, ac mae cyfres hir o gymeriad cynganeddol yn arwain at uchafbwynt yng nghwpled olaf y gerdd:

> Athro grym glewlym gloywlef
> A thëyrn oedd, aeth i'r nef.[52]

Ceir yr un cyferbyniad rhwng dau fath o fardd ym marwnad Iolo i Lywelyn Goch ap Meurig Hen, ac mae'r un strwythur sylfaenol i'w weld yn y ddwy farwnad, gan fod hon hefyd yn dechrau gyda llais sy'n gwerthfawrogi canu ysgafn y bardd, sef meibion a morynion Meirionnydd, a llais ceryddol Iolo ei hun yn rhoi taw arnynt ac yn mynnu statws uwch i'r bardd:

> 'O Dduw teg a'i ddäed dyn,
> A welai neb Lywelyn
> Amheurig fonheddig Hen,
> Ewythr frawd tad yr awen?
> Mae ef?' 'Pwy a'i hymofyn?
> Na chais mwy, achos ni myn.'
> 'Meibion serchogion y sydd
> A morynion Meirionnydd.'
> 'Nis gŵyr Duw am deuluwas,
> Yn athro grym aeth i'r gras.'[53]

Roedd *teuluwas* a'i gyfystyr *teuluwr* yn dermau a arddelwyd gan Ddafydd ap Gwilym amdano'i hun a'i gyd-feirdd, yn cyfateb i'r hen fardd teulu, gradd is na'r pencerdd neu'r athro.[54] Serch hynny, mae'r cywyddau digrif yn dal yn cael eu cydnabod yng ngweddill y farwnad i Lywelyn Goch fel rhan bwysig o gynnyrch y bardd mewn cyd-destun cymdeithasol yn llysoedd yr uchelwyr, a dyma'r cethlydd coeth unwaith eto:

> Pan ofynner, arfer oedd
> Y lleisiau yn y llysoedd,
> Cyntaf gofynnir, wir waith,
> I'r purorion, pêr araith,
> Rhieingerdd y gŵr hengoch,
> Lliaws a'i clyw fal llais cloch.
> Nid oes erddigan gan gainc,
> Gwir yw, lle bo gwŷr ieuainc,
> Ni bydd digrif ar ddifys
> Nac un acen ar ben bys
> Ond cywydd cethlydd coethlef,
> Ni myn neb gywydd namn ef.[55]

Ystyr wreiddiol *digrif*, 'dymunol', sy'n gweddu yma wrth gyfeirio at ymateb y gynulleidfa, ond roedd 'ffraeth' hefyd yn rhan o ystyr y gair yng nghyswllt barddoniaeth, ac mae ffraethineb yn gweddu ar gyfer *digrifwch* ym marwnad Dafydd ap Gwilym uchod.[56] Mae *digrif* yn air thematig ym marwnad Iolo i'w gyd-fardd Ithel Ddu, ac yn y gerdd honno mae'r ystyr fodern 'doniol' yn amlycach, gydag ergyd llai canmoliaethus, fel y cawn weld wrth drafod amwysedd yn y gerdd.[57]

Yn y farwnad i Ithel Ddu y gwelir Iolo'n arddel diddanwch y teuluwr yn ddibetrus, a diau mai'r rheswm am hynny yw mai ffug-farwnad oedd hon a'r gwrthrych yn dal ar dir y byw ac yn cael ei ganmol am gampau pur amheus (gw. llau. 25-8 a ddyfynnir isod). Cyfeirir at Ithel fel *teuluwas*, efallai'n cyferbynnu'n fwriadol â'r llinell am Lywelyn Goch uchod lle ceir yr un gynghanedd lusg, a chyfleir ei natur fonheddig trwy un o dermau mwyaf arwyddocaol Dafydd ap Gwilym:

> Da gan Dduw gael teuluwas
> Diddrwg ei ddiwladeiddrwydd,
> Digrif pe sirif ei swydd.[58]

Gair a ddaeth i'r amlwg yn y bedwaredd ganrif ar ddeg yw *gwladaidd*, wedi ei fathu efallai i gyfateb i'r Ffrangeg *paysan*, ac roedd iddo gynodiadau cymdeithasol negyddol iawn, 'anfoesgar, taeogaidd', a *gwlad* yn cyferbynnu i raddau â'r trefi newydd ond yn fwyaf arbennig â llysoedd yr uchelwyr.[59] Fe'i defnyddir gan Ddafydd ap Gwilym i gyfleu ei ddirmyg tuag at bobl a phethau sy'n rhwystro ei serch, megis y Gŵr Eiddig a'r niwl,[60] a cheir yr enw haniaethol *gwladeiddrwydd* ganddo ar ddiwedd y cywydd sy'n cyferbynnu rhwng Mai bonheddig a Thachwedd taeogaidd, mewn llinell bur debyg i un Iolo uchod:

> Dêl iddo, rhyw addo rhwydd,
> Deuddrwg am ei wladeiddrwydd.[61]

Mae'r gwrthwyneb, *diwladaidd*, yn disgrifio ffordd Dafydd o garu yn 'Y Serch Lladrad', sef serch cyfrinachol addas i uchelwr cwrtais a soffistigedig.[62] Ond Iolo Goch biau'r unig enghraifft o *diwladeiddrwydd* y tu allan i eiriaduron,[63] a hawdd gweld dylanwad Dafydd ap Gwilym arno, nid yn unig o ran y ddelfryd ei hun ond hefyd yn y modd y bu iddo fathu gair haniaethol cymhleth i grynhoi'r ddelfryd honno. Creodd Iolo ferf o'r ansoddair hefyd, *gwladeiddio* 'ymddwyn yn daeogaidd', yn ei ddychan i fardd arall mewn ymryson, esiampl arall o'r math o ddiddanwch soffistigedig a nodweddai'r cywyddau cynnar.[64]

Nodwedd arbennig ar gerddi Dafydd ap Gwilym yw ei ddefnydd o amwysedd. Mae amwysedd i'w gael mewn nifer o'i gerddi serch, ac yn enwedig yn y cywydd 'Trafferth mewn Tafarn' lle mae cyfres o eiriau mwys yn edrych fel strategaeth thematig.[65] Prin yw'r enghreifftiau posibl o amwysedd yng ngherddi Iolo Goch ar y cyfan, gan mai mawl a dychan yw'r rhan fwyaf o'i waith, dau *genre* lle mae ystyr ddiamwys yn hanfodol. Ond y mae un eithriad nodedig, sef y farwnad i Ithel Ddu, lle mae amwysedd eto'n ymddangos yn thematig. Y rheswm am hynny, mae'n debyg, yw mai ffug-farwnad oedd hon, *genre* a oedd yn ei hanfod yn amwys gan wamalu rhwng gwir a gau a rhwng mawl a dychan.

Mae nifer o wahanol fathau o amwysedd yn y gerdd, rhai'n fwy eglur na'i gilydd, a da yw cychwyn gyda'r enghreifftiau mwyaf pendant. Yr un a ddenodd fy sylw yn gyntaf oll yw'r gair cyfansawdd *cathlef* yn y sangiad *aur gathlef* yn llinell 30.⁶⁶ O'i ddeall yn ganmoliaethus mae'r gair yn ymrannu'n *cathl* + *llef*, 'llais cân', gyda bôn *cethlydd* yn elfen gyntaf. Ond mae modd ei rannu'n wahanol, sef *cath* + *llef*, gydag ergyd negyddol iawn am lais y bardd. Mae hwn yn arwydd diogel sy'n cyfiawnhau chwilio am ragor o amwysedd yn y gerdd.

Mae amwysedd yn aml yn deillio o eiriau a ddatblygodd ddwy ystyr bur wahanol i'w gilydd. Un felly yw *gwyniaith* am waith Duw yn peri marwolaeth Ithel:

> Gwae doeth, bu gwayw adwythig,
> Y gwnaeth Duw, bu gwyniaith dig,
> Gwaethaf dim i'r gwythi del,
> Gwthio gwayw dan gae Ithel,
> Gwayw o ddolur Gwyddelig,
> Gweithio o Dduw gwaith oedd ddig.⁶⁷

Benthyciad o'r Lladin *vindicta* oedd *gwyniaith*, a'i ystyr wreiddiol oedd 'cosb, dial', ystyr sy'n gweddu'n dda iawn yma. Ond daeth ystyr arall i'r amlwg yn y bedwaredd ganrif ar ddeg, sef 'gwyrth, bendith' (dan ddylanwad *gwyn* efallai, gan ddeall *iaith* yn ei ystyr gyffredin), ac fe geir enghraifft o'r ystyr honno gan Iolo ei hun am wyrthiau Dewi Sant.⁶⁸ O'i ddeall felly yr awgrym fyddai mai bendith oedd marwolaeth Ithel.

Gair arall yn y darn hwnnw a ddatblygodd ystyr newydd yn y cyfnod hwn yw *gwayw*, sef gwaywffon ac yna, trwy ddefnydd ffigurol i ddechrau, boen llym a sydyn. Chwaraeodd Dafydd ap Gwilym ar ddwy ystyr y gair yn 'Gwayw Serch', ac mae'r amwysedd yn ganolog i gywydd Gruffudd Gryg a roddodd gychwyn ar yr ymryson rhwng y ddau fardd.⁶⁹ Os yw'r un amwysedd yn berthnasol i farwnad Ithel Ddu (ac mae *dolur* yn awgrymu ei fod), byddai'n fater o wahaniaeth rhwng marwolaeth arwrol addas i ryfelwr ac un anarwrol trwy salwch.

Gair a newidiodd ei ystyr yn llwyr erbyn y cyfnod modern yw *del* sy'n disgrifio giewynnau Ithel yn y darn uchod. Ei ystyr wreiddiol oedd 'caled', fel y gwelir yng nghywydd Iolo yn cwyno am ei farf arw, ac mae honno'n gweddu'n iawn yma hefyd.⁷⁰ Yr ystyr fodern yn nhafodiaith Gwynedd (sef ardal Ithel ei hun) yw 'pert', ac er na chofnodwyd enghraifft ysgrifenedig cyn 1832 mae'n debygol ei bod yn bodoli ar lafar ymhell cyn hynny.[71] Os oedd rhyw ystyr gadarnhaol o'r fath yn bodoli'n gynnar byddai'n creu amwysedd addas yma rhwng mawl a dychan.

Ymhlith campau Ithel Ddu sonnir am ddychanu'r Brem a Gwyddelyn, sef llysenwau dau fardd arall mae'n debyg. Honnir bod Gwyddelyn yn gweld eisiau 'dolef' Ithel a'i fod yn cenfigennu wrth y Brem a fu farw o'i flaen:

> Gwyn ei fyd yn gwynfydu
> Y Brem bach, awr brim y bu
> O'i flaen farw ef eleni,
> Iawn a wnaeth, hyn a wn i.[72]

Term crefyddol cadarnhaol iawn yn wreiddiol oedd *gwynfydu*, 'llawenhau'. Gan Ddafydd ap Gwilym y cafwyd yr enghraifft gynharaf o'r ystyr negyddol 'cenfigennu' (er bod honno hefyd yn amwys efallai).[73] Mae modd dehongli'r darn hwn o gywydd Iolo mewn mwy nag un ffordd oherwydd y posibilrwydd mai'r Brem, yn hytrach na Gwyddelyn, yw goddrych y ferf a'i fod yn llawenhau am iddo farw cyn Ithel.[74] Ond erys amwysedd *gwynfydu* yn berthnasol oherwydd deuoliaeth dychan defodol a'i gyfuniad o elyniaeth a chyfeillgarwch.[75]

Mae cyswllt arall â gwaith Dafydd ap Gwilym i'w weld yn y darn hwnnw, ac un sy'n adlewyrchu iaith lafar y cyfnod eto, sef y defnydd dilornus o'r ansoddair *bach*, gair a gofnodwyd am y tro cyntaf yng ngherddi Dafydd. Mae *y Brem bach* yma yn debyg iawn i *y Bwa Bach* Dafydd ap Gwilym.[76] Fel arall *bychan* a geir gan Iolo i gyfleu maint.[77]

Er y pwyslais ar ganu dychan Ithel, mae'r farwnad hefyd yn ei gyflwyno fel bardd mawl o'r radd uchaf, gan ddefnyddio rhai o'r termau a geir yn y farwnad i Lywelyn Goch ap Meurig Hen:

> Troed awgrym gwawd tra digrif,
> Prydydd, pen profestydd prif.[78]

Ond mae *gwawd* yn agored i'w ddeall mewn mwy nag un ffordd. Term traddodiadol ydoedd am gân o fawl,[79] ac fe'i ceir yn yr ystyr honno gan Ddafydd ap Gwilym ac Iolo Goch.[80] Mae'r ystyr fodern 'gwatwar' yn esiampl drawiadol o air yn newid ei ystyr i'r gwrthwyneb, a'r cwestiwn pwysig yw pa mor bell yn ôl y gellir olrhain y datblygiad hwnnw. Roedd yr ystyr fodern yn sicr yn bodoli erbyn Beibl 1588, yr enghraifft gynharaf a nodir yn GPC, ac mae o leiaf un esiampl yng ngherddi Dafydd ap Gwilym yn awgrymu bod *gwawd* yn amwys mor gynnar â'r bedwaredd ganrif ar ddeg, sef y gair cyfansawdd *gwawdrydd* am Forfudd.[81] Hawdd y gellir deall hyn yn ganmoliaethus, 'mawr ei chlod',[82] ond mae llinell yn gynharach yn y gerdd, 'Gŵyr hi gwatwaru gŵr hyll',[83] yn annog dehongliad gwahanol, 'rhydd/rhugl ei gwatwar', disgrifiad sy'n cyd-fynd â'r darlun ohoni mewn cerddi eraill megis 'Gwawd Morfudd' (ond cofier mai teitl modern yw hwnnw).[84]

Mae'r amwysedd yn nefnydd Dafydd ap Gwilym o *gwawd* yn bwysig am ei fod yn cyfiawnhau dehongli'r gair ym marwnad Ithel Ddu yn yr un modd, gan gyfeirio felly at ei ganu dychan yn hytrach na mawl.[85] Ac mae ail enghraifft o'r gair ychydig linellau'n nes ymlaen yn y farwnad yn ei osod yng nghyd-destun y canu digrif:

> Campau'r mab oedd cwympo merch,
> Cwmpasu gwawd, camp hoywserch,
> Dychanu'r Brem salwdrem sych
> A Gwyddelyn gwedd elych[86]

Mae'n bur debyg bod *gwawd* hefyd yn amwys ym marwnad Iolo i Herstin Hogl (tasg a osodwyd gan Ithel Ddu, cofier) a'i ddychan i'w mab Gwyddelyn, yn enwedig yn y cwestiwn hwn i'r bardd a chwaraeai ran Gwyddelyn:

> Oes ar dy wawd, sur dy wên,
> Os holir, eisiau halen?[87]

Gair sy'n berthnasol iawn i amwysedd *gwawd* yw *digrif*. Gwelwyd eisoes fod hwn yn gallu bod yn derm digon parchus yng nghyswllt barddoniaeth, gan gyfleu ffraethineb, yn ogystal â'r ystyr graidd 'dymunol'. Ond roedd yr ystyr fodern 'doniol, yn peri chwerthin' yn sicr yn bodoli yn y bedwaredd ganrif ar ddeg,[88] ac felly pan ddisgrifir gwawd Ithel fel *tra digrif* mae'n arwydd clir nad canu mawl aruchel a feddylir. Un ystyr bosibl yw 'barddoniaeth ffraeth iawn', ond mae 'dychan doniol iawn' yn cyd-fynd yn well â naws y gerdd. Yn llinell 72 hefyd, 'Digrif pe sirif ei swydd' (gw. y dyfyniad uchod), gellir deall y gair yn gadarnhaol, hynny yw, byddai Ithel yn ddymunol, ac nid yn gas a gormesol, hyd yn oed pe bai'n sirif, neu'n fwy cellweirus, y byddai'n beth doniol petai'n sirif. Ac arwydd clir o bwysigrwydd thematig *digrif* yw ei safle'n air olaf y gerdd lle mae'n crynhoi'r holl amwysedd ynghylch natur Ithel Ddu'r bardd:

> Nid aeth o uchafiaeth ach
> I grefydd ŵr ddigrifach.[89]

Ansoddeiriau eraill sy'n amwys eu hergyd, ac yn anarferol yn y canu mawl o'r herwydd, yw *chwyrn* yn llinell 32, 'bywiog' ond hefyd 'garw',[90] ac *ystwyth* yn llinell 64, 'heini', ond hefyd 'hyblyg, meddal'.[91] Ac mae lle i godi cwestiwn am y gair cyntaf un:

> Dihir i fro Feilir frych –
> Deryw marw gŵr dewr mawrwych.[92]

Rhagddodiad cryfhaol sydd yn *dihir*, a 'dybryd' yw'r ystyr arferol (h.y. wedi mynd waethwaeth drwy hir aros).[93] Ni fyddai rheswm i amau'r ystyr honno ar yr olwg gyntaf, gan mai galarnad yw'r gerdd, ond wedi sylwi ar y patrwm clir o amwysedd ynddi mae dehongliad mwy llythrennol yn ymgynnig, sef 'hir iawn, hen bryd', sy'n cyd-fynd yn dda â *gwyniaith* yn yr ystyr 'bendith' yn llinell 6.

Ni fyddid yn disgwyl canfod amwysedd yn y canu mawl, ond mae un o gerddi diweddar Iolo Goch yn amlygu math arall o ddeuoliaeth, a hynny oherwydd cymhlethdod cefndir personol y gwrthrych. Roedd gan Syr Rosier Mortimer gysylltiadau trwy dras a thiriogaeth â phedair gwlad, sef Cymru (a Gwynedd yn benodol), Lloegr, Ffrainc ac

Iwerddon, ac fel gorwyr i Edward III fe'i cydnabuwyd yn aer i'r Brenin Rhisiart II yn 11 oed yn 1384. Canodd Iolo gywydd hir yn 1394 yn gosod allan y cysylltiadau hyn ac yn cynghori'r pendefig ifanc i 'arfer o arfau' er mwyn arwain ymgyrch filwrol i orchfygu'r gwrthryfelwyr yn ei diriogaeth yn Iwerddon.[94] Efallai ei bod yn arwyddocaol mai cywydd cyngor yw hwn, yn hytrach na mawl cyffredinol, oherwydd mae tipyn o wahaniaeth i'w weld yn agweddau'r bardd at y pedair cenedl dan sylw. Cadarnhaol iawn yw ei agwedd at Ffrainc, 'gwlad y gwin gwiw', ac wrth gwrs mae'n gorfoleddu wrth ragweld un o linach tywysogion Gwynedd yn cael ei goroni'n frenin, ond amwys yw ei agwedd at y Saeson a'r Gwyddelod. Dethlir y berthynas â theulu brenhinol Lloegr, wrth reswm, ac mae'r cyfatebiaethau cynganeddol *engylion Englont* (ll. 7) ac *angel Eingl* (ll. 52) efallai'n dwyn i gof y dywediad 'non Angli sed angeli' a briodolir i'r Pab Gregori Fawr yn ôl Beda.[95] Ond lle cynganeddir yr enw Lloegr mae'n fater gwahanol. Cyfeirir yn y darn hwn at yr ymgiprys am oruchafiaeth rhwng pendefigion Lloegr:

> Gwnaed ieirll Lloegr – gnawd erllugrwydd –
> A fynnon' o sôn i'w swydd,
> Teilwng oedd it gael talaith
> Aberffraw, f'ymandaw maith.[96]

Crynhoir deuoliaeth perthynas Mortimer â Lloegr yn y cwpled hwn lle honnir ei fod yn ddychryn iddi a hefyd mor annwyl ganddi â channwyll y llygad:

> Bw i Loegr a'i mablygad,
> Annwyl iawn wyd yn y wlad.[97]

Mae rhagfarn Iolo yn erbyn y Gwyddelod fel pobl anwar yn amlwg mewn mannau eraill yn ei gerddi,[98] ac fe'i cryfheir yma gan eu gwaith yn gwrthryfela yn erbyn awdurdod eu harglwydd. Serch hynny, mae strwythur y gerdd yn mynnu canmoliaeth i genedl y Gwyddelod fel rhan o etifeddiaeth Mortimer, yr un fath â'r tair rhan arall. Daw deuoliaeth agwedd y bardd i'r amlwg yn y darn hwn:

Lliaws Rhith

> Pedair cenedl diedliw
> A ddeiryd it: Gwyndyd gwiw,
> Ffrancod, Saeson, wychion weilch,
> Gwyddyl, mam cynfyl, ceinfeilch.[99]

Mae *mam cynfyl* 'achos cynnen' yn gyfeiriad at y ddihareb 'bychan yw mam y cynfyl'.[100] Rhaid ei ddeall fel sangiad sy'n torri ar draws y mawl ym mhrif ymadrodd y llinell ac yn groes iddo, gan gyfeirio at natur wrthryfelgar y Gwyddelod. Mae'r sangiad fel sylw coeglyd o'r neilltu yn ddyfais a welir yn rhai o gerddi Dafydd ap Gwilym, mewn sgyrsiau yn bennaf a hefyd yn y disgrifiad deublyg o'r Brawd Du yn 'Morfudd yn Hen'.[101] Dichon i Iolo ddilyn esiampl Dafydd yn hyn o beth, ond mae ymyrraeth y sangiad yn ei linell ef yn fwy chwyrn na dim a geir gan Ddafydd ei hun, gan ei fod ynghlwm yng nghanol gwead y gynghanedd sain yn hytrach nag yn hanner llinell ar wahân neu'n llinell gyfan fel y mae sangiadau o'r fath yng ngherddi Dafydd. Ac felly mae llinell Iolo'n adlewyrchu, neu'n atseinio'r ddeuoliaeth rhwng mawl a chollfarn.

Yn negawd olaf ei fywyd y canodd Iolo ei gywydd i Rosier Mortimer, ac mae lle i gredu iddo ganiatáu rhywfaint o ryddid iddo'i hun wrth drin y mesur a'r gynghanedd. Un arwydd o hynny yw'r goferu mynych rhwng llinellau, ac mewn un man fe addasodd y cynganeddion i gyd-fynd â'r goferu, wrth dynnu sylw at yr unig ddiffyg (*balc*) sydd ar y gŵr ifanc:

> Balc arnad, bual corniog,
> Nid oes ond eisiau arfer
> O arfau, prydferth nerth nêr.[102]

Cynghanedd bengoll sydd yn yr ail linell – math o gynghanedd a oedd yn dderbyniol yn gynharach yn y ganrif – ond mae'r gair sydd dros ben, *arfer*, yn cynganeddu ag *arfau* yn y llinell nesaf, yn debyg i'r gair cyrch mewn englyn, gan glymu'r uned gystrawennol ynghyd a gadael sangiad yng ngweddill y drydedd linell sy'n ffurfio cynghanedd sain gyflawn.

Benthyciad oedd *balc* o'r Saesneg *balke*, term amaethyddol am fwlch heb ei aredig mewn cwys, ac yn ffigurol yma am ddiffyg. Mae'r ddelwedd yn un thematig sy'n dychwelyd tua diwedd y cywydd hir yn y gair cyfansawdd *geufalc*, sef bwlch na ddylai fod yno, gan gyfeirio at dalaith Wlster:

> Llyna gyfoeth llawn geufalc,
> Myn di'n dau ym min Dwn-dalc.[103]

Mae'r ailadrodd yn arwyddocaol, gan mai diben cywiro'r diffyg o ran profiad milwrol Mortimer yw ei gymhwyso i gywiro'r anhrefn ar ei diriogaeth (*cyfoeth*) yn Wlster. Er bod dros gan llinell yn gwahanu'r ddwy enghraifft o'r gair, rhaid bod disgwyl i'r gynulleidfa sylwi ar yr ailadrodd er mwyn iawn werthfawrogi cyngor y bardd.

Mae'r achos hwn, ac yn wir yr holl gelfyddyd eiriol a fu dan sylw yn yr ysgrif hon, yn codi cwestiwn am natur y cynulleidfaoedd a fu'n gwrando ar y cerddi'n cael eu perfformio'n wreiddiol, oherwydd byddai gofyn cryn ddeallusrwydd a sylwgarwch i'w gwerthfawrogi, hyd yn oed o glywed y cerddi ddwywaith neu dair a chael cyfle i'w trin a'u trafod gyda'r bardd neu ddatgeiniad. Roedd Rhydderch ab Ieuan Llwyd yn noddwr a fyddai'n sicr yn atebol i'r dasg, ac mae'n resyn na chadwyd cerdd gyfan gan Iolo Goch iddo.[104] Mae'r pedair cerdd a ganodd Iolo i'w gâr Ithel ap Robert, gan gynnwys 'Ymddiddan yr Enaid a'r Corff', yn rhai neilltuol o soffistigedig, a diddorol yw sylwi bod y gair benthyg *rhesonabl* 'pwyllog, doeth' yn disgrifio Ithel mewn dwy ohonynt.[105] Awgryma'r hyn sy'n hysbys am gefndir a chymeriad Owain Glyndŵr y byddai yntau hefyd yn wrandawr delfrydol. Ac mae'n ffaith ogleisiol fod stiward Rosier Mortimer yn arglwyddiaeth Dinbych, Phylip ap Morgan, yn nai i Ifor Hael, noddwr enwocaf Dafydd ap Gwilym.[106] Diau mai iddo ef a'i debyg y canodd Iolo ei gywydd, gan ddisgwyl iddo gyflwyno ei neges i'w arglwydd abscnnol.[107]

Yn wyneb y cyfatebiaethau a nodwyd, nid oes lle i amau gair Iolo ei hun fod Dafydd ap Gwilym yn gryn ddylanwad arno. Dyna yw neges ei farwnad i Ddafydd, ond o ddarllen y gerdd honno yn groes graen ryw ychydig, gellir hefyd ei chymryd yn dystiolaeth fod mesur y cywydd wedi chwarae ei ran fel cyfrwng a oedd yn hwyluso trin yr iaith yn fentrus ac yn ddyfeisgar. Ac o ddarllen y farwnad i Lywelyn Goch yn groes graen yn yr un modd, er bod llais 'meibion serchogion ... a morynion Meirionnydd' yn cael ei farnu'n annheilwng o urddas y pencerdd, mae'n arwydd dilys o bwysigrwydd chwaeth noddwyr uchelwrol a chenhedlaeth ifanc a fyddai'n effro iawn i newidiadau ieithyddol. Ac mae'r drydedd o farwnadau Iolo i'w gyd-feirdd yn arwydd o bwysigrwydd *genre*, am fod y ffug-farwnad yn agor y drws i amwysedd semantaidd. Yn hynny o beth mae'r gymhariaeth â Dafydd ap Gwilym yn allweddol o ran methodoleg wrth gynnig cynsail ar gyfer amwysedd fel strategaeth ar gyfer un gerdd benodol, yn ogystal ag ategu'r defnydd amwys o rai geiriau unigol. Ac yn ehangach na hynny bu'r gymhariaeth yn fodd i amlygu celfyddyd arbennig y ddau fardd mewn perthynas â'r broses o newid yn yr iaith ei hun.

Nodiadau

1 Pleser o'r mwyaf yw cyflwyno'r ysgrif hon yn deyrnged i'r Athro Marged Haycock ac yn arwydd o'm diolch am ei chefnogaeth haelfrydig ar hyd fy ngyrfa.
2 Dafydd Johnston, *'Iaith Oleulawn': Geirfa Dafydd ap Gwilym* (Caerdydd: Gwasg Prifysgol Cymru, 2020), t. 2.
3 GIG cerdd XXI.
4 GIG cerdd XXII.
5 DG.net cerddi 10 a 13–16.
6 Am fwy o drafodaeth ar arddull ei gywyddau mawl gw. fy astudiaeth yn y gyfres Llên y Llenor, Dafydd Johnston, *Iolo Goch* (Caernarfon: Gwasg Pantycelyn, 1989).
7 GMB cerdd 8 (Gwalchmai i Owain Gwynedd); GCBM ii, cerddi 1–3 (i Owain Gwynedd) ac 8 (i'r Arglwydd Rhys). Gw. ymhellach Ann Parry Owen, 'Canu Arwyrain Beirdd y Tywysogion', YB, 24 (1998), 44–59.
8 DG.net 120.31, GLlG 11.2.
9 GIG VIII.1–3.
10 Gw. n. 7 uchod.
11 DG.net cerdd 10; GLlG cerdd 4. Ni oroesodd cerdd gan Iolo Goch i Ryderch, ond yn ei gywydd yn amlinellu taith glera i'r de-orllewin sonia am ymweld â Rhyderch, GIG XIV.76–80. Dywed Lewys Glyn Cothi fod Iolo'n 'gerddawr' i Ryderch, GLGC 58.21–4.
12 GLlG 4.49.
13 DG.net cerdd 1.

14 Gw. trafodaeth Rachel Bromwich yn ei nodyn ar 'Tri Ruduoawc Enys Prydein' yn TYP[4], tt. 39–40.
15 DG.net 108.7–8.
16 GIG IV.73.
17 GIG IV.5; GCBM ii, 5.3. Gair hynafol arall am arglwydd yw *ymandaw* yn GIG XX.68 a ddyfynnir isod. Mae gan Iolo tua'r un nifer o gyfystyron am arglwydd ag a geir gan Ddafydd ap Gwilym (gw. y rhestr yn Johnston, *'Iaith Oleulawn'*, tt. 165–9), er nad yr un rhai'n union.
18 GIG IV.49; GCBM i, 8.1.
19 GIG IV.12; GCBM i, 1.8, GCBM ii, 6.256.
20 GIG XXXII.46, XXXIII.29, 32, XXXVI.36.
21 Gw. GPC ar lein d.g. *disgamar*. Dyfynnir llinell Iolo yn GPC o Peniarth 49.
22 GIG XXV.7.
23 GIG cerdd XXIV.
24 Gw. Ann Matonis, 'Nodiadau ar Rethreg y Cywyddwyr', *Y Traethodydd* (Gorffennaf 1978), 155–67, a cf. Bleddyn Huws yn y gyfrol hon, tt. 213–14.
25 GIG XXIV.1–10.
26 GIG XXIV.22. Gwnaeth Dafydd Nanmor ddefnydd arbennig o *brialluwallt* ar ddiwedd ei gywydd am wallt Llio, gw. Dafydd Johnston, *Llên yr Uchelwyr* (ail arg., Caerdydd, 2014), td. 334.
27 GIG VIII.19, XXVIII.41, XXXVI.18 a 70.
28 GIG XXIV.47–50.
29 GLlF 7.9–10.
30 Ar gyfatebiaethau eraill rhwng cywydd Iolo ac awdlau serch Hywel (megis y ddelwedd *cegiden*) gw. Dafydd Johnston, 'Hywel ab Owain Gwynedd a Beirdd yr Uchelwyr', yn Nerys Ann Jones (gol.), *Hywel ab Owain Gwynedd: Bardd-Dywysog* (Caerdydd: Gwasg Prifysgol Cymru, 2009), tt. 134–51.
31 GIG XXIV.21, 22, 42, 43, 52. Ar y geiriau benthyg dethol ym 'Marwnad Angharad', DG.net cerdd 9, gw. Johnston, *'Iaith Oleulawn'*, t. 83, n. 2.
32 GIG XXVI.1–2.
33 Gw. Johnston, *'Iaith Oleulawn'*, tt. 175–7.
34 DG.net cerdd 114, gw. Johnston, *'Iaith Oleulawn'*, tt. 143–4.
35 GIG XXVI.39–42. Ar ebychiadau, cyfarchiadau, llwon a melltithion yng ngherddi Dafydd ap Gwilym gw. Johnston, *'Iaith Oleulawn'*, tt. 76–81.
36 Gw. *Middle English Dictionary*, https://quod.lib.umich.edu/m/middle-english-dictionary, d.g. *sir(e)* 2 (d), 'as a term of disapprobation: wretch, rogue', gyda dwy enghraifft o 1450 ac 1460.
37 GIG XXVI.45–6; Dafydd Jenkins a Morfydd E. Owen (goln), *The Welsh Law of Women* (Cardiff: University of Wales Press, 1980), tt. 51–2.
38 GIG XXVI.47–48. Ceir *trwsa*, o'r Saesneg *trusse*, yn un o gywyddau dychan Iolo i'r Brawd Llwyd, GIG XXXIV.86.
39 GIG XXI.1–2.
40 DG.net 9.12. Mae'r copi o'r gerdd yn Llawysgrif Hendregadredd mewn llaw o'r bedwaredd ganrif ar ddeg yn ôl Daniel Huws, *Medieval Welsh Manuscripts* (Cardiff: University of Wales Press, 2000), t. 221.

41 DG.net 34.44.
42 Trafodir semanteg *hoyw* yn Johnston, *'Iaith Oleulawn'*, tt. 177–8.
43 GIG XIV.78, XVI.32, XVIII. 9 a 35, XX.35, XX.99 (*baedd hoyw*, sydd efallai'n adlewyrchu defnydd cynnar y gair am anifeiliaid gwyllt), *hoywbwyll* am Owain Glyndŵr VIII.50, *pryd hoyw* am y Brenin Edward I.16, a *hoywlyw* am frenin XXVIII.35.
44 *Hoywliw* a *hoywlary* am ferch GIG XXIV.9, 36, *hoywgorff* am y Forwyn Fair XXXI.64, a *nid rhai anoyw* am rianedd Castell Cricieth II.15.
45 GIG XV.83 am leisiau dynol, XXIX.18 am organ a chlychau, a XXXII.17 am delyn.
46 GIG XI.51, XX.112. Sylwer hefyd ar y defnydd am dorsau mewn angladd, GIG XV.89.
47 DG.net 21.16 am Gruffudd ab Adda, a *mold ar y glod* am ganu mawl Gruffudd Gryg, 26.26.
48 GIG XXI.9–11. Gan Iolo y ceir yr enghraifft gynharaf o *tegan* yn ei ystyr lythrennol, wrth gyfleu addfwynder Owain Glyndŵr yn IX.27–8: 'Ni ddug degan o'i anfodd / Gan fab ond a gâi o'i fodd'. Ceir *mold* ganddo hefyd yn cyfeirio at siâp talcen y ferch yn XXIV.21.
49 DG.net 22.61–4. Ceir *cethlydd* gan Ddafydd am adar ym Mai hefyd, 'A chog . . . a chethlydd', DG.net 33.21–2.
50 GIG XXI.15–16.
51 GIG XXI.17–18.
52 GIG XXI.37–8.
53 GIG XXII.1–10. Nid amlygir y sgwrs yn GIG, ond gw. Dafydd Johnston (gol. a chyf.), *Iolo Goch: Poems* (Llandysul: Gomer Press, 1993), cerdd 22.
54 Ceir *teuluwyr* gan Ddafydd ap Gwilym am feirdd serch, a *teuluwas* amdano'i hun, DG.net 19.54 a 141.9, gw. ymhellach Johnston, *'Iaith Oleulawn'*, t. 22.
55 GIG XXII. 21–32.
56 Gw. Johnston, *'Iaith Oleulawn'*, t. 210 a n. 25.
57 GIG XXIII.21, 72, 82.
58 GIG XXIII.70–2. Ithel Ddu a osododd y dasg o ddychanu Herstin Hogl, ac yn y gerdd honno cyfeirir ato fel *teuluwr*, GIG XXXVI.6.
59 Gw. Johnston, *'Iaith Oleulawn'*, tt. 174–5, a chymh. Iolo Goch am Ririd Flaidd, 'nid gŵr gwladaidd ei glod', GIG V.32.
60 DG.net 108.4, 57.53.
61 DG.net 33.43–4.
62 DG.net 133.2; sylwer hefyd ar *diwladaidd* am garwr bonheddig yn un o ddarnau enghreifftiol Gramadegau'r Penceirddiaid, gw. Johnston, *'Iaith Oleulawn'*, t. 20.
63 Gw. GPC d.g. *diwladeiddrwydd*.
64 GIG XXXVII.28. Ceir enghraifft arall o'r ferf yn 'Yr Eira', cywydd a gambriodolir i Ddafydd ap Gwilym yn y llawysgrifau ac sydd efallai'n waith un arall o'r Cywyddwyr cynnar: Ifor Williams a Thomas Roberts (goln), *Cywyddau Dafydd ap Gwilym a'i Gyfoeswyr* (ail arg., Caerdydd: Gwasg Prifysgol Cymru, 1935), XLI.56.
65 DG.net cerdd 73; gw. Johnston, *'Iaith Oleulawn'*, pennod 10.

66 Dafydd Johnston, 'Semantic Ambiguity in Dafydd ap Gwilym's "Trafferth mewn Tafarn"', CMCS, 56 (winter 2008), 59–74 (62, n. 13).
67 GIG XXIII.5–10.
68 GIG XXIX.110. Gw. GPC d.g. *gwyniaith*.
69 DG.net cerddi 127 a 23.
70 GIG XXV.30.
71 GPC d.g. *del*.
72 GIG XXIII.37–40.
73 DG.net 77.16. Honno a'r un gan Iolo yw'r enghreifftiau cynharaf o'r ystyr 'cenfigennu' a nodir yn GPC.
74 Gw. nodiadau GIG, t. 317 (XXIII.37n.).
75 Gw. Jerry Hunter, 'Cyd-destunoli Ymrysonau'r Cywyddwyr: Cipolwg ar "Yr Ysbaddiad Barddol"', *Dwned*, 3 (1997), 33–52.
76 Gw. Johnston, *'Iaith Oleulawn'*, tt. 73–5, a sylwer ar yr enghreifftiau o *bach* gydag enwau yng nghofnodion llys Caernarfon, a drafodir, t. 285, n. 57.
77 E.e. GIG XV.12, 'Bychan a ŵyr ba achos', a XXXV.27, 'Gogan bychan heb achos'.
78 GIG XXIII.21–2; cymh. *prydyddfardd*, *profestydd* a *gwawd* am Lywelyn Goch, GIG XXII.39–42. Mae peth ansicrwydd ynghylch *troed* yn XXIII.21, y gellid ei ddeall fel ffurf amhersonol y ferf *troi*, 'dymchwelwyd', neu fel enw (gw. GIG, tt. 315–16 (XXIII.21n.)), ond ni welaf fod hynny'n berthnasol i amwysedd y gerdd gan fod y ddau ddehongliad yn ganmoliaethus, gydag *awgrym* yn golygu cyfundrefn neu safon. Pwyntiau ansicr eraill yn y testun nad ydynt yn amwys fel y cyfryw yw *ebyr* yn llinell 11 (lluosog *aber* yn yr ystyr 'ffrydiau', ond i'w gysylltu â'r gair Cernyweg *ebyr* 'gwas' yn ôl GPC, er na cheir enghraifft arall yn y Gymraeg) ac *Ynys Bir* yn ll. 51 (gw. GIG, t. 317 (XXIII.51n.)).
79 Gw. GPC d.g. *gwawd*, lle nodir y cytrasau Hen Wyddeleg *fáith* 'gweledydd, proffwyd' a Lladin *vates*.
80 E.e. DG.net 1.5, 11.4, GIG VIII.6 (*pensaerwawd*), XXVII.18, XXVIII.64. Diau mai'r ystyr gadarnhaol sydd ym marwnad Iolo i Ddafydd, GIG XXI.5 a 23, fel yn yr un i Lywelyn Goch, XXII.41 a 50.
81 DG.net 111.57; gw. y drafodaeth yn Johnston, *'Iaith Oleulawn'*, t. 249. Sylwodd Rachel Bromwich ar amwysedd *gwawdrydd* yn *Selected Poems of Dafydd ap Gwilym* (Harmondsworth: Penguin, 1985), t. 57.
82 Ceir *gwawdrydd* yn yr ystyr honno ym marwnad Mab y Clochyddyn i Wenhwyfar, gw. GGrG 6.60.
83 DG.net 111.10.
84 DG.net cerdd 106. O ran strwythur y gair cyfansawdd (ond nid ystyr *gwawd*) gellir cymharu llysenw'r cynfardd Aneirin Gwawdrydd, a dichon mai adlais coeglyd o'r llysenw hwnnw yw'r defnydd am Forfudd.
85 Un gerdd yn unig o waith Ithel Ddu a oroesodd, 'Cywydd y Celffaint' am helynt serch digrif, GGrG cerdd 9, ond dichon iddo ganu cerddi mawl nas diogelwyd.
86 GIG XXIII.25–8.
87 GIG XXXVII.87–8; cymh. XXXVII.86 a XXXVI.35.

88 Gw. yr enghreifftiau yn GPC d.g. *digrif, digri*, adran b.
89 GIG XXIII.81–2.
90 Ceir *chwyrn* ym marwnad Gruffudd ap Maredudd i Dudur ap Goronwy, ond am ei arfau haearn ac nid am y dyn ei hun, GGMD i, 3.149. Sylwer, serch hynny, ar y diffiniad o *dyn chwyrn* yn O. H. Fynes-Clinton, *The Welsh Vocabulary of the Bangor District* (Oxford: Oxford University Press, 1913), t. 334: 'a man who is full of life and vigour, quick in his work and in every action'.
91 Fe'i ceir yn y Gododdin am ryfelwr cyflym ei symudiad, gw. CA, t. 172.
92 GIG XXIII.1–2.
93 Gw. GPC d.g. *dihir¹, dyhir*, a Johnston, *'Iaith Oleulawn'*, t. 111.
94 GIG cerdd XX. Ar gefndir hanesyddol y cywydd gw. Gruffydd Aled Williams, 'Cywydd Iolo Goch i Rosier Mortimer: Cefndir a Chyd-destun', LlC, 22 (1999), 57–95.
95 Bertram Colgrave ac R. A. B. Mynors (goln), *Bede's Ecclesiastical History of the English People* (Oxford: Clarendon Press, 1969), II.1.
96 GIG XX.65–8. Roedd *ymandaw* yn derm am 'arglwydd' a arferid gan Feirdd y Tywysogion, gan gynnwys Gruffudd ab yr Ynad Coch am Lywelyn ap Gruffudd, felly mae'n briodol iawn yma yng nghyswllt coron (*talaith*) Aberffraw. Gw. n. 17 uchod.
97 GIG XX.93–4. Gan Ddafydd ap Gwilym y ceir yr enghreifftiau cynharaf o *bw* a *mablygad*, DG.net 44.56 a 112.31.
98 GIG XXIII.9 (gw. y dyfyniad uchod) a 15, XXV.5, XXXVII.1; cymh. DG.net 150.41.
99 GIG XX.79–82.
100 Cofnodwyd y ddihareb yn y drydedd ganrif ar ddeg (gw. Henry Lewis, 'Diarhebion ym Mheniarth 17', BBCS, 4 (1927–9), 1–17 (4)), ac yn Llyfr Coch Hergest, gw. Richard Glyn Roberts (gol.), *Diarhebion Llyfr Coch Hergest* (Aberystwyth: CMCS, 2013), Testun A, ll. 110, a t. 46 (110n.).
101 DG.net 150.1–12; gw. *'Iaith Oleulawn'*, tt. 37–9.
102 GIG XX.22–4. Ar gynganeddiad y llinellau hyn gw. Dafydd Johnston, '*Cyngan oll?*' *Cynghanedd y Cywyddwyr Cynnar*, Darlith Goffa J. E. Caerwyn a Gwen Williams 2006 (Aberystwyth: Canolfan Uwchefrydiau Cymreig a Cheltaidd, 2007), t. 6.
103 GIG XX.129–30. Cymh. y goferu yn y darn o holi ac ateb yn llau. 71–4.
104 Gw. n. 11 uchod.
105 GIG XII.42, XIII.83.
106 Gw. Williams, 'Cywydd Iolo Goch i Rosier Mortimer', 77–9.
107 Sylwer bod Iolo yn dweud wrth Mortimer ei bod yn bryd (*madws*) iddo ddod i Gymru (GIG XX.17–18).

Y CERDDI CYMRAEG CYNHARAF I'R FORWYN FAIR

Barry J. Lewis

Yn gynnar yn y bedwaredd ganrif ar ddeg, aeth rhyw awdur ati i lunio rheolau ar gyfer cyfansoddi barddoniaeth Gymraeg. Diffiniodd gynnwys barddoniaeth fel *molyant neu ogan* – sef 'canmoliaeth neu ddychan' – ac yna rhoddodd gyfarwyddiadau am y modd y dylid canmol amryfal wrthrychau, gan ddechrau gyda phethau ysbrydol a throi wedyn at bethau corfforol. Ar frig ei restr o bethau ysbrydol y mae Duw, yna'n ail y Forwyn Fair ac ar ei hôl hithau y seintiau. Mae geiriad y cyfarwyddiadau'n amrywio o lawysgrif i lawysgrif, sy'n awgrymu, gellid tybio, nad oedd pob ysgrifennydd yn fodlon derbyn argymhellion y gramadegydd heb gnoi cil yn feirniadol arnynt. Isod dyfynnir yr adran o'r cyfarwyddiadau lle trafodir y modd y dylid canmol y Forwyn Fair. Rhoddir dau destun amrywiol o ddwy lawysgrif gynnar, Llyfr Coch Hergest a Llst. 3, a gopïwyd tua'r un amser oddeutu troad y bymthegfed ganrif:

> **Llyfr Coch Hergest**
> Meir a volir o'y morwyndawt, a'e gwyrdawt, a diweirdeb, a'e gleindyt, a santeidrwyd, a'e thegwch nefawl, a'e thrugared, a'e gogonyant, a'c haelder, a'c anryded, a'e buched, a'e gwarder, ac o bop peth arall enrydedus o'r y moler y Harglwyd Uab ohonaw.

Llst. 3

Meir a volir o'e gwyrdawt, a'e gleindit, a'e santeidrwyd, a'e thrugared, a'e haelyoni, a'e thegwch, a phetheu ereill nefolyon y moler y Mab onadunt.[1]

Mae testun y Llyfr Coch yn amleiriog o'i gymharu â Llst. 3. Efallai fod y sawl a'i creodd wedi ychwanegu'n fyrlymus at gynsail a fuasai'n gynilach; ond yr un mor bosibl yw fod y Llyfr Coch yn nes at y gwreiddiol a bod y llall yn ffrwyth rhyw law olygyddol yn cwtogi testun a ymddangosai'n ddiangen o hirfaith. Cyfystyron, gan mwyaf, yw'r geiriau yn y Llyfr Coch nas ceir yn Llst. 3. O ran sylwedd mae'r ddau fersiwn yn weddol gytûn, gan mai'r un rhinweddau a enwir ynddynt. Mae'r rhyddid a ganiateir i'r beirdd gan y cymal olaf, yn enwedig yn ôl geiriad y Llyfr Coch, yn drawiadol.

At ei gilydd, mae'r cyfarwyddiadau hyn yn adlewyrchu'r ieithwedd a oedd yn arferol ar draws byd Cred ar y pryd pan fyddai awduron rhyddiaith neu feirdd yn anrhydeddu'r Forwyn Fair. Gosodid pwys mawr ar ei gwyryfdod parhaol (cf. *morwyndawt, gwyrdawt*) a'i rhinwedd (*buched*), ac ystyrid ei bod yn rhydd o bechod (cf. *gleindyt, santeidrwyd*); er gwaethaf amheuon rhai diwinyddwyr, daethai pobl i gredu'n dra chyffredin fod y Forwyn wedi ei chenhedlu'n wyrthiol, heb gyfathrach rywiol rhwng ei rhieni. Nid oedd pall ar ei hysblander a'i bri (cf. *gogonyant, anryded*), ac fe'i gelwid hi'n frenhines y nef, yn sefyll yn uwch na'r seintiau i gyd. Er hynny oll, roedd hefyd gred neu obaith cryf ymysg credinwyr y byddai'r Forwyn yn garedig ac yn galondyner wrth bechaduriaid ffaeledig (cf. *trugared, haelder, gwarder*); o ganlyniad, haws oedd troi ati hi am gymorth mewn angen nag at Grist ei hun. Roedd y Forwyn hefyd yn hardd o gorff ac ymddangosiad (cf. *tegwch nefawl*), ac mae emynau Lladin yn gyforiog o ddelweddau sy'n cyfleu ei disgleirdeb a'i thegwch, gan ei chymharu â'r haul, y lleuad a'r sêr.[2]

Eto i gyd, gallai'r ieithwedd a ddefnyddid i ganmol y Forwyn Fair achosi anesmwythyd onid anghydfod. Yn llawysgrif Peniarth 20, a ysgrifennwyd tua 1330, ceir fersiwn arall o'r gramadeg. Er gwaethaf y dyddiad cynnar, credir bod hwn yn ailwampiad o destun a fuasai unwaith yn agos i'r hyn a geir yn y Llyfr Coch ac yn Llst. 3.³ Mae'r gwahaniaethau'n arbennig o fawr yn yr adran lle rhoddir cyfarwyddiadau ar gyfer canmol amryfal wrthrychau, ac mae'n eglur fod yr adran honno wedi denu sylw arbennig gan yr ailwampiwr. Amcan hwnnw drwyddi draw oedd gosod ateg ddiwinyddol gadarn i weithgarwch y bardd mawl a phwysleisio mai rhinwedd a moes y rhai a ganmolid oedd gwir sail y moliant a dderbynient. Pan ddaeth at y Forwyn Fair, ymddengys iddo ganfod ffaeleddau yn ei gynsail ac ymroddodd i'w cywiro'n drwyadl:

> Meir y vam a volir o achaws y morwynawl weryndawt, a'y santeidrwyd, a'y gleindyt buched, ac o'y bot yn vam y drvgared, ac yn vrenhines nef a dayar ac vffern, a haydu ohonei ymdwyn yn y gwerynawl groth kreawdyr hollgyuoethawc y kreaduryeit oll, a'y bot yn wyry kynn esgor a gwedy esgor.⁴

Nid oes sôn yma am degwch corfforol ac mae'r cymal ysgubol ar ddiwedd y testun yn y Llyfr Coch a Llst. 3, lle caniateir canmol y Forwyn am bob rhinwedd sy'n perthyn i'w fab, wedi ei ddiddymu'n llwyr. Yn ei le, cynigir ymadroddion diwinyddol gofalus sy'n cydnabod yn eglur mai Crist yw gwir ffynhonnell gogoniant Mair. Darostyngir Mair i Grist, ac ar yr un pryd, codir gwahanfur uwch a chadarnach rhyngddi hi a phob merch arall. Mae'r newidiadau'n awgrymu bod y gramadegydd wedi gweld bai ar y gynsail o'i flaen, nid am na chredai fod canu i Fair yn briodol, ond am fod ei ragflaenwyr wedi methu â gosod ffiniau diogel i'r canu hwnnw.

Mae'n ddiddorol gweld amrywiaeth barn yn brigo ymhlith y gramadegwyr yn negawdau cynnar y bedwaredd ganrif ar ddeg oherwydd mae'n ymddangos bod ffiniau'r canu i Fair Forwyn fel petaent yn symud mewn gwirionedd ar y pryd hwnnw. Hyd at ddiwedd y drydedd ganrif ar ddeg, yn fras, pctai bardd yn canu teyrnged i'r Forwyn Fair o gwbl, yna o fewn cerdd a ganwyd yn bennaf i Dduw neu Grist y gwnâi hynny. Mae'n wir y gallai'r teyrngedau i Fair ennill lle go amlwg yn y canu, ac mae'n wir hefyd fod ei hamlygrwydd i'w weld yn cynyddu ar draws y cyfnod. Roedd cyd-destun hŷn, felly, i gyfarwyddiadau'r gramadegau am sut i ganmol y Forwyn Fair – ni ddaethant o wagle – ond yn y farddoniaeth a briodolir i feirdd llys y ddeuddegfed ganrif a'r drydedd ganrif ar ddeg, ni chadwyd cymaint ag un gerdd a gyfeiriwyd yn benodol ati, ac ymhlith y canu dienw o'r un cyfnod mae'r enghreiffiau yn brin ac yn ddadleuol. Yn fuan ar ôl 1300, fodd bynnag, ymddengys fod y ddefod wedi newid. Ar yr adeg honno daw cerddi annibynnol i Fair i'r olwg am y tro cyntaf. Hap a damwain, efallai, yw bod y datblygiad hwn yn cyd-daro â chyfnod creu'r gramadeg cynnar a'i ailwampio ar gyfer Peniarth 20, ond awgryma'r gwahaniaethau rhwng y gwahanol fersiynau fod ffiniau'r hyn a ystyrid yn briodol yn ansefydlog a bod hynny ar feddwl rhywrai. Mentrwn ymlaen lai na chanrif ar ôl yr amser y lluniwyd gramadeg Peniarth 20 a gwelwn weddnewidiad llwyr unwaith eto. O'r 14 degawd sy'n ymestyn o oes Llyfr Coch Hergest hyd at y chwyldro crefyddol a ddechreuodd yn y 1530au, cadwyd toreth o gerddi i'r Forwyn Fair.[5] Mae'r cerddi hyn nid yn unig yn niferus, ond yn gyfoethog eu themâu a'u delweddau: cyfeiriant yn fanwl at symbolau beiblaidd a gysylltid â Mair a hefyd at draddodiadau apocryffaidd am ei rhieni ac am enedigaeth Iesu ac am ei bywyd hi ei hun, manylder sy'n gwrthgyferbynnu'n fawr â chynildeb y cyfeiriadau cynharach.[6] Roedd ffiniau'r hyn a ystyrid yn briodol mewn barddoniaeth grefyddol wedi eu hehangu'n sylweddol.

Yn wyneb y datblygiad hwn, perthyn diddordeb arbennig i'r ychydig gerddi annibynnol i Fair sy'n hŷn na blodeuo mawr y bymthegfed ganrif. Gwaith y bedwaredd ganrif ar ddeg ydynt oll, mae'n debygol – cadwaf y problemau dyddio a diffinio ar gyfer eu trafod yn nes ymlaen – a dyrnaid yn unig ohonynt sydd wedi goroesi hyd ddiwedd y ganrif honno. Mae gwedd amrywiol ar eu mesurau a'u cyweiriau, fel pe na bai patrwm clir wedi'i osod eto ar gyfer y fath ganu. Ymddengys fel pe baent yn dynodi cyfeiriad newydd mewn barddoniaeth Gymraeg, ac ynddynt, efallai, gwelwn *genre* newydd yn ymffurfio ac yn prifio nes dod yn rhan sefydlog o waith y beirdd yn y ganrif ddilynol. Am y rheswm hwn ymhlith eraill, maent yn haeddu astudiaeth neilltuol. Dechreuir drwy drafod twf amlygrwydd Mair ar draws yr holl ganu crefyddol hyd tua 1400, ac yna troir at y cerddi hynny a ganwyd iddi hi'n benodol.

Mair yn y canu crefyddol hyd c.1400

Diogelwyd corff helaeth ac amrywiol o ganu crefyddol mewn llawysgrifau a gopïwyd hyd tua 1400. Mae cerddi crefyddol, dienw a dideitl gan mwyaf, ar wasgar drwy Lyfr Du Caerfyrddin (*c*.1250) a Llyfr Taliesin (hanner cyntaf y 14g.), ac mae hefyd lawer ohonynt ymysg gwaith y beirdd llys hysbys yn Llawysgrif Hendregadredd (*c*.1300 a hanner cyntaf y 14g.) a Llyfr Coch Hergest (*c*.1400).[7]

Tuedda'r cerddi dienw i fod yn amrywiol eu mesurau a'u dulliau. Canwyd canran dda ohonynt ar fesurau englyn yn ogystal â'r mesurau awdl, ac mae dull y traethu'n amrywio: weithiau bydd ynddynt lais barddol uniongyrchol ac unplyg ddidactig, ond weithiau eraill traddodir y neges gan gymeriad megis sant neu llunnir ymddiddan rhwng cymeriadau. Roedd y sawl a ganodd y cerddi hyn hefyd yn gyfarwydd â chyfoeth o ddeunydd ysgrythurol ac yn barod i'w gynnwys. Er bod gwaith y beirdd hysbys hefyd yn ddigon amrywiol ei naws, mae modd gweld patrwm mwy sefydlog yn eu canu crefyddol hwythau, patrwm y gallwn ei alw wrth yr enw 'awdl i Dduw'. Nodwedd amlwg iawn ar yr 'awdl i Dduw' yw llais y person cyntaf unigol: mae'r bardd yn ymagweddu fel patrwm i'w gynulleidfa, a gwahoddir hwythau, boed yn agored neu drwy rym esiampl, i'w efelychu yn ei edifeirwch. Heblaw bod yn offrwm er lles enaid y bardd, mae'r cerddi hyn yn cyfuno mawl, cyffes, penyd a phregeth oll ynghyd.[8] Tystia'r canu crefyddol yn ei grynswth, sef y cerddi dienw a'r rhai a briodolir i feirdd penodol, i groesffrwythloni dwfn a chyson rhwng llys ac eglwys a rhwng beirdd a chlerigwyr. Ymddengys i'r Llyfr Du, er enghraifft, gael ei greu gan ganon neu fynach mewn tŷ crefydd, ond mae rhai o'r un cerddi crefyddol a gopïodd hwnnw i'w gweld hefyd yn y Llyfr Coch, a wnaed gan ysgrifenwyr lleyg ar gyfer noddwr o leygwr. Clerigwyr yn ddiau a gyfansoddodd ganran dda o'r cerddi dienw, ond mae'n bur debygol fod rhai o'r beirdd llys hwythau mewn urddau. Dadleuwyd yn argyhoeddiadol fod yr 'awdlau i Dduw' yn addas i'w datgan i gynulleidfa gymysg yn llysoedd y tywysogion ar adegau penydiol o'r flwyddyn eglwysig, yn enwedig y Grawys.[9] Diau hefyd fod cerddi crefyddol Cymraeg yn cael eu datgan a'u darllen mewn eglwysi a chymunedau mynachaidd. Yn fyr: mae gennym ganu crefyddol o gyd-destunau eglwysig a mynachaidd ond hefyd o lysoedd yr arglwyddi lleyg, ac mae'n anodd didoli'r testunau sydd gennym yn daclus ar sail nac awduraeth na chynulleidfa na chyd-destun y perfformio.

Mae'r sylw a roddir i'r Forwyn yn amrywio, ond gellir canfod twf graddol yn ei hamlygrwydd rhwng 1100 a 1400, er nad yw'r twf yn llwyr gyson ac er bod anawsterau dyddio testunau yn amharu rywfaint ar gysondeb y darlun. Ymddengys y Forwyn yn y ddwy brif swyddogaeth sy'n perthyn iddi: fe'i canmolir fel mam yr Iachawdwr, a deisyfir arni fel eiriolwraig sy'n gallu lleddfu dedfryd Duw. Mae'r ddwy swyddogaeth yn deillio o berthynas Mair â'i mab, ac mae'r farddoniaeth Gymraeg yn dra chyson yn angori pwysigrwydd Mair yn y berthynas honno. Felly, yn *Difregwawd Taliesin*, pregeth fydryddol hirfaith sy'n adrodd hanes y Creu a'r Achub ac yn rhybuddio rhag y Farn, ceir ymdriniaeth anarferol o ddatblygedig â Mair fel gwireddiad o'r hyn a ragwelai'r proffwydi:

> Ac yndi y prouet y prophessya:
> Y doeth o epil ennwir Eua,
> Mal y daw ar y drein, blodeu rosa.
> Meir Wyry doeth o uru Anna,
> A Iessu a dyuu o vru Maria.
> A'r nos y ganet Iessu, gwr a'n iacha,
> Y clwyspwyt cor egylyon Nef yn canu 'Gloria'.
> Dyuynnwys eluyd o lawer da,
> Ac y'r Tri Brenin serena.

(Ac yn ystod yr oes honno y gwireddwyd y broffwydoliaeth: / Fe ddaeth o hil bechadurus Efa, / Fel y daw ar y drain, flodau'r rhosyn. / Daeth Mair Forwyn o groth Anna, / A Iesu a ddaeth o groth Maria. / A'r nos y ganed Iesu, yr un a'n hiachâ, / Y clywyd côr o angylion Nef yn canu 'Gloria'. / Gwysiodd y byd ?trwy lawer da, / Ac i'r Tri Brenin [fe ymddangosodd] seren.)[10]

Sylwer ar ddelwedd y *rosa in spinis* a'r cyfeiriad at y *Gloria*, testun sy'n deillio o gyfarchiad yr angylion i'r bugeiliaid yn Luc ii.14, *Gloria in altissimis Deo et in terra pax hominibus bonae voluntatis*. Erys pwyslais y gerdd, fodd bynnag, ar y *gwr a'n iacha*. Yn yr un modd, bob tro yr ymbilir ar Fair, cedwir golwg cyson ar Grist a fydd yn derbyn ei hymbiliadau hithau.[11] O blith y cerddi dienw mae un yn unig lle gwelir y diddordeb ym Mair yn dechrau gwthio yn erbyn y ffiniau hyn.[12] Mae'r gerdd hon yn enwog am ei thraean olaf, sy'n adrodd hanes anysgrythurol y 'Cynhaeaf Gwyrthiol', ac mae wedi derbyn yr enw golygyddol *Iesu a Mair a'r Cynhaeaf Gwyrthiol* o'r herwydd. Tra bydd Mair a Joseff yn dianc i'r Aifft gyda'u baban, ânt heibio i ddyn yn llyfnu cae er mwyn ei aredig. Ymbilia'r baban Iesu arno i ddweud wrth yr erlidwyr ei fod wedi gweld y teulu'n mynd heibio ac yntau wrth y gwaith hwnnw. Dyma'r gelynion yn cyrraedd, a'r amaethwr yn ymateb yn onest pan y'i holir am hynt y teulu, fel y gofynasai Iesu iddo wneud. Ond trwy wyrth mae'r cae bellach yn llawn ŷd aeddfed ac yn barod i'w fedi, ac felly mae'r erlidwyr yn casglu bod Iesu a'i rieni wedi mynd heibio fisoedd ynghynt, a rhoddant y gorau i'w dilyn. Er gwaethaf y defnydd anarferol o naratif, mae'r fframwaith y gosodwyd y naratif ynddo'n gyffelyb i'r 'awdl i Dduw'. Yn hanner cyntaf y gerdd, mae'r bardd yn ymroi i wasanaethu Duw yn gyfnewid am y dawn barddol a gafodd oddi wrtho,[13] ac mae hwnnw'n addewid a glywir yn dra aml yn yr awdlau i Dduw yn gyffredinol. Yn yr ail hanner, dyma ef yn gwireddu'r addewid trwy adrodd diptych hynod o storïau, sef cosb Efa a'r 'Cynhaeaf Gwyrthiol', dau hanes sy'n enghreifftio gallu difesur Duw. Mae'n ddealledig fod gwrthgyferbyniad (cwbl draddodiadol mewn diwinyddiaeth) rhwng Efa a Mair, sef *mam dinam* Crist (ll. 60), er na thynnir sylw ato yn amlwg. Mae'r bardd yn priodoli lle pwysig i Fair yn cyflawni gwyrth y cynhaeaf:

> Druy eiroled Meir, Mari, o'e gvybod,
> guybv Duv oheni.
> Yt oet yn y diffrid y gid a hi
> Ysprid Glan, a gleindid indi.

Trwy weddi Mair Maria, oherwydd ei synnwyr da, / Fe wybu Duw amdani. / Yn ei hamddiffyn yr oedd gyda hi / Yr Ysbryd Glân, a'i phurdeb cynhenid.)[14]

Cydweithio rhwng Mair a grym yr Ysbryd Glân a achubodd Iesu. Geiriau olaf y gerdd yw'r rhain ac maent yn ffurfio diweddglo syfrdanol. Lle disgwylid i 'awdl i Dduw' droi at weddi uniongyrchol ar Dduw ei hun, mae'r gerdd hon yn gorffen yn benagored a heb weddi, gan goffáu eiriolaeth Mair a'i rhinwedd, themâu a gydblethir yn gelfydd â phersonau'r Drindod.

Mae gan Fair le mwy cyson yn 'awdlau i Dduw' y beirdd llys a ganai yn y ddeuddegfed ganrif a'r drydedd ganrif ar ddeg, ond yma hefyd mae'r sylw a roddir iddi fel person yn llym ddarostyngedig i rym Crist. Enghraifft eithriadol o ddatblygedig yw'r canlynol, gan Walchmai ap Meilyr, o ganol neu drydedd chwarter y ddeuddegfed ganrif:

> Achaws y dyfu uchel fri ym mru
>   Mair er mawrhäu llu llewenydd,
>   Llawen fydd Rheen yn Ei riydd:
>   Rhy cherir yn hir yn ei herwydd.
> Hi yn fam wy Thad, hi yn wyry heb wad,
>   Hi yn hollawl rad, yn rhegofydd,
>   Hi yn ferch wy Mab y modd ysydd,
>   Hi yn chwaer i Dduw o ddwywawl ffydd,
>   Hi a hawdd borthes lles llin ei hennydd
>   Rhag llwyth wyth bechawd, priawd prifwydd.

(Gan y daeth Un o aruchel rym i groth / Mair er mwyn dyrchafu llu['r] llawenydd, / Llawen fydd Duw yn ei ogoniant; / Cerir hi am yn hir oherwydd hynny. / Hi yn fam i'w Thad, hi yn wyryf heb nacâd, / Hi yn hollol rasusol, yn rhoddwr bendith[ion], / Hi yn ferch i'w Mab fel y mae [pethau], / Hi yn chwaer i Dduw o ddwyfol ffydd, / Hi a gludodd yn serchog lesâd hiliogaeth ei chyd-ddyn / Rhag baich [yr] wyth pechod, priod eiddo'r prif bren [h.y. y Groes].)[15]

Dyma'r unig enghraifft cyn y bedwaredd ganrif ar ddeg lle sonnir yn agored am gariad tuag at Fair (*rhy cherir*), a'r ymdriniaeth helaethaf o lawer â'r paradocsau a grewyd gan swyddogaeth Mair yn yr Ymgnawdoliad, thema tra chyffredin ar draws byd Cred.[16] Serch hynny oll, dylid nodi bod y testun yn dweud yn blaen bod cariad credinwyr tuag at y Forwyn yn deillio o'i pherthynas â Christ – *yn ei herwydd* yw'r geiriau allweddol, sef yn sgil ffaith yr Ymgnawdoliad yn ei chroth. Yn yr un modd, pan ymbilia beirdd y ddeuddegfed ganrif a'r drydedd ar ddeg ar y Forwyn i weithredu fel eiriolwraig ar ei mab, bydd cyd-testun Cristolegol amlwg i'w deisyfiadau. Dim ond tua diwedd y drydedd ganrif ar ddeg y gwelwn Fair yn cael ei dyrchfau'n bendant uwchben pob eiriolwr arall, yn llinellau olaf *Marwysgafn* Bleddyn Fardd:

> Can gwnaethost feithrin Brenin breiniawl,
> Can gwneir er dy air, Fair fuddugawl,
> Gwna, dan gof erof, eiriawl – im dangnef,
> Yn nheÿrnas nef Naf ysbrydawl.[17]

Newyddbeth yma yw rhoi'r safle olaf yn y gerdd i Fair yn lle Crist, gan fwrw pwysau gobaith y bardd yn llwyr ar ei hysgwyddau hi. Mae cyfiawnhad y bardd yn taro nodyn newydd hefyd: awgryma'r geiriau *can gwneir er dy air* na fyddai Crist yn gwrthod unrhyw gais oddi wrth ei fam.[18]

Erys un gerdd sy'n eithriadol ar lawer golwg. Awdl o waith Madog ap Gwallter ydyw, a ddyddir yn fras i'r drydedd ganrif ar ddeg ac sy'n nodedig am mai hi yw'r gerdd gyntaf yn Gymraeg sy'n canolbwyntio ar enedigaeth Iesu. Mae'r naratif ynddi hefyd yn eithriadol o fanwl, yn disgrifio'r stabl dlawd lle gorweddai'r mab (*ych ac asen ... preseb ... a sopen wair yn lle cadair*), ymddangosiad yr angel i'r bugeiliaid ac ymweliad y Tri Gŵr Doeth. Fodd bynnag, mae'r awdl ar ei hyd yn canolbwyntio bron yn llwyr ar Grist, a phrin y caiff Mair unrhyw sylw datblygedig. Daw hi i'r golwg wrth i'r Tri Gŵr Doeth gyrraedd y preseb, lle gwelant y baban Iesu'n cael ei fwydo:

A'i fam ar lawr   a'i bron werthfawr   wrth Ei enau.[19]

Yn y disgrifiad tyner hwn gwelir sut y gallai'r pwyslais ar natur ddynol Crist, pwyslais sy'n nodweddu'r awdl hon ar ei hyd, gynnig cyfle i hunaniaeth fenywaidd Mair ymwthio i'r golwg.[20] Erbyn dechrau'r bedwaredd ganrif ar ddeg mae mwy nag un arwydd fod y diddordeb ym Mair yn cynyddu eto. Lle bodlonid gynt ar gyfeirio'n foel at yr Ymgnawdoliad, heb roi mwy na gair neu ddau i swyddogaeth y Forwyn, mae beirdd megis Bleddyn Ddu yn ychwanegu ansoddeiriau ac epithetau nes bod y ganmoliaeth iddi yn ymestyn dros fwy nag un llinell.[21] Yng ngwaith Gruffudd ap Maredudd ap Dafydd, bardd iau o genhedlaeth na Bleddyn, mae'r diddordeb ym Mair yn fwy amlwg byth. Mewn un gerdd eglura Gruffudd fod genedigaeth Crist yn destun moliant i Fair:

> Ar lwyr wared, Grist, y'th aned,
> ...
> Ar foliant Gair, ar filioedd grair,
> Ar fawl i Fair, ar fawr nawddair, ar farn addiain.

(Ar gyfer gwaredigaeth gyflawn, Grist, y'th aned, / ... / Ar gyfer [ennyn] moliant [i] Fair, ar gyfer [cynnig] addewid mawr o nawdd, ar gyfer [rhoi] barn ?ardderchog.)[22]

Rhydd Gruffudd fwy o sylw i ryfeddodau'r Ymgnawdoliad mewn cyfres o englynion sy'n adleisio'r Credoau. Erbyn hyn, anerchir Mair ei hun yn ogystal â Christ:

> Credaf eni Rhi rhoddiad
> O'th fru, Fair, o'r Gair heb gyd;
> Credaf, ddiwair Fair, dy fod
> Yn wyry pan ddoeth ynn wared.[23]

Tua'r un cyfnod, mae arwyddion hefyd fod swyddogaeth Mair fel eiriolwraig ar ei mab yn cael ei dyrchafu nes bod y ddau'n sefyll ochr yn ochr:

> Ar Dduw y rhof fy ngofal
> A Mair yn fyddair feddwl.[24]

Ychydig yn ddiweddarach eto yn yr un ganrif, canodd Iolo Goch gywydd i'r Farn sy'n gorffen gan ddeisyfu ar Fair yn hytrach nag ar Grist:

> Yno bydd Mair, air eirian,
> Ar dalau ei gliniau glân
> Yn dyrchafael, gafael gŵyn,
> Ei dwylo i adolwyn
> I'w mab a'i harglwydd a'i mur,
> Aur ei llef er ei llafur,
> Ein eurchwaer, ac yn erchi
> Nef a thrugaredd i ni.
> Cawn ran drwy nerth merch Anna,
> Lliw dydd, ymysg y llu da;
> Ac am hynny, gymhennair,
> Gorau i mi garu Mair.[25]

Gyda'r disgrifiad manwl a darluniadol hwn mae'r canu i Fair yn cyrraedd anterth newydd. Dichon fod Iolo Goch yn ymateb yma i lun neu luniau a welsai mewn eglwys; mae'r gerdd yn ailgreu golygfa a fyddai wedi bod yn beintiedig neu'n gerfiedig ar fwa cangell pob eglwys erbyn diwedd y bedwaredd ganrif ar ddeg, sef Crist ar y Groes, a'r 12 apostol o dano (fe'u henwir ac fe'u disgrifir fesul un yn llinellau 1–54), ac uwchben y cyfan, llun arall o Grist yn barnu'r ddynolryw ar Ddydd y Farn, sef pwnc ail hanner y gerdd (llinellau 55–122). Ac eto, nid y Barnwr sydd yng nghanol yr olygfa erbyn diwedd y cywydd uchelgeisiol hwn, ond ei fam drugarog. Fel Bleddyn Fardd o'i flaen, mae Iolo yn hyderus na fydd Crist yn gwrthod unrhyw gais gan ei fam. Mae'n pwysleisio benyweidd-dra Mair (*eurchwaer, merch*), yn crybwyll *cariad* tuag ati ac yn ei chanmol yn dyner ac yn ddwys gan dynnu ar eirfa'r canu mawl a serch i ferched (*air eirian, eurchwaer, lliw dydd*).Tuedd arall a oedd ar gynnydd yn y bedwaredd ganrif ar ddeg oedd cyfeirio at storïau apocryffaidd, megis chwedl y gwregys a anfonodd y Forwyn at yr apostol Tomas, a adroddir gan Iolo yn yr un cywydd hwn, neu'r traddodiadau ynglŷn â mabolaeth yr Iesu y sonia Dafydd Ddu Hiraddug amdanynt.[26] Rhoddir sylw hefyd i Anna, mam y Forwyn.[27] Cynyddu hefyd yr oedd amrywiaeth y delweddau a gysylltid â Mair. Mewn cywydd gan Ruffudd Llwyd gwelir dwy ddelwedd sy'n rhyngwladol gyfarwydd: darlunnir aderyn yn mynd i mewn i glust Mair ar eiliad y Cyfarchiad, a chymherir ei gwyryfdod i ffenestr o wydr na thorrir gan belydrau'r haul yn mynd drwyddi.[28] Am y tro cyntaf, hefyd, sonnir am y galar a ddioddefodd Mair wrth droed y Groes.[29]

Gan hynny oll, mae modd dadlau bod y Forwyn Fair wedi dod yn fwyfwy amlwg mewn barddoniaeth grefyddol Gymraeg dros y tair canrif rhwng tua 1100 a thua 1400. Ni cheir, fodd bynnag, ond ambell awgrym yma a thraw fod prif ffurf lenyddol y canu crefyddol – yr awdl i Dduw neu Grist – yn dechrau cael ei dargyfeirio tuag at Fair, megis ar ddiwedd *Iesu a Mair a'r Cynhaeaf Gwyrthiol* neu *Marwysgafn* Bleddyn Fardd neu, yn ddiweddarach, gywydd Iolo Goch i'r Farn. Ac eto, roedd hynny bellach yn bosibilrwydd, ac isod cawn weld sut y'i gwireddwyd.

Cyn symud ymlaen, mae angen wynebu dau gwestiwn methodolegol. Yn gyntaf, rhaid cydnabod bod y ddadl a roddwyd hyd yma yn seiliedig ar dystiolaeth negyddol, ac yn gyffredinol ni ddylid pwyso ar dystiolaeth negyddol wrth drafod llenyddiaeth yr Oesoedd Canol, gan fod cymaint ohoni wedi mynd ar goll. Yr wyf fy hun yn tueddu i wrthod dadleuon a seilir ar absenoldeb testunau gan fy mod yn credu'n gryf mai canran fechan iawn o lenyddiaeth Gymraeg Canol sydd wedi goroesi. Ond yn yr achos hwn, mae grym i'r ddadl, a hynny ar sail agwedd y copïwyr llawysgrifau a rhychwant yr hyn a gopïasant. Dangosodd copïwyr y llawysgrifau ddiddordeb mawr mewn deunydd crefyddol a llwyddasant i ddal amrywiaeth go dda ohono yn eu rhwyd. Copïasant gerddi i seintiau yn ogystal â rhai sy'n annerch

Duw ei hun.[30] Copïasant y dyrnaid o gerddi i Fair sy'n destun yr ysgrif hon. Mae'n anodd credu y byddent wedi gwrthod canu cynharach i Fair petai'r fath beth ar gael iddynt. Mae bron yr un mor anodd esbonio paham na fyddai wedi bod ar gael iddynt, os bodolai. Cafodd y copïwyr fynediad at amrywiaeth mawr o ganu crefyddol arall, o gyddestunau eglwysig ac o waith y beirdd llys, ac yn achos y rheiny, o wahanol ranbarthau. Am y rhesymau hyn, felly, ac er cydnabod natur negyddol y dystiolaeth, mae lle i gredu bod cerddi annibynnol i Fair yn brin onid yn anhysbys hyd ddiwedd y drydedd ganrif ar ddeg.

Yr ail broblem yw dilysrwydd gwrthrych yr astudiaeth. O ystyried bod canmoliaeth i'r Forwyn Fair yn elfen bwysig yn y farddoniaeth grefyddol erioed, a yw'n ddilys didoli'r cerddi annibynnol a ganwyd iddi hi a gweld arwyddocâd arbennig ynddynt? Mae'r holl gysyniad o gerdd 'annibynnol' i Fair yn fethodolegol amheus, am resymau ymarferol – pa ganran o'r testun y mae angen iddi ganolbwyntio ar Fair i fodloni'r diffiniad? – ac am resymau diwinyddol: gellir dadlau bod y cyfiawnhad Cristolegol dros ganu i Fair wastad yn bresennol, ac nad oedd angen iddo gael ei fynegi'n agored. Deallaf y dadleuon hyn, ond credaf, er hynny, fod y syniad yn ystyrlon ac yn arwyddocaol o safbwynt hanes llên a thestun. Gwrthrych creedig yw cerdd ac mae'n rhaid i ddadansoddwr testun roi sylw i siâp a ffiniau'r gwrthrych sydd o'i flaen. Pan welir beirdd yn dechrau llunio a siapio'u gwrthrychau creadigol er mwyn rhoi anrhydedd i berson newydd, mae hynny'n dwyn arwyddocâd ar gyfer datblygiad eu crefft a'u cynulleidfa a'u cyfleoedd perfformio. Ni ddadleuwn am eiliad nad oes cyd-destun Cristolegol i'r holl gerddi a drafodir isod. Wrth reswm fod. Ond fel testunau, maent yn amlygu ffurf neu ffurfiau llenyddol newydd, sy'n peri i ni ofyn sut y daethant i fod a pha angen cymdeithasol a fodlonent. Mae'r rhain yn gwestiynau dilys.

Y cerddi cynnar i'r Forwyn Fair

Dadansoddir bellach y cerddi Cymraeg cynharaf a ganwyd i'r Forwyn Fair. Fel y gwelir, mae dyddiad rhai yn ansicr, ac mae ambell un y gellid dadlau yn erbyn eu cynnwys yma.

(1) 'Meckyt Meir mab yn y bru'

Cadwyd y gerdd fer hon yn Llyfr Coch Talgarth (LlGC Llst. 27) a gopïwyd gan Hywel Fychan, un o ysgrifenwyr Llyfr Coch Hergest, oddeutu 1400, ar gyfer noddwr o leygwr, fe ymddengys, sef Rhys ap Tomas ab Einion.[31] Rhyddiaith grefyddol sy'n llenwi'r rhan fwyaf o'r llawysgrif, ond ar ff. 161^v–163^v ceir casgliad bach o englynion crefyddol: *Englynion y Clywaid*, ymddiddan rhwng y corff a'r enaid, a chyfres arall yn dwyn y teitl *Kyssul Adaon ynt yr englynyon hynn*. Sylwedd pob un o'r rhain, yn fras, yw cyngor moesol, ac ymddengys mai hynny a ysbardunodd y copïydd i'w cofnodi yma yng nghanol rhyddiaith ddefosiynol ac addysgiadol. O blith yr englynion hyn, mae chwe englyn cyntaf *Kyssul Adaon* yn arwyddocaol ar gyfer y canu i Fair Forwyn. O ran eu cynnwys, maent yn sefyll ar wahân i weddill *Kyssul Adaon* a hefyd yr englynion eraill sy'n eu rhagflaenu: nid cyngor a gynigir ynddynt, ond ymdriniaeth â pherthynas Mair â Christ.

Adeiladwyd yr englynion hyn ar y paradocsau sy'n codi o'r syniad fod Mair yn fam i Dduw. Mae'r paradocsau hyn, a welsom eisoes uchod yng ngwaith Gwalchmai ap Meilyr, yn fodd o ddatgan mor annirnad yw'r cyfuniad o natur ddwyfol a natur ddynol ym mherson Iesu Grist. Geirfa pob dydd y teulu dynol a geir yn y paradocsau – tad, mab, brawd, mam, merch, chwaer – ond fel canlyniad i'r Ymgnawdoliad, mae eu hystyr a'u cyd-berthynas yn newid mewn modd na all y ddynolryw meidrol ei amgyffred. Rhyfeddod y rhyfeddodau yw gallu Duw i gael ei gwmpasu y tu mewn i gorff merch. Fel y nododd Jenny Rowland, mae Crist yr englynion hyn yn 'helpless baby' ac yn 'transcendent lord' ar yr un pryd.[32] O'r cychwyn cyntaf, pwysleisia'r bardd famolaeth Mair drwy ailadrodd y ferf *meckyt* ('mae'n magu') ar ddechrau pedwar o'i englynion. Mae'r dechneg o ailadrodd gan amrywio ac ychwanegu – 'incremental repetition' – yn gyfarwydd iawn yn y canu englynol.[33] Galluoga'r bardd i ddarlunio gwahanol agweddau ar ddigwyddiad, gwrthrych neu ffaith, ond gan gadw golwg ar gnewyllyn o wirionedd digyfnewid. Yn y darlun hwn o Fair fel mam neu fam faeth Crist, felly, mae llygad awdurdodol y bardd yn ein harwain o gwmpas yr olygfa er mwyn ystyried ei goblygiadau, yn debyg i'r modd y mae cyfresi englynion enwog fel *Canu Heledd* neu *Canu Llywarch Hen* yn darlunio teimlad dirdynnol drwy disgrifio'r un olygfa drosodd a throsodd, neu'r modd y mae englynion gwirebol fel *Eiry Mynydd* yn adrodd gwybodaeth oesol am fyd natur a dyn.

Ar ôl olrhain y trywydd hwn drwy'r pedwar englyn cyntaf, yn y pumed englyn mae persona'r bardd gwybodus yn dod yn fwy amlwg eto. Ceir yma ddwy nodwedd sy'n dwyn i gof lais 'Taliesin' yn y cerddi ymffrost a briodolir i hwnnw yn Llyfr Taliesin, sef gwatwaru'r sawl na fedr ateb cwestiynau'r bardd (cf. ll. 13 *Ny wyr ny bo kyuarwyd*) ac ymorfoleddu yng ngallu'r bardd ei hun i gynnig yr ateb cywir (cf. ll. 16, a sylwer ar y gair allweddol *gwnn* sy'n digwydd yn aml yn y canu Taliesinaidd).[34] Cadarnheir awdurdod y bardd drwy ddangos ei fod yn meddu ar y cyfarwyddyd angenrheidiol i ddeall dirgelwch y berthynas rhwng Mair a'i mab. Yn wahanol i rai, mae'r bardd yn 'gyfarwydd', mae wedi ei drwytho yn yr wybodaeth angenrheidiol. Eto, mewn un man clywir tinc o ostyngeiddrwydd wrth drafod rhyfeddodau Duw: *kyt bwyf daerawl prud*, meddai'r bardd, 'er fy mod yn meidrolyn trist'. Dyma awgrym cynnil mai 'Taliesin' marwol, ffaeledig yw hwn, er gwaethaf ei fynediad arbennig at wybodaeth gyfrin.

Mae'n bosibl mai'r gerdd fach, ddestlus hon yw'r gerdd gyntaf annibynnol i Fair sydd wedi goroesi. Ysywaeth, mae anawsterau. Ni cheir dyddiad digamsyniol ar gyfer y chwe englyn hyn. Tair llinell sydd ym mhob englyn ar wahân i'r olaf, lle ceir pedwar, ond ni raid priodoli hwnnw i gyfnod diweddarach na'r lleill o'r herwydd.[35] Ni fu terfyn pendant rhwng cyfnod yr englyn tair llinell a chyfnod y ffurf estynedig, fel y tystia'r enghreifftiau o gynnwys englynion pedair llinell ymysg rhai tair llinell, weithiau fel dyfais i nodi dechrau neu ddiwedd cyfres.[36] Yma mae'r englyn olaf yn anhepgor ar gyfer ystyr y gerdd gyfan. Mae'r iaith hefyd yn anodd ei dyddio. Ceir un ffurf ferfol o fath gweddol gynnar, scf *meckyt*. Acthai ffurfiau 3 unigol presennol yn -*yt* yn brin iawn erbyn ail hanner y drydedd ganrif ar ddeg, er y ceir un enghraifft gan Gasnodyn mor ddiweddar â degawdau cyntaf y ganrif ddilynol.[37] Byddai dyddiad yn y ddeuddegfed ganrif yn gredadwy, ond ni ellir gwrthod dyddiad diweddarach.

Problem arall yw'r ffaith na saif y chwe englyn ar eu pennau eu hunain. Mae mwy ohonynt yn dilyn yn y llawysgrif, heb arwydd fod gagendor rhyngddynt, ac mae'r teitl *Kyssul Adaon* fel petai'n cyfeirio at y gyfres gyfan. Dadleuodd Jenny Rowland fod y gyfres yn gyfansawdd, hynny yw, fod *Meckyt Mair* yn annibynnol yn wreiddiol, a golygodd Marged Haycock y ddwy ran fel testunau annibynnol.[38] Mae'n gyffredinol wir nad yw'r canu englynol hyfforddiadol yn unffurf o ran rhediad meddwl,[39] ond yn yr achos hwn mae'n anodd gweld unrhyw gydlyniant o gwbl rhwng y ddwy ran, ac nid *kyssul* ('cyngor') fel y cyfryw yw pwnc y chwe englyn hyn. Wedi cydnabod hynny oll, mae un peth na ddylid ei anghofio: mab Taliesin oedd Addaon.[40] Os gwnaed un gerdd o ddwy, felly, fe ddichon fod y sawl a wnaeth hynny'n ymateb i'r llais a glywai yn *Meckyt Meir*, gan ystyried mab y bardd hollwybodus fel llefarwr teilwng ar gyfer cyngor moesol yn ogystal â sylwedd diwinyddol.

Yn olaf, er bod yr englynion i gyd yn dechrau drwy sôn am Fair, erbyn ail hanner pob englyn Crist yw'r pwnc yn ddieithriad. Ni allai'r hierarchaeth fod yn loywach. Fel y nododd Andrew Breeze, agwedd frenhinol Crist a ddisgrifir yn bennaf yn yr englynion hyn: *llydan y deulu* (ll. 3), *llydan y drachwres* (ll. 6), *Duw, penn perchen pob kiwdawt* (ll. 3c).[41] Yn yr un modd, mae'r ganmoliaeth iddo yn ymgorffori delweddaeth gyffredin ryngwladol – *llwybyr huan* (llau. 3, 6) – ond yn ogystal yn adleisio delfryd yr arglwydd mewn barddoniaeth fawl Gymraeg; cymharer yr ymadrodd *llydan ei deulu*, ac yn enwedig *ny threis neb y derwyn* (ll. 11).[42] Os dechreua'r gerdd gan ddwyn i gof faban eiddil yn y groth, erbyn y diwedd rydym wyneb yn wyneb â'r *arglwydd mat meidrawl*. Nid cerdd unplyg i Fair mo hon.

(2) O arffed myged

Mae'r ail ddarn sydd i'w ystyried yma, fel *Meckyt Meir*, yn gyfres fer o englynion i Grist a Mair, ac mae'n codi problemau tebyg ar sawl cyfrif. Erys yr awdur a'r cyd-destun yn ddirgelwch, ac nid yw ffiniau'r testun yn sicr: fe all ei fod yn gyflawn neu'n ddryll o rywbeth hwy. Ar dudalen gwag yn Llawysgrif Hendregadredd copïodd dau ysgrifydd awdl grefyddol gan Elidir Sais, ac ar ei ôl ychwanegodd yr ail gopïydd ddau englyn yn trafod Crist a Mair. Perthyn y llaw i'r drydedd haen o gopïwyr a oedd yn gweithio yn ail chwarter y bedwaredd ganrif ar ddeg yn nhŷ'r lleygwr Ieuan Llwyd yng Nglyn Aeron yng Ngheredigion.[43] Ni cheir na theitl na phriodoliad. Fel yn achos *Meckyt Meir*, felly, mae llawer o agweddau ar y testun yn benagored. Gellir, fodd bynnag, fod yn fwy hyderus am ei ddyddiad. Mae cywreinrwydd y gynghanedd yn gryf o blaid priodoli'r englynion i gyfnod y Gogynfeirdd diweddarach, hynny yw, i amser y copïydd ei hun; mae hynny'n wir am y rhan fwyaf o'r deunydd a ychwanegwyd at Lawysgrif Hendregadredd yn nhŷ Ieuan Llwyd, er bod yr awdl grefyddol ar yr un tudalen yn gynharach o ganrif.

Eglura'r englyn cyntaf fod Crist, mab Duw, wedi'i eni o'r Forwyn Fair, ac mae'r ail yn ddeisyfiad arno sy'n pwysleisio eto ei berthynas â'r Forwyn, gan ailadrodd sawl gair o'r englyn cyntaf. Dygir i gof dechneg yr ailadrodd cynyddol a welsom yn *Meckyt Meir*, ond yma mae'r ailgylchu'n fwy cymhleth ac yn fwy chwareus, wrth i'r geiriau bach *gwâr*, *gwir*, *hael*, *haul* a *crair* gael eu symud o amgylch y llinellau i greu cynganeddion cywrain yn ôl dull y bedwaredd ganrif ar ddeg. Defnyddiaf y gair 'chwareus', nid i awgrymu bod unrhyw hiwmor yn y gerdd, ond i ddisgrifio celfyddyd y ddawns eiriol hon a'r amwysedd a greir ganddi:

> O arffed myged mygr fawrgrair – y daw
> A dywyn pob cyfair,
> Gwir ddigabl barabl burair
> Gwargain haul firain, hael Fair.
>
> Mab, nawdd arnaf, Naf nef trefred – eurglawr,
> Duw Arglwydd gogoned,
> Mygrfam ddinam eidduned,
> Mair, gwâr hael grair, gwir haul gred.

Crist yw'r *purair*, y Gair pur, yn llinell 3, mae'n debyg; o beidio â rhoi coma ar ddiwedd y llinell, gellid deall bod y Gair hwn yn perthyn i'r *haul* (ll. 4), sef *hael Fair*. Neu, fe ellid cydio *burair* wrth *hael Fair* a chymryd mai Crist yw'r haul, fel yn *Meckyt Meir*. Yn bwysicach, ni ellir gwrthod y posibilrwydd mai gair Mair, wrth ateb Cyfarchiad Gabriel, yw'r *purair* a wnaeth yr Ymgnawdoliad yn bosibl. Yn olaf, gellid rhoi coma ar ddiwedd llinell 3, gan adael llinell 4 fel disgrifiad o'r Forwyn sydd fel petai'n hofran yn rhydd oddi wrth weddill yr englyn: dyna a wnaeth y golygydd yn GLlBH. Yn yr ail englyn, wedyn, gellir olrhain y synnwyr o'r paladr i'r esgyll o gymryd mai *Mab ... mygrfam* neu *Mab ... Mair* yw'r gystrawen; neu adael i'r ddwy rhan sefyll yn annibynnol ar ei gilydd. Pe dewisid yr ail ddehongliad, byddai'n bosibl deall popeth ar ôl *Mair* yn llinell 8 yn ddisgrifiad o Grist ac yn enidol yn dibynnu ar *mygrfam* yn y llinell flaenorol, yn lle fel canmoliaeth at Fair ei hun.

Mae amwysedd y gystrawen yn adlewyrchu dirgelwch y berthynas rhwng Crist a Mair ac yn caniatáu i eiriau allweddol megis *haul* lithro o'r naill i'r llall. Er y gellid, ar un olwg, ddeall pob un o'r ddau englyn hyn fel ymhelaethiad cywrain ar yr ymadrodd *Mab Mair*, yma mae'r Forwyn yn bendant yn cael ei dyrchafu i safle lle gall rannu peth o ogoniant ei mab. Dengys yr englynion adeiledd cyfochrol pur gywrain ac mae trywydd yr ystyr yn glir, o gyfarch a moli Crist mab Duw yn yr englyn cyntaf i weddïo arno yn yr ail. Tueddaf, gan hynny, i gredu bod y gyfres yn gyflawn fel y saif.

(3, 4) Dwy gyfres o englynion o waith Casnodyn

Casnodyn, bardd o Forgannwg a flodeuai yn hanner cyntaf y bedwaredd ganrif ar ddeg, yw'r bardd cyntaf y ceir ei enw wrth gerddi annibynnol i'r Forwyn Fair.[44] Cadwyd gwaith Casnodyn yn Llyfr Coch Hergest, ymysg beirdd eraill y bedwaredd ganrif ar ddeg. Heblaw canu i Fair, roedd yn awdur awdl hirfaith i'r Drindod ac un arall i Dduw ac iddi naws esgatolegol gryf. Saif y ddwy awdl grefyddol hyn ar ddechrau'r adran o'r llawysgrif a gysegrwyd i waith Casnodyn, ac ar eu hôl daw cymysgedd o'i ganu secwlar; i gloi, wedyn, yng ngholofn 1247, copïwyd dwy gyfres o englynion i Fair. Mae'r drefn yn debyg, ar raddfa fechan, i ddull nodweddiadol

Llawysgrif Hendregadredd, sef rhoi canu crefyddol ar y dechrau, canu secwlar i ddilyn ac englynion ar ôl awdlau. Ond nid yw mor systematig, gan fod englynion ymysg yr awdlau secwlar, ac nid oes arwyddocâd amlwg i leoliad yr englynion i Fair ar y diwedd. Nid oes pennawd yno ychwaith, heblaw enw'r awdur o flaen y gyfres gyntaf. Erys llawer am y ddwy gerdd hyn yr un mor ansicr ag y mae yn achos y cerddi dienw.

Dywed Iestyn Daniel, golygydd gwaith Casnodyn, fod y ddwy gerdd hyn yn 'drawiadol ddiwinyddol eu hosgo'.[45] Seiliodd ei farn ar y gofal a'r gochelgarwch diwinyddol a welir ynddynt. Amlinellant y gred fod y Forwyn Fair yn llenwi'r ail safle yn hierarchaeth yr Iachawdwriaeth, ar ôl y Duwdod. Mae'r gyfres gyntaf yn arbennig o daer yn hyn o beth. O'r gair cyntaf un – *gwedy* 'ar ôl' – pwysleisir bod Mair yn dod yn ail i Grist. Mae'r ddau englyn cyntaf a'r un olaf yn adrodd yr un neges sylfaenol hon: *Mwyaf gair crair Creawdr nef ... Mair yn eilgair anwylgof*.[46] Awgryma Daniel fod y bardd yn awyddus i gywiro rhai syniadau diwinyddol llac am safle ac arwyddocâd y Forwyn yn y cynllun iachawdwrol.[47] Gellir clywed tinc hyfforddiadol yn y gerdd ar adegau, cf. *nid gwall* (ll. 3), *dyly—pob genau* (ll. 29). Eto, mae esboniad arall yn fwy argyhoeddiadol, sef mai newydd-deb y cysyniad o neilltuo cerdd gyfan i Fair yn lle Duw a alwodd am y cyfiawnhad diwinyddol hwn. Ar ôl egluro statws eilradd Mair, mae'r testun yn troi ati â chanmoliaeth a deisyfiad; ac eto, fe'n hatgoffeir yn gyson mai'r berthynas â Christ yw gwir sail yr anrhydedd a delir iddi, am mai hi a fu *Defnydd dwyn Bedydd i'r byd* (ll. 16). Gobaith y bardd yw y gallai trugaredd calondyner Mair leddfu dicter ei mab tuag ato: *Bid grair ym Fair rhag ei fâr* (ll. 18). Yn y diwedd, cydnabyddir bod canmol Mair nid yn unig yn ganiataol ond yn ddyletswydd i'r Cristion:

> Mwyniant a dalant: dyly – pob genau
> (Y ganon yw hynny)
> Moli Trindawd o'r frawd fry,
> Molawd, mawr wawd, Mair wedy.[48]

Dywed y *ganon* (defnyddir y gair yma'n llac am reolau buchedd y Cristion, mi gredaf, yn hytrach na chyfraith yr eglwys yn benodol) fod dyletswydd ar bawb i ganmol Mair yn ei phriod le. Fodd bynnag, yr ail le – *wedy*, sef 'wedyn' – yw'r lle priodol hwnnw, sef ar ôl y Drindod. Pwysleisir y drefn hon nid yn unig gan y geiriau ond gan adeiledd yr englyn yn ogystal: sylwer ar y modd y mae'r bedwaredd linell yn efelychu strwythur y drydedd ac yn adleisio ei chynghanedd, ond yn diweddu â gwrthgyferbyniad eglur rhwng *fry* a *wedy*. Mae, felly, gytbwysedd i'w gynnal rhwng cydnabod swyddogaeth eilradd y Forwyn yn yr Iachawdwriaeth a thalu iddi'r anrhydedd y mae'n ei haeddu.

Mae'r ail gerdd yn weddi fwy uniongyrchol ar y Forwyn ac yn llawnach ei geirfa ganmoliaethus. Mae'n dechrau, er hynny, gyda'r un math o *apologia*:

> Ni ddywaid preladiaid prudd
> Yn moli Mair gair gormodd.[49]

Cadarnha'r bardd fod ei weithred yn uniongred drwy ddyfynnu awdurdod yr Eglwys. Yn yr ail englyn, seilir ffydd y bardd ym Mair ar ei pherthynas â Duw: ymbilir arni i eiriol ar Dduw ar ran y bardd pan ddaw'r Farn Olaf. Gelwir y syniad hwn yn *berth obaith* ('gobaith hardd', ll. 9). Yn dilyn hynny, fodd bynnag, mae'r ganmoliaeth i Fair yn datblygu i raddau helaethach o dipyn nag a gafwyd yn ieithwedd ochelgar y gerdd gyntaf. Ceir toreth o ddelweddau yn ymwneud â goleuni (*cannwyll, haul, pell y llewych*) yn ogystal â theyrngedau i'w natur hawddgar a thrugarog (*hael, cynnal heddwch, llary, hylwydd ddawn*). Yn y seithfed englyn, gwelir delwedd draddodiadol y *bedd saith droedfedd*, a grybwyllir yn aml gan y beirdd wrth ofyn i Grist am y ddawn i ymddiwygio cyn marw; ond yma, *Mair a'm pair ym puro cred* (ll. 25). Felly, er bod swyddogaeth Mair yn parhau i fod wedi ei gwreiddio yng ngrym Duw, hi sy'n llenwi fframwaith y gerdd hon nes gwthio *Llyw pob llwyth* i'r cyrion.

Yr englyn yw mesur canu Casnodyn i Fair fel yn y ddwy gerdd ddienw a drafodwyd eisoes. Mae rhywfaint o sail i gredu bod yr englyn yn is ei statws na'r awdl, fel yr awgryma trefn y cerddi yn Llawysgrif Hendregadredd. Mae 'statws' yn air amrwd, fodd bynnag. Ni ddylid meddwl am yr englyn fel arwydd nad oedd rhyw wrthrych yn haeddu cael ei ganmol ar ffurf awdl. Yn hytrach, roedd yr englyn yn fodd i ganu'n fwy hyblyg, yn fwy arbrofol, yn fwy penagored, am rychwant o wrthrychau.

Mae un nodwedd arall ar y ddwy gerdd hyn na sylwyd arni eto. Dywedir ddwywaith fod Mair mewn *pall* (*ym mwynball y mae*; *pall y mae*). Mae ystyr *pall* yn gofyn am drafodaeth. Cyfeiria'r gair weithiau at babell, weithiau eraill at len neu orchudd. Ystyr arall y ceir tystiolaeth ar ei chyfer yw creirfa neu le i osod delw (Saesneg *niche*), gan y byddai'n debyg i siâp pabell fach agored.[50] Er bod golygydd y gerdd yn cyfieithu *pall* fel 'mantell' yn y ddau le, mae achos cryf dros ei ddeall fel llecyn ar gyfer delw, a'r greirfa honno yw canolbwynt defosiwn y bardd: *pall y mae ... Pwyll mawr didwyll, Mair, dodaf* 'rhoddaf feddwl mawr diffuant [yn] y greirfa lle mae hi [Mair]'.[51] Dyma'r enghraifft gyntaf o ganu i ddelw o'r Forwyn Fair yn Gymraeg, arfer a fyddai'n ffynnu yn y bymthegfed ganrif.

Ar lawer golwg, tynnodd Casnodyn ei ddeunydd o'r 'awdlau i Dduw': cyfarchiad (e.e. 9.9–10, 21–4; 10.7–8), gofyn am ran yn y nefoedd (9.23–4), gofyn am gymorth ar Ddydd y Farn (10.5–8) a chymorth i wneud penyd (10.25–32); hefyd tynnwyd delweddau cyfarwydd o'r un ffynhonnell (e.e. 9.24 *o'i wlad a'i wledd*; 10.28 *cyn bedd saith droedfedd*). Dargyfeiriwyd y deunydd hwn a'i wneud yn rhan o anerchiad i Fair. Mae'n wir fod y ddwy gyfres o englynion yn glynu'n dynn wrth y swyddogaethau a oedd eisoes yn perthyn i Fair yn yr 'awdlau i Dduw'. Serch hynny, ni welir eu tebyg yn y farddoniaeth sydd wedi goroesi gan ragflaenwyr Casnodyn, ac mae ieithwedd y bardd yn awgrymu ei fod yn ymwybodol ei fod yn agor cwys newydd.

(5) Dathlu digwyddiadau bywyd y Forwyn: Bleddyn Ddu

Yn ôl Rosemary Woolf, y dosbarth mwyaf niferus o gerddi i Fair yn Saesneg Canol yw 'semi-liturgical celebrations of her five joys'.⁵² Digwyddiadau ym mywyd y Forwyn oedd y pum llawenydd. Ceid cryn dipyn o amrywio yn y rhestr, ond y ddau ddigwyddiad pwysicaf oedd y Cyfarchiad a'r Geni, ac mae'r rheiny'n ymddangos yn gyson. Mae sylw Woolf yn gamarweiniol braidd, gan ei bod hi'n trafod cerddi sy'n dathlu'r diwgyddiadau unigol dan y pennawd hwn hefyd, ac mae hynny'n cwmpasu rhychwant pur eang o farddoniaeth, megis y lliaws o gerddi sy'n trin agweddau ar enedigaeth Crist. Llai niferus o lawer yw cyfeiriadau at gysyniad y pum llawenydd ei hun. Yn y Gymraeg, rydym wedi gweld y Cyfarchiad a'r Geni yn derbyn sylw arbennig gan y beirdd, ond prin iawn yw'r sôn am y pum llawenydd fel y cyfryw yn y bedwaredd ganrif ar ddeg. Un gerdd yn unig sy'n disgrifio'r pump fesul un, sef awdl gan Fleddyn Ddu.⁵³ Ceir hon eto yn Llyfr Coch Hergest, ac yn yr un rhan o'r llawysgrif lle casglwyd gwaith beirdd y bedwaredd ganrif ar ddeg. Gellir dyddio gyrfa Bleddyn Ddu i ran gyntaf y ganrif, fel Casnodyn. Saif yr awdl a drafodir yma yng nghanol cyfres o'i gerddi crefyddol, heb na theitl na phriodoliad. Awdlau i Dduw yw'r gweddill, ac fel y dadleuir isod, byddai'r enw hwnnw'n addas i hon hefyd er gwaethaf y teitl 'Awdl i Dduw a Mair' a roddodd y golygydd iddi.

Nid awdl i Fair ydyw hon yn y bôn, ond i Dduw. Ef a gyferchir ar y dechrau ac ef hefyd sy'n derbyn deisyfiad olaf y bardd. Pwysleisia llinellau agoriadol y gerdd frenhiniaeth Duw a pharodrwydd ei ras, ac eglurir mai ef a roddodd y pum llawenydd i Fair:

> Coeth Fair fawrfraint, ar ei chreifiaint, wir ei chrefydd,
> Cafas o'i Naf (bôm llawenaf!) bum llewenydd.⁵⁴

Yn nesaf, trafodir y pum llawenydd fesul un (llau. 10–29). Mae pedwar ohonynt yn ymwneud yn uniongyrchol â Christ (y Cyfarchiad, yr Enedigaeth, ymweliad y Magi, yr Atgyfodiad), ac mae iaith y gerdd yn gwyro'n gyson oddi wrth Fair a thuag ato ef (*Duw ei Cheli, llewychfab Mair, Ŵyr Anna*). Pan ddown at y llawenydd olaf, yn llinellau 26–9, y mae amrywiaeth barn am sut i'w ddehongli:

Pumed diffael,	cyfarchafael,	cyfeirch ufydd,
Pan esgynnodd	(arawd adrodd)	euraid edrydd;
Nerth a bara	i sant wylfa	a saint elfydd,
Nêr brenhinol,	Naf a chedol	nef Uchedydd.

Yn ôl Andrew Breeze: 'The word *kyfarchauael* in the Red book Poem [sef GBDd cerdd 5] must here mean the Assumption (invariably one of the Five Joys), rather than the Ascension.'[55] Golygai hynny mai Mair fyddai goddrych dealledig *esgynnodd*. Eto, Crist yw pwnc y llinellau blaenorol, a byddai'r gystrawen yn rhwyddach o dderbyn *Nêr brenhinol* fel y goddrych. Dyna, fe ymddengys, oedd barn Iestyn Daniel a olygodd y gerdd, ac mae ganddo ateg yn y gair *cyfarchafael*, sy'n hysbys fel enw am Atgyfodiad Crist ond nid felly am ddyrchafael Mair i'r nef.[56] Rhestr anarferol o'r pum llawenydd, felly, yw rhestr Bleddyn Ddu, gan ei bod yn canolbwyntio'n llwyr ar Grist, heb gynnwys esgyniad Mair i'r nef. Mae digon o amrywio yn nhraddodiad y pum llawenydd i gwmpasu'r posibilrwydd hwn.[57]

Wedi cwblhau rhestr y pum llawenydd, â'r gerdd ymlaen i adrodd hanes esgyniad Mair (llau. 30–4), a'r tro hwn nid oes amheuaeth nad at hwnnw y cyfeirir. Ond hyd yn oed yma, mae'r pwyslais ar weithgarwch y sawl a ddaw i'w hebrwng i'r nef, sef *Duw a'i deulu*. Troir wedyn yn syth at weithredoedd clodfawr eraill Duw, ac yn bennaf y Cread (llau. 35–45). Gorffennir gan ymbil arno am faddeuant a lle yn y nef i'r bardd ei hun ac i'w gynulleidfa (sef *ni*, ll. 48).

Ni ellir galw'r gerdd hon yn gerdd annibynnol i Fair. Ni chyferchir hi ac nid ymbilir arni, hyd yn oed ar y diwedd lle gellid disgwyl i'r bardd ofyn am ei heiriolwch yn gyfnewid am ganmol ei phum llawenydd. Er bod yr awdl yn dangos awydd i dalu teyrnged i Fair, mae'r pwyslais ar Grist yn gadael rôl oddefol bur i'w fam: rhywbeth a wneir iddi yw'r pum llawenydd yn hytrach na digwyddiadau a ddaw o'i chydweithrediad â gras Duw. Mae'r ieithwedd hefyd yn drwyadl wrywaidd. Heblaw rhagenwau benywaidd anhepgor, nid oes cymaint ag un gair yma yn cyfeirio ati fel mam neu wraig.

(6–8) Awdlau ac englynion
Gruffudd ap Maredudd ap Dafydd

Wrth gyrraedd y tair cerdd i'r Forwyn Fair gan Ruffudd ap Maredudd ap Dafydd (*fl.* 1360au–80au), bardd o Fôn a ganai genhedlaeth neu ddwy'n ddiweddarach na Chasnodyn a Bleddyn Ddu, daw cynnydd sylweddol yn uchelgais a chyflawniad y canu i Fair i'r amlwg. Gwelir y cynnydd nid yn unig yn hyd y cerddi, ond hefyd yn amrywiaeth y mesurau a ddefnyddir ynddynt a rhychwant eu themâu a'u delweddau. Cedwir gwaith Gruffudd ap Maredudd i gyd yn Llyfr Coch Hergest. Mae'r adran o'r llawysgrif a neilltuwyd ar gyfer barddoniaeth y bedwaredd ganrif ar ddeg yn agor gyda champwaith Gruffudd, sef awdl fawreddog i'r Grog o Gaer. Daw honno i ben ar waelod tudalen, ac ar yr ochr arall (colofnau 1199–1200) copïwyd y gyntaf o'r cerddi i Fair, heb na theitl na phriodoliad, ond nid oes amheuaeth nad yw gwaith Gruffudd ap Maredudd yn parhau'n ddi-dor yma. Yn nesaf daw rhagor o'i gerddi crefyddol ac yna rai secwlar. Ar ddechrau plyg newydd, dyma'r ail gerdd i Fair (colofnau 1213–14), a rhagor o ganu crefyddol. Mae priodoliad ar frig yr awdl i Fair, ond nid wrth yr awdl i Dduw sy'n dilyn; fodd bynnag, ac er bod cyffyrddiad o gymeriad rhwng diwedd y gerdd i Fair a dechrau'r gerdd nesaf (*arnaf – arglwydd*), mae'r pwnc yn newid mor llwyr fel bod lle diogel i gredu mai dwy gerdd wahanol yw'r rhain. Am y gerdd olaf i Fair, sef cyfres fer o englynion, mae'n rhaid edrych ymhellach ymlaen yn y llawysgrif, lle ceir casgliad arall o awdlau secwlar Gruffudd ap Maredudd, gan gynnwys cerddi serch. Ar ddiwedd un o'r rhain y cofnodwyd yr englynion, lle roedd gofod gwag ar waelod colofn yn gofyn am gael ei lenwi (colofn 1329). Mae rhagor o englynion crefyddol yr un bardd yn dilyn. Rhoddwyd lle blaenllaw i awdlau Gruffudd ap Maredudd, felly, ond mae'r englynion yn ymddangos ymhlith y deunydd amrywiol tua diwedd ei waith.

Mae'r awdlau'n ganolig eu hyd o'u cymharu â gwaith arall Gruffudd ap Maredudd, ond yn ddigon uchelgeisiol fel eu bod yn dangos cyfuniad o fesurau. Rhupunt o 40 llinell a chwe englyn yn dilyn sydd yn yr un gyntaf, a dau ganiad ar fesurau awdl gwahanol sydd yn y llall, cyfanswm o 43 llinell (mae un ar goll). Gwelir yn y ddwy adleisiau o'r 'awdl i Dduw', fel petai i gydnabod bod y weithred o annerch Mair wedi ei gwreiddio yn y canu traddodiadol i Dduw, ond mae hyn yn llawer amlycach yn y gerdd gyntaf, sy'n fath o gyfaddawd rhwng yr hen ffurf a'r newydd. Dechreuir drwy annerch Mair lle y byddid fel arfer yn cyfarch Duw:

| Mau ymoralw | o bwyll disalw | o bell dwysawl |
| Â Mair gair goeth, | eirian wiwddoeth, | aur rhinweddawl,[58] |

Eir ymlaen i'w chanmol hi'n orfoleddus, gan dynnu ar ddelweddau a oedd yn boblogaidd yn rhyngwladol: *seren, lloer, mam tangnefedd, teml i'r mab rhad, haul y dwyrain*. Dywedir ei bod yn *hawdd ei charu* (ll. 10). Yn nesaf, adroddir hanes y Cyfarchiad (llau. 13–16). Yn sgil hynny, fodd bynnag, mae trywydd y gerdd yn troi i gyfeiriad Crist, gan adrodd ei aberth ar y Groes a rhyddhau'r ddynolryw o uffern (llau. 15–30). Ar ddiwedd y naratif, try'r bardd yn ôl at y Cyfarchiad – *Da fu'r annerch i Anna ferch* (ll. 31) – ond erys Crist yn wrthrych y ganmoliaeth o hynny ymlaen hyd ddiwedd y caniad. Mae'r rhupunt ar ei hyd, felly, yn ymbatrymu fel yr englynion unigol yn *Meckyt Meir*: hynny yw, dechreua drwy ganmol y Forwyn ond gan droi wedyn at Grist; yr Ymgnawdoliad yw'r ffwlcrwm rhwng y ddau. Gwahanol yw ail hanner y gerdd, sef yr englynion. Mair yw ffocws pob englyn, ac fel sy'n gyffredin yn y mesurau englyn, mae pob un yn gyflawn o ran cystrawen ac ystyr, gan adael i'r gyfres ar ei hyd ailadrodd nifer gyfyngedig o syniadau drosodd a throsodd. Y syniad craidd yw mai Mair yw cyfrwng achubiaeth: *Ti, Fair, fu'r ddiwair wared* (ll. 50). Drwy'r gyfres i gyd cyplysir ei gweithred yn derbyn Crist yn ei chroth â'i swyddogaeth fel eiriolwraig, ac yn enwedig felly yn y cwpled olaf, lle cymherir hi â siambr a wnaed o bren yr ywen:

Teml i'th Fab maeth y'th wnacthpwyd,
A neuadd yw fy nawdd wyd.[59]

Pren a oedd yn adnabyddus am ei gadernid oedd pren yr ywen. Gellir galw'r Forwyn yn llestr (*teml, neuadd*) i ras Duw ar ddau gyfrif, sef oherwydd iddi dderbyn y baban Iesu yn ei chroth ac am ei bod yn llawn o ras Duw ac yn ei gynnig yn drugarog i'r ddynolryw. Mae naws llawen a dathliadol yn y gerdd hon sy'n deillio o'r newid ffocws o Grist i Fair, ac mae'n dra gwahanol i'r dwyster penydiol a geir gan amlaf yn y canu i Dduw. Gobaith, ac nid ofn, yw'r prif deimlad, gan fod y bardd yn meddwl am Fair fel cyfaill arbennig y ddynolryw, a hithau wastad yn barod i wrando ar ymbil pechaduriaid.

Mae'r ail gerdd yn ddwysach ei naws, yn cynnwys mwy o ymbil ac yn bradychu tinc o bryder dwfn. Mae'n bosibl fod y sawl sy'n siarad yn sâl ac yn wynebu marwolaeth.[60] Dechreuir drwy ddwyn i gof hanes yr achub, ac mae'r caniad cyntaf yn debyg, gan hynny, i'r rhupunt yn y gerdd flaenorol, os yn fyrrach ac yn fwy cryno. Fel y gwelsom yno, mae sylw'r bardd yn treiglo wedyn o Fair at ei mab, ond mae un gwahaniaeth pwysig: daw golwg y bardd yn ôl at Fair cyn diwedd y caniad, a hi yw sail ei obaith yno (*a'm dyd – lewenydd*, ll. 17). Yn yr ail ganiad, ceir gweddi ddwys ar Fair ei hun o fath na welwyd hyd yma:

> Mair fad erfai Dad, ar fyw od af,
> Mair, neud tau fawlair, ti a folaf.[61]

Yn wyneb angau (*os marw fyddaf*, ll. 34), gofyn y bardd am eiriolwch ar ei ran:

> Mair, dyro borthair barth ag ataf![62]

Unwaith eto, mae ei obaith yn pwyso ar swyddogaeth Mair yn yr iachawdwriaeth, ond cyflwynir syniad aruchelach o'r swyddogaeth honno:

> Mair a lonyddodd mawr lin Addaf.[63]

Nid yw'r mynegiant yn awgrymu bod newid wedi bod yn y ddealltwriaeth ddiwinyddol o'r achubiaeth: newid ydyw, yn hytrach, yn yr hyn a ystyrid yn briodol mewn defosiwn. Mae'n dderbyniol bellach i ganolbwyntio ar y Forwyn, ei chanmol a deisyf arni heb grybwyll Crist yn echblyg. Mae'n dderbyniol rhoi mwy o le iddi mewn barddoniaeth, lluosogi'r llinellau a gysegrir iddi, a dyfnhau'r storfa o ddelweddau sy'n perthyn iddi. Fodd bynnag, gwneir hyn oll yn gyson mewn fframwaith Cristgreiddiol, fel y daw'n amlwg o ddarllen dau ganiad y gerdd hon yn eu priod drefn.

Ffrwd lenyddol arall sy'n dod i'r amlwg yn y gerdd hon yw'r canu i ferched. Roedd Gruffudd ap Maredudd ei hun yn awdur rhai cerddi serch,[64] ac mae dylanwad delweddaeth serch yn eglur ar yr awdlau i Fair, fel y mae dylanwad canu serch yn llenyddiaethau eraill Ewrop yn yr Oesoedd Canol. Gwelsom fod y gramadeg yn Llyfr Coch Hergest yn sôn am 'degwch nefol' Mair: roedd hi'n rhagori ar ferched eraill mewn prydferthwch yn ogystal â diweirdeb:

> Lliw llwybr gwaneg deg a'm dyd – lewenydd,
> Lloer llawr, llwyr gynnydd llu bedydd byd.[65]

Dyma ddau drosiad am ddisgleirdeb prydferth y Forwyn Fair: y naill, sef y lloer, yn un rhyngwladol boblogaidd, a'r llall, sef ewyn gwyn y don yn torri ar y traeth, yn perthyn yn fwy arbennig i'r traddodiad barddol Cymraeg. Roedd yr ail ddelwedd hon yn un o'r mwyaf poblogaidd a arddelai'r beirdd Cymraeg i ddisgrifio prydferthwch croen merch.[66]

Y gerdd olaf gan Ruffudd ap Maredudd i'w hystyried yma yw cyfres fer o englynion yn dathlu'r Cyfarchiad a'r Ymgnawdoliad. Sylfaen y gerdd yw'r gwrthdrawiad traddodiadol rhwng *Efa* ac *Afe*. Fel y daeth *Efa* â phechod i blagio'r ddynolryw, felly y daeth *Afe* i'w hachub rhag y canlyniad, sef angau ac uffern. *Afe*, sef *ave*, fu'r gair cyntaf a ddywedodd Gabriel wrth Fair pan ddaeth i'w hysbysu bod Duw yn ei chroth, a daethpwyd i arfer y gair am Grist ei hun, a aeth i mewn i groth y Forwyn ar eiliad yr araith honno. Tair llythyren, felly, *a'n dug yng nghyfrgoll golled*, a thair arall *a'n dug nef o'n dygn ofid* (llau. 2, 4). Canmol Crist drwy gyfrwng y chwarae geiriol hwn a wneir yn yr englynion hyn, ond mae lle i Fair yn y ganmoliaeth hefyd. Fe'i cyferchir deirgwaith (llau. 3, 5, 13) fel tyst i'r rhyfeddod achubol hwn, a chydblethir moliant iddi hi ac i Grist, fel y dengys y diweddglo:

> Da y gwnaeth rhydd o gaeth drwy goeth gannwyll – wyry,
> Wirionhaul ei doethbwyll,
> Ofal aml, afal amwyll,
> Afe deg, rhag Efa dwyll.⁶⁷

Goddrych y ferf *gwnaeth* yw *Afe deg*, sef Crist. Mae Mair yn gyfrwng iddo ef. Yn annisgwyl, efallai, ni sonnir yn agored am yr hen syniad mai 'ail Efa' oedd Mair, yn dadwneud y drwg a wnaethai'r Efa gyntaf. Yn hytrach, y dehongliad Cristgreiddiol o'r *Afe* sy'n mynd â'r sylw.

Yr englyn, fel y dangoswyd uchod, oedd cyfrwng y canu cynnar i Fair hyd at amser Gruffudd ap Maredudd ei hun. Gellid ystyried y gerdd hon yn gymar i'r englynion i Fair a drafodwyd uchod. Canodd Gruffudd gerddi eraill ar fesur yr englyn, cerddi byr sy'n ymdrin â phynciau defosiynol, megis ei englynion i'r *Magi* neu i'r Efengylwyr.⁶⁸ Ymddengys mai'r englyn oedd y priod gyfrwng ar gyfer cerddi fel y rhain oll, cerddi byr a gymerai un syniad neu un ddelwedd ddiwinyddol yn destun a'i thrafod yn gelfydd.

(9) Awdl Iolo Goch i'r Forwyn

Deuwn yn olaf at gerdd gan un o feirdd mwyaf blaenllaw ail hanner y bedwaredd ganrif ar ddeg, Iolo Goch. Awdl i Fair ydyw, yn cynnwys tri englyn a 54 llinell o gyhydedd naw ban.⁶⁹ Fel y rhan fwyaf o waith Iolo, mae'r awdl hon wedi ei diogelu mewn nifer go dda o gopïau o'r cyfnod modern cynnar, ond nid oes gennym destun canoloesol ohoni. Bardd amrywiol iawn ei waith yw Iolo Goch, ac roedd yn awdur nifer o gerddi crefyddol tra diddorol: cywydd yn adrodd bywyd Dewi Sant, yn rhagflas o *genre* a ddeuai'n bur boblogaidd yn y bymthegfed ganrif; cywydd i ddelwau o'r ddeuddeg apostol a'r Farn Olaf; cywydd yn dathlu rhinwedd cynhenid yr amaethwr (*llafurwr*). Mewn sawl ffordd, rhagflas o ganu'r bymthegfed ganrif a gawn yn yr awdl hon i Fair hefyd. Cenir bellach yn fwy hyderus am Fair ar ei phen ei hun, gyda rhychwant eang o fanylion apocryffaidd a delweddau. Cilia persona'r bardd a'i ddeisyfiadau a chanolbwyntir ar ganmoliaeth uniongyrchol. Ar ben hynny, mae'r canmol ei hun yn fwy diriaethol ac yn cynnwys elfen naratif gref: adroddir hanes y Cyfarchiad, y Geni a'r digwyddiadau ar ôl y Geni gan ddilyn trywydd naratif cronolegol ac unionsyth o fath na welwyd o'r blaen.

Newyddbeth, hefyd, yw'r llais barddol a glywn yn y gerdd hon. Mewn dwy linell yn unig y defnyddir y person cyntaf, ac yn y ddau achos, ymbil am drugaredd a wneir: *Mair edrych arnaf ymerodres* (ll. 13) a *Miserere mei, moes eryres* (ll. 17). Ar y llaw arall, mae ffurfiau ail unigol yn doreithiog ym mwyafrif y llinellau. Gweddi ganmoliaethus ar Fair yw hon, yn ei hannerch yn uniongyrchol yn hytrach na'i chanmol yn y trydydd person. Mae'r naws yn fwy teimladol a chynnes nag o'r blaen, ac mae'r pwyslais ar awdurdod y bardd a welwyd yn y farddoniaeth gynharach wedi edwino.

Datblyga Iolo bob delwedd sy'n gysylltiedig â Mair yn drylwyrach yma nag a wnaethai ei ragflaenwyr, yn enwedig felly'r delweddau hynny sy'n darlunio Mair fel brenhines nef, daear ac uffern. Mae hi'n *ymerodres* (ll. 13), yn *unbennes* (ll.14), yn *deÿrnes* (ll.15), yn *llywodres* (ll. 16), yn *dywysoges* (ll. 24), yn *iarlles* (ll. 26) ac yn *arglwyddes* (ll. 59). Ceir yn ogystal ddelweddau'r haul a'r lleuad sy'n dwyn i gof Ganiad Solomon yn y Beibl ar y naill law, a'r canu Cymraeg i ferched ar y llall: *Mair oleudrem haul* (ll. 16), *Lleuad engylion* (ll. 20). Mae'r odl ei hun, *-es*, yn dathlu benyweidd-dra'r Forwyn: er mwyn bodloni'r odl defnyddir geiriau yn cynnwys yr ôl-ddodiad benywaidd *-es*, megis *eryres, mynaches*, rhai ohonynt efallai wedi eu bathu ar gyfer yr achlysur, megis *heules* (onid *haul + lles* yw).

Mae dwy ran y gerdd, sef yr englynion a'r awdl, yn gweithredu'n wahanol, fel y gellid disgwyl. Gwaith yr englyn yw cyflwyno pwnc a phrif neges y gerdd. Defnyddiant y gwrthgyferbyniad rhwng *Efa* ac *afe*, a welsom eisoes yn englynion Gruffudd ap Maredudd:

> Doeth y'th etholes Iesu,
> Em addwyn, yn fam iddo.
> Dofydd a ddyfod 'afi'
> Rhag dial afal Efa.[70]

Datgenir felly mai pwnc y gerdd fydd y Cyfarchiad a dyfodiad Crist yng nghroth Mair. Symbol o ddrygioni'r byd ac anffawd ei drigolion yw *afal Efa*, cyfuniad cyseiniol yr oedd y beirdd yn naturiol yn hoff iawn ohono. Parheir y patrwm seinegol gan y gair *gofal* (ll. 6).[71] I leddfu'r gofal a achoswyd gan bechod Efa y daeth Crist, *Oen Duw pab*, i'r byd *yn fab i Fair* (ll. 12). Dewiswyd Mair yn gyfrwng i ras Duw, a hyn yw sail ei phwysigrwydd a'r anrhydedd sy'n ddyledus iddi (llau. 1–4, 9–10). Neilltuir gweddill y gerdd, sef yr awdl, i'w chlodfori yng ngoleuni hynny oll.

Egyr yr awdl drwy gyfarch y Forwyn gydag ymbiliad byr (llau. 13–17). Yna, rheffir ynghyd gyfres o epithetau a delweddau traddodiadol i ffurfio moliant estynedig i freninesiaeth a rhinweddau Mair. Adroddir y paradocsau adnabyddus a ddaeth o'i pherthynas â Christ (llau. 21–5), ac mae'r rhain yn arwain yn naturiol at y Cyfarchiad, cenhedlu'r plentyn gan yr Ysbryd Glân, delwedd esboniadol y pelydrau haul yn treiddio trwy'r gwydr, yna adlais tebygol o'r ddelwedd boblogaidd 'Siambr y Drindod' (llau. 33–6), ac yn olaf, yr Enedigaeth ddi-boen a gwyryfdod parhaol Mair. Wedyn, cawn y prif ddigwyddiadau a ddilynodd yr Enedigaeth: ymddangosiad y seren, dyfodiad y Tri Gŵr Doeth gyda'u hanrhegion, bedyddio'r Iesu gan Ieuan Fedyddiwr, magu Crist a'r ffo i'r Aifft. Clöir gan bwysleisio'r gwyryfdod parhaus eto (gan gynnwys y datganiad llawn cyntaf mewn barddoniaeth Gymraeg fod Mair yn wyry *ante partum, in partu* a *post partum* (llau. 58–62)), a chan ddisgrifio ei safle yn y nef, lle mae'n byw yn ei chorff ei hun ac yng nghwmni ei mab (llau. 63–6).

Diweddglo

Dyrnaid o gerddi yn unig a drafodwyd yma, canran fach o holl farddoniaeth grefyddol y bedwaredd ganrif ar ddeg, heb sôn am weddill y farddoniaeth. Eto, mae modd eu gweld fel rhagflas o fath newydd o ganu a oedd ar gynnydd o ddechrau'r ganrif ymlaen. Mae golwg arbrofol arnynt yn y modd y maent yn ymbalfalu am gyfaddawd rhwng yr hen a'r newydd ac mae naws arbrofol hefyd i'r lleisiau a glywir ynddynt, sy'n datblygu o fod yn betrus ac yn ochelgar ar y cychwyn i fod yn llawn hyder erbyn diwedd y cyfnod. Mae modd, felly, i weld y cerddi hyn fel dolenni mewn cadwyn a fyddai'n arwain maes o law at ganu datblygedig y ganrif ddilynol i'r Forwyn Fair. Eto i gyd, golwg teleolegol yw hwn, yn edrych yn ôl o safbwynt rhywun sy'n gwybod pa beth a ddaeth nesaf; mae'n safbwynt sy'n gyffredin iawn mewn hanes llên ac, yn wir, yn anodd ei osgoi yn llwyr. Y perygl yw bod y dystiolaeth yn cael ei hystumio drwy danbrisio gweithiau unigol fel camau ar y ffordd i rywle amgen yn hytrach na chreadigaethau unigol a oedd yn ystyrlon yn eu lle a'u hamser eu hunain, heb feddwl ar yr hyn a ddeuai, neu na ddeuai, ohonynt maes o law. Byddai'n annoeth beirniadu awdl Bleddyn Ddu, er enghraifft, am 'fethu' â bodloni'n gofynion ar gyfer bod yn awdl annibynnol i'r Forwyn Fair. Mae'n ddarn celfydd sy'n dilyn patrwm hirsefydledig yr 'awdl i Dduw' ond gan ymgorffori defosiwn cyfoes y pum llawenydd. Gwerthfawrogid pob un o'r testunau hyn gan gopïwyr Llyfr Coch Hergest a'r ffynonellau diweddar eraill y cedwir hwy ynddynt, heb sôn am eu cynulleidfaoedd gwreiddiol, na ellir ond dyfalu yn eu cylch.

Gallai ymddangos bod y beirdd Cymraeg wedi bod yn hwyrfrydig yn canu i'r Forwyn Fair o'u cymharu â thraddodiadau barddol eraill yn Ewrop, ac yn wir, mewn cymhariaeth â chyfryngau eraill megis y litwrgi, gweddïau preifat neu gysegriadau eglwysi, neu o ran hynny ryddiaith yn Gymraeg: cyfieithwyd gweithiau apocryffaidd am hanes yr enedigaeth ac esgyniad Mair i'r nef mor gynnar â chanol y drydedd ganrif ar ddeg.[72] Eto, mae'r ffactorau sy'n gyrru datblygiad ffurfiau llenyddol yn gymhleth. Un ffactor yw gwaddol testunau'r gorffennol, traddodiad a hyfforddiant; ffactor arall yw pa fath o sefyllfaoedd a oedd yno ar gyfer perfformio cerddi, fel hefyd y gynulleidfa a ddeuai â'i disgwyliadau a'i hanghenion ei hun. Ni fyddai'r un o'r ffactorau hyn byth yn aros yn ddigyfnewid am amser hir, ond roedd lle i ddatblygu a newid cyfeiriad o fewn y ffurfiau a etifeddwyd. Roedd y beirdd Cymraeg yn meddu ar gyfrwng a fodlonai'u cynulleidfaoedd ac yr oedd cyd-destun hir sefydledig iddo, hynny yw, yr 'awdl i Dduw'. Roedd honno'n ddigon hyblyg i fynegi rhychwant eang o deimladau ac o ddefosiynau, boed gorfoledd neu ofn, canmoliaeth neu ymbil, edifarhau neu bregethu, ac roedd iddi le ym mywyd y llysoedd ac, yn amgylchiadau newydd y bedwaredd ganrif ar ddeg, yng nghartrefi nawdd eraill. Dengys y llawysgrifau fod galw amdani a pharch tuag ati. Cynigiai ddigon o ryddid i fynegi defosiwn tuag at y Forwyn Fair, a gwelir hynny'n digwydd ynddi yn aml. Mae'n debygol nad oedd sefyllfa ddefosiynol gyffelyb a alwai am gerddi i Fair ar ei phen ei hun. Erbyn y bymthegfed ganrif roedd hynny wedi newid yn llwyr. Roedd lliaws o gysegrfannau lleol lle safai delwau o'r Forwyn Fair wedi datblygu'n fannau pererindota, a chanwyd llawer o gerddi'r bymthegfed ganrif er anrhydedd y rhain.[73] Roedd defosiwn preifat i'r Forwyn wedi tyfu'n aruthrol hefyd: tyst Cymraeg i hwnnw oedd cyfieithu'r *Officium Parvum, Gwasanaeth Mair*, yn ail hanner y bedwaredd ganrif ar ddeg.[74] Y newidiadau hyn yn nefosiwn y credinwyr yw cefndir y cerddi annibynnol cyntaf i Fair. Yn yr ysgrif hon rwyf wedi trafod ymddangosiad y cerddi hyn i'r Forwyn Fair fel datblygiad llenyddol, yn canolbwyntio ar berthynas y testunau hyn â gweddill y canu crefyddol. Pan ddechreuodd y beirdd eu cyfansoddi, gallent dynnu ar waddol helaeth o themâu, delweddau a geirfa o'r 'awdlau i Dduw', ac mae pob un o'r cerddi newydd hyn yn dwyn perthynas â'r ffurf honno, yn tynnu arni, yn ymateb iddi, yn gwrthgyferbynnu â hi. Yn fwriadol rwyf wedi ymatal rhag darllen y cerddi yn erbyn anghenion defosiynol yr oes, mater cwbl sylfaenol wrth gwrs, ond un sy'n haeddu astudiaeth lawn arall lle gellid darllen y cerddi yng nghyd-destun defosiynol y bedwaredd ganrif ar ddeg a chyda golwg ar le cyfnewidiol Mair yng nghrefydd yr oes.[75]

Nodiadau

1 GP, t. 15 (Llyfr Coch), t. 34 (Llst. 3).
2 Am arolwg yn Gymraeg o nodweddion cwlt y Forwyn Fair, gw. Jane Cartwright, *Y Forwyn Fair, Santesau a Lleianod: Agweddau ar Wyryfdod a Diweirdeb yng Nghymru'r Oesoedd Canol* (Caerdydd: Gwasg Prifysgol Cymru, 1999), pennod 1; ceir fersiwn Saesneg wedi ei helaethu ganddi yn *Feminine Sanctity and Spirituality in Medieval Wales* (Cardiff: University of Wales Press, 2008), pennod 1. Gan fod cymaint o ddelweddaeth grefyddol yr Oesoedd Canol yn gyffredin ledled y Gorllewin, mae'n fuddiol tynnu ar y gwaith ysgolheigaidd helaethach sydd ar gael ar gyfer ieithoedd eraill. Un adnodd hynod werthfawr yw Rosemary Woolf, *The English Religious Lyric in the Middle Ages* (Oxford: Oxford University Press, 1968), lle mae pennod 4 yn trin y Forwyn Fair yn benodol.

3   Gw. R. Geraint Gruffydd, 'Dafydd Ddu o Hiraddug', LlC, 18 (1995), 205–20. Yn ddiweddar ymddangosodd ymdriniaeth fanwl â'r pwnc gan Michaela Jacques, 'The reception and transmission of the Bardic Grammars in late medieval and early modern Wales' (traethawd PhD heb ei gyhoeddi, Harvard University, 2020), 107–21. Mae Jacques yn cytuno bod gramadeg Peniarth 20 yn ailwampiad, ond yn pwysleisio na ellir cymryd testun y Llyfr Coch na Llst. 3 fel petaent yn adlewyrchu'n ddibroblem y fersiwn hŷn y tu ôl i'r tri fersiwn fel ei gilydd. Fel y gwelwyd uchod, nid yw'r Llyfr Coch a Llst. 3 yn unffurf ymhobman.

4   GP, t. 55.

5   Mae rhyw ddeg ar hugain o gerddi defosiynol i Fair yn hysbys imi ar ôl tua 1400 a diau fod eraill na ddeuthum eto ar eu traws.

6   Mae Cartwright yn trafod barddoniaeth ym mhennod gyntaf *Y Forwyn Fair a Feminine Sanctity*, ac er ei bod yn dyfynnu o waith cynharach, mae rhywchant ei henghreifftiau yn amlygu'n glir mor gyfoethog yw'r cyfnod *c*.1400–*c*.1540 o'i gymharu â chynildeb y canu blaenorol.

7   Am y canu dienw, gw. golygiad Marged Haycock, sef Bl BGCC; ac am lawysgrifau'r beirdd llys, gw. Nerys Ann Jones, 'Ffynonellau Canu Beirdd y Tywysogion', SC, 37 (2003), 81–125.

8   Y disgrifiad manylaf yw Catherine A. McKenna, *The Medieval Welsh Religious Lyric: Poems of the Gogynfeirdd, 1137–1282* (Belmont, MA: Ford and Bailie, 1991). Gweler hefyd Barry J. Lewis, '*Genre* a *genres* ym marddoniaeth grefyddol y Cynfeirdd a'r Gogynfeirdd' (traethawd PhD heb ei gyhoeddi, Prifysgol Cymru, Aberystwyth, 2004), pennod 3. Mae'r enw 'awdl i Dduw' yn gyfleus fel enw cyffredinol er bod rhai llawysgrifau'n gwahaniaethu rhwng *awdl* (unodl) a *canu* (ar sawl odl).

9   Catherine A. McKenna, 'Performing Penance and Poetic Performance in the Medieval Welsh Court', *Speculum*, 82/1 (2007), 70–96.

10 Bl BGCC 33.40–8, testun ac aralleiriad; y ffynhonnell yw Llyfr Coch Hergest. Awgryma Haycock, t. 351, y gall fod y gerdd yn weddol ddiweddar; gthg. Andrew Breeze, 'Master John of St David's: A New Twelfth-century Poet?', BBCS, 40 (1993), 73–82.

11 Er enghraifft, Bl BGCC 18.4–7.

12 Bl BGCC cerdd 14; o Lyfr Du Caerfyrddin.

13 *Vy Devs domenus menaud / vy bardeir* (llau. 21–2). Trafodais ffurf y gerdd yn gryno yn '*Genre* a *genres*', 226–7. Gw. bellach David Callander, *Dissonant Neighbours: Narrative Progress in Early Welsh and English Poetry* (Cardiff: University of Wales Press, 2019), tt. 103–15.

14 Llau. 81–4.

15 GMB 14.37–46, testun ac aralleiriad, ond gan ddarllen *rhy cherir*, nid *rhy'i cherir*, gan y byddai'r treiglad yn afreolaidd. *Mair* yw'r gwrthrych deallegid ac yn ramadegol nid oes angen rhagenw; yn wir, nid oedd yn gyffredin defnyddio rhagenw 3 unigol gyda ffurfiau amhersonol y ferf, gw. Stefan Schumacher, 'An Edition and Analysis of Book of Aneirin B.39 (Including Preliminary Chapters

on the Grammar and Poetics of Early Welsh Poetry)', ZCP, 64 (2018), 299–420 (337–56, crynodeb 352).
16 Gw. Andrew Breeze, 'The Virgin Mary, Daughter of her Son', EC, 27 (1990), 267–83.
17 GBF 57.17–20.
18 Cf. McKenna, *The Medieval Welsh Religious Lyric*, t. 125.
19 GBF 32.44.
20 Eithriad posibl arall i bwyslais Cristgreiddiol y gerdd yw ei llinellau olaf: *Pan aned Mab, Arglwydd pob pab, popeth biau, / O arglwyddes a wna ein lles, a'n lludd poenau, / Ac a'n gwna lle yn nheca' bre, yng ngwobrwyau* (GBF 32.62–4). Mae'r amwysedd am oddrych y berfau *a wna* ac *a'n lludd* – Mair neu Grist? – yn ddiddorol.
21 E.e. GBDd 3.3–8.
22 GGMD ii, 2.1, 5–6, testun ac aralleiriad. Am ystyr *ar* 'ar gyfer, er mwyn' yn y llinellau hyn, gw. 2.1n.
23 GGMD ii, 7.29–32.
24 GSRh 12.199–200 (Gruffudd Fychan ap Gruffudd ab Ednyfed).
25 GIG XXVII.111–22.
26 GIG XXVII.35–40; GEO cerdd 3.
27 GDG 3.3–6; GIG XXX.57.
28 GGLl 19.13–16, 39–48. Cf. Andrew Breeze, 'The Blessed Virgin and the Sunbeam through Glass', *Celtica*, 23 (1999), 19–29.
29 GDG³ 1.27–8; DG.net 152.33–4. Bwrir amheuaeth ar awduraeth Dafydd ap Gwilym yno.
30 Lewis, '*Genre a genres*', 76–7.
31 Gw. RepWM, cyf. i, tt. 65–6.
32 Jenny Rowland, *Early Welsh Saga Poetry: A Study and Edition of the* Englynion (Cambridge: D. S. Brewer, 1990), t. 288.
33 Gw. Kenneth Jackson, 'Incremental Repetition in the Early Welsh Englyn', *Speculum*, XVI (1941), 304–21.
34 Gw. Marged Haycock, 'Taliesin's Questions', CMCS, 33 (summer 1997), 19–79.
35 Gthg. Rowland, *Early Welsh Saga Poetry*, t. 289, lle dadleuir bod yr englyn olaf yn ychwanegiad.
36 Cf. englyn cyntaf *Canu Heledd*, yn Rowland, *Early Welsh Saga Poetry*, t. 429.
37 Simon Rodway, *Dating Medieval Welsh Literature: Evidence from the Verbal System* (Aberystwyth: CMCS Publications, 2013), t. 108. Mae defnydd y terfyniad yn iaith diarhebion yn fater gwahanol.
38 Rowland, *Early Welsh Saga Poetry*, tt. 287–9; Bl BGCC cerddi 13 a 29.
39 Ceir yr argraff fod amryw o'r testunau hyn yn glytweithiau a gasglwyd ynghyd o wahanol ffynonellau, cf. yn enwedig yr englynion a olygwyd gan Jenny Rowland, '"Englynion Duad"', *Journal of Celtic Studies*, 3 (1981), 59–87. Ategir hyn gan y ffaith fod rhai englynion yn digwydd mewn mwy nag un gerdd.
40 Rowland, *Early Welsh Saga Poetry*, t. 355.
41 Andrew Breeze, 'Two Bardic Themes: The Virgin and Child and *AVE-EVA*', *Medium Ævum*, 63 (1994), 17–33 (20).

42 Cf. GCBM ii, 4.23; GBF 24.35.
43 Fe'u golygwyd yn GLlBH cerdd 11. Am y llaw (llaw *p*), gw. Daniel Huws, *Medieval Welsh Manuscripts* (Cardiff: University of Wales Press, 2000), t. 209.
44 GC cerddi 9 a 10. Gw. Huws, *Medieval Welsh Manuscripts*, tt. 7–8 am ddyddiadau Casnodyn.
45 GC, t. 147.
46 GC 9.5, 8.
47 GC, t. 148.
48 GC 9.29–32.
49 GC 10.1–2.
50 Gw. GPC.
51 GC 10.11–12. Mae'r atalnodi a'r dehongliad yn wahanol i eiddo golygydd GC.
52 Woolf, *English Religious Lyric*, t. 114.
53 GBDd cerdd 5.
54 GBDd 5.8–9.
55 Andrew Breeze, 'The Blessed Virgin's Joys and Sorrows', CMCS, 19 (summer 1990), 41–54 (44, n. 5).
56 GBDd 5.27, aralleiriad; GPC s.v. *cyfarchafael*.
57 Woolf, *English Religious Lyric*, tt. 135ff, yn enwedig t. 141.
58 GGMD ii, 10.1–2.
59 Llau. 63–4.
60 Ll. 27 *ar fyw od af*; ll. 34 *os marw fyddaf*; ll. 37 *can ydwyf o glwyf yn glaf*. Yma, fodd bynnag, *kynn* sydd yn y llawysgrif. Yn GGMD ii, fe'i diwygiais er mwyn cyfrif am yr amser presennol *ydwyf*, ond efallai y gellid ailfeddwl.
61 GGMD ii, 11.27–8.
62 Ll. 36.
63 Ll. 42.
64 GGMD iii, cerddi 3–5.
65 GGMD ii, 11.17–18.
66 E.e. GLlF 8.7 (Hywel ab Owain Gwynedd). Ceir sylwadau ar y motiff hwn yn A. Parry Owen, 'Rhieingerdd Efa ferch Madog ap Maredudd: Cynddelw Brydydd Mawr a'i Cant', YB, 14 (1988), 77–8.
67 GGMD ii, 12.17–20. Gellid hefyd 'Ei ddoethbwyll' (sef Crist).
68 GGMD ii, cerddi 13, 14. Nid ymdrinnir â'r englynion i'r Magi yma gan mai prin yw'r sylw a roddant i Fair.
69 GIG cerdd XXXI.
70 Llau. 1–4.
71 Am enghreifftiau eraill, gw. GSRh 12.5–8 (Gruffudd Fychan ap Gruffudd ab Ednyfed) a GGMD ii, 12.16, 19.
72 Cartwright, *Feminine Sanctity*, tt. 10, 26.
73 J. Cartwright, 'Regionalism and identity: localizing the cult of Mary in Medieval Wales', yn Ana Marković a Trpimir Vedriš (goln), *Identity and Alterity in Hagiography and the Cult of Saints* (Zagreb: Hagiotheca, 2010), tt. 119–35.
74 Brynley F. Roberts (gol.), *Gwassanaeth Meir* (Caerdydd: Gwasg Prifysgol Cymru, 1961).

75 Mae'r ysgrif hon wedi elwa'n fawr o sylwadau'r Athro Ann Parry Owen. Myfi, serch hynny, biau'r cyfrifoldeb am y barnau a fynegir ac unrhyw wallau a erys ynddi. Mae gwreiddiau pell yr ysgrif ym mhennod olaf fy nhraethawd doethuriaethol a gwblhawyd ugain mlynedd yn ôl (uchod, n. 8). Fe'i cyflwynir yma i Marged yn deyrnged iddi am oruchwylio'r gwaith hwnnw mor drylwyr ac mor garedig.

GWERFUL MECHAIN A'R GYFRAITH

Ceridwen Lloyd-Morgan

Yn 1990 cyhoeddodd Marged Haycock erthygl bwysig yn cyflwyno cywydd gan Gwerful Mechain yn ymateb i un gan Ieuan Dyfi am Anni Goch. Yno dangosodd mai dyma'r enghraifft gynharaf yn y Gymraeg o thema'r *querelle des femmes*, thema a fu mor gyffredin yn llenyddiaeth Lloegr a'r Cyfandir yn ystod yr Oesoedd Canol, yn enwedig o'r ddeuddegfed ganrif i'r bymthegfed.[1] Agorodd ei herthygl gyda delwedd llys barn lle mae'r merched yn y doc. I'w hamddiffyn daw Gwerful Mechain, gan ddadlau achos merched yn gyffredinol ac Anni Goch yn benodol, yn erbyn y cyhuddiadau a'r sen a fynegwyd yng ngherdd yr erlynydd, Ieuan Dyfi, wrth i'w serch ef tuag at Anni droi'n gasineb. Gan ddilyn patrwm arferol y *querelle des femmes*, cyfeiria Ieuan at *exempla* enwog o ddynion mawr a ddioddefodd oherwydd merched drwg, ac etyb Gwerful trwy restru llu o enghreifftiau o ferched rhinweddol, yn ogystal ag achub cam Anni Goch yn benodol. Profwyd priodoldeb trosiad y llys barn pan ymddangosodd ysgrif gan Llinos Beverley Smith dair blynedd yn ddiweddarach.[2] Yno datgelodd yr awdur, yn dilyn ymchwil manwl yng nghofnodion llys consistori esgob Henffordd, sut y gwysiwyd Ieuan Dyfi ac 'Agneta Goze *alias* Lippard' – sef Anni Goch – yn 1502 i wynebu achos llys go iawn ar gyhuddiad o odinebu.[3] Llwyddodd Anni i brofi ei diniweidrwydd a chyhuddodd hi Ieuan o'i threisio. Yn 1517, fodd bynnag, daeth tro newydd yn yr hanes, pan gyhuddwyd John Lippard o roi heibio ei wraig, Anni Goch, er mwyn priodi'n ddirgel ferch o'r enw Katerina. Bryd hynny datgelwyd bod Lippard wedi gwerthu Anni i Ieuan Dyfi.

Beth bynnag oedd holl droeon yr hanes hir a chymhleth rhwng Anni a'r ddau ddyn, rhaid casglu bod Gwerful Mechain yn gwybod am yr helyntion. Mae rhai o'r manylion yn ei cherdd hefyd yn awgrymu'n glir ei bod hi'n gwybod am fanylion y cyhuddiadau ffurfiol ac am ganlyniad yr achos cyntaf o leiaf, ac yn defnyddio ei chrefft i leisio safbwynt merch, nid yn unig er mwyn amddiffyn Anni ond hefyd i fynegi'n huawdl y cam a gaiff merched gan ddynion yn gyffredinol.[4]

Eithriadol, wrth gwrs, ar ddiwedd yr Oesoedd Canol yw clywed llais merch yn y Gymraeg yn siarad ar ran merch arall ac yn tynnu sylw at ormes dynion ar ferched, thema a adlewyrchir eto yn englyn Gwerful 'I'w gŵr am ei churo' (GGM cerdd 15). Yn y 'Cywydd i ateb Ieuan Dyfi am gywydd Anni Goch' amlygir nid yn unig ddiddordeb Gwerful yn y ddadl rhwng y ddau ryw, a'i hawydd i achub cyfle i amddiffyn ei rhyw ei hun, ond hefyd ehangder ei dysg. Fel y dengys Marged Haycock yn ei herthygl, manteisiodd Gwerful ar ei gwybodaeth fanwl am lu o ferched blaenllaw a gydnabyddid am eu rhinweddau neu'r campau a gyflawnid ganddynt, gan gyflwyno fel rhan o'i thystiolaeth a'i dadl *exempla* o ferched o'r byd clasurol, o hanes Prydain ac o'r Beibl a'r Apocryffa.

Ond mae agwedd arall ar ganu Gwerful na chafodd fawr o sylw hyd yn hyn, sef ei chyfeiriadau at y gyfraith: ei geirfa arbennig, ei chysyniadau a sut y'i gweithredid.[5] Gwyddom mor hanfodol yw gwybodaeth am y cyfreithiau wrth astudio llenyddiaeth yr Oesoedd Canol. Ers cyhoeddi gwaith arloesol T. P. Ellis yn 1928 dangosodd ysgolheigion droeon mor greiddiol oedd y wybodaeth hon mewn testunau rhyddiaith a barddoniaeth fel ei gilydd.[6] Yn wir, gellid dweud bod perthynas symbiotaidd rhwng Cyfraith Hywel a'n llenyddiaeth, gyda'r naill yn dylanwadu ar y llall, i'r graddau fel – i ddyfynnu Huw Pryce:

> they have rightly been regarded as a genre of Middle Welsh prose literature whose language and style, though containing distinctive features, bear comparison with those of contemporary literary and historical works.[7]

Yn aml, felly, bydd adnabod termau a chysyniadau cyfreithiol mewn testunau llenyddol o gymorth, os nad yn hanfodol, wrth eu hastudio a'u dehongli. O gofio bod cysylltiadau agos rhwng y beirdd a'r cyfreithwyr, naturiol oedd i Gyfraith Hywel fynd yn rhan o gyfeiriadaeth y beirdd, ac mewn astudiaeth ddiweddar dangosodd Dafydd Johnston ddyled geirfa Dafydd ap Gwilym, er enghraifft, i derminoleg y gyfraith.[8] Yn ei gyfrol yntau *Y Gyfraith yn ein Llên*, cysegrodd R. Gwynedd Parry bennod i gerddi'r cywyddwyr, o Dafydd ap Gwilym a Iolo Goch yn y bedwaredd ganrif ar ddeg a Lewys Glyn Cothi a Guto'r Glyn yn y bymthegfed hyd at Tudur Aled a fu'n canu hyd tua 1525, i enwi ond rhai ohonynt. Bu'r beirdd hyn yn moli boneddigion fel cynheiliaid cyfraith ond yn ogystal brithir rhai o'u cerddi gan dermau Cyfraith Hywel.[9] Nodwn hefyd mai yn llaw Lewys Glyn Cothi y mae llawysgrif Peniarth 40, llyfr cyfraith a gopïodd ar gyfer Ieuan ap Phylip o Gefnllys, Maesyfed.[10] Nid annisgwyl felly yw darganfod bod geirfa a chysyniadau cyfreithiol wedi treiddio yn yr un modd i waith Gwerful Mechain.

Yn ddiweddar, cynigiodd Sara Elin Roberts a minnau ddarlleniad newydd o un o englynion Gwerful, 'Llanc ym min y llwyn' (GGM cerdd 17), trwy ei gysylltu â sylwadau Cyfraith Hywel am y 'wraig llwyn a pherth'.[11] Yn yr englyn hwn mynega'r bardd awydd merch am ddyn ifanc i'w charu 'ym min y llwyn'. Mae sawl ffordd, wrth gwrs, o ddehongli 'llwyn'. Gall fod yn drosiad am gedor y ferch (cymharer Saesneg *bush*), ac yn wir dyna'r union ystyr yn y gerdd enwog 'Cywydd y gont' lle cyfeiria'r bardd at 'Y llwyn sur, llawn yw o serch', gan barhau'r ddelwedd yn y llinell nesaf gyda 'Fforest falch iawn' ac eto 'berth addwyn' yn y llinell olaf (GGM 9.44–5, 50). Fel y nodir yn *Geiriadur Prifysgol Cymru*, mae llwyn hefyd yn 'gyrchfan draddodiadol cariadon', a dyna brif ystyr y gair yn y cywydd 'Moliant i Werful Mechain' gan Ddafydd Llwyd o Fathafarn (GGM 6.39). Hanfod perthynas 'llwyn a pherth' yn nhestunau Cyfraith Hywel yw perthynas rywiol y tu allan i drefn arferol priodas, un sy'n digwydd y tu allan i'r tŷ ac yn ddirgel, a hawdd gweld perthnasedd y term cyfreithiol yng nghyd-destun yr englyn gan mai caru yn yr awyr agored sydd mewn golwg. Gall un gair, *llwyn* yn yr achos hwn, ddwyn mwy nag un ystyr, felly, a gall bardd fanteisio ar haenau semantig lluosog er mwyn cyfoethogi'r dweud.[12] Nid yw gwaith Gwerful yn unigryw yn hyn o beth; gwelir yr un amwysedd geiriol yng ngwaith Dafydd ap Gwilym ganrif a hanner yn gynt, fel y dangosodd Dafydd Johnston.[13]

Yn ei arolwg o Feirdd yr Uchelwyr a'r gyfraith, yr unig gerdd a ddyfynna R. Gwynedd Parry o ganu Gwerful Mechain yw'r englyn 'I'w gŵr am ei churo' (GGM cerdd 15).[14] Yno mynega'r bardd ddicter gwraig sydd wedi ei cham-drin, a'i hawydd i dalu'r pwyth yn ôl trwy drywanu ei gŵr a'i ladd. Nid yw'n amhosibl fod y gerdd yn adlewyrchu profiad personol ar ran Gwerful, fel yr awgryma Parry, ond nid oes prawf o hynny ac ni ddylem chwaith ddiystyru'r posibilrwydd mai llefaru mewn *persona* gwraig a gurwyd gan ei gŵr y mae Gwerful, ac yn siarad ar ran yr holl wragedd sydd yn dioddef yn y modd hwn. Mae hynny'n debygol iawn o gofio sut yr aeth hi ati i achub cam merched yn gyffredinol, ac nid Anni Goch yn unig, yn ei chywydd 'I ateb Ieuan Dyfi' a drafodir uchod. Nid oes unrhyw arlliw o eirfa gyfreithiol neu o gysyniadau cyfreithiol yn yr englyn ei hun: dim ond mynegiant clir o deimladau gwraig a gawsai ei cham-drin gan ei chymar. Serch hynny, cynigia rhai cerddi gan Gwerful Mechain dystiolaeth gadarn fod ganddi wybodaeth a dealltwriaeth dda o'r gyfraith.

Wrth ymdrin â'r englyn, dyfynna Parry'r cwpled 'Ni allodd merch ... dreisio gŵr' yn y cywydd hwnnw (GGM 4.65–6), gan awgrymu fod y bardd yn 'mynegi safbwyntiau cyfreithiol', yng ngoleuni 'tystiolaeth bod Cyfraith Hywel yn atal trais rhwng parau priod oni bai fod cyfiawnhad cydnabyddedig dros hynny'.[15] Serch hynny, cyfeirio y mae'r llinellau hyn yn y cywydd at ffeithiau ffisiolegol syml; yr un rheswm, gallwn dybio, pam nad oes gan Gyfraith Hywel ddim oll i'w ddweud am ferched yn treisio dynion er ei bod yn trafod yn fanwl y broses i'w dilyn os treisir merch gan ddyn. O ystyried cyd-destun y cwpled am drais, ar wahân i'r gosodiad cyffredinol nad merched sydd yn treisio, medrwn gasglu mai'r cyhuddiad o dreisio a wnaeth Anni Goch yn erbyn Ieuan o flaen y llys yn Henffordd sydd dan sylw yma. Yn yr un cywydd mae nifer o gyfeiriadau at gyfreithiau nad yw Parry yn cyfeirio atynt. Ymhlith yr *exempla* o ferched rhinweddol enwir 'Marsia ffel, gwraig Guhelyn, / A ddaeth â'r gyfraith dda ynn' (GGM 4.21–2), cyfeiriad at yr hanes yn *Brut y Brenhinedd* amdani hi'n dyfeisio cyfraith y Brythoniaid.[16] Defnyddir hefyd nifer o dermau yn ymwneud â'r gyfraith yn gyffredinol, er enghraifft, *barn(u)* ('Hithau a farn ar yr anwir / Am eu gwaith', llau. 61–2), ac adleisir y cyhuddiadau ffurfiol a wnaed yn y llys consistori pan elwir *gordderchwr* a *godinebwr* ar Ieuan Dyfi (llau. 65, 69). Ond ceir ambell i gyfeiriad mwy penodol hefyd. Un ohonynt yw achos 'Gwraig Edgar ... / A wnaeth yr hyn ni wnaeth neb: / Cerdded yr haearn tanllyd / Yn droednoeth, goesnoeth i gyd' (llau. 40–2). Llwyddodd y wraig hon i brofi nad oedd hi'n euog o'r cyhuddiad yn ei herbyn: 'A'r tân ni wnaeth eniwed / I'w chroen, mor dda oedd ei chred' (llau. 43–4). Cyfeirio mae'r llinellau hyn at ddiheurbrawf haearn poeth, lle byddai'n rhaid i'r cyhuddedig gerdded yn droednoeth dros farrau haearn wedi eu poethi mewn tân, neu ddal haearn poeth yn ei (d)dwylo; pe lwyddai i ddod trwy'r prawf yn llwyddiannus, byddai hynny'n profi nad oedd yn euog o'r drosedd.[17] Nid oes sôn yng Nghyfraith Hywel am y prawf hwn, ond fe'i defnyddid yn Lloegr ac ar y cyfandir mewn achosion yn ymwneud â rhywioldeb, gan gynnwys godineb yn arbennig, a disgrifir y broses weithiau mewn testunau naratif canoloesol.[18] Pwy felly oedd 'gwraig Edgar' a beth oedd ei throsedd honedig? Os cywir yr enw Edgar, yr unig bosibilrwydd a gynigiwyd yw Ælfryth, ail neu o bosibl drydedd gwraig y brenin Edgar o Loegr a fu farw yn 975, y cofnodwyd ei hanes yn *Brenhinedd y Saesson*. Dywedir yno iddi gael ei chyhuddo o drefnu llofruddio ei llysfab, Edward, yn 978 er mwyn i'w mab hithau, Ethelred, gael esgyn i'r orsedd; treuliodd ddiwedd ei hoes mewn penyd mewn tŷ crefydd a godwyd ganddi.[19] Go brin fod y wraig hon yn enghraifft addas i'w chynnwys ymhlith enghreifftiau o 'ferched da', fodd bynnag, ac nid oes sôn amdani hi'n dioddef prawf haearn poeth. Fel y nododd Nerys Ann Howells, mae hi'n fwy tebygol mai hanes Edith, gwraig Edward Gyffeswr, sydd dan sylw gan Gwerful.[20] Enwir Edward yn lle Edgar yn un o'r llawysgrifau lle cedwir y gerdd hon, sef BL Add. 14896, llawysgrif o hanner cyntaf yr ail ganrif ar bymtheg. O gofio pwysigrwydd y traddodiad llafar yn hanes testunol cerddi Gwerful Mechain, hawdd dyfalu sut y cododd y dryswch rhwng yr enwau ac felly'r achosion, er nad oes modd dweud ai'r bardd a gyfeiriodd yn gyfeiliornus at Edgar neu ai'r un llawysgrif ddiweddar hon a gadwodd y darlleniad cywir. Beth bynnag fo'r gwirionedd yn hynny o beth, tystia *Brenhinedd y Saesson* fod y stori am Edith wedi cyrraedd Cymru ac ar gael yn y gogledd-ddwyrain erbyn dyddiau Gwerful.[21] Edrydd y cronicl fod 'Aldwinu escop', sef Ælfwine, esgob Caer-wynt, wedi ei gyhuddo yn 1046 o gyfathrach rywiol gyda'r frenhines, Edith, a'i garcharu gan y brenin Edward Gyffeswr.[22] Y flwyddyn ganlynol gorfodwyd i'r esgob a'r frenhines fynd trwy'r diheurbrawf a chawn ddisgrifiad manwl o'r broses. Parodd y brenin '[d]wymnaw naw llad haearn yn wyn yas, a pheri ydunt kerdet naw cam ar y naw llath haearn; ac o galleynt hynny yn diargywed, gwirion oedynt'. Treuliodd y frenhines y noson yn gweddïo a derbyniodd sicrwydd dwyfol y byddai hi'n dod trwy'r prawf yn ddianaf. Ar ôl y prawf dygwyd y ddau o flaen y brenin a 'dangos ev traet ydaw na mannassei yr haearn arnadunt'.[23] Fel y noda Robert Bartlett, stori ffug oedd hon, ond fe'i cofnodwyd yn yr *Annales de Wintonia* (blwyddnodion Caer-wynt).[24] Ffug neu beidio, mae manylion yr achos a geir yn *Brenhinedd y Saesson* yn cyd-fynd yn berffaith â'r manylion a gawn gan Gwerful, gan gynnwys y sylw mai trwy ei ffydd gadarn – yn ogystal, cymerwn, a'r ffaith ei bod hi'n ddieuog – y llwyddodd y frenhines i ddod trwy'r prawf yn ddianaf. Canmolir nifer o'r *exempla* o ferched da am rinweddau eraill yn y gerdd, ond achos gwraig Edward yw'r un mwyaf penodol o berthnasol yn y cyd-destun, gan mai godineb oedd y cyhuddiad yn erbyn Anni Goch, a'i bod hithau, fel y frenhines, wedi llwyddo i brofi ei bod yn ddieuog, a hynny mewn llys eglwysig, ac felly o flaen Duw.

Tua diwedd y cywydd, lle try'r bardd at Ieuan Dyfi ei hun a'i gollfarnu am ei ymddygiad, cyfeirir at 'Yr un ffŵl a neidio wrth ffon / Neu neidio wrth lw anudon' (GGM 4.77–8). Nid ar chwarae bach y tyngid *llw anudon*, sef llw celwyddog, ac roedd dwyn camdystiolaeth ar lw fel hyn yn sail i wrthwynebu neu herio tyst mewn achos llys.[25] Tebyg mai Ieuan Dyfi yw'r *ffŵl*, fel yr awgryma Nerys Ann Howells, ac os felly, mae'r cyhuddiad o ddweud celwydd yn un difrifol, yn enwedig yng nghyd-destun yr achos llys yn 1502. Awgryma Howells hefyd fod *neidio wrth ffon* efallai yn cyfeirio at chwipio, sef cosb y penyd cyhoeddus, ac yn adlais posibl o'r achos llys yn 1502, lle rhoddwyd ar Ieuan Dyfi gosb o wyth chwipiad.²⁶ Cyfeiriadaeth llawer llai penodol a geir yng nghanu crefyddol Gwerful Mechain, fel y casgla Nerys Ann Howells:

> 'At ei gilydd, confensiynol ac ystrydebol yw barddoniaeth grefyddol y bymthegfed ganrif ac nid yw gwaith Gwerful Mechain yn eithriad. Dilyn themâu poblogaidd ei hoes a wna, gan gyfleu syniadau digon cyfarwydd mewn llinellau stoc.'²⁷

Yn hyn o beth, felly, mae ei cherddi yn nodweddiadol o'i chyfnod. Digwydd y cysyniadau cyfreithiol cyffredinol *barnu* a *barn* yn aml mewn cerddi crefyddol, wrth gwrs, ac nid annisgwyl yw cael enghreifftiau nodweddiadol yng ngwaith Gwerful. Defnyddia'r termau hyn mewn dau gyd-destun: am gondemnio Crist i'w groeshoelio ac am Dduw yn barnu eneidiau. Yn 'Dioddefaint Crist', er enghraifft, cyfeiria Gwerful at y *gyfraith* a *barn* a arweiniodd at groeshoelio Crist: 'Wrth hud a chyfraith oediog / Y bwrien' Grist mewn barn grog' (GGM 1.43–4). Yn yr un modd sonnir am *ddyddfarn*, sef Dydd y Farn Fawr, yn 'Angau a barn' (GGM 2.1). Gwobr y Cristion fydd 'Pardwn Duw rhag y Purdan dig' (GGM 1.74), ymadrodd sy'n adleisio enghreifftiau tebyg gan gywyddwyr eraill, er enghraifft, 'Pardwn hardd heb burdan hir' yn y farwnad a ganodd Rhys Goch Eryri i'r bardd Gruffudd Llwyd ap Dafydd ab Einion Llygliw tua 1420.²⁸ Term mwy penodol yw *pridwerth*, sef y pris a delir i ryddhau rhywun o gaethiwed, sydd ag ystyr diwinyddol iddo yn 'Angau a barn': 'A phan ddug wedi'r ffin ddwys / Ei bridwerth i baradwys' (GGM 1.61–2). Pwysleisio y mae'r cywydd hwn y daw marwolaeth i ran pawb, hyd yn oed y rhai uchaf eu statws:

> Pob brenin, pob rhyw wyneb
> Uchel yw'n wir uwchlaw neb,
> Pob swyddwr, pawb sy heddiw²⁹

Afraid dweud bod y *topos* hwn yn un y gellir ei olrhain i'r byd clasurol, yn awdlau Horas, er enghraifft, a'i fod yn digwydd yn aml yn llenyddiaeth yr Oesoedd Canol, gan gynnwys cerddi François Villon yn Ffrangeg a Siôn Cent yn y Gymraeg yn ystod hanner cyntaf y bymthegfed ganrif. Ond diddorol yw'r defnydd o *swyddwr* yma, gan ei fod yn dilyn *brenin* yn y cwpled blaenorol. Awgryma hyn mai swyddog llys yw'r ystyr, a bod yma adlais o Gyfraith Hywel.[30] Swyddog â statws arbennig felly, ac yn gydnaws â'r sylw yn nes ymlaen bod *swyddwr* grymus gan Dduw ei hun, sef angau:

> Mae swyddwr i maes iddaw,
> Oes dros lu, astrus ei law,
> A hwn a gyrch hŷn ac iau,
> Ail i'r ing elwir angau.[31]

O holl gerddi Gwerful Mechain, yr un sydd yn cynnig y dystiolaeth fanylaf am wybodaeth y bardd o Gyfraith Hywel yw 'I wragedd eiddigus' (GGM cerdd 10). Yn y cywydd hwn collfarna'r bardd genfigen ac eiddigedd gwragedd, gan droi ar ei phen thema'r Gŵr Eiddig. Thema gyffredin oedd honno mewn llenyddiaethau Ewropeaidd yn yr Oesoedd Canol,[32] wrth gwrs, ac yn gyfarwydd iawn yn y cyd-destun Cymraeg yng ngwaith Dafydd ap Gwilym yn arbennig, mewn cerddi megis 'Tri Phorthor Eiddig' ac 'I Ddymuno Lladd y Gŵr Eiddig', i enwi ond dwy.[33] Tynnodd Dafydd Johnston a Nerys Ann Howells sylw at gywydd Dafydd Llwyd o Fathafarn, 'I'r Eiddiges a moliant i'r wraig fonheddig nid oedd eiddigeddus', sydd yn mynegi safbwynt confensiynol trwy feirniadu merched eiddigeddus a fyddai'n cyfyngu ar ryddid rhywiol dynion.[34] Mae hi'n dra phosibl fod Gwerful Mechain yn ei chywydd hithau yn ymateb i gywydd Dafydd Llwyd, oherwydd wrth bwysleisio mor niweidiol yw cenfigen gwragedd eiddigeddus, awgryma hi mai trachwant, nid cariad go iawn, sy'n dwyn eu bryd, ac mae'r *envoi* (GGM 10.55-8) yn gwyrdroi dadl Dafydd Llwyd a chonfensiwn y Gŵr Eiddig yn gyffredinol.

Mor gryf yw awydd y wraig eiddig i gadw ei gafael ar garwr gyda chal fawr, medd Gwerful yn y gerdd hon, nes bod yn well ganddi ei phleser rhywiol nag unrhyw beth arall, o'i pherthnasau i'w heiddo. Â'r bardd yn ei blaen i restru'r holl bethau y byddai'r wraig yn fodlon aberthu er mwyn cael neu barhau i berchnogi cal ei charwr. Er bod arlliw o'r llys barn ar ambell air fel *anair* (enllib, gwarth, enw drwg, ll. 37), a *dyfyn* (gwŷs i ddod gerbron, ll. 46) nid ydynt ymhlith termau technegol, penodol y gyfraith, ond mae dylanwad Cyfraith Hywel yn drwm ar y gweddill. Nid yw hyn yn annisgwyl, oherwydd er bod Statud Rhuddlan wedi gorfodi cyfreithiau'r Saeson ar y tywysogaethau, 'caniatawyd i'r cyfreithiau Cymreig yn ymwneud â thir ac eiddo symudol i barhau', yn ogystal â'r cyfreithiau ar etifeddiaeth, a chafwyd trefniadau cymysg hefyd yn y Mers, lle parhaodd Cyfraith Hywel i ddatblygu.[35] I feirdd ar ddiwedd y bymthegfed ganrif a dechrau'r unfed ar bymtheg, felly, ac i'w cynulleidfa, nid rhywbeth hynafiaethol oedd y cyfreithiau Cymreig eithr system a oedd yn dal yn hyfyw a pherthnasol. Yn y rhan o'r cywydd lle rhestrir yr hyn y byddai'r wraig eiddigeddus yn fodlon ei aberthu, cyfeiria Gwerful yn gyntaf at aelodau o'r teulu, gan ddechrau gydag 'wyth o'i thylwyth' (ll. 28),[36] cyn manylu trwy ddilyn graddau perthynas o'r agosaf i'r pellaf, o'i thad (ll. 29) drwy ei mam (ll. 31), ei brodyr (ll. 32) a'i chefndyr (ll. 33), hyd yn olaf ei 'cheraint a'i chwiorydd' (ll. 34). Gan adleisio Cyfraith Hywel, rhoddir blaenoriaeth – ac felly statws uwch – i'r dynion, a math o ôl-nodyn ar y diwedd yw ei *chwiorydd*, a ddaw ar ôl ei *cheraint*, term a all olygu, o bosibl, yn y cyd-destun hwn, ei chyfyrderon neu ei theulu ehangach. Nid yw safle'r chwiorydd yma yn gwbl gyson â'r gyfraith, fodd bynnag, oherwydd dônt yn gynharach ar y rhestr pan delir galanas mewn achosion yn sgil llofruddiaeth, er enghraifft, ond efallai fod gofynion mydr ac odl wedi trechu manwl gywirdeb yn yr achos hwn.[37] Er y daw'r fam yn yr ail le yma, mae hynny'n gyson â'r gyfraith, gan y scfydlid ei statws cyfreithiol hi ar sail safle cymdeithasol ei gŵr a'i thad. Ac wrth drafod rhannu treftadaeth ac etifeddiaeth, er enghraifft, ceir yn y llyfrau cyfraith yr un drefn flaenoriaeth: brawd, cefnder, cyfyrder.[38] Adleisia'r rhestr felly y pwys a roddir nid yn unig ar dylwyth ond hefyd ar drefn blaenoriaeth ar sail graddau perthynas. Wrth symud ymlaen at yr eiddo y byddai'r wraig yn fodlon ei ildio, mae hi'n werth craffu ar y llinellau hyn sydd yn dangos gwybodaeth benodol o'r gyfraith berthynol i wragedd yn arbennig:

> Er rhoi o wartheg y rhên
> Drichwech a'r aradr ychen,
> A rhoi er maint fai y rhaid,
> Rhull ddyfyn, yr holl ddefaid,
> Gwell fydd gan riain feinir,
> Meddai rai, roi'r tai a'r tir,
> A chynt ddull, rhoi ei chont dda
> Ochelyd, na rhoi'i chala,
> Rhoi'i phadell o'i chell a'i chost
> A'i thrybedd na'i noeth rybost,
> Gwaisg ei ffull, rhoi gwisg ei phen
> A'i bydoedd na rhoi'r biden.[39]

Cyfeirio y mae'r bardd yma at y ddau brif ddosbarth o eiddo: eiddo ansymudadwy ac eiddo symudadwy. Yn y categori cyntaf daw y *tai a'r tir* (ll. 48), ac mae hi'n werth nodi yma y câi gwraig ddal y rhain dan amgylchiadau penodol, os rhoddwyd yr eiddo fel rhan o'r *maritagium* gan ei thad neu ei brawd pan briododd hi, er enghraifft. Cyfeiria'r hanesydd Rees Davies at un achos lle rhoddodd y tad dŷ a pherllan iddi.[40] Gellir rhannu'r ail gategori, yr eiddo symudadwy, eto yn ddau ddosbarth, sef (1) da byw a (2) gwrthrychau difywyd. Cynrychiolir y ddau yn y cywydd. Ymhlith y da byw a grybwyllir mae 18 o wartheg: 'o wartheg y rhên / Drichwech' (llau. 43–4).[41] Tebyg mai union ystyr *rhên*, 'arglwydd', yma yw gŵr y wraig, gan mai ef fyddai'r penteulu ac yn meddu ar awdurdod drosti; gellid cymharu'r defnydd o *lord* mewn Saesneg Canol.[42] Yn nes ymlaen ychwanegir *yr holl ddefaid* (ll. 46). O droi eto at y Gyfraith, gwelwn fod y rhain ymhlith yr eitemau y câi'r wraig eu cadw pe byddai hi a'i gŵr yn ysgaru. Yn ôl Llyfr Blegywryd, er enghraifft, 'hanher y holl da a geiff y wreic pan yscarhont. Ac val hyn y renhir y da: y gwr a geiff y moch, a'r wreic y deueit.'[43] Ymhlith yr eiddo arall, difywyd, enwir yr *aradr ychen*, rhan o offer hanfodol y teulu, ac wrth ysgaru roedd hawl gan y wraig i gadw'r swch, ond câi'r gŵr y cwlltwr.[44] Fel y noda Robin Chapman Stacey, ar ei ben ei hun ni fyddai'r cwlltwr na'r swch o unrhyw fudd, ac efallai fod y bardd, wrth gyfeirio at yr *aradr* gyfan, yn awgrymu y byddai'r wraig eiddigeddus yn fodlon aberthu holl fanteision ei statws priodasol.[45] Adleisio eto y drefn o rannu eiddo wrth i bâr ysgaru y mae'r eitemau nesaf yn y rhestr: ei *phadell ... a'i thrybedd* (llau. 51–2), gan fod y rhain ymhlith y gwrthrychau a gâi'r wraig.[46]

Yr eitem olaf a grybwyllir yn y cywydd yw *gwisg ei phen* (ll. 53). Yng Nghyfraith Hywel enwir *penlliein* neu benwisg ymhlith y pethau y câi gwraig eu rhoi i rywun arall *heb gyghor y gwr*, hynny yw heb orfod gofyn caniatâd ei gŵr.[47] Efallai mai gweddill yr eitemau o'i heiddo personol y caniateid iddi eu rhoi a olygir wrth ei *bydoedd*, neu o bosibl yr holl eiddo a oedd ganddi.[48] Er na fedrwn fod yn sicr bob tro o union ergyd a holl oblygiadau pob eitem a enwir yma, mae hi'n amlwg nad dewis y rhain i gyd ar hap a wnaeth Gwerful ond ei bod hi'n ymwybodol iawn o'u harwyddocâd cyfreithiol. Roedd hi'n amlwg yn gyfarwydd iawn â chyfraith gwragedd ac yn disgwyl y byddai ei chynulleidfa'n deall arwyddocâd pob cyfeiriad ac yn gwerthfawrogi'r ormodiaith ddoniol wrth iddi fynnu bod cal fawr ei chariad yn bwysicach i wraig eiddig na'i holl eiddo a holl hanfodion bywyd. Uchafbwynt yr ormodiaith ddychanol yw'r gosodiad y byddai'n well gan wraig eiddigeddus ildio ei chont na cholli'r gal: anodd gweld o ba fudd iddi y buasai'r gal heb ei chont! Byddai'r gynulleidfa hefyd yn sicr o sylwi bod mwy nag un ystyr i rai o'r termau. Yn achos y badell a'r trybedd, byddai'r symboliaeth rywiol yn amlwg, ac yn gyson nid yn unig â thema'r cywydd arbennig hwn ond hefyd â defnydd creadigol a chwareus Gwerful Mechain o ddelweddau amwys gydag ystyron lluosog mewn cerddi eraill, yn 'Y Llanc ym min y llwyn', er enghraifft,[49] ac yn enwedig yng 'Nghywydd y gont'. Wrth drafod canllawiau'r Gyfraith ar gyfer rhannu eiddo rhwng y gŵr a'r wraig sy'n ysgaru, noda Robin Chapman Stacey, 'it may not be coincidental that the sentence following directly after the mention of long, sharp, pointed instruments taken by the man assigns the pan (*padell*) and the tripod (*trybed*) to the woman'.⁵⁰ Gan ddwyn cywydd Gwerful 'I Wragedd Eiddig' yn dystiolaeth o'r defnydd o'r termau hyn fel trosiadau am y cedor neu'r wain, awgryma Stacey bod yr un symboliaeth rywiol i'r geiriau hyn yn nhestunau'r Gyfraith. Wrth ystyried pwysigrwydd gwybodaeth gyfreithiol yng ngherddi Gwerful Mechain, mae hi'n drawiadol bod y termau i gyd yn rhai brodorol, neu, fel *gwarantwyf* (GGM 9.3), er enghraifft, wedi hen ennill eu tir yn yr iaith. Serch hynny, nid oedd hi'n hepgor geiriau benthyg yn ei gwaith yn gyffredinol, ac fel llawer o feirdd eraill y bymthegfed ganrif, heb sôn am Dafydd ap Gwilym yn y bedwaredd ganrif ar ddeg,⁵¹ defnyddiai hithau eiriau a fenthyciwyd o'r Saesneg. Roedd rhai ohonynt wedi ymsefydlu yn y Gymraeg erbyn ei hamser hi, rhai megis *ffris* < S. *frieze* (GGM 9.46) a *grod* < S. *groat* (GGM 4.5), sydd wedi eu cofnodi yng ngwaith Guto'r Glyn a beirdd eraill yn gynharach yn y bymthegfed ganrif.⁵² O osod y rhain o'r neilltu, erys ambell enghraifft sydd heb ei chofnodi yn GPC yn gynharach na gwaith Gwerful, os o gwbl. Ymhlith y rhain yw *sêm* (GGM 9.42) < S. *seam*; *ffraill* (GGM 9.46) ?< S. *frail*;⁵³ *brusner* (GGM 12.7) ?< S. *prisoner*;⁵⁴ *membr* (GGM 12.8) < S. *member*; a'r ymadrodd *haf atad* (GGM 12.13) < S. *have at you*.⁵⁵ Yn ddiddorol iawn, digwydd y rhain i gyd mewn cerddi sydd yn dathlu rhywioldeb. Efallai mai arwydd yw hyn o awydd i arbrofi, i fod yn feiddgar a chwareus, gyda'r eirfa'n cyd-fynd â neges a naws y cerddi. Ar y cyfan ni ddefnyddir geiriau benthyg o fewn y cerddi hynny lle ceir termau neu themâu yn gysylltiedig â Chyfraith Hywel. Yn hyn o beth, eithriad yw 'Cywydd y gont' (GGM cerdd 9), lle y ceir un term cyfreithiol, sef *gwarantaf* (ll. 3 *gwrantwyf*), yn ogystal â nifer o eiriau benthyg fel y rhai a nodwyd uchod. Gair o dras Eingl-Normaneg ond a fenthyciwyd o'r Saesneg yw *gwarantaf*, yn ôl GPC, ond roedd y term hwn wedi ennill ei phlwyf yn y Gymraeg ac yng Nghyfraith Hywel erbyn y bedwaredd ganrif ar ddeg, fel y tystia *Llyfr Blegywryd*.⁵⁶

Erys un cwestiwn pwysig: sut a ble y cafodd Gwerful Mechain y wybodaeth a adlewyrchir yn ei gwaith? Mewn rhai meysydd gellir bod yn sicr mai rhan o'i chynhysgaeth gyffredinol ydyw. Yn achos crefydd, pwysleisia Howells fod y bardd yn gadarn ei gwybodaeth Gristnogol, gan dynnu sylw at y gerdd 'Dioddefaint Crist' (GGM cerdd 1) lle yr amlygir ei '[g]wybodaeth a dealltwriaeth sicr ... o arwyddocâd y Dioddefaint'.[57] Cyfeiria'r bardd yn 'Angau a barn' (GGM cerdd 2) at nifer o gymeriadau o'r Beibl: Adda (ll. 35), Noe (ll. 36), Abram (ll. 37), Moesen (= Moses, ll. 38), Dafydd Broffwyd (llau. 39–40). Nid yw hyn yn annisgwyl: byddai hanes y rhain yn gyfarwydd i unrhyw Gristion yn y cyfnod, o'r gwasanaethau eglwysig, trwy wrando ar bregethau a hyd yn oed trwy ddelweddau gweledol megis cerfluniau, gwydr lliw neu furluniau yn yr eglwysi. Daeth y cyfeiriadau hyn yn rhan hefyd o'r traddodiad barddol Cymraeg, a diddorol nodi mai'r union un detholiad o enwau – Adda, Dafydd, Moesen, Abram a Noe – sydd gan Siôn Cent yn ei gywydd 'I'r Byd', mewn cyd-destun go debyg.[58]

Yn yr un modd, tebyg fod yr *exempla* hanesyddol a chwedlonol yng ngwaith Gwerful Mechain yn rhan o gynhysgaeth gyffredinol y beirdd ac o gonfensiynau'r canu. Ni fyddai angen troi at destun ysgrifenedig i chwilio am hanes cymeriad fel Nudd Hael, y cyfeiria Gwerful ato yn ei chywydd 'I Lywelyn ap Gutun', wedi i Ddafydd Llwyd anfon Llywelyn yn llatai drosto ati hi; fe'i enwir yn y Trioedd fel un o'r Tri Hael.[59] Dichon y byddai cynnwys *Brut y Brenhinedd* yr un mor gyfarwydd iddi hi ag yr oedd i feirdd eraill yr Oesoedd Canol, felly nid annisgwyl yw ei chyfeiriad yn yr un cywydd at y Saeson fel *[p]lant Ronwen*.[60] Yn y cerddi ymryson gwelir fod Gwerful llawn mor abl â Ieuan Dyfi neu Dafydd Llwyd i ddyfynnu enw neu gyfeiriad at draddodiad arbennig. Ambell waith wrth ateb bardd arall adleisia Gwerful gyfeiriad o'r math hwn ganddo yntau. Un enghraifft o hyn yw'r cyfeiriad at y teithiwr enwog Brawd Odrig, a gyflwynwyd i'r Cymry trwy'r cyfieithiad *Ffordd y Brawd Odrig*.[61] Yn ei 'Gywydd llateiaeth i Werful Mechain ac i yrru Llywelyn ap Gutun ati yn llatai' dywed Dafydd Llwyd: 'Ni chawn dy gydfod, tro trig, / Mwy no didro Brawd Odrig' (GGM 5.15–16), ac yn ei hymateb yn ei chywydd 'I Lywelyn ap Gutun', cyfeiria Gwerful hithau at y 'Brawd Odrig yn bwrw didro' (GGM 7.10). Ac os cyfeiriodd hi yn yr un cywydd hwnnw at *Alecsandr* (Alecsander Fawr, GGM 7.63) fel delwedd o gadfridog a choncwerwr heb ei ail, gwelir Ieuan Ddyfi yn defnyddio'r un enw er mwyn difrïo gwragedd yn ei gywydd yn erbyn Anni Goch (GGM 3.27).

O gofio'r berthynas agos rhwng y cyfreithiau a llenyddiaeth, a rhwng gwŷr y gyfraith a'r beirdd, mae hi'n debygol iawn fod gwybodaeth Gwerful Mechain a'i chynulleidfa am Gyfraith Hywel yn rhan o'u cynhysgaeth ddiwylliannol. Er bod cynifer – dros ddeugain – o lawysgrifau o destunau'r gyfraith wedi goroesi, ochr yn ochr â'r traddodiad ysgrifenedig cryf hwn roedd cof gwlad hyfyw, fel y pwysleisia Huw Pryce:

> Though themselves witnesses to a vigorous tradition of legal writing, the lawbooks open a window onto a world of customary law that relied primarily on memory and the spoken word, and they thereby highlight the coexistence of differing uses of literacy in a medieval society.[62]

Gyda'r llafar a'r llyfr yn cyd-fyw ac yn porthi ei gilydd yn y cyfnod, gallwn gasglu na ddibynnai Gwerful a beirdd eraill ei chylch yn gyfan gwbl ar y traddodiad llafar. Erbyn ei chyfnod hi, wrth gwrs, ar ddiwedd y bymthegfed ganrif a dechrau'r unfed ar bymtheg, daeth llythrennedd yn fwy cyffredin, ymysg y beirdd yn union fel mewn rhannau eraill o'r gymdeithas. Dechreuodd rhai o'r beirdd gofnodi eu gwaith ei hun, fel y tystia'r llawysgrifau o ddwylo Lewys Glyn Cothi neu Gutun Owain, i enwi dim ond dwy enghraifft amlwg o'r bymthegfed ganrif; gwelsom hefyd fod un o lawysgrifau Cyfraith Hywel, Peniarth 40, yn llaw Lewys Glyn Cothi.[63] Nid oes ar glawr gopïau cyfoes o waith Gwerful Mechain, ond ceir awgrym gan Ddafydd Llwyd ei bod hi'n llythrennog, neu o leiaf yn medru darllen. Yn ei gywydd llateiaeth ati hi dywed Dafydd: 'Gollwng ... / a wnaf latai i'th dai di / Ar draws llif, ag ysgrifen' (GGM 5.21–3).[64] Nid dyma'r unig gyfeiriad chwaith at y gair ysgrifenedig yng ngwaith beirdd ei chylch hi. Yn ei gywydd i Owain Thomas cyfeiria Dafydd Llwyd at 'lyfrau meinwyn' Owain, a sonia Llywelyn ap Gutun at '[b]apur ac inc fel pupr gwyn' yn ei gywydd yn ymateb i gywydd dychan gan Ddafydd Llwyd.[65] Mae'r cyfeiriad hwnnw at *bapur* yn adlewyrchu'r cynnydd aruthrol a sydyn iawn a fu yn y defnydd o bapur yng Nghymru yn ystod ail hanner y bymthegfed ganrif. Yn Lloegr defnyddid papur ar gyfer dogfennau mor gynnar â blynyddoedd olaf y drydedd ganrif ar ddeg, a cheir cyfrolau papur, gan gynnwys copïau o destunau llenyddol, yno o ganol y bedwaredd ar ddeg ymlaen.[66] Erbyn y bedwaredd ganrif ar ddeg roedd papur, a llawysgrifau papur, i'w gweld yng Nghymru hefyd, yn ôl tystiolaeth y beirdd. Defnyddia Dafydd ap Gwilym *lliw papur* fel trosiad ar gyfer y lliw gwyn yn 'Y Bardd a'r Brawd Llwyd', er enghraifft, ac yn ei gywydd yntau 'I Ddewi Sant' cyfeiria Iolo Goch at gopïydd yn ysgrifennu buchedd y sant mewn *llyfr o'r pabir*.[67] Serch hynny, o'r llawysgrifau Cymraeg sydd wedi goroesi hyd heddiw, nid oes yr un gynharach na Pheniarth 50, a gopïwyd tua 1445, sydd yn cynnwys dail papur, a hyd yn oed yn y gyfrol honno defnyddiwyd memrwn o hyd ar gyfer dail allanol a dail canol cydiadau, er mwyn cryfhau'r rhannau lle byddai'r gwnïo yn gosod y straen mwyaf ar y strwythur.[68] O hynny ymlaen, fodd bynnag, lledodd y defnydd o bapur yn gyflym iawn nes bod tua thraean y llawysgrifau sydd gennym o'r cyfnod yn rhai papur, a phapur a ddefnyddiwyd yn bennaf ar gyfer casgliadau o farddoniaeth. Fel y nododd Daniel Huws,

> The poetry collections which began to appear about the middle of the fifteenth century are ... generally of paper, not parchment; they are mostly home-made little books, the skills of the scriptorium largely forgotten; what they contain is the poetry of the *Cywyddwyr*, the poetry of the previous 100 years or so, some of it even contemporary and autograph; and their texts derive in the main, I believe, directly from oral tradition.[69]

Fel yn achos y cyfreithiau, felly, gallwn ddweud fod sgiliau darllen ac ysgrifennu, a diwylliant materol lle y daeth papur fel cyfrwng poblogaidd i gynnal ysgrifen, yn cyd-fyw â thraddodiad llafar a oedd yn dal yn hyfyw. Er bod cyfran helaeth o'r wybodaeth gyffredinol a oedd gan Gwerful Mechain yn debygol o fod yn rhan o gynhysgaeth arferol y beirdd, wedi ei hamsugno ganddi trwy'r glust, ni ddylem ddiystyru'r posibilrwydd mai o ffynonellau ysgrifenedig y cododd hi rai manylion. O ran ei defnydd chwareus o dermau a chysyniadau'r gyfraith, nid oes modd inni farnu a welodd hi, neu a ddarllenodd hi, lyfr cyfraith erioed, ac nid yw ei chyfeiriadau yn ddigon manwl inni ddweud i sicrwydd o ba ddull o'r gyfraith yr oedd hi'n dyfynnu. Serch hynny, nid oes amheuaeth am ei gwybodaeth o'r gyfraith, ac yn enwedig, ac yn briodol iawn, cyfraith gwragedd. Gwelodd Gwerful Mechain fod modd manteisio ar y deunydd hwn, ac ar wybodaeth ei chynulleidfa ohono hefyd, wrth gyfleu ei neges, boed naws cerdd yn finiog neu yn chwareus.

Nodiadau

1 Marged Haycock, 'Merched Drwg a Merched Da: Ieuan Dyfi v. Gwerful Mechain', YB, 16 (1990), 97–110. Ar thema'r *querelle des femmes*, gweler hefyd, e.e., Alcuin Blamires (gol.), *Woman Defamed and Woman Defended: An Anthology of Medieval Texts* (Oxford: Clarendon Press, 1992). Golygwyd y ddwy gerdd Gymraeg yn GGM cerddi 3–4.

2 Llinos Beverley Smith, 'Olrhain Anni Goch', YB, 19 (1993), 107–27.

3 Y llys consistori oedd yn barnu cyhuddiadau o gamymddwyn rhywiol a phriodasol.

4 Ansicr yw dyddiadau geni a marw Gwerful Mechain, ac ni wyddom a oedd hi'n dal yn fyw adeg yr ail achos llys yn 1517. Wedi ystyried yr holl dystiolaeth, cynigiodd Nerys Howells '*c*.1460 tan ar ôl 1502 fel y dyddiadau bras pan oedd [hi] yn ei blodau', GGM, t. 18.

5 Hoffwn ddiolch i'r Dr Sara Elin Roberts am drafodaeth werthfawr ar yr agweddau cyfreithiol ac am ei sylwadau ar ddrafft o'r astudiaeth hon.

6 Ceir arolwg ddefnyddiol o'r berthynas rhwng llenyddiaeth a'r gyfraith ac o astudiaethau perthnasol a gyhoeddwyd o Ellis ymlaen yn Robin Chapman Stacey, *Law and the Imagination in Medieval Wales* (Philadelphia: University of Pennsylvania Press, 2018), tt. 18–26.

7 Huw Pryce, 'Lawbooks and Literacy in Medieval Wales', *Speculum*, 75 (2000), 29–67 (33). Awgryma Stacey hefyd (*Law and the Imagination*, t. 315) y gellir – y dylid, efallai – ddarllen testunau Cyfraith Hywel i raddau fel corff o lenyddiaeth greadigol. Dengys R. Gwynedd Parry, *Y Gyfraith yn ein Llên* (Caerdydd: Gwasg Prifysgol Cymru, 2019), fel y parhaodd cyfraith gwlad i gael ei hadlewyrchu mewn llenyddiaeth Gymraeg ar hyd y canrifoedd.

8 Ar y cysylltiadau rhwng beirdd a chyfreithwyr gweler Sara Elin Roberts, 'Addysg Broffesiynol yng Nghymru yn yr Oesoedd Canol: Y Beirdd a'r Cyfreithwyr', LlC, 26 (2003), 1–17; Sara Elin Roberts, 'Dafydd ap Gwilym, ei Ewythr a'r Gyfraith', LlC, 28 (2005), 100–14. Ar eirfa gyfreithiol Dafydd ap Gwilym gweler Dafydd Johnston, *'Iaith Oleulawn': Geirfa Dafydd ap Gwilym* (Caerdydd: Gwasg Prifysgol Cymru, 2020), tt. 50, 179–84.

9 Parry, *Y Gyfraith yn ein Llên*, pennod 3, yn enwedig tt. 47–80.

10 GLGC, t. xxix, a RepWM, cyf. i, t. 354.
11 Ceridwen Lloyd-Morgan a Sara Elin Roberts, 'In the undergrowth: *llwyn a pherth* and sexual deviancy in medieval Wales', yn Kathryn Loveridge, Liz Herbert McAvoy, Sue Niebrzydowski a Vicki Kay Price (goln), *Women's Literary Cultures in the Global Middle Ages: Speaking Internationally* (Cambridge: D. S. Brewer, 2023), tt. 261–75.
12 Gellid holi a oes chwarae hefyd gyda'r gair *llwyn/lwyn* yn yr ystyr *llwynau*. Dyddiad y dyfyniad cynharaf yn GPC yw 1546, ond os benthyciad ydyw o'r Hen Ffrangeg neu Saesneg Canol, fel yr awgryma'r erthygl yno, gallem dybio fod y gair ar dafod leferydd dipyn ynghynt.
13 Johnston, *'Iaith Oleulawn'*, tt. 231–59.
14 Parry, *Y Gyfraith yn ein Llên*, tt. 45–80 (t. 61).
15 Parry, *Y Gyfraith yn ein Llên*, tt. 61–2.
16 Henry Lewis (gol.), *Brut Dingestow* (Caerdydd: Gwasg Prifysgol Cymru, 1942), tt. 40–1 (III.13); gweler hefyd GGM, t. 145.
17 Ar y diheurbrawf yn gyffredinol, gweler Robert Bartlett, *Trial by Fire and Water: The Medieval Judicial Ordeal* (Oxford: Clarendon Press, 1986).
18 Bartlett, *Trial by Fire and Water*, tt. 16–19, 33, 131–2. Ar wahân i achosion hanesyddol, ceir disgrifiadau mewn llenyddiaeth hefyd; tebyg mai prawf Isolde yn *Tristan* Gottfried von Strassburg yw'r enwocaf, gweler Wolfgang Spiewok (gol.), *Das Tristan-Epos Gottfrieds von Strassburg* (Berlin: Akademie Verlag, 1989), llau. 15,280–764.
19 Haycock, 'Merched Da a Merched Drwg', 108; Thomas Jones (gol.), *Brenhinedd y Saesson* (Cardiff: University of Wales Press, 1971), tt. 38–42.
20 GGM, tt. 82, 146.
21 Cedwir testun *Brenhinedd y Saesson* mewn dwy lawysgrif o'r gogledd-ddwyrain: Peniarth 20, a gwblhawyd tua 1332, a Llyfr Du Basing (LlGC 7006D), tua 1461. Cysylltir y ddwy ag abaty Glyn-y-groes, ond yn Ninas Basing yr oedd y Llyfr Du, gwaith y bardd-gopïwr Gutun Owain, erbyn blynyddoedd olaf y fynachlog cyn iddi gael ei diddymu yn 1536. Ar gydberthynas y testunau gweler J. Beverley Smith, 'Historical Writing in Medieval Wales: The Composition of *Brenhinedd y Saesson*', SC, 42 (2008), 55–86.
22 Jones, *Brenhinedd y Saesson*, t. 64.
23 Jones, *Brenhinedd y Saesson*, tt. 66–8.
24 Bartlett, *Trial by Fire and Water*, tt. 17–18. O ystyried ffynhonnell y stori, tebyg mai hyrwyddo pwysigrwydd Caer-wynt oedd diben y croniclwr. Gallwn fod yn weddol sicr mai yn yr *Annales de Wintonia* y cafodd awdur *Brenhinedd y Saesson* y stori. Gweler Smith, 'Historical Writing in Medieval Wales', yn enwedig tt. 60, 62.
25 Gweler, e.e., 'Teir fford yssyd y lyssv tystion: vn ohonunt tynghv anudon kyhoedoc am ledrad': Sara Elin Roberts (gol.), *The Legal Triads of Medieval Wales* (Caerdydd: Gwasg Prifysgol Cymru, 2011), §X32 (tt. 56–7).
26 GGM, t. 147; am fanylion y gosb gweler Smith, 'Olrhain Anni Goch', 113–14.
27 GGM, t. 127.

28 GRhGE 6.96 a'r nodyn, t. 192. Fel y noda Foster Evans (GRhGE, t. 197), hon yw'r enghraifft gynharaf o'r gair *pardwn* a gofnodir yn GPC.
29 GGM 2.7–9.
30 GPC s.v. *swyddwr*, a gweler trafodaeth fanwl Paul Russell, 'Swydd, swyddog, swyddwr: office, officer and official', yn T. M. Charles-Edwards, Morfydd E. Owen a Paul Russell (goln), *The Welsh King and his Court* (Cardiff: University of Wales Press, 2000), tt. 281–95.
31 GGM 2.21–4.
32 Ceir enghreifftiau yn *Decameron* Bocaccio (1349–53), e.e. §7.5, *Canterbury Tales* Chaucer (1387 × 1400), e.e. 'The Merchant's Tale', a *Les Quinze joies de mariage* (ddiwedd y bedwaredd ganrif ar ddeg neu ddechrau'r bymthegfed), §7, i enwi ond rhai.
33 DG.net cerddi 68, 116. Am drafodaeth ar y thema gweler hefyd Huw M. Edwards, *Dafydd ap Gwilym: Influences and Analogues* (Oxford: Clarendon Press, 1996), tt. 57–8.
34 GDLl cerdd 80; Dafydd Johnston, 'The Erotic Poetry of the *Cywyddwyr*', CMCS, 22 (winter 1991), 63–94 (83, n. 62); GGM, t. 159.
35 Parry, *Y Gyfraith yn ein Llên*, t. 46. Gweler hefyd Sara Elin Roberts, '"By the authority of the devil": the operation of Welsh and English law in medieval Wales', yn Ruth Kennedy a Simon Meecham-Jones (goln), *Authority and Subjugation in the Writing of Medieval Wales* (New York: Palgrave Macmillan, 2008), tt. 85–97 (tt. 92–4).
36 Anodd dyfalu arwyddocâd y rhif wyth yma; nid oes rheswm cyfreithiol amlwg ond efallai mai gofynion y gynghanedd neu rhyw amgylchiadau a fyddai'n hysbys i'r bardd a'i chynulleidfa a ddylanwadodd ar y dewis.
37 Wrth drafod galanas, tad, mam, brodyr, chwiorydd yw'r drefn yn y gyfraith, gweler Stephen J. Williams a J. Enoch Powell (goln), *Cyfreithiau Hywel Dda yn ôl Llyfr Blegywryd* (Caerdydd: Gwasg Prifysgol Cymru, 1961), t. 31, llau. 9–24.
38 Gweler, e.e., Melville Richards (gol.), *Cyfreithiau Hywel Dda yn ôl Llawysgrif Coleg yr Iesu VII* (ail arg., Caerdydd: Gwasg Prifysgol Cymru, 1990), t. 70, llau. 22–4; Roberts, *The Legal Triads of Medieval Wales*, §X5 (tt. 42–3), Q22 (tt. 218–19).
39 GGM 10.43–54.
40 R. R. Davies, 'The status of women and the practice of marriage', yn Dafydd Jenkins a Morfydd E. Owen (goln), *The Welsh Law of Women* (Cardiff: University of Wales Press, 1980), tt. 93–114 (t. 109).
41 Yma eto erys union arwyddocâd y rhif yn dywyll.
42 *Middle English Dictionary* (https://quod.lib.umich.edu/m/med) s.v. *lōrd* 10(a).
43 Williams and Powell, *Llyfr Blegywryd*, t. 65, llau. 2–3.
44 Williams and Powell, *Llyfr Blegywryd*, t. 65, llau. 15, 18.
45 Stacey, *Law and the Imagination*, t. 155.
46 Williams and Powell, *Llyfr Blegywryd*, t. 65, llau. 17–18.
47 Williams and Powell, *Llyfr Blegywryd*, t. 62, ll. 10.
48 Ar y defnydd o *byd* gyda'r ystyr 'eiddo', cymharer GLGC 22.15 ('Moliant i Dafydd ap Tomas').
49 Gweler t. 165 uchod.

50 Stacey, *Law and the Imagination*, t. 158.
51 Johnston, 'Iaith Oleulawn', tt. 183–4.
52 Gw. GPC s.vv.
53 GGM, t. 158.
54 GGM, t. 166.
55 GGM, t. 167.
56 Williams and Powell, *Llyfr Blegywryd*, t. 45, ll. 5 *gwarantu*.
57 GGM, t. 128.
58 Henry Lewis, Thomas Roberts ac Ifor Williams (goln), *Cywyddau Iolo Goch ac Eraill* (ail arg., Caerdydd: Gwasg Prifysgol Cymru, 1937), LXXXV.23–6.
59 GGM 7.2, 'Un glod â Nudd i'n gwlad ni'. Ar Nudd Hael gweler TYP^4, tt. 464–6; Peter C. Bartrum, *A Welsh Classical Dictionary* (Aberystwyth: National Library of Wales, 1993), t. 509.
60 GGM 7.51. Ceir hanes R(h)onwen, merch i Hengist, arweinydd y Sacsoniaid, yn *Brut y Brenhinedd* (e.e. Lewis, *Brut Dingestow*, tt. 94, 97), gw. hefyd Bartrum, *Welsh Classical Dictionary*, t. 559; TYP^4, tt. 488–9.
61 Stephen J. Williams (gol.), *Ffordd y Brawd Odrig* (Caerdydd: Gwasg Prifysgol Cymru, 1929). Ceir yr unig gopi o'r testun yn Llst. 2, sydd yn perthyn i ail hanner y bymthegfed ganrif, ond dengys y coloffon mai tua 1400 y cyfieithwyd y testun ei hun, a hynny yn yr un *milieu* â Llyfr Coch Talgarth (Llst. 27) a Llyfr Coch Hergest, ymhlith eraill: 'yr hyn a drossawd Syre Davyd Bychein o Vorgannwc, o arch a dymunet Rys ap Thomas vab Einiawn, y veystyr ef' (Williams, *Ffordd y Brawd Odrig*, t. 57).
62 Pryce, 'Lawbooks and Literacy', 36–7. Ceir rhestr gyfleus o lawysgrifau'r gyfraith ar http://www.cyfraith-hywel.org.uk/ (cyrchwyd 21 Mawrth 2025), 37 ohonynt yn Gymraeg a phump yn Lladin.
63 Gw. t. 165 uchod, a hefyd Gruffudd Antur, '"I mewn hen ysgrifen gron": Llawysgrifau Lewys Glyn Cothi', yn Sara Elin Roberts, Simon Rodway ac Alexander Falileyev (goln), *Cyfarwydd mewn Cyfraith: Studies in honour of Morfydd E. Owen* (Bangor: Cymdeithas Hanes Cymru, 2022), tt. 1–20.
64 Cymharer sylw Howells, GGM, t. 148.
65 GDLl 75.33; 70.46.
66 Orietta da Rold, *Paper in Medieval England: From Pulp to Fictions* (Cambridge: Cambridge University Press, 2020), tt. 9, 48–9.
67 Gweler DG.net 148.22, a GIG XXIX.101–10 ('I Ddewi Sant').
68 Er bod y gyfrol wedi ei hailrwymo, gan ddileu peth tystiolaeth, gellir gweld mai dail allanol cydiadau yw ff. 1 a 16, 17 a 32, er enghraifft, ac mai dail canol cydiad yw ff. 24 a 25. Ni cheir memrwn ar ôl ff. 119, ond mae nifer o'r dail ar goll. Gweler hefyd RepWM, cyfr. i, t. 358.
69 Daniel Huws, *Medieval Welsh Manuscripts* (Cardiff: University of Wales Press, 2000), t. 83.

Y TAWDDGYRCH CADWYNOG:
TOUR DE FORCE Y BEIRDD

Ann Parry Owen

Niwlog iawn yw ein gwybodaeth am addysg y beirdd yng Nghymru'r Oesoedd Canol ac er bod perthynas rhai beirdd a'u hathrawon barddol yn hysbys – fel y tad a'r mab Rhisiart ap Rhys a Lewys Morgannwg, a Maredudd ap Rhys a'i ddisgybl Dafydd ab Edmwnd – anaml y ceir prawf o'r fath berthynas. Mae'r ffaith fod y beirdd yn aml yn cyfeirio at eu cyd-feirdd, fel y gwnânt at ambell noddwr dysgedig, fel *athro*, yn golygu na allwn roi gormod o goel ar ystyr lythrennol y gair hwnnw ychwaith. Er hynny, gallwn fod yn hyderus mai drwy gael ei hyfforddi gan fardd mwy profiadol y dysgai bardd ifanc ei grefft, beth bynnag fyddai union amgylchiadau'r hyfforddiant hwnnw; ac mae'n anochel y byddai ambell fardd (megis ambell ddarlithydd prifysgol)[1] yn magu enw da fel athro. Wrth ymffrostio yn ei allu fel prifardd, ymhyfrydai Cynddelw Brydydd Mawr yn safon uchel y disgyblion a hyfforddai: *Rydyscaf disgywen ueirtyon*, meddai wrth foli'r tywysog Hywel ab Owain Gwynedd (m. 1170), ac mae'n ddigon posibl fod Hywel ei hun wedi bod yn ddisgybl iddo ar un adeg, neu o leiaf wedi bod dan ei ddylanwad.[2] Mae'r modd yr ymhyfrydai Cynddelw yn ei ddisgyblion yn cadarnhau mai braint arbennig oedd cael bod yn athro, ac mae cyfeiriadau fel hyn yn sicr yn awgrymu sefyllfa lle ceid cwmni o feirdd yn derbyn hyfforddiant gan fardd profiadol. Mae'n ddigon posibl mai cynnyrch amgylchiadau o'r fath oedd *Gramadeg Gwysanau*, testun o ail hanner y bedwaredd ganrif ar ddeg ac ynddo gyfarwyddiadau manwl i fardd ifanc ar sut orau i gyfansoddi cerdd ac yna sut i'w throsglwyddo'n ddiogel, boed hynny drwy ei llefaru'n gwbl eglur i ddatgeiniad, neu'n daclus a diamwys mewn ysgrifen.³ Awgrymodd yr Athro Barry J. Lewis wrthyf y gellid dehongli'r dernyn hwnnw fel nodiadau a gofnodwyd gan ddisgybl mewn dosbarth.

Nid yw natur a chynnwys yr addysg farddol yn eglur ychwaith, na'r berthynas rhwng y gramadegau barddol sydd wedi goroesi a'r hyn sydd ar waith ym marddoniaeth y beirdd eu hunain. Yn sicr nid yw'r gramadegau'n cynnig 'addysg gyflawn' i brentis o fardd, nac ychwaith yn rhoi disgrifiad cyflawn o'r grefft. Mewn gwirionedd ceir llawer gwell syniad am reolau tybiedig cerdd dafod drwy astudio arferion y beirdd eu hunain yn eu cerddi a defnyddio'r dystiolaeth honno i atgynhyrchu'r rheolau, neu ramadeg y beirdd, os mynner, fel y gwnaeth John Morris-Jones i raddau helaeth yn ei gyfrol *Cerdd Dafod*.⁴ Wrth gwrs mae llawer o ystyriaethau i'w cadw mewn cof: go brin fod arferion y beirdd yn unffurf ar draws Cymru ar unrhyw adeg, a gellid tybio hefyd fod rhai nodweddion yn fwy lleol na'i gilydd, o bosibl yn dilyn arweiniad rhyw athro barddol neu ysgol farddol benodol (a defnyddiaf y gair *ysgol* yn ei ystyr fwyaf llac yma). Dichon mai dyma sy'n esbonio pam y mae ambell nodwedd fel petai'n fwy derbyniol gan rai beirdd na chan eraill – er enghraifft, ceir gan Dafydd Epynt, fel gan Lewys Glyn Cothi yntau, nifer cymharol uchel o gynganeddion crych a llyfn, o bosibl gan nad oeddent wedi eu hyfforddi i glywed y bai.⁵ Hefyd gallai arferion y beirdd newid gydag amser oherwydd newidiadau organig yn yr iaith ei hun a effeithiai ar sain geiriau, gan olygu bod rheol a oedd unwaith yn berthnasol bellach, i bob pwrpas, yn amherthnasol.⁶ Amrywiai'r iaith hefyd yn seinegol o ardal i ardal yn yr Oesoedd Canol – yn fwy na heddiw oherwydd natur fwy ynysol y gymdeithas – gan ganiatáu bod ambell odl yn fwy neu'n llai derbyniol na'i gilydd mewn rhai tafodieithoedd, yn enwedig yn achos odli *u*, *y*-glir ac *i*.

Arbrawf syml a gyflwynir yn y bennod hon. Ceisiwyd gweld a ellir dysgu unrhyw beth o gwbl am berthynas y beirdd â'i gilydd, eu haddysg a chylch eu dylanwad, o gyfyngu ein sylw i un nodwedd arbennig ar eu crefft, gan ddilyn trywydd y nodwedd honno yn eu canu dros genedlaethau o feirdd. Y nodwedd a ddewiswyd yw'r *tawddgyrch cadwynog*. Pennill o wyth llinell yw'r tawddgyrch cadwynog, ac iddo batrwm cymhleth o odlau a rhagodlau.[7] Fe'i gelwir hefyd yn *tawddgyrch gadwynog*, yn *dawddgyrch* yn syml, a hefyd yn *dawddgrych c/gadwynog*, ffurf a welir gyntaf yn y bymthegfed ganrif.[8] Mae'r tawddgyrch cadwynog yn un o fesurau cymhleth yr awdl a ddyfeisiwyd yn chwarter cyntaf y bedwaredd ganrif ar ddeg, o bosibl gan Einion Offeiriad, yn un o dri mesur newydd i ddisodli tri hen fesur a oedd bellach yn anarferedig.[9] Dyma, felly, fesur ac iddo bwynt cychwynnol gweddol bendant o ran amser a lle – a chan nad oes gan y tawddgyrch unrhyw gynhanes, gallwn ystyried bod modd olrhain yr holl amrywiadau a welir arno dros y canrifoedd yn ôl i'r un pwynt cychwynnol hwn. Bu ail bwynt pwysig yn hanes y mesur hefyd, sef Eisteddfod Caerfyrddin yng nghanol y bymthegfed ganrif, lle honnir i Ddafydd ab Edmwnd addasu'r tawddgyrch er mwyn ei wneud yn fwy cymhleth a gorchestol.[10] Ceisir gweld beth yn union oedd natur deddfu Dafydd ab Edmwnd o ran y mesur, a pha ddylanwad a gafodd ar y beirdd, a pha feirdd yn benodol.

Y cam cyntaf fu casglu cynifer â phosibl o benillion tawddgyrch o ddechrau'r bedwaredd ganrif ar ddeg hyd ail hanner yr unfed ganrif ar bymtheg. Casglwyd 136 pennill, gan ganolbwyntio'n arbennig ar destunau golygedig. Rhoddwyd y cyfan mewn taenlen gan eu trefnu'n ôl dyddiad; cynhwyswyd colofnau ar gyfer y patrwm odli, mathau o odl (e.e. odlau sengl neu ddwbl, acennog neu ddiacen), dadansoddiad o'r gynghanedd, y cymeriadau ac unrhyw nodweddion ychwanegol, megis odl rhwng sillaf gyntaf pennill a'r sillaf olaf; a cholofnau pellach ar gyfer dyddiad, bardd, noddwr ac ardal. Dosbarthwyd y penillion yn saith math ar sail eu patrymau odli (#1–#7), ac isddosbarthwyd y mathau hynny yn ôl natur y rhagodlau (e.e. #1a, #1b, ac yn y blaen).

Y tawddgyrch cychwynnol

Edrychir i ddechrau ar y pwynt cychwynnol yn hanes y tawddgyrch, sef pennill yn enghreifftio'r mesur yng ngramadeg barddol Einion Offeiriad, y gramadeg a luniodd dan gomisiwn i Syr Rhys ap Gruffudd (*c*.1283–1356) o Lansadwrn, sir Gaerfyrddin, cyn tua 1316–20. Ceir pum fersiwn cynnar o'r gramadeg hwnnw – Peniarth 20, Llyfr Coch Hergest, Llst. 3, Bangor 1 a Balliol 353 – ac er bod y berthynas rhyngddynt yn ddyrys, credir eu bod oll, yn y pen draw, yn tarddu o ramadeg gwreiddiol Einion Offeiriad, ond eu bod i gyd yn cynnwys haenau o addasu a golygu gan wahanol bobl.[11] Cysylltir yr addasiad cynharaf ag enw Dafydd Ddu o Hiraddug ac fe'i ceir yn Peniarth 20, wedi ei gopïo yng Nglyn-y-groes tua'r flwyddyn 1330. Cysylltir yr addasiadau eraill yn gyffredinol ag enw Einion Offeiriad; o'r rhain, y fersiwn yn Llyfr Coch Hergest yw'r hynaf, ac o hwnnw felly y dyfynnir yn y bennod hon.

 Rhydd pob un o'r pum gramadeg cynharaf ddisgrifiad estynedig o'r tawddgyrch cadwynog, a cheir pennill enghreifftiol ym mhob un, ac eithrio Peniarth 20.[12] Yn y Llyfr Coch, Llst. 3 a Balliol 353 ceir y pennill canlynol yr awgrymodd R. Geraint Gruffydd ei fod yn debygol iawn o fod yn perthyn yn wreiddiol i awdl orchestol Einion Offeiriad i noddwr y gramadeg, Syr Rhys. Mae'n ffitio'n dwt yn yr awdl amlfesur honno; hebddo ceid pob un o fesurau'r awdl ac eithrio'r tawddgyrch.[13]

  Math #1a Buddiant i f<u>eirdd</u> | fyrddau dram*wy*,
       Dramawr of*wy* | ofeg hael **Nudd**,
       Hoywon a h<u>eirdd</u> | gan hardd fac*wy*
       Fyddant hwy r*wy* | o'i ra a'i **rudd**;
       Arfau pyb*yr* | erfai dym*yr*,
       Arfawg freh*yr*, | arf gŵyr gwaywr**udd**,
       Arial milw*yr* | eirau myf*yr*:
       Eryr rhysw*yr* | Rhys ap Gruff**udd**.

Patrwm odli #1a: b c c A | b c c A | d d d A | d d d A (gydag A yn cynnal y brifodl).

 Edrychwn ar ddisgrifiad Llyfr Coch Hergest o'r mesur hwn.[14] Mae angen gofal gyda'r terminoleg gan mai ystyr *pennill hir* yma yw llinell hir, sef 'cwpled' yn ôl y ffordd draddodiadol o osod y mesur; ystyr *cwpl* yw 'pennill'; ac mae *ateb* yn gyffredinol yn golygu 'odli'. Trafodir yma'r disgrifiad fesul brawddeg:

Y tawddgyrch cadwynog: tour de force *y beirdd*

> Tawdgyrch gadwynawc a uyd o gypleu hiryon oll o bedeir sillaf [a thr]ugeint yn y kwpyl; ac yn y cwpwl hwnnw y byd pedwar pennill hiryon o vn sillaf ar bymthec pob un ohonunt.

Hynny yw, mae'r tawddgyrch yn bennill o 64 sillaf ac yn ymrannu'n 4 llinell hir o 16 sillaf yr un; mae hynny'n cyfateb i 8 llinell o 8 sillaf yr un, yn ôl y ffordd draddodiadol o'u gosod allan, a ddilynwyd uchod wrth ddyfynnu enghraifft Einion Offeiriad.

> Ac ympob pennill hir y byd tri phennill byrryon, deu o bedeir sillaf pob un ohonunt, a phennill arall o wyth sillaf.

Hynny yw, mae pob cwpled yn ymrannu'n dair rhan – 4, 4, ac 8 sillaf (felly *Buddiant i feirdd* | *fyrddau dramwy* | *Dramawr ofwy ofeg hael Nudd*). Am linellau 1–4, meddir:

> A'r deu bennill vyrryon gyntaf o'r pennill hir kyntaf pob vn onadunt yn atteb ['odli'] y bob un o'r deu bennill vyryon gyntaf o'r eil pennill hir, nyt amgen, y kyntaf y'r kyntaf [*feirdd* yn odli â *heirdd*], yr eil y'r eil [*dramwy* yn odli â *facwy*], a'r bedwared sillaf o'r pennill byrr wythsillafawc diwethaf [*ofwy* a *rwy*] yn atteb y'r eil pennill byrr [*dramwy* a *facwy*].

O ran ail hanner y mesur mae:

> pedwar pennill byrryon kyntaf o'r deu bennill hiryon diwethaf yn atteb pob vn y gilyd, a diwedawdyl pob vn o'r pedwar pennill hiryon yn atteb y gilyd.

Hynny yw, mae *pybyr* a *dymyr* yn llinell 5 yn odli â *milwyr* a *myfyr* yn llinell 7 ac mae *gwaywrudd* a *Gruffudd* yn llinellau 6 ac 8 yn cynnal y brifodl. (Ni sonnir am yr odlau mewnol ychwanegol, sef *frehyr* yn llinell 6 a *rhyswyr* yn llinell 8.) Dau rupunt hir yn ateb ei gilydd sydd yn ail hanner y pennill.

Ac nyt reit atteb o vwy no'r kwpyl pedwarpennillawc oni mynnir

– hynny yw, nid yw'n ofynnol cario'r brifodl ymlaen i'r tawddgyrch nesaf –

eithyr reit yw eu bod yn gyngogyon,[15] o diwed y kwpyl hwnnw [y] dechreu y llall, a diwed yr holl awdyl yn atteb y'r geir kyntaf o'r dechreu

ond mae'n ofynnol fod rhyw ddyfais (megis cymeriad, odl, ac yn y blaen) yn cysylltu'r penillion o dawddgyrch â'i gilydd neu â gweddill yr awdl; y cyswllt hwn rhwng y penillion a'i gilydd sy'n peri bod y mesur yn *gadwynog*.[16]

Yn ogystal â'r nodweddion y sonnir amdanynt yn y gramadeg, sylwer bod cynghanedd, neu drawiad cynganeddol o leiaf, ym mhob llinell ym mhennill Einion Offeiriad uchod, ac eithrio llinellau 5 a 7; bod cyrch-gymeriad, sef cyswllt cytseiniol, rhwng y cymalau: er enghraifft, yn y ddwy linell gyntaf rhwng *feirdd* a *fyrddau*, rhwng *dramwy* a *Dramawr*, a rhwng *ofwy* ac *ofeg*; a bod pob cymal yn llinellau 5–8 yn cychwyn â llafariad a ddilynir gan *r(f)*, ac eithrio'r cymal olaf sy'n torri ar y patrwm wrth enwi'r gwrthrych, *Rhys ap Gruffudd*. Sylwir hefyd fod sillaf gyntaf y pennill, *Budd-*, yn odli â'r brifodl, ac felly â sillaf olaf y pennill, *-udd* yn *Gruffudd*. Mae'n debygol iawn mai cydddigwyddiad yw hyn, ond bydd yn berthnasol wrth drafod patrymau penillion diweddarach.

Gallwn fod yn bur hyderus mai Einion Offeiriad a ganodd y tawddgyrch hwn gan ei fod yn enwi gŵr y gwyddys ei fod yn noddwr iddo, ond beth am y tawddgyrch enghreifftiol a geir yn fersiwn Bangor 1, testun llai sylweddol o'r gramadeg na'r gweddill ac a ddyddir i ganol y bymthegfed ganrif?[17]

Math #1b   Mawr y'th g<u>erais</u>, | mwy y'th g<u>araf</u>,
                 Ni'th ddig<u>araf</u> | er a ger**ais**,
                 Clod a'th b<u>erais</u>, | glud y'th b<u>araf</u>,
                 Unben <u>araf</u> | eirau lledn**ais**;

Y tawddgyrch cadwynog: tour de force *y beirdd*

> Pob hynt afr*wydd* | boed rhagod rh*wydd*,
> Bych rhwyf ganml*wydd* | ar swydd pob **Sais**!
> Rhys dawn hyl*wydd*, | Rhys didramg*wydd*,
> Rhys deg, f'argl*wydd* | cyflwydd cyf**lais**.

Patrwm odli #1b: b c c A | b c c A | d d d A | d d d A (tanlinellwyd odlau dwbl).

Cydymffurfia'r pennill hwn yntau â'r disgrifiad o'r mesur a ddyfynnwyd o'r gramadeg, ond y tro hwn mae rhagodlau b ac c yn 'cyfochri', hynny yw, maent yn ddwbl: *gerais / berais; garaf / ddigaraf / baraf / araf*.[18] Anoddach, ond nid amhosibl, yw lleoli'r pennill hwn yn awdl Einion Offeiriad i Syr Rhys, ac er bod y pennill yn amlwg yn cyfarch rhyw *Rhys*, ni allwn fod yn gwbl hyderus o'i dras.[19]

Y cyfnod cyn Eisteddfod Caerfyrddin

Y cam nesaf fu dadansoddi'r penillion o dawddgyrch a gyfansoddwyd rhwng cyfnod Einion Offeiriad ac Eisteddfod Caerfyrddin a gynhaliwyd tua 1451. Mae'n drawiadol na chanodd yr un o feirdd traddodiadol Gwynedd ar y mesur yn y bedwaredd ganrif ar ddeg,[20] ac mae'n rhaid troi i'r de, at waith dau fardd o Forgannwg, Ieuan Llwyd ab y Gargam a'r Proll, am yr enghreifftiau nesaf yn amseryddol.

'Moliant Hopgyn ap Tomas' yw'r unig gerdd sydd wedi goroesi gan Ieuan Llwyd ab y Gargam.[21] Canwyd y gerdd gyfan ar fesur y tawddgyrch, a'i chofnodi yn Llyfr Coch Hergest rhwng 1382 a 1405 gan Hywel Fychan, a weithiai dan gomisiwn i Hopgyn ap Tomas, noddwr y llawysgrif. Penillion tawddgyrch ar batrwm #1a sydd yma, ond eu bod oll yn hanner penillion, yn cynnwys dwy linell o hanner cyntaf y tawddgyrch a dwy linell o rupunt hir o'r ail hanner. Y penillion hyn yw'r unig enghraifft o'u bath.[22] Cynhelir y brifodl -*edd* yn orchestol dros y ddau bennill ar bymtheg, gyda'r cymeriad yn newid bob pum neu chwe phennill. Gan fod y mesur wedi ei haneru, nid oes gair i odli ag odl b ar ddiwedd y cymal cyntaf (e.e. â *bennaeth* yn yr enghraifft isod). Mae'r odlau a'r prifodlau i gyd yn rhai sengl, a'r rhan fwyaf yn ddiacen, gydag ambell odl acennog yn unig. Ni cheir cynghanedd yn nhrydedd linell y penillion (yn yr un modd na cheid cynghanedd yn llinellau 5 a 7 y pennill #1a uchod), a cheir cynghanedd groes gytbwys ddiacen yn y llinell olaf yn 15 allan o'r 17 pennill, gyda chynghanedd braidd gyffwrdd yn y ddwy arall. Nid yw diwedd yr awdl yn cyrchu'r dechrau.

> Difefl bennaeth | bunnoedd rodd*i*,
> Rhwysg mab Bel*i*, | baladr dewr**edd**,
> Dôr tariand*alch*, | digrifdrem w*alch*,
> Dewr a haelf*alch*, | dyry heilf**edd**.²³

Yn Llyfr Coch Hergest hefyd ceir awdl fawl gan y Proll i Domas, mab Hopgyn ap Tomas, a ganwyd o bosibl yn chwarter cyntaf y bymthegfed ganrif.²⁴ Canwyd y gerdd gyfan ar fesur y tawddgyrch, a'r tro hwn mae'r penillion, saith ohonynt, yn gyflawn o wyth llinell yr un. Hefyd, y tro hwn, newidia'r brifodl fesul pennill a cheir cyrch-gymeriad geiriol rhwng diwedd pob pennill a dechrau'r nesaf, gan ddilyn argymhelliad Einion Offeiriad: *Ac nyt reit atteb o vwy no'r kwpyl pedwarpennillawc oni mynnir, eithyr reit yw eu bod yn gyngogyon, o diwed y kwpyl hwnnw [y] dechreu y llall.* Mae gair olaf y gerdd gyfan (*hoywlyw*) yn cyrchu gair cyntaf y gerdd (*Hoywlyw*), gan ateb gofyniad pellach y gramadeg o ran cyngogion, sef bod *diwed yr holl awdyl yn atteb y'r geir kyntaf o'r dechreu*. O ran patrwm y cymeriadau a'r odli, mae'r penillion yn dilyn math #1a, ac mae'r odlau oll yn rhai sengl, yn gymysg o rai acennog a diacen. Mae'r patrwm cynganeddu'n fwy cymhleth nag a gafwyd yn enghraifft Einion, fel y gwelir yn y pennill canlynol lle ceir dwy gynghanedd annibynnol ar ei gilydd yn llinellau 5 a 7 (yn hytrach na llinellau digynghanedd fel a geir gan Einion):

> Hoywlyw ryw r*as*, | rysedd Edl*ym*,
> Odlau cyfl*ym* | coflythr hyl**wydd**;
> Coeth doeth Dom*as*, | dymyr erddr*ym*,
> Yrddrad grym ll*ym*, | llaw Dduw a'i ll**wydd**.
> Cyflwr gŵr gw*ych*, | gwledd medd myn*ych*,
> Gwin hoyw edr*ych*, | gwyn ehudr**wydd**.

Cannawdd cenn*ych*, | arnaw llaw ll*ych*,
Nodiau clau cl*ych*, | eurwych ar**wydd**.²⁵

I'r un cylch hwn ym Morgannwg, y mae'n debyg, y perthyn awdl orchestol Ieuan ap Rhydderch o Lyn Aeron yng Ngheredigion yn dychanu'r Proll (neu'r Prol) ac yn moli'r bardd-uchelwr Ieuan Gethin ar yr un gwynt.²⁶ Fel y ddwy gerdd flaenorol, mae'n debygol i'r gerdd hon hefyd gael ei chanu yn Ynysforgan, yng ngŵydd Tomas ap Hopgyn ap Tomas.²⁷ Dyma *tour de force* o awdl yn cynnwys 14 mesur, gydag un pennill o dawddgyrch cadwynog yn eu plith, a'r patrwm odli ychydig yn wahanol i'r hyn a gafwyd cyn hyn. Mae pedair llinell gyntaf y pennill yn dilyn patrwm *b c c A* math #1, ond yn yr ail hanner, ceir y patrwm *d e e A*. At hynny mae'r holl ragodlau'n proestio â'i gilydd (*-er, -ir, -ar, -ur*); mae pob cymal yn cynnal y cymeriad *tr-*, sydd yn cysylltu'r pennill hefyd â'r llinell sy'n ei ragflaenu, a cheir cynghanedd groes gytbwys ddiacen ym mhob un llinell.

Math #2	Trasyth bin*er*,	traws y'th boen*ir*,
	Trem anghyw*ir*,	trwm yng nghae**au**,
	Trawst ysgel*er*,	trist os gwel*ir*,
	Truan enw*ir*,	trwyn annoni**au**,
	Tradwys tryd*ar*	troed ystrod*ur*,
	Trwyn oer blad*ur*,	triniwr blod**au**,
	Tryfer hwyrg*ar*	trwy fawr hirg*ur*,
	Trostan fes*ur*,	trwst anfoes**au**.

Patrwm odli #2: b c c A | b c c A | d e e A | d e e A.

Mae'n ddigon posibl mai Ieuan ap Rhydderch, yntau, oedd awdur awdl ryfeddol yn Saesneg i'r Forwyn Fair sy'n cynnwys cadwyn o saith englyn unodl union gyda chwe phennill o dawddgyrch cadwynog yn dilyn. Esbonnir mewn rhaglith a geir mewn ambell lawysgrif fod yr awdl wedi ei chyfansoddi gan y bardd pan oedd yn fyfyriwr yn Rhydychen, er mwyn profi i'r Saeson nad oedd y Cymry yn eilradd iddynt.²⁸ Gan fod trwch y llawysgrifau o blaid ei rhoi i Ieuan ap Hywel Swrdwal, derbyniwyd ei awduriaeth ef yn ochelgar gan Dr

Dylan Foster Evans, gan ddilyn ymdriniaeth flaenorol E. J. Dobson.[29] Fodd bynnag, nid oes tystiolaeth i'r Swrdwal erioed fod yn fyfyriwr yn Rhydychen, ond mae'n debygol iawn i Ieuan ap Rhydderch fod yn astudio yno, o bosibl 'o tua 1404 hyd tua 1422', yn ôl golygydd diweddaraf ei waith.[30] Mae hynny, yn ogystal â'r ffaith fod gan Ieuan ap Rhydderch dawddgyrch arall ar ei enw, yn rheswm dros ystyried priodoli'r awdl ryfeddol hon iddo ef.

Mae'r penillion hyn eto'n dilyn yr un patrwm odli â phennill Einion Offeiriad, ond y tro hwn mae pob un odl a rhagodl yn acennog yn y chwe phennill, ac yn gyffredinol ceir cynghanedd lawn ym mhob llinell, a dwy gynghanedd (yn naill hanner y llinell a'r llall) yn llinellau 5 a 7, fel yn awdl y Proll uchod:

> Math #1c
>
> A preti thi**ng** | wi prae tw th_est_,
> Ddat gwd beh_est_ | ddat God by**hicht**;
> Ant hi ws ffi**ng** | yntw hys ff_est_
> Ddat efr siawl l_est_ | wydd deifyrs **licht**.
> Awar wi w*owld* | ddy syns ddae s*owld*
> An bi not h*owld* | yn a bant **hicht**.
> And iwng and *owld* | wydd hym ddae h*owld*
> Ddy Dsiuws ha s*owld* | ddat Dsiesws **hicht**.[31]

Patrwm odli #1c: b c c A | b c c A | d d d A | d d d A (a phob odl yn acennog).

Yn gynnar iawn yn ei yrfa, oddeutu 1435, canodd Guto'r Glyn awdl foliant i'r Abad Rhys o Ystrad-fflur[32] ar batrwm digon tebyg i'r awdl Saesneg hon, sef cadwyn o ddeg englyn a ddilynir gan gyfres o chwe thawddgyrch cadwynog.[33] Mae'r penillion tawddgyrch hyn eto'n dilyn patrwm odli math #1; ond lle roedd math #1b (fersiwn gramadeg Bangor 1) yn gymhlethiad ar #1a drwy gyflwyno rhagodlau dwbl yn hanner cyntaf y pennill (odlau b ac c), mae pob un rhagodl ym mhum pennill cyntaf Guto yn ddwbl a cheir cynghanedd ym mhob llinell ac eithrio 5 a 7:

Y tawddgyrch cadwynog: tour de force *y beirdd*

Math #1d   Rhadau'r I*esu*, | rhai dra*wyswr*,
              Rhoed egl*wyswr*, | rhydeg leisi**ad**,
              Rhôl gynh*esu*, | rhuwl gynh*wyswr*,
              Rhyw dy*wyswr* | rhai dewisi**ad**.
              Rhoes eb*olion* | i'r hud*olion*,
              Rhwysg gynh*olion*, | Rhys gynheili**ad**.
              Rhoes ysg*olion* | i'r rhent*olion*,
              Rhyw urdd*olion*, | rhai o'r ddwywl**ad**.

Patrwm odli #1d: b̲ c̲ c̲ A | b̲ c̲ c̲ A | d̲ d̲ d̲ A | d̲ d̲ d̲ A.

Yn y chweched tawddgyrch, yr olaf yn y gadwyn, ceir cymhlethiad pellach, sef bod pob un odl a rhagodl yn acennog, a cheir cynghanedd ym mhob un llinell (gan gynnwys llinellau 5 a 7): dyma'r union batrwm y canodd Ieuan ap Rhydderch arno yn ei awdl Saesneg (math #1c). Mae'r ffaith fod y gerdd yn gorffen â'r patrwm hwn yn awgrymu y câi ei ystyried yn arbennig o orchestol.

              Adwaen, y m*ab*, | yn d'enau m*edd*,
              Ac ar y wl*edd* | â gwŷr y wl**ad**,
              A gwên y p*ab* | ac wyneb h*edd*,
              Y Gŵr a'n m*edd* | a gâr iôn m**ad**.
              Ei wawd a w*ŷs*, | a'i ddwyn ydd *ys*,
              A'i enw ar fr*ys*, | ddienwir fr**ad**,
              A'r lle a'r ll*ys*, | a'r llu ieirll w*ŷs*,
              A llyna R*ys* | yn llawn o r**ad**.

Cynhelir yr un brifodl (*-ad*) drwy'r chwe thawddgyrch a chysylltir pob pennill â'i gilydd gan gyrch-gymeriad (nad yw'n angenrheidiol, fel y gwelwyd wrth drafod *cyngogion*, gan fod y brifodl yn eu cysylltu'n barod). Sylwir hefyd fod sillaf gyntaf pob pennill (ac eithrio'r trydydd, sy'n cychwyn â *Mwstwr*) yn odli â sillaf olaf y pennill, yn wahanol i awdl Ieuan, ond gan ddilyn patrwm tawddgyrch Einion Offeiriad, sef #1a, uchod: felly mae sillaf gyntaf **Rh***adau* yn y pennill cyntaf uchod yn odli â *dwywl***ad**, a sillaf gyntaf **Ad***waen* yn yr ail bennill yn odli â *r***ad**. Guto, hyd y gwelir, yw'r cyntaf i ddehongli'r patrwm hwn fel rheol – gan naill ai atgynhyrchu'r patrwm a welodd neu a glywodd ym mhennill Einion, neu ynteu gamddehongli'r cyfarwyddyd yn y gramadeg – *a diwed yr holl awdyl yn atteb y'r geir kyntaf o'r dechrau* – a chymryd bod *awdyl* yn cyfeirio at un pennill yn hytrach nag at gyfres o benillion.

Ychydig yn ddiweddarach (ar ôl 1449 ac o bosibl cyn Eisteddfod Caerfyrddin),[34] canodd Lewys Glyn Cothi yntau chwe thawddgyrch ar ddiwedd awdl orchestol i Ruffudd ap Nicolas, noddwr diwylliedig arall a ymddiddorai yng nghrefft cerdd dafod, fel y prawf y ffaith iddo noddi Eisteddfod Caerfyrddin yng nghanol y ganrif.[35] Dilynodd Lewys yma union batrwm tawddgyrch cynharach Guto, sef pum pennill o fath #1d (gyda rhagodlau ac odlau dwbl) a phennill o fath #1c (gyda rhagodlau ac odlau acennog); y mae hefyd yn dilyn arfer Guto o gynnal odl rhwng sillaf gyntaf pob pennill a'r sillaf olaf (er bod natur yr odl yn annisgwyl weithiau, ac yn croesi ffiniau geiriau, e.e. *I'r hael ... gwir*).

Mae'n amlwg i Lewys gymryd at y mesur oherwydd cyn hir fe'i cawn yn canu chwe thawddgyrch pellach ar ddiwedd awdl i Rys ap Dafydd o Flaen-tren – gŵr y canodd Guto'r Glyn i'w dad.[36] Yn hytrach na dilyn patrwm Guto y tro hwn, ceir arloesi yma, gyda'r pennill cyntaf, y trydydd a'r pumed yn dilyn patrwm #1d, a'r tri arall yn cynnwys patrwm odli newydd (math #3) lle cynhelir yr un rhagodl ddwbl yn nau hanner y mesur (a sylwer bod yr un gytsain dawdd *r* o dan yr acen ym mhob odl a rhagodl yma):

Math #3a	Arwain e<u>ryr</u> | o'r hen<u>wriaeth</u>
	deulu<u>wriaeth</u> | hyd elor**au**,
	ac ar w<u>eryr</u> | gwnewch gar<u>wriaeth</u>
	a chosb<u>wriaeth</u> | â'ch ysber**au**,
	a phleid<u>wriaeth</u> | rhag brad<u>wriaeth</u>,
	a mil<u>wriaeth</u> | ym moly aer**au**,
	a chan<u>wriaeth</u> | a cherdd<u>wriaeth</u>
	a dysg<u>wriaeth</u> | dewis geiri**au**.

Patrwm odli #3a: <u>b</u> <u>c</u> <u>c</u> A | <u>b</u> <u>c</u> <u>c</u> A | <u>c</u> <u>c</u> <u>c</u> A | <u>c</u> <u>c</u> <u>c</u> A.

Ac i orffen yn orchestol, unwaith eto, ceir pennill gyda'r un patrwm odli ond â phob odl a rhagodl yn acennog:

> Math #3b
>
> Af i Flaen Tr<u>en</u> | â'th foliant R<u>ys</u>,
> ac yno'dd <u>ys</u> | â gwin neu dd**au**,
> i'th neuadd l<u>en</u> | a'th newydd l<u>ys</u>
> i gael aur Rh<u>ys</u> | i'm eglurh**au**.
> Ni wn a w<u>ys</u> | rhyw enw â Rh<u>ys</u>,
> a nydd ar fr<u>ys</u> | onwydd rhy fr**au**.
> Ni wn a w<u>ys</u> | na bawd na b<u>ys</u>
> na dyn i R<u>ys</u> | a dynno'r i**au**.

Patrwm odli #3b: b c c A | b c c A | c c c A | c c c A (a phob odl yn acennog).

Eisteddfod Caerfyrddin

Awgrymodd John Morris-Jones mai un o amcanion Eisteddfod Caerfyrddin oedd 'cadarnhau breiniau'r beirdd a gwahardd i grachfeirdd a rhigymwyr bwyso ar y wlad yn eu rhith'; ac er mwyn gwneud hynny, 'caethiwo'r gynghanedd a'r mesurau fel y ceid profion caletach ar ymgeiswyr am raddau'.[37] Dafydd ab Edmwnd, meddir, a fu'n gyfrifol am drefnu'r mesurau, gan gynnwys 'caethiwo rhupunt hir a byr, a'r tawddgyrch'.

Beth yn union, felly, oedd argymhellion Dafydd ab Edmwnd ar gyfer mesur y tawddgyrch, beth yw'r dystiolaeth dros hynny a pha effaith a gafodd ei argymhellion? Prin yw'r cyfeiriadau cynnar at yr eisteddfod, a'n prif ffynhonnell gwybodaeth amdani yw cofnodion gan Robert ab Ifan o Frynsiencyn yn 1587 a chan John Jones, Gellilyfdy yn 1636.[38] Nid yw John Jones yn manylu ar y mesurau, heblaw am y ffaith fod Dafydd ab Edmwnd wedi troi'r *gerdd or hen ddull i'r dull newydd oi waith e hun*.[39] Difyr yw ei ddisgrifiad o Ddafydd ab Edmwnd yn teithio i'r eisteddfod *gyda'i ddisgybyl Guttun Owain* – Dafydd y gŵr tawel, diymhongar, *o dalaith Wynedd*, wedi ei wisgo *yn ddisas* ('di-nod, distadl') mewn *gown o liw y dryw*, er cymaint ei gyfoeth personol, ac yn curo'n rhacs *brydyddion gorchestol* y Deheubarth, wedi eu gwisgo *yn wych drussiadus* yn eu dillad crand.[40] Cymedroldeb, pwyll a doethineb y gŵr o sir y Fflint yn y gogledd yn dod wyneb yn wyneb â blaengarwch a hunanhyder 'welwch-chi-fi' beirdd y de – nid bod John Jones, yntau o sir y Fflint, yn rhagfarnllyd wrth gwrs!

Er bod Robert ab Ifan yn sôn am waith Dafydd ab Edmwnd a phenceirddiaid eraill yn 'puro' y mesurau yn yr eisteddfod, ni sonia am y tawddgyrch cadwynog yn benodol.[41] Y ffynhonnell gynharaf sydd o gymorth i ni yw gramadeg barddol a ysgrifennodd Gutun Owain yn llawysgrif Llst. 28 yn 1455, ryw bedair blynedd ar ôl yr eisteddfod.[42] Fel y gwelsom, teithiasai Gutun i'r eisteddfod gyda'i athro Dafydd ab Edmwnd, ac felly roedd ganddo wybodaeth uniongyrchol.

Yn ei ramadeg rhoddodd Gutun enghraifft o ffurf gywir pob un o fesurau'r awdl, gan gynnwys y *Towddgyrch*. Gwelir bod y pennill a ddewisodd yn dilyn patrwm #1d, sef y math a ganodd Guto'r Glyn wrth foli'r Abad Rhys o Ystrad-fflur ar ddechrau ei yrfa:[43]

> Wawr lleferydd, | a'r llafaru
> Yw brynaru | pen bron uriad.
> Ofni cerydd | ni fyn caru
> O 'difaru | y doe fowrwad:
> Anghysurio | yw malurio
> Y'n difurio | o'n dau fwriad,
> A'm dolurio | oedd d'anturio
> Am oer gurio | â mawr gariad!

Gutun Owain ei hun piau'r pennill hwn, pennill olaf *Owdyl orchestol ei mesur a'i chynghanedd i ferch wriog*.[44] Fel yn achos penillion Guto i'r Abad Rhys, ceir cynghanedd ym mhob llinell ac eithrio llinellau 5 a 7, ac nid yn unig y mae'r rhagodlau'n ddwbl, ond ceir *r* o dan yr acen ym mhob un ohonynt a cheir cymeriad (llafarog) yn cysylltu'r cymalau â'i gilydd. Ni cheir odl yma rhwng sillaf gyntaf y pennill (*Wawr*) a gair olaf y pennill (*gariad*), yn wahanol i'r pum tawddgyrch arall yn yr awdl y tynnwyd y pennill hwn ohoni, felly cesglir nad ystyriai Gutun Owain yr odl hon yn angenrheidiol. Mewn dau o'r pum pennill arall, mae'r odl fel petai'n fwy i'r llygad nag i'r glust (fel yn achos awdl Lewys Glyn Cothi i Ruffudd ap Nicolas a drafodwyd uchod):

> **A, D**uw ddwyfol, od addefais / ... / Ac ymcanu drwg i'm cenn**ad**.
> **A d**irmygus o dir Meigion / ... / Wyllt a geren, wallt deg eur**ad**.

Lluniodd Gutun Owain ramadegau eraill hefyd, sydd bellach wedi eu colli, ond mewn copi a wnaeth John Jones o un ohonynt yn C 2.634 (= Hafod 24), ceir dwy enghraifft o'r tawddgyrch – y naill o'r hen ddull, sef pennill Einion Offeiriad *Buddiant i feirdd* ... (#1a uchod), a'r llall o'r dull newydd (#1d) gyda rhagodlau dwbl, sef pennill gan Ddafydd ab Edmwnd, yr olaf mewn cyfres o wyth tawddgyrch i gloi ei awdl foliant i Rys Wyn ap Llywelyn o Fôn.[45]

> Ac o ffl*wys*wn | i gyff**esu**
> Aur orm**esu** | ar wawr masw**edd**,
> Enw a dd*wys*wn | a nawdd I**esu**
> I'w ras l**esu** | ar Rys lwysw**edd**.
> A nawdd gl**einiau** | yr holl s**einiau**
> Ar ei fr**einiau** | erfai rinw**edd**,
> Ai aer ll**einiau**, | alon h**einiau**,
> A'i farg**einiau**, | Ifor Gwyn**edd**.

Dilyn patrwm Guto'r Glyn, #1d, a wnaeth Dafydd ab Edmwnd yntau yma, fel yng ngweddill yr awdl, gyda'r rhagodlau oll yn ddwbl; ceir cymeriad (llafarog) rhwng y cymalau; cynghanedd groes gyflawn ym mhob llinell ac eithrio 5 a 7; a chynhelir yr un brifodl drwy'r cyfan. Ni cheir odl rhwng y sillaf gyntaf â'r sillaf olaf yma nac yn yr un o'i benillion tawddgyrch ef. Gallwn fod yn dra hyderus fod patrwm y pennill hwn, a'r saith arall yn yr awdl, yn cyfateb i'r modd y dymunai Dafydd ab Edmwnd i'r mesur gael ei ganu.

O edrych ar y dystiolaeth, felly, mae'n rhaid casglu nad tynhau gofynion y tawddgyrch a'i wneud yn fwy astrus a wnaeth Dafydd ab Edmwnd yn Eisteddfod Caerfyrddin, ond yn hytrach rhoi sêl ei fendith ar batrwm yr oedd Guto'r Glyn eisoes wedi ei sefydlu bron i ugain mlynedd ynghynt pan ganodd i'r Abad Rhys yn Ystrad-fflur. Mae'n bosibl fod y ffaith fod Lewys Glyn Cothi wedi defnyddio'r union un patrwm wrth foli Gruffudd ap Nicolas, noddwr yr eisteddfod, wedi bod yn allweddol hefyd.

Y cyfnod ar ôl Eisteddfod Caerfyrddin

Mewn cywydd marwnad i'r bardd-uchelwr Einion ap Gruffudd (*fl.* 1450) o Lechwedd Ystrad, meddai Guto'r Glyn:

> Ni chân neb dawddgyrch yn iawn
> Gadwynawg wedi Einiawn.⁴⁶

Moli galluoedd barddol ei noddwr a wna Guto, ond mae'n siŵr fod ganddo'r Einion pwysig arall yn hanes y tawddgyrch yn ei feddwl yma hefyd, sef Einion Offeiriad. Yn ymhlyg yn y cwpled y mae'r awgrym fod yna rai beirdd a ganai'r tawddgyrch yn anghywir, a thybed a oedd hyn yn bwnc llosg ymysg y beirdd? A chymryd mai patrwm Guto'r Glyn a gafodd sêl bendith Dafydd ab Edmwnd ar gyfer gosod trefn ar y mater, a welir safoni ar y patrwm hwnnw yn y cyfnod ar ôl yr eisteddfod?

O edrych at hynt y tawddgyrch dros y ganrif yn dilyn yr eisteddfod, mae'r beirdd fel petaent yn ymrannu'n ddwy ffrwd: dilynwyr y Guto'r Glyn ifanc ar y naill law, a'r beirdd sy'n arloesi ymhellach yn yr ail ffrwd (gan gynnwys y Guto'r Glyn hŷn).

Nid yw'n syndod mai i'r ffrwd gyntaf y perthyn dilynwyr Dafydd ab Edmwnd: ei ddisgyblion Gutun Owain a Thudur Aled, Lewys Morgannwg (disgybl Tudur Aled), Iorwerth Fynglwyd (disgybl Rhisiart ap Rhys, tad Lewys Morgannwg) a Wiliam Llŷn (disgybl i Ruffudd Hiraethog, a oedd yn ei dro yn ddisgybl i Dudur Aled).⁴⁷

Canodd Dafydd ab Edmwnd, Gutun Owain a Lewys Morgannwg yn gyfan gwbl ar batrwm #1d.⁴⁸ Dyna a wnaeth Tudur Aled yntau gan fwyaf, mewn awdl fawl i'r Abad Siôn ap Dafydd Llwyd o Lyn-y-groes,⁴⁹ ond gyda chynghanedd gyflawn ym mhob llinell, a dwy gynghanedd annibynnol yn aml yn llinellau 5 a 7. Yr hyn sy'n wahanol yma yw bod odlau dwbl yn naill hanner y pennill (gan gynnwys y prifodlau) ac odlau sengl yn yr ail hanner (neu *vice versa*).

> Math #1e
>
> **Au**r i <u>agor</u>, | o rywi*ogaeth*,
> Ar diri*ogaeth* | o'r dŵr e**igiau**;
> A gwŷr r<u>agor</u>, | a gwr*ogaeth*,
> A'r dwys*ogaeth* | ar dy s**eigiau**;
> Aml saig, mal sêr, | aml bwyd, aml bêr,
> Aml tast mêl têr, | aml tyst mil, t**au**;
> Aml pob mawl pêr, | aml nai mal nêr,
> Aml clud, aml clêr, | aml clod, mawl cl**au**.

Patrwm odli #1e: <u>b</u> <u>c</u> <u>c</u> <u>A</u> | <u>b</u> <u>c</u> <u>c</u> <u>A</u> | d d d A | d d d A (tanlinellwyd odlau dwbl).

Fel yn awdl Guto'r Glyn i'r Abad Rhys, clöir â thawddgyrch ag odlau a rhagodlau acennog oll (math #1c).

Dilyn patrwm Guto a wnaeth Iorwerth Fynglwyd a Wiliam Llŷn hwythau,[50] gan gynnwys yr amrywiad yn yr odlau dwbl/odlau acennog a gyflwynodd Tudur Aled. Ac er i ni weld Lewys Glyn Cothi yn arbrofi gyda phatrwm newydd wrth ganu i Rys ap Dafydd o Flaen-tren, dilyn patrwm safonol Guto a wnaeth yntau pan ganodd ddwy gyfres o chwe thawddgyrch ar ddiwedd cerddi amlfesur i foli Siasbar Tudur tua 1461 a Tomas Fychan ap Gwatgyn cyn 1475.[51]

I'r ffrwd draddodiadol hon hefyd y perthyn y ddau dawddgyrch a gadwyd o waith Dafydd Nanmor (*fl.* ail hanner y bymthegfed ganrif), bardd 'a ymhyfrydai mewn campau geiriol a mydryddol'.[52] Canwyd y cyntaf, tua 1468, ar batrwm #1d,[53] ond er bod yr ail dawddgyrch yntau wedi ei ganu ar y patrwm safonol yn dilyn math #1c (gydag odlau acennog drwodd), efallai mai dyma un o'r penillion mwyaf arbrofol o'r cyfan oll. Fe'i ceir ymysg 'Gorchestion' Dafydd Nanmor, ac nid yn unig y mae pob un gair yn acennog, ond mae pob un hefyd yn cychwyn ag *g-*, a cheir dwy gynghanedd a chan amlaf tair cynghanedd ym mhob un llinell.[54]

Gwas gwyn goes g<u>awdd</u> | gais gwin gwys gw*an*
Gwawr gyd gaer g*an* | gwâr ged gar gw**air**
Glas glynn gloes g<u>lawdd</u> | glais glin glwys gl*an*
Gawr gryd gwawr gr*an* | gar gred gwar gr**air**.
Gŵr gwen gŵyr g*au* | gardd gled gerdd gl*au*
Gwyll gwydd gwell gw*au* | goll gwedd gwall [g**air**].
Gawr gryn gyr gr*au* | garw gur gwir g*au*
Geilw gnwd gwyl gn*au* | gloyw gnawd glew gwn**air**.

Fe'i disgrifiwyd gan Gilbert Ruddock fel y pennill mwyaf 'trofaus ei feddwl', a gallai'n hawdd fod wedi bod yn llai caredig.[55] Dyma, heb os, enghraifft o'r 'linc-loncio i ynfydrwydd' y cyfeiriodd John Morris-Jones ato wrth ddisgrifio rhai o fesurau arbrofol y beirdd.[56]

Cyfeiriwyd hyd yn hyn at Guto'r Glyn fel un a arweiniodd y ffordd o ran dull safonol y tawddgyrch cadwynog, gan mai ar ei batrwm ef y rhoddodd Dafydd ab Edmwnd ei fendith. Annisgwyl, felly, yw cynnwys Guto'r Glyn yng nghwmni beirdd yr ail ffrwd, y rhai a barhaodd i ddyfeisio patrymau newydd sbon ar ôl Eisteddfod Caerfyrddin.

Oddeutu 1485 canodd Guto awdl gwbl feistrolgar i'r Abad Dafydd yng Nglyn-y-groes, awdl sy'n cynnwys naw englyn a ddilynir gan bedwar pennill o dawddgyrch cadwynog ar batrymau newydd sbon, mathau #4, #5 a #6:[57]

Math #4: Awn â'r draetha*wd* | yn ardr<u>ethol</u>
A'r gair d<u>ethol</u> | i'r gŵr doeth**af**,
I gael aw*en* | iau a gl<u>ywir</u>
I'w fro g<u>ywir</u> | i fwrw'r gae**af**.
Aur fy hoywn*er*, | er fy h<u>ened</u>,
O dir B<u>ened</u> | y'i derbyni**af**,
I dref Eg*wystl*, | dai arf<u>ogion</u>
Iarll tiri<u>ogion</u>, | a'r lle trig**af**.

Patrwm odli #4: b <u>c</u> <u>c</u> A | d <u>e</u> <u>e</u> A| f g g A | h <u>i</u> <u>i</u> A.

Math #5: Er bod tal*au* | â'r bat<u>e</u>l<u>oedd</u>
Wrth ryf<u>e</u>l<u>oedd</u> | ni thrafaeli**af**;
O daw'r hwyl*iau* | o'r dŵr h<u>e</u>l<u>i</u>
At Duw C<u>e</u>l<u>i</u> | i'w dai cili**af**,
I'r fron uch*el* | gyfrin<u>a</u>ch<u>us</u>,
I'r tir i<u>a</u>ch<u>us</u> | a'r tŵr uch**af**,
I gwrt Rhuf*ain* | a'i gartr<u>e</u>f<u>ydd</u>,
I gôr cr<u>e</u>f<u>ydd</u> | y gŵr cryf**af**.

Patrwm odli #5: b <u>c</u> <u>c</u> A | b <u>d</u> <u>d</u> A | e <u>f</u> <u>f</u> A | g <u>h</u> <u>h</u> A.

Math #6: I'm gwiw ddae*ar* | a'm godd<u>i</u><u>wedd</u>
Yn y d<u>i</u><u>wedd</u> | yno deu**af**,
I gaer wedd*aidd* | y gorw<u>ei</u><u>ddion</u>;
Yn ei gwr<u>ei</u><u>ddion</u> | y gorwedd**af**.
Olew gwiwDd*uw*, | wiail gw<u>e</u><u>ddus</u>
Anrhyd<u>e</u><u>ddus</u>, | âi 'n rhaid Add**af**;
Olew myn*aich* | êl i m<u>i</u><u>nnau</u>
I'm tref <u>i</u><u>nnau</u> | tra fwy' wann**af**:
Ymchwel oes*oedd* | i'm achl<u>e</u><u>su</u>,
Wledd yn I<u>e</u><u>su</u> | lwyddianus**af**!

Patrwm odli #6: b <u>c</u> <u>c</u> A | d <u>e</u> <u>e</u> A | f <u>g</u> <u>g</u> A | h <u>i</u> <u>i</u> A | j <u>k</u> <u>k</u> A.

Ceir cynghanedd groes gytbwys ddiacen ym mhob llinell yn y pedwar pennill tawddgyrch cadwynog hyn, ac ni cheir odl rhwng sillaf gyntaf y penillion a'r sillaf olaf. Roedd hi'n hysbys fod Guto'n torri tir newydd yma, fel yr esboniodd William Salesbury yn ei gopi ef o'r gerdd yn LlGC 3049D: 'y mesvr hwn a wnaeth guttor glyn yn gyforch [*recte* gyfochr] ag yn vn gymeriad yr hwn ni chanwyd or blaen oni kanodd yr owdl yma'.[58]

Ac yntau'n fardd yn canu'n bennaf yn y de-ddwyrain, nid yw'n syndod gweld patrymau newydd yn y pedwar pennill o dawddgyrch a gadwyd o waith Hywel Dafi, ar ddiwedd awdl foliant amlfesur i Forgan ap Tomas Llwyd o'r Cantref Mawr.[59] Mae dau ohonynt, yn dilyn yn fras patrwm #1c, ond gan gynnwys odlau dwbl yn safle'r brifodl: y naill b c c A | b c c A | d d d A | d d d A, a'r llall b c c A | b c c A | d d d A | d d d A. Mae'r ddau arall yn cynnwys odlau acennog i gyd ac yn dilyn patrwm newydd eto, sef #7 (gyda sillaf gyntaf y pennill yn odli â'r brifodl):

Math #7   Onnen a wnâi yr [?> wnair] | un anian â N*udd*
           A'i gyrrai'n br*udd* | i ger ein br**on**;
           Ai llai â g*air* | no'r llew o g*udd*
           Â'i baeled r*udd* | a'i baladr **onn**?
           Ail Gwair yw'n cr*air*, | e'n cair lle'n p*air*
           A'i air a wn*air* | hyd ar dŷ N**on**;
           Od air i'r ff*air*, | ym teirdelw F*air*,
           Nid air o'r ff*air* | heb dorri'r ff**on**.

Patrwm #7: b c c A | b c c A | b b b A | b b b A.

Casgliad

Cwestiwn eithaf syml a ysgogodd y gwaith hwn, sef a allai canolbwyntio ar un agwedd ar grefft y beirdd ddysgu unrhyw beth o gwbl i ni am berthynas y beirdd â'i gilydd, eu haddysg a chylch eu dylanwad. Wrth grynhoi, rhaid cofio bod y casgliadau yn gwbl ddibynnol ar y dystiolaeth sydd wedi goroesi, ac o ganlyniad yn fregus. Er hynny credir bod sampl o 136 pennill o'r mydr, a ganwyd gan fwyaf dros gyfnod o ryw ganrif a hanner, yn sail go dda i weithio arni. Dyma'r prif gasgliadau:

- Ar ôl dyfeisio'r tawddgyrch gan Einion Offeiriad ar ddechrau'r bedwaredd ganrif ar ddeg, ac iddo ymddangos yn y gramadeg barddol a gomisiynwyd gan Syr Rhys ab Gruffudd o Lansadwrn (ac o bosibl mewn awdl i'r un noddwr), ni chanodd yr un o feirdd y ganrif honno ar y mesur.
- Ymddangosodd y tawddgyrch nesaf ar ddechrau'r bymthegfed ganrif yn llys Hopgyn ap Tomas a'i fab Tomas yn Ynysforgan ym Morgannwg, mewn awdlau gan Ieuan Llwyd ab y

Gargam, y Proll, a hefyd Ieuan ap Rhydderch a ganai yn yr un cylch. Hopgyn ap Tomas oedd noddwr Llyfr Coch Hergest, sy'n cynnwys copi o'r gramadeg barddol lle ceir disgrifiad estynedig o'r tawddgyrch.

- Canodd Ieuan ap Rhydderch (yn hytrach, efallai, nag Ieuan ap Hywel Swrdwal) awdl Saesneg ar fesur y tawddgyrch, o bosibl rhwng 1404 a 1422, gan ddefnyddio patrwm #1c.
- Tua 1435 canodd Guto'r Glyn awdl i'r Abad Rhys o Ystradfflur, yn cynnwys cadwyn o englynion a ddilynir gan benillion o dawddgyrch cadwynog o fath #1d (odlau a rhagodlau dwbl) ac un pennill o fath #1c (odlau a rhagodlau acennog) i gloi, gan sefydlu patrwm y byddai nifer o feirdd yn ei ddilyn.
- Yn y gerdd honno mae Guto yn odli sillaf gyntaf pob pennill o dawddgyrch â'r sillaf olaf, gan ddilyn yr hyn a gafwyd (drwy gyd-ddigwyddiad, o bosibl) ym mhennill enghreifftiol Einion Offeiriad, neu drwy gamddehongli cyfarwyddyd y gramadeg – *a diwed yr holl awdyl yn atteb y'r geir kyntaf o'r dechrau* – gan gymryd bod *awdyl* yn cyfeirio at un pennill yn hytrach nag at gyfres o benillion. Mae nifer o feirdd yn dilyn hyn, ac mae'r odl yn aml yn un i'r llygad yn hytrach nag i'r glust.
- Canodd Lewys Glyn Cothi awdl i Ruffudd ap Nicolas, rywbryd cyn Eisteddfod Caerfyrddin (ond ar ôl 1449), gan ddefnyddio patrwm Guto'r Glyn.
- Yn Eisteddfod Caerfyrddin, a gynhaliwyd tua 1451 dan nawdd Gruffudd ap Nicolas, rhoddodd Dafydd ab Edmwnd sêl ei fendith ar batrwm Guto'r Glyn, a chanodd yntau awdl yn defnyddio'r patrwm hwn (ond gan hepgor yr un pennill o fath #1c). Cadarnhau patrwm Guto fel safon a wnaeth Dafydd ab Edmwnd, yn hytrach nag ychwanegu haen newydd o astrusi i'r mesur.
- Ni chynhwysodd Dafydd ab Edmwnd yr odl rhwng y sillaf gyntaf a'r sillaf olaf yn ei benillion ef, ac ni wnaeth Gutun Owain hynny ychwaith yn yr enghraifft o'r tawddgyrch a roddodd yn ei ramadeg yn Llst. 28 yn 1455. Cesglir nad ystyrient yr odl honno'n angenrheidiol.

- Cydnabu'r beirdd rôl Dafydd ab Edmwnd yn sicrhau safon y tawddgyrch: cyfeiriodd Gutun Owain ato fel *pencerdd yr iaith*, ac fel un a 'dvc vraint ar awen dec vrav, / dyblu owdl val dwbledav'; ac yn ôl Lewys Môn rhoes Dafydd y gair olaf ar drefn y tawddgyrch, 'Y dull o'i gerdd, deall gwych / yw diweddgrefft ar dawddgrych.'[60]
- Ar ôl yr eisteddfod y mae'r beirdd sy'n 'ddisgynyddion' i Ddafydd ab Edmwnd yn mabwysiadu patrwm safonol Guto'r Glyn a phrin yn gwyro oddi wrtho (er bod Tudur Aled yn arbrofi gyda phatrymau rhagodlau acennog/rhagodlau dwbl, a bod Wiliam Llŷn yn ei ddilyn yn hynny o beth). Mae'r cysondeb yn eu penillion tawddgyrch yn cadarnhau'r berthynas rhyngddynt o safbwynt eu haddysg.
- Oddeutu 1485 mae Guto'r Glyn yn canu tawddgyrch hollol arbrofol, gan gynnwys un pennill estynedig o ddeg llinell yn lle wyth. Gwelir Hywel Dafi yntau, bardd a hanai'n wreiddiol o'r de-ddwyrain, er iddo ganu ar batrwm #1c (megis Ieuan ap Rhydderch a Guto'r Glyn), hefyd yn canu ar batrymau newydd a dieithr na welir enghreifftiau eraill ohonynt yng ngwaith beirdd y prif ffrwd.
- Er deall yr elfennau *-gyrch* (*cyrch* = odl, cyswllt odl neu gytseinedd) a *cadwynog* (*cadwyno* = ymddolennu) yng nghyswllt yr enw *tawddgyrch cadwynog*, ni ellir bod mor hyderus am ystyr yr elfen *tawdd*. Sylwer, fodd bynnag, fod llythyren 'dawdd' (sef *d, f, l, m, n, r* neu *s*) o dan yr acen ym mhob un o odlau dwbl penillion tawddgyrch Guto'r Glyn i'r Abad Rhys, ac ym mwyafrif y penillion a ganwyd yn y bymthegfed a'r unfed ganrif ar bymtheg. Mae'n nodwedd hefyd ar y ddau dawddgyrch a briodolir i Einion Offeiriad (#1a, #1b).

Mae nifer o gwestiynau yn codi o'r casgliadau hyn. Er enghraifft, ni wyddom, ar hyn o bryd, am unrhyw gyswllt rhwng Guto'r Glyn ac Ieuan ap Rhydderch, er y byddai perthynas o'r fath yn gwneud perffaith synnwyr. Roedd y ddau ohonynt yng Nglyn Aeron yn y 1430au a'r 1440au, lle yr ychwanegwyd rhai o gerddi Guto'r Glyn i lawysgrif Peniarth 57, o bosibl gan Guto ei hun. A oedd gan Ieuan ap Rhydderch unrhyw ran i'w chwarae yn hyfforddiant cynnar Guto'r Glyn? Ai ef a'i denodd o'r gogledd-ddwyrain i ardal Ystrad-fflur? Gall gwell dealltwriaeth o batrymau cymhleth y tawddgyrch cadwynog yn sicr fod o gymorth i olygydd testun. Er enghraifft, mewn awdl i Tomas Fychan ap Watgyn,[61] mae Lewys Glyn Cothi yn dilyn arfer y Guto'r Glyn cynnar ac yn odli sillaf gyntaf pob pennill gyda'r sillaf olaf. Felly *Él ... Brochwel*; *Beli ... rhyfel*; *Elw ... batel*; *Eler ... L*; *Eli ... ddêl*.[62] Ond yn yr ail dawddgyrch yma yr hyn a geir yn y golygiad o'i waith yw *Olwedd ... isel*. O edrych ar y llawysgrif ei hun, gwelir bod yr ysgrifydd (y bardd ei hun) wedi gadael bwlch ar gyfer ychwanegu llythyren mewn inc coch ar ddechrau'r pennill.[63] Er mwyn ei atgoffa ei hun o ba lythyren, gadawodd lythyren fechan ysgafn a ddehonglwyd gan olygydd y gerdd fel *o*, ac yn sicr mae'n haws cael ystyr o *Olwedd* nag o *Elwedd*. Ond o ran y mydr mae'n sicr mai *e* sydd ei hangen yma – ac o gymharu'r llythyren fechan â'r *e* arferol yma, tybir mai *Elwedd* yw'r darlleniad cywir.

Ni fu'r tawddgyrch cadwynog erioed yn un o hoff fesurau'r beirdd – ond fel y gwelwyd mae'n ddigon posibl ei fod yn fesur y daethpwyd i'w ystyried yn rhan hanfodol o'u hyfforddiant a'u dyrchafiad i rengoedd uwch y gyfundrefn farddol. Gall hynny esbonio pam y canodd y rhan fwyaf o brif feirdd y ganrif fawr o leiaf unwaith ar y mesur – ond fel arfer, nid llawer mwy na hynny. Unwaith yr oedd bardd wedi profi ei gamp drwy ddangos ei fod yn gallu canu'n gywir ac yn ystyrlon ar y mesur, mae'n ddigon posibl y teimlai ei fod yn well ganddo, o hynny allan, ddefnyddio mesurau tipyn haws iddo ef ei hun ac ar glust ei gynulleidfa!

Nodiadau

1   Oni bai am ddarlithocdd a scminarau cwbl ysbrydolcdig Margcd yn y Colcg Ger y Lli, ni fyddwn i wedi dewis gyrfa fel ymchwilydd. Nid dyna oedd y cynllun gwreiddiol! Diolch o waelod calon iddi.
2   GCBM ii, 6.236. Wrth ganu marwnad i Gadwallon ap Madog o Faelienydd *c*.1179, ymuniaethodd Cynddelw ymhellach â'r beirdd dysgedig (y *traethaduron call*) a gadwai gof am gyfeillion coll, ac a hyfforddai do o ddisgyblion: 'Canaf yn esgud, ys gôn pa hon, / As gwtant yn dysc yn disgyblon!', GCBM i, 21.186–

7. Am ddylanwad tebygol Cynddelw ar Hywel, gw. sylwadau Huw Meirion Edwards, 'Canu serch Hywel ab Owain Gwynedd', yn Nerys Ann Jones (gol.), *Hywel ab Owain Gwynedd: Bardd-Dywysog* (Caerdydd: Gwasg Prifysgol Cymru, 2009), tt. 88–110 (tt. 89–90).
3 Ann Parry Owen, 'Gramadeg Gwysanau (Archifdy Sir y Fflint D/Gw 2082)', LlC, 33 (2010), 1–31.
4 John Morris-Jones, *Cerdd Dafod* (Rhydychen: Gwasg Clarendon, 1925).
5 Cf. GDEp, t. 20 a n. 51 yno.
6 Cf. sylwadau Morris-Jones, *Cerdd Dafod*, t. 233, ar reol trwm ac ysgafn mewn sillafau diacen, rheol sydd â'i gwreiddiau yng nghyfnod Hen Gymraeg 'pan oedd yr acen ar y sillaf olaf'. 'Nid oes wahaniaeth yn awr', meddai, 'rhwng yr *-an* yn *taran* a *Calan*; ond yr oedd pan seinid hwy'n *tarân* a *Calánn*. Nid oedd neb yn debyg o odli pâr fel hyn yr adeg honno.' Gan fod y gwahaniaeth hwnnw wedi diflannu o'r iaith erbyn cyfnod y Gogynfeirdd, awgryma Morris-Jones 'mai drwy braw ... a dilyn traddodiad, ac nid wrth y glust, y cadwai'r gogynfeirdd y rheol'. Ac wrth reswm, gwelir bod rhai beirdd, megis y pen crefftwr Cynddelw Brydydd Mawr, yn ofalus iawn i gadw'r rheol hon, lle mae eraill, yn enwedig erbyn y bedwaredd ganrif ar ddeg, yn llawer llai cyson.
7 Gw. disgrifiad Morris-Jones o'r mesur yn *Cerdd Dafod*, tt. 344–8.
8 Gw. GPC d.g. *tawddgyrch*, a ddisgrifir fel 'e[nw] g[wrywaidd] [a] b[enywaidd]'. Nid yw tarddiad nac union ystyr y gair yn eglur, ond dichon mai'r un elfen *tawdd* sydd ynddo ag a welir yn yr enw mesur *toddaid*, gw. GPC d.g. *toddaid*[1]. Mewn cyswllt mydryddol cyfeiria *tawdd* fel arfer at ansawdd cytseiniaid; e.e. GP, t. 39, *Seith ysyd o'r llythyr tawd, nyt amgen* d, f, l, m, n, r, s, *a sef achaws y gelwir wynt yn llythyr tawd, kanys todi a wnant y mywn kerdd*. Am yr ail elfen, ystyr *cyrchu* yn y cyswllt hwn yw 'ateb', boed hynny drwy odl neu gytseinedd.
9 Yn ôl dull Llyfr Coch Hergest o'r Gramadeg, GP, t. 11, 'Tri messur ereill a uedylyawd Einawn Offeiryat, nyt amgen, hir a thodeit, kyrch a chwta, a thawdgyrch gadwynawc.' Priodolir y tri mesur i Ddafydd Ddu o Hiraddug yn fersiwn Peniarth 20 o'r Gramadeg (GP, t. 51) ac yn fersiwn Simwnt Fychan yn llawysgrif J 15 (ail hanner yr unfed ganrif ar ddeg, cyn 1578), meddir, GP, t. 117, 'dychymygawdd Davydd Ddv Athraw dri messvr eraill, nid amgen, kyrch a chwta, hir a thoddaid, a thawddgyrch kadwynoc. Einion Offeiriad a ddychymygawdd yntav hvpvnt hir' (yn GP cyfeirir at y llawysgrif fel J 9, gan ddilyn hen rifiant Gwenogvryn Evans).
10 Gw. Morris-Jones, *Cerdd Dafod*, tt. 349–50.
11 Ar awduraeth y gramadeg, gw. yn arbennig R. Geraint Gruffydd, 'Wales's Second Grammarian: Dafydd Ddu of Hiraddug', PBA, 90 (1995), 1–29; ac yn fwy diweddar, gw. y bennod 'The allure of authorship' yn Michaela Jacques, 'The Reception and Transmission of the Bardic Grammars in Late Medieval and Early Modern Wales' (traethawd PhD heb ei gyhoeddi, Prifysgol Harvard, 2020), 31–56.
12 Ymddengys fod y pennill wedi ei hepgor yn anfwriadol o fersiwn Peniarth 20, gan fod y geiriau *val hynn* yno i'w gyflwyno; gw. GP, t. 52.

Y tawddgyrch cadwynog: tour de force *y beirdd*

13 Fel y dengys R. Geraint Gruffydd, GEO, tt. 5–6, 11, lluniai'r tawddgyrch hwn gyrch-gymeriad â diwedd ll. 80 yr awdl (t. 9); ond eto o'i gynnwys, ni cheid cyrch-gymeriad rhwng diwedd y tawddgyrch a'r rhupunt sy'n cychwyn *Buddiant pobloedd*. Cadwyd yr awdl hon mewn naw llawysgrif, pump ohonynt o gyfnod y dyneiddwyr, a'r gweddill o gyfnod diweddarach; gw. GEO, t. 6.
14 GP, tt. 11–12.
15 Cyfeiria'r gair *cyngogion* at y cyswllt (sef cyrch-gymeriad) a geir rhwng penillion a'i gilydd er bod yr odl yn newid, gw. Morris-Jones, *Cerdd Dafod*, tt. 294–5, lle y'i cysylltir â'r gwreiddyn **keng-* 'camu', fel yn y ferf *rhygyngu* 'cerdded'.
16 Ar ddiwedd y disgrifiad meddir, 'A'r mod hwnnw a gaffat wrth vod Lladin', gan awgrymu ei fod yn seiliedig ar ryw fesur o'r traddodiad Lladinaidd. Ond casglodd Morris-Jones, *Cerdd Dafod*, t. 348, 'Y mae'r sylw'n dyfod i mewn yn afrwydd, fel peth wedi ei wrthio i mewn', ac awgrymodd mai ymylnodyn perthnasol i'r disgrifiad o gywydd llosgyrnog oedd y sylw yn wreiddiol, mewn copi cynnar o'r gramadeg.
17 Bangor 1, t. 26, gw. J. T. Jones, 'Gramadeg Einion Offeiriad', BBCS, 2 (1923–5), 184–200; GP, t. xiv. Ar y pennill, gw. hefyd Ifor Williams, 'Awdl i Rys ap Gruffudd gan Einion Offeiriad', *Y Cymmrodor* (1916), 125–6.
18 Dichon mai cyd-ddigwyddiad yw'r ffaith fod odl b yma'n odli'n sengl â'r brifodl.
19 Cf. GEO, t. 6, sy'n nodi y gallai llinell gyntaf y tawddgyrch hwn gyrchu diwedd ll. 86 yn yr awdl, sef 'Mur mireingall morach diwal, mawrball morbysg'.
20 Nis gwelir, er enghraifft, yng nghanu rhai o brifeirdd y gogledd, megis y bardd ceidwadol Gruffudd ap Maredudd o Fôn a ganodd ar nifer fawr o fesurau'r awdl, gw. GGMD iii, 33–47.
21 GDC cerdd 12.
22 Gw. Morris-Jones, *Cerdd Dafod*, t. 346 lle awgrymir mai dyma oedd y '"cadwynfyr" gwreiddiol', cyn i Ddafydd ab Edmwnd addasu'r mesur hwnnw, Morris-Jones, *Cerdd Dafod*, tt. 351–2. Fe'u cynhwyswyd yn yr astudiaeth hon gan eu bod yn amlwg yn chwarae rhan yn hanes y tawddgyrch.
23 GDC 12.61–4.
24 GDC cerdd 14.
25 GDC 14.41–8.
26 GIRh 10.72–9.
27 Gw. Bleddyn Owen Huws, 'Dyddiadau Ieuan Gethin', LlC, 20 (1997), 46–55 (50), lle awgrymir bod y gerdd wedi ei chanu naill ai ym Maglan, cartref Ieuan Gethin, neu yn Ynysforgan. Gw. hefyd drafodaeth R. Iestyn Daniel yn GIRh tt. 189–93.
28 Gw. GHS cerdd 33, hefyd yno tt. 212–13. Am y rhaglithoedd gw. E. J. Dobson, 'The Hymn to the Virgin', THSC (1954), 70–124 (73–100).
29 Dobson, 'Hymn to the Virgin'.
30 GIRh t. 8, a gw. yn arbennig yno cerdd 3, 'Cywydd y Fost', lle y mae'r bardd yn trafod agweddau ar addysg brifysgol, megis pynciau'r *Trivium* a'r *Quadrivium*, ond heb enwi'r brifysgol.
31 GHS 33.53–60.

32 Mae'n amlwg fod yr Abad Rhys yn ymddiddori yng ngherdd dafod (mae'n arwyddocaol fod Guto wedi canu awdlau iddo yn ogystal â chywyddau), ac fe'i molwyd yn arbennig am ei ddysg, cf. GG.net 6.20 *da ei lên*.
33 Gw. GG.net cerdd 8 (golygiad Dafydd Johnston).
34 Ar ddyddiad y gerdd hon, gw. GLGC, t. 528.
35 GLGC 16.90–129.
36 GLGC 41.47–94; ni chynigir dyddiad i'r awdl, t. 543, ac mae'n ddigon posibl iddi gael ei chanu ar ôl Eisteddfod Caerfyrddin. Am gerddi Guto'r Glyn i dad y noddwr, gw. GG.net cerddi 12–13.
37 Morris-Jones, *Cerdd Dafod*, tt. 349–50.
38 Cyhoeddwyd y ddau destun gan G. J. Williams yn 'Eisteddfod Caerfyrddin', *Y Llenor*, 5 (1926), 94–102, a thestun John Jones ar dd. 96–101 a thestun Robert ab Ifan ar d. 102. Ymhellach ar yr eisteddfod, gw. D. J. Bowen, 'Dafydd ab Edmwnd ac Eisteddfod Caerfyrddin', *Barn*, 142 (1974), 411–18.
39 Williams, 'Eisteddfod Caerfyrddin', 96.
40 Williams, 'Eisteddfod Caerfyrddin', 96–7.
41 Williams, 'Eisteddfod Caerfyrddin', 102 (o Peniarth 158, t. 20): 'y mesvrav sef ynt pedwar ar higen lwfiedig or gwaith newydd y rhai a bvrwyd drwy waith dafydd ab edmwnt kadeirddfardd [*sic*] ag eraill o athrawon a ffenkerddiaid ynghyd yn yr ysdefod fawr yn y dre newydd yninefwr gar bron gryffydd ap nikolas'.
42 Gw. G. J. Williams, 'Gramadeg Gutun Owain', BBCS, 4 (1927–9), 207–21, ac yn arbennig 209, lle nodir am destun Llst. 28 y gramadeg, 'y mae'n eglur i Utun Owain fyned ati i ddisgrifio'r mesurau yn unol â deddfiadau Eisteddfod Caerfyrddin'.
43 Gw. Williams, 'Gramadeg Gutun Owain', 213–14 (diweddarwyd yr orgraff ac ychwanegwyd atalnodi yma).
44 Gw. GO cerdd 2; nodir yno y ceir yr isdeitl hwn mewn dwy lawysgrif, BL Add 14971, t. 153 (llaw John Davies, Mallwyd) a LlGC 7191B, f. 83v. Gan nad oes noddwr amlwg i'r gerdd, mae'n ddigon posibl mai awdl a gyfansoddodd Gutun er mwyn profi ei allu yw hon, naill ai mewn cystadleuaeth neu o bosibl er mwyn graddio.
45 Gw. Williams, 'Gramadeg Gutun Owain', 220–1; ac am gerdd Dafydd ab Edmwnd, gw. DE 49.35–97. Diddorol sylwi i Guto yntau ganu i'r noddwr hwn ynghyd â'i frodyr: gw. GG.net, nodyn noddwr ar 'Meibion Llywelyn ap Hwlcyn o Fôn'.
46 GG.net 42.49–50.
47 Gw. J. E. Caerwyn Williams, 'Tudur Aled (*fl.* 1480–1526)', *Y Bywgraffiadur Ar Lein*, https://bywgraffiadur.cymru/ (1959) a Thomas Parry, 'Gruffudd Hiraethog (bu farw 1564)', *Y Bywgraffiadur Ar Lein*, https://bywgraffiadur.cymru/ (1953).
48 DE cerdd 49 (8 englyn + 8 tawddgyrch math #1d); GO cerdd 2 (4 englyn + 6 thawddgyrch math #1d); GLMorg 22.62–9 (1 tawddgyrch math #1d mewn awdl enghreifftiol) a cherdd 66 (9 englyn + 8 tawddgyrch cadwynog math #1d, ond yn un o'r penillion, 66.61–8, mae odl c̲, *alau*, yn agos iawn at odl d̲, *-elau*).
49 TA cerdd 1 (17 englyn + 6 thawddgyrch cadwynog).

50 Gw. GIF cerdd 14 (9 englyn + 7 tawddgyrch cadwynog); Roy Stephens, 'Gwaith Wiliam Llŷn' (traethawd PhD heb ei gyhoeddi, Prifysgol Cymru [Aberystwyth], 1983), 1.83–104; 9.71–94; 21.101–16. Ceir dau bennill gan Wiliam Llŷn yn dilyn patrwm #3a, patrwm a ddefnyddiodd Lewys Glyn Cothi, fel y gwelsom uchod. Ni chafwyd enghraifft arall o'r patrwm hwn yn y gronfa.
51 GLGC 11.59–106; 132.55–94.
52 DN, t. 62 *et passim*.
53 DN 22.88–96 yn yr awdl enghreifftiol orchestol i Ddafydd ap Tomas, cwnstabl Aberteifi.
54 Argreffir y Gorchestion ar ddiwedd DN; arnynt, gw. Gilbert Ruddock, *Dafydd Nanmor*, Llên y Llenor (Caernarfon: Gwasg Pantycelyn, 1992), tt. 65–70.
55 Ruddock, *Dafydd Nanmor*, t. 66.
56 Morris-Jones, *Cerdd Dafod*, t. 350.
57 Gw. GG.net 111.37–70 (golygiad Ann Parry Owen).
58 LlGC 3049D, t. 239.
59 GHDafi 37.57–88.
60 GO 62.13–14 a GLM 89.13–14.
61 GLGC cerdd 132.
62 Dyma a wna yn 20 o'r 24 tawddgyrch a gadwyd dan ei enw; daw'r pedwar eithriad gyda'i gilydd yn GLGC cerdd 41.
63 Peniarth 109, t. 138, *http://hdl.handle.net/10107/4576446* (cyrchwyd 21 Mawrth 2025).

Y CORFF DIRYWIEDIG A DADFEILIEDIG: THEMA YM MARDDONIAETH GYMRAEG YR OESOEDD CANOL DIWEDDAR

Bleddyn Owen Huws

Wrth drafod lle'r oedd pethau arni ym maes hanes y corff dynol yn gyffredinol yn ôl yn 1991, barn yr hanesydd meddygaeth, Roy Porter, oedd fod hanes y corff hyd at hynny wedi ei esgeuluso.[1] Ond byth oddi ar ganol nawdegau'r ganrif ddiwethaf, fodd bynnag, ymddangosodd deunydd toreithiog yn Saesneg yn trafod gwahanol agweddau ar hanes diwylliannol y corff, yn cwmpasu meysydd crefydd, diwinyddiaeth, anthropoleg, meddygaeth, yn ogystal â llenyddiaeth.[2] Prin iawn mewn cymhariaeth â hynny fu'r drafodaeth ar dystiolaeth llenyddiaeth Gymraeg.

Gellid dadlau bod lle i astudio agweddau ar y corff mewn llenyddiaeth Gymraeg yn gyffredinol ar hyd y canrifoedd, ond yn y fan hon canolbwyntir ar farddoniaeth yr Oesoedd Canol diweddar gan ymgyfyngu'n bennaf, er nad yn llwyr ychwaith, i'r bedwaredd ganrif ar ddeg. Yr hyn a ddaw'n amlwg yw bod dwy wedd ar yr ymdriniaeth â'r corff yn y farddoniaeth: sef, yn gyntaf, y wedd ffisegol, anianol; ac yn ail, y wedd symbolaidd a throsiadol, sef yr hyn y mae'r corff yn ei gynrychioli. Er bod gennym gerddi sy'n trafod y corff o gig a gwaed sy'n iach ac yn glaf, yn cysgu ac yn deffro, yn bwyta ac yn yfed, yn cael ei ddilladu a'i ddiddanu, ac sy'n teithio o gwmpas y wlad yn ymateb i'w amgylchfyd trwy gyfrwng y pum synnwyr, y mae'n ymddangos i mi fod lle amlwg yn y farddoniaeth i'r corff symbolaidd mewn cyd-destun Cristnogol lle y mae'n cynrychioli'r cnawd materol llygredig sy'n ganlyniad i Gwymp Adda. Dyma'r corff byrhoedlog a darfodedig sy'n dynodi bodolaeth faterol pechaduriaid ar y ddaear y mae angen iddynt gymodi â Duw cyn Dydd y Farn. Pwysleisiai diwinyddiaeth yr Oesoedd Canol fod dyn yn cynnwys enaid yn ogystal â chorff.³ Y corff oedd llestr yr enaid, ac ymboenid mwy am gyflwr yr enaid gan mai hwnnw a bwysid yn y glorian ar Ddydd y Farn. Dyna pam y ceid pwyslais gan ddiwinyddion a phregethwyr ar bwysigrwydd troedio'r llwybr cul drwy ddisgyblu'r cnawd rhag llygru'r enaid. Ceisiodd yr Eglwys osod ei hawdurdod moesol ar y gyfundrefn farddol yng Nghymru yn gynnar yn y bedwaredd ganrif ar ddeg drwy gyfrwng Gramadeg Einion Offeiriad. Gan mai cerddi i'w datgan yn gyhoeddus gerbron cynulleidfa oedd eiddo'r beirdd, roedd ystyriaethau ynghylch gweddustra a moesoldeb yn pennu natur y deunydd, yn ogystal â chyfansoddiad y gynulleidfa y lluniwyd y cerddi ar ei chyfer ac y datgenid hwy ger ei bron.

Un o'r cerddi mwyaf trawiadol sy'n trafod y corff yw'r cywydd defosiynol o ail hanner y bymthegfed ganrif gan Ieuan Brydydd Hir i'w henaint ei hun. Pregeth sydd ganddo lle defnyddir gwendidau a phoenau'r corff oedrannus fel gwers i rybuddio rhag ymddiried gormod ym mhethau'r byd hwn am eu bod mor ddarfodedig: 'Mae cur a phoen i'm corff i', meddai, cyn dweud mai ei obaith yw gwarchod ei enaid.⁴ Disgrifia ei gorff dirywiedig a dadfeiliedig trwy gyfrwng nifer o gymariaethau trawiadol:

> Esgeiriau yn ysgyrion
> Y sydd, fal dwy ffawydd ffon;
> Ysgwyddau anosgeiddig,
> A chorff heb na lliw na chig.
> Gleiniau fy nghefn a drefnwyd
> Yn gerrig craig neu gorc rhwyd;
> Rhyfedd yw f'ais o'u rhifo
> Fal clwyd llei tynnwyd y to.
> Fal ffustiau, gïau gwywon,
> Yw'r ddau fraich ar y ddwy fron

Y corff dirywiedig a dadfeiliedig

A'm dwylo, cyn Mai deiliog,
Mal delwau cigweiniau cog.
Mae'n brudd y grudd ac yn grych
Mal gwydr amlwg i'w edrych;
A'm llygaid, ym mhell eigiawn
'Y mhen, ni ad im hun iawn.[5]

Er gwaetha'r dirywiad corfforol, gobaith y bardd yw cael cymorth y Forwyn Fair fel meddyges, nid i leddfu ei boenau corfforol, ond i iacháu ei enaid: 'Os iechyd gennyd a gaf / I'm henaid y'i dymunaf'.[6]

Gwnaed peth gwaith eisoes ar rai agweddau ar y corff yn y farddoniaeth. Mewn erthygl yn *Llên Cymru* yn 1971, ymdriniodd Gilbert Ruddock â'r disgrifiadau o brydferthwch corff merch fel y mae'n ymddangos i'r llygad yng ngwaith chwe bardd o'r bymthegfed ganrif.[7] Nodwedd bennaf y cerddi sy'n disgrifio pryd a gwedd merched yw'r dyfalu dyfeisgar, synhwyrus a chrefftus a geir ynddynt ar wahanol nodweddion gweladwy'r corff. Diau mai dyna ran o'u hapêl i gynulleidfa a'r pleser a geid o wrando arnynt. Dangoswyd bod cerddi Cymraeg i'w cael sydd fel petaent yn efelychu'r traddodiad llenyddol Ewropeaidd o ddarlunio'r corff benywaidd delfrydol lle ceid model rhethregol ar gyfer disgrifio'r corff mewn trefn arbennig yn seiliedig ar waith Matthew o Vendôme yn y ddeuddegfed ganrif, *Ars Versificatoria*, lle ceid disgrifiad o Elen o Gaerdroea.[8] Dilynodd Geoffrey o Vinsauf ei arweiniad yn ei *Poetria Nova* yn y ganrif ddilynol, gan roi sylw i aelodau'r corff yn eu trefn gan gychwyn gyda'r pen a symud i lawr nes cyrraedd y traed.[9]

Mae gennym enghraifft o ddisgrifio merch yng ngwaith Gruffudd Gryg (*c*.1310–77) sydd fel petai'n adleisio'r patrwm rhethregol, er nad yw'n disgrifio aelodau'r corff cyfan. Yr hyn a hawlia ei sylw ef yn bennaf yw gwallt y ferch, ei thalcen, ei haeliau, ei llygaid, ei gruddiau, ei genau, ei gwefusau, ei dannedd, ei thafod (ei pharabl), ei thrwyn, ei gwddf, ei dwyfraich a'i bron.[10] Yng nghywydd Iolo Goch (*c*.1320–*c*.1403) i ferch, mentrir islaw'r fron at y coesau, y ffêr a'r droed.[11] Ni raid tybio mai dilyn model rhethregol a wnâi'r beirdd bob tro, oherwydd byddai disgrifio'r corff mewn rhyw fath o drefn yn beth greddfol i'w wneud. Wedi'r cyfan, hyn a hyn o brif nodweddion cyffredin sydd i'w cael, a buasai'n synhwyrol eu trafod drwy symud yn drefnus o'r brig i'r bôn. Cafwyd her ddiymatal i'r confensiwn hwn gan Werful Mechain yn y bymthegfed ganrif pan barodïodd y cywyddau moliant i bryd a gwedd merch drwy edliw fod disgrifiadau arferol y beirdd – a'r rheini'n ddi-feth yn feirdd gwrywaidd – yn anghyflawn am na chrybwyllent y cedor, neu'r aelod dirgel.[12]

Nid oes gennym ddisgrifiadau gwrthrychol cyfatebol o'r pen i'r traed o gorff dyn yn y farddoniaeth, gan fod y cerddi i ddynion yn tueddu i drafod y corff mewn cyd-destun milwrol a gwleidyddol. Molid corffolaeth yr uchelwr am ei gryfder, a rhaid cofio hefyd fod nodweddion fel y pen, y droed, y llaw a'r fraich yn cael eu defnyddio'n drosiadol, o bosibl dan ddylanwad athroniaeth John o Gaersallog (John of Salisbury, 1115/20–80) ynghylch ffisioleg wleidyddol y 'body politic'.[13] Mae lle i graffu ar y trosiadau corfforol yn y cerddi mawl er mwyn gweld faint o gyfatebiaeth sydd rhwng yr anatomi dynol a'r gymdeithas weinyddol a gwleidyddol, ac edrych a oes patrymau penodol yn ymddangos.

Mewn rhyddiaith Gymraeg y cawn ddisgrifiad rhethregol trefnus o gorff dyn. Yn nhrydedd ran y testun crefyddol 'Ymborth yr Enaid' gan Frawd Dominicaidd o'r drydedd ganrif ar ddeg, ceir disgrifiad o'r Iesu yn 12 oed mewn gweledigaeth a gafodd y brawd. Yn y rhan a elwir 'Pryd y Mab' ceir darlun trefnus ac eithriadol fanwl o'r pen i'r traed. Dechreuir â disgrifiad cyfewin o'r pen a'r gwallt a'r wyneb cyn troi at ddisgrifio'r nodweddion canlynol yn eu tro mewn arddull rethregol yn null yr araith bros: aeliau, amrannau, llygaid, genau, trwyn, ffroenau, gruddiau, gwefusau, dannedd, tafod, gwddf, breichiau wrth ei ysgwyddau, dwylo, ewinedd ar fysedd, morddwydydd a gliniau, esgeiriau (coesau) a'r traed.[14] Dywed y Mab wrth y Brawd am roi neges i'r prydyddion:

> A manac y'r prydydyon y rodeis i vdunt gyfurann o yspryt vy nigrifuwch i y mae yawnach <oed> vdunt ymchwelut y'r yspryt hwnnw y'm diwyll i noc i ganmol ynvytserch gorwagyon betheu tranghedigyon yn amsserawl.[15]

Anogaeth oedd hon i droi oddi wrth hoffter o bethau ofer, materol a darfodedig at foli cariad ysbrydol. Trewid y tant hwnnw'n gyson mewn llenyddiaeth grefyddol ei natur ledled Ewrop.

Yn yr adran 'pa ffurf y moler pob peth' yng Ngramadeg Einion Offeiriad y ceid y canllaw moesol ynglŷn â disgrifio'r corff.[16] Nid oedd dim gwaharddiad ar foli pryd a gwedd y corff materol, ond bod cyfyngiadau ar yr hyn a haeddai sylw wrth ei foli. Y wedd foesol oedd drechaf, ac fel gyda'r disgrifiadau o gorff lluniaidd merch a welir yn y cywyddau, roedd y pwyslais ar foli rhinweddau delfrydol. Ond un peth yw cael canllaw, peth arall yw ei ddilyn.

Yn y farddoniaeth, gwelwn draddodiad deublyg a chyferbyniol. Ceir cerddi i ddisgrifio glendid harddwch merch, a cheir cerddi i ddisgrifio ei hagrwch a'i haflendid hefyd. Putain yn nhref Aberteifi oedd Siwan Morgan yn ôl disgrifiad y Prydydd Breuan ohoni. Fe'i dychenir oherwydd ei hanlladrwydd rhywiol. Roedd hi'n ferch fronnog, flonegog ei chnawd a oedd yn llawer rhy barod ei ffafrau i ddynion chwantus. Cafodd y Prydydd Breuan ei rybuddio rhag ei hymddygiad, meddai, ond anwybyddodd y cyngor yn ôl pob golwg, a phrofodd wers boenus o'r herwydd. Sonia am elyniaeth y ferch, a'r tebyg yw iddo ddioddef gan y clwy gwenerol oherwydd y sôn amrwd am aelod dirgel aflan ac afiachus Siwan. Am iddo gael ei dwyllo ganddi y mae'r bardd yn ei henllibio drwy gynnig disgrifiad cnawdol tröedig a chyfoglyd o'i chedor. Ond mae'r dychan gan y Prydydd Breuan arni hi yn fwy o gondemniad arno ef yn anuniongyrchol am iddo ymgyfathrachu â hi, er cael ei rybuddio rhagddi. Gan ei fod yn sôn am ei chwant rhywiol sy'n drech na'i reswm, gall y math ar hunan-wawd chwareus sydd yma fod yn ffordd o ddychanu chwantau cnawdol dynion diofal yn gyffredinol.[17]

Hyd y gwelaf i, mae un thema dra dylanwadol sy'n hawlio sylw ym marddoniaeth Gymraeg yr Oesoedd Canol diweddar pan drafodir y corff, sef ei ddirywiad naill ai yn sgil henaint neu yn sgil dyfodiad angau. Yn yr henfyd, datblygodd y Groegiaid theori ynghylch cyflwr y corff a barhaodd am 2,000 o flynyddoedd hyd at gyfnod y Dadeni o leiaf. Proses ffisiolegol oedd heneiddio pan gollai'r corff ei wres a'i wlybaniaeth cynhenid nes mynd yn oer ac yn sych. I Hipocrates, a fu byw nes oedd dros ei bedwar ugain oed, roedd heneiddio'n broses gwbl naturiol a di-droi'n-ôl. Credid bod dyn yn cyrraedd uchafbwynt ei aeddfedrwydd yn 50 oed, ac wedi hynny dechreuai ddirywio. Gan fod y corff a'r enaid yn un, byddai dirywiad y naill yn arwain at ddirywiad y llall. Tuedd llenyddiaeth ddidactig oedd darlunio enbydrwydd henaint fel cyflwr – y corff dirywiedig a darfodedig yn ei freuoledd a'i fraw – gyda'r bwriad o ganolbwyntio sylw pobl ar yr angen am baratoi at angau a'r byd a ddaw.[18]

Cerdd ar thema *memento mori* yw'r 'Awdl sanctaidd am ddiwedd dyn a'i gorff' gan Ddafydd Ddu o Hiraddug (bu farw cyn 1371), y gŵr y bernir iddo olygu Gramadeg Einion Offeiriad. Gan mai clerigwr ydoedd yn Esgobaeth Llanelwy, hawdd deall swyddogaeth a diben ei awdl. Rhydd y disgrifiad o'r corff sy'n dirywio yn y bedd inni gynsail gadarn i'r canu ar yr un thema a gafwyd yn y ganrif ddilynol gan Siôn Cent:

> Y pen a weled yn hoff ei dynged
> Yn benglog briddled ar bruddlawr bedd ...
>
> Y llygaid glwysion yn dyllau crynion,
> Yn llawn o gynrhon, myn gwirionedd;
> Y genau gweddus a fu chwarëus,
> A fu ryfygus, yn oer ei agwedd,
> Yn dwll mingamddu, yn ambell ei garu,
> Yn dyllgorn digddu, ddygn ddifröedd;
> A'r dannedd gwynion fal hen ebillion
> Yn esgyrn llwydion budron bydredd;
> Yr hirion freichiau a'r heirdd esgeiriau
> Yn ffustiau gïau, gohagr budredd![19]

Mae gennym yn y fan hon wrthddarlun i'r cerddi sy'n trafod prydferthwch y corff. Yn y rheini, mae'r pwyslais ar adeiladu'r corff delfrydol drwy grybwyll y rhannau sy'n creu'r cyfanwaith, ond yn y fan hon ceir pwyslais ar y corff yn datgymalu ddarn wrth ddarn. Nid aelodau'r corff yn unig sy'n darfod yn awdl Dafydd Ddu, ond hefyd y synhwyrau gan nad yw'r genau'n gallu blasu, na'r clustiau'n gallu clywed, na'r llygaid yn gallu gweld pan fônt yn y bedd.[20] Cyflwyno rhybudd a wneir drwy ddarlunio realiti brawychus tynged dyn yn y gobaith y byddai'n ceisio maddeuant am ei gamweddau.

Cawn enghraifft debyg mewn cywydd diddorol gan Ieuan Ddu ap Dafydd ab Owain o Frycheiniog yn nechrau'r bymthegfed ganrif, lle mae un o aelodau'r corff yn llefaru ac megis yn seinio ei rybudd ei hun.[21] Yn yr ymddiddan rhwng y bardd a'r benglog, mae rhoi i'r benglog atgyfodedig y gallu i lefaru yn ddull dramatig o gyferbynnu dau gyflwr. Ceir yma gyfuniad o gyfnodau amseryddol. Rhywbeth sy'n llefaru yn y presennol yw'r benglog ac sy'n cyfeirio at ei gorffennol hi pan oedd iddi gnawd a gwaed gynt; mae'n gyfrwng yn y presennol i gymell y bardd i wynebu ei dynged yn y dyfodol pan fydd yntau yn marw. Unwaith yn rhagor, realiti cyflwr dirywiedig a darfodedig y benglog yn y presennol a ddisgrifir, ac yn ei geiriau hi ei hun, gyda chyfres o negyddion:

> Nid oes drwyn eithr difwyniant,
> Nid oes na gwefus na dant,
> Nid oes glust drwy ymffust drwg,
> Nid oes ael na dwys olwg;
> (Nid oes llygad maddiad mau
> Nac anadl yn y genau.)
> Ni chaid o'm llygaid ond llwch,
> A llun tyllau yn llawn t'wyllwch,
> Na gwallt, nid un gwnsallt neb,
> Na chroenen uwch yr wyneb.[22]

Yna cyfeirir at y gorffennol, drwy esbonio i'r pen, cyn mynd i'r bedd, fod yn lluniaidd ac yn llawn bywyd pan oedd ei nodweddion i gyd yn gyflawn – y gwallt, y talcen disglair, y llygaid, y trwyn, y geg a'r tafod – ac yn cael profiadau serch ar ôl ennill ymddiriedaeth merch. Mae'r cyferbyniad rhwng y ddau gyflwr yn cryfhau ergyd cyngor y benglog i'r bardd ar y diwedd: 'Ystyr dy ddydd, na fydd falch'.

Un o nodweddion y cerddi moeswersol hyn yw eu bod yn dibynnu ar y cyferbyniad rhwng cyfnodau amseryddol. Cyfrinach eu llwyddiant yw cryfder y cyferbyniad rhwng ddoe a heddiw, a rhwng heddiw ac yfory, wrth gyfleu sut y mae'r corff yn dirywio yn sgil treigl amser ac yn datgymalu yn y bedd. Mae'r dimensiwn amseryddol yn gwbl ganolog ynddynt.

Roedd thema *contemptus mundi*, wrth gwrs, yn gyfarwydd iawn mewn llenyddiaethau ledled Ewrop, ac fe'i ceid mewn pregethau yn lladd ar fateroliaeth ac ar falchder fel pechod, sy'n dod â ni at un o gerddi Dafydd ap Gwilym sy'n cyfuno rhai o'r themâu a grybwyllwyd hyd yma, sef y corff benywaidd, y corff dirywiedig a diflaniad prydferthwch. Sôn yr ydys am y cywydd 'Morfudd yn Hen'.[23]

Ystyrid bod merch yn hen pan fyddai'r mislif yn peidio; dyna'r arwydd biolegol o ddiwedd cyfnod ei ffrwythlondeb. I Andreas Capellanus yn Ffrainc y ddeuddegfed ganrif, deuai tymor caru merched i ben pan fyddent yn 50 oed, ond caniatâi ddengmlwydd yn ychwanegol i ddynion, am y gallai eu bywyd rhywiol hwy barhau hyd nes y byddent yn 60.[24] Yma yng Nghymru, cyfnod aeddfedrwydd gwraig, yn ôl cyfraith Hywel, oedd rhwng 14 a 40 oed. Ystyrid ei bod yn annhebygol y byddai merch yn beichiogi ar ôl cyrraedd 40 oed.[25] Erbyn yr Oesoedd Canol diweddar yn gyffredinol yng ngorllewin Ewrop, daethpwyd i ystyried bod merched yn heneiddio yn gynharach na dynion am fod cylch eu bywyd yn gysylltiedig â'i swyddogaeth fiolegol ac am fod y delfryd o brydferthwch benywaidd mor annatod rwym wrth gyfnod ieuenctid.[26]

Efallai mai'r gerdd Ewropeaidd enwocaf am wraig yn ei henaint yw baled François Villon (*c*.1431–*c*.1463), 'Les Regrets de la Belle Heaulmière', lle mae hen butain yn gofidio am ei chyflwr ac yn hiraethu am brydferthwch ei hieuenctid coll.[27] Drwy adael i'r hen wraig ei hun lefaru, mae'r bardd yn cyfleu, trwy gyferbyniad llachar rhwng y gorffennol a'r presennol, y dirywiad a fu yn ei hymddangosiad. A hithau bellach yn ddarlun o drueni, gofynna'r hen wraig i ble'r aeth nodweddion deniadol ei hwyneb a'i chorff yn nyddiau ei hieuenctid gynt, gan adleisio'r math o ddisgrifiadau delfrydol o ferched a geid yn yr Oesoedd Canol, sef aeliau meinion, meddal; gwallt melyn; llygaid dengar, byw; trwyn perffaith; clustiau taclus, twt; gwefusau cochion, a chnawd glân, golau.[28] Erbyn hyn mae croen ei thalcen yn rhychiog a'i gwallt yn llwyd, ei haeliau'n moeli, ei llygaid yn bŵl, ei chlustiau llaes yn hongian yn llac, ei thrwyn yn gam a'i gwefusau a'i hwyneb yn welw. Dyna dynged prydferthwch yr hil ddynol, meddai, gan gyfeirio at ei breichiau a'i dwylo crebachlyd, ei chefn crwm a'i hysgwyddau ceimion, ei bronnau llac, diffrwyth, a'i chluniau a'i choesau meinion nad ydynt bellach yn ddim ond croen brychlyd ac asgwrn. O gymharu â'r gerdd ddiweddarach honno gan Villon sydd, mae'n ddiamau, yn nodweddiadol o gerddi am henaint lle cyferbynnir y gorffennol a'r presennol er mwyn amlygu'r dirywiad gweladwy a fu, pur gynnil yw disgrifiad Dafydd o ddirywiad Morfudd yn y gerdd hon.[29]

Yn y golygiad diweddaraf ohoni, dehonglir 'Morfudd yn Hen' fel cerdd ar thema *carpe diem* lle mae'r bardd yn dychmygu neu'n rhagweld Morfudd yn hen er mwyn ei chymell i wneud y gorau o heddiw cyn y bydd yn rhy hwyr.[30] Ceid, wrth gwrs, sail ysgrythurol i'r math hwn o gyngor ynghylch gwneud yn fawr o gyfnod ieuenctid yn Llyfr y Pregethwr: 'Cofia yn awr dy Greawdwr yn nyddiau dy ieuenctid, cyn dyfod y dyddiau blin, a nesáu o'r blynyddoedd yn y rhai y dywedi, Nid oes i mi ddim diddanwch ynddynt.'[31] Gallwn gyfeirio hefyd at y math o ysgogiad i fanteisio ar bleserau'r dwthwn hwn yng nghyddestun serch yn *Ars amatoria* Ofydd, lle rhybuddir merch ifanc gyndyn ei serchiadau yn y modd hwn:

> Tempus erit, quo tu, quae nunc excludis amantes
> Frigida deserta nocte iacebis anus,
> Nec tua frangetur nocturna ianua rixa,
> Sparsa nec invenies limina mane rosa.
> Quam cito (me miserum) laxantur corpora rugis,
> Et perit in nitido qui fuit ore color.
> Quasque fuisse tibi canas a virgine iuras,
> Spargentur subito per caput omne comae.

(Fe ddaw'r dydd pan fyddi di, sydd yn awr yn cau allan dy gariadon, yn gorwedd drwy'r nos yn hen wraig oer ac unig. Ni fydd cecrwyr yn torri i mewn trwy dy ddrws ganol nos, ac ni chanfyddi rosynnau wedi eu taenu ar y rhiniog yn y bore. Mor ebrwydd (gwae fi!) y mae cyrff yn cael eu hanharddu gan rychau'r croen, ac mor sydyn y diflannodd y lliw a arferai fod ar dy wyneb hyfryd di. Bydd y blew gwynion yr honni di eu bod yno ers pan oeddet yn blentyn yn cael eu gwasgaru'n gyflym dros dy ben i gyd.)[32]

Ond nid oes dim sôn am gyndynrwydd Morfudd yn y cywydd hwn. Yr hyn a geir yw ymateb y bardd i ystyriaeth y Brawd Dominicaidd ynghylch pryd a gwedd y ferch, sef y bydd ei hymddangosiad a'i phrydferthwch corfforol gweladwy yn colli ei raen gydag amser. Credaf mai math o wrthateb i'r safbwynt hwnnw a geir yn y gerdd.

Cystal nodi bod y ddelwedd a gynigir gan y Brawd o grys a wisgir am flwyddyn gron i'w chael mewn pregethau Saesneg Canol. Defnyddir hi fel eglureb mewn un bregeth Saesneg ar bwysigrwydd cyffes ynghylch trachwant fel pechod sy'n llygru'r corff a'r enaid. Mae'r crys a wisgir am flwyddyn yn baeddu ac ni fedr fod mor lân â phetai'n cael ei olchi bob wythnos. Felly, bydd y sawl sy'n cyffesu'n rheolaidd yn lân, os yw'n gwneud hynny oherwydd ei gariad at Dduw yn hytrach nag oherwydd ei gywilydd am gyflawni pechod.[33]

Dweud a wnaeth y Brawd Du fod harddwch cnawd merch yn ddarfodedig, sy'n anogaeth ar i'r bardd ymwrthod â hi a pheidio ag ymddiried yn y cnawd materol. Dyna'r neges a geir hefyd yn y cywydd 'Rhybudd y Brawd Du', ond yn wahanol i ymateb herfeiddiol o hyderus y bardd yn y cywydd hwnnw, lle diystyrir cyngor y Brawd i roi'r gorau i garu merch, a lle haerir nad yw disgleirdeb ei chnawd yn pylu, mae'r agwedd yn y cywydd hwn yn wahanol am fod yma dderbyn realiti cyflwr y corff dirywiedig.[34] Mae geiriau'r Brawd yn anwadadwy.

Amrywia'r cyfnod amseryddol yn 'Morfudd yn Hen' rhwng y gorffennol a'r presennol, ac mewn mannau mae'r ffin amseryddol yn annelwig.[35] Y ferf sy'n dangos inni at ba gyfnod y cyfeirir:

> Ef a ddywawd, wawd wydnbwyll,
> Am liw'r dyn nid aml ar dwyll:

> 'Cymer dy hun, ben cun cant,
> Grysan o'r combr a'r grisiant;

Gwisg, na ddiosg wythnosgwaith,
Gwasgawd mwythus lyfngnawd maith.'
− Dirdrais fu ym, chwedl ail Derdri −
− 'Duach fydd' − a dwyoch fi!³⁶

'Ef a ddywawd', sef amser gorffennol y ferf. Adrodd a wneir yr hyn a ddywedodd y Brawd yn y gorffennol. Yna doir at yr hyn sy'n ymddangos yn yr amser amherffaith neu amhenodol:

Foel-llwyd ddeheuwawd frawd-ddyn,
Felly'r brawd du am bryd dyn.
Ni pheidiwn, pe byddwn Bab,
Â Morfudd tra fûm oerfab.³⁷

'Ni pheidiwn, pe byddwn Bab, / Â Morfudd tra fûm oerfab'. Cyfleu cryfder ei ymlyniad wrth y ferch a wneir. Ond mae yma amwysedd. Ai cyfeirio at ddoe ynteu at heddiw a wna? Naill ai y mae gogwydd at ddoe trwy gyfrwng yr amser amhenodol syml, 'ni pheidiwn': 'Ni fyddwn i'n peidio â Morfudd [ers talwm] ... tra fûm oerfab', neu'r amhenodol parhaol sydd â'i ogwydd at y presennol a'r dyfodol i gyfleu amod damcaniaethol: 'Ni fyddwn i'n peidio [heddiw nac yfory] â Morfudd pe byddwn i'n Bab ...'³⁸ Ond disgwylid y presennol mynegol 'tra wyf', neu'r presennol dibynnol 'tra fwyf (tra fwy')', yn hytrach na 'tra fûm' wrth gyfeirio at y presennol a'r dyfodol. Ond ni fyddai'r gynghanedd cyn gryfed petai 'tra wyf' neu 'tra fwyf (tra fwy')' yn y llinell.³⁹ Fe all fod yr amwysedd hwn yn fwriadol. Gall mai cyfeirio at y gorffennol y mae'r bardd a thrwy hynny'n anuniongyrchol at ei ymwybyddiaeth â'i henaint ef ei hun yn y presennol, a bod treigl y blynyddoedd yn ei achos ef a Morfudd yn gydamserol. Cofiwn am yr awgrym ynghylch oedran y bardd yng nghywydd 'Cyngor y Biogen' lle mae'r aderyn yn edliw ei fod yn rhy hen i garu merched.⁴⁰ Gall fod yr ansoddair cyfansawdd 'oerfab' amdano'i hun yn 'Morfudd yn Hen' yn awgrym o'r newid ffisiolegol mewn dyn sy'n heneiddio, sef mynd yn oer a sych.⁴¹

Troir wedyn yn ddiamwys at Forfudd yn y presennol:

> Weithion, cyhuddeidion cawdd,
> Y Creawdr a'i hacraawdd,
> Hyd nad oes o iawnfoes iach
> Un lyweth las anloywach,
> Nid â fel aur da liw'r dyn,
> Brad arlwy, ar bryd erlyn.⁴²

'Weithion', sef yn awr. Dyma dderbyn realiti ei chyflwr yrŵan hyn: gwnaeth y Creawdwr hi'n hagr fel bod ei gwallt wedi llwydo'n bŵl. Nid yw croen merch yn cadw ei liw fel y mae aur da yn cadw ei liw, a bradychir y sawl sy'n ymddiried mewn prydferthwch corfforol. Ni fedr y bardd wadu geirwiredd neges y Brawd Du:

> Brenhines bro anhunedd,
> Brad y gwŷr o bryd a gwedd,
> Braisg oedd, un anun einioes,
> Breuddwyd yw; ebrwydded oes!
>
> Ysgubell ar briddell brag,
> Ysgawen lwydwen ledwag.
> Hudolaidd y'i hadeilwyd,
> Hudoles ladrones lwyd.
> Henllath mangnel Gwyddeleg,
> Hafod oer; hi a fu deg.⁴³

Gelwir Morfudd yn '[F]renhines bro anhunedd'. Gellid dehongli hynny'n llythrennol fel cyfeiriad at ddiffyg cwsg Morfudd yn hytrach nag fel cyfeiriad at ddiffyg cwsg ystrydebol y carwr. Un o symptomau arferol henaint meddyliol oedd *insomnia*, sef anhunedd.

Troir wedyn at y gorffennol: 'Braisg oedd', sef cadarn, nerthol neu wych, a cheir sylw gresynus ynghylch natur breuder bywyd: un eiliad o fod ar ddi-hun yw einioes, rhwng bod yn effro a bod ynghwsg. Mae breuddwyd yn drosiad am fywyd: nid yw breuddwyd yn parhau'n ddiderfyn am y daw i ben pan fydd rhywun yn deffro.

Rhan o dderbyn realiti digwestiwn cyflwr henaint unwaith eto yw'r ddwy ddelwedd drawiadol nesaf, 'Ysgubell ar briddell brag' ac 'Ysgawen lwydwen ledwag': dyna yw Morfudd bellach. Cyflea'r ddwy ddelwedd bethau cwbl ddi-werth a di-fudd. Nid yw ysgubell o ddim defnydd ar lawr pridd bragdy, ac mae meddwl am ffurf coes ysgubell hefyd yn awgrymu corff cwmanllyd a di-lun. Rhisgl rhychiog a gwelw sydd gan goeden ysgaw; ymddengys yn grebachlyd ac yn afluniaidd, yn union fel croen gwraig oedrannus. Awgryma'r ansoddair 'lledwag' fod y pren ysgaw wedi pydru yn ei ganol. Diau fod hon yn ddelwedd sy'n cyfleu anffrwythlondeb hefyd.

Mae yma bendilio rhwng ddoe a heddiw yn y ddau gwpled olaf. Dywedir i Forfudd gael ei hadeiladu'n hudolaidd. Yr oedd yn ddeniadol, ac mae o hyd yn swynwraig o ladrones lwyd. Mae'n werth cofio fel y caiff 'Henaint' ei bersonoli fel hen wraig gan Guillaume de Lorris yn rhan gyntaf *Le Roman de la Rose*. Ynghlwm â'r portread o gorff dirywiedig yr hen wraig pan fo'i haelodau a'i gruddiau wedi crebachu, pan fo wedi colli ei dannedd a phan fo'n gloff fel na fedr gerdded heb gymorth bagl, y mae ystyriaeth ynghylch byrhoedledd bywyd. Dywedir mai lleidr yw amser sy'n dwyn oddi arnom; mae amser yn llithro o'n gafael heb ddychwelyd, fel dŵr sy'n llifo yn ei flaen yn ddi-ball heb yr un defnyn yn treiglo'n ôl.[44]

Daw trosiad arall am Forfudd wedyn yn y cywydd, sef ei bod yn 'henllath mangnel Gwyddeleg'. Darlun ydyw o fraich bren mangnel a dynnir yn ôl dan straen a gollwng y tensiwn i daflu ergyd. Henllath yw hon, sef hen ddarn o bren treuliedig. Yn y cyd-destun hwn, mae'n ein cymell i feddwl am gyfatebiaeth rhwng siâp corff hen wraig a'r darn o bren cam. Ond efallai mai diben y trosiad oedd cyfleu bod Morfudd yn parhau i ennyn ymateb emosiynol ynddo, fel yr oedd braich daflu'r fangnel, er mor dreuliedig a cham ydoedd, yn dal i allu ergydio a gadael ei hôl.[45]

Yna, daw'r trosiad yn y llinell olaf sydd eto'n rhoi'r argraff fod y bardd yn derbyn realiti cyflwr corff Morfudd: 'Hafod oer' – dyma ddelwedd sy'n cyfleu cyfansoddiad gwlybyrol gwraig mewn oed, sef oer a sych. Cymerir mai at y presennol y cyfeirir – hafod oer yw hi –

cyn troi at y gorffennol eto i gloi, 'hi a fu deg'. Mae fel petai'n chwarae â'r ffiniau amseryddol yn sgil y rhybudd sy'n ymhlyg yn eglureb y crys budr a ddefnyddir gan y Brawd-bregethwr i gyfleu bod pryd merch yn dirywio. Trwy ddarlunio'r corff gwrthrychol a nodweddion ffisiolegol henaint yn gynnil trwy gyfrwng trosiadau, a yw'r cywydd hwn o bosibl yn cyfeirio at y peth haniaethol hwnnw, sef yr enaid a'r hunan mewnol sydd ar wahân i gnawd ac esgyrn? Ai her i'r condemniad eglwysig cul ar fateroliaeth a geir gan Ddafydd, sef y gall Morfudd yn ei henaint anffurfiedig barhau i gael effaith ar ddyn am fod teimlad cariadus yn para, ni waeth beth fo cyflwr y cnawd? Mae rhywbeth ynddi o hyd sy'n dal i ddenu. Mae'n werth cofio bod dau gwpled sydd yn nhestun Thomas Parry o'r gerdd wedi eu hepgor o'r golygiad newydd, dau gwpled a fyddai'n cryfhau'r dehongliad hwn:

> Heno ni chaf, glaf glwyfaw,
> Huno drem oni fwyf draw.
> Hyrddaint serch y ferch yw ef,
> Henlleidr unrhyw â hunllef.[46]

Ffafriai Gwyn Thomas adfer y ddau gwpled hyn am nad oedd, yn ei eiriau ef, ddim 'cyfiawnhad prydyddol' dros eu hepgor o'r golygiad newydd.[47] Ped adferid hwy byddent nid yn unig yn cyd-fynd â'r cymeriad llythrennol a geir yn y llinellau sy'n eu dilyn,[48] ond byddent hefyd yn cydweddu â theimladrwydd y rhan hon o'r cywydd ac yn ategu'r dehongliad fod Dafydd yn dychmygu Morfudd yn ei henaint ac yn cyfleu beth fyddai maint ei ymlyniad wrthi hyd yn oed pan fyddai'n hen.[49] Serch hynny, gan mai ond mewn un llawysgrif yn unig o blith y pump sy'n cynnwys testun o'r cywydd, sef Hafod 26 yn llaw Thomas Wiliems, Trefriw, tua 1574, y digwydd y pedair llinell hyn, a chan fod tair o'r pedair llinell i'w cael hefyd yn y cywydd 'Serch fel Ysgyfarnog', barn bendant Dafydd Johnston yw mai i'r olaf y perthynant mewn gwirionedd: 'Yma y perthyn y pedair llinell, ac nid yn 'Morfudd yn Hen'.[50]

Amhosibl yw inni wybod beth oedd oedran Morfudd ac oedran y bardd pan gyfansoddwyd y cywydd. Y farn ddiweddaraf yw bod Dafydd wedi ei eni tua 1315 a'i fod wedi marw tua chanol y ganrif.[51] Os gwir hynny, byddai tua phymtheg ar hugain oed yn marw, a ystyrid yn farwolaeth gynamserol yn y bedwaredd ganrif ar ddeg. Mae'r dybiaeth i Ddafydd farw'n ifanc, neu o leiaf yn gynamserol, yn seiliedig ar sylwadau gan ddau o'i farwnadwyr, Iolo Goch a Madog Benfras, a bwrw nad marwnadau ydynt a ganwyd pan oedd y gwrthrych yn dal ar dir y byw.[52] Iolo piau'r cwpled hwn: 'Hudol doe fu hoedl Dafydd, / Hoyw o ddyn pe hwy fai'i ddydd'.[53] Gresynu am na fyddai'r bardd wedi byw am fwy o amser a wna Madog Benfras: 'Och na bai hir ... / Oes Dafydd', sydd eto'n awgrymog.[54] Ond nid yw'r cymal amodol 'pe hwy fai'i ddydd' yng nghwpled Iolo Goch o reidrwydd yn sail ddigonol ynddi'i hun dros dybied i Ddafydd farw'n ifanc, oherwydd oni ellid dweud y byddai'n ddyn 'hoenus, llon, llawen, gwych, ffyniannus', a defnyddio gwahanol ystyron yr ansoddair 'hoyw', pe bai wedi byw'n hwy ac wedi cyrraedd ei hanner cant, dyweder? Nid yw gresyndod Madog Benfras am na fyddai Dafydd ap Gwilym wedi cael oes feithach ychwaith yn brawf cadarn o farwolaeth annhymig.

Mae'n werth nodi bod y bardd a'r croniclydd Ffrengig Jean Froissart, a oedd yn ei flodau yn ail hanner y bedwaredd ganrif ar ddeg, o'r farn fod 35 oed yn rhy hen i garu.[55] Yn yr un ganrif, yn y gwaith a elwir y 'Secretum', mae'r Eidalwr Francesco Petrarca (Petrarch) yn cynnal deialog ddychmygol â Sant Awgwstin o Hippo, lle mae'r sant yn ceisio perswadio'r bardd i gefnu ar ei ddyheadau cnawdol am ei gariad Laura am fod chwant a serch yn bethau anaddas i rywun o'i oedran ef. Caiff y bardd ei geryddu am fod yn garwr oedrannus. Deugain oed ydoedd ar y pryd. Ond fel y'n rhybuddir ni gan Shulamith Shahar, defnyddio topos y carwr oedrannus sy'n ymddwyn mewn ffordd anghydnaws â'i oedran a wna'r bardd at ei ddibenion ei hun.[56] Mae enghreifftiau eraill yng ngwaith Petrarch lle mae'r hyn a ystyriai ef yn hen yn gallu amrywio o 50 i 60 oed. Pan oedd yn ysgrifennu at gyfaill iddo yn 1361, ac yntau ar y pryd yn 57, nid ystyriai ei fod eto wedi cyrraedd oedran henaint.[57] Gellid dadlau, felly, fod union oedran Dafydd a Morfudd yn gwbl amherthnasol am mai adlewyrchu'r syniadau cyffredinol am henaint a chyflwr y corff yn niwylliant y cyfnod a wneid. Gan mai ymwneud â'r dychymyg yr ydym, ac ar gyflead trosiadol o realaeth, ni raid derbyn popeth a ddywedir fel gwirionedd llythrennol.

Sylwer nad yw'r bardd yn annerch Morfudd yn uniongyrchol. Pe bai hon yn gerdd ar thema *carpe diem*, byddid yn dychmygu bod Morfudd yn bresennol i glywed y neges, a disgwylid gweld cyfeirio ati yn ail berson y ferf yn hytrach nag yn y trydydd person fel y gwneir. Byddid hefyd yn disgwyl cael anogaeth fwy uniongyrchol drwy gyfeirio ati yn y presennol fel un sy'n deg – 'mae hi'n deg' nid 'hi a fu deg'. Serch hynny, teg nodi y gallai'r gerdd fod wedi ei datgan yng ngŵydd Morfudd heb ei chyfarch yn y person cyntaf, a bod yr anogaeth yn fwy anuniongyrchol fel petai i daro'r post er mwyn i'r pared glywed.

Ymdrin yr ydym â'r defnydd symbolaidd o'r corff. Yn y farddoniaeth yn gyffredinol, ar ôl delfrydu prydferthwch y corff daw'r dadrith drwy ddisgrifio ei ddirywiad, ond yn y gerdd hon ceir safbwynt amgen. Wrth ystyried a phrofi dadrith yn sgil dirywiad y corff, daw delfryd o'i werth fel y bu. Mae'n ymddangos fod gan Ddafydd ymateb amgen i henaint. Ni fedr wadu ei arwyddion na'i effeithiau, ond yn nannedd anocheledd dirywiad y corff a'i fyrhoedledd y mae yma ddal ar harddwch merch yn ei hieuenctid. Nid yw gwybod a derbyn bod corff merch yn dadfeilio gydag amser, a'r cnawd yn colli ei raen, yn tynnu dim oddi wrth wirionedd y ffaith iddo fod unwaith yn hardd. Yn hytrach na diystyru'r corff meidrol yn llwyr, mae'n ei ddyrchafu am ei fod yn gweld gwerth ynddo fel rhan o hunaniaeth a chymeriad cynhenid yr unigolyn, ac ymddengys i mi fod hwn yn gyfraniad gwahanol a thra gwreiddiol i'r drafodaeth ar y corff dirywiedig ym marddoniaeth Gymraeg y cyfnod.

Drwy ganolbwyntio ei sylw ar gyflwr corff Morfudd yn y cywydd hwn, pwysleisia'r bardd hefyd ei hunigolrwydd a'i hunaniaeth hi fel person: hi ei hun ar wahân i'w chyflwr corfforol. Yn hynny o beth, mae yma enghraifft sy'n ategu'r ymateb i'r corff a grynhoir gan Caroline Bynum yn ei hymdriniaeth â syniadau Cristnogaeth y Gorllewin ynghylch atgyfodiad y corff yn yr Oesoedd Canol:

The idea of person, bequeathed by the Middle Ages to the modern world, was not a concept of soul escaping body or soul using body; it was a concept of self in which physicality was integrally bound to sensation, emotion, reasoning, identity, and finally to whatever one means by salvation. Despite its suspicion of flesh and lust, Western Christianity did not hate or discount the body. Indeed, person was not person without body, and body was the carrier or the expression (although the two are not the same thing) of what we today call individuality.[58]

Nodiadau

1   Roy Porter, 'History of the Body', yn Peter Burke (gol.), *New Perspectives on Historical Writing* (Oxford: Oxford University Press, 1991), tt. 206–32.
2   Ceir cyflwyniad cyffredinol i'r deunydd yn Linda Kalof (gol.), *A Cultural History of the Human Body in the Medieval Age* (London: Bloomsbury Academic, 2010), sef yr ail gyfrol mewn cyfres o chwech sy'n trafod hanes diwylliannol y corff. Gw. hefyd y drafodaeth gan Bill Burgwinkle, 'Medieval somatics', yn David Hillman ac Ulrika Maude (goln), *The Cambridge Companion to the Body in Literature* (Cambridge: Cambridge University Press, 2015), tt. 10–23.
3   Ceir trafodaeth ar y cefndir crefyddol a diwinyddol yn Sarah Coakley (gol.), *Religion and the Body* (Cambridge: Cambridge University Press, 1997).
4   GIBH cerdd 13.
5   GIBH 13.31–46.
6   GIBH 13.57–8. Neges debyg sydd mewn cywydd i henaint yn apocryffa Siôn Cent, lle cwynir oherwydd llesgedd y cyflwr pan fo'r corff yn colli ei wres cynhwynol, gw. ASCent cerdd 13.
7   Gilbert Ruddock, 'Prydferthwch Merch yng Nghywyddau Serch y Bymthegfed Ganrif', LlC, 11 (1971), 140–75.
8   Gw. D. S. Brewer, 'The Ideal of Feminine Beauty in Medieval Literature, Especially "Harley Lyrics", Chaucer, and Some Elizabethans', *The Modern Language Review*, 50/3 (July 1955), 257–69 (258).
9   Brewer, 'Ideal of Feminine Beauty', 258.
10 Gw. GGrG cerdd 9.
11 GIG cerdd XXIV.
12 GGM cerdd 9; Nerys Ann Howells, 'Gwerful Mechain yn ei chyd-destun hanesyddol a llenyddol', yn Geraint H. Jenkins (gol.), *Cof Cenedl XVIII* (Llandysul: Gwasg Gomer, 2003), tt. 1–34.
13 Gw. adran 8, 'The Body Politic', yn erthygl Karen Bollermann a Cary Nederman, 'John of Salisbury', yn *Stanford Encyclopedia of Philosophy* (2016), https://plato.stanford.edu/entries/john-salisbury/ (cyrchwyd 13 Awst 2021).

14 R. Iestyn Daniel (gol.), *Ymborth yr Enaid* (Caerdydd: Gwasg Prifysgol Cymru, 1995), tt. 17–22; ceir sylwadau'r golygydd ar yr adran hon o'r testun ar dd. xxxix–xli.
15 Daniel, *Ymborth yr Enaid*, t. 22, llau. 203–7.
16 GP, tt. 55–6.
17 GPB cerdd 3. Cymh. y cywydd cellweirus 'Helynt wrth garu' gan Ieuan Gethin, lle mae'n adrodd ei brofiad fel 'hen ddyn' gan fynegi ei edifeirwch am iddo gael cyfathrach â merch ddeniadol y cododd ei awch amdani gan ddioddef o'r clwyf gwenerol yn sgil hynny, yn GIGeth cerdd 7.
18 Ar y math hwn o neges mewn pregethau yn yr Oesoedd Canol, gw. G. R. Owst, *Preaching in Medieval England: An Introduction to Sermon Manuscripts of the Period* c. *1350–1450* (Cambridge: Cambridge University Press, 1926), t. 342.
19 GEO 2.29–30, 36–44.
20 GEO 2.47–8.
21 'I'r Benglog', yn Ifor Williams a Thomas Roberts (goln), *Dafydd ap Gwilym a'i Gyfoeswyr* (Caerdydd: Gwasg Prifysgol Cymru, 1935), cerdd LXXXVII. Priodolir y cywydd i Lywelyn Goch Amheurig Hen mewn rhai llawysgrifau, ond mae'n fwy tebygol mai Ieuan Ddu ap Dafydd ab Owain a'i piau, gw. GLlG, t. 10. Ar y bardd, gw. ysgrif Gruffydd Aled Williams yn yr *Oxford Dictionary of National Biography* ar-lein, *https://doi.org/10.1093/ref:odnb/14360* (cyrchwyd 25 Awst 2021). Cofier hefyd am gywydd Ieuan ap Rhydderch, 'Ymddiddan â'r Ysbryd', a berthyn i'r un *genre* o gerddi rhybuddiol. Yn hwnnw, mae ysbryd corff marw mewn eglwys yn llefaru ac yn dweud iddo fod yn ifanc a balch pan oedd yn fyw, ond bod nodweddion ei ben a'i wyneb bellach wedi eu difa yn y ddaear: 'Treulio fy ngwallt ... Darfu fy nghnawd ... Darfu fy nhrwyn a'm hwyneb ... Nid oes na llygad na dau ... Nac elgeth ... Nid oes ... Ond hynod wasgod esgyrn', gw. GIRh 6.39–50.
22 Williams a Roberts (goln), *Dafydd ap Gwilym a'i Gyfoeswyr*, LXXXVII.1–20.
23 CDG cerdd 150.
24 Shulamith Shahar, *Growing Old in the Middle Ages* (London: Routledge, 1997), t. 16.
25 Sara Elin Roberts, 'Seeking the middle-aged woman in medieval Wales', yn Sue Niebrzydowski (gol.), *Middle-Aged Women in the Middle Ages* (Cambridge: D. S. Brewer, 2011), tt. 25–36 (tt. 30–1).
26 Ar y gwahanol agweddau ar heneiddio ymysg dynion a merched, gw. pennod 7, 'Old Age', yn Deborah Youngs, *The Life Cycle in Western Europe, c.1300–c.1500* (Manchester: Manchester University Press, 2006), tt. 163–89.
27 Peter Dale (cyf.), *Poems of François Villon: The Legacy, The Testament and Other Poems* (London: Anvil Press Poetry, 2001), tt. 83–9.
28 Gw. Brewer, 'Ideal of Feminine Beauty', 258.
29 Am drafodaeth ar henaint corfforol yn y diwylliant canoloesol yn gyffredinol, gw. pennod Shulamith Shahar, 'The old body in medieval culture', yn Sarah Kay a Miri Rubin (goln), *Framing Medieval Bodies* (Manchester: Manchester University Press, 1996), tt. 160–86. Roedd yn llawer mwy cyffredin defnyddio corff merch i bersonoli henaint a marwolaeth na chorff dyn, ym marn

Shulamith Shahar, a thueddai awduron gweithiau moesol i ddarlunio corff hen wraig fel symbol o fateroldeb darfodedig, gan bwysleisio bod colli prydferthwch yn golygu colli'r gallu i ddenu dynion a thrwy hynny eu harwain i bechod, gw. Shahar, 'The old body', t. 166.

30 Gw. CDG, t. 747. Dilyn a wneir y dehongliad a gynigiwyd yn wreiddiol gan Gwynn ap Gwilym yn Alan Llwyd (gol.), *50 o Gywyddau Dafydd ap Gwilym* (Abertawe: Gwasg Christopher Davies, 1980), tt. 111–13. Gw. hefyd sylwadau Dafydd Johnston ar 'Morfudd yn Hen' fel 'cerdd sy'n rhag-weld henaint ei gariad' yn Dafydd Johnston, *'Iaith Oleulawn': Geirfa Dafydd ap Gwilym* (Caerdydd: Gwasg Prifysgol Cymru, 2020), tt. 264–5.

31 Llyfr y Pregethwr, 12:1.

32 Fy nghyfieithiad i o'r aralleiriad Saesneg o'r Lladin gwreiddiol, *Ars amatoria*, III.69–76, a geir yn George Fenwick Jones, 'The "Signs of Old Age" in Oswald von Wolkenstein's *Ich sich und hör* (Klein no. 5)', *Modern Language Notes*, 89/5 (1974), 767–86 (775).

33 Veronika O'Mara and Suzanne Paul (goln), *Repertorium of Middle English Prose Sermons*, 4 vols (Turnhout: Brepols, 2007), cyfr. IV, t. 2325.

34 CDG cerdd 149.

35 Am sylwadau ynghylch yr amwysedd amseryddol posibl a geir mewn cywydd arall gan Ddafydd, sef 'Llychwino Pryd y Ferch' (CDG 115), a all fod yn debyg o ran ei amcan i 'Morfudd yn Hen', gw. Johnston, *'Iaith Oleulawn'*, t. 244.

36 CDG 150.15–22.

37 CDG 150.23–6.

38 Defnyddio'r termau a geir gan Peter Wynn Thomas am yr amser berfol yn *Gramadeg y Gymraeg* (Caerdydd: Gwasg Prifysgol Cymru, 1996) a wneir yn y fan hon. Rhestrir yno enghreifftiau o gyflyrau ac amser y weithred a gyfleir gan yr amser amherffaith/amhenodol: '1. Gweithred neu gyflwr a barhaodd yn y gorffennol' (Thomas, *Gramadeg y Gymraeg*, tt. 108–9); '2. Gweithred neu gyflwr damcaniaethol'; '3. Posibilrwydd (mewn Cymal *pe*)'; '4. Amod (mewn Cymal pc)', a '5. Parodrwydd i gyflawni gweithred y berfenw yn y dyfodol yng nghyd-destun Cymal amod' (Thomas, *Gramadeg y Gymraeg*, tt. 110–11). Mae'r rhain i gyd yn berthnasol i'r llinell 'Ni pheidiwn, pe byddwn Bab'. Ar ryw olwg, mae cyd-destun disgyrsiol y dyfyniad yn awgrymu mai cyfeirio at y presennol neu'r dyfodol a wneir. Os felly, rhifau 2–5 sydd fwyaf addas.

39 Pe ceid 'tra wyf' neu 'tra fwyf' yn y llinell, byddai'n cynnwys *m*-wreiddgoll. O gael 'tra fûm', atebir y cytseiniaid *m* ac *rf* yn y llinell hon o gynghanedd draws. Am enghreifftiau eraill o *m*-wreiddgoll yng nghanu Dafydd, gw. 'Merched a fydd yn erchi', CDG 15.21; 'A'm gwegil at Dduw gwiwgoeth', CDG 137.22. Gw. John Morris-Jones, *Cerdd Dafod* (Caerdydd: Gwasg Prifysgol Cymru, 1980), tt. 185–6. Dylid nodi mai 'tra fûm' yw darlleniad y pum copi llawysgrif o'r gerdd, gw. y testunau llawysgrif yn DG.net cerdd 150.

40 CDG 36.35–40, a'r nodyn ar d. 629. Gw. hefyd y sylwadau yn Dafydd Johnston, *Llên yr Uchelwyr: Hanes Beirniadol Llenyddiaeth Gymraeg 1300–1525* (Caerdydd: Gwasg Prifysgol Cymru, 2005), tt. 127–8. Ei farn ef yw mai tynnu at ei ganol oed yr oedd y bardd, sef tua'r deg ar hugain.

41 Ystyrid bod cyfansoddiad di-wres ac oerni corff dyn pan oedd yn heneiddio yn arwydd hefyd o golli'r awch rhywiol, gw. Georges Minois, *History of Old Age* (Chicago: University of Chicago Press, 1989), t. 31.
42 CDG 150.27–32.
43 CDG 150.33–42.
44 Gw. Harry W. Robbins a Charles W. Dunn (goln), *The Romance of the Rose* (New York: E. P. Dutton and Co., 1962), tt. 9–10.
45 Crybwyllir y posibilrwydd hwn gan Gwyn Thomas ar ôl iddo glywed y dehongliad gan Thomas Parry, gw. Gwyn Thomas, *Dafydd ap Gwilym: Y Gŵr sydd yn ei Gerddi* (Aberystwyth: Cyhoeddiadau Barddas, 2013), t. 138. Gw. hefyd ymdriniaeth gynharach Gwyn Thomas â'r cywydd hwn yn *Y Traddodiad Barddol* (Caerdydd: Gwasg Prifysgol Cymru, 1976), tt. 166–7.
46 GDG 139.39–42. Yn nhestun llawysgrif Hafod 26 (Caerdydd 4.330, *c*.1574) yn unig o blith y pum llawysgrif sy'n cynnwys testun o'r cywydd y digwydd y llinellau hyn. Mae tair o'r pedair llinell i'w cael hefyd yn y cywydd 'Serch fel Ysgyfarnog', CDG cerdd 75. Tybiaf mai cyfeirio at yr enw gwrywaidd 'hyrddaint', sef 'hyrddiad o salwch' yn ffigurol am serch, a wna'r rhagenw gwrywaidd yn ll. 41 yn 'Morfudd yn Hen'. Mae'r hyrddiad hwnnw hefyd yn 'henlleidr' (ll. 42) sy'n lladrata cwsg y bardd. Ond sylwir bod y llinell 'Hirddig a wnaeth hardd ei gne' fel y mae yn 'Serch fel Ysgyfarnog' (CDG 75.71), wedi ei hailgyfansoddi fel 'Hyrddaint serch y ferch yw ef' yn fersiwn y llawysgrif goll y cyfeiriodd John Davies, Mallwyd, ati fel y *vetustus codex* (1526), a hynny er mwyn llunio odl â'r ffurf 'hunllef' (yn lle 'hunlle' a odlai â 'gne'), a'r llinell hon a ailgyfansoddwyd a geir yn fersiwn Hafod 26 o'r llinell yn 'Morfudd yn Hen', gw. DG.net 75.71n.
47 Gw. Thomas, *Dafydd ap Gwilym*, tt. 137–8. Credai fod yn y cyntaf o'r ddau gwpled, ynghyd ag yn ail linell yr ail gwpled, adlais bwriadol o'r un llinellau a geir yn 'Serch fel Ysgyfarnog' yn GDG 46.69–70, 78, heb ystyried mai adleisio'r hyn a geir yn 'Serch fel Ysgyfarnog' a wneir yn 'Morfudd yn Hen' yn GDG 139.39–42. Gw. hefyd n. 46 uchod.
48 Lleolir y pedair llinell hyn yng ngolygiad Thomas Parry cyn llau. 39–42 yn ôl rhifiad y golygiad newydd.
49 Ceid syniad ym marddoniaeth y bedwaredd ganrif ar ddeg fod gwraig yn ei henaint yn cadw peth o'r gallu i ddenu a oedd ganddi yn ei hieuenctid er iddi golli ei phrydferthwch, yn wahanol i ddynion, gw. Alicia K. Nitecki, 'Figures of old age in fourteenth-century English literature', yn Michael M. Sheehan (gol.), *Aging and the Aged in Medieval Europe* (Toronto: Pontifical Institute of Medieval Studies, 1990), tt. 107–16 (tt. 111–12).
50 DG.net cerdd 75.71n.
51 Ar y cyfeiriadau bywgraffyddol yng ngwaith Dafydd a'r amcan tybiedig ynghylch ei ddyddiadau, gw. Dylan Foster Evans gyda Sara Elin Roberts, '"Myn Pedr, ni wn pwy ydwyd": ar drywydd Dafydd ap Gwilym', ar DG.net (cyrchwyd 13 Medi 2021).
52 Nid oes unfrydedd barn ynghylch dilysrwydd y ddwy farwnad hyn fel marwnadau go-iawn. Am drafodaeth, gw. Huw Meirion Edwards, 'Murnio

marwnadau: golwg ar y ffugfarwnad yng nghyfnod y cywydd', yn Bleddyn Owen Huws ac A. Cynfael Lake (goln), *Genres y Cywydd* (Talybont: Y Coleg Cymraeg Cenedlaethol, 2016), tt. 71–92. Am farn Dr Edwards ar farwnad Iolo Goch i Ddafydd yn benodol, gw. t. 79: 'tueddaf i gytuno â golygydd Iolo Goch fod hon ... yn mynegi colled wirioneddol'.
53 GIG XXI.1–2.
54 GMBen 4.35–6. Ynghylch dilysrwydd y gerdd fel marwnad wironeddol, gw. sylwadau'r golygydd, GMBen, t. 75: 'mater i bob darllenydd unigol fydd penderfynu ai marwnad ar achlysur marwolaeth neu deyrnged i ddyn byw neu gellwair yw'r gerdd hon. Yn nhyb y golygydd, rhyw gyfuniad o'r ddau olaf ydyw.'
55 Shahar, *Growing Old in the Middle Ages*, t. 16.
56 Shahar, *Growing Old in the Middle Ages*, tt. 19–20.
57 Shahar, *Growing Old in the Middle Ages*, tt. 19–20.
58 Caroline Walker Bynum, *The Resurrection of the Body in Western Christianity, 200–1336* (New York: Columbia University Press, 1995), t. 11.

THE DATE OF *PEDEIR KEINC Y MABINOGI*: A SECOND LOOK

Thomas M. Charles-Edwards

A second look at a problem presupposes a first look and this paper is no exception. It revisits a problem I discussed more than fifty years ago.[1] On that occasion, however, I was responding to some highly stimulating articles by Saunders Lewis in which he argued that the Four Branches belonged to the second half of the twelfth century.[2] His arguments were partly literary but partly also historical; that is, he sought to show that there were contemporary references both to incidents, such as Henry II's expedition to Ireland, and to customs such as homage. His was the first sustained consideration since the Four Branches were edited by Sir Ifor Williams, who proposed a date of 'around 1060'.[3] The approach I took in 1970 was to offer alternative readings implying an earlier historical context. What I now propose to do is to revisit the problem in the light of work done since 1970, mainly work on prose narrative but not forgetting poetry that provides useful context and even direct evidence on characters in the Four Branches, in particular *Legendary Poems from the Book of Taliesin*, edited with so much learning by the honorand of this volume.[4] This revisit will, I hope, be guided by consciousness of a snare into which I may have fallen in criticizing Saunders Lewis's arguments, a snare which can perhaps be described, in medieval fashion, as the fallacy of the scales of judgement.

The scales in question are those used at the Last Judgement. The soul, looking wan and diminutive, sits on one side, his sins, black and weighty, are heaped on the other. His prospects are poor. Fortunately for him, higher powers cannot resist getting involved. Satan gives a tug to the sin side of the scales but is entirely outclassed by the Virgin Mary, who gives a hefty yank to the side on which the miserable soul sits. The point I wish to make by means of this medieval image is this: confronted by an argument we feel inclined to reject, we often play Satan and give a tug to the scale containing the objections; confronted by one we feel inclined to accept we play the Virgin Mary and give a contrary tug to bring about a favourable judgement. All this is usually accomplished by a simple logical device. In very many issues concerning medieval Welsh literary texts, judgement is a matter of weighing up possibilities and probabilities. If, then, one feels inclined to play Satan, the appropriate tactic is to find reasons why the argument in question fails to prove the conclusion. The test here is the rigorous one of proof. Playing the Virgin Mary, on the other hand, the question is whether the argument looks attractive. The standards applied are now different and the outcome is predictable, since it has everything to do with the initial standpoint and only a little with any rigorous assessment of probabilities and possibilities. The charge which I therefore put to myself is that I played Satan to the arguments of Saunders Lewis and the Virgin Mary to my own suggestions. Saunders Lewis was habitually sympathetic to ideas that placed Wales in the current of Francophone culture, which, in the twelfth century included England, while, in 1970 I had recently finished a two-year stint as a scholar in the School of Celtic Studies at the Dublin Institute for Advanced Studies and was prone to place medieval Wales in a more Celtic context.

I also have a second charge, that I framed the arguments in terms of what the author knew. The audience or readership of the Four Branches was neglected. To some extent this was a pardonable elision: it was often correct to suppose that if something was being assumed by the author it could also be assumed by the reader or hearer. This is, however, by no means always acceptable. To take one example, in 1970 we were in the wake of Proinsias Mac Cana's book on the Irish affinities of *Branwen* and before Patrick Sims-Williams began the series of articles in which he scrutinized the supposed Irish elements

The date of Pedeir Keinc y Mabinogi: *a second look*

in medieval Welsh literature, let alone his book of 2011 summing up and to some extent modifying the positions he took in the articles.[5] In 1970, therefore, it could readily be maintained that the author of the Four Branches was aware of this or that element of Irish tradition or social custom. There is no such ready assumption today. On the other hand, even in 1970, I should have asked whether the author of the Four Branches, however well informed he was supposed to be in matters Irish, could assume a similar knowledge of matters Irish among his readers. This latter question I failed to ask.

Evidence used to date the text has been of three rather different kinds. First is the odd detail, of no great importance in itself for our understanding of the *Pedair Cainc*, which nonetheless suggests a date. An example would be Saunders Lewis's interpretation of the fight between Pwyll and Hafgan as a tournament; another would be the argument I advanced on the basis that Matholwch sailed to Harlech from the south of Ireland. The relevant details could be changed without making any difference to the story as a whole. Secondly, some of the arguments put forward by Andrew Breeze turn upon interpretations of the character of the Four Branches as a whole: they are, he argues, literature best understood as having been written by a woman.[6] Naturally this second type of argument is much more interesting for the critic and, indeed, for the historian. It will not, however, always be the more reliable guide to the dating of the *Pedair Cainc*. The insignificant detail, taken for granted by author and reader alike, may be especially useful, since the author should have had little reason to include it other than contemporary relevance. If, for example, it was in a source and was by his time inappropriate, he could change it without affecting the story. Arguments, however, that turn on an interpretation of the *Pedair Cainc* as a whole, such as those advanced by Andrew Breeze, tend of their nature to be more controversial; this is partly because they cover matters within the scope of deliberate change by the author. A third approach is through examining the language of prose texts in relation to poems where the identity, origin and date of the poet are known. This has been employed by Simon Rodway.[7]

I shall now turn to examine some ways in which the issues have changed since 1970. These may be arranged under four headings, termed, for mnemonic purposes, the Four Problems.

The first of the four is the *Culhwch* problem. This can be perceived if we put side by side two scholarly opinions: first, the impression given by its language that *Culhwch ac Olwen* is considerably older than the *Pedair Cainc*; and, secondly, the dating proposed for *Culhwch* by Rachel Bromwich and D. Simon Evans, namely *c*.1100.[8] If both of these were true, Saunders Lewis would, if anything, have dated the *Pedair Cainc* too early rather than too late. Similarly, if Simon Rodway is right to date *Culhwch* to the late twelfth century, the date of the *Pedair Cainc* might have to be pushed well into the thirteenth century.[9] Similar problems would then arise from the relationship between the *Pedair Cainc* and the Three Romances, since they are usually dated distinctly later than the *Pedair Cainc*. If these judgements on the relative dates of medieval Welsh prose tales are sound, then the absolute date proposed for, let us say, the *Pedair Cainc*, will have to be in accord with absolute dates proposed for other tales. As for *Culhwch*, the problem is posed by the linguistic distance between *Culhwch*, on the one hand, and the Four Branches on the other. If this linguistic distance is interpreted as offering evidence for relative dating, Bromwich and Evans have, by implication, rejected Sir Ifor Williams's date for the *Pedair Cainc* and also mine.

The second problem is posed by the obsolescence of what one might call Sir Ifor Williams's Black Book argument. He took the spelling system of the Black Book of Carmarthen to be characteristic of the twelfth century. Hence relics of such a system preserved within the different orthography of the White Book became dating evidence. This argument was also used by R. L. Thomson in order to date *Owain* to the twelfth century.[10] By the relative dating argument – if the Three Romances, including *Owain*, were about a century later than the *Pedair Cainc* – this tended to confirm Sir Ifor Williams's date for the latter, *c*.1060. The basis for such arguments has been undermined by Daniel Huws's discoveries about the Hendregadredd manuscript.[11] It now appears that some of what Sir Ifor Williams took to be twelfth-century phenomena were still current in Ceredigion in 1300. Moreover the Black Book of Carmarthen itself has been redated to the mid-thirteenth century.[12] What these relics in the White Book now suggest is that its immediate exemplar may have been from Deheubarth; and since the White Book itself appears to be from Ceredigion, it would not be surprising if its exemplar were from the same area a generation or two earlier.[13] Another manuscript of the mid-thirteenth century, probably from Deheubarth, Peniarth MS 28, retains some elements of Old Welsh orthography; this is especially significant since the text is a compilation of the same period. It uses *Llyfr Iorwerth*, a lawbook of the first half of the thirteenth century.[14]

 The third of our four may be termed the *Peredur* problem. It derives from the light shed by the textual history of *Peredur*: first, on the relationship between the White Book of Rhydderch and the Red Book of Hergest, and then, including other manuscript versions, the attitude of scribes to their texts. On the one hand, the White and Red Books are very close textually. Sir Ifor Williams thought that, for the *Pedair Cainc*, the Red Book was a copy of the White.[15] Most later scholars have judged them to be sister manuscripts rather than mother and daughter, but they are at the least members of the same branch of the tradition. Moreover, for the *Pedair Cainc*, we have, apart from the White and Red Books, only the odd fragment to give us any idea of what the textual tradition might once have been. For part of *Peredur*, however, we are much better off, because we can compare the White and Red Books with Peniarth MSS 7 and 14. When this is done, it soon becomes apparent that the stylistic virtues of the White and Red Books are not always common to all copies of the tale. Indeed, the differences are such as to make it likely that the text was successively revised and polished in the course of transmission.[16] It may be possible to conceive of a process by which reciters acquired copies of the tale from others and then improved it for their own purposes. Written texts would thus be adapted to fit the needs of oral performance as perceived by particular storytellers. In that event the *Peredur* of the White and Red Books might be the result of successive revisions of this kind. The textual transmission would be a complex mixture of oral and written processes. When we turn back to the *Pedair Cainc*, we have perhaps the most polished, though not the most ornate, of all medieval Welsh texts. What we do not have is more than the odd scrap of evidence to show how far this polish was imparted in the course of transmission. It has been suggested that the *Pedair Cainc* are the least oral of medieval Welsh prose tales, and this idea has been given further weight by Sioned Davies's *Crefft y Cyfarwydd*.[17] The implication may perhaps be that the text of the *Pedair Cainc* was always more fixed than that of *Peredur*, and the problem would then be less acute.

The final problem of the four is the complex issue of the Irish elements in, or affinities of, the *Pedair Cainc*. In 1970, as already noted, students of the Four Branches were strongly affected by Proinsias Mac Cana's book on the Irish affinities of *Branwen*.[18] This sought to give detailed justification for Sir Ifor Williams's claim that the author of the Four Branches had some knowledge of Irish prose narrative.[19] Since then, however, we have had the series of articles by Patrick Sims-Williams, culminating in a book, offering a detailed reappraisal of the evidence for knowledge of things Irish – names, motifs and stories – in medieval Wales. In the course of this work he has given us a particularly full discussion of the relationship between *Branwen* and the Irish story of the Destruction of Da Derga's Hostel. The upshot is that the Irish element in the *Pedair Cainc* looks much less clear-cut than it did a generation ago. Some things that then looked like direct borrowings now look more like common inheritances; and even when Welsh texts still suggest evidence of knowledge of Irish texts, practices or traditions, that knowledge now appears more restricted and patchier than it once did.

One of Patrick Sims-Williams's reappraisals bears directly on the dating of the *Pedair Cainc* and it is to this that I shall now turn. In 1970 I argued that a detail in *Branwen* rendered unlikely a date after *c*.1125. At the beginning of the tale Bendigeidfran and his entourage were seated on the rock of Harlech looking out over the Irish Sea. While they were there, 'they saw a fleet of thirteen ships coming from the south of Ireland'.[20] The ships were sailing at a rapid pace with a favourable wind behind them. They turned out to belong to

Matholwch, king of Ireland. For Saunders Lewis, this was a reference to Diarmait Mac Murchada coming to seek aid in order to reinstate himself as king of Leinster. For me it suggested that the author assumed that the current king of Ireland – or at least the strongest king in Ireland, what the contemporary annals sometimes called 'king of Ireland with contention' – came from either Leinster or Munster. The notion that the king of Ireland came from the south was not the obvious assumption to make given the totality of Irish tradition and history, since the kings of Tara had for many centuries come from Leth Cuinn, the northern half of Ireland. But from *c.*1000 this long-established predominance of the north had been upset, first by Brian Boru of Dál Cais in Munster and then by Diarmait Mac Maíl na mBó of Leinster, and again by Brian's descendant, Muirchertach Ua Briain. But after Muirchertach's illness in 1114 and particularly after his death in 1119, political hegemony reverted northwards where it would stay until the Anglo-Norman invasion.[21] So, allowing for a few years to allow a Welsh storyteller's assumptions to accommodate themselves to a new reality, I concluded that the author of *Branwen* was making an assumption inappropriate after *c.*1125.

Sims-Williams suggested three different readings of the evidence.[22] The first flowed from his general reassessment of Welsh knowledge of Irish matters. If the author of *Branwen* was not as well acquainted with Ireland as was earlier believed, his reference to a king of Ireland coming from the south of the island might have little significance. He might have been simply ignorant of where the current king of Ireland was based. Secondly, he points to evidence that a south wind was considered prosperous: the direction of Matholwch's voyage might merely reflect this belief. Thirdly, the reference to a king of Ireland coming from the south might have been deliberately archaic – that is, the reference was not accidental (as the first reading suggested), nor concerned solely with the direction of the wind (as the second interpretation would have it), but was intended to place the story in an earlier period.

These suggestions are all weighty and thus deserve careful consideration. Their tendencies are, however, very different. To see this, let us take the last first, which is the idea that the reference might be deliberately archaic. What this presumes is a relatively high level of knowledge of Irish political affairs, past and present, not just on the part of the author but also of his intended audience or readership. He and they are required to know that the current king of Ireland does not come from the south and also that he once did. If a reader does not know both these things, the point of the deliberately archaic reference will be lost. The assumptions entailed by this third reading are thus wholly different from those of the first, namely that the author (let alone his readers) simply did not know from which province of Ireland the current high-king came. The third reading also indicates that the author's handling of time is particularly complex. There has to be three time frames within the telling of the story: that of the pre-Christian characters of the tale; an eleventh or early twelfth-century date for the deliberately archaic reference; and the present of the storyteller and his first readers and hearers.

The second reading also carries assumptions with it. The point of the reference now has everything to do with the wind direction – and the south wind being prosperous – rather than with the ultimate starting point of Matholwch's voyage. A possible reaction might be that, if so, the author of *Branwen* was being improbably paradoxical. The voyage was, after all, to prove in the end calamitous for both Ireland and Britain. True, the intentions of all parties – except for Bendigeidfran's half-brother Efnisien – were of the best; but one may ask whether references to good omens, natural events indicating prosperous outcomes, usually indicate the intentions of characters within the tale or authorial comment on the outcome. Such parallels as are known to me suggest that the latter is more likely, unless a character is made to engineer the omen.[23] Yet, for the author of *Branwen* to go out of his way to indicate his opinion of Matholwch's voyage in this way would be extraordinary.

The suggestion that the author of *Branwen* was just plain ignorant about contemporary Irish politics, even to the point at which he had no idea who was high-king, is possible, but again it does require that one make a very particular set of assumptions and, in any case, it has been revised in Sims-Williams's *Irish Influence on Medieval Welsh Literature*, where he has argued from the name *Llassar* that a connection existed between St Davids and Ferns and also, perhaps via Ferns, with Devenish.[24] The tragedy of the story turns partly on the brutal reversal of admirable hopes for peace between Ireland and Britain. The presupposition must be that good relations between the two islands matter very much. Moreover, few deny that the author's knowledge of Ireland extended to the traditional provinces, to the position of Áth Clíath on the Liffey and to an etymology for the name.[25] To suppose that the author had no idea whether the high-king of Ireland was from the north or the south may be thought to require a good tug at the scales of judgement to make it anything more than possible. As for my original argument, that this sentence indicates a date no later than *c*.1125, this still seems to me the most likely interpretation. On the other hand, Sims-Williams has shown that it is not the only interpretation. Moreover, if, for other reasons, it became likely that the *Pedair Cainc* were later than 1125, my interpretation of this one passage could hardly offer much resistance. It is a clue, not a proof.

Another dating argument, both for Sir Ifor Williams and for me, arose from the character of the royal *cylch* or circuit; I now think that in 1970 I presented a misleading and oversimplified case. It was characteristic of all medieval kings that, while they retained any physical vigour, they travelled around their kingdoms. Before the growth of bureaucratic modes of government in the twelfth and thirteenth centuries, royal journeying was essential to make the king's presence felt in as many parts of his kingdom as possible. Even in the early modern period, royal progresses often retained much of their political importance. When, therefore, Sir Ifor Williams wrote that in the *Pedair Cainc* rulers went on circuit, whereas in the Welsh laws they did not, he may have been making too broad a claim; this should have been pointed out by me when discussing the date of the *Pedair Cainc*. The issues are, however, complex and important, for they affect the whole character of the Welsh royal court and its economic support.[26] Moreover, the *Pedair Cainc* are especially courtly literature, more so than either *Culhwch* or the Three Romances. Even in the latter, the royal court is a base from which a knight sets out and to which he returns rather than the principal scene of action, as it is for much of the *Pedair Cainc*.

A way to approach the problems is to consider the opening passage of *Math*. It is there said that because of Math's peculiar characteristic – namely that in peacetime he could not live without having his feet in the lap of a virgin – he did not go on circuit with his *teulu*. Instead, his sister's sons, Gwydion and Gilfaethwy, went on circuit with the *teulu* in his place. The presupposition here is that a king normally took his *teulu*, his 'house-host', with him on circuit. Set against the laws, this passage raises problems of different kinds. First, the text of *Math* never mentions a *penteulu*. Yet, in the laws, a particular right of the *penteulu* was to take the *teulu* on 'the great circuit of the winter'; in this circuit, quite exceptionally, those on circuit were billeted on *uchelwyr* rather than on *taeogion*.[27] Even in *Math*, however, neither Gwydion nor Gilfaethwy is termed *penteulu*.[28] One might have expected here an aside to the effect that Math's peculiar condition was the origin of the office of *penteulu* – something such as 'and that is why the *teulu* now accompanies the *penteulu* on circuit' – but there is no such explanation.

This will be all the more interesting if you share my opinion that the office of *penteulu*, as it is described in the laws, is distinctly odd. The *penteulu* is a close agnatic kinsman of a king. The list of those kinsmen who might be given the office is very similar to the list of those who might be *edling*, the heir-apparent; it is not quite the same, but, in terms of their relationship to the king, *penteulu* and *edling* are very similar personages. Professor Beverley Smith showed that the laws envisaged a single heir-apparent to the kingdom.[29] Contrary to the impression given by Gerald of Wales, and, following him, by Lloyd, the kingship was not meant to be partible.[30] Beverley Smith has further shown that there were particular circumstances that upset this rule, in Powys after the death of Madog ap Maredudd, in Gwynedd after the death of Owain Gwynedd, and in Deheubarth after the death of the Lord Rhys. His analysis has thus shown, on the one hand, that a single heir-apparent was the rule, and, on the other, that this rule was in danger of being overridden by the ambitions of brothers, nephews or cousins. What may seem odd is the combination of a rule providing for a single heir-apparent and a further rule that the *teulu* should be led by someone who would often be a possible claimant, a rival to the *edling*. Any sensible political system, one would think, would avoid giving the right of succession to one royal kinsman, while it was at the same time giving the king's standing military force to another royal kinsman, a likely rival of the first. It is intriguing, therefore, that the author of the *Pedair Cainc* seems not to have heard of a *penteulu*. Admittedly, according to the strict terms of the laws, neither Gwydion nor Gilfaethwy would have been entitled to be *penteulu*, since they were the king's sister's sons, not his brother's sons; but probably for the divine children of Dôn such rules were not thought to have any force. Lleu succeeded Math as king of Gwynedd, though they too were related through Math's sister.

What this comparison between *Math* and the laws indicates is that, in the *Pedair Cainc*, there is no notion of a *penteulu* and therefore, a fortiori, of a *penteulu* taking the *teulu* on 'the great circuit of the winter'. Instead, this role fell to the king or *arglwydd*.

Another change might be connected with this difference. It has been argued that the standard method by which the free or noble population supported their ruler and his entourage was, earlier, by hospitality dues – obligatory hospitality in the house of the subject – and that these were subsequently converted into a food-render called *gwestfa*. In Deheubarth, at a later period, and probably in the time of the Lord Rhys (d. 1197), the food-render *gwestfa* gave rise to territorial units, themselves called *gwestfâu*.[31] The distinction, therefore, is between the subject feeding the king at the subject's house – the hospitality due – and the subject feeding the king at the king's hall – the food-render. On this view, the *uchelwyr* first characteristically entertained the king in their own houses and only subsequently supplied food-renders at a royal centre, the *llys* in the sense of a set of buildings including a hall. In 1970, I maintained that the author of the *Pedair Cainc* took it for granted that *uchelwyr* owed hospitality dues rather than food-renders. I am afraid that the text does not confirm this interpretation. Arberth may have been a chief court and it could be said, in a pregnant phrase, that 'every honour took its start from it'. No other court is mentioned during Pwyll's reign; and from this one might have deduced that, when Pwyll went on circuit, he must have been welcomed in the houses of his subjects rather than welcoming them in his own halls. Yet, in the larger kingdom ruled by his son Pryderi, both Arberth and Rhuddlan Teifi are mentioned as courts, though the latter, unlike Arberth, is not described as a chief court.[32] This casts further light on the phrase, 'prif lys idaw', 'a chief court of his', which indicates that there were other courts. Again, in the Second Branch, Harddlech was a court for Bendigeidfran, but it is likely that Aberffraw was another. Branwen was betrothed to Matholwch at Harddlech; and at Harddlech it was arranged that the marriage itself was to take place at Aberffraw. Bendigeidfran and his court thus appear to have progressed from Harddlech to Aberffraw, from one court to another. Even though, therefore, Rhiannon was detained in Arberth for seven years by her penance, while Pwyll went on circuit round Dyfed, she would normally have been expecting to accompany her husband. The text does not specify whether Pwyll went from court to court or from one *uchelwr*'s house to another: on this point my argument of 1970 was just wrong.

Courts as sources of royal honour are also central to another problem: the significance of the episode in *Branwen* when the Irish made a great house to honour Bendigeidfran after the latter had succeeded in crossing the Liffey at Dublin. Hard bargaining ensued, but eventually Matholwch's councillors hit upon an offer that appeased Bendigeidfran:[33]

> 'Lord,' said they, 'you have no other plan than this. He was never contained within a house,' they said. 'Construct a house,' they said, 'in his honour, in which there may be room for him and for the men of the Island of the Mighty on one side of the house and you and your host on the other. And place your kingship in his power and become his man. And by reason of the honour given by building the house,' they said, 'when he never had such a thing as a house that would contain him, he will make peace with you.'

This passage has been discussed both by Marie Therese Flanagan and by Sims-Williams, as well as earlier by Saunders Lewis and myself.[34] Flanagan's interest in the passage is as a part of her discussion of the submission of Irish kings to Henry II; for Saunders Lewis, the latter – the submission to Henry II – was the model followed by the author of *Branwen*, which had, therefore, to be later than 1171. All these theories are discussed with great care by Sims-Williams.[35]

Flanagan argued that in the eleventh century the Irish annals began using the phrase 'X enters the house of Y' as a standard phrase equivalent to 'X submits to Y'. Such a submission implied that the person making the submission recognized himself as the free client of the other and as part of his *airecht*, assembly of nobles. A particular form of this act of political ritual was the construction of a temporary *tech midchúarda*, 'house of a mead-circuit', that Flanagan saw as the model used by the author of *Branwen*. The Irish were doing especial honour to Bendigeidfran by constructing a temporary house for the feast, and all the more honour because no house had yet been constructed that would contain the giant-king of the Island of the Mighty. Similarly, the Irish kings were doing especial honour to Henry II when they constructed a temporary house at Dublin in which Henry II could be feasted.

Sims-Williams argued that too much specifically Irish significance has been read into the story of the house built by the Irish for Bendigeidfran.[36] First, he distinguished two elements in accounts of Henry II's expedition: on the one hand, when Henry II landed at Waterford several Irish kings 'entered his house', thus submitting to him. On the other hand, later, at Dublin, Irish kings had a royal palace built of wattle in which Henry II could feast them. 'Entering the house' as a form of submission to an overking was thus, in this instance, a separate occasion from the construction of the temporary house. The latter was simply an act of hospitality on the part of certain Irish kings towards Henry II. Similarly, the act of building a house for Bendigeidfran cannot be explained from the Irish custom of entering an overlord's house as an act of submission. The text of *Branwen* does say that Matholwch offered to do homage on the same occasion, but the building of the house was not itself an act of submission. In this way, Sims-Williams severely limits the significance of this episode.

The historical importance of achieving a correct interpretation of this affair stems directly from the density of the passage I quoted in translation. The problem is that its very density makes it easier to offer possible interpretations than to demonstrate their truth. What I shall suggest is based upon Irish comparisons, but not because I think that the author was necessarily referring directly to Irish practices. The problem with that proposition is, as we have seen, that the author might understand the significance of the political symbolism in question, but it would be a much larger claim to suppose that his intended readers or hearers were equally well informed. Moreover, when we compare Irish and English accounts of the submissions to Henry II, it becomes apparent that they understood the events with different presuppositions. Thus Howden's account of the Irish kings submitting at Waterford differs from that in the Annals of Inisfallen.[37] Howden wrote that the Irish kings, except for the king of Connacht, 'gave themselves to him and to his lordship, and became his men for all their lands, and swore oaths of fidelity to him'. The Annals of Inisfallen put it differently: they name only two kings, 'the son of Cormac, and the son of Tairdelbach', namely the leading kings of Munster, Diarmait Mac Carthaig of South Munster (or Cork) and Domnall Mór Úa Briain of North Munster (or Limerick); and they say that these two 'went into his house there', namely in Waterford.[38] Moreover, the submission at Waterford was only the first: there were others by various Irish kings on the way north to Dublin.[39] If accounts from writers belonging to different nations could be so different, caution is very much in place before concluding how such events might be understood by someone from a third country, Wales, with, perhaps, yet another set of assumptions. My Irish comparisons suggest possibilities, not proofs.

Quite separate from the events at Waterford, so Sims-Williams argued, was Howden's description of the construction of 'a royal palace' next to the church of St Andrew outside the walls of Dublin, 'made of wattles, according to the custom of that country'.[40] This was the building that, according to Saunders Lewis, was the model for the exceptionally large house, big enough to accommodate the giant-sized Bendigeidfran, built by the Irish to honour the invading king from Britain. In that house, the Irish king, Matholwch, said his councillors, was to 'place your kingship at his disposal and to become his man'.[41]

A different dependence was proposed by Marie Therese Flanagan.[42] She was concerned to interpret Howden's description of the royal palace by Dublin. The description in *Branwen* was taken to be derived from Irish practice and thus helped to explain the incident in Howden. She also adduced Irish texts referring to the construction of a *tech midchúarta*, 'house of a mead-circuit', as a house in which an overking might feast his client-kings. The *tech midchúarta* is mentioned in a corrupt verse in the early eighth-century legal tract *Críth Gablach*, much earlier than the annalistic references to going into an overlord's house, which began in the mid-eleventh century.[43]

The first Irish analogue is provided by an early text, unlikely to be later than the eighth century. It is about the relationship of a client people, Dál Caladbuig, to its overlords, a branch of the Éoganachta of Munster.[44] Both client people and overlord were situated in what is now the south-west of Co. Tipperary, close to the boundary with Co. Limerick. The text shows an *aithechthúath*, a 'base-client-people', whose base condition was demonstrated by their relationship to the king's house – the house, that is, of their Éoganacht overlord. On the one hand, they had to provide the wright who built the king's house (at Donohill, Co. Tipperary). And finally, in a piece of political theatre that united both house and food, they were invited to eat the food they had provided in the house they had built. The food was all, or mostly, the fruit of their labour, yet it was hospitality given to them by their overking; the house was their construction, yet it was the house of their overking. The text suggests that it was one thing for a client-king to entertain his lord in the client-king's own house, but quite another thing for the client-king to enter into the king's house, since the point of doing so was that the food he then ate was grown by the client's own people and the house in which he ate was also built by his own people. Hospitality exhibited quasi-servile subjection when it was hospitality from lord to client, but a much more honourable relationship when the client entertained the lord.

Sims-Williams very reasonably queried whether the annalistic examples of 'X going into the house of Y' could date the practice (except as a *terminus ante quem*). He suggested that, although the annal entries using this formula might begin in the mid-eleventh century, the practice may have been older. The text on Dál Caladbuig indicates that, up to a point, he was right. The king of Dál Caladbuig did indeed enter the house of his overlord at Donohill. Yet there is room for hesitation: the significance of entering a house may have depended on who built it. For a client-king to enter his overlord's house to consume food and drink that his own people had not provided in a house they had not built was one thing; the situation of the Dál Caladbuig was quite another. A more detailed analysis of the annalistic and other evidence does make it probable that political practices and also the language used to describe them did indeed change in the middle of the eleventh century: going into the house of another king and receiving a fief from him became something that even provincial kings were induced to undergo to mark submission to a currently dominant rival.[45] The earliest entry in the annals to record this form of submission is in *Chronicum Scotorum* for the year 1057, to be corrected to 1059: 'Brian's son went into the house of Áed Úa Conchobair, king of Connachta, and gave him his submission'.[46]

When Henry II came to Dublin, one element is the same as for the Dál Caladbuig at Donohill. An agreement Henry had made with Richard fitz Gilbert after the death of Diarmait Mac Murchada and before coming to Ireland was that Richard ceded the ports, Waterford, Wexford, Wicklow and Dublin to the king.[47] The house, however temporary, was therefore on land regarded by Henry as his; yet it was built by Irish kings. The situation with Bendigeidfran is more ambiguous. He was in Ireland faced by a king of Ireland suing for peace. Matholwch's first offer was to give the kingship of Ireland to Gwern, his son and Bendigeidfran's sister's son. That was rejected. The second was to put the kingship of Ireland into Bendigeidfran's power and to build the house in his honour. The building of the house thus accompanied doing homage to Bendigeidfran and, in a difficult phrase, 'putting the kingship within his control' or 'at his disposal', *yn y ewyllys*. Honouring and doing homage went together in this passage, but, as Sims-Williams pointed out, are distinct elements.

What was a Welsh reader expected to make of all this? It may be significant that in the Welsh laws one of the obligations of the *taeogion* was to construct a set of buildings for the king's *llys*, not just the hall but other buildings as well.[48] This is some sort of analogue for Dál Caladbuig since that text portrayed the obligations of an *aithechthúath*, a people whose relationship to their overking was similar to that of the Welsh *taeog* to his king. Marie Therese Flanagan argued that the kings who 'went into the house' of their overking were entering into a more honourable relationship than that of an *aithechthúath* such as Dál Caladbuig. The annalistic references from the eleventh and twelfth centuries make this very likely. It seems then that a reason for the appearance of this annalist's formula may be that an element of the old, more servile, political clientship was now being used to emphasize the subjection of the grander client kings. When it was the older, more servile, clientship, such as that of Dál Caladbuig, instances were not worthy of the chronicler's notice; now that grander kings, including the kings of provinces, entered the houses of their overlords, they were sufficiently important to be recorded. As for building a house for Bendigeidfran, which, as Sims-Williams observed, was a distinct element of the ritual from just entering his house, Flanagan argued that this echoed what had earlier happened at Tara. It is likely that there was no permanent hall used by the current king of Tara at this, his pre-eminent 'seat of kingship'. Instead, she suggested, a temporary hall was constructed and this was the responsibility of client-kings. To take an example, a king of Tara from the Northern Uí Néill was based far from Tara and yet needed to make his entry into Tara and to display his power on that occasion.[49] If he did so by feasting his clients in a *tech midchúarta* built by them and with food and drink provided by them or some of them (those close to Tara), he would mark his power as king of Tara in a way obvious to everyone.[50] In the context of the occasion and, more particularly, the site, it would have been evident that the kings who were feasted were displaying their submission, just as the king who gave the feast was displaying his authority. Something similar may have been understood by Welsh readers of *Branwen* confronted by the Irish king Matholwch honouring Bendigeidfran by arranging for his Irish subjects to build a house for their new overlord in which Bendigeidfran, as overlord, might feast Matholwch and the Irish on one side of the house and his own army from Britain on the other. The Irish were also to provide the food, as in *Dál Caladbuig*, only some of it came in bags, as if of flour, but in fact the hiding-places of warriors.

It seems that one crucial issue is whether client-kings entering a *tech midchúarta* built for the occasion were doing so as a special instance of the more general custom of going into the house of an overlord as a mark of submission. That seems to me very likely, just as the situation of Dál Caladbuig at Donohill can be seen as another, very different and yet not unrelated, special variety. Another crucial point, however, is that the annalistic references to 'going into the house' cannot, it is now clear, be used to date *Branwen*. On this point, Sims-Williams was correct. All that was needed to provide an analogue for the house in *Branwen* was the earlier custom of the *tech midchúarta*. The annalistic 'going into the house' appears to be another special variety, illustrated by an entry about a king of Ulster in 1080: 'Donnshléibe Ua hEochada went into Munster with nobles of the Ulstermen in the expectation of a stipend.'[51] Even here, the stipend, *túarastal* – a term common in the annals in the late eleventh and early twelfth centuries – continued the old *rath*, 'grant' or 'fief'.[52]

Finally, a remark about two proposed identifications of a single author for the Four Branches put forward by Andrew Breeze and Iestyn Daniel, and Nikolai Tolstoy's early date for the Four Branches, namely in the eleventh century. Andrew Breeze's theory was that Gwenllian, daughter of Gruffudd ap Cynan and wife of Gruffudd ap Rhys, composed the *Pedair Cainc*.[53] To revert to my initial image of the scales of judgement and the balance of probabilities and possibilities, this suggestion seems to me an entirely valid exercise if understood as trying out a possibility to see how far it fits the evidence. Most scholars have concluded, however, that Breeze has not come anywhere near to proving his case.[54] The same may be said of Daniel's identification of the author of the Four Branches with the man who wrote *Ymborth yr Enaid*, perhaps Cnepyn Gwerthrynion, mainly on the basis of similarities of style but also of the presumed outlook of the author.[55] Again, the same is true of the proposal by Nikolai Tolstoy to date the Four Branches to the early eleventh century, though his observations were often suggestive.[56]

The last generation or so has secured wider agreement on the kind of person who composed the Four Branches and his or her context than on either the identity of the author or the date of composition. Mac Cana's suggestion is probably representative: 'One pictures the author as a cleric, learned in Latin and reasonably well-informed, if not professionally expert, in vernacular literature, an apostle (if that is not too dramatic a word) of tolerance and moderation, for whom morality and good sense were close neighbours.'[57] Some have gone further and suggested that at least the Fourth Branch, *Math uab Mathonwy*, has a particular connection with Clynnog, the old church of St Beuno at the south-western end of Arfon.[58] A particular kind of cleric would fit Mac Cana's picture, all the more so since he had earlier proposed the name of Rhygyfarch son of Sulien.[59] Two other descendants of the same Sulien received the following obits in *Brut y Tywysogion*, a chronicle whose source is likely to have been composed by members of the family up to *c*.1164:[60]

> At the close of that year [1127] died Daniel – son of Sulien, bishop of Menevia – the man who was mediator between Gwynedd and Powys concerning any between whom there was trouble in those lands; and none found any fault in him, but rather that he was peaceful and beloved by all. And he held the position of archdeacon of Powys when he died.
>
> ...
>
> A year after that [1146], Sulien ap Rhygyfarch ended his temporal life, the man who had been a foster-son and thereafter a teacher

in the church of Llanbadarn – he was a man of age and mature in accomplishments, a speaker and pleader for his people and a mediator for various kingdoms, peaceful towards men of the church and an ornament of secular judgments.

What is particularly relevant is their role as mediators. Another person of similar status was Simeon of Clynnog, archdeacon of Bangor, described in his obit in 1152 as 'a man of great authority and dignity'.[61] Someone of such a background and status, it may be noted, would be likely to know the political shape and some, at least, of the traditions of Ireland.[62]

The significance of the *Pedair Cainc* for historians lies in two main directions. The text shows a clear concern for the manners and morals of the Welsh royal court and also in legal arrangements devoted to creating and maintaining peace between kings and peoples. Some of the implications can only be elucidated by looking for analogues elsewhere. This is an uncertain business, but the richness of the information is such as to make it necessary to range widely to find good parallels. As for the date, the years since my first look at the problem in 1970 have brought only complexity – of points of view, evidence adduced and solutions proposed. Yet, in the process, many aspects of the tales have been elucidated.

Notes

1. T. M. Charles-Edwards, 'The Date of the Four Branches of the Mabinogi', THSC (1970), 263–98; reprinted in C. W. Sullivan III (ed.), *The Mabinogi: A Book of Essays* (New York: Garland Press, 1996), pp. 19–58.
2. Saunders Lewis, 'Pwyll Pen Annwfn', LlC, 9 (1967), 230–3; Saunders Lewis, 'Manawydan fab Llyr', *Y Traethodydd*, 532 (1969), 137–42; Saunders Lewis, 'Math fab Mathonwy', *Y Traethodydd*, 533 (1969), 185–202; Saunders Lewis, 'Branwen', YB, 5 (1970), 30–43; all conveniently reprinted in Saunders Lewis, *Meistri'r Canrifoedd*, ed. R. G. Gruffydd (Caerdydd: Gwasg Prifysgol Cymru, 1973), chapters 1–4.
3. I. Williams (ed.), *Pedeir Keinc y Mabinogi allan o Lyfr Gwyn Rhydderch* (Caerdydd: Gwasg Prifysgol Cymru, 1930; second edn, 1951), p. xli (= PKM). For a helpful review of theories about the date and also the location of the Four Branches,

The date of Pedeir Keinc y Mabinogi: *a second look*

    see I. Hughes (ed.), *Math uab Mathonwy: The Fourth Branch of the Mabinogi* (Dublin: Dublin Institute for Advanced Studies, 2013), pp. xv–xxi.

4   Marged Haycock (ed. and trans.), *Legendary Poems from the Book of Taliesin* (Aberystwyth: CMCS Publications, 2007).

5   P. Mac Cana, *Branwen Daughter of Llŷr: A Study of the Irish Affinities and of the Composition of the Second Branch of the Mabinogi* (Cardiff: University of Wales Press, 1958); P. Sims-Williams, 'The evidence for vernacular Irish influence on early medieval Welsh literature', in D. Whitelock et al. (eds), *Ireland in Mediaeval Europe: Studies in Memory of Kathleen Hughes* (Cambridge: Cambridge University Press, 1982), pp. 235–57; P. Sims-Williams, 'A Riddling Treatment of the "Watchman Device" in *Branwen* and *Togail Bruidne Da Derga*', SC, 12/13 (1977/8), 83–117; P. Sims-Williams, 'Cú Chulainn in Wales: Welsh Sources for Irish Onomastics', *Celtica*, 21 (1990), 620–33; P. Sims-Williams, 'The Submission of Irish Kings in Fact and Fiction: Henry II, Bendigeidfran, and the Dating of *The Four Branches of the Mabinogi*', CMCS, 22 (winter 1991), 31–61; P. Sims-Williams, *The Iron House in Ireland*, H. M. Chadwick Memorial Lectures, 16 (Cambridge: Department of Anglo-Saxon, Norse, and Celtic, 2006); P. Sims-Williams, *Irish Influence on Medieval Welsh Literature* (Oxford: Oxford University Press, 2011).

6   A. C. Breeze, 'Did a Woman Write the *Four Branches of the Mabinogi*?', *Studi medievali*, 38 (1977), 679–705; A. C. Breeze, *Medieval Welsh Literature* (Dublin: Four Courts Press, 1997); A. C. Breeze, 'Politics and the *Four Branches of the Mabinogi*', *Memoria y Civilización*, 2 (1999), 243–60; A. C. Breeze, 'Hywel ab Owain Gwynedd (d. 1170) and the *Four Branches of the Mabinogi*', in D. Ó Baoill, Donncha Ó hAodha and Nollaig Ó Muraíle (eds), *Saltair Saíochta, Sansaíochta agus Seanchais: A Festschrift for Gearóid Mac Eoin* (Dublin: Four Courts Press, 2017), pp. 17–24.

7   S. Rodway, 'The Where, Who, When and Why of Medieval Welsh Prose Tales: Some Methodological Considerations', SC, 41 (2007), 47–89; S. Rodway, *Dating Medieval Welsh Literature: Evidence from the Verbal System* (Aberystwyth: CMCS Publications, 2013).

8   R. Bromwich and D. Simon Evans (eds), *Culhwch and Olwen: An Edition and Study of the Oldest Arthurian Tale* (Cardiff: University of Wales Press, 1992), p. xviii (contrasting the language of *Culhwch* with that of 'later prose texts') and pp. lxxvii–lxxxiii (claiming a link with the late eleventh-century Saints' Lives).

9   On the date of *Culhwch*, see further S. Rodway, 'The Date and Authorship of *Culhwch ac Olwen*: A Reconsideration', CMCS, 49 (summer 2005), 21–44; T. M. Charles-Edwards, 'The date of *Culhwch ac Olwen*', in W. McLeod et al. (eds), *Bile ós Chrannaibh: A Festschrift for William Gillies* (Ceann Drochaid: Clann Tuirc, 2010), pp. 45–56. Rodway has defended his position against my counter-arguments in his *Dating Medieval Welsh Literature*, pp. 168–70.

10   R. L. Thomson (ed.), *Owein or Chwedyl Iarlles y Ffynnawn* (Dublin: Dublin Institute for Advanced Studies, 1968), pp. xvi–xxii.

11   D. Huws, 'Llawysgrif Hendregadredd', NLWJ, 22 (1981–2), 1–26; reprinted in D. Huws, *Medieval Welsh Manuscripts* (Cardiff: University of Wales Press, 2000), pp. 193–226.

12 E. D. Jones, in LlDC, pp. xxii–xxiv; D. Huws, *Five Ancient Books of Wales*, H. M. Chadwick Memorial Lectures, 6 (Cambridge: Department of Anglo-Saxon, Norse, and Celtic, 1995), p. 7, reprinted in Huws, *Medieval Welsh Manuscripts*, p. 70.

13 D. Huws, 'Llyfr Gwyn Rhydderch', CMCS, 21 (summer 1991), 1–37; reprinted in Huws, *Medieval Welsh Manuscripts*, pp. 227–68.

14 D. Huws, 'Leges Howelda at Canterbury', NLWJ, 19 (1975–6), 340–4, and 20 (1977–8), 95, reprinted in Huws, *Medieval Welsh Manuscripts*, pp. 169–76; T. M. Charles-Edwards, 'Relationship of the tractates in Latin Redaction A and B to those in Llyfr Iorwerth and Llyfr Cyfnerth', in D. Jenkins and Morfydd E. Owen (eds), *The Welsh Law of Women* (Cardiff: University of Wales Press, 1980), pp. 180–5.

15 PKM, pp. viii–xii.

16 T. M. Charles-Edwards, 'The textual tradition of medieval Welsh prose tales and the problem of dating', in B. Maier and S. Zimmer (eds), *150 Jahre "Mabinogion" – Deutsch-walisische Kulturbeziehungen*, Buchreihe der *Zeitschrift für celtische Philologie*, 19 (Tübingen: Max Niemeyer, 2001), pp. 23–39.

17 Sioned Davies, *Crefft y Cyfarwydd* (Caerdydd: Gwasg Prifysgol Cymru, 1996), pp. 49–51, on the way the text distances itself from oral narrative, *cyfarwyddyd* or *chwedl*.

18 Mac Cana, *Branwen Daughter of Llŷr*.

19 PKM, pp. xxxvi–xxxvii.

20 'wynt a welynt teir llong ar dec, yn dyuot o deheu Iwerdon', PKM, p. 29.

21 S. Mac Airt and G. Mac Niocaill (eds), *Annals of Ulster (to A.D. 1131)* (Dublin: Dublin Institute for Advanced Studies, 1983), s.aa. 1114.2, 1118.6, 1119.2.

22 P. Sims-Williams, 'Submission of Irish Kings'; cf. Sims-Williams, *Irish Influence*, pp. 208–29.

23 Cf. the beginning of C. O'Rahilly (ed.), *Táin Bó Cúailnge, Recension I* (Dublin: Dublin Institute for Advanced Studies, 1976), pp. 2–4 (text), pp. 126–8 (translation), the prophecies of Fedelm.

24 Sims-Williams, *Irish Influence*, pp. 250–61.

25 PKM, notes on p. 40, l. 19 (but see Bromwich's review of Mac Cana's *Branwen Daughter of Llŷr*, *Medium Aevum*, 28/3 (1959), 208–9, and W. J. Gruffydd, *Rhiannon: An Inquiry into the Origins of the First and Third Branches of the Mabinogi* (Cardiff: University of Wales Press, 1953), p. 8, for the *Llinon* as the Liffey rather than the Shannon), and p. 48, l. 8. The problem remains that the early name for the Liffey was not *Life* (which referred to the plain drained by the Liffey, otherwise *Mag Lifi*) but *Ruirthech*.

26 Some of these issues are discussed in T. M. Charles-Edwards, M. E. Owen and P. Russell (eds), *The Welsh King and his Court* (Cardiff: University of Wales Press, 2000).

27 A. Rh. Wiliam (ed.), *Llyfr Iorwerth* (Cardiff: University of Wales Press, 1960), §92, sentence 3, cf. §6, sentence 26.

28 Contrast the *penteulu* in *Peredur*: J. Gwenogvryn Evans (ed.), *The White Book Mabinogion* (Pwllheli: privately published, 1907), col. 136, l.25.

29 J. Beverley Smith, 'Dynastic Succession in Medieval Wales', BBCS, 33 (1986), 199–232.
30 *Itinerarium Kambrie*, ii.8, in J. F. Dimock (ed.), *Giraldi Cambrensis Opera*, vi, Rolls Series (London, 1868), p. 134; *Descriptio Kambrie*, ii. 4, 9, ed. in Dimock, *Giraldi Cambrensis Opera*, vi, pp. 211, 225; J. E. Lloyd, *A History of Wales from the Earliest Times to the Edwardian Conquest* (third edn, London: Longmans, Green and Co., 1939), pp. 310, 686. In defence of Gerald, it was the policy of the English Crown that Welsh royal succession should be partible, and Gerald, when he wrote those works, was a royal clerk.
31 On the later change, see T. Jones Pierce, 'Medieval Cardiganshire – a study in social origins', in his *Medieval Welsh Society: Selected Essays*, ed. J. Beverley Smith (Cardiff: University of Wales Press, 1972), pp. 318–23; for the earlier, see T. M. Charles-Edwards, *Early Irish and Welsh Kinship* (Oxford: Clarendon Press, 1993), pp. 379–80.
32 PKM, p. 50 (before the expansion of the kingdom), p. 69 (after it).
33 PKM, pp. 41–2 ('arglwyd,' heb wy, 'nyt oes it gynghor namyn un. Ni enghis ef y mywn ty eiryoet,' heb wy. 'Gwna ty,' heb wy, 'o'y anryded ef, y ganho ef a gwyr Ynys y Kedyrn yn y neillparth y'r ty, a thitheu a'th lu yn y parth arall. A doro dy urenhinaeth yn y ewyllus, a gwra idaw. Ac o enryded gwneuthur y ty,' heb wy, 'peth ny chauas eiryoet ty y ganhei yndaw, ef a tangnoueda a thi.').
34 M. T. Flanagan, *Irish Society, Anglo-Norman Settlers, Angevin Kingship: Interactions in Ireland in the Late Twelfth Century* (Oxford: Clarendon Press, 1989), pp. 204–7.
35 Sims-Williams, 'Submission of Irish Kings'; Sims-Williams, *Irish Influence*, ch. 8.
36 Sims-Williams, 'Submission of Irish Kings'; cf. Sims-Williams, *Irish Influence*, pp. 208–29.
37 W. Stubbs (ed.), *Gesta Henrici II* (formerly attributed to Benedict of Peterborough), Rolls Series (London, 1867), vol. i, p. 25.
38 S. Mac Airt (ed.), *Annals of Inisfallen* (Dublin: Dublin Institute for Advanced Studies, 1951), s.a. 1171.5 (*go nnechaid mac. Cormaic 7 mc Tairdelbaig ina theg and sin*). Gerald of Wales, *Expugnatio Hibernica: The Conquest of Ireland*, ed. A. B. Scott and F. X. Martin (Dublin: Royal Irish Academy, 1978), i.31, was more circumspect, writing that Diarmait, king of Cork, 'having given hostages, and when an annual tribute from his kingdom had been assessed, voluntarily submitted himself to the king of the English both by the bond of subjection and by an oath of fidelity' (*obsidibus datis firmiter astrictus, annuo constituto regni suo tributo, se Anglorum regi sponte submisit*). Scott and Martin translated *subiectio* in 'tam subieccionis vinculo' by 'homage' thus making Gerald agree with Howden, but the term is less specific.
39 Gerald of Wales, *Expugnatio Hibernica*, i.33.
40 Stubbs, *Gesta Henrici II*, vol. i, pp. 28–9.
41 PKM, pp. 41–2.
42 Flanagan, *Irish Society, Anglo-Norman Settlers, Angevin Kingship*, pp. 167–207.
43 D. A. Binchy (ed.), *Críth Gablach* (Dublin: Dublin Institute for Advanced Studies, 1941), l. 462.

44 J. G. O'Keeffe (ed.), 'Dál Caladbuig and Reciprocal Services between the Kings of Cashel and Various Munster States', in J. Fraser, P. Grosjean and J. G. O'Keeffe (eds), *Irish Texts*, fasc. i (London: Sheed and Ward, 1931), §§1–7, p. 19.
45 T. M. Charles-Edwards, '*Lebor na Cert* and clientship', in K. Murray (ed.), *Lebor na Cert: Reassessments*, Irish Texts Society, Subsidiary Series 25 (London: Irish Texts Society, 2013), pp. 20–31.
46 W. M. Hennessy (ed.), *Chronicum Scotorum*, Rolls Series (London, 1866), pp. 284–5. The version in the Annals of Inisfallen was changed to flatter Donnchadh mac Briain; that in the Annals of Tigernach expresses the final phrase differently but is in substantial agreement with *Chronicum Scotorum*.
47 Gerald of Wales, *Expugnatio Hibernica*, i.28.
48 A. W. Wade-Evans (ed.), *Welsh Medieval Law* (Oxford: Clarendon Press, 1909), p. 59, ll. 6–9; Wiliam, *Llyfr Iorwerth*, §93, sentence 7.
49 T. M. Charles-Edwards, *Early Christian Ireland* (Cambridge: Cambridge University Press, 2000), p. 475.
50 Or, perhaps, the structure and the food was the responsibility of the Déisi Temro, 'The vassal-peoples of Tara'.
51 Mac Airt and Mac Niocaill, *The Annals of Ulster*, s.a. 1080.6 ('*Donnsleibhe H. Eochada do dul isin Mumain co maithib Uladh lais ar cenn tuarustail*'; I have changed the translation).
52 As in *Frithfholaid Muman*, ed. in O'Keeffe, 'Dál Caladbuig', §§8, 16.
53 Breeze, 'Did a Woman Write the *Four Branches of the Mabinogi*?'; Breeze, *Medieval Welsh Literature*, pp. 69–79.
54 See Rodway, 'The Where, Who, When and Why', 48–51, for a fair assessment.
55 I. Daniel, 'The Date, Origin, and Authorship of "The Mabinogion" in the Light of *Ymborth yr Enaid*', *Journal of Celtic Studies*, 4 (2005), 117–52; for an assessment, see Rodway, 'The Where, Who, When and Why', 51–2.
56 N. Tolstoy, *The Oldest British Prose Literature: The Compilation of the Four Branches of the* Mabinogi (Lampeter: Mellen Press, 2009). See my review in EC, 38 (2012), 340–6.
57 P. Mac Cana, *The Mabinogi* (second edn, Cardiff: University of Wales Press, 1992), p. 58.
58 Brynley F. Roberts, 'Where were the Four Branches of the Mabinogi written?', in J. F. Nagy (ed.), *The Individual in Celtic Literatures* (Dublin: Four Courts Press, 2001), pp. 61–75; P. Sims-Williams, 'Clas Beuno and the Four Branches of the Mabinogi', in Maier and Zimmer (eds), *150 Jahre "Mabinogion"*, pp. 111–27.
59 Mac Cana, *Branwen Daughter of Llŷr*, pp. 183–7.
60 *Brut y Tywysogyon, or The Chronicle of the Princes: Peniarth MS. 20 Version*, trans. T. Jones (Cardiff: University of Wales Press, 1952), pp. 50, 54. The terms translated 'mediator' or 'arbitrator' by Jones are, in the Peniarth 20 version, *cyffredinwr* (s.a. 1127) and *cymeruedwr* (s.a. 1146) but, in the Red Book version, *cymrodedwr* (s.a. 1127 and s.a. 1146). On the *Brut* and the church of Llanbadarn, see D. Stephenson, 'The "Resurgence" of Powys in the Late Eleventh and Early Twelfth Centuries', *Anglo-Norman Studies*, 30 (2008), 182–95, and D.

Stephenson, 'Welsh Chroniclers' Accounts of the Mid-Twelfth Century', CMCS, 56 (winter 2008), 45–57.

61 On Simeon of Clynnog (d. 1152) see Gerald of Wales, *Libellus de Inuectionibus*, ed. W. S. Davies, *Y Cymmrodor*, 20 (1920), ii. 11, 146; J. E. Lloyd, *History of Wales* (third edn, London: Longmans, 1939), p. 469, n. 25, and P. Russell (ed.), *Vita Griffini filii Conani* (Cardiff: University of Wales Press, 2005), §35. He is called 'archdeacon of Bangor' in the letter from Bernard, bishop of St Davids, because the diocese only had a single archdeaconry. He appears to have been the most influential churchman in Gwynedd in the second quarter of the twelfth century and, no doubt, collaborated with Sulien ap Rhygyfarch's efforts to make peace.

62 Cf. T. M. Charles-Edwards, *Wales and the Britons, 350–1064* (Oxford: Oxford University Press, 2013), pp. 607–8; and, on the secular side, for the Merfynion of Gwynedd, pp. 554–5 and n. 89.

A VARIANT VERSION OF THE FOURTH BRANCH OF THE MABINOGI

Patrick Sims-Williams

Some medieval Welsh stories, such as the *Dream of Rhonabwy*, are extant in a single manuscript. When more manuscripts survive, the differences are often relatively trivial: in substance the late thirteenth-century fragments of the *Four Branches of the Mabinogi* in Peniarth 6, for example, differ little from the fourteenth-century White Book and Red Book texts. The Welsh situation differs from that seen in Ireland, where manuscripts are more plentiful. There manuscripts often preserve widely differing versions of the 'same' story (*Mesca Ulad*, for example), and sometimes explicitly record the details of 'other versions' (as in Recension I of the *Táin*) or make a literary virtue out of silently combining variant versions or 'doublets'.[1] In Wales, by contrast, one can get the impression that many stories were fixed in content, unlike, say, the Welsh laws, which survive in numerous distinct recensions.[2] But may this impression be due merely to the loss of variant versions of the stories in question?

In the absence of direct evidence, speculations about lost variant versions tend to be based on apparent narrative inconsistencies,[3] or on contradictory statements in tracts such as the Triads, or on poetic allusions. These are open to challenge. Some 'doublets' can be attributed to deliberate duplication – the feasts at Harlech *and* Gwales at the end of *Branwen*, for instance – rather than the merging of distinct variant versions.[4] Some contradictory allusions can be attributed to a faulty memory of the 'canonical' tales, and poetic licence is a further factor, because poets in all cultures slant their allusions to stories for their own rhetorical purposes.

Three law texts

Unlike the 'Mabinogion' manuscripts, some law manuscripts refer to alternative versions of tales. The following three examples occur in law texts referring to Arfon, Gwynedd.

(1) The copies of the tract on the Privileges of the Men of Arfon in Peniarth 29 (*s.* xiii med.) and BL Add. 14931 (*s.* xiii[2]) probably go back to an exemplar written at the *clas* of Llanfeuno (Clynnog) in Arfon, to judge by the special treatment given to the name *Beuno* in the colophon.[5] The tract tells how the 'Men of the North' come 'here'[6] to avenge Elidir Mwynfawr, killed at Aber Meweddus, near Clynnog.[7] Maelgwn Gwynedd's son Rhun leads the men of Gwynedd on a counter-expedition to the north, with the men of Arfon being placed in the vanguard to cross the river Gweryd, as celebrated in an *englyn* attributed to Taliesin. After saying that 'some say that it was Maeldaf Hynaf, lord of Pennardd' (Pennarth, near Clynnog) who awarded them that privilege, the tract states that Iorwerth ap Madog, 'by the authority of the tradition (*kyuaruydyt*)',[8] asserted that Idno Hen awarded it to the 'men of the black-headed shafts' (*gwyr y pyst pendu*). Since the text goes on to speak of the men of Arfon advancing in the vanguard and to list their privileges, *gwyr y pyst pendu* is presumably a poetic circumlocution for 'men of Arfon', not a reference to some subset of them, as we might hypothesize if attempting to reconcile the roles of Maeldaf and Idno. Here, then, we see a distinction being drawn between a version in which it was Maeldaf Hynaf of Pennardd who decided in favour of the men of Arfon and a variant *cyfarwyddyd*, propounded by Iorwerth ap Madog, that assigned that role to Idno Hen (whoever he was). Iorwerth ap Madog (*fl. c.*1220–40) belonged to a family of lawyers and poets based round Dinlle in Arfon and may well have been familiar with a poem on the subject, including the quoted poem by 'Taliesin', which includes the line *guir aruon rudyon eu redyeu* (var. *gwyr aruon rudyon yu rydiheu*), 'the men of Arfon, red their privileges'.[9]

(2) A less certain contradiction is apparent between the law manuscripts Peniarth 30 and 32. Peniarth 30, which may have a scribe in common with another part of Peniarth 29, has a story (no older than 1216) about the meeting on Traeth Maelgwn, at the mouth of the Dyfi, to select a Welsh overking. 'Maeldaf Hynaf, son of Unhwch Unarchen, lord of Pennardd in Arfon' gives Maelgwn Gwynedd a chair that withstands the incoming tide and this allows him to take precedence over his competitors. In return Pennardd is granted privileges.[10] A later, southern copy of the text, in Peniarth 32 (*c*.1404), refers to Maeldaf Hynaf as 'son of Unhwch Una[r]chen, lord of *Moel Esgitya6n* in Meirionydd'. Is there an incompatibility between Peniarth 30 and Peniarth 32, as has been thought?[11] Probably there is, unless some special pleading is introduced: Maeldaf, though based near Clynnog, could have had a father based in distant Meirionydd. Certainly, Unhwch Unarchen's connection with Meirionydd is confirmed by topography. The mountain between Gwanas-fawr and Brithdir, marked as *Y Foel* by the Ordnance Survey, was called *Moel Yscydion* c.1597 by Siôn Dafydd Rhys, who records that a giant called *Yscydion* lived there and was subject to Idris Gawr of Cadair Idris.[12] Below Y Foel stands Caerunwch, seat of the Vaughan family, and Robert Prys Morris (d. 1890) refers to Y Foel as 'Moel Caer Ynwch, neu Moel Esgidion'.[13] Unhwch ('lone boar') was evidently a legendary personage in Meirionydd whose name might be attached to various *caerau*: in 1183 another *Kairunhoh*, some 16 miles to the northeast, figures in the bounds of Llechwedd-figyn, on the Meirionydd/Denbigh boundary.[14] Since Unhwch's epithet *unarchen* means 'one shoe', some onomastic story presumably linked him to *Moel Esgidion*, with the latter being supposed to contain the word *esgid* 'shoe'. If we understand that Maeldaf Hynaf was lord of Pennardd in Arfon, while his father Unhwch Unarchen was lord of Moel Esgidiawn in Meirionydd, Peniarth 30 and 32, though ambiguously worded, could be reconciled. It is much more likely, however, that the text in Peniarth 32 has been altered to agree with variant (3) below.

(3) A definite contradiction can be seen in the early fourteenth-century Llanforda Manuscript (now lost). Dafydd Ysgrifennydd, its

Meirionydd scribe, after copying out the Traeth Maelgwn story, much as in Peniarth 30, added that his own patron, Iorwerth ap Llywelyn ap Tudur, was descended from 'Maelda hynaf vap Unhwch Unarchen', and had asked him to reject the 'false tradition' (*kam kyvarwydyt*) of the 'men of Arfon' (*gwyr Arvon*). He was to record that 'Mael pendevyc Pennard en Aruon' (as he calls Maeldaf Hynaf) was really the son of Menwyd ap Rhirid in the time of Iago ap Beli (meaning that he lived in the early seventh century) and was an entirely different person from Maeldaf Hynaf, the contemporary of Maelgwn (*fl.* 540) in the Traeth Maelgwn story. Instead, Maelgwn's contemporary was Dafydd Ysgrifennydd's patron's ancestor, 'Maelda hynaf vap Unhwch Unarchen', and he was the grandson of Espwys ab Espwch, who had come from Spain together with Uthr (Bendragon) and Emrys (Wledig) and had first occupied *Moel Esgidiawn* (i.e. in pre-Arthurian times).[15] This early fourteenth-century genealogy in the Llanforda Manuscript is of interest as one of the 'earliest examples of pedigrees of ordinary Welsh families claiming descent from traditional heroes'.[16] Most such texts have been lost – as was the Llanforda Manuscript itself, at some time between 1773 and *c.*1828.[17] Its interest for us is the revelation that not every *kyvarwydyt* propounded by *gwyr Arvon* was universally accepted.[18] This should not be surprising, for already in the later thirteenth century the version of *Llyfr Iorwerth* owned by Anian II, bishop of St Asaph 1268–93, showed 'a consistent hostility, or at least studied lack of interest, in the name of Iorwerth ap Madog'.[19] Even within Arfon there was a disagreement over the correct *cyfarwyddyd* relating to Maeldaf Hynaf and Idno Hen (see (1) above).

In search of variant versions of *Math*

I argued in 1999, with particular reference to *Branwen* and *Math*, that 'Clynnog was the centre at which much of the materials behind the Four Branches, *Englynion y Beddau*, and *Buchedd Beuno* were redacted'.[20] Meinir Elin Harris took this further by asking whether the above-mentioned Iorwerth ap Madog, or one of his family of poets and lawyers, could have played a part in the redaction of the Four

Branches, which are often strongly legalistic.[21] While unprovable, this is a valuable suggestion to be kept in mind. It recalls J. E. Lloyd's surmise that their date of composition 'cannot be moved far' from the age of Llywelyn ab Iorwerth (*c*.1194–1240).[22] Detailed knowledge of episodes in *Math* is already shown in the poems *Kadeir Kerrituen* and *Marwnat Dylan Eil Ton*, possibly composed, as argued by Marged Haycock, by Prydydd y Moch (*fl.* 1175–1220), a poet well informed about Arfon traditions.[23] Nothing in the language of the extant text of *Math* suggests an earlier date.[24]

Many allusions to characters in *Math* have been collected and discussed by W. J. Gruffydd and Ian Hughes in their editions. Most of them do not contradict so much as supplement the extant story. For example, a fifteenth-century(?) *cywydd* on the owl supplies the information, lacking in *Math*, that Gwydion transformed Blodeuwedd 'on the Conwy'. Since Llyn Conwy, the source of the Conwy, is very close to Llyn y Morynion, the eponymous lake where, *Math* implies, Blodeuwedd's maidens (*morynyon*) drowned, the poet's *ar Gonwy* cannot be claimed to reveal a variant version of *Math*.[25] It just adds a detail. By contrast, a clear discrepancy between *Math* and some external allusions concerns the role of Aranrhod.[26] Before looking at these, it is worth noting some internal peculiarities in *Math* that already suggest the existence of lost variant versions.

Discrepancies and anomalies in the extant text of *Math*

Owing, we presume, to a *geis*,[27] Math 'could not live' (*ny bydei uyw*) unless his feet were 'in a virgin's lap' (*ymlyc croth morwyn*), except in time of war.[28] Her peculiar role corresponds to that of the (male) 'footholder' (*troediog*) in the Welsh laws (was it included in *Math* by a lawyer like Iorwerth ap Madog?). The virgin in the extant tale is not Aranrhod (see below) but Goewin, daughter of Pebin of Dôl Bebin in Arfon – a Clynnog estate.[29] In order to gain access to Goewin, Gilfaethwy ap Dôn and Gwydion ap Dôn, Math's nephews (his sister's sons),[30] conspire to provoke an invasion from Dyfed, led by Pryderi.

This emergency forces Math to leave his court and make a stand with Gilfaethwy and Gwydion at Pennardd in Arfon. Then Gilfaethwy and Gwydion double back to the court, where Goewin is raped by Gilfaethwy, and possibly by Gwydion as well – Goewin's words are ambiguous on that point.[31] When Math returns from the war, he takes his revenge both on Gilfaethwy (as commemorated in an *englyn*) and on Gwydion, and offers to marry Goewin. As well as being the only brother to have an *englyn*, Gilfaethwy is the first to be dealt with in Math's judgement against the brothers, as if the main culprit.

So far Aranrhod has not appeared. But after what some readers regard as an illogical lapse of three years[32] – no footholder having been mentioned since Goewin – Math realizes that he needs a replacement virgin. He offers the role to his niece, Aranrhod ferch Dôn, on the recommendation of her brother, Gwydion. Aranrhod fails a virginity test conducted by Math. This involves stepping over his magic wand. Presumably her pregnancy was invisible and Gwydion was either unaware of it when he recommended her or had not anticipated the virginity test, although we cannot entirely rule out the possibility that he (or, less likely, Math) wished to humiliate her, for some unrevealed motive.

As she steps over Math's wand, Aranrhod gives premature(?) birth to Dylan, who takes on the nature of the sea and disappears into it – a sort of ersatz amniotic fluid. He will later be eliminated by his uncle, Gofannon ap Dôn (as told more fully in *Marwnat Dylan* in the Book of Taliesin). Aranrhod then lets fall an additional 'sort of small something', which Gwydion wraps in a mantle and conceals in a chest. This twin is the future Lleu Llawgyffes, presumably an embryo or premature baby.[33] While Lleu is incubating in Gwydion's chest, Aranrhod retreats to the fastness of Caer Aranrhod (today an islet off the Arfon coast), possibly hoping or assuming that no evidence of the failed virginity test has survived. She remains in denial and, by uttering a curse that prevents Lleu getting a name, ensures that he has only the legal status of a foetus (according to the rules of *Llyfr Iorwerth*).[34] Math takes action neither on her behalf, as he should if she were the victim of rape (and had done so decisively in the case of

Goewin), nor against her, as he should if she had allowed herself to become pregnant and then evaded her obligations to her child – and to Math himself, assuming that he is the lord entitled to her maiden-fee (but perhaps her realm, now reduced to an islet, was independent of Gwynedd before the sea-level rose?).[35]

The text draws a veil over the parentage of Aranrhod's offspring, allowing modern critics to have a field day. Most have argued or assumed that Gwydion or Gilfaethwy (or both) fathered the twins incestuously on their sister, but R. M. Jones concluded that 'we have no evidence that Gilfaethwy (or anyone else, for that matter) was the father of Dylan and Lleu'.[36] According to Loth and Ford, Aranrhod may have had a virgin birth, a common enough motif in folklore and Celtic hagiography,[37] while Dalton, among others, sees Gwydion as Lleu's non-biological surrogate father.[38] Other critics have floated (without all endorsing) the notion that Aranrhod was not even pregnant until she stepped over Math's supposedly phallic magic wand which simultaneously impregnated her and induced the two births, making Math himself, for some obscure motive, the de facto progenitor of his niece's children.[39] This is supposed to explain why it is Math who undertakes the paternal duty of giving Dylan a name.[40] This argument overlooks the fact that, in the world of the Four Branches, a child may be named by an authority figure such as Pendaran Dyfed in the First Branch, who names Pryderi and becomes his foster-father – much as the druid Cathbad names Cú Chulainn in the *Táin* and becomes his *popa*.[41] The argument also makes it difficult to explain why Math (unless the father of Dylan alone) never attempts to name Lleu. That task is left to Gwydion, who refers to Lleu, his sister's child, not as his son, but as his nephew.[42]

Gwydion nurtures the 'something' – the future Lleu – and presents the grown boy (*mab*) to the shamefaced Aranrhod as her son (*mab*). Aranrhod asks Gwydion 'Pwy enw dy uab dy?' Throughout the passage *mab* seems deliberately ambiguous.[43] A possible meaning is 'What's the name of your boy?', that is, 'the boy you've got with you' or 'the boy we're talking about' (compare Irish English, 'Who's your man?').[44] But if, as is generally assumed, she means 'What is your son's name', that is not an admission of incest with Gwydion: she may not know that the 'something' she dropped was viable and has grown into the boy before her. She may be presuming that the unknown boy is Gwydion's son by some other woman – or is his adopted son.[45] Aranrhod does not ask 'What is *our* son's name?', and neither does Gwydion ever refer to him as '*our* son'. Normally, of course, while a child's paternity might be disputed, the identity of its mother would be well known;[46] the author may delight in having Aranrhod reverse the normal role of the sexes, as he did earlier in supplying Math with a female footholder.

In his account of Gwydion's relationship with Lleu, the narrator almost invariably calls him 'the boy' (*y mab*), and only twice is he 'his son' (*y uab*).[47] Unless the mutation after *y* is a scribal error, these two references may hint at incest between Gwydion and Aranrhod, but it is difficult to be sure, since Gwydion could be his fictive rather than biological father. Whichever is the case, Gwydion probably counts as Lleu's legal father according to the rules of *Llyfr Iorwerth*, since he has behaved like a father to him for more than a year and a day and has paid for him to be nursed.[48] 'In the light of this, it is not totally necessary to suggest any incestuous relationship between Gwydion and Aranrhod.'[49]

The 'text's lack of interest in paternity', it has been claimed, 'links it to matrilineal societies' and '[t]he critical preoccupation with paternity finds no counterpart in the text itself, which shows no interest in establishing Lleu's paternity.'[50] This claim is unconvincing. Living in a patriarchal society obsessed with paternity, the author is as fascinated as the modern critics with Lleu's biological parentage, but exercises great ingenuity in *not* establishing it clearly, tantalizing and provoking his audience, throwing it off the scent with ambiguities and loopholes of one sort or another. This is an aspect of the story where the hand of a lawyer may be suspected.

The most likely reason for such prevarication, as Ifor Williams saw, was to avoid any definite admission that Lleu was the result of brother-sister incest.[51] Incest had been a common enough theme in earlier Celtic saga and even hagiography, but it was also a possible source of embarassment.⁵² It may well be that an earlier version of the story involved incest between Aranrhod and one (or two) of her brothers, as already supposed by W. J. Gruffydd and Ifor Williams, and that the final author, feeling unable categorically to override a well-known tradition, devoted his great talents to glossing it over. That Lleu was supposed to be the son of Gwydion may be indicated by a very garbled pedigree in BL Harley 3859 (*c*.1100), probably copied from a much older St Davids source, which includes *Lou Hen map Guidgen*. *Lou* is the correct Old Welsh form of *Lleu* and probably refers to him, given the great rarity of the name. It may be that the genealogy mistakenly substituted the patronymic *Guidgen* (later spelt *Gwyddien*) for the very similar *Gwydion* or vice versa.⁵³ Lleu's parentage may have been an ancient part of the tradition that was difficult to circumvent.

The above explanation of the text's (feigned) 'lack of interest in paternity' chimes in with the form-criticism of the extant text. W. J. Gruffydd aptly described Goewin as 'one of the *cul-de-sac* characters in which the Mabinogion abound' and suggested that Aranrhod originally played the role occupied by Goewin. Similarly, Ian Hughes notes that 'Goewin (and Gilfaethwy for that matter) disappears from the text at the point when Aranrhod appears', and suggests that 'the final author of the text created Goewin as Math's foot-maiden because he wanted to avoid the discussion of incest between brother(s) and sister in such an obvious and open way in his text'.⁵⁴ This plausible suggestion is supported by the absence of Goewin from all other Welsh sources. In her place, we find Aranrhod as Math's companion, to such an extent that we can regard that as the main tradition and the Goewin story as a minor variant.

Aranrhod's role in two variant versions

(A) The 'Llywelyn ab Iorwerth Genealogies'

Lleu, Dylan and Blodeuwedd are named as the children of Math ap Mathonwy, with Aranrhod ferch Dôn listed as their mother, in the *Plant Math ap Mathonwy* section of the 'Llywelyn ab Iorwerth

Genealogies'. This compilation was probably produced at Aberconwy Abbey between 1216 and *c*.1223.[55] Despite its early date compared to the manuscripts of the *Four Branches*, it has rarely been given sufficient weight, probably because it is only extant in late copies.[56]

In *Plant Math* the relationship between Math, Aranrhod and their sons Lleu and Dylan is unequivocal. Since (according to the Fourth Branch) Lleu was Math's successor in Gwynedd and was given territory by Math himself, the genealogists of Llywelyn ab Iorwerth's reign, assuming they knew the Fourth Branch, may well have been anxious to legitimize Lleu's patrilineage, and this may be the main point of *Plant Math*. The preceding section, *Plant Dôn o Arfon*, will also have been of relevance to them since its *Digant* ap Dôn was supposed to be the eponym of Llywelyn ab Iorwerth's court at Degannwy, described *c*.1175–90 by Prydydd y Moch as 'llys Dygant uab Don'.[57] In earlier times, as in Ireland, incestuous births may have been ascribed to the founders of Welsh dynasties, as they were to Welsh saints (St Faustus and St Dyfrig),[58] but by Llywelyn ab Iorwerth's time, with critics like Gerald of Wales hurling accusations of 'incest' at the Irish and Welsh, they would have become an embarrassment.[59]

An odd feature of *Plant Math* is that Aranrhod is counted as the mother, not only of Lleu and Dylan, but also of Lleu's wife Blodeuwedd (magically created by Math and Gwydion in the Fourth Branch). Possibly Aranrhod's inclusion in *Plant Math* is an accretion (after all, she was *not* Blodeuwedd's mother), and the original purpose was simply to list Math's children and to make it clear that he was Lleu's true father, avoiding any suspicion of fraternal incest. In the text of *Plant Math* as we have it, however, Math and Aranrhod look like a normal king and queen and Lleu looks like their legitimate heir.

The fact that *Plant Math* lists Lleu and Blodeuwedd (his wife in the Fourth Branch) as brother and sister has been seen as incestuous.[60] They were not related by blood, however, and could not be, for Math and Gwydion had created Blodeuwedd by magic. Though not Lleu's sister or half-sister by blood, Blodeuwedd was thus a quasi-child of Math, though not of Aranrhod, unless by adoption.[61] Her (quasi-) paternity is confirmed by the *cywydd* to the owl mentioned earlier. In it Blodeuwedd describes herself as *merch i arglwydd ... o Fôn* ('daughter of a lord from Anglesey').[62] Of course Math was *arglwydd* of all Gwynedd in *Math*, but Anglesey might be specified by metonymy or poetic licence, just as Arfon is by Dafydd ap Gwilym when he refers to Math as 'king of Arfon beside the ramparts of Anglesey' (*ger muroedd Môn ... rhi Arfon*).[63]

Only for readers of the extant Four Branches, where Aranrhod is Math's niece (his sister's daughter), is *Plant Math* troublingly incestuous. This relationship is not apparent in the 'Llywelyn ab Iorwerth Genealogies', however. Although *Plant Dôn* and *Plant Math ap Mathonwy* are two adjacent entries, nothing is said about the spouses or parentage of either Dôn or Mathonwy; consequently, no blood relationship between Aranrhod daughter of Dôn and Math son of Mathonwy is apparent.[64]

(B) Lewys Môn on Aranrhod

Lewys Môn (*c*.1500), who was well informed about Caer Aranrhod and other Arfon traditions,[65] regards Ar(i)anrhod as Math's bedfellow in a poem he addressed to another man's wife:

> Mae 'nghwyn am forwyn yn fwy
> na Math Hen fab Mathonwy.
> Braich un ddi-wair, brechwen, ddoeth,
> fu'i obennydd ef beunoeth:
> Arianrhod, – ni bu'r unrhyw –
> ni byddai Fath hebddi fyw.

My grief for a maiden is greater than [that of] Math the Old son of Mathonwy. The arm of a chaste, fair-freckled, wise one was his pillow every night: Arianrhod – there was none like her – Math could not be alive without her.[66]

Here *ni byddai ... fyw* agrees verbally with the Fourth Branch, and the epithet of *Math Hen*, 'Math *the Old*', agrees with the first poem in the Book of Taliesin.[67] (Compare also *Lou Hen* in the Old Welsh genealogy cited above.) For Lewys Môn, Aranrhod is Math's bedfellow, not his footholder. The nature of Math's 'grief' or 'complaint' is unclear. Perhaps Aranrhod was taken from him by a younger man such as Gilfaethwy or Gwydion? Such an explanation would also explain a fifteenth-century *cywydd* (sometimes attributed to Tudur Aled) in which the poet likens a jealously guarded married woman whom he desires to Aranrhod.[68] Clearly Aranrhod, in both poems, is closely guarded by Math, just as Goewin is in *Math*. She plays a similar role to Goewin, who is never mentioned by the poets.[69]

In a copy of the 'Tudur Aled' *cywydd* in Bangor, Gwyneddon MS 3 (*c*.1600) a marginal note in a later italic hand identifies her as Math's mistress rather than his wife: 'Arianrhod oedd gariadferch i Fathon fab Mathonwy, hen frenin Gwynedd'.[70] The form *Mathon*, a corruption of Irish *Mathghamhain*, suggests some connection between the note and Clynnog; it reappears in a pedigree from Prysgyni, Clynnog, owing to the supposition that Gruffudd ap Cynan's uncle *Mathgawyn* took part in the battle of Bron yr Erw there.[71]

These poetic references support the idea that originally Aranrhod, rather than failing the virginity test as in *Math*, played the role similar to Goewin's in *Math*: as Math's jealously guarded, virginal bed-fellow and unwilling(?) lover of Gilfaethwy and/or Gwydion – her own brothers. It is perhaps significant that *Kadeir Kerrituen* in the Book of Taliesin, which refers to various episodes paralleled in *Math*, says nothing about Goewin, but mentions the beautiful Aranrhod's distress as the worse disgrace in the land of the Britons.[72]

Aranrhod and Abisag

Unlike Goewin, Aranrhod was not, it seems, Math's *troediog*. Instead, according to Lewys Môn, she shared his bed every night, thereby keeping him alive. W. J. Gruffudd, citing only a communication from Sir James Frazer, states that it was once common 'to suggest that the account of the foot-holder in *Math* has been coloured by the scriptural story' in I Kings 1.1–4 (III Kings in the Vulgate), where a search is made for a beautiful virgin to be brought to lie in the bosom of the ailing king David, 'that the lord my king may get heat'; Abisag (Abishag) is found and sleeps alongside David, 'but the king knew her not'.[73] Lewys Môn's account of Aranrhod is even closer to the biblical story than *Math* is: the foot-holding is absent from both, and Lewys's Aranrhod is, as Gruffydd says, 'something like Abishag in the Jewish story of King David'.[74] Very like, in fact.

While Gruffydd did not rule out the possibility that '*Math* has been coloured by the scriptural story', he thought a Welsh 'survival' of a 'primitive ritual' an equally possible explanation. But his only anthropological parallel for such a ritual is vague and inexact.[75] Moreover, the biblical parallel extends beyond the four verses cited by Gruffydd. King David's nephew (sister's son) Joab – the king's long-serving 'fixer' and general, comparable to King Math's nephew (sister's son) Gwydion – helps his cousin Adonias to usurp David's throne while the king is laid up with Abisag; later, when Adonias tries to marry Abisag, Solomon, David's preferred heir, punishes Adonias and Joab. Note, furthermore, that the finding of the virgin for King David occurs at the very start of the relevant book of the Bible and is the mainspring for what follows, just as Math's need for a virgin initiates the Fourth Branch.

Considering that the Bible was a readily available influence on medieval storytellers, we may ask: is the biblical story more than an analogue and actually an inspiration behind the story of Math and Aranrhod in the arguably older version to which Lewys Môn refers?

Old and Middle English scholars' rash attempts in the 1960s to find biblical and patristic influences everywhere make one cautious about admitting biblical influences.[76] Sometimes positing them seems unavoidable, however. An example at the end of the Second Branch is the promiscuity in the Irish cave, surely influenced by the sensational story of Lot and his daughters in the cave in Genesis 19.[77] Similarly, the colourful story of David, Abisag and Joab in I Kings should be regarded as a probable inspiration behind the beginning of *Math*.

Fig. 2 *Abisag is brought to King David: Bohun Psalter*, BL Egerton 3277 (s. xiv$_2$), f. 78r

In response to the question, 'What has David to do with Arfon?', one can point to the many thoroughly secular allusions to the historical books of the Bible in the mid-twelfth-century *Life* of Gruffudd ap Cynan, which may indeed be connected with Clynnog in some way.[78] For example, when a youth from Arfon runs to Gruffudd with good news and claims a concubine as his reward, its author is reminded of the youth who brought news of Saul's death to King David in II Samuel 1.[79] Medieval Celtic authors did not compartmentalize Old Testament stories and their native stories. We can see that already in the ninth century in the way in which David's adventures are retold in the Old Irish Milan glosses.[80]

Acceptance of the biblical influence on the Welsh story suggests the following reconstruction of the original narrative, before the final author replaced Math's bedfellow, Aranrhod daughter of Dôn, with the footholder Goewin daughter of Bebin, in order to play down the incestuous aspect of Gilfaethwy ap Dôn's assault:

> Except in time of war, Math the Old, king of Gwynedd, cannot live unless he sleeps with his head on the arm of a virgin, his niece Aranrhod daughter of Dôn. His nephew (his sister's son) Gilfaethwy ap Dôn is lovesick with desire for Aranrhod.[81] To help him, another of Math's nephews, Gwydion ap Dôn, Math's 'fixer' and general, treacherously provokes an invasion from Dyfed, led by Pryderi. Once Math has left the court to fight the invaders, Gwydion arranges for Gilfaethwy (and possibly himself) to sleep with Aranrhod. On his return to court, Math punishes Gilfaethwy (and possibly Gwydion) with a suitably unnatural punishment, commemorated by an *englyn* in the case of Gilfaethwy. Aranrhod bears twin sons: Dylan, who will be slain by his uncle Gofannon ap Dôn, and Lleu. Eventually Lleu succeeds Math, who apparently has no sons of his own.

The above reconstruction is very similar to Ian Hughes's reconstruction, made without reference to the biblical story on the basis of the internal contradictions in *Math* and the allusions by the poets, notably Lewys Môn.[82] Accepting the biblical 'parallel' as a 'source' provides further support. And yet further support comes from a previously unnoticed direction.

A new variant version of *Math*

Quotations by Lewis Morris and William Owen-Pughe, both in print but little known, allude to a variant version of *Math* in which Aranrhod is Math's bedfellow (not footholder) and Gilfaethwy (or rather *Cynhaethwy*) is her assailant. In this version Pryderi dies in Arfon rather than further south in Ardudwy (as in *Math*).

That this unnoticed variant version has some authority is immediately suggested by what it has to tell us about Gwrgi (Gwrgi Gwastra in *Math*[83]), another of the '*cul-de-sac* characters' who appear and disappear from the Four Branches without explanation.[84]

In *Math*, Pryderi and the men of Dyfed suffer two defeats at the hands of Math and his men in Arfon, first somewhere between Pennardd in Clynnog and Coed Alun near Caernarfon, and then at Nant Call, near Pant Glas in Clynnog. They retreat south to Dolbenmaen in Eifionydd. There Pryderi asks for a truce and gives twenty-four noblemen's sons as hostages, of whom only Gwrgi Gwastra is named. When the armies reach Y Felenrhyd in Ardudwy, the footsoldiery (*pedyt*) start fighting each other. Gwydion and Pryderi agree to settle matters between themselves by single combat, 'and Pryderi was slain, and was buried in Maentwrog, above the Felenrhyd, and there his grave is' (*a Phryderi a las, ac yn y Maen Tyuyawc, uch y Uelen Ryd y cladwyt, ac yno y may y ued*). The grieving men of Dyfed set out southwards, while Gwydion and the men of Gwynedd return north. Gwydion advises Math to release 'their nobleman' (*eu dylyedauc*), presumably Gwrgi, to the men of the south, and 'that youth' (*y guas hwnnw*) and the other hostages are released to follow the men of the south.[85] Gwrgi Gwastra's cameo appearance is so brief as to be pointless in the extant plot; he is not even named when he leaves for the south, and nothing more is said of him. It is difficult to see why he is mentioned unless he was once a well-known character in a fuller version of the story. This is provided by Lewis Morris and William Owen-Pughe.

In his *Celtic Remains* (1757), in an entry for the name *Pryderi*, Lewis Morris refers to 'Tr[iad] 30' and a line by 'D[afydd ap] G[wilym]' about *tir Pryderi* and then quotes a phrase – 'When Pryderi was killed in Arfon and Gwrgi in Gwanas' – in which Pryderi and Gwrgi must surely be our Pryderi and Gwrgi Gwastra, despite Lewis Morris, who inserts 'perhaps Peredur' under *ladded Pryderi*:

> Tir Pryderi in Bro Gadell
> D. G.
> pan ladded Pryderi yn Arfon. See fol. 39
> a Gwrgi yn Ngwanas. MS. D. Jones.[86]

'D. Jones' is further cited for various other characters and also s.n. *Rhiwddolion*, a place in Betws-y-coed: 'Here is a stone called Carreg yr Ysgrifen, with these letters, as D. Jo. says, LIJZ'.[87] On the identity of 'D. Jones' see below.

In 'MS. D. Jones' Pryderi's death occurs in Arfon, not near Maentwrog in Ardudwy, and the additional information is supplied that Gwrgi died at Gwanas, in Meirionydd – perhaps on the retreat southwards. At the foot of the page (BL Add. 14911, f. 71r) Lewis Morris asks 'See wh. killd in the battle at Gwanas.' and himself provides the answer: 'See Beddau hirion',[88] meaning *Englynion y Beddau* in the Black Book of Carmarthen (*c*.1250), which he cites under *Gwanas*:

> Gwanas, a place in Meirion.
>   Here <one> Gwrgi was slain D.J.
>   See Engl. y beddau.
>   y beddau hirion yngwanas.[89]

Gwrgi's grave is mentioned in one of the three *englynion* on the *betau hir yg Guanas*:

Bet Gurgi gvychit a Guindodit lev.	The grave of Gwrgi the brave, and Venedotian hero
a bet Llaur lluouit.	and the grave of Llawr, army-oppressor:
yg guarthaw Guanas <guyr> yssit.	at the top of Gwanas there are <warriors>.[90]

This is not very clear, except that Gwrgi and others are said to be buried at Gwanas. If Gwrgi of Dyfed is himself the 'Venedotian hero', it may be because of his exploits in Gwynedd, rather than his origin there – rather as Major-General Gordon was called 'Chinese Gordon' and 'hero of Khartoum'. Or was there a version of his story in which he defected to the other side, as Fergus does in the Ulster Cycle?

Further light on Lewis Morris's material from 'D. Jones' is cast by an unnoticed quotation by William Owen-Pughe in his *Dictionary* in 1794, s.v. *cysgu*. Such a gratuitously long quotation for such a common word as *cysgu* suggests that Pughe was interested in the passage and was looking for an excuse to get it into print somehow or other:

> Arianrod, cariad Math ab Mathonwy, brenin Gwynez, yr hwn ni çysgai un noswaith ond a'i ben ar ei braiç hi, Cynhaethwy ai siomoez am dani, pan las Pryderi brenin Dyved yn Arvon, a Gwrgi a'i wyr y' Ngwanas.

> Arianrod, the mistress of Math, the son of Mathonwy, king of Gwynez, he that would not *sleep* one night but with his head on her arm, Cynhaethwy cheated him of her, when he slew [*sic*! *recte* 'when was slain'] Pryderi king of Dyved, in Arvon, and Gwrgi and his men in Gwanas. *Mabinogion*.[91]

This appears to be from the same source as *Pan ladded Pryderi yn Arfon a Gwrgi yn Ngwanas* in *Celtic Remains*, the main difference in this phrase being *las* (as in *Math*) rather than *ladded*. Pughe's mistranslation of *pan las* as 'when he slew' may be a momentary lapse since in the *Dictionary* s.v. *llas* he correctly has 'Was slain, were slain; often used for *llazwyd*'.[92] In labelling the passage '*Mabinogion*', Pughe may simply mean that it comes from ancient lore, not from what we call the *Mabinogion*.[93]

Unfortunately, although Pughe himself worked on the text of the Four Branches, including *Math*, at various periods, he never again seems to refer to the above variant version.[94] Fortunately, however, its source survives.

The only one of the many copies of Lewys Môn's *cywydd* to include scholia is BL Add. 14866, an anthology compiled in 1586–7 by David Johns (or Jones), vicar of Llanfair Dyffryn Clwyd, in order to enlighten a classically educated friend about native Welsh lore.[95] At f. 115v, David Johns provides the following scholia to lines 2 and 5: '[Ma]th ap [Mat]honwy [hen] frenin [gynt] ar Wynedd' and '[Aria]nrhod i [gari]adferch'. The letters in square brackets, cut off by a mid-eighteenth-century binder, can be restored from a transcript in Cardiff, Central Library, MS 2.40, p. 133, made *c*.1714 by John Morgan of Matching.[96] Johns continues:

> [gilf]aethwy ap [dôn] ai siomodd am [dani,] pan las [pryd]eri brenin [Dyfe]d.yn arfon. a [gwr]gi ai wyr [yng]wanas. Storiae kym[reig] ydynt.

Between 1744 and 1755 Lewis Morris acquired BL Add. 14866 from John Morgan's brother, and made the following attempt to transcribe the already trimmed scholia (heavy lettering *sic*):

> Math ap Mathonwy oedd frenin ar wynedd.
>   arianrhod ei gariadferch. –
>
> **Cynh**aethwy ap ... ai siomodd am **dani** pan las **Pry**
> **d**eri brenin **Dyf**ed yn Arfon a **Gwr** gi ai wyr
> **yng**wanas.[97]

While Pughe's *Cynhaethwy* may have been inspired by Lewis Morris's restoration, it is equally possible that it is an independent guess, since it was the most common name in *-aethwy*.[98] In any case, he evidently consulted Lewys Môn's *cywydd* as well, and the obvious place to find that together with the scholia was in David Johns's book, BL Add. 14866.

Taking Lewys Môn together with the scholia, we seem to have a more primitive version of the story of Math and Aranrhod:

1. Math sleeps with his head on her arm, as in Lewys Môn's poem; she is not his footholder. Her role is similar to that of Abisag.

2. Pryderi's death occurs in Arfon rather than in Ardudwy as in *Math*. In fact there is already a hint in *Math* that the Arfon location was known to its author(s) and was suppressed. Just before Pryderi's death, the peculiar reference to the footsoldiery (*pedyt*) fighting each other is, according to Gruffydd, a submerged onomastic story referring to a *Rhyd y pedestr* ('the ford of the infantry') in Llandwrog in Arfon, near Morfa Dinlle.[99] Colin Gresham, on the other hand, connected *Math*'s reference to *pedyt* with a landholding (*gafael*) called *Gauell y Pedestr̄* in the parish of Llanfihangel-y-traethau, close to Y Felenrhyd and Maentwrog.[100] This suggests the possibility that a version of the story in which Pryderi was slain in Arfon near *Rhyd y pedestr* in Llan*dwrog*, was altered, by someone who knew about *Gauell y Pedestr̄*, so as to include a long itinerary southwards through Clynnog – past two ancient Clynnog estates, by the way[101] – towards Maen*twrog*. (Twrog, the eponym both of Llandwrog and of Maentwrog, was regarded as St Beuno's disciple and as the scribe of the lost 'Book of St Beuno' at Clynnog;[102] the recurrence of his name in the two places may have aided the emergence of variant versions of *Math*.) In the seventh stanza of *Englynion y Beddau*, Pryderi's grave is at 'aber Gwenoli'. While Gwenoli could be the name of some unidentified stream near Maentwrog, it is equally possible that it was in Arfon. The other grave in the seventh stanza, that of Gwallawg Hir, a hero associated with Gwynedd,[103] is at Carrog 'where the waves buffet the land', and for this Carrog the best candidates are the estuary of the Afon Wen (formerly the *Karroc*) in Eifionydd and *Aberkarroc iuxta Morua Dinlleu* in Arfon, close to Rhyd y Pedestr.[104]

3. In the new version, instead of returning peacefully to the south, Gwrgi 'and his men' are slain at Gwanas. Did Gilfaethwy pursue them there as they retreated, instead of going on a circuit of Gwynedd with Gwydion as he does in *Math*?

4. Gwydion is absent from the new version, which may agree with the odd fact that he is also missing from the possibly early *englyn* on 'The Three Sons of Gilfaethwy the Deceitful', quoted in *Math*.[105]

Of course, it is impossible to say that every detail reported by David Johns is older than the version in *Math*, but it is certainly significant that Gwrgi's death at Gwanas is already mentioned in *Englynion y Beddau*, which cannot be any later than the mid-thirteenth-century Black Book of Carmarthen. Admittedly, David Johns could have noticed the names Gwrgi and Gwanas in *Englynion y Beddau*[106] and decided to equate their Gwrgi with the Gwrgi in *Math* (supposing he knew *Math*). His task in BL Add. 14866, however, was not to invent new lore but to enlighten his friend about existing Welsh poems and stories ('Storiae kym[reig]'). As a native of the Tywyn region of Meirionydd, he was in a good position to have heard the traditions of Gwanas, some fifteen miles away.[107] He was proud that poets (including Tudur Aled) had sung to his great-grandfather Hywel ap Siencyn (d. 1494), as they did to Hywel's brother, Wiliam ap Siencyn of Dolgellau as well.[108] Poets still sang to David Johns's uncle, 'Sir' Arthur ap Huw, who was vicar of Tywyn and then vicar of Llanfair Dyffryn Clwyd, the living to which Johns succeeded in 1573.[109] He was steeped in Meirionydd traditions.

Conclusion

Lewys Môn's allusion and David Johns's scholia may reflect a summary of a much earlier narrative of the sort already postulated on the basis of internal contradictions in *Math* and the Abisag parallel. Brief though it is, their story cannot be reconciled with that in *Math*. It seems to tell a genuine variant version of *Math* which, at least in part, is older than the Black Book of Carmarthen.

I have argued already that the version underlying *Math* emanates from Arfon, and perhaps specifically from Clynnog. The legal literati of Arfon might well be more interested in inserting a *troediog* and including Pennardd and the other places near Clynnog than in exploring the fate of Gwrgi once he left Arfon and Eifionydd for the south. By contrast, the sort of people who might be preoccupied with Gwrgi and his death at Gwanas in Meirionydd are the early fourteenth-century scribe Dafydd Ysgrifennydd and his patron, Iorwerth ap Llywelyn ap Tudur, who claimed descent from Unhwch Unarchen of Caerunwch, near Gwanas. As discussed above, they did not hesitate to reject the *kam kyvarwydyt* of the 'men of Arfon', who had presumed to substitute 'Mael Pendevyc Pennard en Aruon' for 'Maelda henaf ab Unhwch Unarchen', the grandson of a contemporary of Uthr Bendragon. Iorwerth even required Dafydd to commit his objection to writing. Iorwerth's descendants continued to rejoice in their lineage in the fifteenth century, to judge by Lewys Glyn Cothi's description of one of them as 'the Uthr Bendragon of Meirionydd'.[110]

Iorwerth ap Llywelyn could have been equally anxious to record an 'authentic', unbowdlerized version of *Math*, one that referred to Gwrgi, Gwanas and Aranrhod, and this could have been handed down in the family. But just as Iorwerth's law text (the Llanforda Manuscript) was lost between 1773 and *c*.1828, so any hypothetical Meirionydd version of *Math* may have disappeared for good. The Black Book of Carmarthen and David Johns in 1586–7 may have preserved the only trace of it.

Notes

1 Daniel F. Melia, 'Parallel Versions of "The Boyhood Deeds of Cuchulainn"', *Forum for Modern Language Studies*, 10/3 (1974), 211–26; Gregory Toner, 'Authority, Verse and the Transmission of *Senchas*', *Ériu*, 55 (2005), 59–84 (70–1); Ralph O'Connor, 'Compilation as Creative Artistry: A Reassessment of "Narrative Inconsistency" in *Togail Bruidne Da Derga*', CMCS, 65 (summer 2013), 1–48; cf. R. M. Jones, 'Narrative structure in medieval Welsh prose

tales', in C. W. Sullivan (ed.), *The Mabinogi: A Book of Essays* (New York: Garland Press, 1996), pp. 217–62 (p. 233).

2   Cf. T. M. Charles-Edwards, 'The textual tradition of medieval Welsh prose tales and the problem of dating', in B. Maier and S. Zimmer (eds), *150 Jahre "Mabinogion" – Deutsch-walisische Kulturbeziehungen*, Buchreihe der *Zeitschrift für celtische Philologie*, 19 (Tübingen: Max Niemeyer, 2001), pp. 23–39. A rare comment on a discrepancy between Geoffrey of Monmouth and 'the poets' is quoted by Ben Guy, *Medieval Welsh Genealogy* (Woodbridge: Boydell and Brewer, 2020), pp. 244–5.

3   W. J. Gruffydd, *Math vab Mathonwy* (Cardiff: University of Wales Press, 1928); W. J. Gruffydd, *Rhiannon* (Cardiff: University of Wales Press, 1953); Kenneth Hurlstone Jackson, *The International Popular Tale and Early Welsh Tradition* (Cardiff: University of Wales Press, 1961). Cf. Ned Sturzer, 'Inconsistencies and Infelicities in the Welsh Tales: Their Implications', SC, 37 (2003), 127–42.

4   Cf. Jones, 'Narrative structure', p. 229.

5   Patrick Sims-Williams (ed.), *Buchedd Beuno* (Dublin: Dublin Institute for Advanced Studies, 2018), p. 6. Cf. Daniel Huws, in RepWM, vol. I, p. 347; T. M. Charles-Edwards, 'The textual tradition of Llyfr Iorwerth revisited, or why both J. Gwenogvryn Evans and Daniel Huws may be right', in Sara Elin Roberts et al. (eds), *Cyfarwydd Mewn Cyfraith: Studies in Honour of Morfydd E. Owen* (Bangor: The Welsh Legal History Society, 2022), pp. 21–45 (pp. 40–1 and 43). For the text see Morfydd E. Owen, 'Royal propaganda: stories from the law-texts', in T. M. Charles-Edwards et al. (eds), *The Welsh King and His Court* (Cardiff: University of Wales Press, 2000), pp. 224–54 (pp. 252–4).

6   Presumably Arfon, although Anglesey is their initial destination in Triad 44.

7   The same location is given in *Englynion y Beddau*, and it is surely significant that *Moweddus* was a Clynnog property, allegedly granted by Rhodri Mawr in the ninth century: Patrick Sims-Williams, 'Clas Beuno and the Four Branches of the Mabinogi', in Maier and Zimmer (eds), *150 Jahre "Mabinogion"*, pp. 111–27 (pp. 118–19 and 123).

8   'By the authority of *his* learning' (although neither manuscript lenites the *k*) according to Rachel Bromwich, TYP[4], p. 491, following Eurys I. Rowlands's review of the first edition, LlC, 6/3–4 (1961), 247; cf. below on *kam kyvarwydyt*.

9   *rhyd* meant both 'ford' and 'privilege'; presumably the semantic development was 'way through' (the basis of *rhyd* 'ford' and Latin *portus*) > 'opportunity' > 'privilege'. Wordplay may be involved, given that the men of Arfon were about to cross a river. John Morris-Jones, 'Taliesin', *Y Cymmrodor*, 28 (1918), 1–290 (47), emended to *reidyeu* 'spears' (cf. GPC s.v. *rhaidd*). Iorwerth ap Madog's exact dates are unknown, but 'the second half of the reign of Llywelyn ab Iorwerth' (i.e. *c*.1220–40) is likely: Charles-Edwards, 'The textual tradition of Llyfr Iorwerth revisited', p. 26. Cf. Guy, *Medieval Welsh Genealogy*, p. 221. The floruit '1240?–68' sometimes quoted from the *Dictionary of Welsh Biography*, https://bywgraffiadur.cymru/article/c3-IORW-APM-1240, seems rather late.

10 Owen, 'Royal propaganda', pp. 234–5 and 251–2. On the scribe ('X135') of Peniarth 30 see RepWM, vol. I, pp. 347–8, and vol. II, p. 217.

11   Peter C. Bartrum, *A Welsh Classical Dictionary* (Aberystwyth: National Library of Wales, 1993), p. 438.

12   Chris Grooms, *The Giants of Wales* (Lewiston and Lampeter: Edwin Mellen Press, 1993), pp. 239 and 298–301.

13   Robert Prys Morris, *Cantref Meirionydd: Ei Chwedlau, ei Hynafiaethau, a'i Hanes* (Dolgellau: E. W. Evans, 1890), p. 69.

14   Huw Pryce (ed.), *The Acts of Welsh Rulers 1120–1283* (second edn, Cardiff: University of Wales Press, 2010), no. 483.

15   Dafydd Jenkins, 'Llawysgrif Goll Llanforda o Gyfreithiau Hywel Dda', BBCS, 14/2 (1951), 89–104 (103–4); P. C. Bartrum, 'Maelda Hynaf and Ednywain ap Bradwen', BBCS, 20/3 (1963), 236–9; P. C. Bartrum, 'Pedigrees of the Welsh Tribal Patriarchs', NLWJ, 13/2 (1963), 93–146 (111 and 132); Gruffydd Aled Williams, 'The literary tradition to c.1560', in J. Beverley Smith and Llinos Beverley Smith (eds), *History of Merioneth*, vol. II (Cardiff: University of Wales Press, 2001), pp. 507–628 (pp. 521–2).

16   Bartrum, 'Maelda Hynaf', 236.

17   Jenkins, 'Llawysgrif Goll Llanforda', 91.

18   Note that Iorwerth ap Madog's family are listed as *Gwyr Arfon* in the 'Llywelyn ab Iorwerth Genealogies', §55: Guy, *Medieval Welsh Genealogy*, pp. 44, n. 230, 221 and 386.

19   Charles-Edwards, 'The textual tradition of Llyfr Iorwerth revisited', pp. 23 and 42, on BL Cotton Titus D.ii. Cf. Sara Elin Roberts, *The Growth of Law in Medieval Wales, c.1100–c.1500* (Woodbridge: Boydell and Brewer, 2022), pp. 64, 80–1 and 109.

20   'Clas Beuno', pp. 124–5. I did *not* mean that any of the Four Branches took their final shape in Gwynedd.

21   Meinir Elin Harris, 'Dychwelyd at Gyfeiriadau, Termau a Chysyniadau Cyfreithiol yn y Mabinogi', *Y Traethodydd*, 158 (2003), 17–39 (34–5). Literary influence between the laws and the tales may have been mutual (see Robin Chapman Stacey, *Law and the Imagination in Medieval Wales* (Philadelphia: University of Pennsylvania Press, 2018), pp. 22–4, with references). This is especially likely if the same families and scribes were redacting both, as we deduce from the Privileges of the Men of Arfon. As well as Iorwerth ap Madog, we have to reckon with his kinsmen, the slightly earlier lawyers Morgeneu and Cyfnerth ap Morgenau, also connected with the Dinlle area: Roberts, *The Growth of Law in Medieval Wales*, p. 52.

22   J. E. Lloyd, *A History of Wales*, 2 vols (third edn, London: Longmans, Green and Co., 1939), vol. II, p. 692.

23   Marged Haycock (ed.), *Legendary Poems from the Book of Taliesin* (second edn, Aberystwyth: CMCS, 2015), nos. 10 and 22, pp. 31–6, 314 and 481; cf. Dafydd H. Evans, 'Blodeuwedd', YB, 20 (1995), 79–89 (80); Dafydd H. Evans, 'Cyfeiriad at Chwedl Blodeuwedd', LlC, 20 (1997), 144.

24   Allowing that the *englynion* embedded in *Math*, with their disyllabic rhyme with *maës*, may be older than the prose; cf. PKM, pp. xviii–xix. A significant point in the prose, which I discuss elsewhere, may be *guelei* for *gueli/guely* 'bed' (pp.

72 and 261), an error that suggests a scribe used to modernizing an exemplar which still employed imperfect *-i*, something rare in thirteenth-century prose manuscripts. Cf. J. Loth, 'Le Mabinogi de Math vab Mathonwy d'après W. J. Gruffydd et la méthode en Celto-mythologie', RC, 46 (1929), 272–300 (283); Simon Rodway, *Dating Medieval Welsh Literature* (Aberystwyth: CMCS, 2013), p. 66; Patrick Sims-Williams, *Liber Coronacionis Britanorum: A Medieval Welsh Version of Geoffrey of Monmouth*, vol. II, *Introduction and Commentary* (Aberystwyth: CMCS, 2017), pp. 99 and 108.

25   Gruffydd, *Math*, p. 258, and Evans, 'Blodeuwedd', 84. See Helen Fulton (ed.), *Selections from the Dafydd ap Gwilym Apocrypha* (Llandysul: Gomer Press, 1996), no. 33 (with review by Rachel Bromwich, SC, 31 (1997), 328); Ian Hughes (ed.), *Math uab Mathonwy* (Dublin: Dublin Institute for Advanced Studies, 2013), p. lxxxix.

26   Gruffydd, *Math*, pp. 192–7; TYP⁴, p. 285; Hughes, *Math*, pp. xlvi–xlvii and lxx–lxxii; Mark Williams, *The Celtic Myths That Shape the Way We Think* (London: Thames and Hudson, 2021), pp. 207–9 and 266.

27   Ian Hughes, 'Geis, Tynghet a Kennedyf', *Dwned*, 19 (2013), 11–37 (26).

28   As shown by Ifor Williams in his note (p. 250), *croth* 'belly, lap' is used of men as well as women. He compares *Togail Bruidne Da Derga*, where a warrior sleeps 'with his feet in the lap [*ucht*] of one man, and his head in the lap of another'. It is arbitrary to take *croth* here as 'womb' with Sarah Sheehan, 'Matrilineal Subjects: Ambiguity, Bodies, and Metamorphosis in the Fourth Branch of the *Mabinogi*', *Signs: Journal of Women in Culture and Society*, 34/2 (2009), 319–42 (321–2). She also favours the erroneous view that *ny bydei uyw* indicates only a preference – that is 'that Math is not so much a king with a taboo as he is a king with too much of a taste for the good life', to quote Catherine McKenna, 'Revising Math: Kingship in the Fourth Branch of the Mabinogi', CMCS, 46 (2003), 95–117 (102 and 107–8). *Fedrai ddim byw*, the idiom quoted by Gruffydd, *Math*, p. 54, n. 5, is different. Compare, rather, II [Vulgate IV] Esdras 68 in the Bible, 'efe a faddeu: canis oni wnai efe felly ... *ni fyddai fyw* y ddeg filfed ran o ddynion' (= 'And he pardoneth; for if he did not so ... the ten thousandth part of men *should not remain living* [*non poterit ... vivificari*]'), and the *Brut* in Peniarth 44 (s. xiii med.), p. 49, on a sword from which no one escaped alive: '*na bydey 6yw* e nep' (= 'nullus euadebat uiuus', *Historia Regum Britanniae*, IV.4, §57.85). Cf. J. Morris Jones, *A Welsh Grammar* (Oxford: Clarendon Press, 1913), p. 395; T. J. Morgan, *Y Treigladau a'u Cystrawen* (Cardiff: University of Wales Press, 1952), pp. 312–13, 336 and 339. Further examples are: Peniarth MS 7, fol. 54v, col. 200.21, *na bydei vyw ef hwy no hynny*, and Peniarth MS 137, p. 27, *a'r bobyl ni byddant vyw ond enyd*.

29   *Goewin uerch Pebin o Dol Pebin yn Aruon*. Clynnog claimed to have held Dôl Bebin since the tenth century: Sims-Williams, 'Clas Beuno', p. 123.

30   The text is corrupt: *uab Don o* (rather than *uab Don*) suggests a copyist expecting to be about to localize Dôn along the lines of *Goewin uerch Pebin o Dol Pebin yn Aruon*, and *a euyd/ac eueyd* instead of *a Guydyon* suggests contamination from a gloss supplying the name of *Euuyd* (mentioned alongside Math and Gwydion in

the Book of Taliesin) as a third nephew. On him see Haycock, *Legendary Poems*, p. 72.
31   While Goewin accuses both brothers of *treis*, her impersonal *a chyscu a wnaethpwyt genhyf* need not include both of them; Gwydion's role as an accessory to the rape would count as *treis*. It should not be necessary to add that 'Kyrch a doeth *am wym penn*' means 'An assault was made against me' (D. Simon Evans, *A Grammar of Middle Welsh* (Dublin: Dublin Institute for Advanced Studies, 1964), p. 183), and that *penn* is not 'an idiom connoting *hymen*' (Katherine Millersdaughter, 'The Geopolitics of Incest: Sex, Gender and Violence in the Fourth Branch of the Mabinogi', *Exemplaria*, 14/2 (2002), 271–316 (290)).
32   Cf. Jones, 'Narrative structure', p. 240. The suggestion that the virgin was due to Math's preference rather than taboo (above, n. 28) hardly helps here.
33   Roberta L. Valente, 'Gwydion and Aranrhod: crossing the borders of gender in *Math*', in Sullivan (ed.), *The Mabinogi*, pp. 331–45 (p. 339), and Hughes, *Math*, p. 69. The placenta according to Gruffydd, *Math*, p. 231. The mantle is a quasi-placenta for Claude Sterckx, 'Le manteau de Gwydion', *Ollodagos*, 1.6 (1990), 211–14. Anything is possible when magic is involved.
34   T. M. Charles-Edwards, *Early Irish and Welsh Kinship* (Oxford: Clarendon Press, 1993), pp. 175–8, citing Aled Rhys Wiliam (ed.), *Llyfr Iorwerth* (Cardiff: University of Wales Press, 1960), §97. He is followed by Fiona Winward, 'Some Aspects of the Women in *The Four Branches*', CMCS, 34 (winter 1997), 77–106 (100). When it comes to Aranrhod imposing destinies on Lleu we leave the realm of law and enter that of magic; see Mark Williams, 'Magic and marvels', in Geraint Evans and Helen Fulton (eds), *The Cambridge History of Welsh Literature* (Cambridge: Cambridge University Press, 2019), pp. 52–72 (p. 61).
35   Cf. Winward, 'Some Aspects', 88–9; Michael Cichon, 'Eros and error: gross sexual transgression in the *Fourth Branch* of the *Mabinogi*', in Amanda Hopkins and Cory James Rushton (eds), *The Erotic in the Literature of Medieval Britain* (Cambridge: D. S. Brewer, 2007), pp. 105–15 (pp. 109–10).
36   'Narrative structure', p. 184. See differently Gruffydd, *Math*, pp. 136–8. For the twins having two fathers see Hughes, *Math*, p. lxxi.
37   Loth, 'Le Mabinogi de Math vab Mathonwy', 284, citing C. Plummer (ed.), *Vitae Sanctorum Hiberniae* (Oxford: Clarendon Press, 1910), vol. I, pp. clvii–clviii; Patrick K. Ford (ed.), *Math uab Mathonwy* (Belmont, MA: Ford and Baillie, 1999), p. xviii. Cf. Hughes, *Math*, pp. 68–9. St Kentigern's hagiographers canvassed various possibilities, including his mother being unaware of the facts of life or deceived by magic (which could apply to Aranrhod): Alexander Penrose Forbes (ed.), *Lives of S. Ninian and S. Kentigern* (Edinburgh: Edmonston and Douglas, 1874), pp. 34–5, 125–8, 162–4, 245–7 and 318–19. Cf. Susan Marshall, 'Illegitimacy and sanctity in the twelfth-century Lives of St Kentigern', in Clare Downham (ed.), *Jocelin of Furness: Proceedings from the 2011 Conference* (Donington: Shaun Tyas, 2013), pp. 67–90; Mairi Cowan, 'A contested conception: Jocelin of Furness and the local traditions about St Kentigern in twelfth-century Glasgow', in Tristan Sharp (ed.), *From Learning to Love: Schools, Law, and Pastoral*

Care in the Middle Ages: Essays in Honour of Joseph W. Goering (Toronto: Pontifical Institute of Mediaeval Studies, 2017), pp. 571–89.

38 Emily Dalton, 'Animating Names. Eponyms, Etymologies, and Enchantments in the Fourth Branch of the Mabinogi', *North American Journal of Celtic Studies*, 3/2 (2019), 137–54 (147, n. 18).

39 Millersdaughter, 'Geopolitics of Incest', 306; Sheehan, 'Matrilineal Subjects', 324–6; Sarah E. Zeiser, 'Performing a Literary Paternity Test: "Bonedd yr Arwyr" and the Fourth Branch of the "Mabinogi"', *Proceedings of the Harvard Celtic Colloquium*, 28 (2008), 200–15 (208–9). In contrast to critics who see Math as a sort of impotent Fisher King, these critics regard Math's wand as 'obviously phallic', even denoting Math's 'potent sexual power of fertility' (Sheehan, 'Matrilineal Subjects', 324–6.). Is this so obvious? Magic wands are used by magicians of both sexes and have multiple functions (see Philippe Ménard, 'La baguette magique au Moyen Âge', in Ambroise Queffélec and Maurice Accarie (eds), *Mélanges de langue et de littérature médiévales offerts à Alice Planche*, 2 vols (Paris: Les Belles Lettres, 1984), vol. II, pp. 339–46; Williams, 'Magic and Marvels', p. 62, mentioning Circe). Could we not compare the bent wand that causes Aranrhod's waters to break to a water-divining rod (compare the spring-producing staves carried by many Welsh saints)? It is possible to see Math's wand as a 'phallic symbol' without supposing that it caused the pregnancy; cf. Jane Cartwright, 'Virginity and chastity tests in medieval Welsh prose', in Anke Bernau et al. (eds), *Medieval Virginities* (Cardiff: University of Wales Press, 2003), pp. 56–79 (p. 61).

40 Zeiser, 'Performing a Literary Paternity Test', 211. The text is corrupt and it is not impossible that the naming was originally done by Mathonwy (appearing from nowhere like Pendaran Dyfed in the First Branch) and that *Mathonwy* has been emended by successive scribes to *mab Mathonwy* (White Book) and then to *Math mab Mathonwy* (Red Book). It is difficult to explain how Math could be king with his father still alive, though; assuming eyeskip from *Math* to *Mathonwy* in an exemplar is simpler.

41 Cecile O'Rahilly (ed.), *Táin Bó Cúailnge: Recension I* (Dublin: Dublin Institute for Advanced Studies, 1976), ll. 603 and 619.

42 Hughes, *Math*, l. 492.

43 Charles-Edwards, *Kinship*, pp. 177–8, Andrew Welsh, 'Doubling and Incest in the *Mabinogi*', *Speculum*, 65/2 (1990), 344–62 (356), and Sheehan, 'Matrilineal Subjects', 327.

44 Raymond Hickey, *Dublin English: Evolution and Change* (Amsterdam: John Benjamins, 2005), p. 139.

45 On adoption see Llinos Beverley Smith, 'Fosterage, Adoption and God-Parenthood: Ritual and Fictive Kinship in Medieval Wales', *Welsh History Review*, 16 (1992–3), 1–35, and for a probable twelfth-century example of adoption to solve a legal problem see David Stephenson, 'Nefydd Hardd and the Killing of Idwal ab Owain Gwynedd', CMCS, 6 (winter 1983), 63–6.

46 Compare the case of the illegitimate Edward Lhwyd: when his father 'wrote to Bridget he never referred to the boy as "our son", nor even as "my son", but

only as "your son"; she, on the other hand, refers to "our little boy" and "my Nedy'" (Brynley F. Roberts, *Edward Lhwyd c.1660–1709: Naturalist – Antiquary – Philologist* (Cardiff: University of Wales Press, 2022), p. 33).

47 Hughes (ed.), *Math*, ll. 283 and 322–3.

48 Wiliam, *Llyfr Iorwerth*, §102, cited by Charles-Edwards, *Kinship*, p. 177, and Welsh, 'Doubling and Incest', 356.

49 Ian Hughes, 'The King's Nephew', in Maier and Zimmer (eds), *150 Jahre "Mabinogion"*, pp. 55–65 (p. 61, n. 24). Cf. Sheehan, 'Matrilineal Subjects', 328: '*Math* itself provides no support for the incest theory'.

50 Sheehan, 'Matrilineal Subjects', p. 328. On the (in my opinion) illusory matrilineal context of *Math* see C. W. Sullivan, 'Inheritance and Lordship in *Math*', in Sullivan (ed.), *The Mabinogi*, pp. 347–66.

51 PKM, p. 273; Hughes, *Math*, p. lxxi, n. 65; Williams, *The Celtic Myths That Shape the Way We Think*, p. 208.

52 Plummer, *Vitae Sanctorum Hiberniae*, vol. I, p. cvi, n. 5; Pádraig Ó Riain, *A Dictionary of Irish Saints* (Dublin: Four Courts Press, 2011), pp. 243–4; Gruffydd, *Math*, p. 133; Gaël Hily, 'Conflits au sein de familles royales: les cas d'Eochaid Feidlech et de Math', in Gaël Hily et al. (eds), *Deuogdonion: Mélanges offerts en l'honneur du Professeur Claude Sterckx* (Rennes: Tir, 2010), pp. 335–48; Doris Edel, 'Literature and Empowerment: The Sexual Relationships in *Acallam na Senórach*', ZCP, 68 (2021), 121–66 (144–7); Lindy Brady, *The Origin Legends of Early Medieval Britain and Ireland* (Cambridge: Cambridge University Press, 2022), pp. 176–86. On sexual morality in the Four Branches see Gruffydd, *Rhiannon*, pp. 78–9, and Glenys Goetinck, '*Pedair Cainc y Mabinogi*: Yr Awdur a'i Bwrpas', LlC, 15/3–4 (1988), 249–69 (261).

53 P. C. Bartrum (ed.), *Early Welsh Genealogical Tracts* (Cardiff: University of Wales Press, 1966), pp. 11 and 127; John Rhys, *Celtic Folklore, Welsh and Manx*, 2 vols (Oxford: Clarendon Press, 1901), vol. II, p. 551, and 'All Around the Wrekin', *Y Cymmrodor*, 21 (1908), 1–62 (5); Gruffydd, *Math*, p. 199.

54 Gruffydd, *Math*, p. 93; Hughes, *Math*, p. lxxii and n. 66.

55 Guy, *Medieval Welsh Genealogy*, pp. 216 and 222. For *Plant Dôn* and *Plant Math* see pp. 360–1 and 400.

56 These genealogies were given proper attention by Zeiser, 'Performing a Literary Paternity Test'. She goes so far as to suggest that they are earlier than the Four Branches, to which she attributes a very early date (mistakenly attributed to me on p. 203).

57 GLlLl, 4.42; cf. Haycock, *Legendary Poems*, pp. 33 and 324–5. In *Plant Dôn* the reading *Digant* is rightly preferred by Bartrum in *Tracts*, p. 90, and *Welsh Classical Dictionary*, p. 204.

58 Brady, *The Origin Legends*, p. 184, citing the story of Fíacha Fer-Mara in *Lebor Gabála*, notes that 'incest can become part of a foundational family's story without detracting from the honour of the descendants of that line'. On Faustus and Dyfrig see pp. 178–9, and Bartrum, *Welsh Classical Dictionary*, pp. 262 and 535.

59 Patrick Sims-Williams, 'Celtic Civilization: Continuity or Coincidence?', CMCS, 64 (winter 2012), 1–45 (27–9).
60 Zeiser, 'Performing a Literary Paternity Test', 211–12, sees a continuation of the incest theme here.
61 Zeiser, 'Performing a Literary Paternity Test', 211.
62 Fulton, *Selections from the Dafydd ap Gwilym Apocrypha*, 33.21–2; Evans, 'Blodeuwedd', 82–3.
63 CDG 135.41–2 (Thomas Parry had emended to *moroedd* 'seas').
64 Zeiser, 'Performing a Literary Paternity Test', 201, fig. 1, shows Dôn and Math as the children of Mathonwy. This is an inference from *Math*. There is no need to discuss here whether Dôn was male, and might therefore be Math's brother, or female (as has been assumed on the basis of a vague comparison with Irish **Danu*) and might therefore be Math's sister and possibly the sister who was Aranrhod's mother. Aranrhod could be Dôn's child by a woman other than Math's sister if Dôn was a man. Cf. Rhys, *Celtic Folklore*, vol. II, p. 645 and nn.; Gruffydd, *Math*, p. 188, n. 59; Bartrum, *Welsh Classical Dictionary*, p. 204; Haycock, *Legendary Poems*, pp. 324–5; Hughes, *Math*, pp. liv–lv; Mark Williams, *Ireland's Immortals: A History of the Gods of Irish Myth* (Princeton: Princeton University Press, 2016), p. 188, n. 190.
65 See his elegy to a woman buried at Clynnog *c*.1500: GLM poem II.
66 GLM XCVII.1–6, quoted by Gruffydd, *Math*, p. 193, TYP[4], p. 285; and Hughes, *Math*, pp. xlvi–xlvii. Freckles could have sinister connotations: *Pliny, Natural History*, 28.50.
67 Haycock, *Legendary Poems*, 1.80.
68 TA CXXXIV.1–12; quoted by Gruffydd, *Math*, p. 193, and Hughes, *Math*, pp. lxx–lxxi.
69 The allusion to Goewin claimed by Gruffydd, *Math*, p. 187, is rejected by Hughes, *Math*, p. li.
70 For the note see Ifor Williams (ed.), *Gwyneddon MS 3* (Cardiff: University of Wales Press, 1931), p. 352 (f. 53v). Its italic hand seems distinct from that of the notes signed by P[eter] B[ailey] W[illiams] (1763–1836) at ff. 77r and 111v, and that of the note at f. 226v which Ifor Williams (p. lx) ascribes to P. B. W. Lewis Maurice has the same marginal note in NLW 8330, p. 274 (also p. 262). In Peniarth 240, p. 38, by William Wynn, *Fathon* is corrupted to *Mabon*. The hands of Maurice and Wynn both occur in Gwyneddon 3; see Huws, RepWM, vol. I, p. 506.
71 Gruffydd, *Math*, pp. 168–9.
72 Haycock, *Legendary Poems*, 10.33.
73 Gruffydd, *Math*, p. 53. Cf. McKenna, 'Revising Math', 102.
74 Gruffydd, *Math*, p. 194. For a medieval illustration of Abisag and David see the Bohun Psalter, BL Egerton 3277 (s. xiv^2), f. 78r (reproduced here as fig. 2; online on the British Library's website). I am indebted to Professor Lucy Freeman Sandler for her help in obtaining an image of Egerton 3277. Note, incidentally, that the presence of Abisag in the story does not mean that David lacks a wife: he has one. In Math's case we do not hear whether he ever had a wife

before he married Goewin. In Latin texts *puella pulchra nimis* generally alludes to Abisag; see *Corpus Corporum* (Universität Zürich) <mlat.uzh.ch>. Such an allusion occurs in 'Rhygyfarch's Life of St David', edited and translated by Richard Sharpe and John Reuben Davies, in J. Wyn Evans and Jonathan M. Wooding (eds), *St David of Wales: Cult, Church and Nation* (Woodbridge, 2007), pp. 107–55 (§4 and n. 24), where the context resonates with the story of Gwydion and Gilfaethwy.

75 Namely James Frazer's account of the execution of Shilluk kings in *The Golden Bough*, vol. IV, Part III: *The Dying God* (third edn, London: Macmillan and Co., 1911), p. 21: 'A hut was specially built for the occasion: the king was led into it and lay down with his head resting on the lap of a nubile virgin: the door of the hut was then walled up; and the couple were left without food, water, or fire to die of hunger and suffocation. This was the old custom, *but it was abolished some five generations ago*' (I italicise the suspicion-raising clause). E. E. Evans-Pritchard was sceptical: *The Divine Kingship of the Shilluk of the Nilotic Sudan* (Cambridge: Cambridge University Press, 1948), pp. 19–20. Cf. Burkhard Schnepel, 'Continuity Despite and Through Death: Regicide and Royal Shrines among the Shilluk of Southern Sudan', *Africa*, 61/1 (1991), 40–70 (47–8).

76 See my review of Kim McCone, *Pagan Past and Christian Present in Early Irish Literature* (Maynooth: An Sagart, 1990), in *Éigse*, 29 (1996), 179–96. Many years ago, I noticed that the Irish *Gospel of Thomas* looked like a model for Cú Chulainn's *Boyhood Deeds*, but shrank from going into print. Ann Dooley was braver than me in *Playing the Hero: Reading the Irish Saga Táin Bó Cúailnge* (Toronto: University of Toronto Press, 2006), pp. 113–14.

77 Patrick Sims-Williams, *Irish Influence on Medieval Welsh Literature* (Oxford: Oxford University, 2011), pp. 202–7.

78 See references in Sims-Williams, *Buchedd Beuno*, pp. 4–5 and n. 16. Cf. Guy, *Medieval Welsh Genealogy*, p. 121; Huw Pryce, *Writing Welsh History from the Early Middle Ages to the Twenty-First Century* (Oxford: Oxford University Press, 2022), pp. 55–6: 'between *c.*1140 and 1152 (or, perhaps, 1157) ... quite possibly Bangor or Clynnog Fawr'.

79 Paul Russell (ed.), *Vita Griffini Filii Conani* (Cardiff: University of Wales Press, 2005), §12; D. Simon Evans (ed.), *Historia Gruffud vab Kenan* (Cardiff: University of Wales Press, 1977), p. 8; Björn Weiler, 'Historical writing in Europe, *c.*1100–1300', in Ben Guy et al. (eds), *The Chronicles of Medieval Wales and the March* (Turnhout: Brepols, 2020), pp. 33–67 (pp. 40–1).

80 The longer passages are printed by Rudolf Thurneysen, *An Old Irish Reader* (Dublin: Dublin Institute for Advanced Studies, 1949), pp. 22–3. For later Irish material about David, including 'a reciprocal relationship between the depictions of David and Cú Chulainn, each gradually being recast in response to the other', see Elizabeth Boyle, *History and Salvation in Medieval Ireland* (Abingdon: Routledge, 2021), p. 185.

81 There is a general similarity to II Samuel 13 (II Kings in the Vulgate), where David's son Amnon is lovesick for his sister Tamar and his cousin Jonadab suggests a trick that enables him to rape her.

82   Hughes, *Math*, p. lxxi.
83   The meaning of *gwastra* is uncertain; see Hughes, *Math*, p. 57, Haycock, *Legendary Poems*, p. 420, and Nicolas Jacobs, *Early Welsh Gnomic and Nature Poetry* (London: Modern Humanities Research Association, 2012), p. 62.
84   Compare Pendaran Dyfed, who appears without notice to name Pryderi in the First Branch (compare Cathbad naming Cú Chulainn in the *Táin*, cited above) and re-appears as a young lad in the Second Branch: PKM, pp. 26, 39 and 46. Triad 26 shows that there was more to his story: TYP[4], pp. 50–5 and 477.
85   PKM, pp. 72–3; Hughes, *Math*, ll. 125–57.
86   BL Add. 14911, f. 71r. I quote the manuscript rather than the printed text in D. Silvan Evans (ed.), *Celtic Remains* (London: Cambrian Archaeological Association, 1878), p. 365, which was taken from Richard Morris's 1778 transcript in NLW 1735, p. 459. The latter reorganized all Lewis Morris's entries, including this one (to which he appended the material about Pryderi in BL 14911, f. 81r, also printed in *Celtic Remains*, p. 365). The 'fol. 39' reference probably applies neither to 'MS. D. Jones', nor to the Dafydd ap Gwilym poem (inc. 'Graifft y plwyf'), which is not at f. 39 of any surviving Dafydd manuscript (including Lewis Morris's, now BL Add. 14870), but rather to Morris's lost copy of the Triads (on which see TYP[4], pp. xli and l). At BL Add. 14911, f. 71r, s.n. Pryderi, Morris cites 'Tr. 30', with the cross-reference 'See fol. 39'. This clearly refers to Pryderi's appearance in Triad 26, which is Triad 30 in the version in Owen Jones et al. (eds), *The Myvyrian Archaiology of Wales* (second edn, Denbigh: Thomas Gee, 1870), p. 390, a version which derives from Morris's lost copy.
87   BL Add. 14911, f. 98v (*Celtic Remains*, p. 372). In Arch Camb, 4th ser., 6 (1875), 193, 'Gwyddan' asked in vain for information about this inscription (cf. J. O. Westwood, *Lapidarium Walliae* (repr. Felinfoel: Llanerch Press, 1993), p. 184). Other citations of 'D. Jones' or 'D.J.' occur s.nn. *Cylyddon Wledig*, *Dwynwen*, *Gwydion* and *Olwen* (*Celtic Remains*, pp. 113, 145, 231, and 336 = BL Add. 14910, ff. 172r, 215v, and 285v (the same page as the Gwanas passage quoted below), and 14911, f. 68r). On the Gwydion passage see Evans, 'Blodeuwedd', 87–9.
88   BL Add. 19411, f. 71r (not in the printed edition).
89   <one> is inserted above the line in BL Add. 14910, f. 285v (badly misprinted in *Celtic Remains*, p. 215). The entry is followed by a line by Lewys Glyn Cothi mentioning *Gwanas* ('Rhifo gwawn rho'f a Gwanas'), evidently taken from Morris's copy of that poet's works in BL Add. 14871, p. 39.
90   My translation; cf. Thomas Jones, 'The Black Book of Carmarthen "Stanzas of the Graves"', PBA, 53 (1967), 97–137 (123). <*guyr*> is a scribal insertion.
91   William Owen[-Pughe], *A Dictionary of the Welsh Language*, vol. I (London: E. and T. Williams, 1803), s.v. *cysgu*. The relevant fascicule (the second) appeared in June 1794 (Glenda Carr, *William Owen Pughe* (Cardiff: University of Wales Press, 1983), pp. 73–4). *Siomi* 'to trick', a loanword from English, does not imply a late date; *somir* is found in the early fourteenth century, and *somm* occurs in the Four Branches: GLlBH, p. 37; PKM, pp. 186–7.
92   This was generally known. Cf. John Davies, *Antiquae Linguae Britannicae Rudimenta* (London: John Bill, 1621), p. 110: '*llâs* pro *lladdwyd*'.

93 In 1801 Pughe may use the term 'Mabinogion' as a synonym for *hen istorion* (Geraint H. Jenkins et al. (eds), *The Correspondence of Iolo Morganwg*, 3 vols (Cardiff: University of Wales Press, 2007), vol. II, p. 391), but he and Lewis Morris generally used the term in the modern way: Diana Luft, 'The Meaning of *Mabinogi*', CMCS, 62 (winter 2011), 57–79; Diana Luft, 'Lewis Morris and the *Mabinogion*', *eBLJ* (*British Library Journal*), 2012, article 3.

94 None is noted in Arthur Johnson, 'William Owen-Pughe and the Mabinogion', NLWJ, 10/3 (1958), 323–8, Carr, *William Owen Pughe*, pp. 115–20, or Jenkins et al. (eds), *Correspondence of Iolo Morganwg*, vol. II, p. 391, n. 1. NLW 13242C is a box of Pughe's papers containing inter alia (i) a notebook including *Math* with the date '1805' at the end (20v), (ii) unbound sheets *c.*1834 labelled 'Math Prepared for the press', with a variant version of the 'Dar a dyf' *englynion* from 'a copy of the Mabinogion in the Mostyn library' at the end (cf. Mostyn MS 135, a copy of the White Book), (iii) a miscellany between stiff brown boards including, on fols 64–65, a copy dated 1826 of Four Branch fragments 'from Hengwrt' (i.e. Peniarth MS 6). In NLW 13243B Pughe has the opening sentence of *Math*. In a letter of 1827, quoted by T. Crofton Croker, *Fairy Legends and Traditions of the South of Ireland*, Part III (London: William Tegg, 1828), p. 172, n. marked with *, Pughe refers to the originals of the Four Branches being in the Red Book, adding 'and in the Hengwrt library other copies are to be found'. One of the latter was of course the White Book, which Pughe seems to mention in 1806 (see Jenkins et al. (eds), *Correspondence of Iolo Morganwg*, vol. II, p. 779).

95 Daniel Huws, *Cynnull y Farddoniaeth* (Aberystwyth: Canolfan Uwchefrydiau Cymreig a Cheltaidd, 2004), pp. 23–8; RepWM, vol. I, p. 604, and vol. II, pp. 69–70.

96 On this copy see RepWM, vol. I, p. 540. For this and other references below I am greatly indebted to unpublished work by Graham C. G. Thomas. In 1714 John Morgan sent similar extracts to Moses Williams, in a letter printed in *Cambrian Register*, II (London, 1799), 536–9. See G. J. Williams, *Llythyrau at Ddafydd Jones o Drefriw (1708–1785)*, supplement to NLWJ, 3 (1943), pp. 1 and 28.

97 BL Add. 14907, f. 206r: 'Out of David Johns's Ms. 1587'. Some of Morris's restorations may be based on some scribbled suggestions in BL Add. 14866. In 1793, Peter Bailey Williams copied Morris's BL Add. 14907 transcription in Bangor, Gwyneddon 12, p. 87. Interestingly he seems to have miscopied *Math* as *Mathon* (see above) before deleting the *-on*.

98 *Cyn(h)aethwy* is a well-attested Welsh name, of which the earliest attestation is *Cynaythuy* (A. W. Wade-Evans, *Vitae Sanctorum Britanniae et Genealogiae* (Cardiff: University of Wales Press, 1944), p. 96); see Patrick Sims-Williams, *The Celtic Inscriptions of Britain* (Oxford: The Philological Society, 2003), pp. 178 and 192. By contrast, Gilfaethwy/Cilfaethwy only appears in *Math*, where the MS spellings are *Giluaeth6y/Giluath6y/Gilaeth6y* and *a Chiluaeth6y/a Chiluath6y* (and *Gyluaethwy* in the copy of the *englyn* in Bangor MS 1), and in the related *Plant Dôn* (Guy, *Medieval Welsh Genealogy*, pp. 360 and 400: *Gylnaethwy, Gelvaethwy*, etc.),

Jenny Rowland (ed.), '"Englynion Duad"', *Journal of Celtic Studies*, 3/1 (1981), 59–87 (82), and Jacobs, *Early Welsh Gnomic and Nature Poetry*, p. 54 (*Culaethwy, Culaethwy*). Cf. Gruffydd, *Math*, pp. 204–5, and PKM, p. 252.

99 Gruffydd, *Math*, pp. 338–9; Gruffydd, *Rhiannon*, p. 7. For the spelling *Rhyd y Pedestr* in 1693 see Bryn Roberts, 'Llythyrau John Lloyd at Edward Lhuyd', NLWJ, 17/1 (1971), 88–114 (105). Gwydion fighting in Nant Ffrancon is mentioned in Haycock, *Legendary Poems*, 10.235 (see pp. 314 and 325).

100 Colin A. Gresham, 'Archbishop Baldwin's Journey through Merioneth in 1188', *Journal of the Merioneth Historical and Record Society*, 10 (1985–6), 186–204 (188–9), citing Henry Ellis (ed.), *Registrum Vulgariter Nuncupatum 'The Record of Caernarvon'* (London: G. Eyre and A. Spottiswoode, 1838), p. 282 (*Gauell y Pedestr / Gauella y Pedest* in 1419/20). See also, in 1580/1, E. A. Lewis and J. Conway Davies (eds), *Gavell ... y Pedester* in *Records of the Court of Augmentations Relating to Wales and Monmouthshire* (Cardiff: University of Wales Press, 1954), p. 435; Rhian Parry, *Cerdded y Caeau* (Talybont: Y Lolfa, 2022), pp. 41, 45, 50 and 178. On the topography of Pryderi's expedition see Hughes, *Math*, pp. 48–58.

101 Nant Call and Dolbenmaen were near Clynnog's estates at Derwin Fawr and Llecheiddior, for which see Ellis, *The Record of Caernarvon*, p. 257 (*Derwyn* and *duas partes llechiddiawr*), and Colin A. Gresham, *Eifionydd: A Study of Landownership from the Medieval Period to the Present Day* (Cardiff: University of Wales Press, 1973), pp. 200–2 and 306–7.

102 Sims-Williams, 'Clas Beuno', pp. 114 and 123.

103 With *tir mab Dôn* specifically: GGDT, p. 150.

104 For both see Pryce, *Acts*, no. 218, pp. 352–3, and Colin A. Gresham, 'The Aberconwy Charter', Arch Camb, 94 (1939), 123–62 (133 and 138).

105 Cf. Gruffydd, *Math*, pp. 137 and 315–20, and for a variant version of the *englyn* in Bangor MS 1 see Hughes, *Math*, p. 66. Did the names of the three sons inspire the animal transformations in *Math* (on which cf. Sims-Williams, *Irish Influence*, p. 260, n. 154)?

106 He acquired the Black Book in 1587 (Huws, RepWM, vol. I, p. 333, and vol. II, p. 70), and copied part of poem 3 into BL Add. 14866, f. 247r.

107 For example, in Dolgellau nearby he saw the skull of the poet Gruffudd ab Adda ap Dafydd, and heard about the customs connected with it: Huws, *Cynnull y Farddoniaeth*, p. 27.

108 Williams, *Llythyrau at Ddafydd Jones o Drefriw*, p. 28; Williams, 'The Literary Tradition to *c*.1560', pp. 576, 585, and 615–19. One branch of the family was based at Caerunwch, near Gwanas (p. 618).

109 Cledwyn Fychan, 'Y Canu i Wŷr Eglwysig Gorllewin Sir Ddinbych', *Denbighshire Historical Society Transactions*, 28 (1979), 115–82 (118–22).

110 GLGC 233.47; E. D. Jones, 'Three Fifteenth Century Peniarth Poems', *Journal of the Merioneth Historical Society*, 10 (1986), 157–68 (161). Cf. Williams, 'The Literary Tradition to *c*.1560', pp. 522, n. 90, and 608. Gruffudd Hiraethog and Wiliam Llŷn continued to copy the genealogy and Dafydd Ysgrifenydd's rebuttal of the men of Arfon's *kam kyvarwydyt* (cf. Bartrum, 'Pedigrees of the Welsh Tribal Patriarchs', 110 and 132).

DRYCH RHONABWY: FURTHER REFLECTIONS

Catherine McKenna

In the rubricated title of *Breudwyt Ronabwy* on f. 134v (col. 555, l. 10) of its sole medieval source, the Red Book of Hergest (Oxford, Jesus College MS 111), Rhonabwy's vision is called *Breudwyt Ronabwy*.[1] The same term appears again in the colophon at the end of the tale: 'A'r ystorya honn a elwir Breidwyt Ronabwy. A llyma yr achaws na wyr neb y breidwyt, na bard na chyfarwyd, heb lyuyr' ('And this story is called *Breuddwyd Rhonabwy*. And this is the reason that no one, neither bard nor *cyfarwydd*, knows the *breuddwyd* without a book').[2] Yet the word *breudwyt* appears nowhere in the body of the story. Rhonabwy's dream is a *drych*.

Other dreamers in Red Book texts experience *breuddwydion*, rather than *drychau*. When Maxen falls asleep in the heat of the day, 'yna y gwelei vreudwyt. Sef breuduyt a welei e vot en kerdet dyffrynt er avon hyt e blaen' ('then he saw a *breudwyt*. This is the *breudwyt* he saw, that he was travelling the river valley to its source').[3] There are *breuddwydion* in the text that precedes *Rhonabwy* in the Red Book – *Chwedleu Seith Doethon Rufain* – and in the text that follows it – *Proffwydoliaeth Sibli Ddoeth* – and in *Ystorya Dared* and *Brut y Brenhinedd* as well. In all of these cases, *breuddwyd* describes a dream or vision that is in some way prophetic, and in several of them, *breuddwyd* is paired with a fairly transparent 'vision' word, *gweledigaeth*. Why, then, is Rhonabwy's dream vision a *drych*?

It was in part the use of this word to describe Rhonabwy's dream that led me some years ago to read *Breudwyt Ronabwy* against

Macrobius's *Commentary on the Dream of Scipio*, a fifth-century Latin text on dreaming that was well known in the Middle Ages.[4] Macrobius classifies dreams into five categories with descending degrees of significance and reliability. The *oraculum* involves the appearance of an authoritative figure who simply tells the dreamer what is going to happen in the future and provides advice. At the other end of the spectrum, the *visum* or *phantasma* is a dream caused by 'mental or physical distress, or anxiety about the future'.[5] It is the dyspeptic dream of a dreamer who has eaten or drunk too much, or who is feverish or consumed with anxiety. Because it arises within the body, such a dream is meaningless. I made the case that what Rhonabwy experiences is more like a *visum* than any of the other Macrobian dream kinds, because the *visum*:

> comes upon one in the moment between wakefulness and slumber, in the so-called 'first cloud of sleep'. In this drowsy condition a person thinks he is still awake, and imagines he sees spectres rushing at him or wandering vaguely about, differing from natural creatures in size and shape, and a host of divers things, either delightful or disturbing.[6]

This description aligns quite well with Rhonabwy's dream, which begins 'yn gytneit ac yd aeth hun yn y lygeit' ('as soon as sleep came into his eyes').[7] At the opening of the dream, Rhonabwy and his companions are pursued by a terrifying rider, and all is characterized by motion and *twryf* (tumult). The inhabitants of the dream world are much larger than Rhonabwy and his companions. I also suggested the possibility of a relationship between the Latin *visum* and *drych*, as words essentially meaning 'that which is seen'.[8]

Identifying Rhonabwy's *drych* with the Macrobian *visum*, I argued that *Breudwyt Ronabwy* is about the difficulty of interpretation. The tale teases the reader throughout with its intimations of portentous revelations, repeatedly undercut by equally pronounced hints that the dream is meaningless. This is a reading consistent with others, by Edgar Slotkin and Dafydd Glyn Jones, for example, that take the text to have an assertive metafictional element.[9]

The question of the *drych* has continued to puzzle me, however. I have wondered whether *drych Rhonabwy* is actually, in any sense, a 'mirror', the sense of the word most immediately available to a present-day reader, and perhaps to a medieval audience as well. This essay examines, first, the various uses of *drych* in medieval Welsh texts up to about 1400. Next, I survey very briefly medieval European philosophical notions involved with the concept of the 'mirror' and the phenomenon of encyclopaedic texts entitled *speculum*. Thirdly, I review the evidence for looking glasses in medieval Wales. My objective is to develop a sense of what connotations the word *drych* may have had for the author of *Breudwyt Ronabwy*. Did he have a mirror made of glass? Had he any acquaintance with the *Speculum Maius* of Vincent of Beauvais, or the *Speculum Ecclesiae* of Gerald of Wales? Was he familiar to any degree with Neoplatonic thinking about ways in which nature mirrors the divine? How might his material, intellectual and linguistic experience of the *drych* have informed his use of the term to describe Rhonabwy's dream, and how might a better understanding of the place of material, textual and metaphorical mirrors in medieval Welsh culture enhance our understanding of *Breudwyt Ronabwy*? I suggest that the idea of the 'mirror' as reflective surface is very much at play in the account of Rhonabwy's dream, and that it contributes significantly to the tale's preoccupation with interpretation.

Marged Haycock's work has helped us to recapture, imaginatively, aspects of the ephemeral material culture of medieval Wales as reflected in literature, while bringing medieval texts to new life by evoking their material contexts in lively detail.[10] It seems appropriate, then, for me to dedicate this study of the role that the mirror plays in *Breudwyt Ronabwy* to Marged, as a woefully inadequate tribute to the contributions that she has made and continues to make to our understanding of medieval Wales and its afterlife.

Drych appears in *Breudwyt Ronabwy* at the point when Rhonabwy falls asleep on *croen y dinawet melyn* ('the yellow oxhide'), in the inhospitable home of Heilyn Goch: 'ac yn gytneit ac yd aeth hun yn y lygeit y rodet **drych** idaw y vot ef a'e gedymdeithon yn kerdet ar traws Maes Argrygroec' ('and as soon as sleep came into his eyes he was given a *drych*, that he and his companions were travelling across Maes Argryngroeg').[11] *Drych* is rendered as 'vision' both by Gwyn Jones and Thomas Jones and by Sioned Davies in their translations of the Mabinogion.[12] This translation makes good sense both as a description of the experience that ensues and as an extended sense of a noun whose root is **derk-*, 'to see', as in *edrych*.[13] 'Vision', however, is not a sense of *drych* that is particularly well attested in the literature.

The semantic range of *drych*

The entry in *Geiriadur Prifysgol Cymru* s.v. *drych* provides a good sense of the range of intertwined and sometimes overlapping senses of the word. First and foremost, *drych* refers to a physical mirror, a looking glass. It can also describe an *adlewyrchiad* (reflection), something like what a mirror produces, in other words. By figurative extension, this includes the sort of reflection of some aspect of reality suggested by the titles of newspapers called *Y Drych* or of medieval Latin works entitled *speculum*. In another extension, perhaps, of the idea of a reflected image, *drych* can denote *wyneb, gwedd, pryd, tebygrwydd, portread, llun, delw, ffurf* ('countenance, appearance, aspect, semblance, representation, portrait, picture, image, form'). Other senses of the word according to GPC are *patrwm, esiampl* ('exemplar, example'); *golygfa; un y mae pobl yn syllu arno* ('sight, spectacle; gazing-stock'); *cyflwr* ('state, plight'); and, with its instance in *Breudwyt Ronabwy* as example, *gweledigaeth, amlygiad* ('vision, manifestation').[14]

For each of these senses, the dictionary cites instances before *c*.1400. All of them were in play, then, at the time that *Breudwyt Ronabwy* was written into the Red Book of Hergest by Hywel Fychan, probably at some time between 1382 and *c*.1400. The semantic range of *drych* extends from the physical object in which a reflection is to be seen to the image thus seen, and hence to any image, whether material, like a face or a portrait, or phantasmal, like a vision, with a middle ground in which it can refer to a physical form that is the product of magic or illusion. It leans, gradually, towards the unreal, just as the image seen in a mirror is not the thing itself. At the same time, though, the sense in which *drych* came to be used as a common title for newspapers alludes to the mirror's power to reflect things accurately, to tell the truth. *Drych* is a word of considerable semantic scope, and any or all of its senses might have been present to the mind of the author of *Breudwyt Ronabwy*.

The semantic range of *drych* is to a considerable extent paralleled in the 'mirror' words of other medieval European languages. English *mirror* and French *miroir*, in their multiple early orthographies, similarly encompass the material and the abstract. In the OED, a mirror is not only a 'reflective surface', but also a 'model or example', including both 'exemplar' and 'a thing regarded as giving a true description of something else', in the figurative sense in which a newspaper can reflect reality. These senses are amply documented in the *Middle English Dictionary*.[15] In Anglo-Norman French, too, *mirur* can refer to a looking glass, a 'model' or 'paragon', or 'a book of examples, guidance'.[16] Latin *speculum* has a similar range. None of these terms, however, is used, as far as I have been able to discover, in GPC's third sense of *drych*, 'appearance, semblance, form', or 'vision; manifestation', the sense in which it has been understood to be employed in *Breudwyt Ronabwy*.

In extant Welsh prose texts, *drych* refers more commonly to some sort of 'form' or 'appearance', than it does to a looking glass, or a reflection of reality, or an exemplar. In both the Red Book and the White Book texts of the First Branch of the Mabinogi, for example, when Pwyll is restored by Arawn to his own appearance after his year-long sojourn in Annwfn, 'Yna y rodes Ara6n y furuf a'y **drych** e hun y Pwyll Pendeuic Dyuet, ac y kymerth ynteu y furuf e hun a'y **drych**' ('then Arawn gave his own *ffurf* and his *drych* to Pwyll Penedfig Dyfed, and for his part, he took on his own *ffurf* and his *drych*').[17] *Drych* serves here as a doublet of *ffurf* in the pleonastic figure that is so common to Middle Welsh prose. The word is employed in a similar sense in *Brut y Brenhinedd* in the episode in which Myrddin gives Uther Pendragon the form of Gorlois so that he can gain sexual access to Eigyr, and restores him to his own form after Gorlois has been killed. Myrddin tells Uther that, 'mi a vnn geluydyt trvy yr hon y gallaf ui rodi **drech** Gorlois arnat ti hy na bo neb a adnapo nac a wypo na bo Gorlois uych ... a minheu a gymeraf **drech** arall arnaf ac a deuaf yn drydyd y gyt a chui' ('I know magic through which I can give you the *drech* [alternative spelling of *drych*] of Gorlois so that no one will realize or know that you are not Gorlois . . and I will take another *drech* upon myself and come with you as a third').[18] Subsequently, 'kychuyn a wnaeth y brenhin o'r castell a mynet ar y lu, a bvrv **drech** Gorlois y arnaw a mynet yn y **drech** ehun' ('The king set out from the castle and joined his host, and threw off the *drech* of Gorlois and passed into his own *drech*').[19] Throughout the episode, the forms taken on through Myrddin's magic and the natural forms restored are referred to as *drych* or *drech*, which appears to render Geoffrey's Latin *species*.[20] When the episode is alluded to in the text of *Y Seint Greal*, the same word is employed: Myrddin is 'yr h6nn a roes drych G6rlois ar Uthur' ('he who gave Uther the *drych* of Gorlois').[21]

Earlier in *Brut y Brenhinedd*, Myrddin's mother attributes the conception of Myrddin to an incubus, whom 'y gulvn yn dyuot attaf yn drech gvr yeueanc' ('I saw coming to me in the *drech* of a young man'), another instance of *drych* in the sense of 'form' or 'semblance'.[22] And Gwrtheyrn's wizard Meugant explains to the king that:

> Apulenis ... a dyweit pan draetha o Duv a'r seint., bot ryw genedyl yn presswylyaw y rvng y lleuat a'r dayar, a rein hynny a alwnn ni dieuyl gogwydedic. a rann yndunt o'r dayar ac o annyan dyna6l. a rann arall o annyan egylyon .A phan y mynnont y gallant gymryt dyna6l figur a **drech** arnadunt. a chydyav a'r guraged y velly.[23]

> (Apuleius ... says when he treats of God and the saints that there is a sort of race dwelling between the moon and the earth, and these we call fallen demons, and there is something of the earth in them, and of human nature, and something of angelic nature. And when they wish they can take on human *figur* and *drych*, and have intercourse with women thereby.)

Drych is not always a form that is taken on, distinct from one's natural form. As we have seen, the text of the First Branch employs it to reference the original forms of Pwyll and Arawn at the conclusion of their identity exchange. After Uther impregnates Eigyr with the assistance of Myrddin's transformative magic, the episode in the Red Book text of *Brut y Brenhinedd* ends when he comes *yn y drych ehun* (in his own *drych*) to commiserate with her over the death of Gorlois.[24] In *Ystorya Dared*, Achil (Achilles) is described as a man of *addfwyn drych* ('fair form'), as is Protesilaus.[25] *Drych* occurs in the Red Book text of *Brut y Tywysogion* in this sense as well, again as part of a pair of nearly synonymous terms. The record for 1146 reports the death of Rhun ab Owain Gwynedd in these terms:

> Yn diwed y ulwydyn honno y bu varw Run ap Ywein yn was jeuanc clotuorussaf o genedyl y Bryttannyeit, yr hwnn a gyuansodassei ac a vagassei bonhed y rieni yn ardyrchawc: canys tec oed o **furyf a drych** a hynnaws o ymadrawd a huawdyr wrth bawp, racwelawdyr yn rodyon, vfyd ymplith y dylwyth, balch ymplith estronnyon, a therwyn garw wrth y elynnyon, digrif wrth y gyueillon.

> (At the close of that year died Rhun ab Owain, a most praiseworthy young man of the race of the Britons, whom the ancestry of his forebears had formed and reared eminently: for he was comely in form and appearance and gentle of speech and pleasant towards all, foreseeing in gifts, humble amongst his household, proud amongst strangers, and fiercely harsh towards his enemies, pleasant towards his friends.)[26]

The early Welsh poetic corpus provides further instances of the use of *drych* as a term for the natural form or appearance of a person or thing. It occurs once in the Book of Taliesin, in a poem celebrating Mabon and Owain. In a list of various battles, one is described as 'kat rac Rodawys, **drych** eirwyn', which Marged Haycock has translated 'a battle before the men of Roda, white as snow in appearance'.²⁷ And there is a single instance in the Book of Aneirin, in the phrase **drych** *draet ffo*, understood by Ifor Williams as the equivalent of the English phrase 'showing a clean pair of heels'.²⁸ 'Oianau', the obscure prophetic poem in which Myrddin addresses a piglet, includes a reference to looking upon **drich** *serchogion*, presumably the forms or faces of lovers.²⁹

The poetry of the *cywyddwyr* also provides plenty of examples of *drych* in the sense of 'appearance' or 'form', sometimes with overtones of GPC's sense 3b, 'spectacle'. In his well-known *cywydd* about *Merched Llanbadarn*, Dafydd ap Gwilym describes himself constantly looking over his shoulder as '**drych** anghyfnerth' ('a pitiful sight').³⁰ In *Yr Annerch*, on the other hand, *drych* refers to a girl's appearance in favourable terms: 'Er nas gwelych, nid **drych** drwg' ('Even though you might not see her – she's not a bad sight').³¹

Dafydd is not alone in employing *drych* in the sense of 'appearance' or 'condition' with a satirical tone. In his satire on Adam the Tinker, preserved in the Red Book, Hywel Ystorym calls the object of his scorn 'Addaf **drych** dall, grych dulliedig' ('Adam of blind man's appearance, rumpled and wrinkled').³² Casnodyn strings rhyming monosyllables together in the double entendre opening line of his satirical *englyn* on Nest: 'Rhych gnych wrych wlych, nych **drych** drist' (the more polite reading might be 'a copulation-ditch by a wet hedge, the anguish of a sorry state').³³ In another satirical englyn, Bleddyn Ddu describes the nose of a certain Gwion as having '**drych** du drain chwnnu drwyn chwynnogl' ('the awful look of a hoe weeding out thorns').³⁴

Drych can refer to a horrifying appearance in a satirical context, or to a magically transformed appearance, or to the attractive natural appearance of a young man or woman. It appears in the extant medieval literature more commonly in this sense of *wyneb*, *gwedd*, *pryd*, *tebygrwydd*, *ffurf* ('countenance, appearance, aspect, semblance, form') than in any of its other figurative and extended senses. It was this particular use of *drych* that led me to read the term in *Breudwyt Ronabwy* as analogous to Macrobius's *visum*, which involves 'specters

... differing from natural creatures in size and shape'.[35] It is not an entirely comfortable fit, however. As has been seen in the survey of the use of *drych* to denote forms and appearances, the word generally refers to a single person or image, and not to the multitude of forms in an extended narrative or drama like Rhonabwy's dream.

The notion of *drych* as 'image' or 'semblance' (*tebygrwydd*, *portread*, *llun*, *delw*) is closely related to the idea of 'form' or 'shape', insofar as images represent forms. At the same time, the notion of 'image' is closely related to that of the 'mirror' or the image in the mirror. The image, whether it is a reflection or a crafted representation, both is and is not the thing that it represents.

There are a few instances in the corpus of medieval Welsh literature where *drych* is used in this way, denoting an intentional representation or image. In *Ystorya Titus Aspassianus*, a Welsh version of the Latin apocryphon *Vindicta Salvatoris* that is contained in both the White Book and the Red Book of Talgarth (Llst. 27), the story of the image of Jesus's face on Veronica's veil is recounted thus:

> Ac yd oed yma yg gwlat ni gwreic a elwit Veronic ac a oed yn diodef heint ys deudeng mlyned ac a gafas iechyt y ganthaw. Ac o'e garyat ynteu y kymerth y wreic honno y mywn lliein **drych y wyneb ef.** Ac weithon a del o dynyon a heint arnunt y adoli honno a gaffant iechyt.[36]

> (And there was in our land a woman called Veronica who had been suffering with a disorder for twelve years, and she was healed by him. And through love of him, this woman obtained on a cloth the image of his face. And nowadays, anyone suffering from a disorder who comes to revere that [cloth] is healed.)

This story is told differently in *Vindicta Salvatoris*, where the word employed for the image on Veronica's veil is *vultus* ('countenance, portrait').[37]

On a more mundane level, *drych* occurs in *Pererindod Siarlymaen* in the description of the emperor's palace:

Yn y lla6r yn ysgythredic yd oed del6eu yr holl aniueileit gwyllt a dof yn y kynted. Yn y penn issaf is y kynted yd oed del6 y mor yn ysgythredic a phob ry6 greadur pysc o'r a uacker yny mor. Yn ystlyssev y neuad yd oed del6 yr wybyr. a phob ry6 ederyn a ehedei ynda6 val kyt bei awyr. Penn y neuad a oed **yn ffuryf a drych** y ffuruauen. ar heul ar lloer ar syr. ar sygneu yn ansodedic y ffurvaven yn yd oedynt yn dywynygu ym penn y neuad.[38]

(In the floor were engraved images of all the animals, both wild and tame, in the *cyntedd*. In the lower end, below the *cyntedd*, an image of the sea was engraved, and every kind of fishy creature that is spawned in the sea. On the sides of the hall there was an image of the sky, with every kind of bird that would be flying in it, as though it were air. The end of the hall was in the form and *drych* of the firmament, with the sun and the moon and the stars and the signs of the Zodiac placed in the firmament, where they shone at the end of the hall.)

Here, *delw* is the term used for most of the images, but the end of the hall is said to be 'in the image and likeness', so to speak, of the firmament, with the sun and the moon and the stars and the Zodiac shining in it. As the recurrent *delw* suggests, these celestial bodies are man-made images representing the originals. *Pererindod Siarlymaen* is not a direct translation of the French *Le Pélerinage de Charlemagne*, but it is worth noting that in the latter text, the hall is lavishly decorated with *peintures*.[39]

Drych in the sense of 'image' or 'semblance' is also employed in a theological context to describe humankind's relationship to the Creator. In the White Book text of *Mabinogi Iesu Grist*, Jesus reproaches those who fail to recognize him as do the wild beasts:

Maur y mae guell y buystuileit no ch6y, y rei yssyd yn adnabot ac yn moli eu crea6dyr. ac eu hargluyd. Hw chwithev dynyon, a wnnaethp6yt **ar ffuryf Du6 e hun. ac ar y werthua6r drych** ny's etwen6ch a'r anyueileit a'm hatt6en i.[40]

(Much better than you are the wild beasts, which recognize and praise their creator and their lord. Yet you men, who were made in the *ffuryf* of God himself, and in his precious *drych*, do not recognize him, and the animals do recognize me.)

In this case, *drych* is employed to render the idea that humankind has been created in God's image and likeness, as recounted in Genesis 1:26: 'Faciamus hominem ad **imaginem et similitudinem** nostrum' ('Let us make man in our image and likeness'). Indeed, in the version of *Mabinogi Iesu Grist* preserved in Peniarth 14, the corresponding phrase is *ar delw Duw*: 'llawer y mae gwell yr aniueilieit yn atnabot eu harglwyd yn y glotuori no chwchwi yn dynyon gwedy rywneithur **ar delw Duw**' ('much better are the animals, recognizing their lord and praising him, than you men who have been made in the *delw* of God').[41]

Drych is similarly employed in the *Ystoria Lucidar*, the Welsh version of the *Elucidarium* of Honorius Augustodunensis. In a discussion of the human spirit as formed in the image and likeness of God, the substance of the human spirit is said to be formed 'o'r tan ysbrydawl, yn yr hwnn y dangossir **delw ac eilun** Duw' ('from the spiritual fire in which is manifest the image and likeness of God'). This corresponds to 'Ex spirituali igne, ut creditur, in quo **imago et similitudo** Dei exprimitur' in Honorius's Latin text. Asked to explain the 'image and likeness', the master replies that '**delw** a gymerir yn ffuryfedigaeth, **eilun** o ryw a meint a'e **drych** y'r dwyvolder ysyd yn y Drindawt. Y **delw** honno ysyd yn yr eneit' ('the *delw* [image] is understood as form, *eilun* [likeness] as kind and quantity, and his *drych* [image] in the divinity which is in the Trinity, that is the *delw* that is in the soul'). Here, the Welsh text renders the Latin 'Imago in forma accipitur, **similitudo** in qualitate vel quantitate consideratur. Divinitas consistit in Trinitate; hujus **imaginem** tenet anima.'[42] In both the White Book text of *Mabinogi Iesu Grist* and the text of *Ystoria Lucidar* in Peniarth 15, then, *drych*, like *delw*, is analogous with Latin *imago*.

This array of contexts in which *drych* refers to physical appearance or form, or a representation thereof, or a spiritual form or image imprinted in the soul, represents what seems to be the most common use of the word in the Middle Ages in a sense other than that of a looking glass. The extended sense of *drych* that GPC lists as *cyflwr* appears in the corpus of medieval Welsh only once, as far as I have been able to determine. In the Red Book text of *Iarlles y Ffynawn*, in the context of Gwalchmai's observation of Arthur's distress at Owein's long absence from court, the author recounts that:

> Ac ual yd oed Walchmei diwarnawt yn gorymdeith y gyt a'r amherawdyr Arthur, edrych a oruc ar Arthur a'e welet yn trist gystudedic; a doluryaw a oruc Gwalchmei yn uawr o welet Arthur yn y **drych** hwnnw, a gofyn a oruc idaw, 'Arglwyd ,' heb ef, 'py derw iti?' 'Y rof a Duw, Walchmei', heb yr Arthur, 'hiraeth yssyd arnaf am Owein a golles y gennyf meint teir blyned'.⁴³

> (One day as Gwalchmai was out walking with the emperor Arthur, he looked at Arthur and saw that he was sad and distressed. And Gwalchmai was extremely grieved to see Arthur in this state, and asked him, Lord,' he said, 'what is wrong with you?' 'Between me and God, Gwalchmai,' said Arthur, 'I miss Owain who has been gone for three years.')⁴⁴

Both Gwyn Jones and Thomas Jones's and Sioned Davies's translations of the relevant sentence, which has no counterpart in Chrétien's *Yvain*, is 'And Gwalchmai was much grieved to see Arthur in that/this state'. Although the *drych* of Arthur is the product of his emotional state, it is Arthur's appearance that makes Gwalchmai aware of his sadness: '**edrych** a oruc ar Arthur a'e **welet** yn trist'. Thus, this sense of the word is not far removed from the sense of 'appearance' that it carries so frequently.

Although it is relatively common in English and French texts from the medieval period to find 'mirror' words in the sense that GPC lists as *patrwm*, *esiampl*, this usage appears not to have been particularly customary in Welsh, as far as I have been able to determine. One rare instance in the prose literature occurs in *Y Seint Greal*, when Lucan the Butler ('Lucanus Fwtler') reminds Arthur that 'Paredur a Gwalchmei a Lawnslot ac Owein oeddynt **drych ac exawmpyl** y gwbyl o'th lys a'th gyfoeth' ('Peredur and Gwalchmai and Lancelot and Owain were a *drych* and example to everyone in your court and in your realm'), pairing *drych* with *exawmpyl* in a way that leaves no doubt that the terms are synonymous here.[45] There are also a few instances of *drych* in the sense of 'model' or 'example' in the poetry of the *cywyddwyr*. Iolo Goch, in a *cywydd* 'I Ieuan ab Einion o Chwilog' tells his patron that 'drych ydwyd'; several lines further on he says that 'Llewych y drych edrychwn, / Lliw dy frig fal cerrig hwn', a couplet that Dafydd Johnston translates as 'We look at the brightness of the mirror; your surface is like the stones of this house.'[46] Iolo suggests that his patron, who was sheriff of Caernarfon in 1385–90, is a shining example, as we might say today, to all who know him, and extends the metaphor by comparing the glittering surface of that figurative mirror to the sparkling stones of Ieuan's house at Chwilog.[47]

In English and French, medieval use of 'mirror' words to denote an example or model extended to negative examples – warnings, in other words. I am aware of one instance of *drych* used in something like this sense, in Dafydd ap Gwilym's poem about the fox, which he describes as 'drych nod brain a phiod ffair' ('a prominent mirror [to frighten] crows and fair magpies').[48]

Among the extended senses of *drych* listed in GPC, sense 3c: *gweledigaeth*, *amlygiad* (vision, manifestation), the sense in which it has been understood in *Breudwyt Ronabwy*, is quite rare in the extant literature. It may be in play in one of the stories in *Gwyrthiau Mair*, the Welsh version of the Miracles of the Virgin preserved in the Red Book of Talgarth. In that story, a drunken scholar falls into a body of water and drowns. The bishop intends to deny him burial in consecrated ground until it is discovered, when his body is pulled from the water, that his complexion is as ruddy and fresh as though he were still alive, and there is a script in his mouth on which is written *Ave Maria gratia plena*, testimony to his devotion to the Virgin. The discovery of the remarkable state of the corpse is described thus: 'ac nachaf y drych yn ryued' ('and lo, the [or his] *drych* was remarkable').⁴⁹ *Drych* here may be the sight, the vision, that greeted those who pulled the body from the water, but it may refer instead to the scholar's form or appearance. In any case, what is described here is not a 'vision' or 'dream' but a simple physical reality as perceived by onlookers.

There are just two instances in the poetry of the *Beirdd y Tywysogion* in which *drych* seems to refer to a vision or apparition. In a series of *englynion* lamenting the deaths of five of his friends, Gruffudd ap Gwrgenau, perhaps around the year 1200, observes that, 'Nyt hyn oes dyn noc oes drych' 'Man's lifetime is no longer than that of a *drych*'.⁵⁰ This *drych* seems to be a particularly fleeting and elusive vison or dream. In his *marwnad* for Rhys Ieuanc, who died in 1222, Phylip Brydydd says that, 'Neut val drych gwrthrych gwrth a welaf' ('it is like a vision to look upon that which I see').⁵¹ He suggests, I believe, that the corpse is like a spectre of the absent Rhys.⁵² This usage is not entirely dissimilar to the usage that identifies an alien form that a person takes on – as Uther takes on the form of Gorlois, and Pwyll of Arawn – through the operation of magic. Of the three instances described here, then, only the line from Gruffudd ap Gwrgenau seems unequivocally to refer to a dream. One wonders, then, whether the author of *Breudwyt Ronabwy* might have had something else in mind when he chose to describe what is quite certainly a dream as a *drych*.

Some scholars have read *Breuddwyd Rhonabwy* as a kind of *speculum principis*, or 'mirror for princes'.⁵³ Can we imagine that the *drych* experienced by Rhonabwy is a 'mirror' in the metaphorical sense in which so many medieval and early modern texts were entitled '*speculum*' or 'mirror'? This question leads us back to the manuscript sources of medieval Welsh literature in search of instances in which *drych* refers to a looking glass, or to a reflection in such a glass, or to the kind of description of reality that Latin authors sometimes termed a *speculum*.

Looking glasses do not appear very often in medieval Welsh prose; they are far more common in poetry, especially in the poetry of the *cywyddwyr*. There is a mirror, however, in *Chwedleu Seith Doethon Rufein*, the text that immediately precedes *Breudwyt Ronabwy* in the Red Book, in the same quire in which the latter begins.[54] Once upon a time, the empress recounts in one of her parables, an alchemist (or Vergil) erected a column in the middle of Rome and on top of it placed a magical mirror through whose power Rome was able to conquer any territory it chose.[55] Eventually, though, two men in the service of the king of Apulia persuade the Emperor Gratian to destroy the pillar and with it the mirror by persuading him that there is a pot of gold under its foundation.

In this story, a mirror serves a purpose assigned to magical mirrors in many oral and literary traditions (and practices) from antiquity to the present – it permits visions of the future and also enables some degree of control of events.[56] It is possibly this tradition of scrying that allowed the identification in Welsh of *drych* a 'mirror' with a vision or dream (*gweledigaeth*). It has more than once been pointed out that while significant dreams in literary texts often involve visions of the future, Rhonabwy's *breuddwyd* takes him into the past.[57] To suggest that this dream was like a magic mirror, then, might be one of numerous instances in the tale of authorial irony.[58]

Drych also occurs in *Delw y Byd*, the Welsh version of the *Imago Mundi* of Honorius Augustodunensis.[59] In its first instance in the fragment of this text preserved in columns 502–16 of the Red Book,[60] *drych* has the sense now familiar of 'appearance, form'. The text tells us that the manticore has *drych dyn*, referring here to its human head, as the mythical manticore has the body of a lion and the tail of a scorpion. *Drych dyn* apparently renders the Latin *facie homo*.[61] In the longer fragmentary text preserved in columns 975–98 of the same manuscript, the manticore is said to have *gosged dyn*.[62]

The second and third instances of *drych* in the Red Book *Delw y Byd* come much closer to the fundamental sense of 'mirror' as reflective surface. Describing the moon's light, the text explains that, 'nyt ydiw y phriaut leueuer genti. Namyn megys drych y goleuhaa yr heul' ('It does not have its own light. Rather, the sun illumines it like a mirror').[63] Here, *drych* corresponds to *specul[um]* in Honorius's Latin text: 'unde et proprium lumen non habet. Sed in modum speculi a sole illuminatur' ('Wherefore it does not have its own light, but in the manner of a mirror is illuminated by the sun').[64] *Drych* also occurs in *Delw y Byd* in a passage that describes the text itself as a 'mirror' of the entire world. This passage appears only in the fragment found in columns 975–98 of the Red Book. The reader is informed of the work that 'y rodir yn enw idaw Delw y Byt, o achaws gwelet ynda6 llunyeith yr holl vyt y mywn drych' ('the name Delw y Byd is given to it because in it is to be seen the arrangement of the entire world in a mirror').[65] This renders the Latin, 'Nomenque ei Imago Mundi indatur, eo quod dispositio totius orbis in eo quasi in speculo conspiciatur' ('the title *Imago Mundi* is given to it because the arrangement of the entire world may be seen in it as in a mirror').[66]

Text as mirror

Delw y Byd is exemplary of the medieval encyclopaedic tradition to which Honorius Augustodunensis contributed in the twelfth century with both *Imago Mundi*, a compendium of astronomic, geographic and historical knowledge, and *Elucidarium*, a sourcebook of theology for the layman. These books were widely disseminated and translated; both had been translated into Welsh by the mid-fourteenth century.[67] In the intellectual tradition in which these works are embedded, the idea of the 'mirror' is fundamental to an understanding of the unity of nature and its relationship to its creator. Underlying the concept of the mirror in that tradition is the belief that all of nature, emanating from a divine creator and thus serving as a way to know that creator, reflects him, as the moon reflects the light of the sun, thereby mediating it to those who dwell on the earth. It is the human soul, in particular, that bears the imprint of the reflected divine image, as we have seen in the discussion of *Mabinogi Iesu Grist*, but all of nature is a kind of image of its creator. A book that encompasses in encyclopaedic fashion human knowledge of God and the cosmos is in its turn a 'mirror' or 'image' (*speculum* or *imago*) of the reflected image that is the world and the human soul.⁶⁸ We see this idea expressed in the use of the term *speculum* in the titles of some medieval encyclopaedic works, most notably the thirteenth-century *Speculum Maius* of Vincent of Beauvais. The closely related idea of a textual *speculum* as a book in which one might see his character reflected underlies the genre of the *speculum principis*. It is that understanding of the mirror as a vehicle for reading our souls and assessing them as images of the divine that gives rise to the use of 'mirror' words, including *drych*, to refer to a model or exemplar.⁶⁹ Some textual mirrors of this kind show the virtues to which one ought to aspire; others, including Gerald's *Speculum Ecclesiae*, are cautionary models, exposing the vices inherent in persons and institutions. In the only known translation of any part of Gerald's work into Welsh, *Claddedigaeth Arthur*, reference is made 'o'n llyfyr ni yr h6nn a elwir **drych** yr eglwys' ('our book, the one which is called *Drych of the Church*').⁷⁰ This is but a single, slim piece of evidence, but it shows that *drych* was understood to be a word that could be applied to a textual *speculum*.

The polyvalence of the concept of the 'mirror' in medieval European intellectual tradition was rooted in a set of beliefs about the nature of reality. It was not merely that English 'mirror' and analogous words in other vernaculars had a range of loosely connected meanings: those different semantic values formed a web of signification; they were stars in a constellation of meaning. Perhaps this was true of Welsh *drych* as well, among at least some of those writing in Welsh. For the author of *Breudwyt Ronabwy*, identifying Rhonabwy's dream as *drych* may have had more than a single, clearly delimited sense. Perhaps the author intended to suggest that the dream vision was a mirror enabling mediated knowledge of some aspect of truth, as moonlight mediates the light of the sun; as the human soul mediates the nature of God – or fails to; as a book like *Imago Mundi* mediates, textually, the entire cosmos.

Knowing nothing about the author, not even whether he wrote *Breudwyt Ronabwy* in the twelfth century or the thirteenth or the fourteenth, it is impossible to be sure that he experienced the full resonance of the idea of the mirror, or of the word *drych*. He is likely to have been familiar with the mirror as a material object, however, and with the opportunities it afforded for both perception and distortion of the truth.

Looking glasses in the Middle Ages

Ancient mirrors were made of metal. A bronze mirror, carefully kept and polished before each use, could produce a serviceable reflection of its user. Metal mirrors were known in Britain in the Iron Age, as some sixty survivors, two of them from Wales, attest.[71] As for glass mirrors, fragments dating from as early as the ninth or tenth century have been discovered in the context of Viking settlements in Sweden, Norway and Hedeby.[72] It was not until the late twelfth century, however, that mirrors made of glass began to appear in Europe in any quantity. From that point on they became quite common. Records show that by the early thirteenth century mirrors were being traded fairly extensively in Europe, and the combination of such records and the large number of mirror cases, frames and stands that have survived, even though the fragile glass is in most cases long since gone, suggests that glass mirrors were the most common mirrors in Europe from the mid-twelfth century on.[73]

It is in the twelfth and thirteenth centuries, too, that references to glass mirrors become common in European texts. Such references appear in the works of, among others, Alan of Lille, Hartmann von Aue, Gottfried von Strasbourg, and Vincent of Beauvais, whose *Speculum Naturale* (one of the three parts of his *Speculum Maius,* discussed above) not only calls itself a mirror but discusses the manufacture of glass mirrors.[74] Probably the best known and most influential appearances of the mirror in thirteenth-century literature occur in *Le Roman de la Rose*. Guillaume de Lorris's first part of that poem relates the story of Narcissus falling in love with his own image reflected in the water of a pool. Amant comes across that pool, conveniently labelled, and discovers that the source of the reflections seen in it is in fact a pair of crystals. According to our narrator:

When the all-seeing sun sends down its rays into the spring, and light descends into its depths, more than a hundred colours appear in the crystal, which turns blue and yellow and red in the sunlight. The crystal is so marvellous and has such power that the whole place, with its trees and flowers and everything adorning the garden, is revealed there in due order. To help you understand the phenomenon I shall give you an illustration. Just as things placed in front of a mirror are reflected in it, and their appearance and colour are seen quite plainly, exactly so, I assure you, does the crystal truly disclose the whole of the garden to him who gazes into the water. For whichever side he is on, he can always see half of the garden, and by turning he is at once able to see the remainder. And so there is nothing so small, so secret, or so hidden that it is not displayed there, as if it were etched in the crystal.[75]

The crystals, then, have the property of convex glass mirrors, allowing a very broad view of the world that they reflect.

It is tempting to see the influence of the Narcissus story in the figure of Drych Eil Kibdar, who is referred to obliquely in *Culhwch ac Olwen* when Arthur is assembling the company that will accompany Culhwch on his quest. Among that group is Bedwyr, of whom it is said in the White Book text that 'nyt oed neb kymryt ac ef yn yr ynys honn namyn Arthur a Drych eil Kibdar', rendered by Sioned Davies as 'No one was as handsome as he in this Island except Arthur and Drych son of Cibddar'.[76] The Joneses' translation is similar; Patrick Ford renders *kymryt* as 'fair'. In the Red Book text of *Culhwch ac Olwen*, we find 'nyt oed neb kyfret ac ef' ('no one was as fast as he') rather than 'nyt oed neb kymryt ac ef' ('no one was as good looking as he'). Speed would seem to be a more useful trait in a quest companion than beauty, so in the context of the narrative, the Red Book reading would seem to be preferable. The name Drych Eil Kibdar in itself, however, suggests beauty. *Eil*, literally 'second', is often used for a son, but it also means 'second' in the sense of 'like' or 'similar to'. *Drych*, a mirror image, would be so 'like' Cibddar as to be his equivalent. *Eil* occurs in *Trioedd Ynys Prydein*, too, where Drych Eil Kibdar is one of *tri lleturitha6c* 'three enchanters'. As Rachel Bromwich noted, this is the only instance of *lled(f)rithog* employed substantively cited in GPC.[77] The semantic range of the adjective encompasses 'rhithiol . . . drychiolaethol' ('illusory, spectral'), and one might think of Drych in this way, as a mirror image that tricks the viewer into believing that what is merely spectral is a physically real person. The figure of Cibddar, of whom Drych may be the mirror image, is, alas, elusive. Apart from Triad 27, he is mentioned as far as I have been able to determine only in a poem by Prydydd y Moch, in which he describes Llywelyn ab Iorwerth as 'Mal Arthur kein modur Kybdar' ('like Arthur, the fair lord of Cibddar').[78] This tells us nothing, but suggests that Arthur and Cibddar may have been associated in the traditional imaginary with one another as being particularly good looking.

This reading of Drych eil Cibddar is highly speculative, and of course implies no familiarity with *Le Roman de la Rose*; Welsh literati could very well have known the story of Narcissus through Ovid's *Metamorphoses*.[79] I mean to suggest only that the kind of thinking about mirrors and mirror images that finds expression in *Le Roman de la Rose* might have been current in medieval Wales as well, and that there may be an allusive joke embedded in the name of Drych eil Kibdar, than whom no one was fairer except Arthur and Bedwyr.

In the long continuation of *Le Roman de la Rose* by Jean de Meun, the god of love is represented as explaining to Amant how the poem will come to be written. He claims of Jean de Meun's section – still imaginatively in the future – that 'all those who are yet to live should call this book the Mirror of Lovers' (*le Miroër aus Amoreus*).[80] More significantly, Jean incorporates into the long discourse of Lady Nature an extended discussion of mirrors that draws knowledgeably on the optical science of its day.[81] He cites the work of Aristotle in this area, and more strikingly that of Alhazen (Ḥasan Ibn al-Haytham, *c*.965–*c*.1040), the Arab scientist whose work established the foundations of modern optics.[82] It is worth noting here that the two western thinkers who did the most to lay the foundations of optical science in the west were Englishmen, Robert Grosseteste (*c*.1168–1253) and John Pecham (*c*.1230–92). Grosseteste's works *De iride et speculo* and *De luce* have been described as 'a critical synthesis of all the information known to him ... in the context of his own metaphysics of light, derived from the neo-Platonic, Christian tradition'.[83] Patricia Eberle believes that Grosseteste's work informs the discourse on optics in *Le Roman de la Rose*; Félix Lecoy proposes that Jean de Meun knew about Alhazen through the work of John Pecham, but Eberle feels that Pecham's work was too late to be reflected in *Le Roman de la Rose*.[84] Pecham was the next important writer on optics, and of course, he was not only Archbishop of Canterbury, but spent time in Wales as the emissary of Edward I.[85]

Again, I am not proposing that the author of *Breudwyt Ronabwy* was necessarily familiar with *Le Roman de la Rose*, or with the writings on optics of Grosseteste or Pecham, but only that the subject of optics, including catoptrics, the branch of that science concerned with mirrors, was very much part of the intellectual milieu of the thirteenth and fourteenth centuries, not only in Paris but in Oxford, not only in France but in Britain. Knowing virtually nothing about our author, not even in what century he lived, we cannot know whether he travelled in circles where such matters were discussed, but he might have done.[86]

It is more certain that he would have been familiar with the glass mirrors that were proliferating in Europe from the twelfth century on. In the most thorough study to date of medieval mirrors, Ingeborg Krueger has written that

> Spiegel aus Glas während des ganzen Mittelalter bekannt und geläufig waren. Zumindest seit der zweiten Hälfte des 12 Jahrhunderts bestand der normale Spiegel für den täglichen Gebrauch aus Glas ... Die Quellen zeigen auch, daß die Glasspiegel in vielen Ländern des Abendlandes (wahrscheinlich darf man verallgemeinern: in ganz Europa) gebraucht ... wurden.[87]

> (Glass mirrors were known and used throughout the Middle Ages. Since at least the second half of the twelfth century, the normal mirror for everyday use has been made of glass ... The sources also

indicate that glass mirrors were used in many western countries (probably one can generalize: in all of Europe).)

These medieval mirrors were for the most part polygonal and quite small, between 4 cm and 7 cm in diameter.[88] Twelfth- and thirteenth-century mirrors, and many, if not most, fourteenth-century mirrors, were convex rather than flat. They were manufactured by blowing a glass sphere, into which liquid lead was poured and spread over the interior surface by means of careful movement of the glass ball. Once it had dried, the ball could be broken into pieces of a usable size.[89] There is no definitive evidence of flat mirrors before 1312, and it was not until the sixteenth century that the technique of producing flat sheets of glass of any size was developed.[90]

There can be very little doubt that mirrors of this kind – small, convex glass mirrors silvered with lead and generally fitted into cases – were known in medieval Wales. Ingeborg Krueger describes 'small round folding cases of copper alloy or pewter with little glass mirrors in both halves' dating from the thirteenth and fourteenth centuries of which more than twenty-five had been found in Britain at the time when she published her article.[91] The Welsh laws offer evidence that there were mirrors in Wales no later than the early thirteenth century, when the Iorwerth redaction is believed to have been compiled. The laws enumerate the value of many different kinds of household equipment (*dodrefn*). Among these, in the Iorwerth redaction, is listed *drych*, at a *fyrling*, or farthing.[92] The mirror is listed among, and is equal in value to, a number of essential implements and resources:

> a water cup . . . a weeding-hook, an arrow, a turning-lathe, a spindle; a skein winder, a twisting frame, a flail, a scraper, a mallet, a spatula, a wooden shovel, a fork, a rake; a sheaf of oats, a hank of flax, a hen's chick; a cow-spancel, a ruler, a guiding thong, a mirror, a butter vessel, wooden tongs, a wooden fetter, a bowl: a farthing for each of these.[93]

A mirror would seem, then, to have been a not unusual item to have around the house, in thirteenth-century Gwynedd at least.

A tile found at the site of Strata Florida provides visual evidence that small mirrors were known in Ceredigion no later than the mid-fourteenth century. Believed to date from *c*.1340, it shows an elegantly dressed young man who seems to be looking into a mirror enclosed in a frame or case.[94]

Looking glasses are uncommon in early Welsh poetry, but appear more frequently in the poetry of the *cywyddwyr*, as we might expect, given their increasing availability from the twelfth century on. Perhaps the earliest instance of *drych* referring to a mirror occurs in 'Cyfoesi Myrddin a Gwenddydd ei chwaer', a poem preserved in the late thirteenth- or early fourteenth-century manuscript Peniarth 3, part ii and the late fourteenth-century Red Book of Hergest. 'Cyfoesi' is a prophetic poem in *englyn* form in which Gwenddydd elicits from Myrddin a prophecy about a sequence of kings, primarily of Gwynedd. At various points in the poem, both Myrddin and Gwenddydd lament their reduced condition in the wake of the battle of Arfderydd. Gwenddydd says: 'dr6c vy hoen a'm ryd drych'.[95] In his edition of the poem, Ben Guy translates this line as 'Wretched is my hue and my slack appearance', taking *drych* in the sense of *gwedd* – a common usage, as we have seen.[96] I would be inclined, however, to render the line 'Poor is the complexion that the mirror gives me'. This poem has been dated to various points from the mid-tenth century to the first quarter of the thirteenth, the latter date assigned by its most recent editor.[97] As we have seen, glass mirrors became increasingly common throughout Britain from the mid-twelfth century on, so while it might have been anachronistic for the poet to imagine the figure of Gwenddydd with a looking glass, it would not have been impossible for him, from his thirteenth-century standpoint.[98]

A mirror that Rhys Gryg gave to Prydydd y Moch in the early thirteenth century is also likely to have been a glass mirror. In a praise poem that its editors suggest may have been composed *c*.1220, the poet declares that, 'A'm rotes ryodres riued / A drych eur ar drychant tuted' ('[He] gave me splendour in abundance / and a golden *drych* on top of three hundred mantles'). In their paraphrase, the editors render *drych* as a non-specific 'tlws' ('treasure', 'precious object'),[99] but there is no reason that the gift should not have been a small glass mirror, perhaps in a case of gold – or one of the common copper alloy cases mentioned above as having been common in Britain, which would have had a golden look to it.

There is no doubt whatsoever of the presence of looking glasses in the poetry of the *cywyddwyr*. In a *cywydd* to which Thomas Parry gave the title 'Y Drych', Dafydd ap Gwilym looks at himself in the mirror and sees a yellowish complexion, an excessively long nose, eyes like empty holes and a spotty face. He observes that either he is really bad looking, 'ai nad da'r drych' ('or else the mirror is no good'). It is possible, he thinks, that it is the mirror that is speckled, as indeed would have been a more common problem with early, lead-lined glass mirrors than it is even today with older mirrors whose silvering is deteriorating. He curses it, calling it 'mingam meingas' ('crooked-lipped, thin and hateful'), before acknowledging to himself that it is probably 'y ferch o Wynedd' ('the girl from Gwynedd') whose rejection has ruined his looks.[100] The poem evokes most effectively the sort of distorted reflection that a poorly silvered convex mirror would have delivered, especially at close range. Dafydd's contemporary Madog Benfras also composed a poem that is known as 'Cywydd y Drych'. In Madog's *cywydd*, it is the girl who looks into a mirror, and realizes that she is far too beautiful to settle for the poet – she can do better.[101]

The mirror does not appear in love poems alone. In an elegy for the sons of Tudur Fychan, Iolo Goch employs this metaphor of the darkened reflective surface very differently from Dafydd. In response to the death of the two young men, a darkness has fallen over Môn, like an eclipse, like a fog, 'Megis edrych mewn drych drwg' ('like looking into a bad mirror)'.[102]

An arresting instance of *drych* in the sense of 'mirror' occurs in Dafydd's *cywydd* 'Y Sêr'.[103] In an extended passage of *dyfalu*, the poet celebrates the stars that appear in the sky to light his way as he makes his way by night to a tryst with a girl. Over the course of some forty lines, Dafydd rings metaphorical changes on the stars, which are among other things described as 'drych callestr' ('a mirror of flint') and 'drychau dimeiau Duw mawr' ('mirrors of the great God's halfpennies'). The first phrase compares twinkling stars to sparks struck from a flintstone, while at the same time evoking the idea, discussed above, that everything in nature is related through analogy and reflection, including language, which mirrors the world. The fanciful second phrase alludes to the idea that all of nature ultimately mirrors the divine.[104]

A very different kind of metaphorical deployment of the looking glass is found in one of the proverbs recorded in the Red Book, 'Ny na6d gynnyd bleid o drych', which would seem to mean something like 'It's not customary for a wolf to benefit from a mirror'.[105] Another possible interpretation is 'It's not customary for a wolf to be at peace with a mirror'.[106] The suggestion in either case is that the wolf will not recognize himself in a mirror. The second interpretation suggests that, unlike Narcissus, he will snarl at himself, rather than falling in love with his image. The proverb hints at a familiarity with the kind of textual mirror – like Gerald's *Speculum Ecclesiae*, for example – that is intended to show us our vices, so that we may accept and amend them. The wolfish person, unfortunately, will not do so. It is worth noting, in any case, that a proverb dating back at least as far as the fourteenth century can imagine a wolf looking at himself in a mirror.

Conclusion

In the corpus of medieval Welsh, the term *drych* occurs more frequently in the sense of a form, or shape, or appearance, than it does in most of its other senses. It is difficult to stretch this sense of the word to encompass Rhonabwy's dream, unless by thinking of it as 'that which is seen' (*visum*), or *golygfa*, to use of one of the glosses on *drych* in GPC. Apart from *Breudwyt Ronabwy*, there is only one instance in which *drych* refers to a vision or dream, in a *marwnad* by Gruffudd ap Gwrgenau. Use of the term to denote a mirror, on the other hand, is increasingly common in the thirteenth and fourteenth centuries, a period when looking glasses would have been fairly common objects in Wales, a period in which there was a fairly general understanding that nature and texts, as well as the human soul, could serve as reflections, or images, or 'mirrors' of the creator, and also a period in which developments in the science of optics made the operations of mirrors a topic of discussion in learned circles. In this cultural context, I believe it quite likely that the author of *Breudwyt Ronabwy* intended us to understand his protagonist's *drych* as a mirror. In this dream that 'no one can understand without a book' ('na wyr neb y breidwyt ... heb lyuyr'), the audience is invited to see itself and its world, to contemplate its own vices and virtues.[107] It is far from a clear mirror that we are offered, however. It is no *Imago Mundi* or *Speculum Maius*, setting forth plainly what is known about the world, and God, and history. It is no *Speculum Ecclesiae*, making no bones in its often satirical account of the twelfth-century church. It is a mirror that distorts the reality it reflects, as did the convex looking glasses of the Middle Ages with their very imperfect lead silvering. Dafydd ap Gwilym and Iolo Goch understood that mirrors were not entirely reliable. So too, I would argue, did the author of *Breudwyt Ronabwy*. Rhonabwy's dream is not only an imperfect mirror; it is a kind of funhouse mirror. Ingeborg Krueger describes the amusement park maintained by the duke of Burgundy in the early fourteenth century, whose trappings included trick mirrors, and explains that such *Spiegeltricks* had been described in treatises on catoptrics from antiquity onwards.[108] Such mirrors are described by Nature in *Le Roman de la Rose*:

> They also cause phantoms to appear to those who look in; these even appear to come to life outside the mirror, whether in water or in the air, and they can be seen to play between the eye and the mirror. This is achieved by using different angles, and depends on whether the medium is composite or simple, of one nature or many. The responsive medium reverses the image and multiplies it many times, for the way in which the image appears to the eyes depends upon the rays that are reflected back to them, and these are so variously absorbed by the medium that the observer is deceived.[109]

This is the kind of mirror that *Breudwyt Ronabwy* offers its audience: a mirror that delivers a distorted reflection of reality, difficult to interpret, even as a narrative text is difficult to interpret. Describing Chrétien's *Le Conte du Graal* in terms of the scene in which a beautiful maiden looks at herself in a mirror, Francis Dubost writes that:

> Le roman, quant à lui, s'identifie aussi au miroir ; mais à un miroir de type ancien, dont l'usage est singulier, le miroir de saint Paul, qui ne permet qu'une vision approximative, in aenigmate. L'image est brouillée par le miroitement. Et le roman-miroir apparaît ainsi comme un objet herméneutique et non comme un écran où viendrait s'inscrire en clair quelque révélation décisive.[110]

(The romance, for its part, is also identified with the mirror; but with an old-fashioned mirror, the use of which is unusual, the mirror of Saint Paul, which allows only an approximate vision, *in aenigmate*. The image is blurred by the shimmer. And the romance-mirror thus appears as a hermeneutical object and not as a screen on which some decisive revelation would be inscribed clearly.)

Rhonabwy looks into a *drych* that gives back a distorted image of reality, an image difficult, if not impossible, to interpret. And as a text, *Breudwyt Ronabwy* is precisely the same kind of mirror: a 'hermeneutical object' perhaps intended never to reveal its meaning.

Notes

1 See https://digital.bodleian.ox.ac.uk/objects/9bf187bf-f862-4453-bc4f-851f6d3948af/surfaces/74d55910-1678-4d15-acd3-0b43ee7ab2fa/. This and all websites referenced consulted 4 May 2023. Not every prose text in the Red Book is titled, so that the titling here stands out as a very deliberate choice made by the scribe, Hywel Fychan.

2 See https://digital.bodleian.ox.ac.uk/objects/9bf187bf-f862-4453-bc4f-851f6d3948af/surfaces/834cf3ba-aee1-44c9-94f1-5af2be1b3dda/. Melville Richards (ed.), *Breudwyt Ronabwy* (Cardiff: University of Wales Press, 1948), p. 21, l. 9.

3 Quoted here from the Red Book of Hergest, f. 172r: https://digital.bodleian.ox.ac.uk/objects/9bf187bf-f862-4453-bc4f-851f6d3948af/surfaces/1e5be33e-3718-4c0f-

    a587-ebd2ce574957/#. See also Brynley F. Roberts (ed.), *Breudwyt Maxen Wledic* (Dublin: Dublin Institute for Advanced Studies, 2005), p. 1, ll. 18–20, where the text is edited from Peniarth 16.

4 Catherine McKenna, '"What Dreams May Come Must Give Us Pause": *Breudwyt Ronabwy* and the Red Book of Hergest', CMCS, 58 (winter 2009), 69–99.

5 Macrobius, *Commentary on the Dream of Scipio*, ed. and trans. William H. Stahl (New York: Columbia University Press, 1952), I.iii.5; p. 88. Further quotations from this edition.

6 Macrobius, I.iii.7; p. 89

7 Richards, *Breudwyt Ronabwy*, p. 3, ll. 25–7.

8 McKenna, 'What Dreams May Come', 89.

9 Dafydd Glyn Jones, 'Breuddwyd Rhonabwy', in Geraint Bowen (ed.), *Y Traddodiad Rhyddiaith yn yr Oesoedd Canol* (Llandysul: Gwasg Gomer, 1974), pp. 176–95; Edgar M. Slotkin, 'The Fabula, Story, and Text of *Breuddwyd Rhonabwy*', CMCS, 18 (winter 1989), 89–113.

10 See, for example, Marged Haycock, *Where Cider Ends, There Ale Begins to Reign: Drink in Medieval Welsh Poetry*, H. M. Chadwick Lecture (Cambridge: Department of Anglo-Saxon, Norse, and Celtic, 1999); 'Defnydd hyd Ddydd Brawd: rhai agweddau ar y ferch ym marddoniaeth yr Oesoedd Canol', in Geraint H Jenkins (ed.), *Cymru a'r Cymry 2000* (Aberystwyth: Canolfan Uwchefrydiau Cymreig a Cheltaidd, 2001), pp. 41–70.

11 Richards, *Breudwyt Ronabwy*, p. 3, ll. 23, 25–6. Oxford, Jesus College MS 111 (Red Book of Hergest), f. 135r, col. 557, ll. 22–8.

12 Gwyn Jones and Thomas Jones (trans.), *The Mabinogion* (London: J. M. Dent, 1949), p. 139; Sioned Davies (trans.), *The Mabinogion*, Oxford World Classics (Oxford: Oxford University Press, 2007), p. 300.

13 GPC s.v. *drych*; 'Derk-' in Joseph P. Pickett (ed.), *American Heritage Dictionary of the English Language* (fourth edn, 2000), Appendix I: Indo-European Roots; 'Derk-' in Ranko Matasović (ed.), *Etymological Dictionary of Proto-Celtic* (Leiden: Brill, 2008), *https://dictionaries-brillonline-com.ezp prod1.hul.harvard.edu/search#dictionary=proto_celtic&id=pc0258* (accessed 10 July 2020).

14 The second sense (heading 2) of *drych* in GPC is 'magnifying-glass, glasses, spectacles' (*chwyddwydr, sbectol*). The optical, as opposed to the simply reflective, properties of the material mirror have facilitated the semantic transfer. This sense is unattested before the eighteenth century, and thus not relevant to the present discussion.

15 S. Kuhn, H. Kurath and R. Lewis, *Middle English Dictionary* (Ann Arbor: University of Michigan Press, 1952), s.v. *miröur*, pp. 527–9.

16 See *http://www.anglo-norman.net/gate/*, s.v. mirur.

17 R. L. Thomson (ed.), *Pwyll Pendeuic Dyuet*, Mediaeval and Modern Welsh Series, 1 (Dublin: Dublin Institute for Advanced Studies, 1957), p. 6, ll. 138–9. Oxford, Jesus College MS 111 (Red Book of Hergest), f. 176r, col. 714, ll. 1–3. See also Peniarth 4 (The White Book of Rhydderch, part 2), f. 3r.

18   Henry Lewis (ed.), *Brut Dingestow* (Cardiff: University of Wales Press, 1942), p. 138.

19   Lewis, *Brut Dingestow*, pp. 139–40. *Drych* or the variant *drech* occurs in this episode of *Brut y Brenhinedd* in at least five of the six versions of the text identified by Brynley Roberts in *Brut y Brenhinedd: Llanstephan MS. 1 Version* (Dublin: Dublin Institute for Advanced Studies, 1984), pp. xxiv–xxxi, xxxvi–xxxix. MS Peniarth 44, the mid-thirteenth-century earliest witness of Roberts's second version, is an incomplete version of the *Brut* and does not include this story in the medieval section of the manuscript. The corresponding text in the Red Book is as follows: 'mi a 6n o medeginyaetheu i rodi ytti **drych** ac answd Gwrlois, hyt na bo neb a wypo na vo ti vo Gorlois. Ac wrth hynny o mynny ditheu vfudhau y hynny, minheu a'th wnaf di yn y **drych** a'r **wed** y mae Gwrlois.' ('I know, by means of my medical skills, how to give you the *drych* and *ansawdd* of Gorlois, so that no one will know that you are not Gorlois. Therefore, if you are willing to submit to that, I will put you in the *drych* and the *gwedd* that Gorlois has.') And then, 'g6edy b6r6 **drych a ffuryf** G6rlois y arna6. ef a ymchoeles yn Uthur Penn dragon' ('after the *drych* and *ffurf* of Gorlois were removed from him, he turned back into Uther Pendragon'). Red Book of Hergest, f. 38r, col. 150, ll. 27–33; see also John Rhys and J. Gwenogvryn Evans (eds), *The Text of the Bruts from the Red Book of Hergest* (Oxford: Clarendon Press, 1890), pp. 178–80. *Drych* serves as a doublet here for *ansawdd*, *gwedd* and *ffurf* in turn. The corresponding passage in MS Cotton Cleopatra Bv, the eponym of the fifth version, at ff. 75v–76r, reads as follows: 'Ac os hynny avynny arglwid. reit yw rodi **drech** gwrleis arnat ... Ac ny wybit neb na bo gwrleis ay deu anwnwil vithom.' ('And if that is what you want, lord, you must put on you the likeness of Gorlois ... and no one will know that we are not Gorlois and his two dear friends.') John Jay Parry (ed.), *Brut y Brenhinedd: Cotton Cleopatra Version* (Cambridge, MA: Mediaeval Academy of America, 1937), p. 152; Parry's translation. *Drych* (or *drech*) occurs in the same context and with the same sense in the texts of *Brut y Brenhinedd* in MSS Peniarth 45, pp. 141, 187, and 189 and 46, pp. 256–8; Mostyn 117, pp. 182–5; and Cardiff 1.362 (Hafod 1), ff. 72r and 73r. These are medieval texts of the Dingestow version. *Drech* occurs in this narrative context in the following early text of the Llanstephan 1 version: MSS Cardiff 1.363 (Hafod 2), f. 138r-v. This story is not included in Roberts's selections from the Llanstephan 1 version, and I do not have access to MS Llanstephan 1 itself. *Drech* is also employed in this narrative context in the fourth of Roberts's versions, the Peniarth 21 version, as witnessed by MS Peniarth 21, f. 19v. The *drych* of the Red Book text occurs as well in other medieval texts of the Red Book version (the sixth): MS Peniarth 19, ff. 59r, 75r–v; BL Add. MS. 19,709, f. 62r; MS Mostyn 116, 5. 100v (*www. rhyddiaithganoloesol.caerdydd.ac.uk* (accessed 26 June 2023)). Some punctuation has been added to quotations from this database.

20   Based on a search of the *Archive of Celtic Latin Literature* (Turnhout: Brepols, 1994–), whose text of Geoffrey is based on Acton Griscom (ed.), *The Historia Regum Britanniae of Geoffrey of Monmouth, with Contributions to the Study of its Place in*

Early British History (London and New York: Longmans, Green, 1929). For the episode involving Merlin's parentage, see p. 381; for Merlin's transformation of Uther, pp. 425–7. On *drech* as a variant of *drych*, see GPC s.v. *drych*.

21 Robert Williams and G. Hartwell Jones (ed. and trans.), *Selections from the Hengwrt Manuscripts* (London: T. Richards, 1876), p. 346. Peniarth 11, f. 221r, l. 26 (on *www.rhyddiaithganoloesol.caerdydd.ac.uk*).

22 Lewis, *Brut Dingestow*, p. 102; Rhys and Evans, *Red Book Bruts*, p. 142. The term does not occur in the Cotton Cleopatra version of this episode.

23 Lewis, *Brut Dingestow*, p. 102; Rhys and Evans, *Red Book Bruts*, p. 243. The reference is to the *De Deo Socratis* of Apuleius. The Cotton Cleopatra version of this passage reads in part: 'Ac y mae llawer onadunt yn gallu kymryt **drech** corff dyn amdanaw. ac ymrithiaw yn rith gwreic; ac yn derbynyeit kyt gan wr. ac eilweith ymrithiaw yn rith gwr. achydiaw a gwreic drwy ev hwnn.' ('And many of them are able to take upon themselves the likeness of a human body, and appear in the form of a woman and receive embraces from a man, and at another time appear in the form of a man and have intercourse with a woman in her sleep.') Parry, *Brut y Brenhinedd*, p. 122; Parry's translation. On this passage as it appears in Geoffrey, see Michael J. Curley, 'Conjuring History: Mother, Nun, and Incubus in Geoffrey of Monmouth's Historia Regum Britanniae', *Journal of English and Germanic Philology*, 114 (April 2015), 219–39.

24 Rhys and Evans, *Red Book Bruts*, p. 152.

25 Cardiff 1.362, f. 110r, col. 613, l. 23; NLW 3035, f. 8v, l. 18 (on *www.rhyddiaithganoloesol.caerdydd.ac.uk*).

26 Thomas Jones (ed. and trans.), *Brut y Tywysogion or the Chronicle of the Princes: Red Book of Hergest Version*, University of Wales History and Law Series, 16 (Cardiff: University of Wales Press, 1955), pp. 122 and 123.

27 Marged Haycock (ed. and trans.), *Prophecies from the Book of Taliesin* (Aberystwyth: CMCS Publications, 2013), 3.21, p. 66.

28 CA, p. 213.

29 LlDC 17.173, p. 34. John K. Bollard has translated this phrase as 'countenance of lovers' in 'Myrddin in Early Welsh Tradition', in Peter Goodrich (ed.), *The Romance of Merlin: An Anthology* (New York and London: Garland, 1990), pp. 13–56. His translation of *Oianau* appears at pp. 24–30, as 'The Little Pig Stanzas', and the line in question in stanza 20 at p. 29.

30 GDG³ 48.42; DG.net 137.42.

31 GDG³ 112.14; DG.net 42.14.

32 GPB 6.112. The editor Huw Meirion Edwards paraphrases the line thus: *Adda arw a rhychiog, tebyg i ddyn dall.*

33 GC 12.1. The editor Iestyn Daniel paraphrases the line thus: *Gwlybaniaeth blew [adeg] ymgydiad ag agen, [achos] llesgedd trist [ei] gyflwr.*

34 GBDd 13.3. The editor Iestyn Daniel paraphrases the line thus: 'Golwg uffernol [sydd ar dy] drwyn [tebyg i] hof sy'n chwynnu drain'.

35 Macrobius, *Commentary* I.iii.7; p. 89.

36 J. E. Caerwyn Williams (ed.), 'Ystorya Titus Aspassianus', BBCS, 9 (1939), 221–30, at 226. For the sake of clarity, I have substituted a variant reading

from Llst. 27 for that of the White Book (Williams's base text), because the White Book form of the word in question is *drech*.

37 Constantin von Tischendorf (ed.), *Evangelia Apocrypha: Adhibitis Plurimis Codicibus Graecis Et Latinis Maximam Partem Nunc Primum Consultis Atque Ineditorum Copia Insignibus*, ATLA Historical Monographs Collection, Series 1 (thirteenth century to 1893) (Lipsiae: H. Mendelssohn, 1876), pp. 471–86, at pp. 480–1.

38 Oxford, Jesus College 111 (Red Book of Hergest), f. 151r, col. 613, ll. 19–31 (on *www.rhyddiaithganoloesol.caerdydd.ac.uk*). *Drych*, or the variant *drech*, appears in this context in all extant texts of *Pererindod Siarlymaen*, i.e. in Peniarth 8, part i at p. 8, l. 30; Peniarth 7, f. 18v (col. 59), l. 23; Peniarth 10, f. 8v, l. 24; Peniarth 5 (White Book of Rhydderch), f. 94v (col. 141), l. 26.

39 Anna J. Cooper and Eduard Koschwitz (eds), *Le Pèlerinage de Charlemagne* (Paris: A. Lahure, 1925), p. 60, l. 345.

40 Peniarth 5, f. 19v, ll. 40–3.

41 Mary Williams (ed.), 'Llyma Vabinogi Iessu Grist', RC, 33 (1912), 182–228, at 194. Peniarth 14, p. 130, ll. 7–10.

42 Welsh text based on John Morris-Jones and John Rhys (eds), *The Elucidarium, and Other Tracts in Welsh*, Anecdota Oxoniensia: Mediaeval and Modern Series, 6 (Oxford: Clarendon Press, 1894), pp. 9–10, and Peniarth 15, p. 67, ll. 3–7 (on *www.rhyddiaithganoloesol.caerdydd.ac.uk*). Latin text from Honorius Augustodunensis, *Elucidarium*, Book 1, Section 11, in J.-P. Migne (ed.), and ProQuest Information Learning Company (issuing body), *Patrologia Latina Database* (Ann Arbor: ProQuest, 1996), cols. 1116C–D. The Welsh text of this passage in Oxford, Jesus College 119, f. 10v, ll. 24–f. 11r, ll. 2–5; Llst. 27 (the Red Book of Talgarth), f. 4v, ll. 26–f. 5r, ll. 1–3; and Peniarth 190, p. 15, ll. 15–21, is identical to the text quoted from Peniarth 15.

43 R. L. Thomson (ed.), *Owein, or Chwedyl Iarlles y Fynnawn*, Mediaeval and Modern Welsh Series, 4 (Dublin: Dublin Institute for Advanced Studies, 1975), ll. 455–61, p. 17. Oxford, Jesus College 111 (Red Book of Hergest), f. 158r, col. 642, ll. 4–14. No equivalent passage occurs in the defective text of MS Peniarth 4 (the White Book of Rhydderch) or the incomplete text of Oxford, Bodleian Library MS Jesus College 20.

44 Davies, *The Mabinogion*, p. 128. Cf. Jones and Jones, *The Mabinogion*, p. 170.

45 Williams and Jones, *Selections from the Hengwrt Manuscripts*, p. 430. Peniarth 11, f. 221r, l. 26 (on *www.rhyddiaithganoloesol.caerdydd.ac.uk*).

46 Dafydd Johnston (ed. and trans.), *Iolo Goch: Poems*, Welsh Classics, 5 (Llandysul: Gomer Press, 1993), 3.35–6, 49–50.

47 See GIG 3 and note on p. 196: 'Ergyd y cwpled yw fod castell yn disgleirio fel gwydr.'

48 GDG 22.33, p. 65; DG.net 60.33.

49 Llst. 27 (Llyfr Coch Talgarth), f. 179v, l. 14 (on *www.rhyddiaithganoloesol.caerdydd.ac.uk*).

50 Morfydd E. Owen (ed.), *Englynion i'w Gymdeithion*, in GLlF 32.4, pp. 548–54.

51 Morfydd E. Owen (ed.), *Marwnad Rhys Ieuanc*, in GDB 16.6, pp. 217–22.

52 Perhaps we should read *drych* literally in this instance: 'it is like a mirror', i.e. perhaps the poet sees his own mortality in the face of his dead friend. GPC cites this passage s.v. *drych* under 1.a: 'Arwyneb caboledig (gynt o fetel, ond yn awr o wydr a chôt o amalgam ar un tu iddo) sy'n adlewyrchu neu'n dangos llun gwrthrychau; hefyd yn ffig. (yn aml fel teitl llyfr neu newyddiadur); adlewyrchiad: mirror, looking-glass; also fig. (often as the title of a book or newspaper); reflection.' In the *aralleiriad* accompanying her edition of the poem in GDB, however, Morfydd Owen renders *drych* as 'gweledigaeth'.

53 For example, Helen Fulton, 'Cyd-destun Gwleidyddol Breudwyt Ronabwy', LlC, 22 (1999), 42–56.

54 Henry Lewis (ed.), *Chwedleu Seith Doethon Rufein o Lyfr Coch Hergest* (Cardiff: University of Wales Press, 1925). Oxford, Jesus College MS 111 (Red Book of Hergest), ff. 127v–134v, cols 527–55. *Breuddwyd Rhonabwy* commences in col. 555.

55 'A'r golofyn a'r drych a oedynt yn peri y pob teyrnas ofynhav rac gwyr Ruuein yn vwy no chynt' ('And the column and the mirror caused every nation to fear the men of Rome more than before'). Lewis, *Chwedleu Seith Doethon Rufein*, ll. 487–90, p. 60. *Seith Doethion* is preserved as well in Oxford, Jesus College MS 20, and the mirror is identified as *drych* in that text as well.

56 See Sabine Melchior-Bonnet, *The Mirror: A History*, trans. Katharine H. Jewett (New York: Routledge, 2001), pp. 187–90 (pp. 189–92 of original *Histoire du miroir* (Paris: Imago, 1994)); Mark Pendergrast, *Mirror Mirror: A History of the Human Love Affair with Reflection* (New York: Basic Books, 2003), pp. 29–36.

57 See, for example, Jones, 'Breuddwyd Rhonabwy', p. 179; See also Proinsias MacCana, *The Mabinogi*, Writers of Wales (Cardiff: University of Wales Press, 1992), pp. 89–90; and McKenna, '"What Dreams May Come"', 69–70.

58 It is important to bear in mind, however, the profound connection in Welsh tradition of knowledge of the past and knowledge of the future, a connection signalled in the terms *brut/brud*, referring to history and prophecy respectively. See McKenna, '"What Dreams May Come"', 69–70.

59 Henry Lewis and P. Diverres (eds), *Delw y Byd (Imago Mundi)* (Cardiff: University of Wales Press, 1928). See also Natalia I. Petrovskaia (ed.), *Delw y Byd: A Medieval Welsh Encyclopedia*, MHRA Library of Medieval Welsh Literature (Cambridge: MHRA, 2020). For the original Latin text, see, in addition to Lewis and Diverres (eds), *Delw y Byd*, pp. 20–84, Valerie I. J. Flint, 'Honorius Augustodunensis Imago Mundi', *Archives d'histoire doctrinale et littéraire du Moyen Age*, 49 (1982), 7–153.

60 Ff. 121v–125r, cols 502–16.

61 'Ac yno y mae manticora, aniueil a drych dyn arnaw, a their to o danedd idaw, a chorff llew a llosgwrn yscorpion, a ffygeit glas, a lliw coch, a lleis natred' ('And then there is the manticore, an animal with the appearance of a man, and with three rows of teeth, and a lion's body, and a scorpion's ail, and blue eyes, and a snake's voice'). Lewis and Diverres (eds), *Delw y Byd*, B13.11–13, p. 88. 'Ibi quoque Mantichora bestia, facie homo, triplex in dentibus ordo, corpore leo, cauda scorpio, oculis glauca, colore sanguinea, vox sibilus serpentum': Lewis

and Diverres (eds), *Delw y Byd*, A13.12–14, p. 30. Flint cites no variants of *facie* in any of the manuscripts on which she bases her editon (*Honorius Augustonensis*, Book I, §12, p. 54).

62   Lewis and Diverres (eds), *Delw y Byd*, A13.14, p. 31; f. 244r, col. 981, l. 31.

63   Lewis and Diverres (eds), *Delw y Byd*, B69.10–11, p. 103; f. 124v, col. 515, l. 26. The passage is nearly identical in the second fragment of *Delw y Byd* in the Red Book (ff. 242v–248v, cols 975–98): 'Ac wrth hynny nyt oes priawt oleuat idi, namyn ual drych y lleuuerhaa yr heul hi', Lewis and Diverres (eds), *Delw y Byd*, C.69.4–5, p. 108; f. 248r, col. 996, l. 40–col. 997, l. 1; also in the White Book of Rhydderch: *nyt ydiw y phriaut leueuer namyn vegys drych y golevhaa*. Lewis and Diverres (eds), *Delw y Byd*, B.69.4–5, p. 103. NLW Peniarth 5, f. 4r, l. 1 (on *www.rhyddiaithganoloesol.caerdydd.ac.uk*).

64   Lewis and Diverres (eds), *Delw y Byd*, A.69.4–5, p. 64. See also Flint, *Honorius Augustonensis*, Book I, §74, p. 76.

65   Lewis and Diverres (eds), *Delw y Byd*, A.Llythyr Honorius.37–8, p. 23; f. 243r, col. 996, ll. 20–2.

66   Lewis and Diverres (eds), *Delw y Byd*, A.Llythyr Honorius.34–6, p. 22; Flint, *Honorius Augustonensis*, Prologue, p. 49.

67   The earliest extant source for *Ystoria Lucidar* is Oxford, Jesus College MS 119, the Book of the Anchorite, dated by colophon to 1346. The earliest extant source for a fragment of *Delw y Byd* is Peniarth 5, the White Book of Rhydderch, *c*.1350.

68   For an extended discussion of the intellectual and theological underpinnings of medieval concepts of the 'mirror' and their Platonic and Neoplatonic background, see Ritamary Bradley, 'Backgrounds of the Title *Speculum* in Mediaeval Literature', *Speculum*, 29 (1954), 100–15, which focuses particularly on the speculum as 'paragon' or 'model'; see also Melchior-Bonnet, *The Mirror*, pp. 108–18 (pp. 119–28 of original).

69   As suggested above, n. 52, it is possible that Philyp Brydydd is thinking of the face of a corpse as a 'mirror' that models his own mortality when he says of his dead friend, 'Neut val drych gwrthrych gwrth a welaf'.

70   Llst. 4, f. 1v, ll. 1–2. Timothy Lewis and J. D. Bruce (eds), 'The Pretended Exhumation of Arthur and Guinevere', *RC*, 33 (1912), 432–51, at 436. The text and its connection with Gerald's *Speculum Ecclesiae* are discussed by Georgia Henley, 'Gerald's circulation and reception in Wales: the case of *Claddedigaeth Arthur*', in A. Joseph McMullen and Georgia Henley (eds), *Gerald of Wales: New Perspectives on a Medieval Writer and Critic* (Cardiff: University of Wales Press, 2018), pp. 223–42. Henley discusses the fact that *Speculum Ecclesiae* survives in only one manuscript (Cotton Tiberius B. xiii) and the consequent difficulty of knowing how the author of *Claddedigaeth Arthur* would have obtained his exemplar. Llanthony is one possible point of transmission. Henley, 'Gerald's circulation and reception in Wales', pp. 233–4.

71   Jody Joy, *Iron Age Mirrors: A Biographical Approach*, BAR Series 518 (Oxford: Archaeopress, 2010), pp. 1–7 and *passim*.

72 Ingeborg Krueger, 'Glass-Mirrors in Medieval Times', *Annales du 12e Congrès de l'Association Internationale pour l'Histoire du Verre 1993*, 319–32, at 327; Krueger, 'Glasspiegel im Mittelalter: Fakten, Funde und Fragen', *Bonner Jahrbücher*, 190 (1990), 233–313, at 261–2; Jan Kock and Torben Sode, 'Medieval Glass Mirrors in Southern Scandinavia and their Technique, as Still Practiced in India', *Journal of Glass Studies*, 44 (2002), 79–94, at 79–83.
73 Krueger, 'Glass-Mirrors', 319–30; Krueger, 'Glasspiegel', 240–1.
74 Krueger, 'Glasspiegel', 236–9.
75 Frances Horgan (trans.), *The Romance of the Rose* (Oxford: Oxford University Press, 1994), pp. 24–5; see Guillaume de Lorris and Jean de Meun, *Le Roman de la Rose*, ed. Félix Lecoy, 3 vols (Paris: H. Champion, 1965–70), vol. 1, ll. 1541–1568, pp. 48–9.
76 Rachel Bromwich and D. Simon Evans (eds), *Culhwch and Olwen: An Edition and Study of the Oldest Arthurian Tale* (Cardiff: University of Wales Press, 1992), ll. 394–6; Davies, *Mabinogion*, p. 189; see her note on the name at p. 267.
77 TYP[4], no. 27, pp. 59, 331.
78 *Canu a gant Prydyt y Moch y Lywelyn mab Ioruerth o Wynedd*, ed. Elin M. Jones and Nerys Ann Jones, GLlLl, 23.64, pp. 210–35.
79 On the likelihood, or at least the possibility, that *Metamorphoses* and other works of Ovid were known in medieval Wales, see Paul Russell, *Reading Ovid in Medieval Wales* (Columbus: Ohio State University Press, 2017), pp. 211–21, 229–30, and *passim*.
80 Horgan, *The Romance of the Rose*, p. 163; *Le Roman de la Rose*, vol. 2, ll. 10,618–10,621, pp. 73–4. Patricia Eberle points out that 'mirror of lovers' does not fully capture the sense of the proposed title, which is also a mirror *for* lovers. Patricia J. Eberle, 'The Lovers' Glass: Nature's Discourse on Optics and the Optical Design of the Romance of the Rose', *University of Toronto Quarterly*, 46, (1977), 241–62, at 246. Eberle employs the 1914 Langlois edition of *Le Roman de la Rose* in her article, and the line numbers she cites do not align perfectly with those in the Lecoy edition consulted here.
81 Horgan, *The Romance of the Rose*, pp. 260–1, 278–82; *Le Roman de la Rose*, vol. 3, ll. 16,803–16,850, 17,983–18,256, pp. 40–8.
82 *Le Roman de la Rose*, vol. 3, ll. 18,001, 18,004, p. 40.
83 Eberle, 'The Lovers' Glass', 248.
84 Eberle, 'The Lovers' Glass', 249–50.
85 On Pecham in Wales, see R. R. Davies, *Conquest, Coexistence, and Change: Wales, 1063–1415* (Oxford: Clarendon Press, 1987), pp. 373–5 and *passim*. For Pecham's contribution to optics, see David C. Lindberg (ed. and trans.), *John Pecham and the Science of Optics: Perspectiva Communis* (Madison: University of Wisconsin Press, 1970).
86 We do know that at least one copy of *Le Roman de la Rose* – whether of the entire poem or not we do not know – was in Wales by 1317, when it was one of the books in the possession of the failed rebel Llywelyn Bren. See Ceridwen Lloyd-Morgan, 'Crossing the borders: literary borrowing in medieval Wales and England', in Ruth Kennedy and Simon Meecham-Jones (eds), *Authority*

and *Subjugation in the Writing of Medieval Wales* (New York: Palgrave Macmillan, 2008), pp. 159–73, at p. 163.
87   Krueger, 'Glasspiegel', 260.
88   Krueger, 'Glasspiegel', *passim*; Krueger, 'Glass-mirrors', *passim*.
89   Melchior-Bonnet, *The Mirror*, pp. 13–17 (pp. 24–6 of original French); Krueger 'Glass-mirrors', 327.
90   Krueger, 'Glass-mirrors', 322; Melchior-Bonnet, *The Mirror*, p. 14 (pp. 25–6 of original).
91   Krueger, 'Glass-mirrors', 331; Krueger, 'Glasspeigel', 283–4, and *passim*.
92   Aled Rhys Wiliam (ed.), *Llyfr Iorwerth: A Critical Text of the Vendotian Code of Medieval Welsh Law*, History and Law Series, 18 (Cardiff: University of Wales Press, 1960), §140, p. 93.
93   Dafydd Jenkins (trans.), *The Law of Hywel Dda*, The Welsh Classics (Llandysul: Gomer Press, 1986), p. 193. The original (see previous note) runs: 'Fyol duuyr, fyr. Chuynnogyl, fyr. Saeth, fyr. Turnen, fyr. Guerthyd, fyr. Kygladur, fyr. Styllaut dyruyn, fyr. Fust, fyr. Kreuenllyn, fyr. Orduyn, fyr. Spodol, fyr. Rau pren, fyr. Forch, fyr. Krybyn, fyr. Escup geyrch, fyr. Dull llyn, fyr. Llyucroen, fyr. Drych, fyr. Ryscen, fyr. Geuel pren, fyr. Hual pren, fyr. Meyl, fyr.'
94   Stephen W. Williams, *The Cistercian Abbey of Strata Florida: Its History and an Account of the Recent Excavations Made on the Site* (London: Whiting, 1889), p. 212 and *passim*; Stephen W. Williams, 'Archaeological Notes and Queries', Arch Camb, 6 (1889), 266–7, with interleaved drawings; Martin Crampin, *The Medieval Tiles of Strata Florida* (Aberystwyth: Sulien, 2014); https://www.monasticwales.org/image/75.
95   Edited by Ben Guy for ProsiectMyrddin, forthcoming. See also J. Gwenogvryn Evans (ed.), *The Poetry in the Red Book of Hergest* (Llanbedrog: privately published, 1911), col. 577, l. 39.
96   Personal communication, 6 July 2023. *Drych* is understood in the same sense by John K. Bollard, who renders the line 'Wretched is my vigour, which gives me a [sorry] countenance'. See 'Myrddin in Early Welsh Tradition', in Peter Goodrich (ed.), *The Romance of Merlin: An Anthology* (New York and London: Garland, 1990), pp. 13–56. The translation of *Cyfoesi* appears at pp. 30–46 as 'The Prophecy of Myrddin and Gwenddydd, His Sister', and the line in question in stanza 15 at p. 33. Like me, Bollard takes *ryd* as a verb, whose subject in this case is the relative pronoun *a*.
97   Ben Guy is 'pretty confident that the whole poem was composed in the early thirteenth century, perhaps the second decade or so, during the time of Llywelyn Fawr'. Personal communication 6 July 2023. Thomas Charles-Edwards has argued that the core of the poem, to which this line belongs, might be dated as early as the reign of the last king that it names, Hywel Dda, who died in 950. See T. M. Charles-Edwards, *Wales and the Britons 350–1064* (Oxford: Oxford University Press, 2013), pp. 237–9. Other scholars have assigned various dates between the mid-tenth century and *c*.1150. O. J. Padel, 'Geoffrey of Monmouth and the Development of the Merlin Legend', CMCS,

51 (2006), 37–65, discusses the views of Kenneth Jackson, A. O. H. Jarman and others at 47–9.
98 If the poem were earlier, it would likely be a metal mirror in which Gwenddydd was observing her *hoen*. It seems entirely appropriate, however, given the association of mirrors with prognostication discussed above, that a scrying mirror of some kind should have been part of the milieu of Myrddin and Gwenddydd.
99 *Canu a gant Prydyt y Moch y Rys Gryc*, ed. Jones and Jones, GLlLl 26.93–4, pp. 260–78.
100 GDG poem 105, pp. 283–4; DG.net poem 132.
101 GMBen 1, pp. 23–7.
102 Johnston, *Iolo Goch: Poems*, 6.56.
103 Helen Fulton (ed. and trans.), *Selections from the Dafydd ap Gwilym Apocrypha* (Llandysul: Gomer Press, 1996), poem 40, pp. 108–113; DG.net poem 161.
104 Ll. 57–8. The English translation in DG.net renders the *drych callestr* as 'flint mirror'; Fulton, *Selections from the Dafydd ap Gwilym Apocrypha*, translates 'semblance of flints'. For 'drychau dimeiau Duw mawr', DG.net proposes 'faces of great God's halfpennies', and Fulton 'semblances of halfpennies of great God'.
105 Richard Glyn Roberts (ed.), *Diarhebion Llyfr Coch Hergest* (Aberystwyth: CMCS Publications, 2013), no. 908. Oxford, Jesus College MS 111, f. 269v, col. 1079, l. 9.
106 The latter translation depends on reading *gymyd* for *gynnyd*. There are very clearly four minims in the Red Book, but this may be a scribal error. I am grateful to Nicolas Jacobs for his help with this proverb.
107 Richards, *Breudwyt Ronabwy*, p. 21, l. 10.
108 Krueger, 'Glasspiegel', 245.
109 Horgan, *The Romance of the Rose*, p. 280; *Le Roman de la Rose*, vol. 3, ll. 18,151–18,166, p. 45.
110 Francis Dubost, *Le Conte du Graal, ou, L'art de faire signe* (Paris: H. Champion, 1998), p. 18.

YSBRYD GWIDO A'R PRIOR: GOLYGIAD NEWYDD

†Iestyn Daniel

Cyflwyniad

Ceir y cyfieithiad Cymraeg Canol hysbys cyntaf o'r testun Lladin *De Spiritu Guidonis* (DSG o hyn allan),[1] a adwaenir yn ei wisg Gymraeg fel *Ysbryd Gwido a'r Prior* (YGP), mewn llawysgrif a amserir tua 1400, sef Ysgol Amwythig 11. Mae'r testun yn tarddu o gopïau cynharach a oedd yn cynnwys rhai gwallau, ffaith sy'n awgrymu y dichon i'r cyfieithiad ddechrau cylchredeg yn gynharach o dipyn na hynny, er nad oes modd gwybod pa bryd yn union rhwng adeg cyfansoddi'r gwreiddiol Lladin ac oed y llawysgrif yr oedd hynny. Cynrychiola YGP un o'r fersiynau cyfiaith cynharaf o DSG sydd ar glawr. Hwn hefyd yw'r unig gyfieithiad Cymraeg a wnaed, ac yn hyn o beth mae'n gwrthgyferbynnu'n drawiadol â'r dystiolaeth yn, er enghraifft, Lloegr gyfagos lle gwnaed o leiaf dri chyfieithiad gwahanol. Nodwedd arall ar YGP yw ei fyrder eithriadol o'i gymharu â chyfieithiadau cyfiaith eraill, ond mae hyn ynddo'i hun yn rhoi diddordeb neilltuol iddo wrth ystyried amgylchiadau ei gyfansoddi.

Cyhoeddwyd golygiad rhannol o'r gwaith gan T. Gwynn Jones yn 1930 a seiliwyd ar ddwy lawysgrif, sef Llst. 200 a Pheniarth 191, gydag amrywiadau wedi eu nodi o saith llawysgrif arall.[2] Cymharwyd y testunau ond nid yn gyflawn drwyadl, ni phennwyd eu statws cymharol, ac nid aed i'r afael â phwnc tarddiad y gwaith. Ni chafwyd trafodaeth gyffredinol arno ychwaith na dim sylwadaeth ar ei gynnwys.

Serch hynny, ac o fewn terfynau amcan T. Gwynn Jones, roedd y testun yn fan cychwyn hwylus i efrydwyr YGP, a safon gyffredinol y trawsgrifio yn dda. Er nad golygiad mohono, dylid crybwyll hefyd gyfraniad Sarah Harwin yn 1929, astudiaeth destunol ac ieithyddol ei phwyslais lle cymherir testunau Cymraeg a Ffrangeg o DSG.[3]

Yn y golygiad hwn ceir rhagymadrodd yn gyntaf lle ymdrinnir â'r materion perthnasol arferol wrth olygu testun o'r cyfnod. Dilynir hyn gan destun golygyddol ynghyd â nodiadau ar ei gynnwys, nodiadau pellach ar rai darlleniadau a rhestr o'r amrywiadau testunol.

Pleser gennyf yn awr yw cyflwyno fy ngolygiad i wrthrych y gyfrol deyrnged hon, Marged Haycock, fel arwydd o'm gwerthfawrogiad o brafftter a thrylwyredd ei hysgolheictod – ac yn enwedig ei gwaith mawr yn golygu'r corpws dyrys ddigon hwnnw o gerddi a geir yn Llyfr Taliesin – yn ogystal ag o'i chyfeillgarwch dros y blynyddoedd. Go brin bod unrhyw olygiad o destun yn dragwyddol derfynol ond y gobaith yw y bydd hwn yn ychwanegu at ein dealltwriaeth a'n gwerthfawrogiad o'r gwaith.

Crynodeb o'r stori

Cyn mynd ymhellach, ac i'r rheini na fyddant efallai yn gyfarwydd â stori Gwido a'r prior, dyma grynodeb.

Mae'r testun yn dechrau gyda chyflwyniad byr i amgylchiadau a thema'r stori. Wyth niwrnod cyn Nadolig 1324, yn nhref Alès 24 milltir o Avignon, bu farw bwrdais o'r enw Gwido a achosodd lawer o ofid i'w wraig (ni ddaw'n eglur tan yn ddiweddarach beth oedd achos a natur yr aflonyddu hwn).

Cais y weddw gymorth prior y cwfaint Dominicanaidd lleol sy'n trefnu i athro dysgedig a dau Frawd (*friar*), ynghyd â 200 o wŷr arfog a gyflenwyd gan awdurdodau'r dref, ei hebrwng ef a'r wraig i'w thŷ. Cyn mynd rhagddo, mae'n cynnal offeren dros enaid yr ymadawedig ac yn mynd ag afrlladen gudd gydag ef. Mae'r fintai wedyn yn mynd yn ei blaen dan ganu'r anthem *Vidi aquam*. Wedi cyrraedd y tŷ a gosod y gwŷr arfog y tu allan, mae'r prior a'i gydglerigwyr yn mynd i mewn i'r ystafell lle buasai'r aflonyddu ac mae'r weddw, yn llawn dychryn, yn ei arwain at y gwely lle clywsai hi riddfanau a dolefau ei gŵr lawer gwaith. Ochr yn ochr â hyn ceir defodau litwrgaidd megis adrodd yr *Asperges* a'r emyn *Veni Creator*. O'r diwedd clywant lais ysbryd yn ateb 'Amen' i un o'r gweddïau, a chytuna â chais y prior ar iddo ateb unrhyw gwestiynau a gyflwynir iddo. Mae'r dorf gynhyrfus y tu allan yn gwthio'i ffordd i mewn i'r tŷ.

Dyma gychwyn yn awr ymddiddan rhwng y prior ac ysbryd Gwido. Wedi i'r prior holi'r ysbryd yn faith ac yn fanwl, daw'n eglur mai ysbryd Gwido sydd yno a'i fod yn dioddef yn y purdan am ryw bechod na fyn ei ddatgelu ac na wnaeth iawn amdano yn ei fywyd daearol. Yna gorchmynna'r prior i'r ysbryd adael llonydd i'w wraig, ond ateb yr ysbryd yw na wna hynny ond ar yr amod ei bod hi'n trefnu i lawer o offerennau gael eu cynnal drosto. Mae hi'n cydsynio rhag ofn iddi ddioddef rhagor o aflonyddu. Pan hola'r prior yr ysbryd parthed y Gwrthgrist, diflanna hwnnw a dyna gloi'r sesiwn (a'r noson) gyntaf o gwestiynau.

Dywed y prior wrth ei osgordd yn awr am ddychwelyd adref hyd nes y gofynnir iddynt ddwyn tystiolaeth am y digwyddiad, ac wrth y weddw am ddiwygio ei buchedd a threfnu cynnal offerennau dros ei gŵr ymadawedig hyd y Pasg. Drannoeth yr Ystwyll, mae hi'n ymweld â'r prior drachefn a phenderfynant ddychwelyd i'w thŷ gydag 20 Brawd troednoeth (sef Ffransisgiaid), 20 canon Awstinaidd a llawer o leygwyr. Yn dilyn rhai gweddïau agoriadol dyma glywed sŵn yn dynesu.

Yma dechreua'r ail sesiwn (a'r ail noson) o holi, a wneir gyntaf gan y prior; yna gan aelod arall o'r cwmni, sy'n Frawd, ac yn olaf gan y prior drachefn. Erbyn yr holi hwn, mae poenau'r ysbryd yn y purdan wedi cilio rhyw gymaint a gofyn i'r cwmni weddïo drosto ef ac eneidiau niferus eraill y purdan yn ogystal â diwygio eu bucheddau eu hunain.

Terfyna'r ymddiddan trwy ddatgan bod yr achos wedi ei brofi yn y flwyddyn 1324 yng ngŵydd y Pab.[4] Ni chlywyd dim pellach am yr ysbryd wedyn adeg y Pasg, a chredwyd felly ei fod wedi mynd i baradwys.

Y llawysgrifau

Mae 12 llawysgrif o YGP, yn gyflawn neu'n anghyflawn, ar glawr.⁵ Fodd bynnag, mae llawysgrif G yn cynnwys dau destun o'r gwaith, felly ceir cyfanswm o 13 testun. Dyma hwy:

A: Ysgol Amwythig 11, sydd ar gael hefyd fel copi ffotostat yn LlGC 6984A, tt. 66–83.⁶ Felwm, *c*.133 × 105 mm, ff. iii + 74, tt. 1–148. Fe'i hysgrifennwyd tua 1400 gan gopïwr anhysbys. Fe gynnwys destunau defosiynol a diwinyddol, cyfieithiadau, yn bennaf o'r Lladin, o weithiau megis gwasanaeth Mair (*Officium Parvum Beatae Mariae Virginis*), y weddi *Anima Christi*, a'r apocryffa *Historia Adam*, *Inventio Sanctae Crucis*, *Visio Sancti Pauli*, etc.

Mae nodiadau perchnogaeth yn cysylltu'r llawysgrif â sir Forgannwg yn ne-ddwyrain Cymru, ac ymddengys felly mai yno yr oedd ei chartref gwreiddiol. Ei pherchennog sicr cynharaf oedd Gwilym Siôn o Langrallo (Coychurch), gŵr na wyddys dim byd pellach amdano, ac yn ddiweddarach fe ddaeth i feddiant Thomas Wilkins o Lanfleiddan (Llanblethian), hynafiaethydd adnabyddus a chasglwr llawysgrifau (1625/6–99). Yn 1755 roedd y llawysgrif ym meddiant yr Ustus Heddwch Ebenezer Muscell, ei pherchennog preifat cofnodedig olaf, a rhywbryd rhwng yr adeg honno a 1788, mewn amgylchiadau anhysbys, fe ddaeth i Ysgol Amwythig.

Ei thestun o YGP yw'r un cynharaf ar glawr. Mae rhai o'r tudalennau wedi eu rhwymo'n anghywir, gan roi'r dilyniant 66–8, 71–8, 69–70, 79–82, 83. Hefyd, yn agos i derfyn y testun, rhwng diwedd llinell olaf t. 82 a dechrau llinell gyntaf t. 83, collwyd rhan sylweddol o'r cyfieithiad sy'n cyfateb i linellau 264 (*canhiadu* ...) i 326 (... *a'r*) o'r testun golygyddol. Mae'r diffyg dilyniant cystrawennol rhwng y ddwy linell ac anghyflawnder gair cyntaf t. 83, *pryt* (am *yspryt*), yn awgrymu bod y darn coll i'w gael yn wreiddiol yn y llawysgrif yn hytrach na'i fod wedi ei adael allan ar gam gan y copïwr. Mae'r darlleniadau yn dda.

B: Llst. 3, tt. 436–7.[7] Felwm, 150 × 110 mm, ff. 56, tt. 408–504. Dyma'r drydedd o gasgliad o bedair llawysgrif, sef Llst. 1–4, a elwir yn Llst. 1 yn *Didrefn Gasgliad*. Fe'i hysgrifennwyd yn hanner cyntaf y bymthegfed ganrif gan gopïwr anhysbys mewn rhyw gwr o Gymru. Ac eithrio copi o'r Dwned (sef y gramadeg barddol), crefyddol yw'r cynnwys bron i gyd gyda gogwydd addysgiadol cryf, a cheir ynddo weithiau megis *Py ddelw y dyly dyn gredu i Dduw*, *Y Drindawd yn un Duw*, *Rhinweddau gwrandaw offeren*.

Mae testun YGP yn anghyflawn a diwedda ar linell olaf t. 447 (sy'n cyfateb i linell 200 … *Gowyn a* y testun golygyddol). Mae'r ffaith y dilynir ef yn uniongyrchol, ac yng nghanol brawddeg, ar d. 448 gan adrannau terfynol gwaith arall, sef *Ymddiddan y corff a'r enait*, yn awgrymu drachefn nad yw anghyflawnder y testun i'w briodoli i amryfusedd ar ran y copïwr. Mae safon y darlleniadau yn is o dipyn nag eiddo testun A, a chollwyd rhai geiriau a llinellau.

C: Llst. 200, tt. 9–36.[8] Felwm, 140 × 105 mm (100 × 70 mm), ff. 22, tt. 44. Mae hon yn rhan o lawysgrif y mae Peniarth 191 (gw. isod) a Bangor 1 yn rhannau eraill ohoni a oroesodd, a'r cwbl wedi ei ysgrifennu yn dda iawn, o ystyried y cyfnod, gan law sengl o ganol y bymthegfed ganrif. Mae'n cynnwys y rhan fwyaf o destun YGP, sef llau. 1–260 (… *canu*), 285 (*vait* …)–329, o'r testun golygyddol. Tebyg ddarfod i'r llawysgrif gyflawn ddod i feddiant John Lloyd o Hafodunos a Wigfair trwy Hengwrt yn 1779, a gwasgarwyd ei thair rhan mewn gwerthiant a gynhaliodd yn 1816. Mae Daniel Huws wedi cynnig adluniad tybiannol o'r llawysgrif wreiddiol a dadlau'n argyhoeddiadol dros berchennog cyntaf (anhysbys) cysylltiedig â Phennant Melangell yng ngogledd-ddwyrain Cymru. Gan eithrio testun y Dwned yn bennaf, mae'r llawysgrif, a fedyddir gan Huws yn 'Llyfr Melangell', yn ddefosiynol ei naws a chanddi lawer yn gyffredin â chynnwys llawysgrif A, ac odid nad yw'n tarddu o'r un ffynhonnell.

Mae'r testun o YGP, ynghyd â'r rhan wahanedig ohono yn llawysgrif D, yn rhoi, fel llawysgrif A, ddarlleniadau da.

D: Peniarth 191, tt. 135–6.[9] Felwm, 140 × 100 mm (100 × 70 mm), ff. iii + 85, tt. 1–170. Dyma un o rannau gwasgaredig 'Llyfr Melangell' (gw. uchod) a'r hwyaf o bell ffordd. Mae testun YGP yn dameidiog ac yn cyfateb i linellau 265 (*yr* ...)–284 (... *pet*) y testun golygyddol.

E: BL Add 14967 [= RWM 23], ff. 145v–148r.[10] Papur, 300 × 206 mm, ff. 173, tt. 1–338. Fe'i hadwaenir hefyd fel *Llyfr Edward ap Roger* oherwydd yr ychwanegiadau sylweddol a wnaed at gynnwys y llawysgrif gan yr achydd o Riwabon, sir Ddinbych, a drigai yn yr unfed ganrif ar bymtheg ac a oedd hefyd yn gydnabod i'r polymath John Dee, un o wŷr y Dadeni. Cynnwys yn bennaf farddoniaeth o'r bedwaredd ganrif ar ddeg hyd yr unfed ganrif ar bymtheg, a'i dilyn gan rai testunau rhyddiaith lleyg a chrefyddol, ac fe'i hysgrifennwyd gan un brif law (anhysbys) nid yn gynharach na 1527.

Mae'r testun o YGP yn dangos arwyddion o lygredd ac o golli peth cynnwys, yn enwedig tua'r diwedd.

F: C 3.4 [= RWM 5], tt. 121–40.[11] Papur, 280 × 200 mm, ff. 133, tt. 266. Fe'i hadwaenir hefyd fel *Llyfr Elis Gruffydd*, y trawsgrifiwr lliwgar ac anturus, hefyd yn groniclydd, yn gyfieithydd ac yn filwr, o blwyf Llanasa, sir y Fflint, a dreuliodd ail ran ei fywyd yn Calais. Ysgrifennodd y llawysgrif tua 1527, yn rhannol ym mhalas Syr Robert Wingfield yn Llundain, y gŵr y bu'n ei wasanaethu. Cynnwys farddoniaeth, yn bennaf o'r bedwaredd ganrif ar ddeg hyd yr unfed ar bymtheg, a chymysgwch o destunau rhyddiaith, gan gynnwys traethodau diwinyddol ac astrolegol.

Megis yn achos llawysgrifau B ac E (yn enwedig), mae testun YGP yn dangos olion llygredd, ond, fel sy'n nodweddiadol o ffordd Gruffudd, mae hefyd wedi ei chwyddo gan ailadrodd ac atgrynhoi. I bob diben, fersiwn Gruffydd ei hun ydyw o'r stori ac oherwydd hynny mae'n llawer hwy na'r fersiwn llawn o'r gwaith.

G: LlGC 873B [= Wrecsam 2], tt. 1–18 a 260–9.[12] Papur, 206 × 150 mm, ff. 135, tt. 270. Casgliad yw hwn o destunau rhyddiaith crefyddol a moesol yn gymysg â cherddi (crefyddol yn bennaf) ac ychydig o destunau astrolegol a meddygol. Fe'i hysgrifennwyd yn bennaf gan ddau gopïwr, sef rhyw Rydderch Lewis ab Owen, a ysgrifennodd destunau YGP, a John Edmonde, a ddisgrifir fel curad Tal-y-llyn, ac mae'n dyddio i ail hanner yr unfed ganrif ar bymtheg. Ar d. 1 ceir llofnod yr hynafiaethydd mawr o Gymro Edward Lhuyd.

Mae'r testunau o YGP, sy'n deillio o gynsail gyffredin (ymhellach, gw. isod), yn dangos olion llygredd, a cheir bylchau, rhai ohonynt yn helaeth. Mae'r ail destun yn anghyflawn ac yn dirwyn i ben mewn man sy'n cyfateb i linell 135 (... *Drindawt*) y testun golygyddol.

H: LlGC 3055D [= Mostyn 159], ff. 251r–257r.[13] Papur, 294 × 200 mm, ff. i–iv + 271. Ysgrifennwyd hon gan David ap Jenkin Amhredydd o Fachynlleth ar gyfer Huw Lewis [?ap] Syr Morgan o Hafodwen yn 1586–7. Ceir ynddi dri thestun hanesyddol neu ffug-hanesyddol maith, gan gynnwys y cyfieithiad o waith enwog Sieffre o Fynwy *Historia Regum Britanniae*, a ddilynir gan destunau byrrach crefyddol ac addysgiadol eu naws.

Mae'r testun o YGP yn debyg i destunau llawysgrif G (ymhellach, gw. uchod) ond yn gyflawn.

I: C 4.22 [= RWM 36], ff. 145v–149.[14] Papur, 294 × 181 mm, ff. 191, tt. 382. Ceir yn hon drawsysgrifiadau o destunau rhyddiaith Gymraeg ganoloesol wedi eu codi o amryfal lawysgrifau, gan gynnwys llawysgrifau Llst. 1–4 a rhai o'r rheini a geir yng Ngholeg Iesu, Rhydychen, a wnaed tua 1716–18 gan William Thomas o Lanymddyfri, sir Gaerfyrddin, ysgrifennydd Robert Harley, iarll cyntaf Rhydychen a chydnabod i'r ysgolhaig mawr a chasglwr llawysgrifau Moses Williams.

Codwyd y testun o YGP o lawysgrif B.

J: LlGC Cwrtmawr 315, tt. 155–69.[15] Papur, 287 × 190 mm, tt. [244].[16] Ynghyd â llawysgrif Cwrtmawr 314, ffurfia hon ddwy gyfrol gyfansawdd o drawsysgrifiadau o destunau Cymraeg yn llaw'r ffigwr milwrol echreiddig a'r archaeolegydd amatur William H. Mounsey o Gaerliwelydd (1808–77). Rhyddiaith leyg a chrefyddol yn bennaf a geir yn y testunau, gyda pheth barddoniaeth a llawer o nodiadau.

Adysgrif yw testun YGP o lawysgrif E ac fe'i cyhoeddwyd yn *Y Brython*, 3 (1860), 241–6. Fe'i cyhoeddwyd hefyd mewn rhan yn *Cennad Catholig Cymru*, 2/46 (1913), 173–5, a chyfetyb i ddechrau'r testun golygyddol hyd at linell 125 (... *yw*).

K: LlGC 9164B, ff. 2r–11v, 20r–23v.[17] Papur, 203 × 167 mm, ff. [56].[18] Trawsysgrifiadau o destunau rhyddiaith crefyddol a rhestr o gymydau Cymreig yn llaw y bardd, argraffydd a llyfrwerthwr William John Roberts ('Gwilym Cowlyd') o Drefriw, sir Gaernarfon (1827–1904).

Codwyd testun YGP o lawysgrif C.

L: C 4.720, tt. 14–29.[19] Felwm, 200 × 330 mm, ff. 377.[20] Trawsysgrifiad o'r farddoniaeth a'r rhyddiaith Gymraeg yn llawysgrif F, ynghyd â thrawsysgrifiadau o lawysgrifau eraill yn Llyfrgell Ganolog Caerdydd, yn llaw yr hanesydd (Rhufeinig) Gatholig John Hobson Mathews (1858–1914), cyfreithiwr ac arbenigwr ar ddogfennau a oedd yn ymfalchïo yn ei dras rannol-Gernywaidd.

Codwyd testun YGP, fel yr awgrymwyd eisoes, o lawysgrif F.

Cydberthynas y testunau

Nodwedd drawiadol ar destunau YGP yw eu bod yn ymrannu'n ddau fath, y naill, a gynrychiolir gan AC/D,[21] yn rhoi darlleniadau da, a'r llall, sef BEFG¹G²H, yn llwgr iawn. Serch hynny, fe gadwyd rhai darlleniadau gwerthfawr yn yr ail.[22]

Mae A, y gynharaf o'r llawysgrifau, a C/D yn debyg iawn, ond hyd yn oed os tybir bod testun A yn gyflawn i ddechrau a dilyniant ei dudalennau yn gywir (gw. y disgrifiad uchod), a'i fod ar gael felly i gopïwr C/D, ceir rhai gwallau yn A nas ailadroddir yn C/D. Ni welir hyn yn gliriach yn unman nag yn y darlleniad yn A sydd, mae'n amlwg, yn llwgr, sef *megys beit yn danbyllawr*, lle ceir yn C, yn gywir, *megys pei bythit yn yscubo y llawr* (ll. 186–7 o'r testun golygyddol). Gellir ystyried A a C/D, yn hytrach, yn gopïau annibynnol o gynsail gyffredin. Ni

Ysbryd Gwido a'r Prior: golygiad newydd

ellir uniaethu'r gynsail honno ag archdeip y cyfieithiad gan fod rhai bylchau i'w gweld yn y testunau hyn y gellir eu llenwi o BEFG^{1}G^{2}H. Felly lle ceir yn A *ny gyflawnhau mywn gobeith* ac yn C *yn kyflawnhau mewn gobeith*, mae BEFH yn cyflenwi'r enw coll *enaid* ar ôl y berfenw *kyflawnhau* (gw. ll. 165 y testun golygyddol a rhannau cyfatebol y nodiadau testunol a'r rhestr amrywiadau); lle ceir gan AC *salme pymp*, cyflenwa B yr arddodiad cyfansawdd *tu ac at* rhwng y ddau enw (ll. 168 y testun golygyddol); a lle darllena A *clywynt ny dilyn*, C *clywynt yn dilyn*, cyflenwa BEFG^{1}H bob un wrthrych i'r ferf *clywynt*, sef B *sein*, E *swn*, F *trwst*, G^1 *rryw beth*, H *rryw drwst* (ll. 186 y testun golygyddol), geiriau sydd i gyd, yn echblyg neu'n oblygedig, yn dynodi sain a gynrychiolid yn wreiddiol, fel sy'n fwyaf tebygol, gan y darlleniad *trwst*. Rhaid, felly, fod ffynhonnell gyffredin AC/D wedi gorwedd rhwng y testunau hyn a'r archdeip. Yn olaf, ceir hefyd enghraifft o wall gramadegol yn AC, sef ***y neb*** *nys crettont*, gthg. y darlleniad cywir ***yr hai*** *nis kretont* yn llsgr. E a gw. ymhellach y nodyn testunol ar l. 242 y testun.

Gan droi at BEFG^{1}G^{2}H, mae'r darlleniadau gwerthfawr ynddynt nas ceir yn AC/D yn eu gosod yn agosach yn hyn o beth i'r archdeip ac amlwg eu bod yn tarddu o gynsail wahanol. Ar y llaw arall, mae safon gyffredinol lawer is eu rhyddiaith yn eu symud yn bell oddi wrth yr archdeip, ac ni ellir dal eu bod yn deillio'n uniongyrchol ohono ond yn hytrach o gynsail gyfryngol a oedd hithau, efallai, i ryw raddau yn llwgr.

Fodd bynnag, mae cynseiliau AC/D a BEFG^{1}G^{2}H ill dwy yn dangos gwall cyffredin iddynt a hwnnw, fe ymddengys, yn tarddu o gynsail gynharach a oedd rhyngddynt a'r archdeip, sef ailadrodd ar gam y gair *efferen* yn ll. 128, ffactor sydd wedi arwain at beth dryswch testunol (gw. y nodyn). Hepgorwyd yr arddodiad cyfansawdd *tu ac at* (ll. 165 y testun golygyddol) yn y rhan fwyaf o'r llawysgrifau a gall fod hynny hefyd wedi digwydd yn yr un gynsail. Gellir galw'r gynsail honno yn X^1 a chynseiliau AC/D a BEFG^{1}G^{2}H yn X^2 and X^3 yn eu tro (gw. y stema).

Ymddengys fod BEF wedi disgyn yn annibynnol, yn uniongyrchol neu'n anuniongyrchol, o X^3. Ar y llaw arall, mae G^{1}G^{2}H yn dangos tebygrwydd cryf i'w gilydd, pwynt sy'n awgrymu eu bod yn ffurfio is-grŵp ychwanegol. Mae G^1 yn cynnwys y rhan fwyaf o destun YGP, a G^2 gyfran yn unig ohono (gw. y sylwadau ar y llawysgrif uchod), ond ni all G^2 fod yn adysgrif o G^1 gan fod G^1 yn cynnwys bwlch mawr (sy'n cyfateb i linellau 131 (*Gwir* ...) i 184 (... *Crist*) y testun golygyddol) nas ailadroddwyd yn G^2. O ganlyniad, felly, rhaid ystyried y ddau destun yn adysgrifau o gynsail gyffredin. Ni all H fod yn adysgrif o G^1 na G^2 gan ei fod yn gyflawn, ac mae golwg, gan hynny, ei fod yn tarddu o'r un gynsail ag eiddo G^1G^2, y gellir ei galw'n X^4. Gallai hon fod wedi dwyn yr un berthynas â X^3 â BEF. Gellir dangos cydberthynas y llawysgrifau hyn trwy'r stema canlynol:

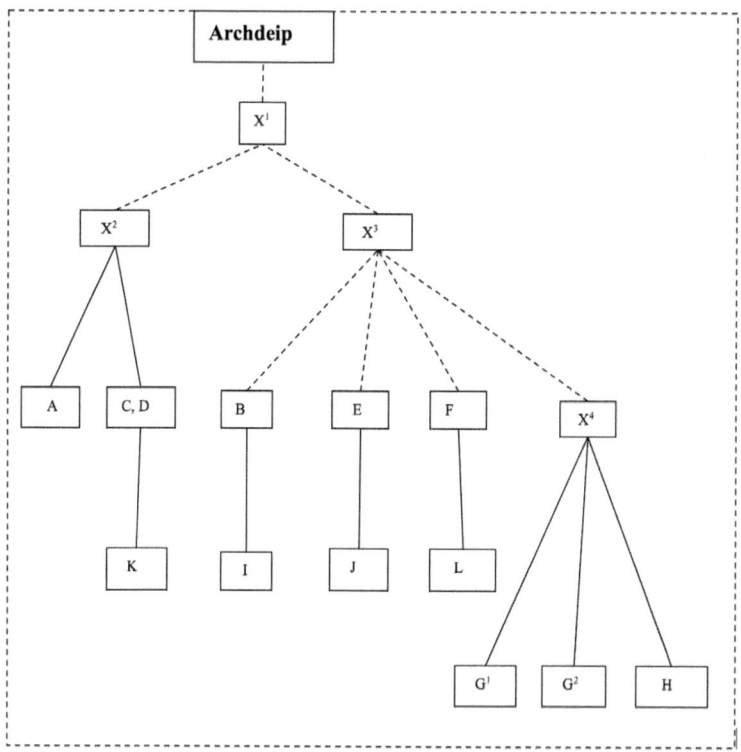

Tarddell

Yn gyffredinol, y mae cyfieithiadau Cymraeg Canol, yn grefyddol a lleyg, yn tarddu o wreiddiolion Lladin neu Ffrangeg. Hefyd, ac eithrio *Gwassanaeth Meir*, sy'n drosiad o'r *Officium Parvum Beatae Mariae Virginis*,[23] fe'u cyfieithwyd i ryddiaith, nid i fydr fel y digwyddai gan amlaf mewn gwledydd eraill[24] (roedd y dewis o ryddiaith yn gysylltiedig â didoredd ac aeddfedrwydd traddodiad rhyddiaith Gymraeg y cyfnod yn ogystal ag â chywreinrwydd y grefft farddol gyda'i rheolau caeth a manwl ar gyfer mydr a chynghanedd). Pan fo'u gwreiddiolion yn hysbys, gwelir seilio'r cyfieithiadau crefyddol ar destunau Lladin gan amlaf, er bod dyrnaid hefyd a allai fod yn seiliedig ar y Saesneg neu'r Ffrangeg.[25] Mae'r cyfieithiad Cymraeg YGP yn dilyn y patrwm hwn yn gymaint ag mai rhyddiaith yw'r cyfrwng (ar iaith ei gynsail gw. isod), ond er ei fod yn ei hanfod yn perthyn i DSG, y mae hefyd, yn anarferol, yn llawer byrrach na hwnnw a threfn ei gynnwys yn bur wahanol. A olyga hyn y dylid edrych am destun tebyg ei gynnwys a'i ffurf i YGP a fuasai'n sail i'r cyfieithiad? Ni wn am y cyfryw, nac yn y Lladin nac mewn iaith frodorol, er y dichon – a siarad yn ddamcaniaethol – fod un yn llechu o'r golwg yn rhywle. Ond y gwir amdani yw na raid tybio bod y cyfryw destun i'w gael yn y lle cyntaf, oherwydd gellir priodoli'r nodweddion sy'n gwneud YGP mor wahanol i'r testunau llawn o DSG i gyfieithydd YGP: cyfieithodd a thalfyrru ar yr un pryd. Nid yw'r math hwn o beth yn unigryw, a gellir gweld proses tebyg ar waith, er nad i gymaint graddau, yn y fersiwn Cymraeg o *Vita Sancti Dauid* 'Buchedd Dewi'.[26] Gellir casglu, felly, mai tarddell YGP yw rhyw destun cyflawn o DSG ond un y gwnaed newidiadau mawr iddo hefyd wrth ei drosi i'r Gymraeg.

Y mae'n ddiddorol sylwi ar dechneg y Cymro wrth iddo addasu DSG yn ei gyfieithiad. Cyflawnodd hyn trwy gwtogi'n chwyrn ar nifer y cwestiynau a gyflwynwyd i'r ysbryd yn ystod ymweliad y noson gyntaf. Felly, gan gymryd fel sail i gymharu drefn y cwestiynau a geir mewn llawysgrifau o DSG megis Paris 13602, o'r 30 o gwestiynau a geir ynddi, nid oes ond 13 yn y testun Cymraeg a'r rheini'n cyfateb i gwestiynau 1, 2, 4–6, 8, 9, 14–16, 19, 20, 29 o'r gyfres, ynghyd â rhai *disiecta membra*.[27] Ceir hefyd lawer o grynhoi a symleiddio.

Mae'n fwy na thebyg mai Lladin oedd iaith y testun a oedd yn sail i YGP, megis mai Lladin oedd ffynhonnell wreiddiol cyfieithiadau cyfiaith eraill y cyfnod o DSG,[28] ond dylid cydnabod hefyd y gallai fod wedi bod mewn iaith amgen, megis y Saesneg neu'r Ffrangeg;[29] ac yn y cyswllt hwn gellir nodi bod yn y llawysgrifau cynharaf a gorau o YGP, sef AC, ddau air Saesneg: *naturs*, yn y ddwy, a *daat*, yn C yn unig (gw. llau. 13 a 324 o'r testun golygyddol a'r nodiadau). Nid yw'n eglur pam y dewiswyd y ffurfiau hyn a'r Gymraeg *natur(i) au* ac *oed* o fewn cyrraedd hawdd, ond a ddichon, er hynny, fod yma awgrym bod y Gymraeg yn seiliedig ar gynsail Saesneg? Anodd ateb y cwestiwn hwn yn bendant ond gellid ystyried hefyd, er enghraifft, ai mympwy a chwaeth y cyfieithydd a fu'n gyfrifol am y dewis neu ynteu ai dod dan ddylanwad y Saesneg i ryw raddau ar y pryd mewn amgylchedd amlieithog a dysgedig a wnaeth.

Er mor fyr ydyw, ceir hefyd arwyddion yn YGP sy'n gymorth i bennu'n fanylach ei berthynas â'r amrywiaeth o destunau Lladin o DSG. Y prif faen prawf ar gyfer dosbarthiad cyffredinol o destunau DSG yw'r gyfres o gwestiynau a geir ynddynt. Ar y sail hon a chyda golwg ar lawysgrifau yn Lloegr yn y bedwaredd ganrif ar ddeg a'r bymthegfed, mae Katherine Ziemann yn nodi tri math:[30]

i. rhai sy'n dilyn nifer a threfn y cwestiynau fel y'u ceir mewn fersiynau cyfryngol o'r testun, megis hwnnw yn Paris 13602;
ii. rhai sy'n dilyn yr un gyfres o gwestiynau ond sy'n diweddu'n sydyn yng nghanol yr ateb i'r 29 cwestiwn ar y diwrnod cyntaf;
iii. math arall sy'n dilyn yr un gyfres o gwestiynau â'r ail ond gyda pharhad sy'n wahanol i adran gyfatebol y math cyntaf. Mae'r parhad hwn yn dechrau gyda'r cwestiwn a geir fel yr ail gwestiwn ar yr ail noson yn y gyfres wreiddiol o gwestiynau (*Credis Filum Dei humanam carnem assumpsisse?*) ac yn cloi'r diwrnod cyntaf o gwestiynau â rhai nas ceir yn y fersiwn arall, ac yna mae'r llais yn diflannu. Mae'r cwestiynau a ofynnir ar

Ysbryd Gwido a'r Prior: golygiad newydd

yr ail noson hefyd yn wahanol, a diwedd yr hanes yw bod yr holwyr yn tybio, yn fwy calonogol, fod yr ysbryd wedi mynd i'r nefoedd yn hytrach nag i *Purgatorium commune*.

Er nad oes corff tebyg o dystiolaeth ar gyfer Cymru a fyddai'n sail i ddadansoddiad cyffelyb, mae i ddosbarthiad Ziemann berthnasedd ehangach, a gellir gweld bod y cyfieithiad Cymraeg yn perthyn i'r trydydd math a nodir ganddi. Ceir testunau ohono yng Nghaergrawnt, Llyfrgell Coleg St Ioan 127 ac 136, yng Nghaergrawnt, Llyfrgell Prifysgol Caergrawnt Ii.6.1, ac yng Nghaergrawnt, Llyfrgell Coleg Madlen F.4.14; yn BL Cotton Vespasian A.vi ac yn Bodley 61 a Bodley Rawlinson A.358;[31] roedd y fersiwn olaf hefyd yn cylchredeg ar y Cyfandir.

Gellir gweld perthynas YGP â'r fersiwn hwn trwy osod allan gwestiynau Cymraeg y parhad ochr yn ochr â'r rhai Lladin cyfatebol. O'r llawysgrifau yr wyf wedi eu gweld, y rhai sydd agosaf at y testun Cymraeg yw Bodley Rawlinson A.538 ac Uppsala C 175,[32] ill dwy o'r bedwaredd ganrif ar ddeg. Dyfynnaf o'r gyntaf, ff. 8v–9v. Am y Gymraeg, gw. llau. 236–316 y testun golygyddol.

Y NOSON GYNTAF	
Prior: 'A gredy di dyuot Duw ynghnawt?'	*Item Prior interrogauit utrum crederet incarnationem Christi.*
Prior: 'Pa ryw benyt a haedant y rai nis crettont?'	*Cui prior: Qualem penam meretur qui non credit Christum incarnatum.*
Prior: 'Pa achaws y godef Duw dynyon angret y vyw?'	*Cui prior ex quo Saraseni siue Iudei siue gentiles non credunt Christum incarnatum. quomodo est quod Deus permittit eos sic uiuere in errore suo.*
Prior: 'Pa bechodeu vwya a aruerir yn y byt?'	*Item prior interrogauit si sciret que essent uicia que magis excitantur in mundo.*
Y prior a ouynnawd idaw i wrth Ancrist.	*Item Prior interrogauit eum si sciret quo tempore antechristus seuiret contra electos.*

YR AIL NOSON	
A phan arganuu y prior ef, erchi a wnaeth idaw, oblegit y gwaet a golles Crist, ymdidan ac wynt ac atteb o'r a ouynnid ydaw.	*quo percepto cepit ille Prior adiurare eum per uirtutem sanguinis crucifixi quod staret in loco suo in pace et loqueretur eis.*
Yna y gouynnawd vn o'r Brodyr, 'A oes etto arnat ti dim o boene?'	*Cui quidam frater et magnus theologus dixit ei. Est tibi ne adhuc inflicta aliqua pena.*
Y Brawt a ouynnawd, 'Pa ryw boeneu yd wyt yn i diodef ymma?'	*Cui ille quam ergo penam sustines hic*
Y Brawt: 'Ponit oes ytti dim o dillyngdot am hynny?'	*Cui ille est ne aliquid remedium.*
Y Brawt: 'Pa vod y clywy di a thitheu heb glustieu?'	
Y prior a dywot, 'Llyma ni wedy'r ymgynnull ar gyfrif i dwyn tystolyaeth o bob dim o'r a dywedaist rac bronn y Pap. Pan welom amser, dywet yn anryuedodeu.'	*Tunc prior dixit sibi. Ecce congregati sumus his ut perhibemus testimonium dictis suis coram Domino Papa cum tempus affuerit dic ergo nobis aliquid mirabile.*
Prior: 'Pa sawl pap a vyd?'	*Tunc Prior quesiuit utrum sciret quot pape deberent esse ante finem mundi*

Ceir cyfatebiaeth agos mewn dilyniant a thema, serch bod yn y cwestiynau sy'n arwain at ddiweddglo'r noson gyntaf yn y Gymraeg bum cwestiwn yn cyfateb i'r chwech yn y Lladin, ac yn y cwestiynau a ofynnir yr ail noson saith yn cyfateb i'r chwech. Fodd bynnag, mae'r pumed cwestiwn Cymraeg a ofynnir yr ail noson yn cyfateb i'r chweched un Lladin a ofynnir y noson gyntaf, felly ni chollwyd dim o'r cynnwys; ni fu ond newid bach yn y drefn.[33]

Ond, er mor agos yw ei pherthynas â'r testun Cymraeg, ni ellir cyfrif Bodley Rawlinson A.358 yn ffynhonnell uniongyrchol iddo os rhagdybir bod y cyfieithydd wedi defnyddio un gynsail a hynny heb wneud dim newidiadau iddi. Dangosir hyn yn eglur gan fanylion

Ysbryd Gwido a'r Prior: golygiad newydd

y brawddegau agoriadol sy'n dilyn y dyfyniadau o'r saint Awstin a Phawl (f. 1r):

> ... Ihesus Christus ... Anno sue incarnationis Millinio ccc xxiii ... tale euidens mirabile dignatus fuit[34] in Ciuitate Allesti, que distat a curia apostolica que iam Bayona uocatur per xxx milaria. xii kalendis Decembris obiit quidam ciues eiusdem ciuitatis Alesti nomine Guido cuius spiritus reddito corpore humano sepulture sine aliqua forma uisibili apparuit proprie uxori eandem grauiter affligens per viii dies post suam sepulturam. Tercia uero die post natiuitatis saluatoris nostri diem ut puta die sancti Ioannis Euangeliste uidua illa perrexit ad domum ffratrum predicatorum in ea Ciuitate commorancium petens priorem dictorum fratrum

Yn ôl hwn, bu farw dyn o'r enw Guido ar *y deuddegfed dydd o fis Rhagfyr, 1323*, yn nhref *Allest-* a oedd bellter *deng milltir ar hugain o Bayona*. Bu'n cythryblu ei wraig am *wyth niwrnod* nes iddi, *dri diwrnod wedi dydd Nadolig, ar ŵyl Ioan Fedyddiwr*, ymweld â'r priordy Dominicanaidd lleol. Dyma'r Gymraeg (llau. 1–8 o'r testun golygyddol):

> Llyma pwnk a damweiniawd wythnos a diwyrnawt kyn y nodolic, mil a thrychant a phedair blyned ar ugeint wedy geni Crist, yn tre Alesty pedeir milltir ar hugeint o tre Eviniwn. Kyfenw y dyd hwnnw gwir vu varw bwrdeisswr a elwit Gwidw, yr hwnn a wnaeth llawer o dristwch a theruysc y dy i wraic. Gwedy y varw, caffel o'r wraic yn i chynghor vynet i dai y Brodyr Pregethwyr y ymdidan a'r prior. A mynet a wnaeth kyfenw digwyl Jeuan ebostol yn wythnos y nodolic.

Yma, yn wahanol, nodir blwyddyn dechrau'r digwyddiadau fel 1324, nid 1323, a dyddiad y mis y bu Guido farw fel yr ail ar bymtheg o Ragfyr, nid y deuddegfed. Mae'r Gymraeg yn cytuno â'r Lladin o ran enw tref Guido ond nid â'i phellter o'r dref arall, pellter a nodir fel 24 milltir yn hytrach na 30, nac ag enw'r dref honno, a nodir fel Avignon, nid Bayona. Nid oes sôn yn y Gymraeg am yr wyth niwrnod y bu Guido yn aflonyddu ei wraig – er y gallai'r manylyn neilltuol hwnnw fod wedi ei hepgor yn fwriadol gan y cyfieithydd yn unol â'i gynllun talfyrru. O ran yr hyn sy'n dilyn, mae'r Lladin a'r Gymraeg yn gytûn ond – hyd yn oed pan gymerir i ystyriaeth amrywioldeb y manylion hyn yn y llawysgrifau – mae'r gwahaniaethau yn y brawddegau blaenorol yn dangos yn berffaith glir na all y Gymraeg fod wedi ei seilio ar Bodley Rawlinson A.358. Mae'r un peth yn wir am Uppsala C 175 sy'n debyg i Bodley Rawlinson A.358 yn y rhan fwyaf o'r pwyntiau hyn.

Gellir casglu, felly, fod YGP yn gyfieithiad a thalfyriad chwyrn o ryw gynsail a berthynai yn ei hanfod i'r trydydd math o destun Lladin o DSG a ddiffinnir gan Katherine Ziemann, ac yn fwy neilltuol i Bodley Rawlinson A.358 ac Uppsala C 175. Ni ellir, serch hynny, uniaethu'r un o'r rhain â ffynhonnell y cyfieithydd er eu bod yn perthyn yn agos iddi.

Awduraeth

Nid oes dim arwydd yn YGP parthed pwy oedd y cyfieithydd. Prin fod hyn yn syndod, oblegid eithriad yn hytrach na rheol yw i gyfieithiad crefyddol Cymraeg Canol enwi ei gyfieithydd. A dyfynnu'r diweddar Athro Idris Foster, 'The overwhelming part of medieval Welsh prose is a monument to inspired anonymity.'[35] Mae lle, serch hynny, i ddyfalu'n rhesymol ynghylch cefndir crefyddol y cyfieithydd.

Yr wyf wedi dadlau o'r blaen fod y corff helaeth o gyfieithiadau crefyddol a lleyg sy'n dechrau ymddangos mewn llawysgrifau Cymraeg o tua chanol y drydedd ganrif ar ddeg ymlaen, yn bennaf dan ysgogiad diwygiadau'r Pedwerydd Cyngor Lateranaidd, 1215, yn gynnyrch Brodyr Dominicanaidd a Ffransisgaidd gan mwyaf, ac yn enwedig, efallai, y Dominicaniaid.[36] Ceir cred, sy'n parhau o hyd ymysg rhai, eu bod yn gynnyrch mynaich Sistersaidd, ond nid oes dim tystiolaeth bendant yn sail i hyn,[37] ac yng ngoleuni pwysleisiau gwahanol y bywyd mynachaidd mae hi'n annhebygol. Ymddengys, yn wir, fod rhyddiaith Cymraeg Canol yn fwy dyledus i'r Brodyr nag y sylweddolwyd gan amlaf, ac mae ymosodiadau dychanus arnynt gan feirdd megis Iolo Goch a Dafydd ap Gwilym yn y bedwaredd ganrif ar ddeg yn rhoi darlun unochrog o'u gweithgaredd.[38] Felly gwyddom i Frawd o'r enw Gruffudd Bola gyfieithu Credo Athanasius Sant o'r Lladin ar gyfer Efa, merch Maredudd ab Owain o Geredigion, rywbryd yn y drydedd ganrif ar ddeg.[39] Rhywbryd rhwng 1265 a 1282 cyfieithodd clerigwr o'r enw Madog ap Selyf, Brawd ond odid, y *Transitus Beatae Mariae* a'r *Turpini Historia* o'r Lladin ar gyfer brawd Efa, Gruffudd ap Maredudd.[40] Er nad cyfieithiad mohono, dylid crybwyll hefyd, yn sicr, y traethawd cyfriniol hynod *Ymborth yr Enaid* a gyfansoddwyd tua chanol y drydedd ganrif ar ddeg gan ŵr sy'n ei ddisgrifio ei hun fel *neb vn Vrawt o greuyd Brodyr Pregethwyr*.[41]

Nid yw'n dilyn oddi wrth hyn mai'r Brodyr oedd unig gyfieithwyr y deunydd hwn. Cyfieithwyd yr *Itinerarium Odorici* gan offeiriad o Forgannwg o'r enw Dafydd Fychan yn ail hanner y bymthegfed ganrif ar gais Hopcyn ap Tomos,[42] ac yn yr un cyfnod bu i offeiriad arall, Huw Pennant o sir y Fflint, gyfieithu nifer o *Legenda Aurea* Jacob de Voragin.[43] Gellid disgrifio cyfieithu, felly, fel gweithgaredd a rennid, o leiaf erbyn cyfnod diweddarach. Serch hynny, ymddengys i mi fod seiliau cyfieithu'r testunau hyn, gyda'u dulliau a'u hieithwedd neilltuol, wedi eu gosod gan y Brodyr dysgedig a llengar ac iddynt, ond odid, tra ar yr un pryd yn lledaenu eu crefft, aros yn brif gynheiliaid honno nes dymchwel eu tai yn 1536.

Yng ngoleuni hyn, ymddengys mai'r ymgeisydd mwyaf tebygol i fod yn gyfieithydd DSG i'r Gymraeg fyddai Dominicaniad neu Ffransisgiad. Ceir rhyw gymaint o ateg i'r syniad hwn yn y posibilrwydd a fynegir isod fod i'r cyfieithiad ddiben pregethrol.

Dyddiad

Fel y dywedwyd uchod, ceir y testun cynharaf o YGP yn Ysgol Amwythig 11, a ddyddir i tua 1400, a dichon y bu'n cylchredeg yn gynharach. Amhosibl, er hynny, yw gwybod faint cynharach, serch na allai fod wedi bod yn gynt nag adeg cyfansoddi'r gwreiddiol Lladin yn yr un ganrif. Dyfaliad rhesymol parthed dyddiad y cyfansoddi (ond un hefyd a allai fod yn bell ohoni) fyddai rywbryd yn ail hanner y bedwaredd ganrif ar ddeg.

Man cyfieithu

Wrth ystyried y man lle cyfieithwyd YGP o DSG, dylid cofio nad yw lleoliad hysbys llawysgrif o reidrwydd yn cyd-daro â lleoliad gwreiddiol rhan neu'r cwbl o'i chynnwys: gall y ddau fod yn gwbl wahanol. Rhaid dibynnu, yn hytrach, ac yn anad dim, ar nodweddion yn iaith y testun sy'n adlewyrchu rhyw ranbarth neilltuol o Gymru.[44] O edrych ar y testun cynharaf o YGP sydd ar glawr, sef hwnnw yn Ysgol Amwythig 11, tua 1400, gwelir cymysgedd o ffurfiau gogleddol a deheuol gyda mwy o ogwydd tua'r olaf. Gwelir hyn gliriaf mewn ffurfiau berfol heb yr *i*-gytsain fôn-ffurfiol (yr 'iod') ogleddol, e.e. *damweinawd, gwyssaw, cryneiro, ceissaw, erbynneit, peidawd*, ond ceir rhai enghreifftiau hefyd yn ffurfiau lluosog enwau, megis yn *kythreuleit, eneideu, keigeu, geirev*. Er nad ydynt yn gyfyngedig i'r de, ac eto'n nodweddiadol ohono, dylid nodi hefyd bresenoldeb rhai ffurfiau enwol lluosog sy'n diweddu yn *-e* heblaw y rhai sy'n diweddu yn *-eu*, e.e. *salme, poene, offerenne, bwryade*. Ystyrier hefyd yr ymadrodd adferfol *y maes* a'r arddodiad rhediadol *gantaw* a gysylltir gan amlaf â'r de.

Edrychwn yn awr ar y testun rhanedig o YGP a geir yn llawysgrifau Llansteffan 200 a Pheniarth 191, tua chanol y bymthegfed ganrif. Ceir yma ddigonedd o enghreifftiau o'r *i*-gytsain fôn-ffurfiol mewn berfau ac yn ffurf luosog (yn bennaf) enwau, megis *damweiniawd, herbynnio, gouidiaw, arwydion, kythreulieit, tystolyaeth, eneitieu*, etc. Sylwer hefyd ar ffurfiau gogleddol yr arddodiaid personol *ryngthaw, ganthunt*. Ni cheir cysonder llwyr er hynny: digwydd ychydig ffurfiau deheuol – *pynceu, gantaw, y maes* – a dichon fod hyn i'w briodoli i ddylanwad llawysgrifau neu ysgrifwyr eraill. Ac yn ogystal â'r terfyniad enwol lluosog yn *-eu*, ceir ychydig enghreifftiau yn *-e* megis yn *salme, poene, pethe*, a cf. *dechre*.

Am y testunau eraill o DSG, mae'r rhai sy'n deillio o gynsail X^3 yn ogleddol eu naws (gw. y stema uchod; mae K yno, sef LlGC 9164B, yn gopi o Lansteffan 200).

Gellir honni, felly, fod dau fath o destun o YGP, y naill yn ogleddol, a'r llall yn ddeheuol, ei ogwydd, ond gan na fedr un gwaith egino o ddau le gwahanol, y mae'n rhaid, yn ystod ei dreigl, fod un o'r ddau fath o destun uchod yn blaenori'r llall a'r olaf yn deillio ohono, yn uniongyrchol neu'n anuniongyrchol. Yn awr, gwyddom fod copïwyr yn gallu addasu Cymraeg eu cynseiliau yn unol â theithi iaith eu rhan hwy o'r wlad,[45] ac ar gorn mwyafrifedd y testunau gogleddol a chymeriad gogleddol cryf Llansteffan 200/Peniarth 191, gellir cynnig, er yn bur wyliadwrus, fod y math deheuol o destun a gynrychiolir gan Ysgol Amwythig 11 yn addasiad o destun gogleddol coll a oedd o'r un llinach â Llansteffan 200 a Pheniarth 191 ond o reidrwydd, felly, yn gynharach nag Ysgol Amwythig 11. Dichon mai cynsail gyffredin Ysgol Amwythig 11 a Llansteffan 200/Peniarth 191 oedd hwnnw.

Os cywir hyn, y mae'n deg tybio ddarfod cyfieithu YGP o'r Lladin rywle yng ngogledd Cymru. Y man mwyaf tebygol fyddai un o dai'r Brodyr yn Llanfaes (Môn), Bangor, neu Ruddlan, eithr ni ellir bod yn sicr.

Cyd-destun y cyfieithiad[46]

Fel y dywedwyd eisoes, mae YGP, o'i ystyried ochr yn ochr â fersiynau eraill o DSG, pa un ai yn y Lladin ai'r gyfiaith, yn drawiadol fyr. Gwelir hyn yn bennaf yn y cwestiynau a gyflwynir i'r ysbryd yn ystod ymweliad y noson gyntaf, oherwydd gostyngwyd nifer y rhain o 30 i 13. Mae'r cyfieithydd hefyd wedi cwtogi a symleiddio'r cwestiynau a ddewisodd i'w cynnwys, gan fwrw allan o'r Lladin lawer o ddiwinydda a dyfalu academaidd maith. Ar y llaw arall, y mae elfen ddefosiynol ac ymarferol y gwaith – ac yn fwy penodol y gweddïau litwrgaidd a'r offerennau a gynhelir ac a anogir dros yr ymadawedig – yn cael blaenoriaeth. Mae'r nodweddion hyn, yn naturiol, yn peri gofyn beth oedd cymhellion yr awdur yn ei driniaeth o'r Lladin.

Ymddengys na fwriadodd ei gyfieithiad ar gyfer darllenwyr neilltuol o ddysgedig na diwylliedig. Pe amgen, disgwyliasid iddo gyfieithu'r testun cyfan, megis y gwnaed mewn gwledydd eraill. Ymddengys, yn hytrach, ei fod yn amcanu at gynulleidfa symlach, a hynny, mae'n debyg, trwy gyfrwng y gair llafar, nid ysgrifenedig – hynny yw, trwy bregeth i'w thraddodi ar ryw achlysur. Byddai ei waith yn 'diesgyrnu'r' testun, yn wir, wedi creu *exemplum* addas – y llenddull hwnnw a oedd mor annwyl gan y pregethwr canoloesol ac a anelai at lenwi ei gynulleidfa ag ysbryd myfyrdod gweddigar ar y pethau olaf, sef marwolaeth, barn, nef ac uffern, yn ogystal â'u cymell i gyflawni gweithredoedd o dduwioldeb ymarferol. Gellir cael cymar i'r dulliau a'r amcanion hyn yn y fersiwn Cymraeg o Fuchedd Ladin Dewi Sant a gyfansoddwyd gan Rygyfarch tua 1094 a'i gyfieithu, yn ôl D. Simon Evans, rywbryd yn hanner cyntaf y bedwaredd ganrif ar ddeg.[47] Disgrifiwyd hon yn gymwys gan Hugh Williams fel:

> only a condensed reproduction of the Latin *Vita*, with striking omissions, changes, and additions, especially at the end, made apparently with the view of securing a more suitable form for a popular sermon on the Saint's day.[48]

Mae llawer o'r disgrifiad hwn yn wir am YGP yntau.[49] Mae hefyd yn taflu goleuni pellach, diddorol, ar rai o dechnegau'r cyfieithwyr Cymraeg.

Os daeth YGP i fodolaeth fel testun ar gyfer y pulpud, mae'n amlwg hefyd iddo ddechrau cylchredeg fel testun crefyddol i'w gopïo, yr un modd â thestunau rhyddiaith grefyddol Cymraeg eraill, ond anodd yw gwybod pa fath gynulleidfa yn benodol y byddai wedi ei denu yn y cyfnod newydd hwn o'i drosglwyddiad. Gallesid ei ddefnyddio fel deunydd pregeth gan bregethwyr eraill ond dengys ddarfod ei gynnwys mewn casgliadau llawysgrifol o destunau crefyddol ei fod yn apelio at gynulleidfa ehangach yn ogystal. Pe bai'r testunau eraill yn y llawysgrifau o YGP i gyd, neu hyd yn oed yn bennaf, yn debyg o ran thema, gellid dadlau i'r gwaith apelio at bobl â diddordeb arbennig yn y purdan a thynged derfynol yr enaid. O edrych ar y testunau hyn, fodd bynnag, ni welir y cyfryw undod thema. Er enghraifft, yn Ysgol Amwythig 11 ceir YGP rhwng traethawd ymarferol ar y Credo, cariad at Dduw, a'r Deg Gorchymyn, etc., a chyfieithiad o Ioan 1:1–14, tra cynhwysa'r testunau eraill gyfieithiadau o'r *Officium Parvum Beatae Mariae Virginis*, y weddi *Anima Christi*, apocrypha megis *Historia*

Adam, *Visio Sancti Pauli*, ac eitemau eraill. Wrth gwrs, gellid dadlau, gan fod DSG mewn rhai ffyrdd yn destun unigryw yn y cyfnod, na ddylid disgwyl gweld testunau eraill ar bynciau cyffelyb. Pa un bynnag, y mwyaf y gellir ei ddweud yw bod YGP, fe ymddengys, wedi denu pobl am yr un rheswm ag y gwnaeth testunau crefyddol eraill, sef eu tynfa gynhenid a'u gwerth defosiynol yn hytrach nag fel esiampl o ogwydd ysbrydol neilltuol.

Yr ymateb yng Nghymru i YGP

Pa mor boblogaidd fu YGP yng Nghymru? Gellid cymryd graddfa'r llygredd testunol a welir mewn llawysgrifau ohono amgen nag Ysgol Amwythig 11 a Llst. 200/Peniarth 191 yn arwydd bod y testun wedi mwynhau poblogrwydd mawr. Fodd bynnag, gallai'r llygredd hwn fod wedi dod hefyd o'u cynsail gyffredin, X^3 (gw. uchod), pe bai hon wedi ei chopïo'n ddiofal yn y lle cyntaf.

Ni wn ond am un cyfeiriad at YGP mewn llenyddiaeth Cymraeg Canol, a hwnnw gan fardd o'r bymthegfed ganrif, Llywelyn ap Gutun. Ar yr olwg gyntaf, efallai nad ymddengys un cyfeiriad yn arwyddocaol iawn, ond mae darfod ei wneud gan aelod o'r frawdoliaeth farddol mewn cerdd yn awgrymu bod YGP yn hysbys o fewn y cylch tra phwysig a dylanwadol hwnnw. Digwydd mewn marwnad ffug ddoniol gan Lywelyn i'w gydfardd Guto'r Glyn.[50] Ynddi dychmyga Llywelyn fod Guto wedi boddi yn y môr a bod ei ysbryd, a gyffelybir ganddo i eiddo Gwido, yn tramwyo'r tir. Nid arwynebol ychwaith oedd adnabyddiaeth Llywelyn ap Gutun o'r stori gan ei fod yn darlunio ysbryd Gwido yn gyrru haid o offeiriaid ar ffo, adlais clir o'r osgordd glerigol yn DSG a ddaeth i gartref Gwido i ymchwilio i'r aflonyddu ar ei weddw; a dichon fod lledgyfeiriad posibl at Guto fel dyn tref i'w briodoli i'r ffaith bod Guto yn fwrdais.[51]

Heb or-ddweud, odid nad oedd stori Gwido mor hysbys yng Nghymru ag mewn rhannau eraill o Ewrob.

Testun *Ysbryd Gwido a'r Prior*

Nodyn ar ddull golygu'r testun

Y ddau destun gorau o bell ffordd o YGP yw *A* a *C/D*. O'r rhain, *C/D* yn unig sy'n gyflawn, felly defnyddiwyd hwn fel sylfaen gan nodi'r holl amrywiadau o *A*. Y mae'r testunau eraill, fodd bynnag, yn cynnwys rhai darlleniadau gwerthfawr y gellir eu defnyddio i lenwi bylchau ac i wella rhai darlleniadau amheus yn *AC/D*, felly defnyddiwyd eu tystiolaeth hwythau, ac eithrio yn achos *IJKL* sy'n gopïau uniongyrchol. Pan ymgynghorir â hwy, dyfynnir eu darlleniadau yn gyflawn, ac eithrio lle nas ceir oherwydd eu colli neu am fod y testun yn rhy lwgr. Ni chynhwyswyd amrywiadau ffonolegol neu orgraffyddol. Mae'r arwydd †.....† bob ochr i ddarlleniad yn dynodi diwygiad, yr arwydd <.....> ychwanegiad, a'r arwydd [.....] hepgor gair neu eiriau.

* * *

Nodiadau

1 Am gyflwyniad i'r gwaith hwn, ei gefndir, ei darddiad, ei dwf, etc., gw. Marie-Anne Polo de Beaulieu (gol. a chyf.), *Jean Gobi: Dialogue avec un Fantôme* (ail arg., Paris: Les Belles Lettres, 2004).

2 Gw. T. Gwynn Jones, 'Ysbryd Gwido a'r Prior', BBCS, 5/2 (1930), 100–11. Y saith llawysgrif yw Ysgol Amwythig 11, Llst. 3, BL Add 14967, C 3.4, LlGC 873B (dau destun), LlGC 3055D a C 4.22; gw. Jones, 'Ysbryd Gwido a'r Prior', 100–1.

3 Sarah Anna Harwin, 'A study and comparison of French and Welsh texts of the story of *Gwidw*' (traethawd MA heb ei gyhoeddi, University of Wales (Cardiff), 1929).

4 Annichon yw'r dyddiad hwn gan mai yn niwedd 1324, yn ôl y testun, y dechreuodd yr aflonyddu. Fodd bynnag, mae'r math hwn o lithriad yn gyffredin yn nechrau a diwedd llawysgrifau o DSG.

5 Rhestrir y rhan fwyaf o'r rhain yn Jones, 'Ysbryd Gwido', 100–1. Rwyf yn ddiolchgar hefyd i'r diweddar Graham C. G. Thomas, Aberystwyth, am dynnu fy sylw at y testunau yn llawysgrifau JKL.

6 Am ddisgrifiad, gw. yn enwedig RWM, cyf. i, tt. 1127–8; RepWM, cyf. i, t. 750; N. R. Ker ac A. J. Piper, *Medieval Manuscripts in British Libraries* (Oxford: Clarendon Press, 1992), tt. 300–1. Hefyd, Brynley F. Roberts (gol.), *Gwassanaeth Meir, sef Cyfieithiad Cymraeg Canol o'r 'Officium Parvum Beatae Mariae Virginis'* (Caerdydd: Gwasg Prifysgol Cymru, 1961), tt. lv–vi; Daniel Huws, *Medieval*

Ysbryd Gwido a'r Prior: golygiad newydd

Welsh Manuscripts (Cardiff: University of Wales Press, 2000), t. 60; Ceir hefyd y wefan 'Welsh Prose 1350–1425', *www.rhyddiaithganoloesol.caerdydd.ac.uk.*

7   Gw. RWM, cyf. ii, tt. 422–4; RepWM, cyf. i, t. 61; Huws, *Medieval Welsh Manuscripts*, t. 61.
8   Gw. RWM, cyf. ii, t. 782; RepWM i, t. 102; GP, t. xiv; Huws, *Medieval Welsh Manuscripts*, t. 61.
9   Gw. RWM, cyf. i, tt. 1018–19; RepWM, cyf. i, t. 415; Huws, *Medieval Welsh Manuscripts*, tt. 61, 298, n. 37.
10 Gw. RWM, cyf. ii, tt. 996–1014; RepWM, cyf. i, t. 627; Huws, *Medieval Welsh Manuscripts*, tt. 63, 99, 191, n. 22.
11 Gw. RWM, cyf. ii, tt. 96–103; RepWM, cyf. i, t. 558; Huws, *Medieval Welsh Manuscripts*, tt. 64, 99.
12 Gw. RWM, cyf. ii, tt. 360–5; RepWM, cyf. i, t. 145.
13 Gw. RWM, cyf. i, tt. 222–4; RepWM, cyf. i, t. 195; Huws, *Medieval Welsh Manuscripts*, t. 326.
14 Gw. RWM, cyf. ii, t. 231; RepWM, cyf. i, t. 568.
15 Gw. B. G. Owens, Rh. F. Roberts ac R. W. McDonald, *A Catalogue of the Cwrtmawr Manuscripts presented and bequeathed by John Humphreys Davies*, volume II: *MSS 251–500* (Aberystwyth: National Library of Wales, 1993), t. 372.
16 Cyflenwyd y tudaleniad gennyf i. Mae'r llawysgrif yn cynnwys cyfres o eitemau amrywiol eu hyd, pob un â'i rifiant tudalennau annibynnol ei hun.
17 Gw. *Handlist of Manuscripts in the National Library of Wales* (Aberystwyth: National Library of Wales, 1943–), cyf. iii, t. 120.
18 Cyflenwyd y tudaleniad gennyf i. Mae f. 24 yn wag a heb ei rifo, 25r–29v heb eu rhifo, 30r–56v yn wag a heb eu rhifo. Tudalennwyd y llawysgrif yn afreolaidd gan Gwilym Cowlyd yn 17–4, 1–16.
19 Gw. Graham C. G. Thomas and Daniel Huws, *Summary Catalogue of the Manuscripts of South Glamorgan Libraries, Cardiff Central Library commonly referred to as the 'Cardiff MSS'* (Aberystwyth: National Library of Wales, 1994), t. 390.
20 Cyfetyb y daleniad i hwnnw a geir yn Thomas a Huws, *Summary Catalogue*. Mae'r rhan fwyaf o'r llawysgrif wedi ei thudalennu ac mae'r rhifo fel a ganlyn: tt. 1–277, un tudalen heb ei rifo, ff. 278r–279r, tt. 280–92, un tudalen heb ei rifo, ff. 293r–296v, un ffolio heb ei rifo, 279r–361r, rhif 361v, 362r–363r, rhif 363v, 364r–367v, 368r–377r heb eu rhifo, rhif 377v.
21 Gan fod llawysgrifau C a D, yn wreiddiol, yn ffurfio'r un testun, cyfeirir atynt yma fel C/D pan feddylir testun cyfan YGP, ond fel C neu D pan fo angen gwahaniaethu rhwng y ddwy ran.
22 Ni chynhwysir IJKL yn y drafodaeth gan eu bod yn gopïau syml.
23 Gw. GM.
24 Ond nid felly, rhaid nodi, yn achos Iwerddon lle defnyddid rhyddiaith megis yng Nghymru.
25 Gw. Aisling Byrne, 'From Hólar to Lisbon: Middle English Literature in Medieval Translation, *c*.1286–*c*.1550', *Review of English Studies*, 71/300 (June 2020), 452–5.

26 Gw. Paul Russell, 'Translating Saints: the Latin and Welsh Versions of the Life of St David', yn David N. Parsons a Paul Russell (goln), *Seintiau Cymru, Sancti Cambrenses: Astudiaethau ar Seintiau Cymru/Studies in the Saints of Wales* (Aberystwyth: Canolfan Uwchefrydiau Cymreig a Cheltaidd Prifysgol Cymru, 2022), tt. 101–18. Gw. hefyd ymhellach isod, tt. XXX.

27 Dylid egluro, serch hynny, nad yw pob un o'r cwestiynau Cymraeg yn cyfateb yn dwt i'r rhai Lladin. Felly yn achos cwestiwn 16 y Lladin datodwyd rhan ohono yn y Gymraeg a'i gyfuno â rhan o gwestiwn 19 gan roi'r argraff ei fod yn ffurfio prif gwestiwn yn hytrach nag is-gwestiwn. Fodd bynnag, o ran hwylustod rwyf wedi trefnu'r cyfryw fel y bônt yn cyfateb i'r cwestiynau Lladin sy'n ffynhonnell eu cynnwys.

28 Roedd y fersiwn cyntaf, fel y gwyddys, yn adroddiad swyddogol byr, ffeithiol a sych ddigon o'r profiadau o bresenoldeb ysbryd a wnaed gan y prior John Gobi at sylw'r Pab Ioan XXII; ymhellach, gw. de Beaulieu, *Jean Gobi*, tt. 6–9.

29 Yn Harwin, 'A study and comparison', dywedir yn y crynodeb fod y testunau Cymraeg yn perthyn i'r fersiwn a geir mewn 'certain English texts and the Latin ones on which they are based'. Ni ddywedir ai ar destun Saesneg neu Ladin y mae'r Gymraeg wedi ei seilio, ac mae'r traethawd yn cymharu testunau Cymraeg a Ffrangeg. Cf. Dafydd Johnston, *Llên yr Uchelwyr: Hanes Beirniadol Llenyddiaeth Gymraeg, 1300–1525* (Caerdydd: Gwasg Prifysgol Cymru, 2005), t. 443, lle dywedir bod YGP yn 'cyfateb yn fras i fersiynau Saesneg a Ffrangeg'.

30 Yn ei golygiad o 'The Gast of Gy', tt. 5–6, i'w gyhoeddi. Diolchaf i Marie-Anne Polo de Beaulieu, arweinydd prosiect a gychwynnwyd ganddi â'r nod o gyhoeddi cyfrol o'r holl gyfieithiadau cyfiaith canoloesol o DSG, am yr wybodaeth hon.

31 Ziemann, 'The Gast of Gy', t. 6, n. 25.

32 Drachefn, rwyf yn ddyledus i Marie-Anne Polo de Beaulieu am ganiatáu imi ddefnyddio ei thrawsgrifiad o'r llawysgrif hon yn ogystal â'i thrawsgrifiad o Paris 13602.

33 Diddorol nodi, yn BL Cotton Vespasian A.vi, f. 146r, fod y cwestiwn hwn yn yr un safle ag yn y Gymraeg. Fodd bynnag, mae'r trydydd cwestiwn a ofynnwyd yr ail noson yn absennol.

34 Mae'r testun yn ddiffygiol yma gan fod y cyd-destun yn gofyn berfenw (*infinitive*) i reoli *evidens mirabile*, megis yn Paris 13602, f. 33v, ... *dignatus est ostendere*.

35 Idris Foster, 'The Book of the Anchorite', PBA, 36 (1950), 197–226 (221).

36 Gw. R. Iestyn Daniel (gol.), *Ymborth yr Enaid* (Caerdydd: Gwasg Prifysgol Cymru, 1995), tt. xxii–xxxiv. Am drosolwg o'r llenyddiaeth hon, gw. J. E. Caerwyn Williams, 'Rhyddiaith grefyddol Cymraeg Canol', yn Geraint Bowen (gol.), *Y Traddodiad Rhyddiaith yn yr Oesau Canol* (Llandysul: Gwasg Gomer, 1974), tt. 312–408; J. E. Caerwyn Williams, 'Medieval Welsh religious prose', yn *Proceedings of the Second International Congress of Celtic Studies 1963* (Cardiff: University of Wales Press, 1966), tt. 65–97. Yr unig urdd arall o Frodyr yng Nghymru yn yr Oesoedd Canol oedd y Carmeliaid ond ni chyraeddasant tan 1340au ar y cynharaf a bach iawn oedd eu presenoldeb, gw. David Williams,

'The Carmelites in medieval Wales', yn Iestyn Daniel (gol.), *Cofio John FitzGerald* (Llandysul: Gwasg Gomer, 2010), tt. 100–7.

37 Mae yna ryw gymaint o dystiolaeth amgylchiadol bod mynachlogydd Dinas Basing a Glyn-y-Groes yng ngogledd Cymru, yn neilltuol, wedi ceisio darparu addysg elfennol ar gyfer bechgyn y fro yn ail hanner y bymthegfed ganrif, gw. David Thomson, 'Cistercians and Schools in Late Medieval Wales', CMCS, 3 (summer 1982), 76–80.

38 Gw. Glanmor Williams, *The Welsh Church from Conquest to Reformation* (ail arg., Cardiff: University of Wales Press 1976), tt. 189–92.

39 Gw. Henry Lewis, 'Credo Athanasius Sant', BBCS, 5/3 (1930), 193–203.

40 Gw. S. J. Williams (gol.), *Ystorya de Carolo Magno* (Caerdydd: Gwasg Priyfysgol Cymru, 1968), tt. xxx–xxxi.

41 Daniel, *Ymborth yr Enaid*, t. 14; gw. hefyd R. Iestyn Daniel, *A Medieval Welsh Mystical Treatise* (Aberystwyth: University of Wales Centre for Advanced Welsh and Celtic Studies, 1997), t. 3.

42 Gw. Stephen J. Williams (gol.), *Ffordd y Brawd Odrig* (Caerdydd: Gwasg Prifysgol Cymru, 1929), t. 57.

43 Ymhellach, gw. Daniel, *Ymborth yr Enaid*, tt. xxii, xcvi.

44 Ar dafodieitheg y Gymraeg yn yr Oesoedd Canol, gw. e.e. Peter Wynn Thomas, 'Middle Welsh Dialects: Problems and Perspectives', BBCS, 40 (1993), 17–50; Peter Wynn Thomas, 'Haenau *Breudwyt Maxen*: Ymarferiad mewn Archaeoleg Destunol', YB, 23 (1997), 73–99; Peter Wynn Thomas, 'Tystiolaeth Beirdd y Tywysogion a'r Uchelwyr', *Dwned*, 15 (2009), 11–32; Patrick Sims-Williams, 'Variation in Middle Welsh Conjugated Prepositions: Chronology, Register and Dialect', *Transactions of the Philological Society*, 111/1 (March 2013), 1–50, yn enwedig 43–4.

45 Gw. e.e. Thomas, 'Haenau'.

46 Hoffwn ddiolch i Dr M. Paul Bryant-Quinn a Dr Brynley F. Roberts am eu hawgrymiadau gwerthfawr ynglŷn â'r adran hon.

47 D. Simon Evans (gol.), *The Welsh Life of St David* (Cardiff: University of Wales Press, 1988), t. liv.

48 Hugh Williams, *Christianity in Early Britain* (Oxford: Clarendon Press, 1912), tt. 381–2. Cymh. hefyd Russell, 'Translating Saints'.

49 Cf. hefyd uchod, t. XXX.

50 Gw. GLlG cerdd 11.

51 Rwy'n ddyledus i Dr Eurig Salisbury, Aberystwyth, am dynnu fy sylw at y pwynt hwn.

Lliaws Rhith

[llsgr. C, t. 9, ll. 1] Yspryt Gwido.

Llyma pwnk a damweiniawd [**t. 10**] wythnos a diwyrnawt kyn y Nodolic, mil a thrychant a phedair blyned ar ugeint wedy geni Crist, yn tre †Alesty† pedeir milltir ar hugeint o tre †Eviniwn†.
4   Kyfenw y dyd hwnnw gwir vu varw bwrdeisswr a elwit Gwidw, yr hwnn a wnaeth llawer o dristwch a †theruysc† y dy i wraic.

Gwedy y varw, caffel o'r wraic yn i chynghor vynet i dai y Brodyr Pregethwyr y ymdidan a'r prior. A mynet a wnaeth
8   †kyfenw duw gwyl† Ieuan Ebostol yn wythnos y Nodolic. A dywedut a wnaeth y †chystudd† a'i gouit rac bronn y prior. A gwedy gwelet o'r prior kwynuan a gouyt y wraic, peri [**t. 11**] canu cloch i dyuynnu †yr holl vrodyr† i'r cabidyldy i ymgyngor
12 ac i ymbwyssaw am y pwnk. A chael yn i kyngor a wnaethant anuon athro o naturs y gyt a'r wraic a dau vroder vuchedawl y gyt ac wynt i draethu †y† damwein i oreugwyr y dre. Ac velly y gwnaethant. Ac yna y rodes gwyr y dre daucannwr aruawc
16 wrth ewyllis y prior y gyt ac ef y vynet y dy y gwr marw. A chyn i mynet, gorchymun a wnaeth y prior i bawb o'r Brodyr y bot yn lan gyffessawl. Ac velly y gwnaethant. A'r prior, kyn y vynet, a gant efferen dros eneit y gwr marw ac a gymerth corf Crist
20 [**t. 12**] | ac a'i rwymawd mewn blwch ynghylch i vynwgyl. A chychwyn a wnaethant tu a'r ty dan ganu *Vidi aquam*, sef yw hynny, gwassanaeth y dwfyr swyn yn amser †Pasc†.

Gwedy y dyuot i emyl y ty, rannu a wnaethant y gwyr
24 aruawc mal arwyd y Drindawt yn tair ran [ogylch] o gylch †y† ty. A mynet a wnaethant i'r stauell dan vwrw dwr swyn a chanu *Asperges*, sef yw hynny, gwassanaeth dwr swyn gyt [gyt] a phob gwers o salym *Miserere*. A gwedy hynny, canu a wnaethant *Veni*
28 *Creator*, emmyn ac orieu o'r Yspryt Glan gyt a'r canyant. A phan daruu hynny, y wraic, yn grynedic, a arwedawd y prior yny doeth y wely y marw. Ac yna [**t. 13**] y dywawt, 'Llyma lle kygleu lef llawer gwaith a chwynuan gantaw'. Yna y dodes

32 y prior trwy lef vchel arwydion y Groc arnaw dan dywedut Euengil Ieuan. A gwedy hynny, eiste a wnaethant a dywedut gwassanaeth y meirw o naw llith, a gwedy hynny seith salym ediuarwch ac enweu y saint. Ac yn y diwed, pan dywedassant y
36 gair hwn mal y perthyn ar y diwed o'r gwassanaeth, 'Oen Iessu Grist a difrwytheist pechodeu y †byt†, trugarhaa wrthym' – ac yna y klywynt o giluach lef blaengar gan yr yspryt yn gwrtheb 'Amen'. A phan gigleu y prior yr atteb, erchi a wnaeth o lef
40 y benn yn enw y Drindawt a'r [**t. 14**] gwaet a †wascarawd† o gallon vn Mab Duw, o bai ganiat a dedyf ydaw ymdidan ac wynt, nat elai o'r lle hwnnw yny darffei idaw rodi atteb o'r petheu a ouynnit idaw. Yr yspryt a attebawd, 'Gouyn a
44 uynnych, ac o bob peth o'r a vo dedyf ym atteb, mi a atteba'. A phan glybu bawb yr ymdidan hwnnw, y rai a ossodet y maes trwy †ymwrdd† ac ymrysson mawr a deuynt y mewn.

Ac yna y gouynnawd y prior, 'Beth wyti, ai yspryt da ai
48 yspryt drwc?'

Yr yspryt a attebawd, 'Yspryt da, o achaws creadur wyf i Duw; eissoes, yn y maint y pechais, drwc wyf. Ac nit ymwnaf yr awr honn yn drwc [**t. 15**] namyn y mot yn poeni dros a
52 wneuthum o drwc.'

Prior: '†Pi wyt yspryt ti†?'

Ynteu a attebawd, 'yspryt Gwidw.'

Prior: 'Angharedic y dywedy, o achaws Gwidw a barthawd
56 mal Cristiawn da, a thitheu yn gwneuthur anglot idaw.'

Yr yspryt a attebawd, 'Nac wyf angharedic idaw, a llyma yr achaws: nit erbynnieis i y gan Gwidw dieithyr tudedyn angeu. A minneu, yr i gariat ef, a ymrywmeis y lawer o boeneu,
60 ac nyt ydwyf yn dwyn anglot idaw, canys anglot yw cryneirio neu weithret a dro yn gywilid y dyn. A'r achos yd wyf i ymma: ual <y> gallo ef yn gynt ymrydhau o'i boeneu. A llyna yr [**t. 16**] achaws nat wyf angharedic ydaw nac yn gwneuthur
64 anglot ydaw. Ac yr idaw gaffel a chymryt †kyfreit† eglwys a chwbyl wrth i diwed, ny wnaeth na chwbyl na digon o benyt

dros i bechodeu, kanys nyt kyffes ony wneir cwbyl o iawn dros y gamweithredoed.'

68 Y prior a ovynnawd, 'A oes neb y mywn trugared neu o vewn barn tragywydawl ar hynt wedy angeu?'

Gwidw: 'Ny myn Duw ymy wybot hynny etwo; ny dichon neb wybot <y wrth> y rei a uo y mywn trugared neu boen
72 dragywydawl onyt y neb a vai yn i plith.'

Prior: 'Y proffwydi a welsant yn y bywyt y petheu a de [**t. 17**] lynt rac wyneb; titheu yn yspryt pur, paham nas gwely di?'

Gwidw: 'Hwynt a'e gwelsant o gyvarwydyt yr Yspryt Glan
76 <a'r engylyon>, a mi, hagen, a wyf mewn poen val na deryw vy nghwbyl buro. <Ac> val nat ydiw ynof i yr Yspryt Glan o gwbyl na'r kyffelip engylyon, nys gwela y rai a gyuarwydawd y proffwydi yr cadarnhau y gret. Ac o achos nat wyf y mywn
80 barn dragywydawl, ni wela dim o'r poeneu hynny. A pheis gwelwn, mwy y'm poenit no holl boeneu y tan pur.'

Prior: 'Pa le yd wyt ti?'

Gwidw: 'Yn y tan pur.'

84 Prior: 'Velly llyma y tan pur?'

Gwidw: 'Daudyblic yw [**t. 18**] – tan pur kyffredin ac vnic.'

Prior: 'Ni dichon yspryt vot yn llawer o leoed ar vn waith.'

Gwidw: 'Yn y purdan yd wyf i y nos ac yma y dyd.'

88 Prior: 'Pa le y mae y tan pur kyffredin?'

Gwidw: 'Yghanol y daear.'

Prior: 'Ni dichon deu le, mal purdan kyffredin a'r daear, uot y gyt ar vnwaith os daudyblyc y lle, megys ysprydawl a
92 chorfforawl.'

Gwidw: 'Yr eneit yssyd ynghyt a'r corf yn hollawl, ac velly y maent hwynteu y gyt.'

Prior: 'Pa beth waethaf a wna y dyn yn awr angeu?'

96 Gwidw: 'Kyuaruot kythreulieit yn ofnedic delweu, a llosgoed tan, a garmau aruthyr, ac ymgyfedliw am bechodeu dan geissiaw [**t. 19**] ymadaw <a Christnogaeth>.'

Prior: 'Beth vwya a'i nertha yn yr awr honno?'

100   Gwidw: 'Diodeuaint Crist, gweithredoed Mair Vorwyn ac ymbil y saint.'
      Prior: 'Pa vod vai hynny?'
      Gwidw: 'Pan vo marw dyn mewn pechot marwol y dodir
104 yn i erbyn trwy dangos angheredigrwyd na vynnei erbynnieit rinwed kyssegredic penyt, yr hwnn yssyd yn iachau eneit dyn trwy weithret poeneu yr Arglwyd. Ac o byd neb a'i herbynnio trwy vuched da, ef a daw engylyon da attaw yn erbyn yr
108 engylyon drwc yr y ymdiffyn trwy vwriadeu nat oes vdunt dim ohonaw, achos breint diodefeint Crist yssyd gynnawl ryngthaw [**t. 20**] ef ac wynt. Yna y dywedant †yr engylyon† drwc, 'Ual hynn y gwnaeth y pechawt ac val hynn.' Ac yna y dywedant
112 yr engylyon da yn erbyn pob pechawt ac y dangossant pa vod y dyodefawd Crist poeneu aneirif dros bob vn ohonunt ac y dangossant gweithredoed yr Arglwydes Uair a hitheu yn rodi kyverbyn vdunt ac yn dywedut ual hynn, 'Mi yw mam Iessu
116 Grist, brenhines y nef, arglwydes y byt, llywodres vfern. Ac o achos vy mot yn vrenhines nef, erchi a wnaf y'm Harglwyd Vab †i varnu† i'r purdan dros †i weithredoed†. Ac o achos vy mot yn arglwydes y byt, ny mynna idaw colli gweithredoed da
120 a [**t. 21**] wnaeth yn y byt, namyn i bot yn safedic idaw dros i bechodeu. Ac achos vy mot yn llywodres vffern y mae †ym† erchi i chwitheu gythreulieit vynet ymaith ac na wneloch drwc y'r eneit.' Yna yd ymbiliant y saint dan dywedut, 'Arglwyd
124 Iessu Grist, trugarhaa wrth yr eneit hwnn, achos yn kic a'n gwaet a'n brawt yw.'
      Prior: 'A wdost di †weithredoed† dynyon o'e bywyt?'
      Gwidw: 'Gwnn.'
128   Prior: 'O ba hon y keneis i efferen hediw?'
      Gwidw: 'O'r Yspryt Glan.'
      Prior: 'Gwrthwyneb y dywedy, achos o'r marw i keneis.'
      Gwidw: 'Gwir a dywedy, a chyt a hynny gwir a dywedeis
132 ineu, achos pan geneist di yr efferen hediw o'r marw, kymryt a [**t. 22**] wnaethost orieu o'r Yspryt Glan, a'r efferen <hir> †hon† a wnaeth [yr efferen] vwya vy nerthu. Ac ymlith yr

Lliaws Rhith

efferenneu oll, †mwya† nerth ymi efferenneu o'r Drindawt ac
136 o'r †Yspryt† Glan, o achos Duw a ganhiadawd y mi nerth yn
vwya o'r efferenneu hynny.'
Prior: 'Pa efferen vwya yn gyffredin a nertha yr eneidieu
o'r purdan?'
140 Gwidw: 'Pwy bynnac a gano efferen trwy ewyllis da dros
a garo, os o'r saint y can, canet yn garedic o'r Arglwydes Uair.
Ac o hynny †cynta† y rydheir. Os dros lawer i can, neu dros yr
holl eneitieu, canet efferen o'r meirw.'
144 Prior: 'Pa ryw orieu vwya a nerthant yr eneidieu odieithyr
efferenneu?'
Gwidw: 'Saith salym ediuei[**t. 23**]rwch ac enweu y saint.'
Prior: 'Gwrthwyneb y dywedy, achos Crist a ossodes y
148 *Pater*, a'r angel yr *Aue Maria*, a'r ebystyl y *Credo*. Y saith salym,
hagen, athrawon, y rai nit ydynt yn gymeint <o vreint>, a'i
gossodes.'
Gwidw: 'Gwir – oherwyd braint y personieit a'i
152 gwnaeth, goreu ynt wy. Dieithyr, oherwyd medwl a deall a
gossodedigaeth, gwell yw y saith salym a henweu y saint, achos
athrawon yr eglwys a'i gossodassant yr diffrwythaw y saith
bechawt marwawl. Y salym gyntaf yn erbyn camsyberwyt, yr
156 ail yn erbyn kynuigen, y trydyd yn erbyn digouein, y petweryd
yn erbyn diogi, y bym[**t. 24**]het yn erbyn glythineb, y chwechet
yn erbyn goruynnicrwyd, y seithuet yn erbyn godineb.'
Prior: 'Beth a weda i leygyon i dywedut dros yr eneitieu?'
160 Gwidw: 'Dywedynt i *Pater* ac <*Aue*> *Maria* a'r *Credo* a pheri
canu efferenneu, achos o hynny y cwpleir o'r a uo eisseu o'r
parth arall.'
Prior: 'Beth a dal dywedut gwassanaeth y meirw o naw llith?'
164 Gwidw: 'Llawer a dal, achos y naw llith yssyd yn
kyflawnhau <yr eneit> mewn gobeith y dyuot tu ac at naw
rad yr engylyon; y pump <salym> ar osper tu ac at y pump
synnwyr tra vuont yn gwassanaethu y Goreu; y pum antym
168 ymlaen y salme <tu ac at> pymp kedernyt yr eneit, mal
gwybot y rwng drwc a da, a chof ac ewyllis [**t. 25**], a chynnyd a

cherdet tra †vuont† yn †gwassanaethu† y Goreu; y naw salym ar bylgain yn gwassanaeth tu ac at naw ansod yr eneit; sef yw hynny, y mewn ieuengtit, yn y heneint, yn y dlodi, yn y allu, yn y diweirdeb, yn y †briodas†, yn y wedtot, yn y yscolheigtot, yn y leygiaeth. Y pump salym a'r pump antym yssyd, a'r *Laudes* yssyd, yn kyflawnhau yr eneit tu a'r Dengeir Dedyf, y <dwy> salym megis *Magnificat* a *Benedictus* yn †gwassanaethu† tu ac at dywoliaeth a bydoliaeth.'

Prior: 'Beth waetha a wna i'r kythreulieit?'

Gwidw: 'Yr hwnn yssyd ynot ti a'r hwnn yssyd ynghylch dy vynwgyl.'

Prior: 'Paham nat wyt ti yn adoli idaw?'

Gwidw: 'Mi a adoleis idaw, er nas arganuuosti.'

Prior: 'Yd wyfi yn erchi yt, trwy gynhedueu a gallu corf Crist, vy nghanlyn i allan os gelly.'

Gwidw: 'Mi a dilyna vy arglwyd yn llawen.'

Ac ar hynny y clywynt <trwst> yn <y> dilyn megys pei bythit yn yscubo y llawr. Ac val yd oed yn kyrchu heb law gwely y wraic, dechreu o'r wraic, dan disgyrnu danned, dodi llef mal dyn ynuyt a dygywdo i'r llawr mal dyn marw. A phan ymchwelawd y prior y dodes y wraic lef, dan dywedut 'Arglwyd Duw, nertha vi o'r llauur yssyd arnaf.'

Prior: 'Pa achos yr wyt yn dirmygu dy wraic?'

Gwidw: 'Hi ehunan yssyd o achos i thristwch [**t. 27**].'

Y prior a dywawt wrth y wraic, 'O wraic, yn enw Iessu Grist, dywet wrthyf i yr achos.' A hitheu, mal mut, ni roes atteb. Yna y dywot y prior wrth yr yspryt, 'Yd wyf i yn erchi, yn enw y Tat a'r Mab <a'r> Yspryt Glan a rinwedeu corf Crist, yr hwnn yssyd gennyf, saf yn hedwch ac atteb o'r hynn a ouynner yt.'

Gwidw: 'Gouyn a vynnych ar hynt, achos y mae yr amser yn agos y mae rait ym vynet i'r purdan kyffredin.'

Prior: 'Dywet ym <yr> achos.'

Gwidw: 'Ryw bechawt a wnaethom yn y lle hwnn, pa dros ni wnaethom yn penyt.'

Prior: 'Dywet ym <y> pechot.'

Gwidw: 'Nys galla, achos ny vyn Duw dyuot i glustieu y pech[**t. 28**]adurieit yr hwnn y peidiawd ohonaw; a'r hwnn ny myn ef rac llaw i wybot, ny myn i bechadurieit i wybot. Achos daruot kyffessu amdanaw y madeuawd Duw y pechawt, yr na vadeuawd y penyt.'

Prior: 'Paham yd wyt yn dyvot att dy wraic yn gynt noc att grefydwyr?'

Gwidw: 'Achos ym i charu yn vwy no chrefydwyr y byt, ac o'r achos hwnnw yd adolygeis gan Duw caffel ymdidan a hi val y gallai wneuthur cwbyl iawn dros y pechot.'

Prior: 'Pa hyt o amser y bydy di yma?'

Gwidw: 'Hyt y Pasc nessa, ac oni chlywoch chwi vi yma, yna gwybydwch vy erbynnieit i nef.'

Prior: 'Pa ryw benyt yd wyt ti yn i diodef [**t. 29**]?'

Gwidw: 'Flam o dan.'

Prior: 'Gwrthwyneb y dywedy, o achos tan yssyd gorforawl val na dichon poeni yspryt.'

Gwidw: 'O vy mrawt, drwc yd wyt yn deall yr Yscruthyr Lan! Ponyt ydiw yr Ysgruthur Lan yn tystolaethu trwy gyfiownder a gallu Duw vot tan vfernawl yn y kythreulieit, mal <pan> dywetto Duw, '*Ewch chwi bobyl velltigedic i'r tan tragywydawl dros awch pechodeu?*'

Prior: 'Paham, ynteu, nat ydiw y ty hwnn yn llosgi?'

Gwidw: 'O uy mrawt, bychan o deall yssyd ynot ti! Pony wely di y lluchet yn discyn ac nit ydyn yn llosci onis myn Duw, a phonid ydyw yr haul yn trywanu y gwydyr heb i waethu? [**t. 30**] Velly, yr bot y flam y'm llosci i, eissoes yd wyf i yn trywanu y ty heb i waethau. A gwybyd yn hyspys, kyt bai tai yr holl vyt yn llosgi y gyt, ny wneynt tan mor wreslawn a'r hwnn yd yttwyf i yn i diodef.'

Prior: 'A gredy di dyuot Duw ynghnawt?'

Yr yspryt a atebawd o lef i benn, 'O vy mrawt, pwy yw nis cretto? – yr engylyon yn gwelet, y kythreuliet yn credu, yr eneidieu yn y purdan yn gwybot; dieithyr y lawer yssyd yn y

240 byt, o †chan† achos yn erbyn pynkeu y †fyd†, pechu a wnant heb orfowys.'
Prior: 'Pa ryw benyt a haedant †y rai† nis crettont?'
Gwidw: 'Ryued y gouynny. Pony dy[**t. 31**]weit yr Yscrythyr,
244 pwy bynnac nys cretto y mae yn varnedic?'
Prior: 'Pa achaws y godef Duw †dynyon† angret y vyw?'
Gwidw: 'Ny dyly bot gouynion o dirgelwch yr Arglwyd. Eissoes, herwyd tyb a bwriadau dyn, godevus yw Duw hyt pan
248 droant y'r gret y gwpplau y rad a gollet; ne Duw ynteu †yn† godef amylhau gobrwyeu y Cristonogyon achos yr ymlad a wnant ac wynt dros y gret a'r gyfreith.'
Prior: 'Pa bechodeu vwya a aruerir yn y byt?'
252 Gwidw: 'Camsyberwyt, kynuygen, godineb, twyllodraeth a gorueynt a'e keingeu glwys wydedic rac bronn Duw [**t. 32**] a'i engylyon. A phetwar ohonunt <yssyd> a vyn Duw ar hynt vot dial drostunt, megys priodas aneduawl. Yr ail yw pechot yn
256 erbyn anyan; trydyd, llad kelein; petweryd, tyngu anudon.'
Prior: 'Yd wyf yn erchi yt, oblegyt vn mab Duw, os gelly, godef dy wraic yn hedwch.'
Gwidw: 'Ny wnaf i hynny oni thric yn diwair yn i bywyt,
260 a pheri canu trychant efferen drosti hi a throssof inneu, megys cant o'r Drindawt neu o'r Yspryt Glan, a chant o Uair Uorwyn, a dec efferen a deugaint o Bedyr a Phawl, a dec efferen a deugaint o'r †meirw†.
264 Pan glyby y wraic <y geirev> hynny, canhiadu a wnaeth y parei canu [**llsgr. D, t. 135**] yr efferenneu yn †vn† dyd yn y mod y dywetpwyt vchot rac ofyn i phoeni rac llaw.
<Y> prior a ouynnawd idaw i wrth Ancrist [G.], ac ynteu
268 a attebawd na wydiat dim y wrtho. Ac yna y diulannawd. Y prior, hagen, a erchis y'r bobyl oed gyt ac ef vynet adref hyt pan adolyckyt ganthunt dyuot y ddwyn tystolyaeth am y damwein a welsant. A mynet a wnaethant. Ac yna y kynghores
272 y prior i'r wraic vot yn vuchedawl ac yn lan o ymdygyat yn y bywyt, a pheri effeiriat y ganu efferen beunyd o hynny hyt y pasc. Ac val y kynghores y prior, velly y gwnaeth. Y wraic,

eis[t. **136**]soes, ny lauassawd hi vynet i'r ty rac ofyn; namyn
†trannoeth† o duw gwyl Ystwyll yd aeth y wraic eilwaith y tei y
Brodyr Pregethwyr y ymdidan a'r prior. A gwedy yr ymdidan,
cael a wnaethant yn eu kynghor kymryt vgeint o'r Brodyr
Traet Noethion, ac vgeint broder o greuyd Saint Austin, a
llawer o lygyon y vynet i dy y gwr marw. Ac velly y gwnaethant.
A phan doethant i'r ty, dywedut a wnaethant gwassaneth y
meirw o naw llith. A phan dywedassant mal y discyn ar diwed
y gwassanaeth y geirieu hyn, 'Eneidieu Cristnogyon y byt bint
mewn gorfowys', y clywynt trwst yn dyuot tu ac attun mal pet
[**llsgr. C, t. 33**] vait yn yscubo y llawr. A phan arganuu y prior
ef, erchi a wnaeth idaw, oblegit y gwaet a golles Crist, ymdidan
ac wynt ac atteb o'r a †ouynnid ydaw†. Ac yna yr attebod yr
yspryt megys dyn mewn cleuyt, 'Pa achos ydywchwi yn gyn
uynychet a hynn y'm gouidiaw i? Ponyt kyn no hynn y rodeis i
atteb o'r a ouynyssawch ym? Beth bellach yssyd gennwch y'w
ouyn?'

Yna y gouynnawd vn o'r Brodyr, 'A oes etto arnat ti dim o
boene?'

Gwidw: 'Neu'r deryw ysgauynhau arnaf o beth o'r flam
dan a oed i'm llosci trwy efferenneu, y rai a ganpwyt trossof,
val nat rait ym vynet i'r purdan kyffredin bellach. Bendigedic
vo Duw.'

Y Brawt [**t. 34**] a ouynnawd, 'Pa ryw boeneu yd wyt yn i
diodef ymma?'

Gwidw: 'Flam o dan.'

Y Brawt: 'Ponit oes ytti dim o dillyngdot am hynny?'

Gwidw: 'Nac oes etto.'

Y Brawt: 'Pa vod y clywy di a thitheu heb glustieu?'

Gwidw: 'O allu Duw.'

Y Prior a dywot, 'Llyma ni wedy'r ymgynnull ar gyfrif i
dwyn tystolyaeth o bob dim o'r a dywedaist rac bronn y Pap.
Pan welom amser, dywet yn anryuedodeu.'

Gwidw: 'Nyt wyf Duw i. Ef yssyd yn dywetut ac yn
gwneuthur anryuedodeu, dieithyr hynn a dywedaf y chwi

val y galloch bregethu yn well: gwybydwch hynn, poni bai adolwc yr Arglwydes Vair a gweithretoed y saint, y gwnai Duw dial ar y ran vwya o'r bobyl yssyd ar <y> daear, achos nat oes gywir[**t. 35**]deb na chyfreith Duw yn y plith ar y daear dieithyr torri priodasseu, llad kalaned, tynghu anudoneu, a'r holl weithredoed drwc o'r a allo dyn i †medylio†.'

Prior: 'Pa sawl pap a vyd?'

Gwidw: 'Gan Duw y mae gwybot y pethe yssyd yn dyuot. Ni deryw kanhiattau ymi wybot hynny. Ewch y'ch ford ac ymbyliwch drossof i a thros yr holl eneitieu yssyd yn y tan pur, achos yr Eglwys yssyd ledyf a llesc yn eiriawl drostaw kyfenw yr amser hwnn. A chwitheu, gwellewch ych buched rac ych colli.'

Ac ar hynny tewi a wnaeth a mynet ymaith. Hynn a brouet rac bronn Ieuan Bab y Deufet ar Ugeint, daat yr Arglwyd val y †mae† vchot yn dechre [**t. 36**] y chwedyl. A gwedy hynny y Pab a anuones y Pasc y ymdidan a'r yspryt y'r lle hwnnw, ac ny chlybuwyt dim ohonaw. Ac wrth hynny y credassant i gymryt i dyrnas nef, i'r honn y'n dycko ni y Gwr a'n prynawd o'y waet. Amen.

Nodiadau ar y cynnwys

1 **damweiniawd** Sylwer ar yr *i*-gytsain fôn-ffurfiol sy'n gyffredin yn y testun hwn ac yn awgrymu tarddiad gogleddol; ymhellach gw. uchod, tt. XXX.

1–3 **wythnos … Crist** Sef 17 Rhagfyr 1324.

4 **Kyfenw y dyd hwnnw** 'Ar benblwydd (*anniversary*) y dydd gŵyl hwnnw'. Ymddengys mai at ddydd Nadolig, sef 25 Rhagfyr, y cyfeirir; ond yn ôl ll. 1, dechreuodd yr aflonyddu wyth diwrnod *cyn* y Nadolig. Ceir peth amrywio yng nghronoleg a thopograffeg brawddegau agoriadol YGP a DSG yn y llawysgrifau (a cf. uchod, tt. XXX). Ar

ystyr *kyfenw*, gw. GPC, t. 691, 2, a cf. ystyron yr ymadrodd *ar gyfenw*. Digwydd hefyd isod, llau. 8, 321.

8 **duw gwyl Ieuan Ebostol** 'Gŵyl Sant Ioan yr Apostol', a ddethlir ar 27 Rhagfyr.

13 **athro o naturs** Ymddengys mai'r hyn a olygir yw athro yn y gwyddorau anianol neu empeiraidd (megis ffiseg, cemeg, bioleg, swoleg, botaneg, seicoleg, gw. GIRh, t. 141). Anghyffredin yw'r ffurf *naturs*, sef *natur* + y terfyniad lluosog Saesneg yn -*s* a cheir digon o enghreifftiau o'r ffurf frodorol *natur(i)iau*. Ar y 'Seisnigrwydd' hwn, cf. isod ll. 324n.

21 ***Vidi aquam*** 'Gwelais ddŵr', geiriau agoriadol yr antiffon a genir adeg y Pasg yn ystod taenellu'r gynulleidfa ar ddechrau'r brif Offeren ar ddydd Sul, yn lle'r *Asperges* (gw. y nodyn nesaf) a genir weddill y flwyddyn. Deuant o Eseciel 118. Yn y testun fe'u disgrifir fel *gwassanaeth y dwfyr swyn yn amser pasc*. Gw. ODCC[4], t. 1707.

26 ***Asperges*** 'Byddi'n taenellu', dechrau'r antiffon, seiliedig ar Salm 50 (rhifiant y Fwlgat), a genir yn ystod defod taenellu dŵr sanctaidd dros yr allor a'r bobl cyn y brif Offeren ar ddydd Sul. Fe'i disgrifir yn y testun fel *gwassanaeth dwr swyn gyt a phob gwers o salym 'Miserere'*. Gw. ODCC[4], t. 116.

27 ***Miserere*** 'Trugarha', Salm 50.

27–8 ***Veni Creator*** 'Tyrd Greawdwr', geiriau agoriadol yr emyn enwog i'r Ysbryd Glân a briodolir i Rabanus Maurus. Fe'i defnyddiwyd fel emyn gosber y Sulgwyn o'r ddegfed ganrif ymlaen; ac o'r ddeuddegfed ganrif ymlaen, yn ystod wyth niwrnod yr ŵyl, daethpwyd i'w roi yn lle'r emyn ters *Nunc Sancte nobis Spiritus*. Yn y testun fe'i disgrifir fel *emmyn ac orieu o'r Yspryt Glan gyt a'r canyant*. Gw. ODCC[4], t. 1698.

33 **euengil Ieuan** Ystyr y geiriau yw 'Efengyl Ioan'; nid yr efengyl gyfan, fodd bynnag, ond adnodau 1–14 o'r bennod gyntaf. Fel y

sylwodd Thomas Jones, ymddengys fod rhyw gysegredigrwydd arbennig yn perthyn i'r rhain yn yr Oesoedd Canol ac iddynt ffurfio Efengyl o fewn yr Efengyl, megis; gw. Thomas Jones, 'Pre-Reformation Welsh Versions of the Scriptures', NLWJ, 4/3–4 (1946), 97–114 (105).

34 **gwassanaeth y meirw o naw llith** Mae'r naw llith yn cyfeirio at blygeiniau (*matins*) y gwasanaeth; roedd i'r rhain dair o nos-weddïau (*nocturns*), pob un yn cynnwys tair salm a thair llith neu ddarlleniad, gan wneud cyfanswm o naw darlleniad; cf. ll. 163. Gw. *The Catholic Encyclopedia* (15 cyf., New York: the Robert Appleton Company, 1907–12), cyf. xi, tt. 220–1, dan yr erthygl 'Office of the Dead'.

34–5 **seith salym ediuarwch** Sef salmau 6, 31, 37, 50, 101, 129, 142; cf. llau. 118, 120, 123.

35 **enweu y saint** Hynny yw, litani'r saint yn un o'i ffurfiau. Gw. ODCC[4], t. 991.

36–7 **Oen Iessu Grist a difrwytheist pechodeu y byt, trugarhaa wrthym** Cyfetyb y geiriau hyn i'r Lladin *Agnus Dei qui tollis peccata mundi, miserere nobis* 'Oen Duw sy'n dwyn ymaith bechodau'r byd, trugarha wrthym', ac fe'i cysylltir fel arfer â datganiad yr offeiriad yn yr Offeren yn fuan cyn y Cymun. Gw. ODCC[4], t. 29.

85 **Daudyblic yw – tan pur kyffredin ac vnic** Mae i'r syniad hwn am y purdan fel lle ac ynddo dân cyffredin a thân neilltuol hanes hir sy'n ymestyn yn ôl i Gregor Fawr yn y chweched ganrif, ond tebyg ei gyfryngu i awdur DSG yn fwyaf uniongyrchol trwy'r *Supplementum* i *Summa Theologica* Tomos o Acwin a gyfansoddwyd gan rai o'i ddisgyblion wedi ei farw, gw. de Beaulieu, *Jean Gobi*, t. 16 ac ymlaen.

129 **O'r Yspryt Glan** '(Offeren) yr Ysbryd Glân'. Dyma un o sawl offeren er anrhydedd personau, dwyfol neu ddynol, a grybwyllir yn y testun. Cynhelir yr offerennau eraill a grybwyllir dros y meirw (llau. 132 *marw*, 143 *meirw*) neu'r holl eneidiau (llau. 142–3 *yr holl eneitieu*),

y Drindod (ll. 135 *Trindawt*), y Forwyn Fair (ll. 141 *Arglwydes Uair*), a Phedr a Phawl (ll. 262 *Pedyr a Phawl*). Fodd bynnag, awgrymir gan y cyd-destun fod yr offerennau a olygir yn perthyn i'r math addunedol (*votive*), a oedd yn gyffredin yr yr Oesoedd Canol, yn hytrach nag i'r math swyddogol a gynhelid ar rai dyddiadau o'r flwyddyn litwrgaidd; ac mae taerineb Gwido yn llau. 259–63 am i'w wraig drefnu i gynnal offerennau niferus er anrhydedd pawb uchod ar yr un diwrnod ag ar gyfer ei hunan a'i gŵr yn dwyn ar gof arferion y siantri.

146 **Saith salym ediueirwch** Gw. llau. 34–5n.

enweu y saint Gw. ll. 35n.

148 **Pater** Y *Pater Noster* (Gweddi'r Aglwydd). Am ei sail ysgrythurol, gw. Mathew 6:9–13 a Luc 11:2–4.

148 **Aue Maria** Geiriau agoriadol Cyfarchiad yr Angel. Am ei ffynhonnell ysgrythurol, gw. Luc 1:28, 42.

148 **a'r ebystyl y Credo** Cyfeiriad at Gredo'r Apostolion, gw. ODCC[4], t. 90.

154–5 **y saith bechawt marwawl** Mae'r rhain wedi amrywio braidd ar hyd yr oesoedd yn eu trefn a'u henwau ond fersiwn cyffredin fyddai: balchder, cybydd-dod, trachwant, eiddigedd, glythineb, dicter, llesgedd. Gw. ODCC[4], t. 1499.

163 **gwassanaeth y meirw o naw llith** Gw. ll. 34n.

165–6 **naw rad yr engylyon** Gosodwyd eu nifer gan Pseudo-Dionysius yn ei draethawd *Yr Hierarchaeth Nefol*. Y Graddau yw: Seraphim, Cherubim a Gorseddau; Arglwyddiaethau, Rhinweddau a Meddiannau; Tywysogaethau, Archangylion ac Angylion. Gw. ODCC[4], tt. 62–3.

166 y pump salym ar osper Sef Salmau 114, 119, 120, 129, 137, gw. Francis Procter and Christopher Wordsworth (goln), *Breviarium ad usum insignis ecclesiae Sarum* (tri chyf., Cantabrigia, 1879), cyf. ii, tt. 271–2. Ffurfiant ran gyntaf gwasanaeth y meirw.

167–8 y pum antym ymlaen y salme Sef *Placebo Domino in regiones vivorum; Heu me quia incolatus meus prolongatus est; Dominus custodit te ab omni malo: custodiat animam tuam Dominus; Si iniquitates observaveris, Domine: Domine, quis sustinebit; Opera manuum tuarum Domine ne despicias*, gw. Procter and Wordsworth, *Breviarium*, cyf. ii, tt. 271–2.

Yn nhudalennau 25 a 27 y llawysgrif dylid dilyn tudalen 25 gan dudalen 26 yn rhifiant y llawysgrif ond 27 a geir yn hytrach ac ymddengys i'r copïwr ollwng 26 dros gof.

170–1 y naw salym ar bylgain Sef Salmau 5–7 (y nos-weddi gyntaf), 22, 24, 26 (yr ail), 39–41 (y drydedd), gw. Procter and Wordsworth, *Breviarium*, cyf. ii, tt. 273, 275, 277. Ffurfiant ail ran gwasanaeth y meirw. Ar y defnydd o *ar* yn dynodi adeg, cf. ll. 166 *ar osper* a gw. ymhellach GPC ar lein dan *ar*[1] 9.d.

174 Y pump salym a'r pump antym H.y. pum salm ac anthem gosber y meirw, gw. tt. 166n, 167–8n.

Laudes Rhan derfynol gwasanaeth y meirw, gw. Procter and Wordsworth, *Breviarium*, cyf. ii, tt. 281–3.

175 Dengeir Dedyf Yr enw gynt ar y Deg Gorchymyn. Gw. ODCC[4], t. 385.

176 *Magnificat* Yr emyn o fawl a ganodd y Forwyn Fair wedi i'w chyfnither Elizabeth ei chyfarch fel mam yr Arglwydd (Luc 1:46–55). Yng ngwasanaeth y meirw fe'i defnyddid fel cantigl y gosberau, gw. Procter and Wordsworth, *Breviarium*, cyf. ii, t. 272.

Benedictus Yr emyn o ddiolchgarwch a ganodd Sacharias adeg geni ei fab, Ioan Fedyddiwr (Luc 1:68–79). Yng ngwasanaeth y meirw fe'i defnyddid fel cantigl yr emynau moliant (*lauds*), gw. Procter and Wordsworth, *Breviarium*, cyf. ii, t. 281.

226–7 **Ewch chwi bobyl velltigedic i'r tan tragywydawl dros awch pechodeu** Cf. Mathew 25:41.

243–4 **Pony dyweit yr Yscrythyr, pwy bynnac nys cretto y mae yn varnedic** Cf. Ioan 3:18.

264 **glyby** Sylwer ar y ffurf anarferol a gthg. ll. 45 *glybu*.

276 **gwyl Ystwyll** Neu'r Epiffani, 6 Ionawr.

281–2 **gwassaneth y meirw o naw llith** Gw. ll. 34n.

283 **Eneidieu Cristnogyon y byt bint mewn gorfowys** Cyfetyb y geiriau hyn i eiriau terfynol adran blygain gwasanaeth y meirw, *Requiescant in pace. Amen*, gw. Procter and Wordsworth, *Breviarium*, cyf. ii, t. 279. Mae'r Gymraeg yn hwy ac efallai'n helaethiad gan y cyfieithydd.

320 **drostaw** Sylwer ar y newid i'r trydydd person o'r person cyntaf *drossof* yn ll. 257. Cyfeirir at yr un gwrthrych yn y ddau.

320–1 **kyfenw yr amser hwnn** Ar *kyfenw*, gw. uchod ll. 4n. Mae'r ysbryd yn rhoi ar ddeall nad yw'n derbyn llawer o weddïau dros ei enaid ar y pryd.

324 **daat** Ffurf ddieithr a geir yn llsgr. C yn unig heb ddim darlleniadau cyfatebol yn y llsgrau. eraill ac nas rhestrir yn GPC² yn gynharach na'r 18g. Gellir ei deall fel benthyciad o'r Saesneg Canol *dāte* yn yr ystyr 'dyddiad'. Disgwylid gweld y Gymraeg *oed* ond dichon fod yma dinc o ieithwedd ffurfiol dogfennau swyddogol Saesneg, Ffrangeg a Lladin y

cyfnod, gw. OED² d.g. Ymddengys yn annhebygol mai llygriad o *oed* sydd yma. Ar y 'Seisnigrwydd' hwn, cf. uchod ll. 13n.

Nodiadau ar y darlleniadau

3 **Alesty** Felly G¹GH a cf. *Alest* yn B. Amlwg bod *Alescy* yn AC yn ffrwyth darllen *c* am *t*, dwy lythyren a allai edrych yn debyg iawn. Yn y testunau Lladin mae'r enw yn ymddangos fel ffurf enidol unigol o'r ail Rediad (*declension*), *Alesti* (e.g. yn llawysgrif Rawlinson A.358 yn Llyfrgell Bodley, f. 1r. Fe'i cadwyd gan y cyfieithydd heb roi ffurf enwol (*nominative*) iddi. Cyfetyb yr enw lle i'r Ffrangeg *Alès*.

4 **Eviniwn** E yn unig sy'n rhoi'r darlleniad hwn ond mae'n well na *vien* a *veian* y llawysgrifau eraill sydd, mae'n debyg, yn wallau copïo yn deillio ohono. Cyfetyb *Eviniwn* i Avignon, enw lle sy'n ymddangos mewn sawl llawysgrif Ladin o DSG.

5 **theruysc** Mae *thremysc* A a theruyst C yn gamgymeriadau am *theruysc* ('aflonyddiad'). Mae darlleniad C bron yn gywir serch bod -*c* wedi ei chamddarllen am *t*.

8 **kyfenw duw gwyl** Felly A. Mae C yn darllen *kyfenw i digwyl* gyda'r arddodiad *i* rhyngddynt, ond cf. llau. 4, 320–1.

9 **chystudd** Mae *chysser* A yn ffurf annhystiedig mewn Cymraeg Canol, a *chyssur* C (cf. *chyssyr* of B) yn amhriodol. Nid oes dim a gyfetyb i *chyffes* EF yn y testunau Lladin, a braidd yn gyffredinol yw *chyflwr* G¹G²H. Mae'r diwygiad *chystudd*, ar y llaw arall, yn foddhaol gyfystyr â *gouit* ac o ran ffurf heb fod yn rhy bell oddi wrth y darlleniadau eraill.

11 **yr holl vrodyr** Mae darlleniad A, yn neilltuol, yn gydnaws â chynnwys *holl*.

14 **y** Nid yw *eu* C yn rhoi ystyr mor foddhaol ag *y*, a ategir gan A a llawysgrifau eraill.

22 **pasc** Gwall yw *past* C am *pasc*.

24 **y ty** Felly BCEFG¹G². Ni cheir cystal synnwyr yn *yr ty* AC (a cf. *y dy* H).

37 **byt** Gwall yw *gyt* C, fel yr awgrymir gan y synnwyr gofynnol ac a ddangosir gan ddarlleniadau'r llawysgrifau eraill.

40 **wascarawd** Mae *wastarawd* C yn wall a gafwyd trwy gamgymryd *t* am *c*.

46 **ymwrdd** E yn unig sy'n rhoi'r darlleniad hwn ond mae ei ystyr 'ymwthio', Saesneg 'push, shove' yn gweddu'n dda i'r cyd-destun gyda golwg ar y dorf y tu allan i dŷ Gwido. Mae *ymrwn* A ac *y mwrn* C, efallai am *ymwrn*, yn ffurfiau annhystiedig. Gellir deall *ymwrn* fel cyfuniad o'r rhagddodiad cryfhaol *ym-* a'r enw *mwrn* yn yr ystyr 'galar', dan ddylanwad y ferf *mwrnaf* 'galaraf', er na roddir yr ystyr honno i *mwrn* yn GPC, t. 2512. Ni fyddai'r syniad o alaru, sut bynnag, yn gweddu i'r sefyllfa dan sylw.

53 **Pi wyt yspryt ti** Dyma'r darlleniad gorau o ddigon, gyda *pi* Saesneg 'whose?' yn cyfateb i'r Lladin *cuius*. Cyflwr traws yw *Pi* o'r rhagenw gofynnol *pwy* 'who' nas ceir fel arall ond gyda'r ffurf ferfol *yw* fel yn *piau* 'whose is/are?' (gw. GPC, t. 2791), ac ymddengys iddo achosi peth penbleth i'r copïwyr ar gyfrif ei ddieithrwch fel ffurf annibynnol. Fodd bynnag, nid yw'r diffyg enghreifftiau hysbys eraill o'i ddefnyddio fel hyn yn ddigon o garn am ei wrthod, a dichon y daw tystiolaeth bellach i'r golwg.

62 **y** Fe'i hepgorwyd yn C ond nid yn A. Gwell yw cynnwys y geiryn hwn mewn gwaith rhyddiaith ffurfiol.

64 **kyfreit** Felly A. Mae *kyfreith* C yn llai addas i ddyn yn marw, ac ategir y synnwyr o gymorth sagrafennol gan y darlleniadau eraill.

71 **y wrth** Mae tystiolaeth y llawysgrifau yn gryf o blaid yr arddodiad dwbl hwn. Am enghreifftiau eraill ohono gyda'r ferf *gwybot*, gw. llau. 267–8 *ac ynteu a attebawd na wydiat dim y wrtho*.

76 **a'r engylyon** Mae tystiolaeth y llawysgrifau yn gryf o blaid eu cynnwys ond felly hefyd llau. 77–8 *yr Yspryt Glan o gwbyl na'r kyffelip engylyon* sy'n adlais eglur o'r llinell hon.

77 **Ac** Felly A. Nid oes gwir angen y cysylltair ond mae'n gwella rhediad y darn, ac mae awdurdod llawysgrifol A yn uchel. Gallai gair mor fach yn hawdd fod wedi dianc rhag sylw copïwr C, ac yn y llawysgrifau eraill y mae wedi diflannu yng nghanol llygredd testunol.

98 **a Christnogaeth** Cyflenwir yr arddodiad *a*, a adawyd allan yn C, o A (a cf. y llawysgrifau eraill). Fodd bynnag, nid yw A wedi treiglo *cristnogaeth* i *christnogaeth* ar ôl *a*, o leiaf yn orgraffyddol, felly adferwyd hyn i'r testun.

110 **yr engylyon** Mae *yr enghynyon* C yn llwgr.

118 **i varnu ... i weithredoed** Mae AC yn darllen *y barnu ... y gweithretoed*. Mae'r cyfeiriad at y lluosog, er hynny, yn taro'n chwithig gyda goddrych unigol y darn, sef enaid yn wynebu barn, ac mae'r llawysgrifau eraill o blaid yr unigol. Ymddengys fod AC wedi etifeddu camgymeriad o'u cynsail gyffredin a gwell, felly, yw diwygio'r testun.

121 **ym** Felly AB. Synnwyr gwael a rydd *yn i* C ac odid nad ffrwyth rhannu minimau y llythyren *m* yn anghywir ydyw.

126 **weithredoed** Diwygir *weithredoeth* C yn *-oed* (cf. llau. 100, 114, 118, 119, 311, 315).

133–4 **a'r ... nerthu** Mae peth dryswch yn y llawysgrifau, oherwydd ymddengys ailadrodd y gair *efferen* ar gam (ll. 134) a'i drosglwyddo iddynt (ac eithrio yn achos rhai o'r diweddaraf, FG²H, lle bu ymgais, ond odid, i'w lyfnhau). Cyflenwyd *hir* o A gyda chefnogaeth G²H.

135 **mwya** Diwygiwyd *mwy* C ar y sail ei fod yn fwy tebygol a bod iddo gefnogaeth y rhan fwyaf o'r llawysgrifau, gan gynnwys A.

136 **Yspryt** Mae *spryt* C heb y llythyren gyntaf.

142 **cynta** Gallai *gynta* C gynrychioli *yn gyntaf* ac *yn* wedi colli. Diogelach, fodd bynnag, yw dilyn AE.

149 **o vreint** Cyflenwyd o AB.

160 ***Aue*** Mae ei angen yn amlwg ac fe'i cyflenwyd o AB.

165 **yr eneit** Gadawyd allan yn AC, ond y mae angen gwrthrych ar y ferf *kyflawnhau*, ac mae *eneit* yn digwydd yn BEFH; cf. ll. 140 *yn kyflawnhau yr eneit*.

166 **salym** Mae ei angen yn amlwg ac fe'i cyflenwyd o'r llawysgrifau eraill.

168 **tu ac at** 'O ran, ynglŷn â'. B yn unig sy'n rhoi'r darlleniad hwn (er y mynegir yr un syniad yn *yn erbyn* F). Nid yw'n anhepgor gan y gellid cario drosodd yn y meddwl yr un arddodiad o'r frawddeg flaenorol a'i ddeall rhwng *y pum antym ymlaen y salme* a *pymp kedernyt yr eneit*; ond mae ei gynnwys yn sicr yn egluro mewn ffordd naturiol y berthynas rhwng y ddau ddarn hyn ac yn cyfateb yn ffurfiol i'r defnydd o'r un arddodiad yng ngweddill y paragraff (llau. 165, 166, 171, 175, 176). Ymddengys ei fod yn eisiau yn nhestun archdeip YGP a'i gyflenwi yn B trwy gynnig copïwr (?cf. *yn erbyn* F). Mae hyn, o leiaf, yn esboniad mwy tebygol na bod pedwar copïwr gwahanol wedi ei adael allan yn annibynnol, hyd yn oed o gymryd i ystyriaeth ei fynychder yn y rhan hon o'r testun a goblygiadau hynny i gopïo.

170 **vuont** Mae'r presennol (dibynnol) *vont* yn ACE yn amhriodol yma gan y cyfeirir at ddigwyddiadau yn y gorffennol. Mae'r gorffennnol (mynegol) *vuant* yn B yn rhoi'r synnwyr cywir ond tebycach mai'r ffurf gyfwerth *vuont* oedd y darlleniad gwreiddiol, fel yr awgrymir gan *vont* ac yr ategir gan l. 167 *tra vuont yn gwassanaethu*.

gwassanaethu Llwgr yw *gwassaethu* C.

173 **briodas** Mae *brioda* C heb y llythyren olaf.

175 **dwy** Yn eisiau yn CF ond fe'i gofynnnir gan y cyd-destun a'i ategu gan ABEH.

176 **gwassanaethu** Mae *gwassaethu* C yn llwgr drachefn megis yn 136.

186 **trwst** Yn eisiau yn AC ond mae'r ferf *clywynt* yn hawlio gwrthrych fan yma, a'r cyd-destun wrthrych yn dynodi rhyw fath o sŵn. Diau bod ll. 284 *y clywynt trwst yn dyuot tu ac attun* yn cyflenwi'r gair coll, cf. darlleniadau FH.

y Cyflenwyd o *ny* (cywasgiad o *yn y*) A.

197 **a'r** Fe'i gofynnir gan y cyd-destun ac fe ddigwydd mewn llawysgrifau eraill.

202–5 **yr ... y** Cyflenwyd o A. Mae'r fannod yn gwella'r synnwyr yn y ddau achos.

226 **pan** Fe'i gofynnir gan y gystrawen a'i ategu gan AE.

240 **chan** Mae AC yn darllen *chuan*, ffurf annhystiedig, ac ni cheir goleuni gan y llawysgrifau eraill oherwydd llygredd testunol. Fe'i diwygiwyd felly yn betrus i *chan* (*chân*' mewn Cymraeg diweddar),

trydydd person lluosog modd mynegol gweithredol presennol *cael*, a rhydd hyn synnwyr boddhaol.

fyd Felly AF. Mae *ysyd* C yn amlwg yn wall am *y fyd* gydag *f* wedi ei gamgymryd am *s* (fel y digwydd yn aml).

242 **y rai** Cymeraf, ar sail cywirdeb gramadegol, mai hwn oedd y darlleniad cywir yn hytrach na *y neb*, a cheir digon o gefnogaeth iddo yn y llsgrau. Ceir cymysgu rhwng unigol a lluosog hefyd yn ll. 315 a gw. nodyn.

245 **dynyon** Mae *dynyo* C heb y llythyren olaf.

254 **yssyd** Fe'i gofynnir gan y synnnwyr a'i gyflenwi gan A.

263 **meirw** Mae *merw* C yn ffurf anghywir.

264 **y geirev** A siarad yn fanwl, nid oes mo'u hangen gan fod ystyr *hynny* yn unig yn ddigonol, ond mwy echblyg ydynt a digwyddant yn AF.

265 **vn** Mae *v* C heb y llythyren olaf.

267 **Y** Gofynnir y fannod gan y synnwyr ac fe'i hategir gan y llawysgrifau.

287 **ouynnid ydaw** Mae'r darlleniad hwn o eiddo FG¹H yn rhoi synnwyr da am fod y ferf yn y gorffennol ac ysbryd Gwido y cyfeirir ato yn y trydydd person, ac yn hyn o beth yn gydnaws â'r brif ferf *erchi a wnaeth idaw* yn 231–2. Mae *ouynner yt* C, ar y llaw arall, yn tynnu'n groes i'r patrwm hwn gan fod y ferf yn y presennol a'r ysbryd a grybwyllir yn yr ail berson.

312 **y** Felly A. Bydd y fannod fel arfer yn rhagflaenu *daear* ('earth') pan gyfeiria at y blaned.

315 **medylio** *uedylio* a geir yn y llsgrau. ond lluosog yw'r rhagflaenydd *weithredoed*. Ar y cymysgu rhwng unigol a lluosog, cf. hefyd ll. 242 a'r nodyn.

Yr amrywiadau testunol

Rhaglith: Yspryt Gwido] Yspryt Gwidw A, Llyma y trethir o ymddiddan gwido ar prior B, – E, Yma i dechre y llyvyr a elwir chwedyl ysbryd gwidow F, – G^1G^2H.

1–2 kyn y nodolic] kyn nadoluc A. **2–3** mil – crist] Mil CCC xxiiij oed oet crist A. **3** Alesty] Alescy AC, Alest E, lassuein F. **3** Eviniwn] E, vien ACB, veian FG^1G^2H, bwrdeisswr] bwrgeisswr A. **5** dristwch a theruysc] tristwch a thremysc A, digofeint a thristwch B, dristwch a theruyst C, anysmwythdra E, dervysg F, derfysc a thristwch G^1G^2H, dy i wraic] dy wreic A. **8** kyfenw duw gwyl] A, duw gwyl B, kyfenw i digwyl C, Ar ddigwyl EF, ar gefeniw o G^1, ar gefenw o G^2. y] *A*. **9** chystudd] *scripsi*, chysser A, chyssyr B, chyssur C, chyffes EF, chyflwr G^1G^2H. **11** dyuynnu] wyssaw A. **11** yr holl vrodyr] AG^2H, i vrodyr B, y brodyr C, y brodyr oll EF, yr holl vrod G^1. **14** y damwein] AB, eu damwein C, y pwngk E, y wledigayth F, y chyflwr ai chwedl G^1, y chwedl G^2H. **22** pasc] ABEF, past C, hwnnw G^1G^2 – H. **23** i emyl] vet A. **24–5** y ty] yr ty AC, y dy H. **28** Glan] – A. **30** yna] – A. lle] y A. **33** wnaethant] wnathant A. **36** hwn] hyn A. **37** byt] ABF G^1G^2H, gyt C, – E. blaengar] blaengarn A. **39** wnaeth] oruc A. **40** wascarawd] A, wasgarwyt B, wastarawd C, – E, ddiverodd F, – G^1G^2H, o bai] or bei A. **43** a attebawd] y attebawd A. **45** hwnnw] hyn A. **46** ymwrdd] E, ymrwn A, – BFG^1G^2H, y mwrn C. **53** Pi wyt yspryt ti] A, Pa yspryt wyt ti BG^1G^2H, pwy wyti C, pie yr ysbryd E. **54** a] y A. **61** a dro yn gywilid y dyn] a tro y dyn yn gywilyd A. y] A. wyf] – A. **64** kyfreit] A, rinweddeu B, kyfreith C, – E, nnaw rinnwedd kyssygredic F, gwsanaeth G^1G^2H. **67** gamweithredoed] camweithretoed A, bechodeu BE, drycvuchedd F, pechoday G^1G^2H. **71** y wrth] AB, – E, oddi wrth FG^1G^2H. **76** a'r engylyon] ABG^1G^2H, ac engylion duw F, – E. a wyf] wyf A. buro] puryo A. Ac] A. **80** A pheis] Ac beis A. **87** ac] – A. **97** llosgoed] llosced

A. **98** a Christnogaeth] a cristnogaeth A, ae fydd B, cristnogaeth C, ar gristynogaeth E, ai ffydd ay gristnogaeth G^1G^2H, – F. **99** a'i] y A. **101** y] – A. **108**] yr] yd A. **109** Crist] yr arglwyd A. **110** yr engylyon] $ABEG^1G^2H$, yn enghynyon C, ysbrydoedd F. **113** ohonunt] ohanu A. **118** i varnu] y barnu AC, varnu yr eneit BG^1G^2, i varnv E, i varnv ef FH. i weithredoed] y gweithretoed A, – B, i gweithredoed C, i gam weithredoedd E, i weithredoydd drwc FG^1G^2, ai weithredoedd H. **121** ym] AB, yn i C, – EFG^1G^2 yn H. **126** weithredoed] AB, weithredoeth C, – EFG^2H. **128** hon] han A. **133–4** a'r ... nerthu] ar yr offeren hir hon a wnaeth yr offeren vwya vy nerthu A, yn yr offeren yr honn a wnaeth yr efferen oll yn nerth B, ar efferen honno a wnaeth yr efferen vwya vy nerthu C, ar yr efferen ar weddi honno ar efferen a wnaeth vynerthu i E, ar weddi honno a wnaeth i mi vwya o help F, ar efferen hir hono a wnaeth ymi help mawr G^2, ar yfferen hir honn a wnaeth ym help mawr H. yr efferen] – A. **135** mwya] $ABEG^2H$, mwy C, – F. **136** Ysxpryt] $ABEFG^2H$, spryt C. a] y A. **140** da] – A. **142** cynta] AE, gynta C, – B H, yfferen gynta F. i] – A. **149** o vreint] AB, i braint EFH. **153** a henweu] ac enweu A. **156** petweryd] betwryd A. **159** i dywedut] dywetyt A. **160** Dywedynt] dywetyt A. i Pater] y pater A, Eu paderau B. Aue] AB, haui E, avi F, afe H. **163** a dal] y tal A. **164–5** yn kyflawnhau yr eneit] ny gyflawnhau A, yn kyvlawnhau yr enaid BEFH, yn kyflawnhau C. **166** salym] AEH, salaym B, salme F. **167** pum] pymp A. **168** tu ac at] B, – ACEH, yn erbyn F. **167** drwc a da] da a drwc A. **170** vuont] vont ACE, vuant B, vond F, – H. gwassanaethu] AB, gwassaethu C, – EFH. **171** naw ansod] naw y naw ansot A. **173** briodas] ABEF, brioda C, priodas H. **175** dwy] ABEH, – CF. **176** Magnificat] Ma gnificad A. Benedictus] Bendictus A. gwassanaethu] AEH, – B, gwassaethu C, – gwssanathu F, a] ar A. **181** wyt] ydwyt] A. **184** i allan] y maes A. os] or A. **186** trwst] F, sein B, swn E, ryw beth G^1, rryw drwst H, yn y] ny A, **186–7** megys pei bythit yn yscubo y llawr] megys beit yn danbyllawr A. **187** heb law] heb A. **189** i'r llawr] y lawr A. **190** ymchwelawd] ymhoyles A. **192** yr] yd A. **193** ehunan] hunan A. **195** i] – A. roes] roddes A. **196** dywot] dywat A. **197** a'r] $ABEFG^1H$. **198** hynn] hwnn A. **202** yr] A. **205** y] A. **206** galla] gall | lla A. **208** ef] – A. **209** daruot] daruot hyn A. **214** hwnnw] hynny

A. ymdidan] ddidan A. **217** chlywoch] chlywch A. yna] – A. **224** lan] – A. **226** pan] AE, – FG¹H. Duw] – A. tragywydawl] dragwydawl A. **231** waethu] waeth{a}u, llosci i] llosci A. **236** yng hnawt] y knawt A. **239** yssyd] ac yssyd A, **240** chan] chuan AC, y fyd] AF, ysyd C, – EG¹H. **242** a haedant y rai nis crettont] a haydant y neb nys crettont AC, – BG², a haeddant yr hai nis kretont E, a haydd y bobil hynny F, a haeddant y neb ny chre to hyny G¹, a gaffant y neb ni chreto hynny H. **245** dynyon] A, dynyo C, – E, ddynion FH, y bobl G¹. **248** yn] A, y C, **249** y Cristonogyon] crstynogyon A. **254** yssyd] A. **257** os] or A. **263** meirw] AEFG¹H, merw C. **264** y geirev] AF, – EG¹H. hynny] hynny a A. **265** vn] EFG¹H, v C. **267** Y] EFG¹H. **287** ouynnid ydaw] FG¹H, ouynner yt C, ovynnynt i ddaw E. **312** y] A. **315** medylio] – ABEFG², uedylio CEG¹H. **324** daat] C, – ABD–H. **326** yspryt] spryt A. hwnnw] hynny A. **328** prynawd] prynwys A.

EXPLORING EARLY MODERN WELSH PROSE STYLE: ROGER SMYTH'S 'CICERONIAN MODE' IN *GORSEDD Y BYD*

Erich Poppe

In her plenary lecture on scholarship on medieval Welsh literature since 1963 for the eleventh International Congress of Celtic Studies in Cork in 1999, Marged Haycock highlighted that '[t]ranslation in the Middle Ages has become a big topic' and that the 'study of religious and devotional prose … is back in the spotlight'.[1] In my contribution, I hope to move the spotlight on the study of the language and style of Welsh translations and of religious and devotional prose chronologically forward into the early modern period and to explore some issues relating to the development of style in Welsh and to international influences on Welsh style. In response to Marged's long-standing interests in women and literature, one of the passages selected for analysis is taken from a short discussion of marriage, women's and wives' roles, and ancient Greek institutions concerned with the relation of partners in a marriage, albeit from a biased and misogynistic perspective. The text I have chosen for my case study is Roger Smyth's *Gorsedd y Byd*, published in 1615, his translation of two texts by Pierre Boaistuau on the misery of man's body and on the excellence of man's soul (see below). My focus will be on the question of reflections of 'Ciceronian style' in this work.

My interest in Smyth's style and especially in its characterization as 'Ciceronian' was originally sparked by Geraint Bowen's observation that:

[i]n contrast with his translation of Canisius' Catechism where the sentences are intentionally short and simple in construction as in the original Latin, in *Theater du mond sef ivv Gorsedd y byd* Smyth's sentences are complex not only in the translated text, where this is understandable, but also in the introduction. His style reflects the Ciceronian mode advocated by Gruffydd Robert in his Grammar.[2]

This statement raises a number of methodological questions concerning assumed differences between Smyth's style as translator and his personal style, the place to detect his personal style in *Gorsedd y Byd*, Gruffydd Robert as a model for Smyth's style, Robert's 'Ciceronian mode', and last but not least, the definition of a period and of the 'Ciceronian mode' respectively. But before I turn to a consideration of these issues, I will briefly introduce Roger Smyth and his *Gorsedd y Byd*.[3]

Smyth was born in St Asaph in 1540/1 and died in 1624 or 1625.[4] Because he was a Catholic, he left Wales and was at the English College at Douai for some years before 1579. He became a member of the Hospitale Anglorum, or Hospice of the English, in Rome in 1579, but left in the wake of controversies between its Welsh and English members. Bowen suggests that he remained in Italy and graduated as Doctor of Divinity. He later returned to England, where he was imprisoned. Afterwards he lived in Rouen and Paris and gained the patronage of Cardinal Jacques Davy Duperron, a leader of the Counter-Reformation in France.[5] Two versions of his Welsh adaptation of the catechisms of the Jesuit Petrus Canisius were published in Paris, a short version of 66 pages in 1609 and a long version of 585 pages in 1611, the latter with a Latin dedicatory address to Duperron.[6] A translation of Robert Southwell's *Epistle of a religious priest vnto his father* (1597) followed in 1612, as *Coppi o lythyr crefydhvvr a merthyr dedhfol discedig at i dad*.[7] In 1615, his *THEATER DV mond sef ivv. Gorsedd y byd* was published. As the full title explains, it treats of 'trueni a lescni [*sic*] dyn o ran y corph ai odidavvgrvvydd o ran yr enaid' ('man's misery and weakness in relation to his body and his excellence in relation to his soul') and is a translation from French. The French source texts are Pierre Boaistuau's *Théâtre du Monde, ou il est faict un ample discours des miseres humaines*, for the first part on the misery of man's body, and his *Bref discours de l'excellence et dignité de l'homme*, for the second part on the excellence of man's soul.[8] As I have shown elsewhere, Smyth's source can be narrowed down even further.[9] His introductory address to the reader, headed 'Y darllevvr havvdd[g]ar', reproduces the first and general part of Boaistuau's dedication of *Le Théâtre du Monde* to 'Monseigneur Jacques de Betoun' and the second part of Boaistuau's address to the reader.[10] The same amalgamated introduction with a general heading, 'Aux lecteurs benevoles', and without a reference to the original dedicatee, is found in a printing of *Le Théâtre du Monde* of 1585 which brings together the two French tracts under the title *Le theatre dv monde, où il est fait vn ample discours des miseres humaines. Auec vn petit traitéd le'excellēce & dignité de l'homme.*[11] This printing, in which the French text is accompanied by a Latin translation, or a later printing derived from it,[12] was the source of Smyth's translation.

As a comparison of Smyth's address to the reader with the amalgamated introduction of the 1585 French printing shows, Smyth's original contribution to the introduction amounts to its final eight lines or roughly 70 words, in which he summarizes the benefits to be derived from reading this book (see below). There is another original prose passage contributed by Smyth to *Gorsedd y Byd* which is longer, namely his final 'warning/notice to the reader' of about 330 words, which contains his apology for faults in typography and translation and his justification for producing this book, before the actual list of typographical errors (see below).[13] The amount of Smyth's original text in *Gorsedd y Byd*, in which his personal stylistic preferences could be detected, is therefore limited, but can ultimately be complemented by including in the analysis Smyth's prefaces to his translations of the catechisms and his introductory address to Morgan Clynnog in his translation of Southwell's *Epistle*, *Coppi o lythyr crefydhvvr*.[14]

Morgan Clynnog (1558–after 1619) entered the English College in Rome at the age of 21 and took the mission oath in 1579. From

1582 he served as seminary priest in Wales.[15] He was a nephew of Morys Clynnog (c.1525–81).[16] The latter had been in Rome together with Gruffydd Robert (c.1527–98) by 1563. Gruffydd Robert became chaplain of the English Hospital (a forerunner of the English College) in 1564. Morys Clynnog became its 'Camerarius' in 1567 and its warden in 1577, and was rector of the English College in 1579. By 1565 Robert was working in the archdiocese of Milan and was appointed by Carlo Borromeo as theological prebendary of Milan cathedral in 1567 and as canon of the cathedral chapter in 1571. After Borromeo's death in 1584, he remained active in Milan in the service of his successors and died there in 1598. Morys Clynnog's *Athravaeth Gristnogavl*, an adaptation of a catechism compiled by the Jesuit Diego de Ledesma (1519–75) was prepared for publication in Milan in 1568 by Robert, who also contributed an introductory paratext addressed to Clynnog and a preamble. Gruffydd Robert is the author of the first modern grammar of Welsh, published in six booklets between 1567 and the 1590s in Milan. Its four grammatical booklets have the form of a dialogue between Gr., the persona of Gruffydd Robert, and Mo., the persona of Morys Clynnog. The fifth booklet contains an anthology of Welsh verse; in the incomplete sixth booklet we find a full expression of Robert's 'Ciceronian mode', namely the beginning of his translation of Cicero's *Cato Maior de Senectute* (see below).

The next item on my list of initial questions concerns the possibility of Gruffydd Robert's influence on Roger Smyth. There is good evidence that such influence existed. They knew each other, as is demonstrated by a letter in Welsh Robert wrote in 1596 or 1597, in which he expresses his delight in Smyth's escape from Newgate prison and warns him not to come to Italy where he may face the inquisition ('inquisition o Rufain'); on the envelope, Robert had written in English 'To his Speicial good frynde Mr Roger Smyth yn Paris'.[17] Smyth had great respect for Robert's learning, especially with regard to the Welsh language. In his final notes to his translations of Canisius's Catechism, he describes Robert as 'a man who deserves eternal praise and fame, not only because of his many virtues, but also for his learning and knowledge, and particularly in regard to the Welsh language'[18] ('gụr a hauḍau glod a mauḷ traguydauḷ, nid yn unig o herụyḍ i aml rinụeḍau: eythr hefyd ermuyn i ḍisc ai uybodaeth ag yn bendifaḍe yn yr iaith gymraeg'[19]). As can be seen from this quotation, he adopted the orthographic innovations proposed by Robert in his grammar, namely <ḷ>, <ḍ>, and <ụ> for /ɬ/, /ð/, and /u/, and he uses <ph> for /f/, instead of <ff>, as does Robert in his grammar.[20] He also refers to Robert's work on the Latin element in Welsh and to his (Smyth's) own borrowings from Latin.[21] Some further lexical and orthographical parallels between Robert and Smyth have been noted by Bowen.[22] In *Coppi o lythyr crefydhvvr* and *Gorsedd y Byd*, however, Smyth no longer follows Robert's orthography for /ɬ/ and /ð/, but instead uses <lh> and <dh> in *Coppi* and <ll> and <dd> in *Gorsedd*. This is probably for practical reasons since these are easier to produce for printers than Robert's <ḷ> and <ḍ>. He uses <vv> for /u/ and <ph> for /f/ in both *Coppi* and *Gorsedd*.

As for Robert's 'Ciceronian mode', the now incomplete sixth and final booklet of Robert's grammar contains the beginning of a translation of Cicero's dialogue *Cato Maior de Senectute*, probably intended as a stylistic inspiration for contemporary Welsh prose authors.[23] Cicero was much admired by Renaissance and humanist writers and his works were often recommended as a model for imitation. 'Ciceronianism' has become the term 'for a Renaissance tendency to use the linguistic form and substance of Cicero's (106–43 BC) writings'.[24] This is the background for the references to Robert's 'Ciceronian mode' by Bowen and to the 'Ciceronian style' by Ceri Davies in his characterization of Robert's stylistic intentions in his translation of *De Senectute*:[25]

> Enough, however, survives [of Robert's incomplete translation] to make clear the way in which Gruffydd Robert sought in his translation to capture the periodic style of Cicero's Latin with its finely balanced correspondence of phrases and subordinate clauses.[26]

In illustration, he quotes a period from Cicero's text complemented by Robert's translation and characterizes the latter as 'Gruffydd Robert's very successful attempt at maintaining a similar periodic style' and as a 'skilful transposition of Ciceronian style into a Welsh medium'.[27] He presents it in a schematic arrangement intended to bring out its internal structure:[28]

> Arfau cyfaḍas i henaint (Scipion fannu̯yl a Laelius)
>   yu̯ celfyḍydau, ag ymarferion o rinu̯eḍau;
>   Y rhain u̯rth i gu̯rteithio, ai 'mgleḍu ymhob oedran,
>   a ḍygant phru̯yth diarhebau̯l,
>   u̯edi i un fyu̯ yn hir, a ḷau̯er o amser.
>   nid yn unig am i bod heb ymadel byth ai perchen,
>   nag yn yr amser diuaethaf oi hoedl,
>   (er bod hynn yn beth mau̯r)
>   eithr hefyd, am fod y gydu̯ybod o'r fucheḍ a u̯arriessid yn ḍa,
>   a meḍu̯l am lau̯er o u̯eithredoeḍ da a u̯neithid,
>   yn hyfrydlonaf peth.[29]

(Appropriate arms for old age (my dear Scipio and Laelius) are arts and exercises of virtues; these – while being cultivated and fostered in every age – yield excellent produce, after one has lived long and much, not alone because they never separate from their owner, not in the last moment of their lives (although this is a great matter), but also because the consciousness of a life well spent, and the thought of many good deeds which one performed, is a most delightful thing.)

Davies finally gives one sentence from the introductory non-technical dialogue between Gr. and Mo. in Robert's grammar 'to illustrate Gruffydd Robert's Ciceronian sense of style and periodic cadence in his own Welsh writing',[30] unfortunately for my purpose not in a corresponding schematic arrangement by *cola* and *commata* (see below for these terms):

Er bod yn deg y fangre le̯'r ydym, ag yn hyfryd gu̯eled y dail gu̯rd̯leision yn gyscod rhag y tes, ag yn d̯igrif clou̯ed yr au̯el hon o'r gogleu̯u̯ynt yn chu̯ythu tā frig y gu̯inu̯yd̯ i'n lau̯enychu̯ yn y gu̯res anrhysymol hu̯n, syd̯ dru̯m u̯rth bau̯b a gafod̯ i geni ai meithrin meu̯n gu̯lad cyn oered ag yu̯ tir cymru: etto mae arnaf hiraeth am lau̯er o bethau a gaid ynghymru, i fu̯ru̯'r amser heibio yn d̯ifyr, ag yn lau̯en, u̯rth ochel y tes hird̯yd̯ haf.³¹

(Although this spot in which we sit is fair, and delightful though it is to see the green leaves shading us from the sunlight, and pleasant though it is to hear this northerly breeze blowing under the tops of the vines to gladden our hearts in this unreasonable heat, which is hard to bear to anyone born and bred in a land as cool as Wales: yet I long for many things that were to be had in Wales to help one pass the time pleasantly and happily while avoiding the heat of the long summer day.³²)

This is a long sentence made up of nearly ninety words which consists of two *cola*, separated by the colon. The speaker contrasts his outwardly pleasant afternoon in an Italian vineyard, described in the first *colon*, with his conflicting longing for Wales, expressed in the second *colon*. This second *colon* contains the short main clause, extended by three further units, a relative clause and two verbal-noun phrases, further ornamented with an adverbial doublet in the first phrase, *yn d̯ifyr* and *yn lau̯en*. The syntactic relation of the two verbal-noun phrases to the preceding text is probably loose, but does not interfere with the overall sense, since *i fu̯ru̯* could be constructed as modifying either *[c]aid* in the relative clause or *[p]ethau*. The first colon consists of a complex subordinated verbal-noun phrase introduced by the adversative preposition *er*, which governs three coordinated phrases, *bod yn X A, ag yn Y B, ag yn Z C*, arguably three *commata*; their three subject phrases increase in weight and complexity. The long third *comma* of about forty words itself consists of two parts, of which the second is realized as a non-restrictive relative clause with internal parallelism between *i geni* and *i meithrin*. There is further parallelism between *yn gyscod* and *yn chuythu* in the second and third *comma*. Schematically, the sentence could probably be represented as follows:[33]

> Er bod yn deg y fangre ...,
>   ag yn hyfryd gueled ... yn gyscod ...,
>   ag yn digrif cloued ... yn chuythu ... y gures anrhysymol hun,
>   syd ... i geni ai meithrin ...:
> etto mae arnaf hiraeth ... o bethau a gaid ..., i furu ... yn difyr, ag yn lauen, urth ... (i.e., ochel ...)

Cola and *commata* are the constituent parts of a period, as can be seen from their traditional minimal definitions as given by Malcolm Parkes:

> [period:] In prose, an utterance or complete rhetorical structure which expresses a single idea ...; its constituent parts are *commata* (or *incisa*) and *cola* (or *membra*) ...

> [colon:] A member (or *membrum* ...), or major division of a period: in prose, where the sense is complete, but the meaning is not ...

> [comma:] A division of a *colon* ..., usually short and rhythmically incomplete, followed by a minor disjunction of the sense where it may be necessary to pause.[34]

Hofmann and Szantyr provide a more detailed description of a Latin period, which highlights its layered structure with differently ranking subordinate constructions and insertions:

> Als konstruktive Elemente des Periodenbaus sind außer der einfachen Unterordnung und den Partizipialkonstruktionen in erster Linie die Ausbildung der Nebensätze zweiten Grades sowie die Entwicklung einer dem logischen Zusammenhang der Teile gerechten Technik der Einschiebung der Sätze zu nennen.[35]

(In addition to simple subordination and participial constructions, the constitutive elements of the construction of periods are primarily the formation of subordinate clauses of the second degree and the development of a technique of inserting clauses that does justice to the logical connection of the parts.)

Ian Robinson's characterization of medieval and early modern English periods highlights their rhythmic quality:

> In the common understanding coming from the classical rhetors, the smallest prose unit is the foot, then the short phrase or *comma* often in English of two beats; the phrase made out of two or more *commata* is the *colon*, and the complete rhythmic unit in prose, made out of the balancing *cola*, is the *period*.[36]

Robinson forcefully rejects the applicability of the concept of the (modern) grammatical sentence to medieval and (most) early modern English prose and instead suggests an analysis in terms of periods which 'are made rhythmically out of phrases, and are only coincidentally syntactic', as units of sound and sense.[37] His perspective is usefully complemented by work on the rhetorical basis of punctuation in early modern German texts.[38] Possible implications of these suggestions for the stylistic analysis of early modern Welsh prose need to be further explored.

Robert's intimate knowledge of the rhetorical categories period, *colon* and *comma*, which would have filtered back into the composition of his own prose, is clearly reflected in the seventh chapter of his grammar's first booklet, which treats of the marks of punctuation. Here he explains the use of period, *colon* and *comma* as punctuation marks in terms of the rhetorical units they delimit:

> Perpheithnod a'scrifēnir fal hynn,. ag syḍ aruyḍ uneuthur pen ar ressum perphaith. Guahannod a unair o ḍau deitl mal.: ag a ḍengys ressum megis hanner perphaith. Rhaguahānod syḍ o'r fath yma;, yn aruyḍo bod yn y ḷe hunnu uahā, ond amherphaith.[39]

A full stop is written like this <.> and is a sign of ending a perfect utterance. A colon is made with two tittles, as <:>, and marks an utterance as half perfect. A comma is of this form: <,>, showing that in this place is a break, but [an] incomplete [one].

As an example for the three categories, he then quotes a couplet, a variant of which is also attested in a poem by Iorwerth Fynglwyd (*fl.* 1485–1527), which is addressed to Rhys ap Siôn o Lyn-Nedd: 'Ti yu'r guan, tau ar y guir: arrian da a urandeuir' ('you are the weak one, speak not the truth, good money is heeded').[40] Here, the couplet represents the period and *Ti yu'r guan, tau ar y guir* its first and *arrian da a urandeuir* its second *colon*; *Ti yu'r guan* and *tau ar y guir* respectively are the first *colon*'s *commata*. In this case, the length of the period and the presence or absence of subordinated phrases are not an issue.

A further complication needs to be considered, and this concerns possible differences between Latin Ciceronian periods 'proper' and early modern 'periods'. Alexandre Lorian highlights such differences in his discussion of stylistic trends in sixteenth-century French prose, for which he has analysed Pierre Boaistuau's *Histoires prodigieuses* among other works:

> Comme partout ailleurs, à la base de cette forte tendance de relier et d'imbriquer se trouve le désir d'«illustrer» la langue et le style, par l'imitation superficielle de la période latine – superficielle, puisque le calque ne réussit qu'à créer une phrase longue et pleine d'articulations (plutot que réellement articulée).[41]

(As everywhere else, at the base of this strong tendency to connect and interweave is the desire to 'illustrate' [elevate] the language and the style, by the superficial imitation of the Latin period – superficial, since the calquing succeeds only in creating a sentence which is long and full of links (rather than being actually linked).)

He also comments on the importance of the length of a 'sentence' as a value in itself:[42]

La subordination, dans le sens un peu spécial qu'il faut lui donner ici, c'est-à-dire l'assujettissement des propositions adverbiales ou circonstancielles, est un des moyens les plus caractéristques pour combiner et imbriquer les idées dans la prose du XVIe siècle ... Et c'est surtout grâce à la subordination, entre autres procédés, qu'on pourra, pense-t-on, imiter le latin et «illustrer» le français, c'est-à-dire *allonger la phrase tout en raccourcissant le paragraphe*. Tous les besoins esthéthiques et intellectuels semblent ainsi satisfaits: d'un côté, «longueur» devient synonyme d'«élégance»; de l'autre, le passage enchevêtré permet de tout dire, de tout embrasser – le fait essentiel aussi bien que toutes le circonstances accessoires, tous les détails, toutes les associations d'idées.[43]

(Subordination, in the somewhat special sense that it must be given here, namely the dependence of adverbial or circumstantial clauses, is one of the most characteristic means of combining and interweaving ideas in the prose of the sixteenth century ... And it is above all thanks to subordination, among other processes, that it was possible, as was thought, to imitate Latin and 'illustrate' [elevate] French, that is to say, lengthen the sentence while shortening the paragraph. All aesthetic and intellectual needs thus seem satisfied: on the one hand, 'length' becomes synonymous with 'elegance'; on the other, the complex passage allows to say everything, to embrace everything – the essential fact as well as all the incidental circumstances, all the details, all the associations of ideas.)

The main complications for the stylistic analysis arising from this brief and inevitably selective survey concern the status of early modern 'periods' as rhetorical, communicative units rather than as strictly syntactic units, and the variation in their realizations, between the well-rounded Ciceronian and the merely layered and long. With regard specifically to early modern Welsh prose many uncertainties still exist due to the limited amount of previous detailed research of the style of individual texts, of prevailing stylistic conventions writers followed, and of their preferred models. More textual and comparative analyses are therefore required, and a bottom-up approach, starting from explorations of individual texts is called for, as is attempted in this preliminary investigation.

Conceptually and methodologically thus prepared, and mindful of the various complications outlined above, we can finally approach the issue of Smyth's personal style.

I will first consider the final eight lines, or roughly seventy words, of Smyth's introduction to *Gorsedd y Byd*, which may reflect (some of) his personal stylistic preferences. '//' marks the transition from the translation of Boaistuau's text to Smyth's own text:

> Am hynny y darlleuvvr havvddgar **derbyn y traethiad bychan yma** [//] **yn ddiolchgar** canys <u>drvvy i ddarllain y gelli</u> adnabod *dy drueini a 'th lescni*, o ran dy gorph, a *'th orchestrvvydd a'th urddas* o ran d'enaid, a <u>thrvvy hyny gellir d'annos</u> di i fyvv yn y byd yma *yn ufudd ag yn ostvvngedig* i dduvv dy greavvdvvr ag ivv orchmynion, ag yn y divvedd *mvvynhau a meddianu* y byvvyd tragvvyddavvl hvvn y sydd *heb thranc na gorphen*. (GyB[1], p. 9; GyB[2], p. 6)[44]

(Therefore, dear reader, receive this small treatise [//] gratefully, since by reading it you can realize your misery and your weakness with regard to your body and your excellence and your dignity with regard to your soul, and by this you can be encouraged to live in this world faithfully and obediently to God, your creator, and to his commandments, and in the end enjoy and possess the eternal life which is without cessation and end.)

The main clause (in bold), still mostly translating Boaistuau,[45] is followed by an exposition of the beneficial results of reading the treatise, introduced by the conjunction *canys*. The argument advances in three steps: reading the treatise will first result in understanding two contrasting aspects of the human condition, and this will then encourage man to live faithfully in this world and finally allow him to enjoy eternal life in the next. There is parallelism between the introduction of the first two steps, *drvvy i ddarllain y gelli* and *trvvy hyny gellir* (underlined), with a verbal noun depending on each of the finite verbs, *adnabod* and *annos*. The syntactic connection of the two verbal nouns describing the third step, *mvvynhau a meddianu* to the preceding modal verbs is loose (semantically, they probably depend on second singular *gelli*, i.e. 'you can enjoy and possess') – but the overall direction of the argument and its rhetorical force remain clear.

A conspicuous feature of this passage are doublets (in italics), the repetition of synonyms or the juxtaposition of words from the same semantic field – a form of small-scale parallelism. Carr points to the frequency of this stylistic device of amplification in Boaistuau's *Histoires tragiques* as well as in sixteenth-century prose generally.[46] In the two sentences preceding the sentence under discussion here, Smyth uses the following doublets, the majority of which are triggered by doublets in Boaistuau's text he translates:

davvgio na cheruddu baiau eraill	Censeur ou reformateur de vices
mor fedrys ag mor foesavvl	tel assaisonnement et modestie
baiau a chamvvedau 'r byd	**les abuz du monde**
y rhai gvvirion a 'r rhai anghall	les simples et moins rusez
davvgio a cherydu i baiau	le vray usage et remede des choses
y diragrethrvvydd yma	*une telle liberté et rondeur d'escrire*
davvgio i harferau ai mœsau	bien reformer et conduire l'estat de leur vie
na chvvilidd na gvvwadvvydd	**à eux diffame**
[c]uddio 'n baiau, yn camvveddau a'n gvvydiau i tarth ai ager	masquer, desguiser, ou dissimuler les vices la fumée et odeur
(GyB¹, pp. 8–9; GyB², pp. 5–6)	(TM, p. 49)

Smyth does not necessarily replicate the word class of the doublet in his source here, but transfers them idiomatically – he keeps their sense and their stylistic spirit, but not the exact formula. He introduces two additional doublets (in bold) and only once does not respond to a French doublet (in italics). His phrase *i harferau ai mœsau* is furthermore an important methodological reminder that doublets were a traditional native Welsh device too, as shown by Sioned Davies for medieval Welsh prose.[47] The phrase *hep trang hep orffenn* in the preceding quotation is, according to GPC, already employed in the *Elucidarium* in *Llyfr yr Ancr* (1346), corresponding to Latin *sine fine*; it is also attested in a poem of the fourteenth-century poet Gruffudd ap Maredudd.[48] The doublet *moes ac arfer* 'custom and usage' is attested in a poem by Dafydd ab Edmwnd (second half of the fifteenth century).[49]

Smyth's second and longer passage of original prose in *Gorsedd y Byd*, of about 330 words, is his final 'warning/notice to the reader', which contains his apology for faults in typography and translation and his justification for producing this book, preceding the actual list of typographical errors.[50] The demarcation of the intended rhetorical and/or syntactic units in this passage is not straightforward. The use, or non-use, of marks of punctuation is confusing in places, and the period/full stop is hardly used. The raised numbers and my English translation reflect my interpretation of the structure of the passage.

RHYBYDD I'R [line-break] Y [sic] Gymro havvddgar: [1]gvvir ivv na pherphaithivvyd gvvaith 'n y byd erioed ar un vvaith, megis ag y mae'r ddihareb (dauparth gvvaith ivv dechre) [2]y philosophyddiaeth ar holl gelfeddydae eraill Brainvvol a gavvsont ddechreuad bychan, [3]yrhain drvvy lafur astudiaeth, ag o fulysddivveidra [sic] y gvvyr hybarcchys [sic] a a [sic] doerthant [sic] yn ol a berphaithivvyd, ag a daclysvvyd. [4]Am hyny na ryfedda dim dienc llavver o faiau yn y llyfran yma nid yn unig yn yr orthograph : eythyr hefyd yn y cyfiaithiad, [5]tua ag at am faiau yr orthograph, y printivvr y sydd euog o honynt, hvvn a oedd mor gyndyn ag mor vvrthvvysig [sic] megis na oddefe moi geryddu, [6]os oes baiau yn y cyfiathiaid na ryfedda ddim, canys bvvm allan o'm bro a'm gvvlad yspaid daugain mylynedd ag o chvvaneg yn phrainc yn yr Idal ag mevvn llavver or ardale, eraill, yn byvv ymysc estromad [sic] heb gael haiach o o [sic] gyfeddach gyda chymro yn y byd. heb na llyfr na modd arall i'm helpu eythyr gorfod arnafi ddysiu [sic] i aithoedd, hvvy i ynil fy mara, [7]ag nid vvy mor hyf ag anturio y gvvaith yma: o hervvyd gvvneythyd dim yn berphaith ond i ddangos f' y [sic] nyledys gariad i'm gvvlad yr hon yr vvy'n i hophi gymeint, megis y gallafi dyvvaedyd, fal y dyvvad y poedydd. *Antur navvs dolur nes du i'm gan* [sic] *amrant am gymru*, gan obeithio drvvy hyn, annos a chyphroi y pendefigion a'r penathiaid, i garu i gvvlad, ag i'm gleddu i aith [sic] a hefyd y gvvyr dyscedig hybarchys i y scrifenu rhyvv beth tyladvvy er mvvyn budd a lles ivv gvvlad, [8]am danafi, nid oes geni ddim cenfigen vvrth y neb ai gvvnelo'n vvell ond dymyno ar bob cymro gvvaedol gyd ddvvyn a myfi, gan dymyno yddinthvvy llvvyddiant ag anrhydedd yn y byd yma a llavvenydd tragvvyddol yn y byd arall, a gvvedio droso fi o ddinas Paris 20. o fis rhagfyrr 1615. (GyB1, pp. 283–4, GyB2, pp. 221–2)

(Warning to the dear Welshman: It is true that no work was ever made perfect immediately, as is the proverb 'beginning is half the task'. Philosophy and all the other [liberal] arts had a small beginning; these / which through effort of study and from the diligence of the venerable men who came afterwards, were perfected and adorned. Therefore, do not be surprised that many mistakes went unnoticed in this small book, not only in the orthography, but also in the translation. Concerning the orthographical mistakes, the printer is guilty of these, who / he was so stubborn and so obstinate that he would not tolerate any more correction; if there are mistakes in the translation, do not be surprised, because I have been away from my country for forty years and more in France, in Italy and in many other places, living among strangers, without having almost any company with a Welshman at all, without a book or any other means to help me, on the contrary being compelled to learn their languages in order to earn my living; and I am not so presumptuous as to attempt this work because it was made perfect, but to show my proper love for my country, which / the one I love as much as I can say, as the poet said: 'It is unusual, a feeling of anguish [?] nearer to black, for me to close my eyelid (to sleep) because of Wales', hoping that I can inspire other members of the gentry to love their country and to succour the language, and other revered and learned men to write something worthy for the benefit of their country. As for myself, I am not in any way jealous of anybody who improves on what I do, but I wish every true-blooded Welshman to bear with me, wishing them success and honour in this world and eternal joy in the next, and to pray for me. From the city of Paris 20 of December 1615.[51])

His note begins with the general observation that no work is ever made perfect at the first attempt. Perhaps because of the time's fondness for proverbs, he quotes one in support: it is already attested in the medieval legal triads in the form 'Deuparth gweith yw y dechreu', but also in Gruffudd Hiraethog's collection *Oll synwyr pen kembero ygyd* as edited by William Salesbury.[52] From the general he then elegantly turns to the specific, to mistakes in his book, blaming typographical errors on the printer, and advances the explanation for his own mistakes in the translation, namely his long absence from Wales. He expresses his love for Wales, quoting a couplet which describes a similar feeling, and he explains his motivation for publishing the book in spite of its mistakes: so that other learned Welshmen will follow his example and write something for the benefit of their country. This emphasis on the necessity of the future enrichment of Welsh culture and language parallels the sentiments voiced by the personae of Gruffydd Robert and Morys Clynnog in the introductory section of Robert's Welsh grammar,[53] and establishes a further link in outlook between Smyth and Robert.

'Sentences' in this passage vary greatly in length and complexity. I take *y philosophyddiaeth* to begin the second sentence even though no mark of punctuation appears after the quotation. The status of *yrain* in [3] is syntactically ambiguous: it could be the subject of a new main clause, which is separated from the verbal phrase by a long prepositional phrase, or it could be an overt demonstrative marker of a relative clause.[54] However, its separation from the relative particle proper would seem to stretch the flexibility of Welsh syntax, even though semantically this reading is smooth.[55] Sentence [4] is linked to the preceding context by the initial phrase *Am hynny* and introduces two contrasting foci of interest: the mistakes in orthography and the mistakes in translation, which are then individually addressed in

[5] and [6] respectively. The progress of the argument is signalled by sentence-initial phrases.[56] In the long sentence [6], the *canys*-clause which gives the reasons for possible translational mistakes is expanded by four parallel adverbial specifications. [7] is another long and complex sentence. Its main clause introduces a contrast between *anturio* ... and *i ddangos* ... and contains two adverbial specifications, causal *o hervvyd* ... and modal *gan obeithio* ..., as well as a relative clause, *yr hon* ..., which is expanded by a lower-ranking comparative clause *gymeint megis y* ... and a quotation. In the sentence-final *gan*-phrase, two parallel noun-phrases depend on *annos a chyphroi*. In the final sentence [8], the adverbial *gan*-phrase introduces an additional idea which is semantically loosely connected to its main clause.

The passage is not devoid of stylistic embellishments. Note the repetition of *na ryfedda dim* in [4] and [6], and the parallelism in *heb gael ... heb na llyfr na modd* in [6] and the extended parallelism in 'y pendefigion a'r penathiaid, i garu i gvvlad, ag i'm gleddu i aith [*sic*] a hefyd y gvvyr dyscedig hybarchys i y scrifenu' in [7], as well as the employment of doublets: *a berphaithivvyd, ag a daclysvvyd; mor gyndyn ag mor vvrthvvysig* [recte *vvrthnysig*]; *o'm bro a'm gvvlad, annos a chyphroi; y pendefigion a'r penathiaid; budd a lles;* and *llvvyddiant ag anrhydedd*. Smyth had already used the doublet *mor urthnysig ag mor gyndyn* in the first sentence of the final 'Rybyḍ i'r darleur' in his 1611 translation of the Catechism, which in attitude and expression parallels his remarks about the printer in *Gorsedd y Byd*:

> NA ryfeḍa ḍim (darleur hauḍgar) diainc lauer o faiau urth brinthio y lyfr yma, canys nid oeḍ y preintiur yn dealt na'r iaith na'r lytherenau ne'r Chareterau [*sic*]: hefyd yr ydoeḍ mor urthnysig ag mor gyndyn, ie mor benchuiban arol natur i ulad, megis na oḍefau moï geryḍu na daugio i faiau.[57]

(Do not be surprised (dear reader) that many typographical errors went unnoticed in this book, because the printer did not understand the language nor the letters or the characters; furthermore he was so stubborn and so obstinate, indeed, so flighty after his country's nature, that he would not tolerate any more correction or rectification of his mistakes.)

In the corresponding sentence in his 1609 translation of the Catechism, a slightly different doublet is employed: *mor urthnysig, ag mor druganuydys* 'so obstinate and so ill-natured'.[58] Note that the doublet *gerydu na daugio* also occurs in Smyth's final lines of the introduction to *Gorsedd y Byd* (see above).

In his translations of the Catechisms, Smyth followed orthographic conventions introduced by Gruffydd Robert; these he explains and justifies in the final notes with more or less the same words in both, and he praises Robert for his learning and understanding of the Welsh language (already quoted above). Smyth's penchant for doublets, as well as the complexity of his syntax can be seen in his introductions to the Catechisms, and in exemplification I quote the first sentence from the introduction to the 1609 Catechism:[59]

> <u>Guedi' mi ystyrio</u> *cyflur ag y stad* egluys duu y dyd hediu, <u>a gueled</u> yr anirif o sectau heretigaid, a gau athrauyaeth *a oyscarod ag a danod* y gelyn, meun lauer o *uledyd ag ardalau* o Europa, megis y Lutheriaid, y Caluiniaid a'r Puritaniaid, alauer erail hebson [*sic*] am danynt, a phob vn o honynt *yn claimio, ie yn teyru*'n diguilid fod *i dysceidiaeth ai athrauyaeth yn gristnogaid ag yn gatholic*, pe rhon ai bod *yn gyhoed ag yn olau* yn erbyn Crist ai uir egluys, a hefyd athrauyaeth pob vno honynt y nail yn erbyn y lal. <u>Achan fedul</u> am y galuadigaeth y galuod duu fi ido, a'*m dyledysgariad a'm rhuymedigaeth* i'm gulad, guelais yn gymmuys dy rhybydio (a hyny er muyn ymgledu d'enaid) i ochel nid yn vnic yr athrauyaeth hereticaid uchod, eythyr hefyd *ymurthod ie phieidio* hol dysceidiaeth aral ar sy'n erbyn yr egluys gatholic.[60]

(After I had considered the condition and the state of God's church these days and seen the countless number of heretical sects and the untruth of doctrine which the enemy disseminated and spread in many countries and regions of Europe, as the Lutherans, the Calvinists, and the Puritans and many others which remain unmentioned – and each of them claiming, indeed shamelessly insisting that their teaching and their doctrine is Christian and Catholic, although it is manifestly and plainly against Christ and his true church, and also the doctrine of each of them opposing the other – and contemplating the vocation to which God has called me and my proper love and my commitment to my country, I considered it appropriate to warn you (and this for the succour of your soul) to shun not alone the heretical doctrine above, but also to resist, indeed to loathe all other teaching which opposes the Catholic church.)

I take this to be intended as a rhetorical unit of sense, in spite of the full stop before *Achan fedul*, which may serve to separate the two verbal-noun phrases (underlined) which precede the main clause beginning with *guelais*.[61] The syntactic connection of the phrase placed between dashes in the translation with the preceding part of the first verbal-noun phrase is loose, and is best understood as an additional parenthetical observation on the heretical sects mentioned before, in the form of a complex epitactic or absolute phrase.[62] In addition, doublets (in italics) are generously used, in two instances in a formula of semantic gradation with *ie*, namely *yn claimio, ie yn teyru* and *ymurthod ie phieidio*. I am currently uncertain if this unit can adequately be described as a period: in its length and inclusive loose structure it is arguably more reminiscent of the 'French periods' which Lorian has identified in sixteenth-century French prose (see above).

I will finally return to Smyth's *Gorsedd y Byd* and consider a passage with regard to his translational practice. It is taken from the second book of *Gorsedd y Byd*, on human miseries, and presents an example of the 'Miseres du mariage' ('Miseries of marriage'), which touches on contemporary perceptions of the role of women. Boaistuau's reflections begin with a positive ideal of marriage and of the wife's role in which she is described as 'un don du ciel octroié à l'homme' (TM, p. 163, 'gift from heaven bestowed upon man'). But Boaistuau inevitably turns to his specific topic, 'des miseres de tous estats de nostre vie' (TM, p. 164, 'the miseries of all states of our life'), and looks at negative aspects of marriage. Based on a passage in Guillaume de

La Perrière's *Miroir Politique* (1555),[63] he describes institutions set up by the ancient Athenians and Spartans to solve marital problems, which are exclusively blamed on the wives:

> Qu'il ne soit vray les **Atheniens**, peuple fort recommandé en prudence et sagesse, voyans que les femmes ne se pouvoient comporter avec leurs mariz, pour une infinité de litiges, et dissentions qui s'eslevoint ordinairement entre eux, **furent contraincts establir** en leur republique certains magistrats qu'ils appelloient Reconciliateurs des mariez, l'office desquels estoit de les reduire, reconcilier, et remettre en accord par toutes voyes. Les Spartains en leur republique avoient semblablement estably certains magistrats nommez Armosins, qui avoient la charge de corriger l'insolence des femmes, reprimer leur arrogance et audace à l'endroit de leurs mariz. (TM, p. 165)

This is Smyth's translation:

> Ag i brofi fod hyn yn vvir, **Atheniaid** pobl a oedyd yn i cyfri yn ardderchavvg, ag yn rhagoravvl, mevvn pvvyll a doethineb gan vveled na fedrau y gvvragedd gyttuno ai gvvyr o hervvydd anirif o ymrafaelion ag ymrysonau a oedd yn gyphredin yn tyfu rhvvngthynt **a orfu arnynt ordenio** yn i budd cyphredin svvyddogion nevvydd a elvvid tyngnefyddvvyr y rhai priodasavvl, svvydd yr hain oedd vvnethyr heddvvch a chytundeb rhvvngthynt, drvvy bob modd ag y medrent. Yr Spartiaid yn yr un modd a vvnaethont, yn i bvdd cyphredin yr unrhyvv svvyddogion a elvvid Armosini, rhã yr hain oedd geryddu balchder gvvragedd, a chospi i rhyfig ai balchder tu ag at i gvvyr. (GyB[1], p. 134, GyB[2], p. 106)[64]

(And to show that this is true, the Athenians, a people who were reckoned eminent and outstanding in prudence and wisdom, seeing that their wives could not agree with their husbands concerning countless numbers of controversies and disputes which commonly developed between them, were obliged to institute in their republic new magistrates, who were called 'reconcilers of the married', whose office was to make peace and harmony between them, in every way they could. The Spartans in the same way created in their republic the same magistrates, who were called 'Armosini', whose office was to correct the wives' haughtiness and to chastise their insolence and their arrogance against their husbands.)

Smyth here reproduces quite faithfully the sentences of the French source and the order and layering of their elements. Note specifically the two attributive phrases modifying the subject *Atheniaid*, an apposition followed by a verbal-noun phrase introduced by *gan* (underlined),[65] which renders the French participle *voyans*. They cause the remarkably wide distance of forty-nine words in the Welsh main clause between its subject *Atheniaid* and its predicate *a orfu arnynt ordenio*.[66] Smyth employs what Morris-Jones calls the 'unidiomatic' construction of the genitival relative clauses in which the demonstrative serves as the genitive, in *svvydd yr hain* corresponding to *l'office desquels*.[67] Of the five doublets used by Smyth in this passage, four parallel doublets in Boaistuau's text, as shown in the table below. Smyth thus not only replicated doublets present in his source, but also felt free to introduce an additional one. The way in which he employs doublets in his translation of Boaistuau's text and in his paratexts to the translations of the Catechisms would be a rewarding topic for further research.

fort recommandé	*yn ardderchavvg, ag yn rhagoravvl*
en prudence et sagesse	mevvn pvvyll a doethineb
litiges, et dissentions	ymrafaelion ag ymrysonau
reduire, reconcilier, et remettre	([g]vvnethyr) heddvvch a chytundeb
leur arrogance et audace	i rhyfig ai balchder

This brief passage from the 'Miseres du mariage' shows that Smyth successfully transferred Boaistuau's complex and layered sentences into Welsh. Whatever we may want to call Boaistuau's style, Ciceronian or otherwise, Smyth was able to reproduce it to good effect in *Gorsedd y Byd*.[68]

In summary, the results of my quest for Roger Smyth's 'Ciceronian mode' in *Gorsedd y Byd* may appear to be disappointingly slim. The amount of relevant data available is limited, and there are considerable methodological and conceptual difficulties which I attempted to address in detail. I hope, however, that the textual analyses will allow some preliminary insights into Smyths's stylistic preferences and translational techniques, for example his fondness of doublets and parallelism and his ability to reproduce Boaistuau's layered structures in Welsh. Even if an immediate influence of Gruffydd Robert's 'Ciceronian mode' on Smyth's personal style remains impossible to prove, Smyth can be seen to be availing of the complexities of the stylistic repertoire of early modern Ciceronianism, in a loose sense of the concept.[69]

Notes

1 Marged Haycock, 'Between Cardiff and Cork: scholarship on medieval Welsh literature since 1963', in Máire Herbert and Kevin Murray (eds), *Retrospect and Prospect in Celtic Studies: Proceedings of the 11th International Congress of Celtic Studies held in University College, Cork, 25–31 July 1999* (Dublin/Portland, OR: Four Courts Press, 2003), pp. 29–43 (pp. 37–8).

2 Geraint Bowen, 'Roman Catholic prose and its background', in R. Geraint Gruffydd (ed.), *A Guide to Welsh Literature c.1530–1700* (Cardiff: University of Wales Press, 1997), pp. 210–40 (p. 221).

3 On the title pages of his books, his first name appears as 'Rosier', which has been modernized as 'Rhosier'; in English-language publications the form 'Roger' is mostly used.

4 The following brief survey of Smyth's biography is based on Daniel Huws, 'Smyth, Roger [Rhosier] (1540/1–1625?), Roman Catholic priest and translator', *Oxford Dictionary of National Biography* (Oxford: Oxford University Press, 2004); R. Geraint Gruffydd, 'SMYTH, ROGER (1541–1625), Roman Catholic priest and Welsh translator', *Dictionary of Welsh Biography* (London: Honourable Society of Cymmrodorion, 1959); Bowen, 'Roman Catholic prose', pp. 216–22, and Geraint Bowen, *Welsh Recusant Writings* (Cardiff: University of Wales Press, 1999), pp. 14–21. These also provide further details.

5 See Bowen, *Welsh Recusant Writings*, pp. 15–16.

6 The short version corresponds to the first two chapters and the first part of the third chapter of Canisius's catechisms (a first version was first published

in 1555 and a revised version in 1566), compare Bowen, 'Roman Catholic prose', pp. 217–19, and John Ryan, 'The Welsh Translation of the Catechism of St Peter Canisius', *Journal of the Welsh Bibliographical Society*, 11/3–4 (1975), 224–32 (228), for further details. Ryan, 'The Welsh Translation', 231, suggests that Smyth referred to both versions and took 'infinite pains to clarify and paraphrase where necessary the terse Latin sentences of the original'. For a wide-ranging and helpful discussion of the background to Canisius's catechisms, their translations (including a brief reference to Smyth's work), and their place in counter-reformation activities on the British Isles, see Alexandra Walsham, '"Wholesome Milk and Strong Meat": Peter Canisius's Catechisms and the Conversion of Protestant Britain', *British Catholic History*, 32/3 (2015), 293–314.

7 Robert Southwell (*c*.1561–executed 1595) was a Jesuit, Catholic priest and one of the Forty Martyrs of England and Wales. For a recent discussion of this letter to his father, see Robert Scully, '"He May be a Father to the Soul that is a Son to the Body": Robert Southwell (1561–95) and Divided Family Loyalties in the English and Catholic Reformations', *Journal of Jesuit Studies*, 9 (2022), 511–29. The only known copy of Smyth's *Coppi o lythyr crefydhvvr* (Paris, 1612) is in the possession of the Bibliothèque Mazarine in Paris. A digital copy is now available at *https://bibnum.institutdefrance.fr/ark:/61562/mz26586*.

8 The edition of *Gorsedd y Byd* of 1615 (henceforth GyB¹) is available through Early English Books Online on the ProQuest platform with an institutional login; a diplomatic edition, with a brief introduction, was published by T. Parry in 1930 (T. Parry (ed.), *Rhosier Smyth, Theater du mond (Gorsedd y Byd)* (Caerdydd: Gwasg Prifysgol Cymru, 1930), henceforth GyB²). The pagination in the two editions differs. For Boaistuau's tracts see Michel Simonin (ed.), *Pierre Boaistuau, Le théâtre de monde (1558)* (Genève: Librairie Droz, 1981) (henceforth TM) and Michel Simonin (ed.), *Pierre Boaistuau, Bref discours de l'excellence et dignité de l'homme (1558)* (Genève: Librairie Droz, 1982) (henceforth BD).

9 See Erich Poppe, 'The Structure and Source of Roger Smyth's *Gorsedd y Byd* (1615)', SC, 55 (2021), 179–83, for detailed textual evidence for the claims made here.

10 GyB¹, pp. 3–9, GyB², pp. 1–6.

11 Title given TM, p. 37, and compare TM, pp. 41–2, l. 57 and p. 47, ll. 33–50.

12 Simonin points out that the printing of 1585 is representative of later and cheaper ones (TM, p. 33).

13 See GyB¹, pp. 283–6, GyB², pp. 221–4.

14 See Erich Poppe and Raphael Sackmann, 'Syntax and Style in Roger Smyth's Early-Modern Welsh Paratexts (1609–1612)', *Zeitschrift für celtische Philologie*, 71 (2024), 285–325.

15 See John Martin Cleary, 'CLYNNOG, MORGAN (1558–after 1619), seminary priest', *Dictionary of Welsh Biography* (London: Honourable Society of Cymmrodorion, 1959), and, for general background, John Martin Cleary, 'The Catholic Resistance in Wales: 1568–1678', *Blackfriars*, 38/444 (1957), 111–25.

16 On Morys Clynnog, see Geraint Bowen, 'CLYNNOG, MORYS (or MAURICE CLENOCKE) (*c*.1525–1581), Roman Catholic theologian', *Dictionary of Welsh Biography* (London: Honourable Society of Cymmrodorion, 1959); Paul Bryant-Quinn, 'To Preserve Our Language: Gruffydd Robert and Morys Clynnog', *Journal of Welsh Religious History*, 8 (2000), 17–34; and Angharad Price, 'Welsh humanism after 1536', in Geraint Evans and Helen Fulton (eds), *The Cambridge History of Welsh Literature* (Cambridge: Cambridge University Press, 2019), pp. 176–93 (pp. 188–9). For recent surveys of Robert's biography, with further references, see Paul Bryant-Quinn, 'Dyddiadau a Chefndir Gruffydd Robert, Milan: Gwybodaeth Newydd', *Welsh History Review*, 29/4 (2019), 532–61, and G. J. Williams, revised by Paul Bryant-Quinn, 'ROBERT, GRUFFYDD (*c*.1527–1598) priest, grammarian and poet', *Dictionary of Welsh Biography*, online version, 2019.

17 For the text of this letter, see G. J. Williams, 'Rhagymadrodd', in G. J. Williams (ed.), *Gramadeg Cymraeg gan Gruffydd Robert yn ôl yr Argraffiad y Dechreuwyd ei Gyhoeddi ym Milan yn 1567* (Caerdydd: Gwasg Prifysgol Cymru, 1939), pp. v–cliv (pp. lix–lx); for facsimiles of the letter, the only known example of Robert's handwriting, and of the endorsement of the address in English, see W. Llewelyn Williams, 'Welsh Catholics on the Continent', THSC (1901–2), 46–144, between pp. 106 and 107 and between pp. 112 and 113. For the possible contexts and implications of Robert's warning, compare Williams, 'Welsh Catholics', pp. 112–14, and W. Llewelyn Williams, *The Making of Modern Wales: Studies in the Tudor Settlement of Wales* (London: Macmillan and Co., 1919), pp. 202–41.

18 Howel W. Lloyd, 'Welsh Books Printed Abroad in the Sixteenth and Seventeenth Centuries', *Y Cymmrodor*, 4 (1881), 25–69 (60).

19 Rosier Smyth, *Opus catechisticum D. Petri Canisii theologi ex Societate Iesu. Sef yu: Sum ne grynodeb o adysc Gristionogaul, a dosparth Catholic [...]* (Paris, 1611), p. 584, http://hdl.handle.net/10107/5339816 (accessed 10 April 2025); see also Rosier Smyth, *Crynnodeb o adysc Cristnogaul, a Dosparth catholic [...]* (Paris, 1609) (digital copy available on the ProQuest platform, *https://www.proquest.com*), p. 66: 'gur a haudau glod a maul traguydaul, am i rinuedau, i dysc, i uybodaeth, ag yn anuedig yn yr iaith gymraeg'.

20 For his explanation, see Smyth, *Crynnodeb*, p. 66, and Smyth, *Opus catechisticum*, pp. 584–5, and compare Williams, *Gramadeg Cymraeg gan Gruffydd Robert*, pp. 15–16.

21 See Smyth, *Opus catechisticum*, p. 585, and Lloyd, 'Welsh Books Printed Abroad', 60.

22 Bowen, 'Roman Catholic prose', p. 218.

23 In the introductory letter of his grammar addressed to William Herbert (*c*.1501–70), first earl of Pembroke, Robert in the persona of the Welsh language outlines an ambitious programme for a wide range of translations into Welsh 'i dyscu, helpu, didanu a pherpheidio guyr fyngulad ymhob peth a fo golud idynt, hyglod yngolug y byd, a chymraduy gar bron duu' (Williams, *Gramadeg Cymraeg gan Gruffydd Robert*, p. [viii] ('in order to teach, help, comfort, and perfect the men of my country in everything that can be wealth for them,

praiseworthy in the eyes of the world, and acceptable before God')). Further evidence for an interest in Ciceronian rhetoric in early modern Wales is the now incomplete translation of the first book of the *Rhetorica ad Herennium*, wrongly attributed to Cicero, by Siôn ap Hywel ab Owain (*c*.1550–1626/7), a member of the minor gentry, transmitted in a manuscript written by Wiliam Bodwrda between 1644/6 and 1660, see Bedwyr Lewis Jones, 'Siôn ap Howel ab Owain a'r *Rhetorica ad Herennium* yn Gymraeg', LlC, 6 (1961), 208–18 and Bleddyn Owen Huws, 'Llythyr Gofyn gan Siôn Phylip', in Erich Poppe, Simon Rodway and Jenny Rowland (eds), *Celts, Gaels, and Britons: Studies in Language and Literature from Antiquity to the Middle Ages* (Turnhout: Brepols, 2022), pp. 139–68.

24 Manfred Landfester, 'Ciceronianism', in Hubert Cancik et al. (eds), *Brill's New Pauly*, http://dx.doi.org/10.1163/1574-9347_bnp_e1307020 (accessed 10 April 2025). He also highlights the conceptual importance of the period in this context: 'Ciceronianism in the early modern period was never an educational ideal of purely linguistic form but received its special quality in the theory of the period through an educational process combining linguistic form with philosophical content, even if, in practice, the linguistic formal aspect frequently managed to emancipate itself.' The literature on this topic is vast: compare, for example, Richard Schade, Bernhard Teuber and Francesco Tateo, 'Ciceronianismus', in Gert Ueding (ed.), *Historisches Wörterbuch der Rhetorik*, vol. 2 (Darmstadt: Wissenschaftliche Buchgesellschaft, 1994), pp. 225–48; David Marsh, 'Cicero in the Renaissance', in Catherine Steel (ed.), *The Cambridge Companion to Cicero* (Cambridge: Cambridge University Press, 2013), pp. 306–17; John Monfasani, 'The Ciceronian controversy', in G. Norton (ed.), *The Cambridge History of Literary Criticism* (Cambridge: Cambridge University Press, 1999), pp. 393–401; Joann Dellaneva and Brian Duvick, 'Introduction', in G. Norton (ed.), *The Cambridge History of Literary Criticism* (Cambridge: Cambridge University Press, 1999), pp. 393–401; and Jörg Robert, 'Die Ciceronianismus-Debatte', in Herbert Jaumann (ed.), *Diskurse der Gelehrtenkultur in der Frühen Neuzeit: Ein Handbuch* (Berlin, New York: De Gruyter, 2011), pp. 1–54. For wide-ranging surveys of early modern debates of English prose styles and the emergence of 'anti-Ciceronianism', see, for example, J. Morris Croll, *Style, Rhetorik, and Rhythm*, ed. J. Max Patrick and Robert O. Evans, with John M. Wallace and R. J. Schoeck (Princeton: Princeton University Press, 1966); Ian Robinson, *The Establishment of Modern English Prose in the Reformation and the Enlightenment* (Cambridge: Cambridge University Press, 1998); and John Guillory, 'Mercury's Words: The End of Rhetoric and the Beginning of Prose', *Representations*, 138 (2017), 59–86.

25 Thomas Parry, *Hanes Llenyddiaeth Gymraeg hyd 1900* (fourth edn, Caerdydd: Gwasg Prifysgol Cymru, 1979), p. 167, refers in passing to the influence of Cicero on Welsh authors of the Renaissance and to their penchant for 'brawddegau cymhleth cymalog' ('complex multi-part sentences'); as an example, he quotes a sentence from Huw Lewys's *Perl mewn Adfyd* (1595), the Welsh translation of Miles Coverdale's *A Spyrytuall and moost Precious Perle* (itself a translation from German) – and a text in which, according to W. J. Gruffydd,

the transfer of the periodic style into Welsh literature through translations from English is clearly visible: W. J. Gruffydd, 'Rhagymadrodd', in *Perl Mewn Adfyd gan Huw Lewys*, ed. W. J. Gruffydd (Caerdydd: Gwasg Prifysgol Cymru, 1929), pp. ix–xlix (p. xxxvii).

26 Ceri Davies, *Welsh Literature and the Classical Tradition* (Cardiff: University of Wales Press, 1995), p. 73. T. Gwynfor Griffith, 'Italian Humanism and Welsh Prose', *Yorkshire Celtic Studies*, 6 (1953–8), 1–26 (20), notes of Gruffydd Robert's translation: 'For in this translation, as in the grammar itself, Robert's style is as Ciceronian as one would wish and the first example of its kind in the Welsh tongue.'

27 Compare Cicero's Latin text, as given by Davies, *Welsh Literature*, pp. 73–4: 'Aptissima omnino sunt (Scipio et Laeli) arma senectutis artes exercitationesque virtutum, quae in omni aetate cultae, cum diu multumque vixeris, mirificos efferunt fructus, non solum quia numquam deserunt, ne extremo quidem tempore aetatis, quamquam id quidem maximum est, verum etiam quia conscientia bene actae vitae multorumque bene factorum recordatio iucundissima est.' Note that in his translation Davies begins a main clause with *these*, corresponding to *Y rhain* and translating *quae*; alternatively, *Y rhain* could be taken as an anaphoric demonstrative overtly marking the beginning of a relative clause, resulting in a translation: 'arts and exercises of virtues, which', compare Melville Richards, *Cystrawen y Frawddeg Gymraeg* (Caerdydd: Gwasg Prifysgol Cymru, 1938), pp. 73–5. Semi-colon and capitalization of *Y* are in Robert's original.

28 The full stop after *o amser* does not mark the end of the 'period', but rather separates two major internal units.

29 I here reproduce Robert's original text as in Williams, *Gramadeg Cymraeg gan Gruffydd Robert*, p. [395], rather than Davies's edited version, for which see Davies, *Welsh Literature*, p. 74.

30 Davies, *Welsh Literature*, p. 75.

31 Williams, *Gramadeg Cymraeg gan Gruffydd Robert*, pp. 1–2.

32 Davies, *Welsh Literature*, p. 75, reproducing T. Gwynfor Griffith's translation from 'Italy and Wales', *Transactions of the Honourable Society of Cymmrodorion*, 75 (1966), 281–98 (286), also given in Griffith, 'Italian Humanism', 11.

33 For an instructive analysis of two periods in one of John Jewel's sermons, see David K. Weiser, *The Prose Style of John Jewel* (Salzburg: Institut für englische Sprache und Literatur, 1973), pp. 16–18.

34 Malcolm B. Parkes, *Pause and Effect: An Introduction to the History of Punctuation in the West* (Aldershot: Scolar Press, 1992), pp. 306, 302.

35 J. B. Hofmann and Anton Szantyr, *Lateinische Syntax und Stilistik* (München: C. H. Beck, 1972), p. 732. For detailed discussions, with references to the history of the terms and their definitions, see, for example, Hartmut Krones and Paul Dräger, 'Periode', in Gert Ueding (ed.), *Historisches Wörterbuch der Rhetorik*, vol. 6 (Darmstadt: Wissenschaftliche Buchgesellschaft, 2003), pp. 750–65; Paul Dräger, 'Kolon', in Gert Ueding (ed.), *Historisches Wörterbuch der Rhetorik*, vol. 4 (Darmstadt: Wissenschaftliche Buchgesellschaft, 1998), pp. 1138–52, and Paul

Dräger, 'Komma', in Gert Ueding (ed.), *Historisches Wörterbuch der Rhetorik*, vol. 4 (Darmstadt: Wissenschaftliche Buchgesellschaft, 1998), pp. 1176–9.

36   Robinson, *The Establishment of Modern English Prose*, p. 53, and see his more detailed discussion, pp. 35–43, for example, p. 38: 'The parts of the period were not subordinate clauses but *limbs* or *members*, to which the organic terminology is necessary. The *commata* and *cola* approximate more closely to stress- or tone-groups than to grammatical clauses, though they were also thought of as groups of sense within the *sententia*.' Eduard Norden, *Die antike Kunstprosa vom VI. Jahrhundert v. Chr. bis in die Zeit der Renaissance*, vol. I (Leipzig: Teubner, 1898), p. 42, already stressed: 'periodisierte und rhythmisierte Rede sind nach antiker Vorstellung identisch' ('periodic and rhythmic utterances are identical in the view of the ancients').

37   Robinson, *The Establishment of Modern English Prose*, p. 26, and see p. 39 on the numbers of *cola* possible within a period: rarely more than eight, four as the norm or as the maximum, three preferred by Cicero.

38   See, for example, Birgit Stolt, 'Redeglieder, Informationseinheiten: *Cola und commata* in Luthers Syntax', in Anne Betten and Claudia M. Riel (eds), *Neuere Forschungen zur historischen Syntax des Deutschen: Referate der Internationalen Fachkonferenz Eichstätt 1989* (Tübingen: Max Niemeyer, 1990), pp. 379–92, and Dagmar Neuendorff, 'Überlegungen zu *comma, colon* und *periodus* in den Predigten Bertholds von Regensburg', in Anne Betten and Claudia M. Riel (eds), *Neuere Forschungen zur historischen Syntax des Deutschen: Referate der Internationalen Fachkonferenz Eichstätt 1989* (Tübingen: Max Niemeyer, 1990), pp. 393–405.

39   Williams, *Gramadeg Cymraeg gan Gruffydd Robert*, p. 65. It is tempting to take 'ressum perphaith' ('perfect utterance') as Robert's term for 'periodus'. In Middle English grammatical texts, the collocation 'partes of reson' corresponds to 'partes orationis', and 'resun' is used with the meanings 'sentence, utterance', see, for example David Thomson (ed.), *An Edition of the Middle English Grammatical Texts* (New York, London: Garland Publishing, 1984), pp. 17, 193. Compare further the rule given for the use of a 'periodus' 'full stop' at the end of a 'perfecta sententia' in the *Brevissima institutio seu ratio grammatices cognoscendae*, a grammar of Latin which Robert used (see Erich Poppe, 'The Translation of Morphological Descriptions in Gruffydd Robert's Sixteenth-Century Welsh Grammar', *Beiträge zur Geschichte der Sprachwissenschaft*, 30 (2020), 143–64): 'Plena distinctio, quæ & periodus dicitur, ponitur post perfectam sententiam, quæ & puncto plano notatur hoc modo ,.,' (*Brevissima institutio, seu ratio grammatices cognoscendae*, London, 1552, http://mdz-nbn-resolving.de/urn:nbn:de:bvb:12-bsb10163989-7, p. [20]). For similar definitions of *period*, *colon* and *comma* in introductions to early modern German translations, in which instructions for reading are provided, in Niklas von Wyle, *Translatzen* (1462), and Heinrich Steinhöwel, *Hie nach volget der kurcz sin von etlichen frowen* (1473), see Karsten Rinas, *Theorie der Punkte und Striche: Die Geschichte der deutschen Interpunktionslehre* (Heidelberg: Winter, 2017), p. 88.

40 Williams, *Gramadeg Cymraeg gan Gruffydd Robert*, p. 65. Compare GIF 3.39–40, p. 14: 'tydi'r gwan, taw di â'r gwir– / arian da a wrandewir'; the editors note, p. 101: 'Y cwpled hwn heb fod yn amryw o'r llsgrau.'

41 Alexandre Lorian, *Tendances stylistiques dans la prose narrative française au XVIe siècle* (Paris: Éditions Klincksieck, 1973), p. 142. For an idiosyncratic presentation of some complexities of sixteenth-century English prose, with instructive examples and further references, see Robinson, *The Establishment of Modern English Prose*, pp. 105–23.

42 In view of the still unsolved conceptual problems of how to capture characteristics of early modern Welsh 'sentences' and of the applicability of 'period' in a technical sense, I will use in the following the term 'sentence' non-technically for a textual unit typically, but not necessarily, closed by a full stop.

43 Lorian, *Tendances stylistiques*, p. 159.

44 *Llescni* 'weakness', *llesg* 'weak' plus nominal suffix *-ni*, is according to GPC first attested in Smyth's *Gorsedd y Byd*; *gorchestrwydd* 'excellence', *gorchest* 'feat, achievement' plus nominal suffix *-rwydd*, is according to GPC a hapax. David Callander kindly refers me to nineteenth-century attestations that a search on Google yields.

45 See TM, p. 49: 'Or reçoy doncques (Lecteur debonnaire) ce present traicté'.

46 Compare Richard A. Carr, *Pierre Boaistuau's Histoires tragiques: A Study of Narrative Form and Tragic Vision* (Chapel Hill: University of North Carolina Press, 1979), pp. 146–51.

47 Compare Sioned Davies, *Crefft y Cyfarwydd: Astudiaeth o Dechnegau Naratif yn y Mabinogion* (Caerdydd: Gwasg Prifysgol Cymru, 1995), pp. 182–5. For doublets in *Ystorya Bown o Hamtwn*, the Welsh adaptation of the Anglo-Norman *Geste de Boun de Hampton*, see Erich Poppe, 'Adaption und Akkulturation: Narrative Techniken in der mittelkymrischen *Ystorya Bown de Hamtwn*', in Erich Poppe and Hildegard L. C. Tristram (eds), *Übersetzung, Adaptation und Akkulturation im insularen Mittelalter* (Münster: Nodus Publikationen, 1999), pp. 305–17 (pp. 308–11), and for the use of such doublets in medieval Insular preaching styles, see Hildegard L. C. Tristram, *Early Insular Preaching: Verbal Artistry and Method of Composition*, Sitzungsberichte, Österreichische Akademie der Wissenschaften, Philosophisch-Historische Klasse, 623 (Wien: Verlag der Österreichischen Akademie der Wissenschaften, 1995). Croll, *Style, Rhetoric, and Rhythm*, pp. 237–95, suggests that medieval rhetoric is an important source for Euphuism, a very common style in sixteenth-century English prose which is characterized by figures of sound, or vocal ornaments (for a detailed list, see p. 242); he also points to the use of a less elaborate version of the schematic style in sixteenth-century sermons and works of piety and devotion which also continue medieval vernacular and Latin rhetorical conventions (e.g. pp. 279, 287).

48 See GGMD ii, p. 65. I wish to thank Barry Lewis for this reference.

49 The semantically close doublet *moes a defod* 'custom and usage' is already attested in the thirteenth century, according to GPC.

50 See GyB¹, pp. 283–6, GyB², pp. 221–4.

51 The translation from 'hoping that' onwards is taken from Bowen, 'Roman Catholic prose', p. 221. I wish to thank Nerys Ann Jones for suggesting a translation of the couplet. An intriguingly similar phrasing occurs on a sheet of corrections by William Morgan to the 1588 Bible which was presented to Westminster Abbey, see Isaac Thomas, *Y Testament Newydd Cymraeg 1551–1620* (Caerdydd: Gwasg Prifysgol Cymru, 1976), p. 356, and D. R. Thomas, *The Life and Work of Bishop Davies & William Salesbury with an Account of Some Early Translations into Welsh of the Holy Scriptures and the Prayer Book* (Oswestry: Caxton Press, 1902), p. 139: 'Gwir yw a mynych y gwelwyd (y Cymro anwyl) na pherffeithir vn Gwaith ar vnwaith. Na ryfedda dithe, os diangodd beiau yn y mawr, a'r anhawdd, a'r poenus waith o Gymraegiad y Beibl' ('It is true and it was often seen (dear Welshman) that a work was not made perfect at once. Do not be surprised if mistakes escaped in the large, difficult, and laborious work of turning the Bible into Welsh'). I wish to thank Dylan Foster Evans for supplying me with this reference.

The term 'rhybydd' in paratexts is found, to the best of my current knowledge, in three more works. It occurs in the heading 'Rhybydd y Printiwr i'r Darlleyddion' in Maurice Kyffin's *Deffynniad Ffydd Eglwys Loegr*, p. [xx], published in London in 1595, and in *Drych Cydwybod*, a tract on penance possibly printed in Douai in the early seventeenth century (for background to this rare book, of which only one copy survives in the Bibliothèque Mazarine in Paris, see Geraint Evans, 'A Lost Seventeenth-Century Welsh Book Rediscovered in Paris', THSC, n.s., 15 (2009), 28–39 and 'The Authorship of *Drych Cydwybod* [? 1616],' THSC, n.s., 17 (2011), 7–15). Here, the second preface, a spiritual warning ('rybudd') to readers about the necessity and forms of penance, is followed by a separate note, printed in italics, which begins: 'Hefyd, rhaid i mi y rybyddio, ddiainc llavver o faan feieu vvrth bryntio'r llyfran hvvn' ('Also, I need to warn you that many small mistakes escaped while printing this booklet'), followed by a reference to a list of such printing errors at the end of the booklet (see *Drych Cydwybod*, p. [192]) and a request for the patient correction of further mistakes. The third occurrence is in Edward James's *Pregetheu*, p. [iv], published in London in 1606, the translation the *Books of Homilies* of the Anglican Church (see Gruffydd, 'Anglican Prose', p. 186), in a second preface headed 'Rhybydd i bob gweinidog Eglwysig'. This is the translation of 'An admonition to all ministers ecclesiastical' which precedes the first homily in the *Second Tome of Homilies* in the English collection and establishes an equation of *rhybydd* and *admonition* (see John Griffiths (ed.), *The Two Books of Homilies Appointed to Be Read in Churches* (Oxford: University Press, 1859), p. 151). Ceridwen Lloyd-Morgan kindly pointed out to me that the use of *rhybudd* is also reminiscent of the use of French *avertissement* 'warning' in similar paratexts.

52 See Sara Elin Roberts and Christine James (eds), *Testunau o Gyfraith Hywel* (Caergrawnt: Seminar Cyfraith Hywel, 2015), p. 86, and *Oll Synnwyr pen Kembero ygyd* (London, 1547), p. [14] of the digital copy available from the ProQuest platform.

53 Compare, for example, Griffith, 'Italian Humanism', 9–10, Heledd Hayes, 'Claudio Tolomei: A Major Influence on Gruffydd Robert', *Modern Language Review*, 83/1 (1988), 56–66 (58–9), Davies, *Welsh Literature*, pp. 71–2, and Price, 'Welsh Humanism', pp. 185–8.

54 See Richards, *Cystrawen*, pp. 73–5.

55 I can offer similar constructions from the translation by Edward James of the Anglican *Book of Homilies* published in 1606, for example 'ein Iachawdwr Iesu Grist, i'r hwn gydâ 'r Tâd a'r Yspryd glân, vn tragwyddol fawrhydi Duw, y bytho holl anrhydedd' (Edward James, *Pregethau a osodwyd allan trwy awdurdod i'w darllein ymhob Eglwys blwyf a phob capel er adailadaeth i't bobl annyscedig* (Llundain: Robert Parker, 1606), part II, p. 20), translating 'our sauiour Jesus Christ, to whom with the father and the holy ghost, one immortal maiestie of GOD, be all honour' (*The seconde tome of homilies Of such matters as were promised, and entituled in the former part of homilies* (London: Edward Allde, 1595), p. 24). The overall literalness of the translation favours the relative interpretation. In another sentence (James, *Pregethau*, pp. 16–17; *The seconde tome of homilies*, pp. 20–1), two such Welsh constructions render English participle phrases; here, the development of the sentence and a rhetorical parallelism with another relative clause strongly support the relative reading. Such potentially ambiguous constructions are already attested in Middle Welsh, compare Peniarth 16i, f. 8v, ll. 4–5, 'yspryt dyall. yr h6nn pan del y ofwy y gallon a wrthlad aruthyr tywyll6ch ohonoei' ('the spirit of understanding, which / it when it comes to visit the heart, wards off terrible darkness from it') and f. 8v, ll. 16–17, 'rat ac yspryt doethineb. yr h6n yr g6as caeth a atuer y rydit a colles' ('the grace and spirit of wisdom which / it restores to the bound servant the freedom that he lost').

56 The use of the demonstrative *hwn* to introduce a relative clause modifying *y printivvr* is legitimate from the perspective of normative grammar, since the relative clause does not immediately follow its antecedent, see Richards, *Cystrawen*, pp. 73–4. For some further discussion, see Elena Parina and Erich Poppe, with Sergey Ivanov, *Pwyll y Pader: A Medieval Welsh Tract on the Meaning of the Lord's Prayer according to Hugh of Saint-Victor* (Cork: Cork Studies in Celtic Literatures, 2025), pp. 87–93, with note 12.

57 Smyth, *Opus catechisticum*, p. 584. GPC quotes another instance of *[ll]ythreneu ne garacterau* from *Gorsedd y Byd*.

58 Smyth, *Crynnodeb*, p. 66.

59 Differences in register between Smyth's 'warning to the reader' in *Gorsedd y Byd* and the formal introductions to the Catechisms cannot be ruled out.

60 Smyth, *Crynnodeb*, pp. [ii]–[iii], and compare Smyth, *Opus catechisticum*, p. 3. GPC suggests that the spelling *goysgar(u)* is a form introduced by William Salesbury and represents his attempt to derive *gwasgar(u)* from *go-* + *ysgar(u)*.

61 The first verbal-noun phrase contains two coordinated verbal nouns, *ystyrio* and *gueled*.

62 For the term 'epitaxis', see Proinsias Mac Cana, 'Syntax and Style in Middle Welsh Prose: Notes on Periphrasis and Epitaxis', *Celtica*, 23 (1999), 157–68

(164), and for epitaxis and absolute, see Ricarda Scherschel, 'Non-finite subordination strategies in Middle Welsh: a corpus-based study of preposition or particle *yn* and the verbal noun' (unpublished PhD thesis, University of Marburg, 2020), 15–17, DOI: *10.17192/z2021.0088*.

63 Quoted by Simonin in the notes to TM, p. 282.
64 According to GPC, *budd cyffredin(ol)* is first attested in *Gorsedd y Byd*.
65 Note the same construction in the passage from Smyth's introduction to the 1609 Catechism quoted above, *Achan fedụl*.
66 Such 'interposed adverbs' are in principle idiomatic, compare David W. E. Willis, *Syntactic Change in Welsh: A Study of the Loss of Verb-Second* (Oxford: Clarendon Press, 1999), pp. 60–2, but the Middle Welsh examples he quotes are considerably shorter.
67 John Morris-Jones, *Welsh Syntax: An Unfinished Draft* (Cardiff: University of Wales Press, 1931), p. 103. He considers this construction to be characteristic of the translators and grammarians. There is a second example of this construction in this passage, *rhâ yr hain*, which has no immediate parallel in the French text, *qui avoient la charge*.
68 Lorian, *Tendences stylistiques*, p. 265, concludes on Boaistuau's style: 'Enfin, Boaistuau, cet infatigable collectionneur d'*Histoires prodigieuses*, emploie à l'outrance toutes les techniques du genre et de l'époque (à l'exception peut-être du participe conjoint, auquel il préfère de beaucoup la relative adjointe)' ('Finally, Boaistuau, this indefatigable collector of *Histoires prodigieuses*, excessively employed all the techniques of the genre and of the period (with the possible exception of the conjoined participle, to which he much prefers the relative clause)'); Carr, *Pierre Boaistuau's* Histoires Tragiques, pp. 240–50, suggests that Boaistuau's style in the *Histoires Tragiques* oversteps the limits of sixteenth-century Ciceronianism and has become mannerist.
69 For some further discussion of syntactic complexity in Early Modern Welsh translations, see Erich Poppe, 'How Much Syntactic Complexity Could Sixteenth-Century Welsh Cope with? The Case of Maurice Kyffin's *Deffynniad Fydd Eglwys Loegr* (1595)', ZCP, 69 (2022), 227–60, and 'Between the impressionistic and the arithmetic: Thinking about criteria for the stylistic analysis of Early Modern Welsh prose', Linguistica, 63 (2023), 197–212 (*https://journals.uni-lj.si/linguistica/article/view/11104*).

Research for this paper was conducted within the Marburg research project 'The Welsh Contribution to the Early Modern Cultures of Translation: Sixteenth-Century Strategies of Translating into Welsh', led by Elena Parina and myself, a part of the German Research Council's (DFG) Priority Programme 2130 'Cultures of Translation in the Early Modern Period'. Thanks are due to Elena Parina, for probing questions which helped me to refine my approach, to Ceridwen Lloyd-Morgan, for helpful advice and suggestions, and to the editors of this volume, for their comments and corrections. I am alone responsible for all remaining mistakes and infelicities.

'A SPRIG OF HERB': AN IRISH POEM ON A WELSH PRINCE?

Máire Herbert

The female poetic voice, though less frequently represented than that of the male, nevertheless has a significant presence in the early medieval literatures of Wales and of Ireland.[1] There are differences in context and in content between the Welsh and Irish texts. In Welsh, the voice of Heledd, lamenting both the deaths of her brothers and the destruction of their social world, has resonance in public as well as in private spheres.[2] In Irish, female speakers similarly lament the dead, but we also find their voices grieving relationship endings.[3] The latter type of lyric is not found in surviving Welsh verse. A thematic thread through all this material is that the female personae have encountered loss. The observation of Howard Bloch also seems apt here: 'Unhappiness is the lot of woman, though each is unhappy in her own way.'[4]

Has the cause of the unhappiness been privileged over its expression? It has been contended that Welsh lyrics such as those ascribed to Heledd represented the verse content of an original prosimetric saga.[5] Irish poems couched as laments, or as lovelorn declarations, have been attributed to well-known story-figures such as Gráinne, or to storied historical figures such as Gormlaith.[6] There are also Irish lyrics situated within story-frames.[7] Are lyric and narrative interdependent? Certainly, interpretation of the verse may be assisted by contextual information. However, context is not to be conflated with content. Knowing the situation to which a poem refers does not necessarily imply insight into the feeling which is poetically expressed.

Moreover, there are compositions for which there is no identifiable story connection. Do such poetic utterances resonate, notwithstanding the apparent lack of an associated narrative?

The present study focuses on an Irish female-voiced poem which lacks an obvious story connection or any accompanying information. The poem in question is *Gas lossa*, 'A sprig of herb', the sole copy of which is found on one of the sixteenth-century vellum leaves bound into a composite Irish manuscript, Dublin, RIA 750 (C i 3). The poem is on p. 9 of the vellum insert.[8] Items of Irish verse make up the main content of the vellum fragment containing *Gas lossa*. Yet the cataloguer did not recognize our text as verse, characterizing it only as 'quotations (?) to exemplify some metrical or grammatical principle (?)'.[9] As a result, the poem's identifying first line is not included in the Index of first lines of poems in Royal Irish Academy manuscripts. *Gas lossa* consequently remained hidden from scholarly view until discovered by James Carney, who published an initial translation in 1969, and a critical edition in the following year.[10] Carney's edition provided diplomatic and normalized texts. His analysis indicated that the poem had suffered at the hands of successive scribes, but he deduced that the language of composition was Middle Irish. As well as restoring the text to a Middle Irish norm, he sought to render the content of the poem faithfully in translation.

The text of *Gas lossa* is presented here in a normalized form that is much indebted to Carney. Variance from his work has been noted.

1. *Gas lossa / cona duilli barruaini / tucc duine dam ind-ossa.*
2. *Na cella / cid occu ro throiscemmar / ní fuarammar co gremma.*
3. *Muir uaine / port na hinse i n-athaigenn / commór ticc is téit uaide.*
4. *Muir aithbech / mo-génar dian comdúthaig / maraen is talam tairthech.*
5. *Ro-fetar / is imda tonn trethanglas / imm dúnad meic ríg Bretan*
6. *Rom-úraig / fairrge uaine ailénach / etrumm is fer in dúnaid.*
7. *Rom-bánaig / ben buide is sí drochlámach / d'fhaicsin occai 'na grádaib.*
8. *Rom-lochraig / étach uaine ildathach / d'fhaicsin imm duine ndochraid.*
9. *Mo lennán / iar tuidecht ónd fhirthiprait / iar n-innlut a dá gel-lám.*
10. *Is brígmar / folt 'na ualach lethorlach / cen anad icá chírad.*

'A sprig of herb': an Irish poem on a Welsh prince?

11. *Druim nUball, / is doilge cech ndédenach, / is usa a écc ná a fhulang.*

1. A sprig of herb, with its green-topped foliage, someone has given to me just now.
2. Though we fasted at the churches, we did not receive it with [penitential] morsels.[11]
3. From the shore of the island in which it is common,[12] a foamy sea comes and goes in equal measure.[13]
4. Fortunate the one to whom ebbing sea is as familiar as fertile land.
5. I know that many a sea-grey wave surrounds the fortress of the son of the king of the Britons.
6. It has devastated me that a green islanded sea is between me and the owner of the fortress.[14]
7. It has made me pale to see a sallow malign woman with him in his affections.
8. It has wounded me[15] to see a green multihued garment[16] on an ungainly person.
9. My beloved has come from the pure spring, having washed his two fair hands.
10. Vigorous is the hair in a mass of side-tresses, being combed unceasingly.
11. Ridge of Apple-trees! It is the most difficult of all endings. Easier his death than to bear it.[17]

How has the poem been interpreted? Carney stated succinctly that *Gas lossa* 'would seem to be spoken by a woman; she is separated from the man she loves, and he is in the company of a rival whom she hates'. Carney acknowledges, however, that much else remains to be elucidated, and he speculates that the poem may have been riddling or allusive in design.[18] He offers one possible guide to understanding, noting that a plant tentatively identifiable as wild thyme was known by the name *lus mhic ri Breatuinn*, 'herb of the son of the king of the Britons'.[19] Thus Carney raised the possibility of an association

413

between the herbal sprig, mentioned in the first line of the poem, and *dúnad meic ríg Bretan*, 'the fortress of the son of the king of the Britons', mentioned in stanza 5. However, he did not pursue the suggestion further, doubting the extent of its interpretative assistance.

Carney expressed the hope that his publication might encourage future commentators to investigate the poem's enigmatic content. However, no commentary ensued until N. J. A. Williams adverted to *Gas lossa* in an article on Irish plant names, published in Carney's festschrift in 1989.[20] After discussing the factors involved in the naming of the herb *lus mhic ríogh (Breatan)*, Williams cited Carney's edition of our poem, and its suggestion that the 'sprig of herb' of the poem's opening line may have a connection with 'the son of the king of the Britons' whose fortress is mentioned in stanza 5. Williams took the view that 'an inferential connection is not impossible and is even quite likely'.[21] He then queried how this might cast light on the whole poem, adducing evidence from various parts of Europe that the species of herb to which the poem alludes had love associations. Therefore, he suggested that the speaker of *Gas lossa* 'loves the son of the king of the Britons, but he has forsaken her for a hated rival. She has asked someone to bring her a sprig of thyme (or basil), which she now holds in her hand. It is to form part of a charm to bring back her faithless lover.'[22] Admitting that the poem does not testify regarding the outcome of such a scenario, Williams nevertheless suggests that 'The story may have an aetiological function: the herb ... induced the unfaithful British prince to return to his forsaken mistress and was consequently always thereafter known as *lus meic ríg Bretan*.'[23]

Gas lossa received no further scholarly attention until text, translation and brief commentary were published in *The Field Day Anthology of Irish Writing*, volume IV, in the year 2002.[24] This presentation acknowledges indebtedness to Carney's edition but does not advert to Williams's comments. The editorial preface to the poem in *Field Day* suggests that *Gas lossa* might be read as 'a declaration of intent by a deserted woman, jealous of her former lover's affections, who threatens to kill their love-child and then herself'. It adds, moreover, that the herbal sprig 'may have a double meaning, both the poisonous plant which will bring about their deaths ... and the child the father does not acknowledge, whose birth has brought her to this crisis'. The foregoing scenario evidently reflects the interpretation of Seamus Deane, to whom the 'new translation' of the poem was credited.[25] Deane's quest to explicate the poem seems to have involved some venturesome decisions. Extraneous elements are introduced, underpinned by questionable interpretations. For example, an entirely negative meaning is assigned to the word *los* (1a), the word *lennán* (9a) is given an unattested meaning 'loved bye-child', and the final line (11c) is emended to allow the inference that the female speaker was threatening to end her life.[26] In the *Field Day* sectional introduction, the poem *Gas lossa* is cited in conjunction with medieval Irish narratives of female suicide. Have perceived analogues from Anglo-Saxon, especially from the poem *Wulf and Eadwacer*, unduly influenced the interpretation of our poem?[27]

 The contributions of Williams and of the *Field Day* editors shared common methodological ground in that their interpretative proposals reached beyond the limits of the poem. The former had suggested that the herb was instrumental in a charm for restoring a love-relationship with a British prince. The latter had viewed the herb as perilous, linking it with threats of self-harm and, potentially, infanticide. Carney had sought the locus of meaning within the poem itself and had tentatively noted a possible connection between the herbal name and that of the central male figure in the poem. Yet Carney's explication evidently reached an impasse. Can we take the critical process further? We will begin by examining some formal features of the poem.

 Gas lossa is unusual in an Irish context in having three-line stanzas, with the syllabic pattern $3^2\,7^3\,7^2$ and with end-rhyme between lines *a* and *c*. This metre, called *treochair*, represents a shortening of a four-line stanzaic metre.[28] The condensing of the first couplet into a trisyllabic line gives a declamatory air to the opening of a *treochair* stanza. In *Gas lossa*, each stanza constitutes a single unit of meaning, and the poem itself also appears to be a unified whole. We see that the stanzaic syntax undergoes change as the poem proceeds. Noun phrases are placed in initial position in stanzas 1 to 4. Repetition acts as an additional link between stanzas 3 and 4. Verbs are in initial position in stanzas 5 to 9, with repetition providing an additional link between stanzas 6, 7 and 8. The opening lines of stanzas 9, 10 and 11 consist of noun phrase, copula and adjective, and noun phrase respectively.[29] Though the final line of the poem falls short of providing a full *dúnad*, nevertheless, it is evidently designed to convey closure.[30]

It appears that the foregoing syntactic shifts serve to punctuate the progress of the poem. In the first section the speaker sets the scene. Noun-initial verses (1–4) lead us to connect the sprig of herb, its sea-shore habitat, and a human correlative who is equally at home on sea as on land. Stanza 5 marks a transition to verb-initial verses. Here the speaker bemoans the fact that the sea separates her from 'the fortress of the son of the king of the Britons' and from the fortress dweller himself. She voices her upset at the sight of an ugly, unpleasant woman in his affections, and she is further provoked by the elaborately coloured clothing being worn by this unsightly person (stanzas 7 and 8). Syntax-change then signals the next phase of the poem, when the focus moves to the love-object himself. His physical appearance is highlighted, his fair skin and abundant hair (stanzas 9–10). The speaker sums up her reaction (stanza 11). Calling on *Druim nUball*, 'Ridge of Apple-trees' (her location?) as witness, she declares that the death of the beloved would be easier to bear than this most difficult of endings.

An interplay of structure and content thus directs our reading. The herbal sprig, introduced at the opening of the poem, is linked through a chain of verbal and formal associations with the island fortress of the son of the king of the Britons. The opening stanzas thereby signal that the herb *los mhic ríg Bretan* is a tangible proxy for its human counterpart. Contact with the herb activates the speaker's retrospection in a manner which may find a modern analogy in Proust's madeleine.[31] We are transported to another point in time. A portal opens onto the transmarine realm of the son of the king of the Britons, and scenes unfold as a series of visual images. The Irish-based speaker not only recounts what is presented before her, she also gives her reactions. She expresses anguish at being distanced by the sea from the prince's fortress. She is riled at the sight of another female ensconced in the favour of the fortress-dweller, whom the speaker calls *mo lennán* ('my beloved'). The woman who has supplanted the speaker, moreover, is presented as someone whose appearance, demeanour and garb are entirely displeasing. Her lack of grace and beauty contrasts with the handsome appearance of the son of the king of the Britons. The speaker is moved to conclude that the latter's death would be more tolerable than enduring the present circumstances. *Gas lossa* thus presents an assertion of feeling, along with the scenario which engendered it.

Is the first-person exposition of emotions anomalous in a society in which poetry was professional and was largely concerned with the public sphere? While commentary is scarce, an eighth-century text, the so-called *Caldron of Poesy*, reflects on the nature and source of poetic art.[32] It indicates that compositional potential could be converted into creativity on encountering sorrow or joy. Sorrow might appear in various guises, as longing, grief, the sorrow of envy, or exile for the sake of God.[33] In *Gas lossa*, the speaker resents her demotion from a position which she evidently had considered hers, she denigrates her rival and declares that the lover's death would be more bearable than his loss to another. The *Caldron* category *brón éoit*, 'the sorrow of envy', seems to offer an apt description of the content of *Gas lossa*. We may infer tentatively that our poem drew on certain conventions in its presentation of the speaker's feelings. Its cryptic initial stanzas also suggest a degree of compositional singularity, though there may be an echo also of an attested practice of using obscurity in the presentation of a character's identity.[34]

In the metrical tracts, *treochair*, the metre of our poem, is assigned to a low-ranking *túathbard*.[35] Yet the choice of metre does not indicate that the composer of *Gas lossa* was necessarily a poetic novice or a purely local practitioner. Our few extant examples of *treochair* provide some support here. There are two items of religious content, a single verse, perhaps the remnant of a longer work,[36] and a poem addressed to St Michael.[37] The latter is the only *treochair* composition with a named author, the learned eleventh-century ecclesiastic, Máel Ísu Úa Brolcháin, described by a contemporary annalist as *suí in ecna 7 in crabaid 7 i filidhecht i mberlai cechardhai*, 'eminent in wisdom and piety and in poetry in both languages.[38] Two female-voiced lyrics make up the remaining examples. One of these is *Gas lossa*. The other, which supplies the metrical tract's illustrative verse, is the ninth-century poem beginning *Cen áinius*, in which the female speaker, Líadan, voices her heartache at the ending of her love relationship with Cuirithir.[39] The metrical tract states that metres proper to the *túathbard* are those 'which men and women recite'.[40] What are the implications for the female-voiced *treochair* compositions? Indications that there were some females in the poetic ranks in the era of our poem's composition allow the possibility that lyrics put in the mouths of women might be communicated by female performers.[41] However, we should not assume on this basis that such poems normally were composed by females. In a context of authorial anonymity, there is no sure way of distinguishing male and female poetic styles.[42] Equating the gender of the poetic speaker or reciter with authorial gender is not a secure proposition.[43]

If we scrutinize *Gas lossa* in the light of the analytical co-ordinates of place, time, person and purpose, our information seems to be quite limited.[44] Under the headings of place, time and person, we have an Irish composition by an unknown author between the late ninth and early tenth centuries. The fourth co-ordinate, *causa scribendi*, the purpose of the work, is, perhaps, the most intractable. We may infer that the anonymous composer of *Gas lossa* had a communicative purpose. Was the poem designed to convey a female response to living loss? Its forthright expression of emotion strikes a chord of recognition even centuries later. Yet we may wonder whether a reaction to personal rejection, voiced by an unnamed female, was likely to be a subject of interest to its original audience. Does the text have more to reveal?

At the core of *Gas lossa* is a love triangle wherein the male protagonist, beloved of the poem's speaker, is in a relationship with another woman. Both females, the speaker and her rival, remain unnamed throughout. Yet, from the beginning, the identity of the male figure is being disclosed, albeit rather obliquely.[45] Allusions to a particular herb and to a transmarine location provide clues which identify 'the son of the king of the Britons' as the male protagonist. We note that he is not designated by a given name, but by his status as a king's son. This underlines the royal aspect of the relationships in *Gas lossa*. Does this influence the poem? Early Irish and Welsh societies appear to have regarded royal marriage as a matter of social and political import rather than as an aspect of private life. A king's son is likely to have been betrothed to someone of noble rank, whose dynasty was deemed to be strategically important. A marriage arrangement might serve to seal a treaty, to forge an alliance, or to extend dominion.[46] In such a context, our poem appears to portray a situation in which an expected Cambro-Irish union had come to naught, leading to a reaction of wounded *amour propre* on the Irish side. *Gas lossa* couched the relationship drama in terms of individual personae. However, in the light of the poem's representation of a royal dynast among the protagonists, might we allow the possibility of a further level of meaning?

The primary public of our Middle Irish poem surely would have been au fait with the discourse of sovereignty, the mythic representation of governance as the outcome of sacred marriage between land and ruler.[47] Viewed through this lens, the Irish female speaker in *Gas lossa* might be regarded as a surrogate of her kingdom, voicing dismay at having been displaced from a desirable alliance by another party. We note that the speaker's ire is directed at the third person in the relationship, the female favoured by the son of the king of the Britons. She is described in terms of her unpleasing appearance, ill-suited for the robes of royalty. Read as a sovereignty statement, the poem may be seen to illustrate the theme of the 'loathly lady' who would be transformed into a beauty in a rightful relationship with the ruler. The poem's emphasis on the woman's unattractive appearance implies, in terms of sovereignty, that the union had not been transformative, and thus was ill-judged, and would result in dysfunctional rule.[48] The content of *Gas lossa* is readable, therefore, as a coded expression of the discontent of an Irish dynasty at the failure of an expected trans-insular alliance. Direct criticism of the British/Welsh party is displaced onto its preferred choice of partner, portrayed in an altogether negative light. Moreover, *Gas lossa* intimates that, for the Irish side, the public dishonour of rejection caused greater pain than would be caused by the demise or downfall of its erstwhile ally.

Is the poet expressing reaction to a political vicissitude, while speaking in the persona of a female grieving a personal rejection? Is such a subtext compatible with the historical era of our poem? The composition of *Gas lossa* may be placed approximately between the mid-ninth and mid-tenth century, a time in which Irish annals show marked interest in rulers designated *rí Bretan*. The rulers in question belong to the Merfynion dynasty, named after Merfyn, the ninth-century king of Gwynedd whose court is known to have been frequented by Irish monks on Continental journeys.[49] There is evidence that links across the Irish Sea were political as well as ecclesiastical, and such links continued well into the tenth century.[50] The Annals of Ulster contain no less than three notices of Merfyn's son and successor as *rí Bretan*, Rhodri, including a report that Rhodri took refuge in Ireland when under Viking pressure in the late ninth century.[51] The title *rí Bretan* continued to be accorded by Irish annalists to the sons who succeeded Rhodri, Cadell and Anarawd.[52] Anglesey was the royal seat of the Gwynedd kings.[53] While *Gas lossa* does not specify its speaker's location, references to a wave-surrounded fortress, and to being separated by an island-strewn sea, suggest that the Irish Sea and Anglesey were in the poet's sights. The poem makes clear that a transmarine association was desired, and, indeed, expected, by the Irish side. Do we have any reciprocal indication of interest from the Welsh side? We may look tentatively to another poetic work of the first half of the tenth century, the Welsh prophecy, *Armes Prydein Vawr*.[54] This work, which seems to have been the work of a poet from Gwynedd in the early part of the tenth century,[55] makes a propaganda case for an alliance of Britons with Irish, Hiberno-Norse and others against the English. Could this reflect a prior stage in a process that is viewed in *Gas lossa* through the prism of its breakdown? We are left to speculate, and to hope that further illumination may be possible.

'A sprig of herb': an Irish poem on a Welsh prince?

Clearly, there are matters still to be addressed, not only about the import of *Gas lossa* for its original public, but also about the afterlife of the poem. Carney's edition indicated that the text of *Gas lossa* had been modified and modernized to render it serviceable for later generations. Such phases in the reception of *Gas lossa* remain to be investigated. Our present-day encounter with the poetic text, moreover, leads us back to its material form. Can further information be gleaned from the inelegant copy in a sole sixteenth-century manuscript? Is its survival purely fortuitous? Or did the copy of *Gas lossa* survive the centuries because its sentiments transcended specific historical moments, yet also had noteworthy resonance in particular circumstances and times?[56]

Notes

1 Marged Haycock has been among the pioneering researchers on the topic. See Kathryn Curtis, Marged Haycock, Elin ap Hywel and Ceridwen Lloyd Morgan, 'Beirdd Benywaidd yng Nghymru', *Y Traethodydd*, 141 (1986), 12–27. See further Jane Cartwright, 'Women writers in Wales', in Liz Herbert McAvoy and Diane Watt (eds), *History of British Women's Writing 700–1500* (London: Palgrave Macmillan, 2012), pp. 60–71. On aspects of the Irish evidence, see Máirín Ní Dhonnchadha, 'Women in the medieval poetry business', in Ailbhe Darcy and David Wheatley (eds), *A History of Irish Women's Poetry* (Cambridge: Cambridge University Press, 2021), pp. 40–5.
2 Marged Haycock, 'Hanes Heledd hyd yma', in *Gweledigaethau: Cyfrol Deyrnged yr Athro Gwyn Thomas* (Llandybïe: Barddas, 2007), pp. 29–60; Jenny Rowland, *Early Welsh Saga Poetry* (Cambridge: D. S. Brewer, 1990), pp. 120–89, 429–47, 483–96, 572–616.
3 See, for instance, Gerard Murphy, *Early Irish Lyrics* (Oxford: Clarendon Press, 1956), poems 49, 35, 36. For bibliographical information on early Irish lyric poetry, see Donnchadh Ó Corráin, *Clavis Litterarum Hibernensium*, 3 vols (Turnhout: Brepols, 2017), vol. II, no. 856 (pp. 1143–7).
4 Howard Bloch, *Medieval Misogyny and the Invention of Western Romantic Love* (Chicago: University of Chicago, 1991), p. 172.
5 Ifor Williams, *Lectures on Early Welsh Poetry* (Dublin: Dublin Institute for Advanced Studies, 1944); Jenny Rowland, 'The Prose Setting of the Early Welsh *Englynion Chwedlonol*', *Ériu*, 36 (1985), 29–43.
6 See Kevin Murray, *The Early Finn Cycle* (Dublin: Four Courts Press, 2017), pp. 95–105; Ní Dhonnchadha, 'Women', pp. 50–2.
7 For instance, Kuno Meyer (ed.), *Liadain and Cuirithir: An Irish Love-Story of the Ninth Century* (London: Nutt, 1902); Murphy, *Early Irish Lyrics*, poem 36, pp.

86–9. For a broad literary perspective, see Peter Dronke, *Verse with Prose from Petronius to Dante* (Cambridge, MA and London: Harvard University Press, 1994), especially pp. 53–81.

8   A digitized copy of the manuscript along with the Royal Irish Academy (RIA) catalogue description is available on *Irish Script on Screen* (https://www.isos.dias.ie/).

9   Gerard Murphy and Winifred Wulff, *Catalogue of Irish Manuscripts in the Royal Irish Aacdemy*, fasciculus XVIII (Dublin and London: Royal Irish Academy, 1936), p. 2309 (RIA MS 750), and corresponding entry reproduced on *Irish Script on Screen*.

10 James Carney, 'The Deeper Level of Early Irish Literature', *The Capuchin Annual*, 36 (1969), 160–71; James Carney, 'Gas Lossa', *Éigse*, 13 (1969–70), 99–103.

11 I have retained the manuscript reading *co [n]gremma* in 2c (assuming orthographical licence to accommodate rhyme with *cella*). See also Carney, 'Gas Lossa', note 2bc, 103. The verse is understood here as part of a process of identification of the herb, conveying in this instance that it was not the usual plant (*lus*) that was counted as penitential fare. For examples of the latter, see Whitley Stokes (ed.), *Féilire Óengusso Céli Dé: The Martyrology of Oengus the Culdee* (London: Henry Bradshaw Society, 1905), pp. 54–5 (notes 31 January); E. J. Gwynn and W. J. Purton (eds), 'The Monastery of Tallaght', *Proceedings of the Royal Irish Academy*, 29 C (1911), 115–79 (132, §13).

12 I take *gas lossa* to be the implied subject of the verb in 3b *athaigenn*. On the verbal form, see Carney, 'Gas Lossa', 99. I have accepted Carney's emendation of MS *uaine* in 3c (see also following note).

13 The adjective *uaine* 'green' here is applied to the herb's leaves (1b), to the sea (3a and 6b), to clothing (8b), as well as the instance emended to the prepositional pronoun *uaide* in 3c above. I suggest tentatively that in 3a one might read *uaine* as an attributive genitive form of *úan* 'foam'. This may be the case also in 6b, but here the accompanying *ailénach*, 'islanded' may imply that the greenness derives from the islands in the sea. The more usual colour-adjective for the sea, *glas*, occurs in 5b (see DIL s.v. *úan, uaine*).

14 I read *rom-[m]úraig*. See DIL s.v. *múraid*.

15 See DIL s.v. *lochraid*, 'despoils, injures'. Carney does not comment on his translation, 'It has enraged me'.

16 On the colours which may be worn by various ranks in Irish society, see Fergus Kelly, *Early Irish Farming* (Dublin: Dublin Institute for Advanced Studies, 1997), pp. 263–7; Niamh Whitfield, 'Dress and accessories in the Early Irish tale "The Wooing of Becfhola"', in R. Netherton and G. R. Owen-Crocker (eds), *Medieval Clothing and Textiles*, vol. 2 (Woodbridge: The Boydell Press, 2006), pp. 1–34.

17 See Carney, 'Gas Lossa', 102, n. 2.

18 Carney, 'Gas Lossa', 100.

19 The herb has been classed as *Thymus serpyllum*. I retain the Gaelic orthography of the example quoted by Carney from Lightfoot's work on the plants of Scotland (1777).
20 N. J. A. Williams, 'Some Irish plant names', in Donnchadh Ó Corráin, Liam Breatnach and Kim McCone (eds), *Sages, Saints and Storytellers: Celtic Studies in Honour of Professor James Carney* (Maynooth: An Sagart, 1989), pp. 449–62.
21 Williams, 'Some Irish plant names', pp. 457–8.
22 Williams, 'Some Irish plant names', p. 458.
23 Williams, 'Some Irish plant names', p. 458.
24 A. Bourke et al. (eds), *The Field Day Anthology of Irish Writing*, vol. IV: *Irish Women's Writing and Traditions* (Cork: Cork University Press in association with Field Day, 2002), pp. 221–2.
25 Máirín Ní Dhonnchadha is named as the editor of the section in which *Gas lossa* appears. The prefatory note may have been written jointly with the translator, Seamus Deane, but its content reflects the latter's translation and interpretation of the poem. The legal passage cited does not offer convincing support for the Deane interpretation.
26 See the relevant definitions in DIL, and see also Bourke et al. (eds), *Field Day Anthology*, vol. IV, p. 221, n. 2.
27 Bourke et al. (eds), *Field Day Anthology*, vol. IV, p. 169. Carney, 'Gas Lossa', 100 refers briefly to similarities in Anglo-Saxon dramatic monologues, but they are not mentioned in the *Field Day* presentation. For text and translation of *Wulf and Eadwacer*, see Richard Hamer, *A Choice of Anglo-Saxon Verse* (London: Faber and Faber, 1970), pp. 82–5.
28 R. Thurneysen (ed.), 'Mittelirische Verslehren', in W. Stokes and E. Windisch (eds), *Irische Texte*, 4 vols (Leipzig: S. Hirzel, 1880–1909), 3.1, pp. 1–106, especially pp. 22–3, 45 (no. 63); see further Gerard Murphy, *Early Irish Metrics* (Dublin: Royal Irish Academy, 1961), p. 63, no. 57. For a general overview, see Ní Dhonnchadha, 'Women', pp. 45–51.
29 See Proinsias Mac Cana, 'On Celtic Word-Order and the Welsh "Abnormal" Sentence', *Ériu*, 24 (1973), 90–120; F. J. Byrne, 'Chiasmus and hyperbaton in the Annals of Ulster', in M. Richter and J.-M. Picard (eds), *Ogma: Essays in Celtic Studies in Honour of Próinséas Ní Chatháin* (Dublin: Four Courts Press, 2002), pp. 54–64.
30 On *dúnad*, see Murphy, *Early Irish Metrics*, pp. 43–5. In 'Gas lossa' only the initial letter finds an echo at the ending (*Gas ... fhulang*).
31 Insofar as a food item is the catalyst which evokes unbidden reminiscence.
32 Liam Breatnach, 'The Caldron of Poesy', *Ériu*, 32 (1981), 45–93; 35 (1984), 189–91. See Johan Corthals, 'Decoding the Caldron of Poesy', *Peritia*, 24–5 (2013–14), 74–89; 26 (2015), 207.
33 See Corthals, 'Decoding', 79–80, 89; Patrick Sims-Williams, 'Medieval Irish literary theory and criticism: 1. Poetic theory', in A. Minnis and I. Johnson (eds), *The Cambridge History of Literary Criticism*, vol. II: *The Middle Ages* (Cambridge: Cambridge University Press, 2005), pp. 291–301.

34 John Carey, 'Obscure Styles in Medieval Ireland', *Mediaevalia*, 19 (1996), 23–35. We ought not presume, however, that the 'Gas lossa' allusions were as opaque to contemporaries as they have been to modern readers.

35 Thurneysen, 'Mittelirische Verslehren', pp. 44–5, nos 59–63. For bibliography on the Metrical Tracts, see Ó Corráin, *Clavis*, vol. II, no. 853, pp. 1136–41. The term may be translated as 'a bard acclaimed by a *túath* (or minor kingdom)'. See Sims-Williams, 'Medieval Irish literary theory', pp. 293–8; Ní Dhonnchadha, 'Women', pp. 45–6; Donncha Ó hAodha, 'An Bhairdne i dTús a Ré', *Léachtaí Cholm Cille*, 24 (1994), 9–20.

36 James Carney (ed. and trans.), *Medieval Irish Lyrics* (Dublin: Dolmen Press, 1967), pp. 10–11, no. V.

37 David Greene and Frank O'Connor (eds and trans.), *A Golden Treasury of Irish Poetry A.D. 600 to 1200* (London: Macmillan, 1967), pp. 165–6, no. 41. For other editions, Ó Corráin, *Clavis*, vol. II, no. 882, p. 1165.

38 S. Mac Airt and G. Mac Niocaill (eds and trans.), *The Annals of Ulster (to A.D. 1131)* (Dublin: Dublin Institute for Advanced Studies, 1983), s.a. 1186. See Muireann Ní Bhrolcháin, 'Máel Ísu Úa Brolcháin', in Seán Duffy (ed.), *Medieval Ireland: An Encyclopedia* (New York and London: Routledge, 2005), pp. 307–8.

39 Kuno Meyer (ed. and trans.), *Liadain and Cuirithir: An Irish Love Story of the Ninth Century* (London: Nutt, 1902). See also Ní Dhonnchadha, 'Women', pp. 49–50.

40 Thurneysen, 'Mittelirische Verslehren', pp. 22, 28. See DIL s.v. *ráidid*.

41 There is, in fact, only one notice of a female poet, styled *banfhile Herend*, in the Irish annals between the mid-ninth and mid-tenth centuries, in Seán Mac Airt (ed. and trans.), *The Annals of Inisfallen* (Dublin: Dublin Institute for Advanced Studies, 1951), s.a. 934. See DIL for vocabulary attestations of terms such as *ban-éices*, *ban-leiccerd*. Female education is discussed by Ní Dhonnchadha, 'Women', pp. 47–53.

42 For a previous approach, see Thomas Owen Clancy, 'Women poets in early medieval Ireland: stating the case', in C. E. Meek and M. K. Simms (eds), *The Fragility of her Sex? Medieval Irish Women in their European Contexts* (Dublin: Four Courts Press, 1996), pp. 43–72.

43 The topic needs to be examined at greater length than is possible within the confines of the present study. For a broader context, see Anne L. Klinck, 'Poetic Markers of Gender in Medieval Woman's Song: Was Anonymous a Woman?', *Neophilologus*, 87 (2003), 339–59; A. L. Klinck and A. M. Rasmusssen, *Medieval Woman's Song: A Cross-Cultural Approach* (Philadelphia: University of Pennsylvania Press, 2015).

44 On Irish use of this expository method, see Máire Herbert, 'The preface to *Amra Coluim Cille*', in Ó Corráin, Breatnach and McCone (eds), *Sages, Saints and Storytellers*, pp. 67–75 (pp. 67–9, and n. 8).

45 See above, n. 34.

46 Examples cited in T. M. Charles-Edwards, *Wales and the Britons 350–1064* (Oxford: Oxford University Press 2013), pp. 298, 334, 524.

'A sprig of herb': an Irish poem on a Welsh prince?

47   Máire Herbert, 'Goddess and king: the sacred marriage in early Ireland', in Louise Olga Fradenburg (ed.), *Women and Sovereignty*, Cosmos, vol. 7 (Edinburgh: Edinburgh University Press, 1992), pp. 264–75.
48   Herbert, 'Goddess and king', pp. 270–2. See also Charles-Edwards, *Wales and the Britons*, pp. 324–30.
49   Evidence for ninth-century Irish-Welsh interaction has been assembled by John Carey, *Ireland and the Grail* (Aberystwyth: Aberystwyth Celtic Studies Publications, 2007), pp. 121–8. See also Ó Corráin, *Clavis*, vol. I, nos 198, 421 (pp. 232–3, 532–3).
50   See Charles-Edwards, *Wales and the Britons*, pp. 467–510; also Colmán Etchingham, 'Viking-age Gwynedd and Ireland: political relations', in K. Jankulak and J. M. Wooding (eds), *Ireland and Wales in the Middle Ages* (Dublin: Four Courts Press, 2007), pp. 149–67.
51   Mac Airt and Mac Niocaill (eds and trans.), *Annals of Ulster*, s.a. 856.6; 877.3; 878.1.
52   Mac Airt and Mac Niocaill (eds and trans.), *Annals of Ulster* lacks references to Welsh rulers between the years 878 and 950, but entries in the Clonmacnoise group of annals fill the gap. These are helpfully listed in K. Grabowski and D. Dumville, *Chronicles and Annals of Mediaeval Ireland and Wales* (Woodbridge: The Boydell Press, 1984), p. 225, with accompanying discussion, pp. 209–26.
53   Charles-Edwards, *Wales and the Britons*, p. 476.
54   Ifor Williams (ed.), *Armes Prydein*, English version by Rachel Bromwich (Dublin: Dublin Institute for Advanced Studies, 1972). See also G. R. Isaac, '*Armes Prydain Fawr* and St David', in J. Wyn Evans and J. M. Wooding (eds), *St David of Wales: Cult, Church and Nation* (Woodbridge: The Boydell Press, 2007), pp. 161–81; Charles-Edwards, *Wales and the Britons*, pp. 519–35.
55   See Charles-Edwards, *Wales and the Britons*, p. 533.
56   For Marged, *i gcomhartha cairdeasa agus ardmheasa*.

AN EXEGETICAL READING OF THE TALE *SCÉL TUÁIN MEIC CHAIRILL DO FINNEN MAIGE BILE* 'TUÁN MAC CAIRELL'S TALE TO FINNIA OF MOVILLA'

Jan Erik Rekdal

Seig indiu, glasreng indé
Ingnad alaig utmaille
Ansu lim ar cach lá de
Día in cara romchruthaige

(A hawk to-day, a boar yesterday,
Wonderful habit of inconstancy!
Dearer to me every day,
God, the friend who has shaped me.)[1]

More than the tale 'Tuán's tale to Finnia of Movilla' itself,[2] the protagonist, Tuán, has received significant attention over the years because of the extreme age achieved by means of zoomorphic metamorphoses or transformations.[3] In this chapter I will focus on the inner structure of the tale and what it seems to convey. The tale about how Tuán managed to stay alive from the first settlement of Ireland until the early Christian period is framed by a story about his meeting with Finnia of Mag Bile (Movilla, Co. Down) and Finnia's disciples to whom Tuán tells his story. Tuán's tale spans from pre-history over the earliest Christian period (Patrician period) until the time of Finnia, in which they meet.

Scél Tuáin consists of two main narrative parts or segments. In this paper I will try to demonstrate how they interact according to an exegetical reading of them that includes allegory and monastic mnemo-technique.

The first part relates the story of the meeting between Finnia of Movilla (Mag Bile) and the old cleric Tuán mac Cairill.[4] This happened when Finnia had come to Ireland with the gospel and reached Ulster. First, Finnia and his followers were not admitted by a rich man they went to see and whose faith was not good. Then Finnia could tell them that they should meet a good man who will comfort them and tell them the history of Ireland since it was first invaded (*adfíí dúib senchasa inna Hérend file ó cetagabath*; my underlining). The next morning a venerable cleric (*sruithchléirech*) came and invited them to his hermitage (*dísert*) on his own land inherited from his father (*orba*). After having celebrated Mass, Finnia insisted that Tuán tell all that had happened since the time of Partholón son of Agnoman of whom Tuán was a nephew (*bráthair athair dam sa*). Reluctantly Tuán related to them the history of Ireland (*imthús na Hérend*) which coincided with the tidings of his own life (*imthechta fadéin*). Tuán had survived through the ages by zoomorphic changes into various animals, birds and fish and as such he had observed and survived the various settlements of Ireland. His last metamorphosis was a salmon which ended up being eaten by King Cairell's wife (alone) so that she bore him as her own son and Tuán was reborn. He lived as a prophet (*fáith*) until Patrick arrived and he was baptized by him. When Tuán has related his story, they celebrate offices (*dogniat celebrad*) and have a meal in Tuán's refectory. Finnia and his followers stayed for a week. The narrator breaks in by stating, 'Whatever history (*senchas*) and genealogy there is in Ireland its origin is from Tuán son of Cairell' (*Nach senchas 7 nach genelach fil i nHére is ó Thuán mac Cairill a bunadus*).[5] The story ends with Finnia offering that he should dwell with him, but that is not obtained. '"Your house will be illustrious," said Tuán' (*Bith oirdnide do loc so, ol Tuán*).

The story exists in five manuscripts: Oxford, Bodley Laud Misc. 610 (102b14–103b21); TCD H. 3.18 (38a1–39b3; Rawl. B 512 (97vb1–99a3); *Lebor na hUidre* = RIA MS 23 E 25 (15a34–16b41) and in the Book of Fermoy (155a1–156a24), which is an acephalous text.[6] The first page of the version in *Lebor na hUidre* is by the A-hand and the second by the interpolator H.[7] My discussion is based on John Carey's careful and informative edition from 1984.[8]

John Carey has argued convincingly that the tale could have been written in the latter part of the ninth century, and that the Middle Irish forms in the text must be ascribed to a later redactor – which is to be seen in the case of many texts. Among the revisions of the eleventh and twelfth centuries beside that of the present tale, we can mention *Togail Bruidne Dá Derga*, *Comrac Liadaine ocus Cuirithir*, *Serglige Con Culainn*, *Aided Diarmata*, *Aided Muirchertaig* and the *Táin* itself.[9]

Tuán's story and its frame narrative

Several parallels emerge in the tale. One such parallel is that between the respective narratives of Tuán and Finnia: Tuán's *scél* (oral) and Finnia's *soscél* (written). Thus, the parallel between the two clerics Finnia and Tuán hinges on the word *scél* with its implications. By the time Finnia arrives with the gospel in Ireland and advances into Ulster, Tuán is already there and has been so for a long time, since before the coming of Christianity. The *scél* that Tuán brings forward contains an oral personal witness of all the settlements of Ireland whereas Finnia brings with him the written story of Christ – the *soscél*. Finnia arranges an encounter with Tuán for his disciples so that they will be endowed the unique opportunity to learn from a living witness of the pre-Christian history of Ireland leading up to Christianization. This history, thus far oral, is now being written through this ninth-century tale. Not only does Finnia bring the gospel to Ireland but, by introducing Tuán and his story, he provides the written gospel with a local pre-history for his audience (the disciples and the readers of the tale). By doing so, Finnia puts into play the interaction of Tuán's *scél* with the *soscél*.[10] I would also read what seems to be the narrator's comment, mentioned above – *Nach senchas ⁊ nach genelach fil i nHére is ó Thuán mac Cairill a bunadus* ('Whatever history (*senchas*) and genealogy there is in Ireland its origin is from Tuán son of Cairell') – as a supposition that Christian history may be read as part of a dialogue with pagan pre-history. Irish pagan history goes as far back as the first settlement of Ireland. This time span is covered by the biography of Tuán as a human: from being a grandson of the leader of the first settlers in Ireland in pre-historic times, then being reborn in historic time as the son of King Cairell mac Muiredaig's queen living as a *fáith* (prophet), to finally being christened by Patrick and becoming a *cléirech* (cleric).

Tuán is framing his own story about the settlements of Ireland by saying that he was the only one who survived the people of the son of Agnoman son of Starbui, of the race of the Greeks, who were the first to settle in Ireland. Tuán survived to pass on the tale about what happened to the next population (*Ar ní gnáth orcain cen scéola n-eisi do innisin scél dara n-éisi. Is meisi in fer sin*). In DIL *scéola* is rendered 'news-bringer, survivor'. Carey refers to a suggestion by John Armstrong that the first part of the sentence sounds like a proverb and that the latter *do innisin scél dara n-éisi* may be an 'intrusive gloss'. This is supported by *sciula orcne*, which occurs twice in *Sanas Chormaic* and the statement *Ni bi orgain cen oensciula* in the dindshenchas (place-lore) of Tipra Sengarman.[11] Thus, a *scéola* is a *fiadnaise* – an eyewitness. An eyewitness can offer a *scél* that proves what he observed with his eyes. This is supported by the fact that *fiadnaise* and the verb *ad-fét* which comes from *ad-fiad*[12] – both are etymologically related to 'seeing, watching, facing'. Does *scél* (story) become *stair* (history) when related by an eyewitness? Tuán is an eyewitness to the five settlements of Ireland. He belonged to the first people who settled there, the people of the son of Agnoman son of Starbui, of the race of the Greeks. When they all died of plague, he was the only one to survive to tell what happened. He stays alive through all the five settlements by turning into various shapes of animals.

Finnia's exegesis: allegorical reading

Tuán's story proper abounds with references to the Scripture. The first reference occurs when Tuán describes how he long ago lived his life in exile and endurance: 'I was in cliffs (*allaib*) and in wilderness (*díthribib*), and I had caves (*uama aurdalta*) of my own.' Not only are the places described but it is also depicted how he endured this wretched life: 'I was shaggy (*mongach*), clawed (*ingnech*), wrinkled (*crín*), naked (*nocht*), wretched (*tróg*), sorrowful (*imnedach*).' This description finds its parallel in Hebrews 11:37–8 where it is told that the Jewish ancestors to the Christians 'went about in skins of sheep and goats, destitute, afflicted, ill-treated ... wandering over the desert and mountains, and in dens and caves of the earth'. If we consider the Letter to the Hebrews more closely, in chapter 11 we are presented with examples of exemplary faith demonstrated by the pre-Christian Jewish ancestors, among whom the letter mentions Abel, Noah, Abraham, Sarah, Isaac and Moses, also added are David, Samuel and the prophets (Hebrews 11:39).

The Letter to the Hebrews is known for its exploration of typology – an allegorical interpretation of Scripture which was to become a form of biblical exegesis widespread in the Middle Ages.[13] The Church Fathers Origen and Clement were to take up this exegesis and use it freely, as later also did St Ambrose among many others. The concern was not whether the intention of the narrative was allegorical or not, but rather to come up with an allegorical exposition of tales no matter whether they were meant to be understood literally or figuratively. *Allegory* from Greek *allégoría* was originally a rhetorical stylistic ornament of 'obscurity' and indirect expression which eventually became an exegetical method of 'saying something else'. Biblical exegesis was to call this method 'typology' – a typological interpretation – as it was to be used to make an exposition of Old Testament texts in order to say something of Christ; for example, we see that Psalm 8 is given such an interpretation in the second passage of the Letter. It is a model of interpretation where persons and incidents in the Old Testament were regarded as types, or prefiguration of corresponding persons and incidents – antetypes – in the New Testament.

In Irish exegetical tradition allegorical reading or typology is well formulated in the early ninth century 'Old Irish treatise on the psalter', or what is left of it. It is worth noticing that this text also occurs together with our tale in Rawl. B. 512. The treatise refers to four meanings: *stoir, stoir tánaise, síens* and *morolus*:

> Atá cetharde as toiscide isnaib salmaib .i. cétna stoir ocus stoir tánaise, síens ocus morolus. Cétna stoir fri Duíd ocus fri Solomon ocus frisna persanna remépertha, fri Saúl, fri Abisolón, frisna hingrintide olchena. Stoir tanáise fri Ezechiam, frisin popul, frisna Machabda. Síens fri Críst, frisin n-eclais talmandai ocus nemdai. Morolus fri cech nóib.

> (There are four things that are necessary in the psalms, to wit, the first story (*cétna stoir*), and the second story (*stoir tánaise*), the sense (*síens*) and the morality (*morolus*). The first story refers to David and to Solomon and to the above-mentioned persons, to Saul, to Absalom, to the persecutors besides. The second story refers to Hezekiah, to the people, to the Maccabees. The meaning (*síens*) refers to Christ – to the earthly and heavenly church. The morality (*morolus*) refers to every saint.)[14]

The periods of time or phases implied by the references of names should be the time of David. Then follows the time of the people from David down to the time of Jesus Christ and, finally, that of the Church making the third. The fourth time is the time of Heaven which only the saints are guaranteed. The allegorical level is brought in with Christ and the Church. We see from the New Testament that there is an allegorical reading of all the phases of the Old Testament (for instance, it is not only David, but also Hezekiah (Matthew 1:10) who is referred to in connection with Jesus). Do we discern a certain parallel in the divisions of time in the story of Tuán where the first story is that of Tuán as a grandson of the first settlers in pre-historic time? One may assume he had another name during this period. The second period could then be Tuán reborn as the son of King Cairell mac Muiredaig and his queen when he was a prophet (*fáith*) according to himself. Then a third phase is introduced by the coming of St Patrick and Tuán's christening which is synonymous with the introduction of Christianity to Ireland. It is, of course, to this latter time Finnia belongs.

In the meeting with Tuán, Finnia rather acts like an exegete when he juxtaposes Tuán's 'scél' with the 'soscél' – thus he combines, or even demonstrates, how *senchas* ('ancient history, tradition') may be read typologically with Scripture as the Old Testament is with the New. What Finnia does to his followers, his disciples, the written tale does to its audience. Tuán is relating his tale immediately after they have performed 'the offices of Sunday, psalms and preaching and mass'. Finnia not only asks Tuán his lineage, but also the tidings of Ireland, all that had happened since the time of Partholón son of Agnoman. Tuán hesitates and says, 'we had rather contemplate the word of God, which you may relate to us'. But Finnia insists and threatens that they would not taste food until he has done so.

Pádraig P. Ó Néill has pointed out the part played by the text 'The Old-Irish treatise on the Psalter' in the vernacularization of ecclesiastical literature in the late eighth century.[15] Considering an exegetical reading of more secular texts is a task which has been undertaken previously, albeit not frequently. Erich Poppe discussed a reading of the tale *Fingál Ronáin* as an exemplum – giving a moral reading of it, by referring to exegetical four-folded reading of biblical texts.[16] Reading secular texts taking into account the possibility of various levels of meaning was advocated by Donnchadh Ó Corráin some ten years earlier.[17] Elva Johnston rightly points out in her discussion of the tale *Immacaldam Choluim Chille ocus ind Óclaig oc Carraic Eolairg* ('The conversation of Colum Cille and the youth at Carn *Eolairg*', probably dating from the eighth century)[18] that 'Finnian [*sic*] is the validator of Tuán's knowledge and the latter helps him in his evangelization'.[19] This implies that Scripture and *senchas* are shared and combined as episodes and characters of the Old Testament are in the New. This is done openly, even making out the very tale, as opposed to the tale *Imaccaldam Choluim Chille* where the dialogue between Colum Cille and the *óclach* is hidden.

Within Tuán's tale we hear of how he has survived in Ireland from the first settlement there by means of zoomorphic transformations.

Such transformations or metamorphoses we recognize from 'pre-Christian' sagas and tales. These zoomorphic transformations indeed appear utterly pagan and have been a stumbling block for many an interpreter of these tales, especially tales in which Scripture also plays a part, not only *senchas*, like in ours. One may indeed discuss what to do with them as it remains difficult to explain why they are brought into close proximity in quite a few of the narratives, other than to mark out pre-Christian elements in an otherwise well-grounded Christian narrative, as is the case in many hagiographical texts. An allegorical reading, however, seems not only to enable such an incorporation, but even to enhance the new tradition – the tradition of Christianity, the way we see Finnia making use of Tuán and his story in his evangelization of Ulster.

Elva Johnston pointed out briefly in her analysis of *Imaccaldam Choluim Chille* the fluidity of character that results from going through shape-shifting and how such a character can associate with Jesus who by early Christian writers could achieve an extreme old age; for this Johnston refers to the gnostic gospels.[20] The interpretation of shapeshifting as an argument for longevity may easily overshadow the main reason behind it. As I see it, the fluidity of Jesus' character should also be seen as part of a dialogue with the past as well as the present and the future, all according to four meanings of allegory. So, when Tuán survives through four zoomorphic transformations it is for the good cause, to join Irish pre-history to Christian history, attuning Irish paganism with Christianity, which has been recognized by previous scholars, as Joseph Nagy and others before him.

A pagan hero transforming into a pious servant of the Christian God through zoomorphic transformations

Tuán arrives in Ireland with the first occupation by the son of Agnoman son of Starbui of which he is the sole survivor after they perished in a plague. Tuán lives destitute and lonely hiding from wolves in an uninhabited land. When Tuán's uncle, Nemed, occupies the island thirty-two years later Tuán is still alive, although old and withered (see above), living in caves hiding from the new occupants. It is now that Tuán's first transformation takes place, and he becomes a wild stag (*oss allaid*). He remains a stag after Nemed and his people have died but transforms into a wild boar (*torc allaid*) before the third invasion by Sémión son of Stairai. It is during their occupation that Tuán changes into a hawk or sea-raven (*séig .i. murrech már*), in which shape he remains when the ensuing fourth invasion by Beothecht son of Iordanen takes place. Tuán says about the people of Beothecht, 'of them are the Gáilióin, and the Tuatha Dé and Andé, whose origin the men of learning do not know; but they thought it likely that they are some of the exiles who came to them from Heaven'. Tuán retains the shape of a hawk until the fifth and final occupation, when the sons of Míl conquer the island and he becomes a river (freshwater) salmon (*íach*, a by-form of *eó*).[21]

The names of these animals forming such an important part of Irish mythology were used also as epithets or laudatory terms for pagan Celtic gods and for warrior heroes in myths and sagas.[22] Tuán goes from a human being into the shape (*deilb*, *richt* – both words are used) of four different animals (including a fish) until he finally ends up as a foetus in the womb of a queen who has eaten him as fish and is thus reborn a human, the son of an *Irish* king, underlining that a descendant of the sons of Agnoman, the first settlers of Ireland in prehistoric times, has now become an ethnic Irishman – the son of an historic, Irish king, Cairell mac Muiredaig Muindeirg. Despite the four shapes of four different animals, the implication of the metamorphoses that Tuán undergoes appears less like a substitution of one creature for another than an alteration of appearance and modes of being. This reading is supported by the fact that when grown old and withered in human as well as in animal shape he *retires*, *remembers* (and ruminates) and, a couple of times, *fasts*, before he changes into a new shape. Is this related to the process that exists between anamnesis (recollection) and transubstantiation (bread and wine are changed into the body and blood of Christ)? Carolyne Bynum argues in her study on metamorphoses and identity that before 1200 the predominant conception of change was evolutionary, whereas around 1200 a new conception of change as replacement appears.[23] That this may also be discerned in our tale is suggested by God's interference when Tuán is changed into a fish, and that his change back to a human being goes through the womb of the queen after having eaten him as a fish.[24] The latter process of transformation is mimetically close to the conception of Jesus which becomes the hinge on which pagan prehistory is hinged to the history of the Irish (the sons of Míl), also encompassing their pre-Christian period. The transformation into fish happens notably after the sons of Míl (the Irish) had conquered the island from the Tuatha Dé.

Whether there is a progression to discern in the various animals is difficult to decide except for the last transformation, the river salmon (*íach abae*), which, if read as a symbol, may signify the most thorough invasion, as the river salmon goes inland. Of all fish, the salmon is the most liminal, mostly hidden to human eyes but also regularly letting itself be seen when it jumps upstream. Further, it verges on the Christian symbol for Christ, although the word used is *íach* (and its main by-form *eó, é*) which means salmon and not the general word for fish, *iasc*, which is related to the Latin *piscis*. It is, however, Greek *ichthys* that is the word used when referring to Christ.[25] The fish could therefore be a nice transition from the more 'pagan' animals towards Tuán reborn as a man, if not yet Christian. At the same time the salmon being a fish may also be regarded as a transitional animal and therefore also serving as a Christian reference, as this was an early symbol of Christ. The suggestion of the various metamorphoses being a progression may seem to be refuted by the order of transformations mentioned in *Immacaldam Choluim Chille ocus ind Óclaig oc Carraic Eolairg* by *ind óclach*, the anonymous youth from the pagan otherworld, with whom Colum Cille has his concealed conversation. In this tale it is not the order of transformations that is the topic, but how the youth's knowledge of the lake which was once dry land has been achieved by means of going through zoomorphic transformations that enabled him to move freely in and around it:

Respondit Colum Cille: 'A question,' said Colum Cille. 'Whose was it formerly, this lough which we see?' *Respondit iuuenis*: 'I know that. It was yellow, it was flowery, it was green, it was hilly; it was rich in liquor, and strewn rushes, and silver, and chariots. I have grazed it when I was a stag; I have swum it when I was a salmon, when I was a seal; I have run upon it when I was a wolf; I have gone around it when I was a human.' ('Ro giult-sa a mbasa os; ro senas a mbasa é, a mbasa rón; ro ráth a mbasa cú allaid; imma-rulod a mbasa duine').[26]

Further, in this tale, most likely older than our tale about Tuán, the youth's story is not told to Colum Cille's disciples nor to the audience, so in this tale the agenda is not to fuse the tradition as it clearly is in the tale about Finnia's conversation with Tuán. Although 'the youth' appears to Colum Cille's disciples, it is not a matter of integrating him nor his story into any Christian narrative or context: consequently, he has no name, nor is his story about the pre-Christian period revealed to us. As opposed to the previous transformations where there is no reference to God, in presenting his last zoomorphic transformation Tuán refers to God intervening: *Ro aínius nómaid and ⁊ lot so i ndeilb iaich abae. Domchuirethar Dia isin n-abaind* ('I fasted an ennead then and went into the shape of a fresh-water salmon. God puts me into the river'). Additionally, God is all behind the last process when Tuán is saved as a fish, caught and cooked and consumed by the queen and ends up in her womb as a foetus. This paragraph begins with 'When God decided that it was time to help me' (*Fecht and, in tan romba mithig la Dia mo chobair sea*).

As to Tuán's last transformation into a fish, the description of the state he is in before he is caught reminds us of the description of him as a withered and fragile human being before the transformations start. The fact that Tuán is pierced by 'spears of the fishermen so that the wounds of them are in me' (*a gaaíb iascaire, co filet a chréchta indum*) may suggest connotations to Christ being pierced at the cross. Further, he is eaten by the queen who by this conceives him and gives birth to him. In the narrative it is underscored that she is the only one who eats him. ('I was eaten by the woman alone so that I was in her womb (*nom ithend in ben a oenur co mbi ina broind*).) Like Mary, Tuán's mother conceives him without the partaking of her husband, and like Jesus who was given the patronym of Joseph, Tuán is given the patronym of the queen's husband, King Cairell son of Muiredaig.[27] In this respect Tuán's conception reminds us of Christ's. This is yet another aspect of similarity with Christ.

Monastic mnemo-technique

Connotations and resemblance are also fundamental for many a monastic mnemo-technique. The allegorical technique underlying the exposition in the Old Irish treatise is closely related to the way of 'reading' under discussion here. This reading technique implies listening to a sub-text or super-text or, to put it in a more monastic way, meditating on a text or texts other than the one you are reading but which the one you are reading reminds you of. I am referring to the widespread monastic mnemonic technique which has been explored by Mary Carruthers.[28] She says: 'The difference between simple *legere* (to read) and *intellegere* (to understand) is art, the recollective art that enables you to *locate* and to find what you are reading within the "ways" that lead to God.'[29]

Medieval texts have at least two functions: a mnemonic (recollective) function and a mimetic (imitative) one. The latter is not only well known but for most modern readers the only one they know. Mary Carruthers, however, has in her two eminent studies of the 1990s, *The Book of Memory* (1990) and *The Craft of Thought* (1998), demonstrated convincingly through in-depth analyses of a great selection of relevant medieval texts that monastic literature – that is, texts meant to be meditated upon by the monastics – had a predominantly mnemonic function. In texts with a predominantly mnemonic function the validity of representation (*mimesis*) is secondary to the validity of recollection (*mneme*). Modern scholars reading texts according to their mimetic function or 'their representation of reality', as Erich Auerbach once put it, would have misunderstood and discarded many of these monastic texts.

In ninth-century Ireland texts were written in a monastic setting where both texts with a predominantly mnemonic function and texts with a predominantly mimetic function were produced. Most of the texts that have come down to us seem to combine the two functions no matter which function could be said to be the predominant one. I will argue that our present tale serves as an example of a text in which both functions are present. I will contend that we may observe two levels of a recollective process based on the same mnemo-technique, the one Tuán uses in relating his story and the one implied by the entire narrative. The technique is revealed in the way Tuán recollects how he is to change into a new shape to remember the story while he is relating it. Further, the entire story demonstrates how a Christian is supposed to use it to remember both the coming of Christ and the coming of the Scripture to Ireland.

As we heard, before Tuán starts to tell his story, they celebrate Mass: 'They did the offices of Sunday, both the psalms, preaching and Mass' (*Dogniat urdu domnaig etir salmu 7 procept 7 offre*). The constant recitation of psalms is crucial for the monastic tradition to keep up the meditation of Christ. St Augustine saw Christ and the Church prefigured in most of the psalms. The entire 150 psalms were to be sung within a week – probably to end by Sunday celebrated as the first day of Creation (according to Justin Martyr), the day of Resurrection (St Ignatius) and the Coming of the Holy Ghost (Isidore of Seville). We should notice that the offices Finnia and Tuán celebrate are the offices of Sunday. More important, however, for us is the fact that every monk in the Middle Ages had to learn or remember the Psalms by heart. Remembering, of course, allows us to know – to cognize. Mary Carruthers reminds us that the Psalmist said that God made his works for remembering: *memoranda sunt ista*.[30]

After having listened to the sermon, Finnia and Tuán celebrated Mass. Celebration of Mass is based on the narrative of the Eucharist in the New Testament (1 Cor. 11:24ff.; Luke 22:19), of which the most central theme is 'anamnesis' – 'remembrance'. Mass, thus, commemorates the Passion, Resurrection and ascension of Christ. We may sum up that both reciting psalms and saying Mass are commemorative acts by means of which we are meant to gain knowledge and cognition of what we are remembering.

I will suggest that the story Tuán is urged to relate is meant to have a similar end – to have a mnemonic function. We notice how frequently the phrase 'I remember/ed', *cuman lim* (ll. 43, 52, 70, 71, 72), occurs and each time in relation to the zoomorphic metamorphosis that he undergoes. Each shapeshifting occurs in the same place (*i n-oenmagin*, l.47) in a dwelling (*dúras*) that consisted of a cave (*úam*) in Ulster. In the medieval tradition memorizing is closely connected to a defined place. Carruthers has demonstrated how 'cave' (Lat. *cavus*) is a common metaphor for memory, in Augustine's *Confessions*, Book X, for instance, and in Quintilian.[31]

Memory and metamorphosis

Do we in our tale see an association between memorizing and shapeshifting, metamorphosis? Every time Tuán changes shape he 'remembers' (and 'knows' – *rofetar*). The first time it happens, he sees (*co n-acca*) himself changing in a dream which may be understood as if Tuán is having a vision. The two of the following three instances where he is changing into a zoomorphic shape is introduced by 'I remember/ed' (*cuman lim*). The phrase works as a formula reflecting a mnemonic technique which allows him to remember the next animal and, equally important, the next settling people.[32] Familiar with memory technique and allegorical reading as Finnia and his monks would be, Tuán's story evokes for them a memory of the coming of Christ through the Old Testament and the changes required for God to become a man in Jesus.

Also, the place where Tuán tells his story is worth noticing: in his hermitage – *dísert*. A hermitage is a solitary place which is required for recollection and meditation – in many ways the equivalence of a monastic cell or of the cave in which Tuán dwelled all through the pre-Christian ages. It is strongly underlined in the story that Tuán lived alone, in caves and cliffs hiding from other people, even his own. I read this as emphasizing the isolation required for meditation, in line with monastic ideals, and also having a resonance of the tenth-century *Sanas Cormaic*'s account of *imbas for-osnai* ('great knowledge that illuminates'). Whether a medieval fabrication or not, it was nevertheless understood as a non-Christian technique for gaining knowledge. I also read this as a fusion of non-Christian and Christian traditions.

Every time Tuán changes shape it happens in or by the cave. Of the more common connotations a cave (*(úam)*) seems to have in the Middle Ages we find both hell and the birthplace of Christ. In Irish there are several examples of both.[33] Thus a cave is a place associated with bodily change – like birth and death.[34] This does not rule out, however, that it is also reflecting a native concept. Every time Tuán changes shape he is old, tired and in low spirits, but after the change we hear how his spirit has been rejuvenated. The word used for spirit is *menma*, which also refers to mood, feelings, and could indicate a mental process that is indeed related to cognition.[35] The process of metamorphoses/shapeshifting[36] seems closely related to a mental change, which is also indicated by the fact that Tuán remembers every time he is to undergo a metamorphosis. This I interpret as part of the process of cognition, which is implied by the mnemonic technique. In two instances he also fasts before the shapeshifting takes place which, in a monastic context, is part of the mental process of cleansing your mind of mental interferences.

Christ is contemplated in various forms: in the shape of a living man, in the shape of the crucified son of God, in the shape of a resurrected Christ and in the shape of the Eucharist.[37] Do metamorphoses happening to the body of other characters open for a similar contemplation of these characters leading the way to Christ?

Graham Ward has in a brilliant analysis of Jesus Christ pointed out the multiple transfigurations of and metaphors for his body.[38] And these transfigurations and metaphors are not restricted to the way we meet them in John's Gospel as 'the way, the life, the truth, the temple, the bread, the light, the wine and the gate into the sheepfold'. Some of these metaphors also turn into transfigurations, like 'bread and wine'. These transfigurations were shared by all the Gospels and are performed especially dramatically in the following five scenes: the transfiguration on the Mount of Tabor, the Eucharistic supper, the Crucifixion, the Resurrection and the ascension.

Jesus Christ is a liminal persona, or a border case in modern parlance, like most sages and prophets, and their symbolic potentiality seems to be provided by their very liminality. This goes also for the pre-Christian gods and heroes incorporated into or attached to the Christian era by means of narratives.

Because of the Christian setting of the narrative in which he occurs, Tuán can in the shapes traditionally associated with pagan gods and warrior heroes change into a pre-figuration of Christ. Thus, by means of ingenious Christian meditation, reflection so vital for exegesis, the multiform Tuán can be said to evoke both the coming and the transfigurations of Christ on Irish soil.

By regarding Christ as the new Adam as suggested by St Paul in Romans 5:12–21, Tuán could be regarded a harbinger of Christianity, but first and foremost a man that incarnates the pagan pre-history of Ireland, bringing it into the early Christian era where it is transformed and attached to Irish Christianity. This, of course, is applauded and approved by St Finnia who also wants to implant this hero into his own Christian foundation. This offer, however, is politely refused by Tuán. Tuán can be a harbinger and a witness, as a character however he may be embedded into the Christian tradition, although not fully, as his early life remains pre-Christian. On a narrative level, it is reflected by how the oral tradition of the *senchas* is fused with the written Christian tradition but remains marked. Tuán, being a representative of the former, cannot be one of Finnia's congregation on equal terms with the others with his innate residue of paganism: their close encounter takes place *by* and *in* the written tale.

The whole narrative of which Tuán's story makes up a substantial but not the entire part, relates to several narrative traditions. Finnia, of course, is associated with the Gospel as is Tuán with *senchas* (traditional lore, oral tradition). Finnia's literary attributes are more specifically the New Testament and the texts pertaining to offices and

Mass: psalms, sermon and liturgy — texts meant for meditation and remembrance (*imrádud*).[39]

The two groups of apparently disparate narratives are joined by the fact that they are both meant to be memorized. A close relationship between the two traditions is further established by the parallel acts of Finnia and Tuán: Finnia comes with a new narrative tradition to which he acts as a witness — the New Testament which in Old Irish was called exactly 'new witness' or 'new testimony' — *nuiednisse* (*nuie* + *fíadnisse*), *fíadnaise* is here a direct rendering of Latin *testamentum*; whereas Tuán is a witness to the old and past tradition. Tuán and Finnia, however, are both coming to Ireland, or rather to Ulster, to give their testimonies.[40] We may claim that Finnia has already given his witness as the story opens with the following: 'After the coming of Finnia with the gospels into the land of Ireland, to the region of Ulster' (*Iar tuidecht do Fhinnio cosin tsoscélu i tír nÉrend i crích nUlath*). As this witness has now been presented, it allows for Tuán's witness of an earlier native tradition, which is a 'shadow' or a prefiguration of the new tradition.[41]

The metamorphoses or shapeshifting pertain to a pagan belief with which we are familiar in several texts describing the pre-Christian era. One may wonder why these metamorphoses are not only included but also given such a conspicuous place in a Christian tale as they are here. First, they would not be radically different to the perception of changeability behind the transformations of the body of Christ into bread, wine, and finally a resurrected body not recognizable until he performs the familiar blessing of the bread.[42] Secondly, the metamorphoses could be regarded as pagan 'ornamentation'. In this respect it is worth remembering that pagan books should not be studied for their content but for their style or clothing — as demonstrated both by Augustine and the ninth-century Hrabanus Maurus.[43] These ornaments can only be 'converted' by a procedure of rhetoric which works a set of tropes that serve as the sites for Christian invention, according to Mary Carruthers.[44] Were each of the shapes or animals meant to recall a passage in the Scripture about the way towards Christ? Would it be possible by closer study to come up with a suggestion of which passage corresponds to which animal? But this is outside the scope of this study. These tropes are now to be converted and cleansed of any pagan meaning. I regard the metamorphoses in the tale about Tuán as such tropes indicating the various settlements leading up to the last one — that of the Irish.

One could dismiss this reading by saying that this is an origin story and had to be preserved in some way by being synchronized with the Christian era. And a story of origin it is, but there is more to it than that. It is also a story about how to meditate on the Bible. For how shall we explain all the 'I remember' phrases that Tuán utters at his cave every time a new metamorphosis takes place? I suggest that they reflect the kind of meditative reading which would imply that whenever Tuán remembers in his tale the monastic reader is supposed to also: 'The monastic readers invested stylistic ornamentation with great ethical power during the act of meditative reading, power that came ... from the games of ingenious meditation they encouraged, indeed required, of Christians,' Mary Carruthers puts it.[45] Before and after Tuán relates his tale, Tuán and Finnia celebrate Mass together. Thus, Tuán's tale is framed by the narrative of celebration of Mass for which remembrance is not only crucial but forms the axis.

Notes

1   Kuno Meyer and Alfred Nutt (eds), *The Voyage of Bran*, 2 vols (London: Nutt, 1895–7), vol. II, pp. 291, 299.
2   I am following John Carey by using *Finnia* in his edition of the tale, other forms of the name are *Finnian* and *Finnén*. The manuscripts HFRU (following John Carey's sigla, see n. 6 below) have *Finnén* for Finnia, which is used only by Bodley Laud Misc. 610. (I am not going into the discussion raised by Thomas Owen Clancy about *Finnian* being a misspelling of *Ninnian* by an eighth-century scribe as *Finnian* was sometimes written *Uinniau*: 'The Real St Ninian', *Innes Review*, 52 (2001), 1–28.)
3   That this phenomenon also occupied the mind of the sixteenth-century scholars and scribes is suggested by the proverb on the different lengths of life of various creatures and elements which also occurs in TCD H.3.18, written only four texts ahead of *Scél Tuáin* at 35a46 while *Scél Tuáin* starts at 38a1 (cf. Chantal Kobel, 'A Descriptive Catalogue of TCD MS H 3. 18 (1337), vols

Reading Scél Tuáin meic Chairill do Finnen Maige Bile

   2–4, pp. 1–87: 'Máel Íosa's Book', *Celtica*, 32 (2020), 187–216). (The text is edited by Meyer in ZCP, 5, 184 and translated by Eleanor Hull, see below, p. 384.) Longevity was discussed early in the previous century by Eleanor Hull who regarded the long-lived creatures as 'historians, surviving the Deluge and undergoing hardships and miseries for the single purpose of carrying down to later days the early traditions of the race'. Cf. E. Hull, 'The Hawk of Achill or the Legend of the Oldest Animals', *Folklore*, 43/4 (1932), 376–409 (386). This text is also quoted by Emma Nic Cárthaigh who seventy-five years later has followed up this aspect of the discussion thoroughly in her chapter 'Surviving the flood: revenants and antediluvian lore in medieval Irish texts', in K. Cawsey and J. Harris (eds), *Transmission and Transformation in the Middle Ages – Texts and Contexts* (Dublin: Four Courts Press, 2007), pp. 40–64 (p. 41). See also John Carey, 'Druids and Buddhists in *Ogygia*', CMCS, 66 (winter 2013), 79–84.

4 Finnia was the founder of Mag Bile (Movilla), a monastery in Dál Fiatach territory. Finnia was himself of the Dál Fiatach. Mag Bile has been characterized by J. F. Kenney as 'the site of (the Ulaid's) chief church' (*The Sources for the Early History of Ireland* (New York: Columbia University Press, 1929), vol. 1, p. 390). As John Carey ('Scél Tuáin Meic Chairill', *Ériu*, 35 (1984), 93–111) points out, *Scél Tuáin* accordingly links Tuán with the beginnings of the Dál Fiatach polity and church in the later sixth century.

5 Quotations and translations are all taken from Carey, 'Scél', if not otherwise marked.

6 The references to folio numbers are from Carey, 'Scél', 93.

7 The text was edited by Kuno Meyer in 1897 in Meyer and Nutt (eds), *The Voyage of Bran*, vol. II, pp. 285–301. Meyer based his critical text on the *Lebor na hUidre* version to which variants from TCD H.3.18 and Rawl. B 512 were added and gave a separate transcription of the version in Laud Misc. 610. His critical edition was based on Rawl. for the final part as this is not complete in *Lebor na hUidre*. Meyer also gives a translation. Meyer seems not to have been aware of the version in the Book of Fermoy. Carey's edition, however, is based on a collation of all five manuscripts: Carey, 'Scél'. Carey points out the disadvantage of keeping the Laud Misc. version separate from the others, which has led to a misconception of it as more incongruous than it is. Carey demonstrates that although the Laud version differs distinctly from the others, the interrelationships of the manuscripts are more complex. Carey takes the Laud version to be closest to 'the tale's earliest recoverable form' (pp. 91–5). He demonstrates how the accumulation of interpolations and later forms begins with the readings shared by the other four versions and culminates with the interpolations done by the interpolator H in *Lebor na hUidre*. The interpolations by H not shared by any of the other versions are mainly poems and are omitted by Carey as they only appear here.

8 Carey, 'Scél', 94–5. Carey's edition is, as he says in his introduction, a reconstruction 'as nearly as possible' of '*the readings* of X' (p. 100; my emphasis). He gives, as he says, 'in the apparatus all variant readings which are not merely orthographic'. At the same time, he has already told us above that 'additional

phrases which occur only in L' (which is Laud Misc. 610), 'and add little or nothing to the sense, have however been generally omitted; there seems no reason not to view them in the same light as the passages interpolated in the other MSS'. By this Carey has made it perfectly clear that, more than to reconstruct 'the readings of X', he has tried to reconstruct X – all in line with sound, traditional philology. Thus, Carey does in a more updated fashion what the composers of the various manuscripts have done previously: he reads the story out of the variants he has at hand.

9   R. O'Connor, 'Searching for the Moral in Bruiden Meic Da Réo', *Ériu*, 56 (2006), 117–43, (138ff); D. A. Binchy (ed.), *Scél Cano meic Gartnáin* (Dublin: Dublin Institute for Advanced Studies, 1963, repr. 1975), p. xiv. Interestingly the tale is found only in fifteenth- and sixteenth-century manuscripts except for *Lebor na hUidre* but here it is mainly in the interpolator H's hand.

10 In this regard it is worth mentioning that of the four extant manuscripts that are not acephalous, two have inserted in a smaller hand before the story begins 'Scél Tuáin meic Cairill (inso) do Finnen maige Bile (inso sís)' (*Lebor na hUidre*/ RIA 23 E 25 and TCD H. 3. 18). Bodley Laud Misc. 619 does also have an insertion in a smaller hand but with different wording: 'Incipit imacallam Tuáin fri Finnia'.

11 Whitley Stokes, 'The Prose Tales in the Rennes Dindshenchas', RC, 15 (1894), 272–336, 418–84 (447); Carey, 'Scél', 109, n. 24.

12 Rudolf Thurneysen, *A Grammar of Old Irish* (Dublin: Dublin Institute for Advanced Studies, 1946), §693.

13 Stefan N. Svendsen, *Allegory Transformed: The Appropriation of Philonic Hermeneutics in the Letters to the Hebrews*, Wissenschaftliche Untersuchungen zum Neuen Testament, 2. Reihe (Tübingen: Mohr Siebeck, 2009).

14 K. Meyer (ed. and trans.), *Hibernica Minora, Being a Fragment of an Old-Irish Treatise on the Psalter* (Oxford: Clarendon Press, 1894), p. 30. See also M. McNamara, 'Tradition and creativity in early Irish Psalter study', in P. Ní Chathain and M. Richter (eds), *Irland und Europa. Die Kirche im Frühmittelalter. Ireland and Europe. The Early Church* (Stuttgart: Klett-Cotta, 1984), pp. 338–89 (pp. 364–7).

15 P. Ó Néill, 'The Old Irish Treatise on the Psalter', *Ériu*, 30 (1979), 148–64 (163–4); P. Ó Néill, *Biblical Study and Medieval Gaelic History*, Quiggin Lectures, 6 (Cambridge: Department of Anglo-Saxon, Norse and Celtic, 2003), p. 12.

16 E. Poppe, 'Deception and Self-Deception in "Fingal Rónáin"', *Ériu*, 47 (1996), 137–51 (149–51).

17 D. Ó Corráin, 'Legend as critic', in T. Dunne (ed.), *The Writer as Witness: Literature as Historical Evidence* (Cork: Cork University Press, 1987), pp. 23–38 (pp. 29–30).

18 J. Carey (ed. and trans.), 'The Lough Foyle Colloquy Texts: *Immacaldam Choluim Chille ind Óclaig oc Carraic Eolairg* and *Imaccaldam in Druad Brain inna Banfhátho Febuil ós Loch Fhebuil*', *Ériu*, 52 (2002), 53–87.

19 E. Johnston, '*Imamacaldam Choluim Chille ocus ind Óclaig*: language and authority in an early-medieval Irish Tale', in E. Purcell et al. (eds), *Clerics, Kings and Vikings: Essays on Medieval Ireland in Honour of Donnchadh Ó Corráin* (Dublin: Four

Courts Press, 2015), pp. 418–28 (pp. 425–6). See also J. F. Nagy, 'Oral Life and Literary Death in Medieval Irish Tradition', *Oral Tradition*, 33 (1988), 368–80 (369–70).

20   Johnston, '*Imaccaldam*', p. 421.
21   For the translations, see Carey, 'Scél'.
22   'torc allaid' is frequent, but also *séig* was used: *séig a marbtha* (i.e. Cú Chulainn), *seg (segh*, v.l.) *foltfinn Ferna, in s. sidmer slúaig, a ua Seain, a sh. Sealga* (DIL s.v. 1 *séig*). Frequent is also *eó* as complimentary epithet of hero or leader: *a éo óir, a Fir diad*). We are also familiar with the term of 'salmon of wisdom' used on Finn, among others. See also DIL s.v. 1 *dam* III.
23   C. Bynum, *Metamorphosis and Identity* (New York: Zone Books, 2001), pp. 79ff.
24   We also see sequences of transformations culminating in a physical rebirth in *Tochmarc Étaíne* and *De Chophur in Dá Muccida*.
25   J. Healy, 'The Holy Wells of Ireland', *The Irish Monthly*, 12/128 (February 1884), 85–93 (89). It must, however, be borne in mind that the 'fish', especially in those early days, was a Christian symbol of the most sacred significance. The name *ichthys*, the Greek word for fish, and the fish itself, recur frequently amongst the sacred symbols of the early Christians in the Catacombs. The letters of the Greek word formed the initial letters of the phrase 'Jesus Christ, of God the Son, our Saviour'. The heavenly Ichthus, then, was Jesus Christ, and we are the smaller fishes, born in the waters of baptism, as Tertullian says, caught in the net of salvation, and thus made members of the heavenly kingdom. There is a reference to the same symbol to the Holy Eucharist, with which the miracle of the multiplication of the loaves and fishes had such intimate connection both in point of time and significance. I know of two other instances of conception in relation to fish, in both cases a salmon, in Middle Irish literature. We have the story about the late sixth-century king Áed Sláine's birth (*Genemain Aeda Sláine*, in *Lebor na hUidre*, pp. 133–5, trans. M. Ní Dhonnchadha in J. T. Koch and John Carey (eds and trans.), *The Celtic Heroic Age: Literary Sources for Ancient Celtic Europe and Early Ireland and Wales* (fourth edn, Aberystwyth: Celtic Studies Publications, 2003), pp. 272–4 and in A. Bourke et al. (eds), *The Field Day Anthology*, vol 4: *Irish Women's Writing and Traditions* (Cork: Cork University Press and Field Day, 2002), pp. 182–4, cf. there Ní Dhonnchadha's introduction, also in Standish Hayes O'Grady, *Silva Gadelica*, 2 vols (London: Hayes and Norgate, 1892), vol. I, pp. 82–4, and vol. II, pp. 88–91. Then we have the conception of the early seventh-century saint Fínán Cam which comes closer to our example as in both instances the fish enters the body of the woman who gives birth to the hero or saint. His mother Becnait conceived him by means of a red gold salmon ('éigne dergoir') which entered her while she was bathing in Loch Léin. Thus, Fínán was immaculately conceived (Whitley Stokes, *On the Calendar of Oengus* (Dublin: Royal Irish Academy, 1880), p. lxxiii; translated and commented on by M. Ní Dhonnchadha in Bourke et al. (eds), *The Field Day Anthology*, vol. 4, p. 126).
26   For edition and translation, see Carey, 'Lough Foyle Colloquy Texts', 60–1.
27   Carey, 'Scél', 97.

28 M. Carruthers, *The Book of Memory: A Study in Medieval Culture* (Cambridge: Cambridge University Press, 1990; second edn, 2008); M. Carruthers, *The Craft of Thought: Meditation, Rhetoric, and the Making of Images 400–1200* (Cambridge: Cambridge University Press, 1998).
29 Carruthers, *Craft of Thought*, p. 113.
30 Carruthers, *Craft of Thought*, pp. 66–7.
31 Carruthers, *Book of Memory*, pp. 40, 146.
32 Note the anomalies in the combination of peoples who occupied Ireland pointed out by Carey, 'Scél', 99.
33 DIL s.v. *Úam*, used of hell in *in uaim ifirn*.
34 Note that Suibne also stayed in caves: 'coecáois ar mhís do intí-sein *i n-uaimh*', J. G. O'Keeffe (ed.), *Buile Śuibhne* (Dublin: Dublin Institute for Advanced Studies, 1931), p. 48, l. 1352.
35 The word *menma* (Old Irish *menmae*) is used for this cognitive process: of which we find a great number of confirming translations in the DIL: 'mind; thinking; faculty; understanding; thought; heed; attention; bear in; mind; remember; thought; opinion; belief; fancy; thought; care; concern; emotional; state of mind; feelings; jollity; propensity; disposition; spirit; courage; self-confidence; overweening; self-confidence; conceit; desire; inclination; offence; heart; voluntary; high spirits; pleasure; elation'. We should note the use and its combinations in the Würzburg glosses: *tucfa mo menme a n-asbérat mo beiúil* (gl. *orabo mente*), Wb. 12 d 12; *oínmenme lib occo et oíngním* (gl. *unanimes*), Wb. 6 d 3; cf. *is imradud á labradsidi in menman* 'the speech of the mind is thought', in the Milan glosses, Ml. 138 A 3 (glosses cited from Whitley Stokes and John Strachan (eds), *Thesaurus Palaeohibernicus*, 2 vols (Cambridge: Cambridge University Press, 1901–3; repr. Dublin: Dublin Instutute for Advanced Studies, 1975).
36 The form of the verb for 'changing' used is *claemcloind* (1 sg. habitual past), cf. DIL s.v. *con-imchloí*.
37 When two of Jesus's disciples encounter him on their way to Emmaus, they do not recognize him by his bodily shape, but from the symbol of His body when He breaks the bread: 'Then he broke it and handed it to them. And their eyes were opened, and they recognised him; but instantly he had vanished from their sight' (Luke 24:13–35). They did not recognize the resurrected body of Christ, but it was the symbol of breaking the bread that opened their eyes. His body was apparently no longer recognizable, but the symbol remained unaltered and was recognizable. However, it is important to consider the metaphoric words accompanying Christ's breaking of the bread and handing it over to them: 'Take it; this is my body.' It is when the disciples receive the body of Christ that they recognize him: as they make his story theirs. Their memory starts working – becomes operative – when they through symbol and metaphor recognize the transfigured body of Christ. Without that recognition, they would not recollect Christ's story.
38 G. Ward, *Cities of God* (London: Routledge, 2000).
39 Cf. the poem 'Is mebul dom imrádud' ('It is a shame to me how my thoughts stray away from me') published and translated by K. Meyer, 'A Religious Poem',

Ériu, 3 (1907), 13–15 and note the above mentioned: *is imradud á labradsidi in menman* 'the speech of the mind is thought', Milan glosses, 138 A 3 (Stokes and Strachan (eds), *Thesaurus Palaeohibernicus*).

40   Tua seems be derived from the name Ultán (cf. Pádraig Ó Riain (ed.), *Corpus Genealogiarum Sanctorum Hiberniae* (Dublin: Dublin Institute for Advanced Studies, 1985), p. 286). I suggest that Tuán is a further variant of the name, with diminutive ending. If so, the saint 'Ultán m. Araide' in Ó Riain, *Corpus Genealogiarum*, §§152, 707.944 may provide a connection to the Ulaid, as Ó Riain has suggested that we read 'Moccu Araide'. If so, Ultán would be associated with the tribe Dál nAraide, who were located north of Dál Fiatach, in present-day counties Down/South Antrim. That the character is based on an Ultán is still most likely, of which Ultán who allegedly wrote Patrick's story could be a possible candidate, as mentioned by Tírechán.

41   Cf. Würzburg glosses, 27a25.i. *amal robói ifetarlicci isfoscad núiadnissi* (Stokes and Strachan (eds), *Thesaurus Palaeohibernicus*), i.e. all that has been in the Old Law is a shadow of the New Testament. Séamus Kavanagh and Dagmar S. Wodtko, *A Lexicon of the Old Irish Glosses in the Würzburg Manuscript of the Epistles of St. Paul*, Mitteilungen der Prähistorischen Kommission, 45 (Vienna: Verlag der Österreichischen Akademie der Wissenschaften, 2001), p. 713.

42   The poems interpolated by H in *Lebor na hUidre* seem to reveal such a perception. The three poems are all uttered by Tuán as he changes form into an animal (not fish). In the poems he turns to God praising him for saving him from the new settlers. We get the impression that God is behind each shapeshifting. Formulations underlying this impression are, *rí na n-uli n-ilrechtaib* ('king of all the many shapes') and *Día in cara romcruthaige'* ('God the friend that has shaped me') and *ingnad alaig utmaille* ('wonderful habit of alteration') (Meyer and Nutt (eds), *Voyage of Bran*, pp. 289–91). See also G. Toner, 'History and Salvation in Lebor na hUidre', in R. Ó hUiginn (ed.), *Codices Hibernenses Eximii I: Lebor na hUidre* (Dublin: Royal Irish Academy, 2015), pp. 131–53 (pp. 136–8).

43   Carruthers, *Craft of Thought*, pp. 126–9.

44   Carruthers, *Craft of Thought*, pp. 126–9.

45   Carruthers, *Craft of Thought*, p. 129.

GEOFFREY OF MONMOUTH AND ICELANDIC ROMANCE: WACE'S PLACE IN THE TEXTUAL HISTORY AND RHETORIC OF *BRETA SǪGUR*

Ralph O'Connor[1]

Vernacular adaptations of Geoffrey of Monmouth's *De gestis Britonum* (or *Historia regum Brittaniae*) occupy a central place in scholarly accounts of the rise of fiction in medieval Western literature.[2] The *Roman de Brut*, a Norman French verse adaptation by the Jersey cleric Robert Wace, is widely viewed as having sown the seeds for the more openly fictional exploitation of the Arthurian past in chivalric romances by Chrétien de Troyes and his successors.[3] Despite his opening claim to be writing a truthful chronicle,[4] Wace's insertion of new plot material, his amplification of speeches and descriptions, his added emphasis on courtly and chivalric display and his interest in characters' emotional lives all combine to produce an effect that some scholars have seen as pushing beyond the limits of history-writing into the world of romance.[5]

The difficulty here is that all the creative techniques listed had already been exploited, admittedly in different ways, by Geoffrey of Monmouth himself. Literary historians today are less willing than in earlier decades to label Geoffrey as a writer of fiction for having made up a great deal of the narrative content of his *History*, because it has become clear how important invention and rhetorical elaboration were to the craft of history-writing in the Middle Ages.[6] Geoffrey's historical intentions and reception are taken seriously. But the evolutionary line of development from Latin history to vernacular fiction is such a powerful master-narrative in Western literary history that, to preserve the notion of Geoffrey as a historian, it sometimes seems easier to envisage him as enabling, fostering and catalysing the exercise of the unfettered literary imagination (by his successors) than to see him as fully participating in that activity.[7] Conversely, studies that analyse his full participation in that activity often end up treating him as, de facto, a writer of fiction.[8]

None of this is to suggest that Geoffrey should be seen as a writer of romance in our sense of that word.[9] But the boundaries between texts that we assign to our categories 'romance' and 'history' may turn out to relate more to content and chronological scope (and perhaps linguistic medium) than to the degree of imaginative investment, inventiveness or rhetorical artistry seen in these texts. The same applies to vernacular reworkings of Geoffrey's *History*. Different forms and degrees of imaginative freedom were applied to different episodes and layers of Geoffrey's narrative by successive rewriters in the *Brut* tradition. Wace, for example, edits out the grief of Brutus's captive bride Innogen, but waxes lyrical on the plight of the shipwrecked maidens who accompanied Ursula to Brittany.[10] Does this make the first passage more historical than its equivalent in Geoffrey's *History*, and push the second passage closer to romance? If so, is Wace's *Roman de Brut* 'really' history or not? These are surely anachronistic questions. It makes more sense to see both passages, in both works, as embodying complementary aspects of history-writing in Latin prose and French verse.

In this chapter I will bring this perspective to bear on Wace's opposite numbers in the far north. In the western Scandinavian cultural zone, the writing of both history and romance was carried out largely in vernacular prose (Old Norse) for much of the Middle Ages. Here, like the dedicatee of this volume, Geoffrey's account of the early rulers of Britain proved well travelled, highly adaptable and inspirational to all those who encountered it.[11]

The example of Wace has been repeatedly invoked in scholarly discussions of the Norse-Icelandic adaptation of Geoffrey's *History*.

This adaptation has been described by Marianne E. Kalinke as embodying a 'gradual transition from historiography to romance' through its deviations from and augmentations of certain episodes in Geoffrey's *History*. Kalinke gives the anonymous Norse-Icelandic prose adaptation of Geoffrey's *History* a similarly foundational place in the rise of Norse-Icelandic romance as Wace's *Roman de Brut* is given in a Continental context. More specifically, building on the work of Stefanie Gropper (formerly Würth), Kalinke has adduced parallels with passages in Wace's *Roman de Brut* to propose that the more romance-like innovations seen in the Norse-Icelandic text were not introduced by the translator, but were already present in that translator's Latin source – a source that she and Gropper believe was closely related to, although not identical with, a source used by Wace.[12] Revisiting this question of sources, especially in light of more recent text-historical work on the Norse-Icelandic adaptation, will help to clarify not only the textual histories of these Norman and Norse-Icelandic texts but also the wider issue of the relationship between history and romance in the *Brut* tradition generally.[13]

The manuscripts and recensions of *Breta sǫgur*

The original Norse-Icelandic prose adaptation of Geoffrey's *History* is generally dated to *c.*1200. I will present grounds for questioning this rather early dating in the next section. If accurate, the *c.*1200 date would not quite make this text, as has been claimed, the second vernacular adaptation of Geoffrey's *History* in existence, after Wace's *Roman de Brut*.[14] Between two and five other *Bruts* would still pip it to the post, but this does not lessen its value or interest.[15] It is generally known as *Breta sǫgur*, 'The Sagas of the Britons', from the title-rubric it bears in its earliest surviving manuscript text (Copenhagen, Arnamagnæan Institute, AM 544 4to). This manuscript was written for the Icelandic royal official and historian Haukr Erlendsson, and it forms part of the larger manuscript Hauksbók.[16] The quires containing *Breta sǫgur* (and the preceding text, *Trójumanna saga* or 'The Saga of the Trojans') are in a hand usually assigned to Haukr himself, and are thought to have been written in the first decade of the fourteenth century.[17] This is our earliest physical witness of the text and our only complete witness from before the seventeenth century.[18]

Unlike some of the first Norse translations of Arthurian romances, which were made in Norway from the 1220s onwards, *Breta sǫgur* was probably an Icelandic production from the start. All its manuscripts are Icelandic. It is possible that Haukr Erlendsson wrote (or had written) its text in Hauksbók during one of his stays in Norway, but Stefán Karlsson judged this part of the manuscript to have a markedly Icelandic character and dated its writing to between 1306 and 1308 when Haukr was in Iceland. In any case, as Elizabeth Rowe puts it, Haukr self-identified strongly as an 'Icelandic aristocrat', while Hauksbók is rooted in 'Icelandic ambition and Icelandic literary culture'.[19] Apart from Hauksbók, the only medieval manuscript to contain any substantial part of *Breta sǫgur* is AM 573 4to, also held in the Arnamagnæan Institute in Copenhagen and written in Iceland in the middle decades of the fourteenth century. This manuscript's text of *Breta sǫgur* appears to close with the death of Arthur, followed by a translation of part of Chrétien's *Parceval* (*Valvens þáttr*, about Gawain), but because the manuscript breaks off soon after the beginning of *Valvens þáttr*, it is not possible to tell whether or not *Breta sǫgur* was resumed after one or more Arthurian knights' sagas.

A small part of *Breta sǫgur* appears in one very short, damaged Icelandic fragmentary manuscript dated *c*.1350 (Dublin, Trinity College, MS L 3 23 or 1023a).[20] Brief extracts from *Breta sǫgur* appear in another fourteenth-century Icelandic manuscript (Reykjavik, Stofnun Árna Magnússonar, AM 764 4to), incorporated within a compilation of universal history. According to Svanhildur Óskarsdóttir, the scribe who wrote those extracts and some information about the Trojan War into AM 764 4to was also responsible for hand A in AM 573 4to, writing *Trójumanna saga* (the history of the Trojan War) and the first part of *Breta sǫgur* (up to the death of Aurelius).[21] Finally, slightly under half of the text, breaking off in Constantine's reign, survives in a late seventeenth-century paper copy made by an Icelander in Stockholm

(Stockholm, Det kungliga biblioteket, Isl. Papp. fol. nr 58) who copied it from the now lost manuscript Ormsbók Snorrasonar. Ormsbók had been made in Iceland for another royal official, Ormr Snorrason, in the second half of the fourteenth century.

As has been mentioned, these manuscripts do not present exactly the same text. But in the portions that can be compared, they seem to be based on the same underlying recension of Geoffrey's *History*, on which more below. Apart from the as-yet-unassigned Dublin fragments, they can be grouped into a shorter and a longer recension, terms which refer less to absolute length than to the relative amplitude of the prose narrative taken as a whole. The shorter recension is represented by the Hauksbók text. The longer recension is represented by AM 573 4to (which ends with Arthur's death), the copy from Ormsbók (which breaks off during the reign of Constantine) and, in abbreviated form, the extracts in AM 764 4to.

Compared to Geoffrey's *History*, both shorter and longer recensions of *Breta sǫgur* are condensed, leaving out numerous speeches and plot details.[22] The relative amplitude of the longer recension is caused by its inclusion of several speeches, descriptions and other narrative elements that are not found in the shorter Hauksbók text, and some of which are not in Geoffrey's *History*. It is generally held that this difference in amplitude between the two recensions reflects a difference in function, with Haukr Erlendsson's text functioning as a historical (or at least pseudo-historical) account or chronicle aiming primarily to impart information, and the longer recension moving away from history towards the world of courtly romance, providing more speeches, descriptive elements and details about characters' emotional states.[23] These ampler features become particularly marked in the part of AM 573 4to written by hand B, which takes over at f. 46r with Uther's accession to the kingship.[24] As Gropper has shown, similar differences mark the same three manuscripts' texts of the β-recension of *Trójumanna saga*, to which *Breta sǫgur* is positioned as a sequel in all three of its main manuscripts: again Háuksbók presents a generally more concise text than that in AM 573 4to and the Ormsbók copy.[25]

As Tétrel has shown, this pattern of relative amplitude in *Breta sǫgur* is not completely consistent.[26] The Hauksbók text includes a full-length translation of Geoffrey's *Prophetiae Merlini*, the *Merlínusspá* or 'Merlin's Prophecy', whereas this poem has been omitted from the AM 573 4to text (it is mentioned, but not included, on f. 45r).[27] The Hauksbók text is also much fuller than the so-called longer recension in the sequence corresponding to Book VI of Geoffrey's *History*, leading up to Merlin's prophecies.[28] For Tétrel, only the Arthurian (including Utherian) part of the longer recension – which survives only in hand B's part of AM 573 4to – really deserves the labels 'longer recension' or 'courtly version'. Nevertheless, the overall pattern in Hauksbók is to abbreviate. This is consistent with its treatment of other texts included in the manuscript, including *Trójumanna saga* (whose relatively ample text in AM 573 4to is in hand A). I therefore propose to continue using the labels 'shorter' and 'longer recension', but as labels of convenience rather than as analytical tools.

Date

There is not yet any firm basis for the conventional dating of *Breta sǫgur* to *c.*1200. None of the surviving manuscripts attributes *Breta sǫgur* as a whole to a named author whose *floruit* might help in this regard. *Merlínusspá*, however, is attributed (in the Hauksbók and AM 573 4to texts of *Breta sǫgur*) to Gunnlaugr Leifsson, a monk at the Benedictine monastery of Þingeyrar in northern Iceland who was active in the late twelfth and early thirteenth centuries.[29] Þingeyrar was an important early centre of literacy in Iceland, in both Latin and the vernacular.[30] Gunnlaugr Leifsson himself is credited elsewhere with having written a Latin biography of the Norwegian king Óláfr Tryggvason, of which parts survive in later Icelandic manuscripts, and at least two Latin *vitae* of Icelandic saints.[31] Gunnlaugr could have written the initial text of *Breta sǫgur*, as has often been suggested, but there is nothing to compel that view. Similarly, the case for composition at Þingeyrar is plausible,[32] but no evidence has been brought forward to rule out other ecclesiastical centres or associated farmsteads.

No linguistic arguments have been advanced to support the *c*.1200 dating, which rests mainly on association with Gunnlaugr Leifsson and with the environment of Latin-Norse literary exchange at Þingeyrar in his day. That exchange did not cease with Gunnlaugr's death, however. Þingeyrar remained a major literary centre in both languages to the end of the Middle Ages.[33] Jonna Louis-Jensen's work on the textual history of *Trójumanna saga* has, in any case, underlined the dangers of circularity in relying on considerations of plausible literary environments when dating the sagas.[34] The argument for composition in Þingeyrar around 1200 is, in its way, as fragile as was Eyvind Fjeld Halvorsen's assertion that the court of the thirteenth-century Norwegian king Hákon Hákonsson was the 'natural' environment for the composition of *Breta sǫgur*.[35]

Some scholars have favoured an early date for *Breta sǫgur* because they felt that a vernacular adaptation of *Prophetiae Merlini* would make more sense in an environment where Geoffrey's *History* had already been translated, or that the Norse poem could not 'survive for long among people who did not know the *Historia*'.[36] But the transmission, production or performance of a vernacular adaptation of the *Prophetiae* (especially in a learned environment such as Þingeyrar) did not necessarily require a vernacular translation of the prose to provide its historical context, only knowledge of parts of the content of that prose. That knowledge could have come from a Latin text of Geoffrey's *History* circulating in Iceland. No Latin manuscript of Geoffrey's *History* survives from medieval Iceland, but the survival rate of Latin manuscripts from here is extremely low, partly because so many were destroyed or discarded after the Reformation.[37]

There is, in fact, evidence that a Latin text of Geoffrey's *History* (or something similar to it) was studied in the north of Iceland as late as the fifteenth century. A church inventory or *máldagi* from the Augustinian monastery of Möðruvellir, dated 1461, includes a text entitled *Brito* within a list of texts *j latinvbokum* (in Latin books) that is separated from a similar list of books in Old Norse (*norrænv bækur*) owned by the same monastery.[38] Brito, or Britto, is a variant form of the name Brutus that is best known from the ninth-century Cambro-

Latin chronicle *Historia Brittonum*, one of Geoffrey's main sources (whose title, incidentally, is given as the title of the Latin source of *Breta sǫgur* in its unique colophon).[39] Particular emphasis is placed on this variant spelling 'Brito' in *Breta sǫgur* itself. In a detail not found in any version of Geoffrey's *History* known to me, Brutus is said to have changed his name to Brito or Britto (the spelling varies between and within manuscripts), from which the island's new name Britannia is then derived.[40] This evidence of how Icelanders understood the derivation of Britannia from the name of the person formerly known as Brutus makes it plausible that the word 'Brito', used as a text-title, could have ended up as a local Icelandic equivalent of the widespread use of the term *Brut* to refer to retellings of (parts of) Geoffrey's narrative elsewhere in medieval Europe, even though in the Icelandic inventory it clearly refers to a Latin text and not a vernacular reworking. Regardless of what this lost text contained, if a Latin text about Brutus/Britto remained important in medieval Iceland after *Breta sǫgur* had been in circulation there for at least 150 years, we need not doubt that similar Latin Galfridian texts – perhaps including texts of Geoffrey's *History* itself – were also studied in Iceland before *Breta sǫgur* was written. These could have provided part of the textual environment for the making of *Merlínusspá*, independently of the question of when and where *Breta sǫgur* itself was written.

In other words, the attribution of *Merlínusspá* to Gunnlaugr Leifsson does not provide a *terminus ante quem* for the writing of *Breta sǫgur*. A number of scholars have argued on other grounds that *Merlínusspá* circulated independently of *Breta sǫgur*, further suggesting that the saga was not a prerequisite for the composition or dissemination of the poem; this is consistent with Louis-Jensen's view that *Breta sǫgur* was composed later than *Merlínusspá*.[41] Kalinke suggests that *Merlínusspá* may have provided 'the impetus for the translation of the entire *Historia*'.[42] If so, there is nothing to compel the view that that impetus was acted on as soon as *Merlínusspá* had been composed, even though Kalinke accepts the *c.*1200 dating for *Breta sǫgur*. By way of analogy, more than a century is likely to separate the Norwegian translation of Thomas's *Tristan*, *Tristrams saga ok Ísǫndar*, and the

Icelandic *Tristrams saga ok Ísóddar* which is, in part, a creative response to that earlier translation.[43]

Breta sǫgur forms part of a group of learned and creative adaptations of Latin histories into Icelandic saga prose composed throughout the thirteenth century and reworked thereafter. Gropper, in her invaluable book on this corpus, calls them *Antikenromane*, antiquity-romances, but they might equally be referred to as 'antiquity-sagas' (a label that is coming into use for their Middle Irish equivalents, although here the Hibernophobic Geoffrey is conspicuous by his absence).[44] The other Icelandic antiquity-sagas include *Rómverja sǫgur* 'The Sagas of the Romans', adapting Lucan, Servius and Ovid to narrate several episodes in early Roman history including the Catiline conspiracy and Civil War, and *Alexanders saga* 'The Saga of Alexander', adapting Gautier de Châtillon's *Alexandreis*. Especially important for *Breta sǫgur*, and often overlooked in histories of the Trojan legend's European reception, is *Trójumanna saga* 'The Saga of the Trojans', its different versions adapting (variously) Dares Phrygius,[45] Virgil, Ovid and the *Ilias Latina* (or an intermediate Latin source drawing on all of these) to narrate the origins and history of the Trojan War.[46]

Either in their original production or at some point during transmission, these Norse-Icelandic works were conceived as a connected group. We find them linked to each other by cross-references, and sometimes transmitted adjacent to each other. In particular, the juxtaposition of accounts of the Trojan War with versions of Geoffrey's history of Britain in a continuous historical narrative is a common pattern in the medieval European transmission and adaptation of Geoffrey's *History*.[47] For example, almost all the surviving texts of the fourteenth-century Welsh adaptation of Dares Phrygius, *Ystorya Dared*, position it as a prelude to Geoffrey's *History*, which had circulated in Welsh since the thirteenth century as *Brut y Brenhinedd*. Here a pre-existing narrative of British history is given a Trojan prehistory; Erich Poppe's study of its manuscript transmission suggests to him that the Welsh Troy narrative did not have a 'firm conceptual identity of its own' as a text, only as a 'prequel' to *Brut y Brenhinedd*.[48]

A mirror-image of this pattern is seen in *Breta sǫgur*. Here a preexisting Trojan history, already linked to a Norse learned prehistory which traced the Æsir back to Troy, was given a British sequel.[49] All three surviving mediaeval manuscripts which include its beginning (including here the Ormsbók copy, clearly based on a lost medieval exemplar) have *Breta sǫgur* as a sequel to the amplified, later β-recension of *Trójumanna saga*: these two texts' stemmata closely resemble each other.[50] *Trójumanna saga* itself is extant in an earlier standalone version (the α-recension), but *Breta sǫgur* is not.[51] It is therefore conceivable that the β-recension of *Trójumanna saga* and *Breta sǫgur* were produced by the same person.[52] Gropper favours the possibility that *Breta sǫgur* was conceived as a sequel to *Trójumanna saga*.[53] Conversely, for Tétrel, the β-recension of *Trójumanna saga* may have been originally created as an elaborate prequel to *Breta sǫgur*.[54] The possibility of co-composition is strengthened by the shared reliance of *Breta sǫgur* and the β-recension of *Trójumanna saga* on the same eclectic mixture of Virgilian material and other supplementary Latin sources, for instance in their adjacent closing and opening sections (another innovation in both texts relative to their putative exemplars).[55] Indeed, Tétrel's most recent and detailed study of the textual history of *Breta sǫgur* proposes that its Latin source was probably a compendium in which a Latin history of the Trojan War was already combined (with its Virgilian transition-sequence) with a version of Geoffrey's *History*.[56] Meanwhile, there is no clear evidence that *Breta sǫgur* circulated independently before the eighteenth century.[57]

It has often been assumed that *Trójumanna saga*, too, was written at the beginning of the thirteenth century, which has helped to make an early date for *Breta sǫgur* more plausible. But, according to Louis-Jensen's detailed linguistic analysis, the archetype that underlies both the α- and β-recensions of *Trójumanna saga* cannot be confidently dated 'much before 1250', and there are no firm grounds for dating the original Norse translation of the Troy story much further back than that.[58] The β-recension itself (perhaps already combined with *Breta sǫgur*) could then date from any time from shortly before 1250 up to the beginning of the fourteenth century when it was adapted and abbreviated in Hauksbók.[59]

In the absence of solid evidence for an early date for the lost original *Breta sǫgur*, and leaving the question of its combination with *Trójumanna saga* to one side, it is safest to treat *Breta sǫgur* for now simply as a (probably) thirteenth-century text. There is no compelling evidence that this text *must* have occupied an early position in the histories of Icelandic saga-writing and of vernacular adaptations of Geoffrey's *History*, attractive as that possibility is.[60] This does not detract from its importance to either of these literary histories, but it calls for flexibility in how we treat stylistic parallels between passages in *Breta sǫgur* and passages in translated Norse-Icelandic romances.

The Latin source(s) of Breta sǫgur

The question of how *Breta sǫgur* relates to its Latin source(s), and how its extant texts relate to each other, is crucial to our understanding of what kind of writing it represents. Its sources and transmission have been analysed by several scholars in recent decades. Two obstacles remain. One is the continued lack of a critical edition of *Breta sǫgur*: its Hauksbók text has been well served, and Tétrel's new edition of the longer recension marks a major step forward, but we still await an edition placing the two recensions alongside each other.[61] Secondly, the manuscripts of Geoffrey's *History* which are most relevant to *Breta sǫgur* have not yet been edited or incorporated into critical editions of that text. These are matters which cannot be remedied in the present essay. It is necessary, however, to resolve some of the confusion that has arisen in the exchange and reiteration (with some silent variation) of scholarly views about *Breta sǫgur* and its sources since the 1980s. Reviewing what each scholar has actually said will enable the respective positions of Gropper, Kalinke, Tétrel and others to be properly appreciated, and will help future discussion to proceed without misunderstanding.

Two main early Latin recensions of Geoffrey's *History* have been identified among others: the Vulgate (closest to Geoffrey's original) and the earliest known reworking, the First Variant (the main source-text for Wace, among others).[62] Gropper was the first scholar to study all the main extant texts of *Breta sǫgur* against the more detailed picture of the *Historia*'s own textual history that emerged in the 1980s and 1990s with the work of Neil Wright, Julia Crick and others involved in the Geoffrey of Monmouth Research Project at Cambridge's Department of Anglo-Saxon, Norse and Celtic. Gropper argued in her 1998 monograph that the closest match overall was provided by the First Variant, but that there was contamination from other recensions.[63] She usefully listed eight passages where *Breta sǫgur* (typically in both redactions, not just Hauksbók) agrees with the First Variant against the Vulgate, and nine passages where *Breta sǫgur* agrees with the Vulgate against the First Variant.[64] Some of these correspondences are more striking than others, but overall they support Gropper's suggestion that either the Icelandic translator was able to draw on both First Variant and Vulgate versions (as we know Wace did), or else the Latin source of *Breta sǫgur* itself combined elements from different texts of Geoffrey's *History*.[65]

Gropper's work has since been followed up, unfortunately with no reference to her text-historical findings or to the longer recension in general, in Russell Black's edition and translation of the Hauksbók text of *Breta sǫgur* in his unpublished PhD dissertation. Black's lists of Vulgate versus First Variant correspondences in the Hauksbók text suggest to him that the Hauksbók text of *Breta sǫgur* stands closer to the Vulgate recension than to the First Variant.[66]

These two preliminary surveys of the place of *Breta sǫgur* in the Latin Galfridian tradition have now been largely superseded by Tétrel's comprehensive study, which bridges Gropper's and Black's positions (without, however, referring to Black's work). Until recently, Tétrel's published text-historical studies of *Breta sǫgur* have focused on identifying the presence of Latin sources other than Geoffrey's *History*, such as the two recensions' common use of the same Latin histories and Virgilian *accessus* that underpin the first part of the text, and their use of different non-Galfridian Latin sources in a sequence corresponding to the end of Book V of Geoffrey's *History*.[67] However, her recent book-length study contains a detailed analysis of the passages in *Breta sǫgur* which correspond to different recensions of Geoffrey's *History* itself. On this basis Tétrel holds, with Black, that the core Latin source of *Breta sǫgur* corresponds most closely to the Vulgate recension of Geoffrey's *History*. She disputes some of Gropper's parallels with the First Variant and explains others as more likely to result from the independent use of widely circulating Latin texts that themselves underlie the First Variant's own readings in these instances, notably Bede's *Historia ecclesiastica* and the *Historia Romana* by Landolfus Sagax.[68] In her view, the Latin source of *Breta sǫgur* was a 'compendium' in which a Vulgate text of Geoffrey's *History* had already been interpolated and supplemented by other Latin sources.[69] Tétrel also draws attention to one diagnostic variant that groups the main Galfridian source of *Breta sǫgur* more narrowly with the (so far unedited) 'Sexburgis' family of Vulgate manuscripts.[70] There is, incidentally, a connection here with the source of some of the Welsh *Brutiau* too. As A. G. van Hamel pointed out in 1936, the 'Sexburgis' variant is one of several correspondences between *Breta sǫgur* and the Red Book of Hergest's text of *Brut y Brenhinedd*; the earlier Llanstephan text of *Brut y Brenhinedd* contains the same variant.[71]

If Tétrel's reassessment of the relationship between *Breta sǫgur* and its Latin sources is upheld, *Breta sǫgur* may be seen as a mirror-image of Wace's *Roman de Brut*. Wace relied mainly on the First Variant but drew on the Vulgate and various other sources.[72] Conversely, *Breta sǫgur* or its source would seem to have relied mainly on a Vulgate-type text but also drew on other Latin sources, including those also reflected in the First Variant.

Wace's *Roman de Brut* has played an important part in Gropper's and Kalinke's discussions of *Breta sǫgur*'s Latin sources. Gropper noticed correspondences between some details in Wace's *Roman de Brut* and *Breta sǫgur* that are not in the Vulgate or First Variant recensions of Geoffrey's *History*.[73] Thus, in Gropper's view, some amplifications or alterations in *Breta sǫgur* already existed in the Latin source, a source which 'in irgendeiner Beziehung mit dem von der Wace verwendeten Text gestanden haben muß' ('must have had some connection with the text used by Wace').[74] Kalinke subsequently identified further examples pointing in the same direction: that the Latin source of the

Icelandic translation (perhaps a 'contaminated variant version of the *Historia*') was a more vivid, often amplified reworking of Geoffrey's *History*, and was 'in some respects related to, albeit not identical with, the source of Wace's *Brut*'.[75]

Gropper's and Kalinke's supporting examples will be reassessed below, but the implications of their view need clarification. They refer to Wace as if he were using just one source, and as if that source were quite similar to the source of *Breta sǫgur*. But, as Kalinke elsewhere notes, Wace's *Roman de Brut* was mainly based on the First Variant, whose general tendency is to condense Geoffrey's narrative, toning down much of its drama and courtliness.[76] Wace is generally thought to have used the Vulgate to restore some of those lost details, besides adding amplifying touches of his own, especially in dramatization, emotional expression and descriptions of courtly display.[77] If Kalinke's conclusions about the Latin source of *Breta sǫgur* are accepted in full, then much of Wace's creative input into the relevant passages of the *Roman de Brut* must be reduced accordingly and attributed to his Latin source instead. This would then open up the possibility that several other amplifications in the *Roman de Brut* which are usually ascribed to Wace's creativity might also derive from that lost Latin source – a source which must then be different from the Latin texts currently viewed as Wace's main sources, the First Variant and Vulgate.[78] Discussion of Kalinke's core examples will help to establish whether it is necessary to revisit the question of Wace's sources in this light.

The main thrust of Kalinke's argument also requires restating. Several scholars have mistakenly credited her with the view that either the AM 573 4to redaction or the original Icelandic translation was 'influen[c]ed by courtly romance' or 'influenced by Wace's *Brut*'.[79] This is the opposite of what Kalinke argues. She does, like Gropper, see the longer recension of *Breta sǫgur* as moving away from history and towards romance, envisaging it as a 'realm of fiction' which Wace, too, entered in his amplifications to Geoffrey's *History*.[80] But unlike Gropper, Kalinke does not consider this move towards romance to have been initiated in any Icelandic text. Nor does she consider the parallels with Wace to demonstrate the influence of

Wace or vernacular romances on either the original translation or any subsequent redaction of *Breta sǫgur*.

Instead, Kalinke issues a fundamental challenge to prevailing assumptions that medieval European vernacular narrative traditions had a kind of monopoly on imaginative and romantic composition that was denied to the more sober Latin tradition. The strength of that prevailing assumption probably accounts for scholars' repeated failure to grasp the nub of Kalinke's argument. She argues that the romance-like apparent amplifications found in the longer recension of *Breta sǫgur* are survivals of romance-like features present in the Latin source of the original *Breta sǫgur* (and, in some cases, in the Latin source of Wace's *Brut*) that were subsequently edited out of the Hauksbók recension. In other words, the longer recension, as it survives in AM 573 4to and the Ormsbók copy, is in all essentials a straightforward copy of the original translation (for which Kalinke follows the convention of dating to *c*.1200), which preserves the main outlines of its Latin source. The literary-historical implications of this, if accepted, are significant. On this basis Kalinke argues that romance-like elements entered Norse-Icelandic textual culture, in a Latin exemplar, before the translations of chivalric romances at the court of King Hákon of Norway from the 1220s.[81]

Gropper, by contrast, sees the importation of romance-like elements as having taken place in more than one stage. As well as arguing (via parallels with Wace) that some of the amplifications in *Breta sǫgur* were already present in its Latin source, Gropper also underlines the creativity of Icelandic redactors who, in her view, 'adapted the language and style of the texts being compiled' to the local purposes of individual compilations in the fourteenth century. Hauksbók's contents reveal a primarily historiographic and encyclopaedic purpose – for Gropper, nothing less than a history of the world since Creation, up to and including the settlement of Iceland and Haukr Erlendsson's own family history – whereas the chivalric sagas or *riddarasǫgur* that accompany the Troy-Britain cycle in AM 573 4to and Ormsbók align it with romance and a desire to entertain rather than to inform. For Gropper, then, the difference between the condensed versions of *Trójumanna saga* and *Breta sǫgur* in Hauksbók and their generally ampler counterparts in AM 573 4to and Ormsbók is the result, not only of the removal of material from the Hauksbók redactions, but also of the introduction of 'interpolations' and a 'flowery style' into the longer recension (the common ancestor of the texts in AM 573 4to and Ormsbók) through the influence of the kinds of sagas that accompanied this recension in its extant manuscripts, namely *riddarasǫgur*.[82]

In the most recent contribution to the debate, Tétrel agrees with Gropper that the more romance-like passages unique to the longer recension are probably the work of later redactors. However, she cautions that these passages are restricted to the section of AM 573 4to written by hand B (the Arthurian-Utherian section). This section does not survive in any other copy of the longer recension, so the embellishments found in it cannot be assumed to have been in other texts of the longer recension. Tétrel suggests that they were introduced by the owner of hand B in AM 573 4to itself, perhaps following the example set by the *riddarasǫgur*. She thus questions both Kalinke's attribution of the more romantic passages in AM 573 4to to the Latin source and Gropper's attribution of the same passages to the original (Icelandic) longer recension.[83]

It is difficult to test Tétrel's hypothesis without any other surviving texts of the Arthurian-Utherian part of *Breta sǫgur* to compare with AM 573 4to. It is true that the parts of *Breta sǫgur* shared by AM 573 4to and Ormsbók do not contain narrative amplifications of a scale or romantic intensity seen in the Arthurian-Utherian sequence that is preserved only in AM 573 4to. However, similarly large-scale romantic amplifications are found in the β-recension of *Trójumanna saga*, which is preserved in the Ormsbók copy as well as in AM 573 4to, giving details about the emotional states of Medea, Alexander and Helen.[84] As mentioned above, *Breta sǫgur* survives in medieval manuscripts only in combination with this recension of *Trójumanna saga* (leaving aside fragments and extracts) and may have been composed as part of a unitary Troy-Britain narrative. Add to this the verbal proximity of the texts in AM 573 4to and the Ormsbók copy – at least for the parts of *Breta sǫgur* that both manuscripts preserve[85] – and it seems more plausible that Ormsbók itself also contained the narrative amplifications found in AM 573 4to's text of the Arthurian-Utherian part of *Breta sǫgur*. Perhaps these passages were also present in the original Icelandic adaptation of Geoffrey's *History* (or its Latin source) and edited out of the Hauksbók version; alternatively, they may have been interpolated by the creator of the original longer recension of *Breta sǫgur*.

Parallels with Wace's *Roman de Brut* and other reworkings

Kalinke's case for tracing all the major amplifications and dramatizations in *Breta sǫgur* back to the original translation's Latin source rests chiefly on parallels with non-Icelandic reworkings of Geoffrey's *History*, primarily Wace's *Roman de Brut*, so these parallels now require a closer look. A comprehensive treatment of this question would require a systematic collation of Wace's text with the Vulgate and First Variant texts of Geoffrey's *History* against all the main manuscript-texts of *Breta sǫgur*. Given present limitations of space, I will instead focus on the points of the narrative highlighted by Gropper and Kalinke as evidence that *Breta sǫgur* drew on a source closely related to one of the sources of Wace's *Roman de Brut*. This will also help me to reassess Kalinke's suggestion that the narrator of the longer recension of *Breta sǫgur* proceeds, not as a 'chronicler' or 'historian, who tells what happened' (as she styles both Geoffrey and Haukr Erlendsson), but, like Wace, as a 'romancier who tells us what it felt like' and went beyond 'the original chronicle form of the *Historia*' by adding 'narrativization and dramatization', 'characterization and motivation'.[86]

1. The death of Ursula

Taking each crux in the order in which they appear in the narrative, the first is not especially romantic or dramatic, but concerns the nature of the information given. It concerns a passage in which Dionotus king of Cornwall sends his daughter Ursula to marry the ruler of Brittany, accompanied by thousands of other young women, but they are shipwrecked and either drowned, or killed or enslaved by foreigners. In Geoffrey's *History* (Vulgate and First Variant alike) Ursula is not even mentioned after the initial marriage proposal, but Wace and both recensions of *Breta sǫgur* add the detail that Ursula was one of 11,000 women captured by heathens and killed at Cologne specifically. This detail connects the story with the legend of St Ursula's martyrdom in Cologne.[87]

This passage is not mentioned by Kalinke. For Gropper, the fact that this connection is made in *Breta sǫgur* and Wace's *Roman de Brut* indicates that (a) it was already part of the Latin source of the initial Icelandic translation, and (b) that Latin source was related to one of Wace's Latin sources.[88] However, the source-critical significance of Wace's testimony here is undermined by the very wide European circulation of the legend of Ursula's martyrdom at Cologne from the late tenth century onwards, especially in the eleventh-century *passio* known as *Regnante Domino* which survives in about one hundred manuscripts. In various forms, this legend was widely disseminated and variously adapted in medieval Iceland.[89] Geoffrey's account represents a deliberate, secularizing departure from this hagiographic mainstream (indeed, in one group of Vulgate manuscripts, the name Ursula is missing entirely).[90] Many of Geoffrey's learned readers, revisers and vernacular rewriters were well aware of the earlier legend, and so the surviving vernacular *Brut* tradition shows different ways of bringing the two narratives back together, emphasizing different aspects depending on local purposes.[91]

There is nothing very distinctive, then, in Wace's mentioning that Ursula was killed by the heathen at Cologne. He did not need an as-yet-unidentified variant or hybrid text of Geoffrey's *History* to make this change, as the legend to which he alludes was very widely known by the mid-twelfth century when he wrote. The fact that it appears in both his work and *Breta sǫgur* does not indicate a textual relationship between these works. Independently of the connection with Wace, this localization to Cologne could have been present in the Latin source of *Breta sǫgur* at this point, but the details filling out the legend are divergent in the various Norse texts and must have been introduced at later stages of its Icelandic transmission.⁹² For example, the Hauksbók version seems to have used Vincent of Beauvais's *Speculum historiale* (or perhaps *Regnante Domino* itself) when naming the Hunnish king 'Attila' rather than Wanius/Gwanius/Gnaius as in the Vulgate, First Variant and AM 573 4to respectively.⁹³

Conversely, features of Wace's account that set it apart from both the hagiographic mainstream and Geoffrey's account are absent from both recensions of *Breta sǫgur*. These include the detail that Wanis was king of 'Hungrie' ('Hungary') and the scene of the female travellers' shipwreck, which Wace makes far more detailed and dramatic than in Geoffrey's *History*. Neither *Breta sǫgur* nor the related Ursula-legend in AM 764 4to even mentions the shipwreck.⁹⁴ If, as Kalinke argues, the lost Latin source of *Breta sǫgur* was marked by greater interest in narrative drama, and given that *Breta sǫgur* already shared Wace's hagiographic makeover of the Ursula episode, one might have expected at least a mention of the shipwreck had Wace's source been (close to) the source of *Breta sǫgur*. These considerations rule out the hagiographic elements shared by the *Roman de Brut* and *Breta sǫgur* as evidence for a textual relationship between Wace and *Breta sǫgur*.

2. The introduction of King Arthur

The remaining examples highlighted by Gropper and Kalinke concern events in Arthur's reign.⁹⁵ In both Vulgate and Variant versions, Geoffrey's *History* includes a short description of King Arthur's appearance, qualities and popularity at the moment when he becomes king. The Vulgate has the following:

> Erat autem Arturus quindecim annorum iuuenis inauditae uirtutis atque largitatis, in quo tantam gratiam innata bonitas praestiterat ut a cunctis fere populis amaretur. Insignibus itaque regiis iniciatus, solitum morem seruans largitati indulsit. Confluebat ad eum tanta

multitudo militum ut ei quod dispensaret deficeret. Sed cui naturalis inest largitio cum probitate, licet ad tempus indigeat, nullatenus tamen continua paupertas ei nocebit.

(Arthur was a youth of fifteen, of great promise (or 'valour') and generosity, whose innate goodness ensured that he was loved by almost everybody. As newly-crowned king, he displayed his customary open-handedness. Such a crowd of knights flocked to him that he ran out of gifts. Yet a man who combines an upright character with natural generosity may be out of pocket for a short time, but will never be the victim of lasting poverty.)[96]

All the texts of the longer recension of *Breta sǫgur* lack this part because of lacunae, but Hauksbók contains a version of this passage. Even though Hauksbók generally condenses its sources, its description of Arthur's qualities is embellished with further details and alliterative collocations:

H*ann* var þa .xv. vettra gamall. H*ann* va*r* mikill a voxt, ven*n* at aliti, spekingr at viti, av*R* af fe, st*er*kr, harðr *ok* vapndiarfr, glaðr *ok* goðr vinv*m* en g*r*imr vvinv*m*, fastnæmr *ok* forsiall, sið(l)atr *ok* sigrsæll, viðfrægr *ok* at ollv vel m*enn*tr.[97]

(He was then fifteen years old. He was tall, handsome in appearance, wise in his reasoning, generous with wealth, strong, hardy and gallant (or 'valiant'), cheerful and good to his friends, but harsh toward his enemies, trusty and prudent, well-mannered and blessed with victory, far-renowned and accomplished in every way.)[98]

Wace's version of this passage is even more amplified:

Juvencels esteit de quinze anz,
De sun eage fors e granz ...
Chevaliers fu mult vertuus,
Mult fu preisanz, mult glorius;

Cuntre orguillus fu orguillus
E cuntre humles dulz e pitus;
Forz e hardiz e conqueranz,
Large dunere e despendanz;
Et se busuinnus le requist,
S'aidier li pout, ne l'escundist.
Mult ama preis, mult ama gloire,
Mult volt ses faiz mettre en memoire,
Servir se fist curteisement
Se se cuntint mult noblement.
Tant cum il vesqui e regna
Tuz altres princes surmunta
De curteisie e de noblesce
E de vertu e de largesce.

(He was a young man of fifteen, tall and strong for his age ... He was a most mighty (or 'righteous') knight, admirable and renowned, proud to the haughty and gentle and compassionate to the humble. He was strong, bold and invincible, a generous giver and spender, and if he could help someone in need, he would not refuse him. He greatly loved renown and glory, he greatly wished his deeds to be remembered. He behaved most nobly and saw to it that he was served with courtesy. For as long as he lived and reigned, he surpassed all other monarchs in courtesy and nobility, generosity and power.)[99]

Kalinke calls Geoffrey's description 'terse in the extreme' compared to the version in *Breta sǫgur*, and sees the source of *Breta sǫgur* as having 'significantly amplified the text of the *Historia regum Britanniae* as we know it'.[100] But she quotes only Geoffrey's first sentence. The other two sentences form an integral part of the same character-portrait; far from favouring terseness, they amplify the abstract principle of *largitas* in the first sentence by turning it into a short piece of narrative which depicts Arthur putting one of those qualities, his generosity, unstintingly into practice. Geoffrey's ensuing account of Arthur's attack on the Saxons (hoping to use their wealth to reward his friends) then connects the short list of abstract qualities directly with the main line of his historical narrative. As is typical of Geoffrey's prose, the brief illustration of Arthur's generosity in action is accompanied by a moral *sententia* on the rewards of virtue. Even if that closing *sententia* is left out, Geoffrey's description is no shorter than that in Hauksbók. (By way of comparison, the First Variant is significantly shorter, as it omits the illustrations of Arthur's generosity and its connection with his attack on the Saxons; but it does add an emphasis on the specifically military virtue of boldness, *audacia*.[101])

We cannot know whether or not the longer recension of *Breta sǫgur* had a longer version of this passage. But our only Icelandic witness at this point, Hauksbók, offers no evidence that *Breta sǫgur* amplified Geoffrey's account overall. Instead, a different kind of amplification is visible in both *Breta sǫgur* and Wace's *Roman de Brut*, compared to the amplification employed by Geoffrey. This difference calls into question Kalinke's view that Geoffrey focused solely on the facts while the Icelandic and Norman authors injected narrative interest to show 'what it felt like'. Geoffrey amplifies one quality by showing it played out in real life and then connecting it organically to Arthur's next action. The Icelandic and Norman reworkings stay at the level of abstraction: they jettison Geoffrey's narrative sketch of generosity in action but amplify his initial enumeration of kingly qualities, turning it into a self-standing rhetorical set-piece by adding further qualities and alliteration or rhyme.

The next question is whether these additions in *Breta sǫgur* go back to a Latin source. For Kalinke, the correspondences between the Hauksbók text and Wace's account show that these amplifications in *Breta sǫgur* were already present in 'the variant Latin redaction that was translated in *Breta sǫgur*' (here of course not referring to the First Variant, which lacks these additional elements, but an as yet unidentified variant version).[102] The elements shared by all three texts refer to Arthur's age, generosity, fame, popularity, goodness and generalized promise (Geoffrey's *virtus* could mean 'valour' or 'virtue', while Wace's adjective *vertuus* could similarly mean 'mighty' or 'righteous'). *Breta sǫgur* (but not Wace) adds wisdom, prudence, *siðlæti* (which is more piety than courtesy)[103] and a handsome appearance, while Wace (but not the saga) adds compassion towards the needy or humble, pride towards the proud, *courtoisie*, insistence on being shown courtesy by others, and desire for a glorious reputation. The additional elements shared by Wace and the saga against Geoffrey are the king's height, strength, and possibly skill and success in combat (unless *virtus/vertuus* already implies this).

Reliance on a shared source cannot be completely ruled out. In particular, the similarity of phrasing between Wace's collocation 'Forz e hardiz e conqueranz' ('strong, bold and invincible') and the Norse 'sterkr, harðr ok vapndiarfr' ('strong, hardy and valiant') is worth noting. But, given how common all three words were in sagas, epics and romances in their respective languages, especially in lists of abstract qualities, by itself this seems insufficient to indicate a textual relationship.[104] The epithets in the description as a whole are highly conventional, especially when listed in the abstract like this, and could easily form part of a storyteller's or writer's common stock of positive epithets. By the time the Hauksbók text of *Breta sǫgur* was written, as Kalinke documents, variations on the same theme had already been played in several Norwegian and Icelandic adaptations of romances and *chansons de geste*, and in original Icelandic romances, in portraits of King Arthur and other legendary rulers; it was also present in portraits of Norwegian kings in sagas written at Þingeyrar around the turn of the thirteenth century.[105] The fact that this vernacular tradition of royal portraiture was already so widespread in the early thirteenth century, combined with the absence of any hard evidence that *Breta sǫgur* was composed before the mid-thirteenth, seems to me to lead naturally to the hypothesis that *Breta sǫgur* (or a later reworking of it) was influenced by this emerging vernacular tradition, rather than positing a lost Latin source in which these embellishments had already been made.

3. Arthur's coronation festivities

The remaining examples of amplifications to Geoffrey's *History* that are shared by *Breta sǫgur* and Wace's *Roman de Brut* cluster around the ceremonies and festivities of Arthur's coronation in Caerleon, after he has consolidated his rule over the island of Britain and its subject lands. This account is very detailed in both Vulgate and First Variant texts (three pages long in Reeve's edition), but it is reduced to two sentences in Hauksbók.[106] The longer recension, here represented only by AM 573 4to, is much ampler at this point than Haukr's text and its content is closer to Geoffrey's text, while not being quite as long as the latter.[107]

As Gropper notes, one feature that this Icelandic text shares with Wace's account that is not included in Geoffrey's text (or the First Variant) is a list of musical and narrative entertainments after the coronation banquet. The longer recension of *Breta sǫgur* lists the following:

> Þa er dryckiu var lokit oc hennar varð i milli, þa voro leikar oc taufl oc saugur. Þar var allz kyn[s] streingleikar, fiðlur oc gigiur, bumbur oc pipur oc simphoniam oc haurpur.[108]

> (During and after the drinking there were games and dice and stories. There were all kinds of stringed instruments, fiddles and lyres, drums and pipes, hurdy-gurdies and harps.)[109]

Wace again goes into even more detail:

> Mult out a la curt jugleürs,
> Chanteürs, estrumenteürs,
> Mult peüssiez oïr chançuns,
> Rotruenges e novels suns,
> Vïeleüres, lais de notes,
> Lais de vïeles, lais de rotes,
> Lais de harpes, lais de frestels,

Lires, tympes e chalemels,
Symphonies, psalteriuns,
Monacordes, timbes, coruns.

(There were many minstrels at court,
singers and instrumentalists:
many songs could be heard,
melodies sung to the rote and new tunes,
fiddle music, lays with melodies,
lays on fiddles, lays on rotes,
lays on harps, lays on flutes,
lyres, drums and shawms,
hurdy-gurdies, psalteries,
monochords, tambourines and choruns.)[110]

Then come thirty-six further lines detailing the pastimes, including a couplet corresponding to the first sentence in the *Breta sǫgur* passage: 'Li un dient contes e fables, / Alquant demandent dez e tables' ('Some told stories and tales, others asked for dice and backgammon').[111]

I am not convinced that there is evidence of a textual relationship here. Some of the musical instruments and pastimes listed in the Icelandic passage are also included in the *Roman de Brut*, but that is not difficult as the latter text's list is so comprehensive. As with the kingly qualities discussed earlier, lists of individual instruments and/or pastimes are ten-a-penny in descriptions of feasts or other courtly settings, conveying splendour by enumeration.[112] Thirteenth-century Norse examples include a reference, in the general prologue of the Old Norwegian adaptation of Marie de France's *Lais*, *Strengleikar*, to stories performed *til skemtanar* ('for entertainment') on 'horpum, gigiom, simphanom, organom, timpanom, sallterium, ok corom, ok allzkonar oðrum strænglæiku' ('harps, lyres, hurdy-gurdies, organs, dulcimers, rotes and all kinds of stringed instruments').[113] The thirteenth-century Icelandic royal chronicle *Morkinskinna* describes games and optical illusions at the Hippodrome in Constantinople, accompanied by 'alls konar sǫngfœri, psalterium ok organ, hǫrpur, gígjur ok fiðlur ok alls konar strengleikr' ('all kinds of musical instruments, psaltery and dulcimer, harps, lyres and fiddles and all kinds of stringed instruments').[114] Just as the meanings of some of the Norse (and French and Latin) instrument-terms could be used of various instruments (*gígja* for fiddle or lyre, *timpan* for drum or dulcimer, *cor* for chorus or lyre), so too individual terms were often interchangeable in such lists. In the text of the same royal chronicle in the fourteenth-century manuscript Hulda, fiddles are swapped for a *símphon* ('hurdy-gurdy').[115] Similar collocations of instruments are also found in many other texts, whether encyclopaedias (such as Isidore's *Etymologiae*) or seen in action, as in Psalm 150 (psaltery, lyre, drum, *choro*, strings, organ, cymbals) or the reference in 1 Samuel 10:5 to a band of prophets accompanied by a psaltery, drum, pipe (*tibia*) and lyre (*cithara*).[116] That last passage was given a courtly and festive makeover in the early fourteenth-century Norse Old Testament adaptation *Stjórn*: 'allz hattar læika oc skemtan, simphon oc psalterivm, gigior oc hörpvr oc aðrir stræinglæikar' ('all kinds of games and pastimes, a hurdy-gurdy and a psaltery, lyres and harps and other stringed instruments').[117]

Unless we accept a priori that the text of *Breta sǫgur* in AM 573 4to must be a more or less verbatim transcription of a translation dated to *c*.1200, we cannot exclude the possibility that the original Icelandic translator or a later redactor followed the increasingly widespread practice in other thirteenth- and fourteenth-century textual adaptations of inserting lists of formulaically courtly instruments and pastimes, here in order to underline the splendour of this role-defining moment in Arthur's career. There was certainly no shortage of possible inspirations, and the cue to insert such a rhetorical amplification was already present in the references to courtly display and behaviour found in Geoffrey's own account of the whole episode (discussed below).

Furthermore, the musical list in the *Roman de Brut* was probably absent from the text originally composed by Wace himself. It is lacking in most of the twenty-one manuscripts that contain this part of the story, and is more frequent in later manuscripts. Judith Weiss accordingly puts it in square brackets in her text, signalling that it may be a later interpolation.[118] If so, we cannot ascribe it to Wace's mystery Latin source that Gropper and Kalinke believe was related to the source of *Breta sǫgur*. It must come from a different source or, more plausibly, was invented by a subsequent redactor drawing on the general stock-in-trade of such lists in Latin learning and vernacular romance alike.

It is worth mentioning, too, that in *Breta sǫgur* the musical performances occupy a different place in the coronation episode to that in the *Roman de Brut*. In the Icelandic text they come between the banquet and a sequence of outdoor knightly competitions and tournaments, but in the Norman text the outdoor competitions are followed by musical entertainment. The sequence of events again suggests two independent amplifications rather than a common source.

Kalinke mentions other ways in which *Breta sǫgur* amplifies Geoffrey's description of the celebrations and thus brings the scene closer to romance. One example parallelled by Wace's *Roman de Brut* concerns the gifts Arthur hands out to his guests. Geoffrey's *History* (Vulgate and First Variant alike) briefly remarks that Arthur gave cities, castles and lucrative ecclesiastical appointments to any guest who was hoping for a title, and rewarded the winners of the various sports *largis muneribus* ('with liberal gifts').[119] The longer recension of *Breta sǫgur* adds to this by enumerating a few objects of secular movable wealth involved: not only were castles and honours handed out, but almost every guest was given something, including 'gull eða silfr eða gersemar, vapn eða klæði dyrlig' ('gold, silver or jewels, weapons or costly garments').[120] Once again, the *Roman de Brut* outdoes both the other texts, listing thirty separate items. Besides silver, gold and jewels, many different kinds of weapon and garment are listed, as well as cups, goblets, rings, brocades, quivers, helmets, saddles, horses, dogs, birds, bears and leopards.[121] But here, as with the royal qualities and the musical performances, the little list in *Breta sǫgur* represents such an obvious and generic way of amplifying a gift-giving scene that it is impossible to exclude the possibility of independent amplification of Geoffrey's account of gift-giving in both texts – especially as, once again, the long list in the *Roman de Brut* turns out to be a possible interpolation, wholly or entirely absent from most of the manuscripts and in Weiss's view 'probably not authentic'.[122]

Kalinke's final example of a feature of *Breta sǫgur* indicating a Latin source that diverged from the extant versions of Geoffrey's *History* concerns one detail in the procession to church, in which Geoffrey (like the First Variant and Wace) describes the queen being preceded by four royal ladies holding doves. These are the wives of the four kings who accompany Arthur himself.[123] According to Kalinke, these four ladies are replaced with four kings in the longer recension of *Breta sǫgur*, and the fact that this was no mere 'translator's lapse' is suggested by the appearance of the same alteration in the thirteenth-century Breton-Latin hexameter reworking, *Gesta regum Britannie*.[124] However, *Breta sǫgur* does not mention four kings. The relevant passage reads: 'oc gingu fyri henni fiorar, oc baru með sinum hondum fiorar huitar dufur sua sem sniorr' ('and four [ladies] went before her, carrying four snow-white doves in their hands').[125] There is no noun after the number *fjórar* ('four'), so it is unclear whether the reference is to queens or other female personages; but the number is clearly given in the nominative plural feminine, not masculine. *Breta sǫgur* here follows Geoffrey.

None of these considerations allow us to rule out Kalinke's hypothesis that the Latin source of *Breta sǫgur* was closely related to one of the Latin sources of Wace's *Roman de Brut*. Other evidence may, in time, be brought forward to reopen this case. But the evidence so far presented for that relationship is not compelling, especially since there is also no clear (or non-circular) evidence to suggest that either the AM 573 4to text of *Breta sǫgur* or the longer recension in general predates the early thirteenth-century influx of romance tropes and diction into Old Norse prose. The shared departures from Geoffrey's *History* in *Breta sǫgur* and other reworkings (such as Wace's) thus far presented are more likely to be the creative contributions of the original Icelandic translator (or, in some cases, later redactors) on the one hand, and Wace and his successors on the other.

It is still possible that, as Kalinke suggested, some of the 'romance' tropes generally seen as entering Norse-Icelandic literature through translated romances from the 1220s onwards were anticipated by the Icelander who wrote *Breta sǫgur*. But a firmer basis for dating it to *c*.1200 would be needed to strengthen that view, because the evidence so far presented by scholars does not indicate clearly that everything we see in the longer recension was in *Breta sǫgur* from the start, and a number of narrative elements have been shown to have been introduced during transmission. We therefore cannot yet exclude the view, advocated by both Gropper and Tétrel, that some of the amplifications discussed found their way into *Breta sǫgur* during transmission. Kalinke herself has shown more effectively than perhaps any other scholar just how creative the fourteenth-century redactors of sagas about 'southern' kings, knights and queens could be in exploiting techniques of amplification, dramatization and courtly embellishment.[126] If, as all agree, radical reworking took place in the Hauksbók text, abbreviating its prose to meet Haukr Erlendsson's rather different purposes, there is no prima facie reason why the redactor of the longer recension and/or the compiler of AM 573 4to should have restrained themselves from amplifying their exemplar in the opposite direction from that of Hauksbók. AM 573 4to's own fragmentary text of *Valvens þáttr*, for instance, contains many variant readings which give an overall impression of a fuller, ampler narrative than that contained in the oldest surviving complete text of this *þáttr*; in its editor's view, these differences are best explained in terms of both redactors diverging from a common source.[127]

There are other, more dramatically engaging parts of the longer recension of *Breta sǫgur* which depart much more radically from Geoffrey's *History* than in the passages discussed so far, but are not paralleled in Wace's *Roman de Brut* or any other text so have no bearing on the question of sources. Three examples highlighted by Tétrel as independent amplifications are Igerna's furious and grief-stricken outburst after she learns of the deception that Uther has practised on her, a speech in which Modred persuades Ganhumara to betray Arthur,[128] and an expanded episode of the beard-collecting giant Ritho whose combat with Arthur is moved from its flashback position in Geoffrey's *History* to *ordo naturalis* in *Breta sǫgur*.[129] Revisiting these passages, Kalinke is certain that their dramatic amplifications and narrative adjustments 'were found in the source of *Breta sǫgur*, a Latin redaction that not only contained motifs and themes associated with Arthurian romance, but that also dramatized and narrativized certain incidents' and had thus 'begun the transition from chronicle to romance'.[130] But the only positive evidence for ascribing those innovations to a lost redaction of Geoffrey's *History* is the set of parallels between *Breta sǫgur* and other vernacular adaptations discussed already. Until a stronger case can be made for the source-critical significance of those parallels, as well as for the early date of *Breta sǫgur*, the other inventive aspects of *Breta sǫgur* are more plausibly ascribed to the Icelandic translator or a later redactor – although the possibility that the Latin source of *Breta sǫgur* included those amplifications of Geoffrey's original cannot be excluded.

Conclusion: Geoffrey and dramatic narrative

Leaving the question of sources, I return to the question with which I began. The examples above lend little support to the notion that *Breta sǫgur* (at least in its longer recension) is generally more interested in chivalry, emotions and narrative drama than Geoffrey's *History*. It is true that the speeches by Igerna and Modred just mentioned dramatize the motivations and feelings of those two characters where Geoffrey's *History* does not; but there are many examples of the opposite pattern, such as the very cursory treatment of Uther's emotions in the same episode of *Breta sǫgur* compared to the *Sturm und Drang* treatment he receives in Geoffrey's *History*.[131]

Returning to the passages analysed above in the coronation episode, we can see that all the amplifications relative to Geoffrey take the form of lists designed to evoke an aura of courtly splendour. The result is certainly longer in absolute terms: the festivities following the coronation ceremony occupy 359 words in the Icelandic text compared to 285 words in the Vulgate recension of Geoffrey's *History*.[132] But if we pull back from focusing on these isolated additions and read the episode of Arthur's coronation in the *Historia* as a whole, it becomes clear (as with the introductory description of Arthur) that there was more than one way to underline courtly splendour.

First it needs to be emphasized that Geoffrey's account of the coronation festivities, while lacking some details present in the Icelandic text, is far from 'laconic' at 285 words. When Geoffrey professes reluctance to describe the scene *omnino* ('in full'), lest he spoil his history through *prolixitas* ('verbosity'), Kalinke takes him at his word and states that Geoffrey 'restrains himself', compared to the uninhibited and more romance-like approach seen in *Breta sǫgur*.[133] But Geoffrey's words belong to a standard rhetorical trope, *occupatio* or *praeteritio*, designed as a cover for providing plenty of details while seeking to awaken the audience's wonder by claiming that the reality surpassed the description given. This trope could also act as a cue for later redactors to add more details, as was done in both *Breta sǫgur* and Wace's *Roman de Brut*. That use of this trope cannot be taken as evidence of genuine restraint is borne out by the fact that both adaptations retain the same rhetoric of restraint here. *Breta sǫgur* remarks that many other entertainments were included 'su at her er eigi getið' ('which are not mentioned here'), while Wace, whose version is the most detailed of all, professes his inability to describe everything.[134]

For some elements of the scene, Geoffrey provides more detail than *Breta sǫgur*, such as the outdoor pastimes:

> diuersi diuersos ludos composituri campos extra ciuitatem adeunt. Mox milites, simulacrum proelii ciendo, equestrem ludum componunt. Mulieres in edito murorum aspicientes in furiales amores flammas more ioci irritant. Alii cum caestibus, alii cum hasta, alii ponderosorum lapidum iactu, alii cum scaccis, alii cum aleis ceterorumque iocorum diuersitate contendentes, quod diei restabat postposita lite praetereunt. Quicumque ergo uictoriam ludi sui adeptus erat ab Arturo largis muneribus ditabatur.
>
> (they separated to visit the fields outside the city and indulge in varied sports. The knights exercised on horseback, feigning battle. The

ladies, watching from the battlements, playfully fanned the flames in the knights' hearts into furious passion. Then they peacefully passed the remainder of the day in various games, some contending with boxing gloves, some with spears, some in tossing heavy stones, some at chess, and others with dice. Arthur rewarded all those who had been victorious with liberal gifts.)[135]

Here the longer recension of *Breta sǫgur* has:

> Riddarar foro vt af borginni oc skylmaz eða turneraz, en til sa af borgarueggium bæði karlar oc konur. Sumer kaustuðu steinum, sumer leku at skaktafli, en þeir er sigruðuz attu visar vaner giafa af konunginum, en goðan orðstir af alþyðu.[136]

(The knights went out from the city and fenced or jousted, and both men and women watched from the city walls. Some tossed stones, some played chess, and as was to be expected the winners received gifts from the king and renown from the people.)

Length aside, the most significant difference between these two passages is Geoffrey's emphasis on romantic attachments. This connects directly with a comment made in Geoffrey's *History* immediately before the knights go out to joust, expatiating on how Britain surpassed all other lands 'copia diuitarum, luxu ornamentorum, facetia incolarum' ('in its stores of wealth, the ostentation of its dress and the sophistication of its inhabitants'), as seen in the colours of the knights' clothes and armour. In a passage not replicated in *Breta sǫgur* (or the First Variant), Geoffrey concludes this eulogy by mentioning the connection between chivalric display and virtue:

> Facetae etiam mulieres, consimilia indumenta habentes, nullius amorem habere dignabantur nisi tercio in milicia probatus esset. Efficiebantur ergo castae et meliores et milites pro amore illarum probiores.

(Its elegant ladies, similarly dressed, spurned the love of any man who had not proved himself three times in battle. So the ladies were chaste and better women, whilst the knights conducted themselves more virtuously for the sake of their love.)[137]

Their behaviour during the jousting – ladies fanning their lovers' passions, knights competing before an audience consisting of their lovers – is only briefly narrated, but still shows this romantic and chivalric ideal in action, just as the detail about the young Arthur impoverishing himself through generosity shows that virtue in action. It makes the pastimes more than mere surface display. An emotional undercurrent of romantic love fuels the knights' zeal, in a way that is directly comparable to the chivalric storylines of Chrétien's romances. Wace's *Roman de Brut* retains this aspect.

This romantic dimension is edited out of the First Variant, which mentions no onlookers at all.[138] It is deliberately sidelined in *Breta sǫgur*, not only by its silence on the love interest, but also by adding male onlookers to the spectators on the city walls. Instead of men competing for the favours of their lovers in an all-female audience whose members act together to raise those sexual tensions, we have high-status men competing for honour in the eyes of a mixed-gender *alþýða* ('public'). So once again, we are looking at two kinds of amplification. Geoffrey amplifies his own depiction of courtly opulence by emphasizing the emotional dimension and adding a narrative illustration to show *courtoisie* in action. By contrast, *Breta sǫgur* omits that aspect and focuses on enumeration alone, listing the guests' garments, the food they enjoyed and, as already discussed, the gifts handed out by Arthur and the indoor entertainments on offer.

The earlier part of the coronation scene, describing the elegance of Caerleon and the gathering of high-status guests, is many times longer in Geoffrey's *History* (including in the more condensed First Variant) than in *Breta sǫgur*. The ensuing description of the coronation ceremony and subsequent religious services is more than twice as long in Geoffrey's *History* than in *Breta sǫgur*, which closes with another signal of further details not mentioned here.[139] Again, word counts aside, the most telling difference between Latin and Icelandic accounts of these rituals concerns the way in which the experience of attending the ceremony is evoked. The terse summary of the procession and crowning of Arthur and Guinevere in *Breta sǫgur* is mainly focused on who preceded whom and what objects they carried. It contains no equivalent to the following:

> tot organa, tot cantus in utrisque fiunt templis ita ut prae nimia dulcedine milites qui aderant nescirent quod templorum prius peterent. Cateruatim ergo nunc ad hoc, nunc ad illud ruebant, nec si totus dies celebrationi daretur taedium aliquod ipsis generaret.
>
> (there was such music and singing in both churches that the knights who were taking part were too captivated to decide which to enter first. They rushed in crowds from one to the other and would not have felt bored even if the ceremony had lasted all day.)[140]

Breta sǫgur will later list musical instruments not mentioned by Geoffrey, but here Geoffrey seeks to convey the spellbinding effect of music on the listener. As with the ensuing description of passionate love driving knights to excel in tournaments, here music fans the flames of strong emotion: the knights are bewildered by a delightful excess of sensory gratification. The splendour of Arthur's court is thus underlined in ways which convey the almost otherworldly experience of being there. Geoffrey's own audience is kept spellbound.

Kalinke sees in the Icelandic description of the coronation 'a decided shift from the narrative art of Geoffrey's chronicle to that of romance'.[141] This view is in keeping with an older scholarly viewpoint that acknowledges Geoffrey's importance as a source of inspiration and *matériel* for romance, but tends to marginalize Geoffrey's active contribution to the narrative artistry involved in romance composition because he was a historian, not a romancer. This view underestimates the dramatic, emotionally laden and powerfully 'narrativized' aspects of many of Geoffrey's set-pieces. More obvious examples than those discussed above include the Leir-Cordeilla episode, of which even Haukr Erlendsson retained an ample account despite much of its emotional drama being irrelevant to a mere recital of conquests and royal successions.[142]

Geoffrey was not writing a romance: his *History of the Kings of Britain* tells a story many centuries long, with no single central character. But many of the literary strategies he employed to bring certain episodes of his story to life most fully were subsequently employed by the authors of romance – and by saga-authors too. In the passages discussed so far, compared to *Breta sǫgur* Geoffrey's account shows more dramatization and more interest in emotion – here, specifically, romantic emotion viewed through a chivalric lens. In the central coronation scene, *Breta sǫgur* catalogues the décor; Geoffrey shows us what it felt like.

These considerations end up vindicating Kalinke's insistence that we should credit twelfth-century Latin writings, as much as thirteenth- or fourteenth-century Icelandic reworkings, with the introduction of romance tropes into Norse-Icelandic literature. In our search for such Latin writings we need not invoke a lost variant redaction of Geoffrey's *History*. Geoffrey of Monmouth himself had already done much of this work without the need for such hypothetical intermediaries, as can be seen if we read his *History* without forcing it into the pigeonholes of either 'chronicle' or 'romance'. He was far from being the only example of a Latin author who introduced new techniques for vivid narrative prose into Norse-Icelandic secular literature. But his *History*, regardless of how early it was translated, was probably one of the most influential, and its influence may have been even wider than suspected. Finally, as I hope I have shown, close attention to the surviving recensions of Geoffrey's *History* in our discussion of the sources of the surviving vernacular reworkings helps to underline the creativity that his translators and their redactors brought to bear, in so many different ways, on the task of making their source-texts not only inform their new audiences, but grip them too.

Notes

1 I am grateful to Stefanie Gropper, Marianne E. Kalinke, Erich Poppe and the editors of this volume for their helpful comments on this essay, and to the editors for endless forbearance. Part of the research on which this essay is based was funded by a Research Fellowship from the Leverhulme Trust; I thank the Trust for its support.

2 Michael D. Reeve has demonstrated that *De gestis Britonum* '[History] of the Deeds of the Britons' was probably the original title, but notes that the conventional title *Historia regum Britanniae* may still be used as long as no argument is founded on it: Geoffrey of Monmouth, *History of the Kings of Britain*, ed. Michael D. Reeve and trans. Neil Wright (Woodbridge: Boydell and Brewer, 2007), p. lix. I hedge my bets by referring to it from here on as the *History*.

3 D. H. Green, *The Beginnings of Medieval Romance: Fact and Fiction, 1150–1220* (Cambridge: Cambridge University Press, 2002), pp. 177–8; Ad Putter, 'Finding Time for Romance: Mediaeval Arthurian Literary History', *Medium Ævum*, 63 (1994), 1–16 (6). My quotations from Wace are all taken from Wace, *Roman de Brut: A History of the British*, ed. and trans. Judith Weiss (second edn, Exeter: University of Exeter Press, 2002).

4 Wace, *Roman de Brut*, p. 2 (ll. 5–8). On these claims, see Peter Damian-Grint, *The New Historians of the Twelfth-Century Renaissance: Inventing Vernacular Authority* (Woodbridge: Boydell and Brewer, 1999), p. 125.

5 Helen Fulton, 'Historiography: fictionality vs. factuality', in L. Tether and Johnny McFadyen (eds), *Handbook of Arthurian Romance: King Arthur's Court in Medieval European Literature* (Berlin: de Gruyter, 2017), pp. 151–65 (p. 158); Marianne E. Kalinke, 'The Arthurian legend in *Breta sögur*: historiography on the cusp of romance', in Margrét Eggertsdóttir et al. (eds), *Greppaminni: rit til heiðurs Vésteini Ólasyni sjötugum* (Reykjavik: Hið íslenska bókmenntafélag, 2009), pp. 217–30.

6 See Matthew Kempshall, *Rhetoric and the Writing of History, 400–1500* (Manchester: Manchester University Press, 2011).

7 For one solution, see Lars Boje Mortensen, 'The status of the "mythical" past in Nordic Latin historiography', in P. A. Agapitos and L. B. Mortensen (eds), *Medieval Narratives between History and Fiction: From the Centre to the Periphery of Europe, c.1100–1400* (Copenhagen: Museum Tusculanum, 2012), pp. 103–39 (pp. 131–4).

8 One of the most effective is Päivi M. Mehtonen, 'Speak, fiction: the rhetorical fabrication of narrative in Geoffrey of Monmouth', in Agapitos and Mortensen (eds), *Medieval Narratives*, pp. 81–101.

9 On this point, see Barry Lewis, 'Religion and the church in Geoffrey of Monmouth', in Georgia Henley and Joshua Byron Smith (eds), *A Companion to Geoffrey of Monmouth* (Leiden: Brill, 2020), pp. 397–424 (p. 399).

10 Wace, *Roman de Brut*, pp. 16 and 152–4.

11 In offering this essay to Marged Haycock, I recall the wonderful year of 2012–13 when I was lucky enough to be part of a research team with her in a project on kings and warriors in early north-west Europe led by Jan Erik Rekdal at the Centre for Advanced Study in Oslo. I have benefited immeasurably from Marged's learning, insight and friendship ever since.

12 The text's sources are discussed in Stefanie Würth, *Der 'Antikenroman' in der isländischen Literatur des Mittelalters: Eine Untersuchung zur Übersetzung und Rezeption lateinischer Literatur im Norden* (Basel: Helbing und Lichtenhahn, 1998), pp. 56–82, 148–70 and 233–7 (I am most grateful to Stefanie Gropper for sending me a copy of her book); Hélène Tétrel, 'La *Saga des Bretons*: naissance et exploitation du mythe arthurien dans les compilations pseudo-historiques de Scandinavie', in Denis Huë and Christine Ferlampin-Acher (eds), *Enfances arthuriennes: actes du 2ᵉ colloque arthurien de Rennes, 6–7 mars 2003* (Orléans: Paradigme, 2006), pp. 299–311; Marianne E. Kalinke, 'The genesis of fiction in the North', in John McKinnell, David Ashurst and Donata Kick (eds), *The Fantastic in Old Norse / Icelandic Literature: Sagas and the British Isles* (Durham: Centre for Medieval and Renaissance Studies, 2006), pp. 464–78; Kalinke, 'The Arthurian legend' (quoted here from p. 219); Stefanie Gropper, '*Breta sögur* and *Merlínússpá*', in Marianne E. Kalinke (ed.), *The Arthur of the North: The Arthurian Legend in the Norse and Rus' Realms* (Cardiff: University of Wales Press, 2011), pp. 48–60; Marianne E. Kalinke, 'Arthur, King of Iceland', *Scandinavian Studies*, 87 (2015), 8–32; Hélène Tétrel (ed. and trans.), *La Saga des Bretons: étude, édition et traduction des* Breta Sögur *islandaises* (Paris: Classiques Garnier, 2021), pp. 208–351.

13 I was not aware of the most comprehensive of these recent text-historical studies (Tétrel, *La Saga des Bretons*, in which the longer recension of *Breta sǫgur* is also edited for the first time, with a translation) until after I had submitted the present chapter for publication. I am grateful to the editors of this book for allowing me to engage with Tétrel's findings during final revisions. A full-scale critical edition of *Breta sǫgur* is in preparation by Þorbjörg Helgadóttir.

14 As suggested by Kalinke, 'Arthur, King of Iceland', 8–9.

15 This judgement is based on the various nationally organized reception-histories of Geoffrey's *History* in Henley and Smith (eds), *Companion*, pp. 427–97.

16 F. 36r ('Her hefr Breta sogvr', 'Here begin the sagas of the Britons'), diplomatic transcription in Finnur Jónsson (ed.), *Hauksbók: udgiven efter de arnamagnæanske håndskrifter no. 371, 544 og 675, 4° samt forskellige papirshåndskrifter* (Copenhagen: Thiele, 1892), p. 231. See also Russell C. Black, '*Breta sǫgur* from AM 544 4to: an edition and translation' (unpublished PhD thesis, University of Washington, 2014).

17 Stefán Karlsson, 'Aldur Hauksbókar', *Fróðskaparrit*, 13 (1964), 114–21 (at 119); Elizabeth Ashman Rowe, 'Literary, Codicological, and Political Perspectives on *Hauksbók*', *Gripla*, 19 (2008), 51–76 (at 57–9). Stefán Karlsson later narrowed the likely date of these quires from 1302–10 down to 1306–8: see Gunnar Harðason and Stefán Karlsson, 'Hauksbók', in Phillip Pulsiano and Kirsten Wolf (eds), *Medieval Scandinavia: An Encyclopedia* (New York: Garland, 1993), pp. 271–2. For the possibility that this hand belonged to a scribe working in close

association with Haukr, see Karl G. Johansson, 'The *Hauksbók*: an example of medieval modes of collecting and compilation', in Karen Pratt et al. (eds), *The Dynamics of the Medieval Manuscript: Text Collections from a European Perspective* (Göttingen: V&R Unipress, 2017), pp. 131–46 (p. 135). I am grateful to Karl-Gunnar Johansson for sharing his work on Hauksbók with me.

18   On the manuscript transmission of *Breta sǫgur*, see Stefanie Würth, 'The common transmission of *Trójumanna saga* and *Breta sögur*', in A. N. Doane and Kirsten Wolf (eds), *Beatus Vir: Studies in Early English and Norse Manuscripts in Memory of Phillip Pulsiano* (Tempe, Arizona: ACMRS, 2006), pp. 297–327; Stefanie Gropper, 'Die Transmission der *Breta sögur* als Beispiel für verschiedene Formen der *translatio* innerhalb der mittelalterlichen isländischen Literatur', in Jürg Glauser and Susanne Kramarz-Bein (eds), *Rittersagas: Übersetzung – Überlieferung – Transmission* (Tübingen: Francke, 2014), pp. 219–37 (with thanks to Stefanie Gropper for sending me a copy); Hélène Tétrel, 'The Old Icelandic "Brut"', in Henley and Smith (eds), *Companion*, pp. 469–74 (AM 544 4to, however, is not held in Reykjavik); and, for the most detailed account, Tétrel, *La Saga des Bretons*, pp. 95–110 and 135–207.

19   Stefán Karlsson, 'Aldur Hauksbókar', 119; Gunnar Harðason and Stefán Karlsson, 'Hauksbók', p. 271; Rowe, 'Literary, Codicological, and Political Perspectives', 64–6 and 71–3 (71 quoted). See also Sverrir Jakobsson, 'Hauksbók and the Construction of an Icelandic World View', *Saga-Book of the Viking Society*, 31 (2007), 22–38; for a more sceptical assessment see Karl G. Johansson, 'Compilations, collections and composite manuscripts: some notes on the manuscript *Hauksbók*', in Kate Heslop and Jürg Glauser (eds), *RE:writing: Medial Perspectives on Textual Culture in the Icelandic Middle Ages* (Zürich: Chronos, 2018), pp. 121–42.

20   The Trinity fragments are briefly discussed in Tétrel, *La Saga des Bretons*, pp. 107–8, 188 and 205. More detailed discussion is anticipated in Þorbjörg Helgadóttir's forthcoming critical edition of the saga.

21   These extracts are edited and discussed in Svanhildur Óskarsdóttir, 'Universal history in fourteenth-century Iceland: studies in AM 764 4to' (unpublished PhD thesis, University College London, 2000), 159–63 and 269–74; see also Svanhildur Óskarsdóttir, 'The transmission of *Historia regum Britannie* in Iceland in the context of universal history', in Hélène Tétrel and Géraldine Veysseyre (eds), *L'Historia regum Britannie et les 'Bruts' en Europe*, 2 vols (Paris: Classiques Garnier, 2015–18), vol. 1, pp. 233–45. On the relationship between the AM 573 4to and AM 764 4to texts, see also Würth, *Der 'Antikenroman'*, pp. 177–80; Tétrel, 'The Old Icelandic "Brut"', p. 470; Tétrel, *La Saga des Bretons*, pp. 141–55 (see also pp. 599–605, for a French translation of these extracts).

22   For examples, see Sarah Baccianti, 'The Latin connection: Geoffrey of Monmouth in Iceland', in Aisling Byrne and Victoria Flood (eds), *Crossing Borders in the Insular Middle Ages* (Turnhout: Brepols, 2019), pp. 279–97. However, Baccianti unfortunately treats the even more condensed Hauksbók text as if it represented the original *Breta sǫgur*, without considering ampler versions of some passages in the longer recension.

23 Representative statements of this view are Würth, 'The common transmission', pp. 315–17; Kalinke, 'The Arthurian legend'; Tétrel, 'La *Saga des Bretons*', pp. 299–300 and 305–8 (including, however, a caveat against restricting Haukr Erlendsson's purposes too much; see now the different views summarized in Tétrel, *La Saga des Bretons*, p. 309, n. 318).

24 Tétrel, *La Saga des Bretons*, p. 140.

25 Würth, 'The common transmission'.

26 Tétrel, 'The Old Icelandic "Brut"', p. 473; Tétrel, *La Saga des Bretons*, pp. 110–14.

27 See the discussion in Tétrel, *La Saga des Bretons*, pp. 336–51.

28 On this sequence see Hélène Tétrel, 'Le Traitement des paragraphes 80 à 88 de l'*Historia regum Britannie* dans le "Brut" islandais', EC, 42 (2016), 185–211, especially 188.

29 Russell Poole (ed.), '*Merlínusspá I*' and '*Merlínusspá II*', in Margaret Clunies Ross (ed.), *Poetry in Fornaldarsögur*, Skaldic Poetry of the Scandinavian Middle Ages, 8 (Turnhout: Brepols, 2017), pp. 38–189. *Merlínusspá* is mentioned but not included in AM 573 4to.

30 Gottskálk Jensson, 'Þingeyrar Abbey in Northern Iceland: A Benedictine Powerhouse of Cultural Heritage', *Religions*, 12 (2021) 149–64 (154–6).

31 Gottskálk Jensson, 'Þingeyrar Abbey', 154–6.

32 Würth, *Der 'Antikenroman'*, pp. 81–2; Kalinke, 'Arthur, King of Iceland', 9.

33 Gottskálk Jensson, 'Þingeyrar Abbey'.

34 Jonna Louis-Jensen (ed.), *Trójumanna saga: The Dares Phrygius Version*, Editiones Arnamagnæanæ, A 9 (Copenhagen: Munksgaard, 1981), pp. l–lvi.

35 Eyvind Fjeld Halvorsen, *The Norse Version of the Chanson de Roland*, Bibliotheca Arnamagnæana, 19 (Copenhagen: Munksgaard, 1959), pp. 22–3. For arguments against Norwegian composition, see Louis-Jensen, *Trójumanna saga*, pp. li–lii; Marianne E. Kalinke, *King Arthur North-by-Northwest: The matière de Bretagne in Old Norse-Icelandic Romances*, Bibliotheca Arnamagnæana, 37 (Copenhagen: Reitzel, 1981), pp. 12–14 and n. 29; Kalinke, 'The Arthurian legend', p. 218. The hypothesis of Norwegian composition is assumed (without considering the arguments just mentioned) by Baccianti, 'The Latin connection'.

36 Gabriel Turville-Petre, *Origins of Icelandic Literature* (Oxford: Clarendon Press, 1953), p. 202.

37 Gottskálk Jensson, 'Latin hagiography in medieval Iceland', in Monique Goullet (ed.), *Hagiographies VII* (Turnhout: Brepols, 2017), pp. 875–949 (pp. 875–81).

38 Jón Þorkelsson (ed.), *Diplomatarium Islandicum: fimta bindi 1330–1476* (Copenhagen and Reykjavík: Möller, 1899–1902), p. 290. On the *máldagar*, see Margaret Cormack, *The Saints in Iceland: Their Veneration from the Conversion to 1400* (Brussels: Société des Bollandistes, 1994), pp. 25–9. I am grateful to Margaret Cormack for sharing her work with me.

39 The title is given as *Historia Britorvm*. This part of *Breta sǫgur* survives only in Hauksbók (Jónsson (ed.), *Hauksbók*, p. 301) and the colophon is discussed by Baccianti, 'The Latin connection', pp. 286–7. Variants of the title *Historia*

Brittonum are also found in some other vernacular adaptations of Geoffrey's *History*, most famously Layamon's *Brut* (*Hystoria Brutonum* according to its titlerubric in the thirteenth-century manuscript London, British Library, Cotton Caligula A IX).

40 Tétrel, *La Saga des Bretons*, pp. 424–6; Finnur Jónsson (ed.), *Hauksbók*, p. 243; Óskarsdóttir, 'Universal history', 160. This point was noted by A. G. van Hamel, 'The Old-Norse Version of the Historia Regum Britanniæ and the Text of Geoffrey of Monmouth', EC, 1/2 (1936), 197–247 (202). Geoffrey's *History* (p. 29) simply states that Brutus named the island Britannia after himself.

41 Philip Lavender, 'Merlin and the *vǫlva*', *Viking and Medieval Scandinavia*, 2 (2006), 111–39 (135); Jonna Louis-Jensen, '*Breta sǫgur*', in Pulsiano and Wolf (eds), *Medieval Scandinavia*, pp. 57–8. See now also the detailed discussion in Tétrel, *La Saga des Bretons*, pp. 329–51, which draws no firm conclusions about the priority of either poem or saga.

42 Kalinke, *King Arthur North-by-Northwest*, p. 14.

43 Kalinke, *King Arthur North-by-Northwest*, pp. 199–214.

44 Gropper, *Der 'Antikenroman'*.

45 Other vernacular adaptations of the *De excidio Troiae historia* attributed to Dares Phrygius are listed in Helen Fulton, 'Troy Story: The Medieval Welsh *Ystorya Dared* and the *Brut* Tradition of British History', *The Medieval Chronicle*, 7 (2011), 137–50 (at 143–4). The α-recension of *Trójumanna saga*, written in the thirteenth century, would fit third in Fulton's sequence, after *Togail Troí* and Benoît de Saint-Maure's *Roman de Troie*.

46 The so-called *Veraldar saga* 'The Saga of the World' is also dated to this period, but it is a different kind of adaptation: it is not a saga (the title is a nineteenth-century invention), but a universal history of the world in six ages in the Bede-Isidore tradition. Its Latin source has not been identified.

47 Julia C. Crick, *The Historia Regum Britannie of Geoffrey of Monmouth IV: Dissemination and Reception in the Later Middle Ages* (Cambridge: D. S. Brewer, 1991), p. 38.

48 Fulton, 'Troy Story'; Erich Poppe, 'The Matter of Troy and Insular Versions of Dares's *De Excidio Troiae Historia*', *Beiträge zur Geschichte der Sprachwissenschaft*, 19/2 (2009), 252–98 (260–4) (I am grateful to Erich Poppe for sending me a copy). For the later redaction of *Trójumanna saga*, see Jonna Louis-Jensen (ed.), *Trójumanna saga*, Editiones Arnamagnæanæ, A 8 (Copenhagen: Munksgaard, 1963).

49 On the Trojan prehistory, see Anthony Faulkes, 'Descent from the Gods', *Mediaeval Scandinavia*, 11 (1978–9), 92–125, revised and expanded in text available at http://vsnrweb-publications.org.uk/ (accessed 12 March 2022).

50 Würth, *Der 'Antikenroman'*, pp. 71 and 148–70; Würth, 'The common transmission', pp. 297–302; Poppe, 'The Matter of Troy', 273–6. Some scholars treat the Hauksbók version of *Trójumanna saga* as a distinct recension separate from both α and β (Jonna Louis-Jensen, '*Trójumanna saga*', in Pulsiano and Wolf (eds), *Medieval Scandinavia*, pp. 658–9), but its *derivation* from β remains unchallenged (Louis-Jensen, *Trójumanna saga: The Dares Phrygius Version*, p. xviii). For the stemma of the β-recension of *Trójumanna saga*, see Louis-

Jensen, *Trójumanna saga: The Dares Phrygius Version*, p. xviii; for its proximity to that of *Breta sǫgur*, see Tétrel, *La Saga des Bretons*, pp. 249–50. In Hauksbók as it currently stands the Trojan-British sequence is interrupted by two folios containing unrelated texts (filling up the end of a quire), on which see Johansson, 'Compilations', pp. 134–5.

51 In terms of narrative framing and use of source-material, it is not clear from the extant witnesses of the α-recension of *Trójumanna saga* that it was originally conceived as anything other than a self-standing account of the Trojan War. The appending of extracts from *Breta sǫgur* to two of its three complete texts (AM 176 a and b fol.) is clearly a later development, copying post-mediaeval reworkings of parts of the Hauksbók text (Louis-Jensen, *Trójumanna saga: The Dares Phrygius Version*, p. lix), although that in itself testifies to the longevity of the assumption that the two histories belonged together (Poppe, 'The Matter of Troy', 274–5).

52 Radu Razvan Stanciu, 'Attitudes towards paganism in medieval Irish and Old Norse texts of the Trojan War' (unpublished PhD thesis, University of Cambridge, 2015), 34–5. As Stanciu points out (p. 34, n. 139), the folium containing unrelated texts that separates *Trójumanna saga* from *Breta sǫgur* in Hauksbók was inserted later.

53 Würth, *Der 'Antikenroman'*, p. 71.

54 Tétrel, *La Saga des Bretons*, p. 118.

55 On Virgilian and related elements in the first part of *Breta sǫgur*, see Hélène Tétrel, 'Trojan Origins and the Use of the *Æneid* and Related Sources in the Old Icelandic *Brut*', *Journal of English and Germanic Philology*, 109 (2010), 490–514; Tétrel, *La Saga des Bretons*, pp. 248–74.

56 Tétrel, *La Saga des Bretons*, pp. 246–7. On this suggestion see n. 69 below.

57 The oldest manuscript known to me containing *Breta sǫgur* alone (in the Hauksbók-based form originally produced in the seventeenth century by Björn Jónsson of Skarðsá) is Reykjavík, Landsbókasafn Íslands, Lbs 4613 4to (*c.* 1700). *Trójumanna saga*, too, does not survive in self-standing form (here in the α-recension) until the eighteenth century (Poppe, 'The Matter of Troy', 273).

58 Louis-Jensen, *Trójumanna saga: The Dares Phrygius Version*, p. lvi. See, however, Stanciu, 'Attitudes towards paganism', 21 and 106–7: here the fact that Mennon and Troan are mentioned in Hauksbók's text of *Trójumanna saga* and in Snorri Sturluson's *Edda* is held up as possible evidence that the β-recension of *Trójumanna saga* predated 1250 (Snorri died in 1241). But Troan appears in *Trójumanna saga* only in the Hauksbók text, and we know that Haukr knew Snorri's *Edda*; Mennon features in both α- and β-recensions of *Trójumanna saga* as well as in Dares Phrygius. As Stanciu himself notes here, the parts of Snorri's *Edda* which draw equivalences between Trojan and Norse figures and seem more obviously indebted to the β-recension of *Trójumanna saga* (discussed by Faulkes, 'Descent from the gods', 29–36) may be the result of later reworking and cannot necessarily be dated to before Snorri's death.

59 As I understand it, Gropper's reason for rejecting Louis-Jensen's mid-thirteenth-century date for the original translation of *Trójumanna saga* (Würth, *Der 'Antikenroman'*, p. 55) is the fact that the original *Trójumanna saga* must have been produced before *Breta sǫgur* (which is correct), and that *Breta sǫgur* was written well before the mid-thirteenth century (which has not been established beyond doubt).

60 The lost late-twelfth- or early-thirteenth-century *Skjǫldunga saga* is sometimes brought into this debate because of Bjarni Guðnason's assertion that *Breta sǫgur* served as a model for it: Bjarni Guðnason (ed.), *Danakonunga sǫgur*, Íslenzk fornrit, 35 (Reykjavík: Hið íslenzka fornritafélag, 1982), p. lxi. But his argument applies equally well to Geoffrey's Latin *Historia*; there is nothing here to indicate the early existence of a Norse adaptation.

61 Þorbjörg Helgadóttir is currently working on this. Selected variants from the longer recension are included in the variant apparatus to the Hauksbók text in Jón Sigurðsson (ed.), 'Trójumanna saga ok Breta sögur', *Annaler for nordisk oldkyndighed og historie* (1848), 3–215, and (1849), 3–145, referred to henceforward with the year of publication in brackets to disambiguate the pagination.

62 The Vulgate recension is edited and translated by Reeve (Geoffrey, *History*). The first proper edition of the First Variant was Neil Wright (ed.), *The Historia Regum Britanniae of Geoffrey of Monmouth II: The First Variant Version: A Critical Edition* (Cambridge: D. S. Brewer, 1988), which includes essential discussion of the manuscripts. My citations are taken from David W. Burchmore (ed. and trans.), *The History of the Kings of Britain: The First Variant Version* (Cambridge, Massachusetts: Harvard University Press, 2019). Burchmore's view that the First Variant predates the Vulgate recension, and that Geoffrey only reworked it, has not been widely accepted and is not fully argued here, but his text and translation are invaluable.

63 Würth, *Der 'Antikenroman'*, pp. 65–6.

64 Würth, *Der 'Antikenroman'*, pp. 66–7 and notes.

65 Würth, *Der 'Antikenroman'*, pp. 64–70. For related comments see also Poppe, 'The Matter of Troy', 274.

66 Black, '*Breta sǫgur*', pp. xxv–xlii.

67 Tétrel, 'Trojan Origins'; Tétrel, 'Le Traitement'.

68 Tétrel, *La Saga des Bretons*, pp. 215–42. This account greatly amplifies, but also adjusts, the overview in Tétrel, 'The Old Icelandic "Brut"', p. 472.

69 Tétrel, *La Saga des Bretons*, pp. 246–7. Here and on pp. 203–4 Tétrel suggests that this Latin compendium also included a history of the Trojan War and served as the original basis for the entire sequence as transmitted in the Icelandic manuscripts, joining the β-recension of *Trójumanna saga* to *Breta sǫgur*. Further text-historical work on *Trójumanna saga* would enable this hypothesis to be tested; Louis-Jensen's studies (*Trójumanna saga: The Dares Phrygius Version*, pp. xiii–xviii) indicate that the main source of the β-recension of *Trójumanna saga* was itself a vernacular adaptation, not a Latin account.

70 Würth, *Der 'Antikenroman'*, p. 67; Tétrel, *La Saga des Bretons*, pp. 242–5 and 304–7. On this group, see Michael D. Reeve, 'The Transmission of the *Historia*

Regum Britanniae', *Journal of Medieval Latin*, 1 (1991), 73–117 (91–3), and Reeve's analysis in Geoffrey, *History*, pp. xxiii–xxix.

71 van Hamel, 'The Old-Norse Version', 222–3; Tétrel, *La Saga des Bretons*, pp. 304–7. On these Welsh texts, see Patrick Sims-Williams, 'The Welsh versions of Geoffrey of Monmouth's "History of the Kings of Britain"', in Axel Harlos and Neele Harlos (eds), *Adapting Texts and Styles in a Celtic Context: Interdisciplinary Perspectives on Processes of Literary Transfer in the Middle Ages* (Münster: Nodus, 2016), pp. 53–74; Brynley F. Roberts, '*Brut y Brenhinedd*, MS. National Library of Wales, Llanstephan 1 version', in Tétrel and Veysseyre (eds), *L'Historia regum Britannie*, pp. 71–80.

72 Le Saux, *Companion to Wace*, pp. 89–102.

73 Würth, *Der 'Antikenroman*', p. 58, n. 228; Würth, 'The common transmission', p. 299 and n. 11.

74 Würth, *Der 'Antikenroman*', p. 70; Würth, 'The common transmission', p. 299.

75 Kalinke, 'Arthur, King of Iceland', 11.

76 See Weiss's comments in Wace, *Roman de Brut*, pp. xviii–xix, echoed by Kalinke, 'The Arthurian legend', p. 219.

77 Wace, *Roman de Brut*, pp. xvii–xxiv; Le Saux, *Companion to Wace*, pp. 89–102.

78 One text-historical detail in Kalinke's argument needs to be cleared up to avoid confusing those familiar with the main printed editions of Geoffrey's *History*. Several of the contrasts between Geoffrey's *History* and its Norman and Icelandic adaptations drawn by Kalinke in her 2009 study use quotations from Jacob Hammer's edition of the *History* to represent what 'Geoffrey' himself wrote, e.g. her 'The Arthurian legend', pp. 220, 222–5, citing Geoffrey of Monmouth, *Historia regum Britanniae: A Variant Version*, ed. Jacob Hammer (Cambridge, MA: Medieval Academy of America, 1951), pp. 149, 152 and 161–5. However, Hammer's text claims to be an edition, not of Geoffrey's original, but of the First Variant whose redactor had already 'modified Geoffrey's work considerably' in ways which (Kalinke suggests) were similar to the Latin source of *Breta sǫgur* (Kalinke, 'The Arthurian legend', p. 219). Fortunately, a comparison with Reeve's critical edition of the Vulgate recension, closest to Geoffrey's original, shows that all the passages quoted by Kalinke are virtually identical in the two editions. This is because Hammer's main text is based on hybrid manuscripts that combine Vulgate with First Variant readings; the 'real' First Variant has to be reconstructed from his textual notes (Wright's and Burchmore's editions of the First Variant are to be preferred for this reason). Kalinke's quotations from Hammer's would-be First Variant edition do, therefore, reflect Geoffrey's text. The confusion is removed in Kalinke's more recent presentations of her argument, where the Hammer quotations are replaced by near-identical passages from Reeve's edition of the Vulgate recension (e.g. Kalinke, 'The Arthurian legend', pp. 223–5, compared with her 'Arthur, King of Iceland', 16–17).

79 Black, '*Breta sǫgur*', p. xxii and n. 66, citing Kalinke, 'The Arthurian legend'; Tétrel, 'Old Icelandic "Brut"', p. 474, citing Kalinke, 'Arthur, King of Iceland'. This view is partially corrected in Tétrel, *La Saga des Bretons*, pp. 206 and 355,

n. 2, where Kalinke is said to argue that Wace's *Roman de Brut* influenced the Latin source of *Breta sǫgur*, but in fact (as discussed below) Kalinke postulates a common source lying behind both Wace's *Roman de Brut* and *Breta sǫgur*. See also Geraldine Barnes, 'Scandinavian versions of Arthurian romance', in Helen Fulton (ed.), *A Companion to Arthurian Literature* (Oxford: Wiley, 2009), unpaginated online version at ProQuest Ebook Central, *https://ebookcentral. proquest.com/lib/abdn/detail.action?docID=4026444* (accessed 19 June 2023), p. 2, where Kalinke is said to have suggested that the redactor of the AM 573 4to text was 'operating as a writer of romance', when in fact Kalinke sees the romance-like elements of this text as having been present in that text's Latin source.
80 Kalinke, 'The Arthurian legend', p. 221; Kalinke, 'Arthur, King of Iceland'.
81 Kalinke, 'Arthur, King of Iceland', 8–11; Kalinke, 'The Arthurian legend', pp. 221–2, 225 and 229.
82 Würth, 'The common transmission', pp. 316–17; Würth, *Der 'Antikenroman'*, pp. 169–70. See also Gropper, '*Breta sögur* and *Merlínússpá*', p. 58. For a fuller discussion of the purposes of Hauksbók, see the studies cited in footnotes 17 and 19 above. Further evidence for the genealogical purposes of its text of *Breta sǫgur* is presented by Ryder Patzuk-Russell, 'The Legend of Pallas's Tomb and its Medieval Scandinavian Transmission', *Journal of English and Germanic Philology*, 118 (2019), 1–30 (at 26–7).
83 Tétrel, *La Saga des Bretons*, pp. 206–7 and 354–6.
84 Würth, 'The common transmission', pp. 306–9. Tétrel does not mention this part of Gropper's argument.
85 This point is demonstrated by Tétrel, *La Saga des Bretons*, pp. 155–84.
86 Kalinke, 'The Arthurian legend', pp. 218–19 and 221.
87 Jón Sigurðsson (ed.), 'Trójumanna saga ok Breta sögur' (1848), 212–13 and n.; Tétrel, 'Le Traitement', 208–11; Tétrel, *La Saga des Bretons*, pp. 508–10; Finnur Jónsson (ed.), *Hauksbók*, pp. 267–8; Wace, *Roman de Brut*, p. 152 (ll. 6073–6); Geoffrey, *History*, pp. 213–15 (ll. 392–8); Burchmore (ed. and trans.), *History*, p. 326.
88 Würth, *Der 'Antikenroman'*, p. 78.
89 On the relevant narratives, see Katelin Parsons, 'Radiant maidens and butchered brides: finding St Ursula in Icelandic literature', in Jane Cartwright (ed.), *The Cult of St Ursula and the 11,000 Virgins* (Cardiff: University of Wales Press, 2016), pp. 227–43; for wider context, see Margaret Cormack, 'St Ursula and the 11,000 virgins in Scandinavia and Iceland in the Middle Ages', in Cartwright (ed.), *Cult of St Ursula*, pp. 205–25. I am grateful to Katelin Parsons and Margaret Cormack for sending me copies of their contributions.
90 See Reeve's note in Geoffrey, *History*, p. lii, and Elizabeth J. Bryan, 'Ursula in the British history tradition', in Cartwright (ed.), *Cult of St Ursula*, pp. 119–42.
91 Scott B. Montgomery, *St. Ursula and the Eleven Thousand Virgins of Cologne: Relics, Reliquaries and the Visual Culture of Group Sanctity in Late Medieval Europe* (Bern: Peter Lang, 2010), pp. 13–17; Bryan, 'Ursula'.
92 Parsons, 'Radiant maidens', pp. 234–5; Tétrel, *La Saga des Bretons*, pp. 288–9.

93 Tétrel, 'Le Traitement', 201–2; Parsons, 'Radiant maidens', p. 235; Tétrel, *La Saga des Bretons*, pp. 287–9.
94 Wace, *Roman de Brut*, p. 152 (ll. 6041–68).
95 One Arthurian episode, that of the beard-collecting giant Ritho/Ríkon, has been briefly mentioned by Gropper (*Der 'Antikenroman'*, p. 78) as compatible with the idea of a source related to Wace's source, but its diagnostic significance is unclear. The only clear agreement between Wace and *Breta sǫgur* against Geoffrey's *History* is the fact that both texts specify the flaying of the loser's beard (i.e. including skin) rather than the shaving of the loser's beard as in Geoffrey, *History*, p. 225, l. 99. See Jón Sigurðsson (ed.), 'Trójumanna saga ok Breta sögur' (1849), 96–7 and n. 1; Wace, *Roman de Brut*, p. 290 (l. 11589). In *Breta sǫgur* it is the giant who suggests the flaying; in Wace Arthur flays the dead giant. The detail could have been introduced independently in both.
96 Geoffrey, *History*, pp. 192–3, adding alternative translation for *virtus*.
97 Finnur Jónsson (ed.), *Hauksbók*, p. 287, with punctuation and capitalization added. On these features see Würth, *Der 'Antikenroman'*, pp. 73–4 and n. 292; Tétrel, 'La *Saga des Bretons*', p. 309; Kalinke, 'The Arthurian legend', pp. 222–3.
98 Translation from Kalinke, 'Arthur, King of Iceland', 13, adding alternative translation for *vápndjarfr*. On the significance of this description in a Norwegian courtly context, see Barnes, 'Scandinavian versions of Arthurian romance', pp. 192–3.
99 Wace, *Roman de Brut*, pp. 226–7 (ll. 9013–32), with the equally common alternative meaning of *vertuus* added to Weiss's translation.
100 Kalinke, 'The Arthurian legend', pp. 221–2.
101 Burchmore (ed. and trans.), *History*, p. 298.
102 Kalinke, 'The Arthurian legend', p. 223.
103 Kalinke translates *siðlátr* as 'well-mannered', which might seem to match Wace's *curteisie*, but its other attestations suggest piety rather than elegant manners; it is sometimes used to translate *religiosus*. See the dictionary slips for *siðlátr* and *siðlæti* at 'ONP: The Dictionary of Old Norse Prose' (University of Copenhagen), https://onp.ku.dk/onp (accessed 9 March 2022).
104 For twelfth- and early thirteenth-century French examples, see M. W. J. A. Jonckbloet (ed.), *Guillaume d'Orange: chansons de geste des XIe et XIIe siècles: tome premier* (The Hague: Nyhoff, 1854), p. 236; William Roach and Robert H. Ivy (eds), *The Continuations of the Old French Perceval of Chrétien de Troyes*, 5 vols (Philadelphia: University of Pennsylvania Press, 1949–71), vol. 4, pp. 28, 85, 441. The Norse words' frequency in such lists is seen in the dictionary slips in 'ONP' under each word.
105 Kalinke, 'Arthur, King of Iceland', 13–14, citing descriptions of the knight Kanelangres in *Tristrams saga* and Arthur in *Mǫttuls saga*; Kalinke, 'The Arthurian legend', p. 229, on *Sverris saga*.
106 Geoffrey, *History*, pp. 208–14; Finnur Jónsson (ed.), *Hauksbók*, p. 290.
107 Tétrel, *La Saga des Bretons*, pp. 548–54; Jón Sigurðsson (ed.), 'Trójumanna saga ok Breta sögur' (1849), 98–101 and nn. 6–11.

108 Tétrel, *La Saga des Bretons*, p. 552, with punctuation adjusted; see also Jón Sigurðsson (ed.), 'Trójumanna saga ok Breta sögur' (1849), 100–1, n. 11.
109 Translation by Kalinke, 'Arthur, King of Iceland', 16.
110 Wace, *Roman de Brut*, pp. 264–5 (ll. 10543–52), with adjusted translation for 'symphonies' to bring out the parallel with *Breta sǫgur*. It can also mean 'bagpipes', which is how Weiss translates it.
111 Wace, *Roman de Brut*, pp. 264–7 (ll. 10553–88).
112 For medieval French examples, see Félix Lecoy, *Recherches sur le Libro de Buen Amor de Juan Ruiz* (Paris: Droz, 1938), pp. 255–61. Tétrel makes a similar point (*La Saga des Bretons*, pp. 207–8, n. 129), citing Pierre Bec, *Vièles ou violes? Variations philologiques autour des instruments à archet du Moyen Âge, XIe–XVe siècle* (Paris: Klincksieck, 1992).
113 Robert Cook and Mattias Tveitane (ed. and trans.), *Strengleikar: An Old Norse Translation of Twenty-one Old French lais* (Oslo: Kjeldeskriftfondet, 1979), pp. 4–7, slightly altering Cook and Tveitane's translation.
114 Ármann Jakobsson and Þórður Ingi Guðjónsson (eds), *Morkinskinna*, 2 vols (Reykjavik: Hið íslenzka fornritafélag, 2011), vol. II, p. 98.
115 Jonna Louis-Jensen (ed.), *Hulda: de norske kongers sagaer 1030–1155, efter AM 66 fol.* (Copenhagen, in press), p. 182 of pre-publication proofs, available via 'ONP', s.v. *simfón* (fifth entry).
116 W. M. Lindsay (ed.), *Isidori Hispalensis Etymologiarvm sive Originvm libri XX*, 2 vols (Oxford: Clarendon Press, 1911), vol. 1, Book III, chapters 21–2; Robert Weber and Roger Gryson (eds), *Biblia sacra iuxta vulgatam versionem* (fifth edn, Stuttgart: Deutsche Bibelgesellschaft, 2007), pp. 955 and 379.
117 C. R. Unger (ed.), *Stjorn* (Kristiania: Feilberg og Landmarks forlag, 1862), p. 444.
118 See Wace, *Roman de Brut*, p. 266, nn. 1 and 2; Judith Weiss, 'The text of Wace's *Brut* and how it is treated by its earliest manuscripts', in Tétrel and Veysseyre (eds), *L'Historia regum Britannie*, vol. 2, pp. 83–101 (p. 86).
119 Geoffrey, *History*, pp. 215–15.
120 Tétrel, *La Saga des Bretons*, p. 552; Jón Sigurðsson (ed.), 'Trójumanna saga ok Breta sögur' (1849), 101, n. 11; Kalinke, 'The Arthurian legend', pp. 224–5.
121 Wace, *Roman de Brut*, pp. 266–7.
122 Wace, *Roman de Brut*, p. 266, n. 2; Weiss, 'The text', p. 86.
123 Geoffrey, *History*, p. 212.
124 Kalinke, 'The Arthurian legend', p. 225.
125 Tétrel, *La Saga des Bretons*, p. 550; Jón Sigurðsson (ed.), 'Trójumanna saga ok Breta sögur' (1849), 100, n. 11. Jón Sigurðsson here attempted to emend to the masculine *fjórir* but it is unclear on what basis he did so: the manuscript clearly reads *fjorar* (fol. 54, l. 21 of AM 573 4to).
126 Marianne E. Kalinke, *Stories Set Forth with Fair Words: The Evolution of Medieval Romance in Iceland* (Cardiff: University of Wales Press, 2017).
127 E. Kölbing, 'Ein Bruchstück des Valvers þáttr', *Germania*, 25 (1880), 385–8.

128 This amplification belies Baccianti's remark ('The Latin connection', p. 288) that *Breta sǫgur* 'simply records' the fact of Modred's usurpation and adultery. That claim is true only of the condensed Hauksbók version.
129 For Igerna and Guinevere, see Tétrel, 'La *Saga des Bretons*', pp. 305–8 and 310, n. 25 (further discussed in Kalinke, 'The Arthurian legend', pp. 219–21, and Kalinke, 'Arthur, King of Iceland', 27–8). For Ritho, see Hélène Tétrel, 'Arthur et le géant aux barbes: genèse et circulation européenne d'un épisode fondateur', in Magali Coumert and Hélène Tétrel (eds), *Histoires des Bretagnes 1: mythes fondateurs* (Brest: CRBC, 2010), pp. 167–81; Kalinke, 'The Arthurian legend', pp. 225–7; Tétrel, *La Saga des Bretons*, pp. 310–15.
130 Kalinke, 'Arthur, King of Iceland', 27 and 10.
131 Kalinke, 'The Arthurian legend', p. 221, n. 2. See Geoffrey, *History*, pp. 184–7.
132 Such comparisons are difficult between two languages as different syntactically as Old Norse and Latin: the saga's greater use of prepositions and parataxis already skews the results in favour of *Breta sǫgur*.
133 Geoffrey, *History*, p. 212; Kalinke, 'The Arthurian legend', p. 223.
134 Tétrel, *La Saga des Bretons*, p. 552; Jón Sigurðsson (ed.), 'Trójumanna saga ok Breta sögur' (1849), 101, n. 11; Wace, *Roman de Brut*, p. 264 (ll. 10491–2).
135 Geoffrey, *History*, pp. 212–15.
136 Tétrel, *La Saga des Bretons*, p. 552, with punctuation adjusted; Jón Sigurðsson (ed.), 'Trójumanna saga ok Breta sögur' (1849), 101, n. 11.
137 Geoffrey, *History*, pp. 212–13.
138 For the First Variant text, see Burchmore (ed. and trans.), *History*, p. 326.
139 Geoffrey, *History*, pp. 208–13; Tétrel, *La Saga des Bretons*, pp. 552–4; Jón Sigurðsson (ed.), 'Trójumanna saga ok Breta sögur' (1849), 98–100 and nn. 6–11.
140 Geoffrey, *History*, pp. 212–13.
141 Kalinke, 'Arthur, King of Iceland', 16.
142 Geoffrey, *History*, pp. 36–45; Finnur Jónsson (ed.), *Hauksbók*, pp. 248–52.

HIDDEN TREASURE IN WELSH LEGENDRY

Elissa R. Henken

Hidden treasures have been a common subject across an internationally wide range of folk cultures, and legendry about them has proved a useful focus for discussion of folk ideas and worldview. Welsh lore, especially at the local level, abounds in legends and beliefs about hidden treasure. As with any folklore, treasure legends reflect both physical context and community values. In Wales, that includes a landscape dotted with places where treasure might be buried by humans or magically revealed at an interface with the Otherworld, as well as by everyday activities of people at work in their home environment. Values of the culture emerge mainly through actions and their results. It is not a question of whether any of the motifs are unique to Welsh lore, but rather which narrative elements, out of all that are available, the narrator and audience find satisfying and thus choose to employ. For this study, I have examined materials collected and published from the late eighteenth through the twentieth centuries, with most of it from the nineteenth. Since folklore is recreated in the moment of performance, it is sensitive to both the immediate context of the audience and situation and the broader socio-historic context. Unfortunately, contextual data in these publications ranges from limited to none. Some texts have been re-written, some transcribed from seemingly faithful notes and some from tape recordings, each providing another layer of unknown context and uncertain text. Moreover, for lack of space, I must compound this by summarizing rather than quoting whole texts. Despite all the limitations, these stories prove a rich field for consideration, and even this small sample contains enough patterns and variations to suggest a complexity of ideas.

We do not know how the people who shared the stories would have classified them, nor even whether they regarded them as fact or fiction. In the sources, the narrators and more often the collectors call them *chwedl*, *stori* or *hanes* (legend/tale, story, history). Nonetheless, this study must begin with organizing the materials, sorting by motifs, while recognizing that folklore is never tidy, never fits neatly into clearly defined boxes. The simplest, most basic utterances locate treasure in a certain place: a pot of gold buried on top of Dinas Dinlle (Caernarfonshire); Rhos Bawl (Ceredigion), named for the gold bowl buried there by the Romans; treasure buried by the Romans at Craig yr Ogof, near the Llanafan bridge (Ceredigion); a pot full of gold under one of the stones at Cefn Celfi (Glamorgan).[1] Sometimes, reference is made to events without giving narrative detail, such as the Llanberis-area (Caernarfonshire) report about the stone mason who, while repairing the castle, found something that enabled him to put away his tools forever.[2] Behind both the simple statement and the non-narrative relation of events may lie fully developed narratives known to the narrator or other community members. The legends can be divided between those involving supernatural guardians and those involving fate. Within these, they can be categorized by the types of guardians: undefined beings, fairies (*y Tylwyth Teg*) and spirits. Alternatively, these same legends can be categorized into four groups based on what happens with the treasure: the treasure is never reached; the treasure is found and immediately lost; the treasure is found and eventually lost; the treasure is enjoyed. The two approaches do not fully overlap, but examining them together usefully clarifies the material. Animals play significant parts in all categories, and all of these legends, whether or not they include supernatural beings, at least hint at supernatural forces, including the power of fate.

Undefined beings, despite the vague label given here, form the clearest group in the methods they employ to guard the treasure, using natural forces (water, storm/wind and sound) or animals to chase away treasure seekers. An 1850 report on an archaeological dig near Denbigh records the belief told to some of the workmen by an old woman at the end of a drenching wet day: 'Whoever digs there is always driven away by thunder and lightning and storm; you have been served like everybody else who has made the attempt.' The belief was connected at that time to a local legend that beneath the site lay buried a treasure contained in an iron chest with a ring handle. One time men had got as far as grasping the handle when they were driven off by an 'outburst of wild tempest'.[3] A similar account, heard from an elderly man 'of good education and sound common sense' and published in 1914, reports that in the late 1700s, three men in Anglesey went to investigate Ogof Llech Talmon, reputed to contain treasure that had been hidden there to keep it safe from raiders. As soon as the workers accompanying them began digging, a terrible thunderstorm broke out. Taking it as an omen, they fled, and the workmen refused to return. The author of the article further reports having heard of three or four later attempts, all without success.[4] An early twentieth-century collector reports the same belief about thunder and lightning connected to 'Carreg y Bwci' (Rock of the Ghost/Bogey) on top of Craig Twrch (Ceredigion).[5] An 1862 collection in the area of Beddgelert (Caernarfonshire) included the legend of a man who went out one summery day to dig for treasure that was buried on Y Ddinas: the ground shook beneath his feet, the sky blackened, and the air filled with thunder and lightning. He ran home, too afraid even to fetch his tools.[6] The same legend was also localized to a hillock near Llyn Arenig (Meirionnydd), where a man dug for gold. Shaking ground, lightning and thunder chased him away, but all was quiet again before he reached home. He never returned for his tools.[7] A related legend, again collected in the Beddgelert area, shows that even when one finds the treasure accidentally, one must not become greedy and try to take it: A man who was haying on Y Ddinas on a hot, sunny day, reached with his rake into a spring and accidentally knocked against something that tinkled like silver, but when, filled with desire, he tried to grasp it, a storm with terrible wind and rain arose, forcing him and all the other workers to leave immediately. By the time they had run down to Maes yr Efail, all was calm, but they would not go up again that year.[8] A legend about Llyn Cwm Llwch (Breconshire) reports that the local inhabitants, in an unspecified time, determined to drain the lake in order to see whether there was fairy treasure buried beneath it. They dug a large trench, but just when they were one spade-blow away from releasing the waters, they were stopped by thunder and lightning and churning waters and a giant who rose from the depths warning them not to disturb his peace lest he drown the banks of the river Usk, starting with Aberhonddu (Breconshire).[9] The storms which deter looters echo the *twrwf*, the noise or tumult, marking an intersection with the Otherworld in medieval texts, such as the Mabinogion's stories about Pwyll, Manawydan and Owein.[10]

The treasure may be guarded by animals: in one case, at Ogof Dafydd Siencyn (Denbighshire) in Nant Conwy, by an enormous billy goat standing atop an oak chest banded with iron;[11] in another, in a cave on Y Benglog in Llanllechid (Caernarfonshire), by a greyhound with fiery eyes;[12] and in a third case, the treasure of Ifor Bach hidden under Castell Coch (Glamorgan), by two, or possibly three, huge, fierce eagles, whose fiery, sleepless eyes are alone visible in the dark. When men armed with pistols loaded with silver bullets went against the eagles, the bullets bounced off their feathers, the ground shook and the eagles attacked; the men barely escaped alive.[13] D. Parry-Jones, in reporting this legend, added that no one could dislodge the eagles who would be there until Ifor Bach returned with his 'twelve hundred men of Glamorgan', and he further conjectured that Ifor Bach had at one time begun to be considered in line with Arthur and Owain Lawgoch, two redeemer-heroes who wait in caves filled with treasure. The main lesson in this first set of legends is that those who seek treasure will not obtain it: greed will not be satisfied.

Occasionally, especially in stories connecting the treasure to the *Tylwyth Teg*, someone finds or is even given the treasure but, because it is too heavy to manage alone, delays taking it and can never again find it. In one legend, a lad found treasure in a cave in the mountains above Llyn Ogwen (Caernarfonshire). It was too heavy, so he covered the cave's entrance and then, having heard of others who had discovered a cave but could not find their way back again, marked his path home by whittling chips from his walking stick. When he set out again with a friend the next day, the chips were gone, having been collected by the *Tylwyth Teg*.[14] A farmer chasing after a lamb on Y Moelwyn Bach (Meirionnydd), saw a small chest, stopped long enough to find it too heavy to carry and, unable to open it, decided to come back for it after catching the lamb. He stuck his staff in the ground to mark the spot, but when he returned, the chest could not be found. We are told that he realized that it was one of the chests of gold of the *Tylwyth Teg*, and he understood that he, like many a one both before and after, had refused to open his door to Fate or Fortune when it knocked.[15] Similar legends, though without explicit fairy involvement, report treasure buried outside the castle grounds at Dolwyddelan (Caernarfonshire). None who sought it found it, but on two occasions it was found by accident. Once, a lad driving ponies across the bog saw several of them slip on the top of a chest. He planted his staff in the ground to mark the spot while he ran to fetch the master, but by the time he returned with help, both the staff and chest were gone. Another time a cowherd went after a cow he saw slipping on what appeared to be the lid of a chest. He whittled his staff to mark the spot but took the crook-head with him to show the master. Neither the wood chips nor chest could ever be found. The narrator concludes by reporting that there are still holes which were dug eighty years previously by people seeking the treasure.[16] In another Caernarfonshire legend the treasure is presented as a gift rather than found accidentally. A girl who knitted while tending the sheep was rewarded for her industriousness by the fairies, who left her a golden chair. She knew it had to be taken without delay, but she needed help to move it, so she tied the end of her yarn to the chair and unravelled her knitting as she hurried down the mountain. The yarn having run out a short way from home, she weighed down the end with a stone while she fetched her parents. When they searched, neither the stone nor the yarn nor the chair could ever be found.[17] In Welsh lore, fairies reportedly do reward good people with gifts, though most commonly in the form of coins that reappear as often as they are spent.[18] There were rules to these gifts, however: the gift must be taken immediately, and the recipient must never tell anyone. The protagonists in this set of stories broke both taboos by leaving the treasure and by asking for help. Perhaps the girl committed a further offence in unravelling her knitting, undoing the work for which she had been rewarded. Should she have enjoyed simply having a chair to sit on as she worked? Might the herders who whittled their staffs or left them behind have offended by losing the tools of their trade and thus becoming unable to work?

In the next set of legends, the individual initially benefits from the found treasure. One well-known Welsh legend tells of a drover gone to market in London. As he crosses London Bridge a wise man asks where he got the hazel staff he had cut en route. He leads the man to the spot; the man reveals a cave in which, depending on the cave's location and the narrator, lies one of the redeemer-heroes – Arthur, Owain Lawgoch or Owain Glyndŵr – heroes who never died, but who await the moment to return and restore the nation to its former glory. The hero waits, surrounded by his army and also by great treasure. The drover is warned not to wake the men but is allowed to take as much treasure as he likes as long as he does not take more than he can carry in his hands or does not mix gold with silver or different types of jewels or break some similar rule. He makes repeated trips to the cave, but one time takes too much, drops some and accidentally wakes the men, who ask, 'Is it day?' meaning is it time to arise. When they realize that he is only a 'seeker after gold', they beat him and throw him out. Never again can he find the cave and never again does he enjoy a day's health. The same story is also told with a shepherd chasing a lost lamb into the cave.[19] As well as punishing greed, these legends, with their promise for the nation, are reminders that there are matters more important than riches. Along with Ifor Bach's treasure being safeguarded until his return, these legends suggest an inherent connection between redeemer-heroes and riches, even if only as daydream desires of the poor and oppressed. Although the drover might not be destined to find the cave, an aura of fate hovers around any place sheltering a redeemer-hero.

A fairly large category of legends involves a spirit that has been troubling a household for years, even generations. Finally somebody, usually a servant, has the courage to ask what it wants or to follow where it leads and obtains a treasure. A legend from the Aberteifi (Ceredigion) area tells of a troublesome spirit at a farm called Crug Mawr, breaking dishes, throwing water on the floor, letting out the cattle, and so on, until one night, a chimney sweep, a surly man who cared for no one, stayed there. Disturbed from his sleep, he fiercely demanded to know what the spirit wanted. The spirit told him about thousands in gold hidden behind the chimney. The sweep offered it to the householders, but they refused it, lest the spirit not have intended it for them. The sweep became a great gentleman.[20] A legend about Brogynin (Ceredigion), the birthplace of Dafydd ap Gwilym, tells of a spirit that wandered at night, walking up and down stairs, slamming doors, and appearing occasionally to servant men as a White Lady who would then disappear in a ball of fire. One Sunday, when the 'respectable and industrious' family was at chapel, one servant maid, not feeling well, remained home, where she was joined by her suitor. The White Lady appeared, beckoned to the young man, who dared not disobey, and led him upstairs to a back room where she pointed to a corner under the roof. When he reached in, he found a packet of money tied in an old woollen stocking. The White Lady never again disturbed them.[21] Nothing is said about who kept the money. A legend from Llanafan (Ceredigion) tells of Edwards, a poor, hard-working farmer tormented by a spirit who threw stones down the chimney and ashes into his milk and tore down fencing even as he put it up. Finally the farmer demanded, 'Yn enw Duw, paham yr wyt yn fy aflonyddu o hyd?' ('In the name of God, why do you continually disturb me?') Neighbours assumed that the farmer had found treasure hidden in a wall near his house, for he took down that wall and built a new house with the stones, and ever after prospered. Jonathan Ceredig Davies, who collected this narrative, reported telling the story to a friend, whose wife immediately declared it true, that she was related to the farmer and had received £500 of the ghost's money.[22] A Radnorshire legend tells of a fine house near Abbey Cwm Hir made unliveable by a spirit appearing in various forms and making terrible noises. Finally, a newly married young gentleman was brave enough to face the spirit, who pointed him to gold buried in the ground near the house and never again troubled the family.[23] Davies reported hearing from several people that near Nevern (Pembrokeshire), a spirit revealed treasure (hidden in Cromwell's time) to a Baptist minister.[24] A story originally presented as a personal experience narrative was told by 'a poor unmarried woman, who was a member of the Methodist Society' and who worked as an itinerant spinner. When she went to work at 'Redcastle' (Powis Castle, Montgomeryshire), the servants put her for the night in a very fine room, but one which they believed to be haunted. She wondered at the finery but took out a small Welsh Bible, which she always carried with her, and began to read. A finely dressed gentleman came in, stared at her and left. She knelt to say her prayers. Again he appeared, but she was too frightened to speak. She begged God for strength and, when the gentleman appeared a third time, she asked what he wanted. He bade her take her candle and he would show her. He led her to a small room, tore up some floorboards, revealed a box with an iron handle, showed her where the key was kept hidden, and told her the contents were to be sent to the earl in London. She told the servants, and the earl was so grateful that he supported her for the rest of her life.[25] This story gains extra piquancy from the fact that the Herberts of Powis Castle were fervent Roman Catholics, at odds with the Methodists and against common people reading the Bible. A mid-nineteenth-century legend from south Wales, presented as a personal experience narrative, tells of a carpenter haunted for years wherever he went by a White Lady, 'with an agonizing expression of countenance'. Finally, he found jewels and other valuables in the drawer of an escritoire he was repairing and, when he gave them to the family, was troubled no more.[26] The ghost of the landlord of the Goat Hotel in Beddgelert, when asked by his old servant why he wandered in the night, bade the servant to tell his widow to look under the hearthstone in the bar-room. Out of the 200 guineas she would find, she should give two to the servant.[27]

Sometimes, the spirit appears outdoors and points to treasure buried in a field. A farm girl repeatedly encountered a strange man in the evenings in a certain lane; she finally asked what he wanted, and he told her to bring a spade the following night and not tell anyone. That night he pointed to a spot in a field, bade her dig, and upon her finding a large number of gold coins, told her that as long as she kept seven of the coins to be handed down, the family would enjoy good luck, which it did.[28] These legends value courage, respectability, piety and unselfish concern for others.

Distinct from the legends centred on interaction with supernatural guardians are those centred on fate. The treasure in a cave in Nant Ffrancon (Caernarfonshire) is to be found by a Gwyddel (Irishman), a shepherd, 'pan welo ffawd yn dda' ('when fate sees fit'); he will follow a black, speckle-headed sheep into the cave and there regain the property of the Irish.[29] A similar account connected with Ffynnon Digyn in Clynnog (Caernarfonshire) reports that the treasure will be found by a red-haired girl chasing a sheep.[30] Treasures left by Myrddin at Dinas Emrys are to be found by a blue-eyed, golden-haired lad, for whom a bell will ring inviting him to the cave which will open as soon as his foot touches it. One man of the right colouring dreamed about it once a year but never had the courage to try. After his death, a nephew thought he must be the next heir; he followed the sound of a bell, but when he reached a particular ridge, a calf with a bell tied around its neck jumped out at him.[31] One cannot force the treasure to be given to the wrong person. A legend collected in 1974 in the Nantlle (Caernarfonshire) area tells of a man trying to dig for treasure purported to be under a stone on his farm. On two consecutive days, just as he was about to reach the treasure, thunder and lightning prevented him. The second night he dreamed that a dwarf came and told him that a red-headed girl would come from Eithinog Ganol, the neighbouring village, to take the treasure. The dwarf then lifted the stone to show the dreamer three casks of gold and three of silver, before warning that if anybody else tries to take the treasure, the storm will kill them. The farmer's family still awaits the coming of the red-headed girl.[32] Here, treasure must go only to a rightful heir.

In cases not involving heirs, the treasure is sometimes destined for the person bold enough or clever enough to follow the signs, presented through animals and dreams. The seventeenth-century antiquary Humphrey Foulkes reported a story, heard 'from a creditable man of the Parish', relating the discovery of a particular horde of treasure, which was found by a herdsman who 'dreamt thrice ... that he should find a treasure where he should see an ox scraping with his foot, & so it came to pass effectually'.[33] An animal pointing to a chosen site appears elsewhere in Welsh lore, as when various animals stop on the site where a saint is to build his church or where he is to be buried.[34] In Elis Gruffydd's sixteenth-century account, Taliesin marks where Elphin's horse ends a race to locate a treasure with which he repays Elphin for having raised him.[35] According to one belief, a white dog with silver eyes can lead one to treasure.[36] These animals perform a slightly different role from the sheep chased by various shepherds, and the pony and cow slipping on the chest in the bog at Dolwyddelan that lead their herders by chance to a treasure which they are unable to take. With those accidental animal guides, when there is any comment about fate, it is in recognition that the herder was not fated to have that treasure.

More prevalent than the animal-guide motif in nineteenth- and twentieth-century Welsh legendry is the dream motif. One legend, published in 1902, complete with the names of all the people and places involved, tells of a woman whose husband was on strike from work in the slate quarries. She dreamed on three consecutive nights of seeing a brass pan full of gold in a particular sheep pen near where her mother lived. When she went, dug the earth and lifted a large stone, she found a pan full of silver. The legend was reported by one who saw both the pan and the silver.[37] Another early twentieth-century publication reports events, presumably from the early nineteenth century, when an old Anglesey woman in Nebo dreamed three times that money was hidden under the hearth in a tavern at Tyddyn Main, Penrhosllugwy. She went to tell the tavern keeper, who dug out the hearthstone and found an earthenware vessel full of gold.[38] In 1976, John Owen Huws tape recorded a story about a man whom the narrator's mother knew when they each lived in Rhoshirwaun (Caernarfonshire). The man had been poor, like everyone else in the community, but suddenly had enough money to open a shop. He explained that he had followed instructions in a dream to go at sunrise to a certain spot in Porthor to find a pile of money.[39] Another Caernarfonshire legend tells of Gilmyn (Cilmyn), a struggling small-holder, who dreamed repeatedly of a man informing him that if he went to London he would gain the means for a living. Tired of the dreams, he finally went to London, where he met a man who, upon learning Gilmyn was from Arfon, said he had been dreaming of a treasure to be found in the Hen Seler Ddu in Arfon and asked whether Gilmyn knew of such a place. Gilmyn denied knowing it, hurried back home and found the treasure. However, as he was leaving the Seler Ddu, he stepped in a filthy pool, which stained his leg black for evermore, giving him the name Gilmyn Droed-ddu (Gilmyn Black-foot).[40] In Welsh variants of this internationally well-known narrative, Tale Type AT 1645 (The Treasure at Home) with Motif N531.1 (Dream of treasure on the bridge),[41] the bridge is often London Bridge, as it frequently also is in the tale of the drover who is able to lead a wise man to the redeemer-hero's cave. Even without a trip to London, however, each of the legends in this set involves the dreamer leaving home. The reason for the stain becoming permanent is not explained, but perhaps it indicates punishment for Gilmyn's greedy deception. Perhaps greed also lies behind the punishment meted out in Giraldus Cambrensis's twelfth-century report of a rich man who dreamed on three successive nights that if he put his hand in a stone at the Fountain of St Bernacus (Brynach), he would find a golden torque; when he followed the dream's instructions, he was bitten by a viper and died.[42] In contrast with the poor working people who are rewarded through their dreams, the rich man who dreams of yet more is too greedy. Another example ending in failure involves a test, a dream and fate, providing a reminder of how untidy these attempts at classification are. John Skinner, an English clergyman on an antiquarian tour of Anglesey in 1802, reported what his guide said about a stone since identified as Carreg Lefn. The stone was engraved with characters no one could construe, but were some scholar able to read them, the stone would move of its own accord, revealing a pot of gold. A local man had dreamed of it on three successive nights and dug for it, but 'to no purpose for it was not intended for him'. Skinner added that what local people 'took for letters were nothing but a few natural crevices in the rock'.[43]

Folklore, constantly recreated, shaped by and shaping a community's worldview, reflecting its socio-historic context, conveys a culture's values and concerns. The examples presented here were told and collected mainly in the 1800s, in a period of cultural upheaval in Wales resulting from a confluence of industrialization, with its concomitant migrations away from rural areas, and the growing influence of Calvinistic Methodism and Nonconformity. Despite both the economic and religious factors – loss of community and suppression of no longer religiously acceptable traditions – legends survived. As Robin Gwyndaf explained in discussing Welsh fairy legends, rather than being suppressed, the legends were adapted: 'The emphasis became increasingly moralistic and didactic ... Many of the legends became sermons and homilies in miniature.'[44] Perhaps the thought of potential new wealth made narrative discussions of seeking riches even more relevant. Although the database is small and, as already noted, the narratives were rarely published with enough contextual information for any fine analysis, the number of analogous examples and the number of collectors and editors who comment that they have often heard the story, suggest that it is still usefully representative.[45]

Comparison with hidden treasure legends in Wales's sister and neighbouring cultures may provide further insight. Some similarities are expected: the treasures may be hidden anywhere in the landscape, especially caves, mounds, hill tops, lakes, standing stones and ruins – reflecting both the places where people would naturally hide items and the interface with the Otherworld, the liminal spaces in which treasures might be visible and not visible. Legendry in Ireland, Scotland, England and Brittany also shows good people rewarded and greed punished, though often through different motifs. A Breton legend tells of a poor tailor, given treasure by a Margot-la-Fée, stuffing his pockets with Louis d'or, but when the treasure's guardian suggests that he could take more if he had a sack, he empties his pockets in order to run faster to fetch a sack. He cannot again find the cave entrance.[46] Some differences are interesting simply as examples of the law of opposites: in Wales the accidental finder of treasure is baffled by the disappearance of a location-marker; in Ireland, the marker multiplies, so that the whole area is covered with red handkerchiefs tied to the plants or by bits of rope.[47] Sometimes, the variation seems a simple matter of localization, such as Irish versions of the 'Treasure at Home' in which the dreamer goes to the bridge in Limerick rather than London Bridge.[48]

Speech plays a large role in all these legendries, though perhaps with different emphases. According to Welsh lore, spirits cannot speak until spoken to, which leaves them waiting for a person brave enough to speak. On the other hand, speech, telling somebody about one's good fortune, can end the benefit of a constantly replenished coin. Although not specifically stated, perhaps speaking, in addition to delay, is part of the problem for those who seek help to carry home found treasure. Is this about not being boastful, about keeping one's business to oneself? Ireland shares the belief in not telling about a fairy gift, whether it results in the money's disappearance or the person's death,[49] but the narratives include more motifs commenting on speech. In Tale type AT726* (The Dream Visit),[50] while a guest of Otherworld beings, a man eats soup which enables him to see where treasures are hidden in Ireland; when he eats some more, he loses the ability. In one version, his host comments that no Irishman can keep a secret and that is why he had to forget.[51] Speech can cause a treasure to disappear right at the very moment of finding it. According to Barry O'Reilly's study of over 900 Irish narratives, tales featuring women often contain a speech taboo, and it is always a woman who breaks the taboo.[52] In English legends where the (male) seeker cries out at the point of grasping the treasure, part of the fault is in his swearing, taking God's name in vain.[53] Widening the field for comparison, in Swedish legendry, the motif of the speech taboo is so strong that more people lose treasure through breaking it than gain it by any means, and the silence is broken most often at the point of success. Moreover, they are induced to break the silence by bizarre or frightening apparitions (a hen pulling a load of hay; their house on fire).[54]

Welsh and Irish treasure legends show some interesting differences regarding both who left the treasure and how it is guarded. Welsh legendry shows very little interest in who left the treasure or under what circumstances. In this, it is very different from American legends which devote most of the narrative to hiding the treasure.[55] For example, they might describe pirates who bury the treasure, make somebody promise to guard it and then kill that person, who will be left on guard as a ghost, or describe Confederates who bury their treasure to save it as they flee from Union soldiers during the Civil War. These then might give a short description of a search or end fairly simply, saying that many have searched but no one has found the treasure. Welsh legendry rarely gives the back story about how a treasure came to be hidden. When it names an original owner, it is usually the Irish or Myrddin, whose descendants are destined to repossess it, or the treasure lies in the same cave as the redeemer-hero who is destined to rise again. In Ireland, as befitting a different history, the named original owners were the Danes (*Lochlannaigh*), or the Church hiding its treasures from Oliver Cromwell. In Wales, the stories are more often about finding the treasure and what one does with it. Concern is for the rightful owner – the awaited descendants, the householders offered it once it is found or the worthy finder. In Wales, treasure seekers are most often chased away by a weather event; in Ireland, the weather is only seventh on a list of treasure guardians. The top four are animals (bull, dog, (monstrous) cat, serpent), depending on the part of the country.[56] At least one legend from Scotland tells of a laird and his servants breaking off their search when a voice says that the laird's home is on fire.[57] In Welsh legendry, it is improper to go seeking treasure, and once chased away or having a treasure disappear, the protagonists simply let it go, realizing that it was not for them. Irish legendry, however, shows a much more assertive approach. Rather than accidentally stumbling on a fairy treasure, individuals demand treasure from a leipreachán.[58] With guarded treasures, the

Irish seekers attempt to distract or outwit the guardian or even kill it. In Ireland, when a dream reveals a treasure, it generally informs the dreamer of specific conditions which must be met – going at a certain time of night or of year, taking animals of a certain kind or number or a particular colour, or going only with people all of the same name.[59] In searches driven by dreams, the dream must occur three times. If the dreamers try to follow it before the third time, they will find only worthless shells or sewing needles instead of gold. Furthermore, the dreamer must be the first to dig or will be driven off.[60] Though to a lesser extent, English and Scottish lore also has procedures and rules, such as going under a full moon or making sure that no cock crows nor cowherd blows his horn.[61] Such instructions only rarely appear in Welsh legendry. One rare example appears in an 1802 report from Anglesey about a brass pot full of treasure under the megalith Maen Pres (brass stone): it will be revealed to the person who can trace the stone's shadow at a certain (unspecified) time of day.[62] Specifics as to the presence or the colouring of an animal may be given in the prophecies of how a treasure will be found, but they are not presented as conditions to be met consciously by the seeker. Perhaps this difference correlates with the Catholic and Anglican churches being inherently more structured in their rules and rituals than the Nonconformist denominations. Or could the differences be related to certain Nonconformist sects perhaps giving more weight to pre-destination and Catholicism allowing more room for choices and acts?

All those rules and instructions do not necessarily help: the Irish seekers rarely attain the treasure, and when they do, they may wish they had not. As one person commented to Lady Gregory, 'There's crocks of gold in all the forths, but there's cats and things guarding them. And if one does find the gold, he doesn't live long afterwards … It's best to leave such things alone.'[63] In contrast, the only ones harmed in Welsh legendry are the ones who make one greedy trip too many to the cave of a redeemer-hero. Other failed seekers are only frightened and disappointed, while those invited by spirits and dreams find the treasure and enjoy it. The cultural difference here may be due to an economic one. While industrialization in Wales was making it possible for people in some areas to leave the land or at least supplement the farm economy and enjoy a better and more secure standard of living, people in rural Ireland were stuck in the hardships of subsistence farming, where no matter what you did nor how virtuous you were, you would not find wealth. Two Welsh legends in this study – the man who had been plagued by a spirit and whose neighbours surmised he had found treasure under a wall he tore down, and the man who followed a dream to watch the sunrise and then opened a shop – may also speak to the possibility that anyone might find a better life; they suggest the community's curiosity about and then ungrudging acceptance of the lucky.

Trying to characterize the mores of a culture from its legendry is complicated by all the borrowing between neighbouring groups. One example that demonstrates some of the difficulty in thinking about what makes a particular story characteristic of one or another group is a story printed in Welsh in John Harris's *Almanac* for 1797, and then repeated exactly in *Y Brython* in 1858–9. A pedlar, led to buried treasure by the spirit of a woman dressed in white, dug it up and carried it away with great difficulty, set up shop and gave generously to the church. He placed a piece of the treasure's coffer on his front door, and a passing historian told him there was writing on it in 'old Saxon or Gothic letters' meaning, 'Lle'r oedd hwn yn aros, bid agos neu bell / Mae'n sefyll un arall sy ddwywaith yn well' ('Where this rested, be it near or far, remains another two times better'). The pedlar, when he went to look, was again guided by the spirit and dug up a treasure of gold rather than the original silver.[64] He gave even more generously to the church. In commemoration, one of the church windows depicts the pedlar with his pack on his back and the spirit showing him the hidden treasure. The story, however, though relayed in Welsh, rather than being located in Wales, is told about a pedlar in Suffolk. A closely related legend, told in eighteenth- and nineteenth-century England and generally placed in Norfolk and referred to as the 'The Pedlar of Swaffham', begins with the pedlar learning about the treasure from a dream and going to London Bridge, but the story proceeds to funding of the church, translation of the writing on the coffer lid, discovery of more treasure and depiction of the pedlar with his pack and dog in a statue.[65] This story in Wales, as recorded in both the 1790s and 1850s, would have been published with the expectation that it would be found acceptable by its Welsh readers and, as with the other legends in which spirits disclose treasure, would demonstrate reward for piety and generosity. One intriguing variation, however, is in the language of the inscription. The message on the lid in the English-language versions is said to be in Latin or, in a Yorkshire version, in an unspecified language, one unknown to the pedlar, but which is translated one day by a 'bearded stranger like a Jew'. In the Welsh version, the ancient (possibly exotic?) writing is Saxon or Gothic. In an early nineteenth-century Irish version from Clare, the message read on a pot lid by a poor (itinerant) scholar is written 'in Irish, that no one had ever been able to read'.[66] Was it perhaps written in ogham, or was this commentary on loss of language or, more likely, lack of education?

In another example, showing more cultural translation, a Glamorgan legend reports a man who dug under a solitary hawthorn tree, traditionally thought to mark buried gold. In a rare instance of prescribed ritual in Welsh legendry, he was required to wear a girdle of springwort and forget-me-nots with more of the flowers in his hat and, thereby, found his way into a cavern. He was allowed to take gold many times as long as he left the flowers from his hat 'as an acknowledgement of the transaction', but one time he took a heavier load than usual, forgot to leave the flowers, and could never again even remember in which field the hawthorn stood.[67] Compare this to a nineteenth-century report of a belief in medieval northern Europe that the entrance to 'marvellous subterranean halls is found only by a herdsman who is in possession of a springwort ... or a flower of a kind never seen before'.[68] In an accompanying story, just such a herdsman was able to enter a cavern when the flowers caused its normally invisible door to spring open. There a maiden allowed him to fill his pockets with treasure. When he left, she called after him, 'Forget not the best', but he had dropped his hat with the flower tucked into it and rushed off without further thought. The door slammed closed, cutting off his right heel. Due to his forgetfulness in losing the little blue flower, he could never again find the cave; hence the name 'forget-me-not'. The Welsh version, unfortunately retold (in English) for 1990s publication without information on its source, shows a range of variation from the Continental version. The magical use of the plants works only slightly differently – the entrance springing open versus having to dig for it; forgetting to take the flowers versus forgetting to leave them. Both versions specifically name springwort and forget-me-nots, though not with the same resonance. Springwort, cited thirteen times in the ninth-century Old English text *Bald's Leechbook* as a medicinal plant (probably caper spurge and related plants), has been associated also with various magical powers, though not specifically in Wales.[69] The forget-me-not, at the aetiological heart of the Continental version, does not contain the element of forgetting in its various common Welsh names and thus would not have had the same force in a story told in Welsh. The Welsh version, however, has added the hawthorn which, traditionally in Welsh lore, as in much of the British Isles, is associated with the Otherworld. The greatest difference is that while in the Continental version, the emphasis is on (not) forgetting, in the Welsh version, the man's fault is in greedily taking a heavier load. Although both begin with forget-me-nots, the Welsh version ends in the same pattern as other Welsh cave legends: multiple trips, taking too much and never again finding the place. Once again greed has been punished.

Of course, no group is monolithic. Too many factors shape worldview and, as already noted, too many factors affect any single performance for one to make strong analytical claims from a small set of legends told in different contexts and different times and reported with varying degrees of accuracy. Nonetheless, the very fact of the stories' telling shows that they satisfy some function and express ideas found worth considering. So, returning to where this article began: even without much contextual information, careful attention to narrative patterns can, indeed, help illuminate cultural values embodied in legendry. Certain values stand out in Welsh legendry about hidden treasure. Those who seek treasure will not succeed; only those who do not seek it will find it. Those who are greedy either will not find the treasure or will lose what they have found. It is not clear why spirits choose to reveal treasure, but the people to whom they reveal it are virtuous and behave honourably. They are depicted as hardworking and industrious, honest labourers – more often the chimney sweep, carpenter, spinner or servant than the householder. They are brave enough to speak to the spirit, or they are religious like the Baptist minister and the good Methodist woman reading her Bible. They are selfless, turning the treasure over to the householders or at least offering it to those they consider the proper owners and not taking anything for themselves, unless given it in reward. Even the surly chimney-sweep is essentially good and offers the money first to the householders. The successful dreamers, too – the woman whose husband is on strike, Gilmyn Droed-ddu – are poor, hardworking, deserving people, in contrast to Giraldus's rich man. Even fairy treasure, which seems to have its own rules requiring taking immediate possession, potentially rewards the good (the girl knitting while tending the sheep), punishes the greedy and recognizes who is or is not fated. A more detailed study or an examination of another set of legends or of current treasure narratives would undoubtedly reveal even more of the values treasured in Welsh legendry.[70]

Notes

1 John Owen Huws, *Straeon Gwerin Ardal Eryri*, 2 vols (Llanrwst: Gwasg Carreg Gwalch, 2008), vol. II, pp. 525–6, 540–1; Jonathan Ceredig Davies, *Folk-Lore of West and Mid-Wales* (Aberystwyth: [n.p.], 1911; repr. Felinfach: Llanerch, 1992), p. 155; Thomas Jones, 'Y Tri Bedd yng Nghefn Celfi', BBCS, 8/3 (1936), 239–42 (239).
2 Huws, *Straeon Gwerin*, vol. II, p. 526.
3 W. Wynne Ffoulkes, 'Castra Clwydiana 3', Arch Camb, new series, 3 (1850), 174–87 (181–2).
4 W. Pritchard, Pentraeth, 'Anglesey Folklore', *Transactions of the Anglesey Antiquarian Society and Field Club* (1914), 35–70 (69). The three men named are 'Paul Panton [1727–97] of Plas Gwyn, the eminent collector of Welsh MSS., Dafydd Ddu Eryri [David Thomas, 1759–1822] the poet, and John William Prichard [1749–1829] of Plasybrain'.

5 Davies, *Folk-Lore*, p. 160.
6 William Jones [Porthmadog] 'Bleddyn', *Plwyf Beddgelert, ei Hynafiaethau a'i Gofiannau* (Tremadog: Swyddfa'r Brython, 1862), p. 49; repeated in Huws, *Straeon Gwerin*, vol. II, p. 535.
7 W. Jenkyn Thomas, *The Welsh Fairy Book* (London: T. Fisher Unwin, 1907; repr. Cardiff: University of Wales Press, 1995), p. 184.
8 Jones, *Plwyf Beddgelert*, p. 49; repeated in Huws, *Straeon Gwerin*, vol. II, p. 522.
9 J. Seymour Rees, 'Teithiau yn Sir Frycheiniog', *Brycheiniog*, 1 (1955), 127–54 (147), where the legend is linked to two others. In one, the community's annual visit to the *Tylwyth Teg* ends when a man, without permission, carries away a flower, and in the other, Llyn Cwm Llwch and Llyn Safaddan are mysteriously linked underground to each other.
10 PKM, pp. 22, 51, 57; R. L. Thomson (ed.), *Owein, or Chwedyl Iarlles y Ffynnawn* (Dublin: Dublin Institute for Advanced Studies, 1968), pp. 7–8, 11, 18. *Twrf*, especially the plural, *tyrfau*, means 'thunder' in southern Welsh dialects (GPC).
11 Askew Roberts and Edward Woodall, *Gossiping Guide to Wales (North Wales and Aberystwyth)*, Popular edition (Oswestry: Woodall, Minshull, Thomas; London: Simpkin Marshall, 1907), pp. 218–19, translated in Huws, *Straeon Gwerin*, vol. II, pp. 537–8; D. Parry-Jones, *Welsh Legends and Fairy Lore* (London: Batsford, 1953; repr. New York: Barnes and Noble, 1992), p. 163.
12 Huws, *Straeon Gwerin*, vol. II, p. 532, taken from Hugh Derfel Hughes, *Hynafiaethau Llandegai a Llanllechid* (Bethesda: privately published, 1866), p. 36.
13 Thomas, *Welsh Fairy Book*, pp. 185–6; Parry-Jones, *Welsh Legends*, p. 164. An account of Ifor Bach (Ifor Meurig; Ifor ap Cadifor), famous for kidnapping William, earl of Gloucester and his family in 1158, and, thereby, retaking his lands from the earl, was first recorded by Gerald of Wales in the *Itinerarium Kambriae*. See James F. Dimock (ed.), *Giraldi Cambrensis Opera*, vol. VI (London: Longmans and Co., 1868), pp. 63–4; Lewis Thorpe (trans.), *The Journey through Wales/The Description of Wales* (Harmondsworth: Penguin, 1978), pp. 122–3. *Dictionary of Welsh Biography*, https://biography.wales/article/s-IFOR-BAC-1158 (accessed 13 April 2025).
14 Hughes, *Hynafiaethau*, pp. 35–6; John Rhŷs, *Celtic Folklore, Welsh and Manx*, 2 vols (Oxford: Oxford University Press, 1901; repr., London: Wildwood House, 1980), vol. II, pp. 471–2; Thomas, *Welsh Fairy Book*, pp. 186–7; Parry-Jones, *Welsh Legends*, p. 162; Huws, *Straeon Gwerin*, II, p. 534.
15 NLW MSS EX 2054, a typescript made in 2000 of John Jones (Ioan Brothen), 'Hanes Plwyf Llanfrothen' (completed in 1906), p. 54; original in Meirionnydd Record Office, Dolgellau. 'Daeth i benderfyniad mai un o gistiau aur y Tylwyth Teg ydoedd, a sylweddolodd ei fod, fel llawer un o'i flaen, ac ar ei ôl, wedi gwrthod agor i Ffawd pan gurodd honno wrth ei ddôr.'
16 This legend, printed in 1904, had been passed down in the narrator's family from his great grandfather. Ellis Owen, 'Llen [sic] Gwerin Dolwyddelan', *Cymru*, 26 (1904), 53–60 (54), retold in Huws, *Straeon Gwerin*, vol. II, pp. 524–5.
17 Hilda A. E. Roberts, *Legends and Folk Lore of North Wales* ([n.p.]: Collins, 1931), pp. 60–4, translated in Huws, *Straeon Gwerin*, vol. I, pp. 193–4; Parry-Jones,

Welsh Legends, pp. 158–9, where he includes the idea, without citation, that the chair will be found, as if by accident, only by the one destined to have it.

18 For discussion and examples, see W. Y. Evans-Wentz, *The Fairy-Faith in Celtic Countries* ([n.p.]: [n.pub.], 1911; repr. New York: Citadel, 1990), pp. 142, 146; Robin Gwyndaf, 'Fairylore: memorates and legends from Welsh oral tradition', in Peter Narváez (ed.), *The Good People: New Fairylore Essays* (New York: Garland, 1991; repr. Lexington: University Press of Kentucky, 1997), pp. 155–95 (pp. 163, 169, 172, 185–6). Robin Gwyndaf recorded a man from Aberdaron, born around 1900, who remembered his grandfather saying that the fairies 'had given many treasures to some people, especially if they had done some good deeds in this world. Then they would be given a prize [reward] for those deeds', p. 177.

19 See Elissa R. Henken, *National Redeemer: Owain Glyndŵr in Welsh Tradition* (Cardiff: University of Wales Press, 1996), pp. 80–8. The earliest known variant in Welsh, recorded around 1518–24 by Elis Gruffydd, reports that a woman was invited into a cave in Gloucester where Arthur and his men sleep. The legend does not specify treasures but does suggest them since the woman was paid well for her horse, though with coins no one recognized. See Thomas Jones, 'A sixteenth century version of the Arthurian cave legend', in M. Brahmer, S. Helsztyński and J. Krzyżanowski (eds), *Studies in Language and Literature in Honour of Margaret Schlauch* (Warsaw: PWN, [1966]), pp. 175–85.

20 Benjamin Davies, 'Gwynionydd', 'Crug Mawr, ger Aberteifi', *Y Brython*, 1 (1858), 114–15.

21 Davies, *Folk-Lore*, pp. 153–4, taken from the '"Scrap Book" of Mr. William Davies, Talybont, an eminent Folk-Lorist'.

22 Davies, *Folk-Lore*, pp. 154–5, collected from John Jones (Pontrhydfendigaid), aged 95.

23 Davies, *Folk-Lore*, p. 156.

24 Davies, *Folk-Lore*, p. 156.

25 Davies, *Folk-Lore*, pp. 157–60, a record of the woman's story, reportedly as she told it to an eighteenth-century, Methodist preacher, taken from 'the autobiography of the grandfather of the late Mr. Thomas Wright, the eminent Shropshire antiquary'.

26 Mr and Mrs S. C. Hall, *The Book of South Wales, the Wye, and the Coast* (London: Arthur Hall, Virtue, and Co., 1861), p. 325; summarized in Davies, *Folk-Lore*, p. 153.

27 Parry-Jones, *Welsh Legends*, p. 170.

28 Parry-Jones, *Welsh Legends*, pp. 169–70.

29 Hughes, *Hynafiaethau*, p. 36; Rhŷs, *Celtic Folklore*, vol. II, p. 472; Thomas, *Welsh Fairy Book*, p. 187; Parry-Jones, *Welsh Legends*, p. 162; Huws, *Straeon Gwerin*, vol. II, pp. 523–4.

30 John Jones 'Myrddin Fardd', *Llên Gwerin Sir Gaernarfon* (Caernarfon: Cwmni y Cyhoeddwyr Cymreig, 1908), pp. 173–4, repeated in Huws, *Straeon Gwerin*, vol. II, pp. 524, 539.

31 Jones, *Plwyf Beddgelert*, pp. 49–50; Parry-Jones, *Welsh Legends*, p. 163; Huws, *Straeon Gwerin*, vol. II, pp. 528–30, 539–40, where Huws reports having collected two sets of legends, one saying the treasure had been hidden by someone on the run, and from another person that it will be found by a yellow-haired lad.

32 Huws, *Straeon Gwerin*, vol. II, p. 538.

33 Letter from Humphrey Foulkes to Edward Lhwyd at the Ashmolean Museum, 5 October 1695, enclosing 'a little piece of antiquity', see EMLO (Early Modern Letters Online), *https://emlo-edit.bodleian.ox.ac.uk/culturesofknowledge/ transcripts/lhwyd/1695-10-05%20FoulkesH%20MBJ1%20Ashm%201815%20 F52.pdf* (accessed 13 November 2021).

34 See Elissa R. Henken, *The Welsh Saints: A Study in Patterned Lives* (Cambridge: D. S. Brewer, 1991), pp. 88–90.

35 Patrick K. Ford (ed.), *Ystoria Taliesin* (Cardiff: University of Wales Press, 1992), p. 82.

36 Thomas, *Welsh Fairy Book*, p. 187.

37 Huws, *Straeon Gwerin*, vol. II, p. 541, taken from John Roberts, *Llanfairfechan, fel yr Oedd, fel y Mae, fel y Dylai Fod* (Llanfairfechan: [n.p.], 1902), p. 10. It is not clear when the story's events took place, but they are set against a background of deteriorating labour relations and strikes culminating at Penrhyn Quarry in the Great Strike (1900–3), when the story was published.

38 E. Neil Baynes, 'Anglesey Folklore', *Transactions of the Anglesey Antiquarian Society and Field Club* (1928), 84.

39 Huws, *Straeon Gwerin*, vol. II, p. 529.

40 Huws, *Straeon Gwerin*, vol. I, pp. 433–4, taken from 'Gilmyn Droed-Ddu', *Y Brython*, 2 (1859), 219; Jones, *Llên Gwerin*, pp. 204–5. For Gilmyn as the subject of other, very different legendry, see Huws, *Straeon Gwerin*, vol. II, pp. 434–7.

41 Antti Aarne and Stith Thompson, *The Types of the Folktale: A Classification and Bibliography*, second revision, FF Communications, no. 184 (Helsinki: Academia Scientiarum Fennica, 1961); Stith Thompson, *Motif-Index of Folk-Literature*, 6 vols (rev. and enl. edn, Bloomington: Indiana University Press, 1955–8).

42 Dimock, *Giraldi Cambrensis Opera*, vol. VI, p. 111; Thorpe, *Gerald of Wales, Journey through Wales*, p. 170.

43 John Skinner, *Ten Days' Tour through the Isle of Anglesea, December 1802*, Arch Camb Supplement (July 1908), 64–6; Leslie V. Grinsell, *Folklore of Prehistoric Sites in Britain* (Newton Abbot: David and Charles, 1976), pp. 66, 257.

44 Gwyndaf, 'Fairylore', p. 169.

45 For example, Parry-Jones, *Welsh Legends*, pp. 156, 162, commented about his youth in Carmarthenshire: 'Amongst the earliest stories that I listened to were those connected with buried treasure – usually crocks of gold – and what happened to those who tried to get it' and 'One could quote many stories in which the chipped stick figures'; Jones, *Plwyf Beddgelert*, p. 50, noted 'Mae llawer o chwedlau ereill cyffelyb i'r uchod yn cael eu hadrodd.'

46 W. Branch Johnson, *Folktales of Brittany* (London: Methuen, 1927), pp. 89–90.

47 Patricia Lysaght, 'Fairylore from the midlands of Ireland', in Narváez (ed.), *Good People*, pp. 22–46 (p. 25); Lady Gregory, *Visions and Beliefs in the West of*

Ireland, The Coole Edition of Lady Gregory's Works, vol. 1 (New York: Oxford University Press, 1970), p. 168.
48   Lady Gregory, *Visions*, p. 166.
49   For examples, see Lady Gregory, *Visions*, pp. 166, 168; Evans-Wentz, *Fairy-Faith*, p. 82.
50   Aarne and Thompson, *Types of the Folktale*.
51   Jeremiah Curtin, *Tales of the Fairies and of the Ghost World, Collected from Oral Tradition in South-West Munster* (Boston: Little, Brown and Company; [London]: David Nutt, 1895), pp. 102–7; Sean O'Sullivan (ed. and trans.), *Folktales of Ireland* (Chicago: University of Chicago Press, 1966), pp. 192–204; Linda-May Ballard, 'The Formulation of the Oicotype: A Case Study', *Fabula*, 24/3 and 4 (1983), 233–44.
52   Barry O'Reilly, 'Now You See It, Now You Don't: Irish Legends of Buried Treasure', *Béaloideas*, 62–3 (1994–5), 199–209 (202).
53   Katharine M. Briggs, *Folk Tales of Britain: Legends*, 3 vols (London: Folio Society, 2011), vol. II, pp. 256, 826, 893; vol. III, p. 1630.
54   John Lindow, 'Swedish Legends of Buried Treasure', *Journal of American Folklore*, 95 (1982), 254–79 (264–5).
55   See Gerard T. Hurley, 'Buried Treasure Tales in America', *Western Folklore*, 10/3 (1951), 197–216, for a brief overview of 102 legends, their common motifs, and basic structure (treasure is hidden, searched for, not recovered). See also regional collections, such as Carl Lindahl, Maida Owens and C. Renée Harvison (eds), *Swapping Stories: Folktales from Louisiana* (Jackson: University Press of Mississippi, 1997), pp. 256–67.
56   O'Reilly, 'Now you see it', 202.
57   Briggs, *Folk Tales of Britain*, vol. II, pp. 256, 826, 893; vol. III, pp. 1413–4.
58   See, for example, O'Sullivan, *Folktales of Ireland*, pp. 179–81.
59   O'Reilly, 'Now You See It', 203–6.
60   For examples, see Lady Gregory, *Visions*, pp. 165–8.
61   Briggs, *Folk Tales of Britain*, II, pp. 256, 826, 893; III, pp. 1414, 1610.
62   Skinner, *Ten Days' Tour*, p. 65, written as 'Praes Maen'; Grinsell, *Folklore*, pp. 66, 258.
63   Lady Gregory, *Visions*, p. 169.
64   'Hanes Wirioneddol am Ddrychiolaeth yn Datguddio Arian Cuddiedig i Bedler', in John Harris, *Vox Stellarum ... neu Almanac ... am y flwyddyn ... 1797 ...* (Caerfyrddin: ar werth gan I. Daniel, 1796), pp. 25–7, repeated in Benjamin Davies, 'Gwinionydd', 'Llen [*sic*] y Werin', *Y Brython*, 1 (1858), 109–10.
65   Briggs, *Folk Tales of Britain*, vol. III, pp. 1514–17, 1592, 1616.
66   Lady Gregory, *Visions*, p. 165.
67   Parry-Jones, *Welsh Legends*, p. 170.
68   'On Words, Part II', *Temple Bar*, 6 (October 1862), 344–7 (346).
69   OED Online s.v. 'springwort, n.', Oxford University Press, https://www.oed.com/view/Entry/187785?rskey=dDL0GY&result=1 (accessed 20 October 2021); 'Bald's Leechbook', in Oswald Cockayne (ed.), *Leechdoms, Wortcunning, and Starcraft of Early England*, Rolls Series, 3 vols (London: Longman, 1865), vol. II,

archive.org/details/leechdomswortcun02cock (accessed 13 April 2025); John Camp, *Magic, Myth and Medicine* (New York: Taplinger, 1974), p. 74.

70 An early form of this paper was presented at the annual conference of CSANA in 2017. For their contributions, comments and corrections, which have greatly improved it, I thank Mary Burdett-Jones, Charles C. Doyle, Marged Haycock, Philip Henry Jones, Elizabeth Kraft, Carl Lindahl, Ceridwen Lloyd-Morgan, Patrick Sims-Williams and Mariamne H. Whatley.

TRADDODIAD LLAFAR MYNYDD-DIR ELENID[1]

G. Angharad Fychan

Ers blynyddoedd bellach, mae Marged a minnau yn gymdogion yn ardal wledig Trefeurig yng ngogledd Ceredigion. Ond mae ardal arall sy'n agos at galon y ddwy ohonom ac yn llinyn cyswllt rhyngom, sef hen gantref Buallt yng ngogledd eithaf Brycheiniog. Dyma'r ardal y bûm yn astudio'i henwau lleoedd dan gyfarwyddyd Marged ryw 30 mlynedd yn ôl, a'r ardal y mae teulu Marged, ar ochr ei mam, yn hanu ohoni.

Ffurfia cantref Buallt dalp go dda o fynydd-dir helaeth Elenid, mynydd-dir sy'n cynnwys dyffrynnoedd Tywi, Irfon, Camarch, Claerwen, Elan a Gwy, yn siroedd Ceredigion, Maesyfed a Brycheiniog, ac sy'n ymestyn mor bell â therfynau siroedd Trefaldwyn yn y gogledd a Chaerfyrddin yn y de. Er y byddai disgwyl i fynyddoedd anial yr ardal anghysbell hon fod wedi rhannu'r cymunedau gwledig o'i mewn, maent, yn hytrach, fel petaent wedi eu huno'n gymdeithas glòs ar hyd y canrifoedd.

Mae'n ardal a gafodd ei hanwybyddu a'i hesgeuluso ar sawl cyfrif. Dioddefodd o ddiflaniad y porthmyn, gostyngiad yn nwysedd ei llafur amaethyddol, boddi cymoedd i gyflenwi dŵr, coedwigo tiroedd helaeth, diboblogi a newid amlwg yn y ffin ieithyddol. Ond er gwaetha'r holl ffactorau hynny, mae'n ardal sy'n ymhyfrydu mewn traddodiad llafar gwerinol a dilyniant maith o gynheiliaid y traddodiad hwnnw.

Gan fod y *Cydymaith i Lenyddiaeth Cymru* yn dadlau bod *Historia Brittonum* wedi ei seilio 'ar lawer o ffynonellau amrywiol, rhai'n ysgolheigaidd ac eraill yn rhai llafar cynhenid', mentraf awgrymu bod

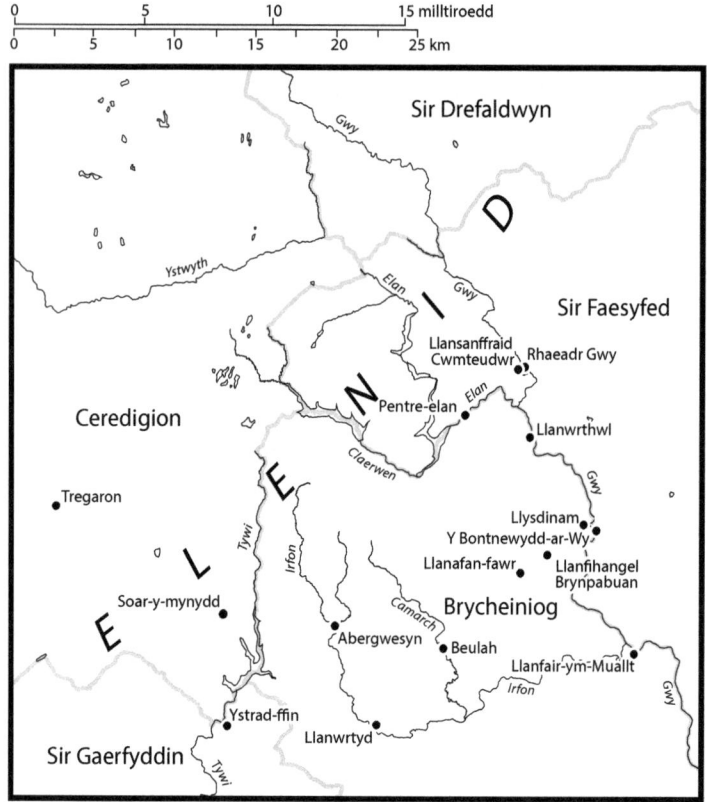

Mynydd-dir Elenid

modd olrhain traddodiad llafar yr ardal hon yn ôl i'r nawfed ganrif.[2] O'i gyfieithu, dyma a ddywedir yn *Mirabilia Britanniae* ('Rhyfeddodau Prydain'), adran sy'n digwydd ar ddiwedd yr *Historia*, am nodwedd hynod yng ngwlad Buallt:

> Y mae yno bentwr o gerrig, ac mae ôl troed ci ar un o'r cerrig a osodwyd ar frig y pentwr. Pan fu'n hela'r Twrch Trwyth, gadawodd Cafall, ci'r milwr Arthur, ôl ei droed ar y garreg, ac yna casglodd Arthur y pentwr cerrig ynghyd o dan y garreg yr oedd ôl troed ei gi arni, ac fe'i gelwir Carn Cafall. A daw dynion a mynd â'r garreg yn eu dwylo am ddiwrnod a noswaith, ond drannoeth fe'i ceir hi ar y pentwr cerrig.[3]

Tebyg mai cyfeiriad sydd yma at fynydd Corn Gafallt uwchlaw Pentref Elan yng nghwr uchaf Cantref Buallt, sydd ag amryw garneddau ar ei ben.[4]

Roedd y cof gwerin am Arthur yn dal yn fyw yn y cyffiniau 700 mlynedd yn ddiweddarach pan deithiodd John Leland drwy Gymru rhwng 1536 ac 1539. Mae'n adrodd traddodiad a glywodd ar lafar gan drigolion dyffryn Claerddu am gawr a laddwyd yno gan Arthur:

> The first river be side Tyue that I passid over was Clardue, that is to say Blak Clare, no great streame but cumming thoroug cragges. In the farther side of hit I saw ii. veri poore cotagis for somer dayres for catel, and hard by were ii. hillettes, thorough the wich Clarduy passith, wher they fable that a gigant striding was wont to wasch his hondes, and that Arture killid hym. The dwellers say also that the gigant was buried therby, and shew the place.[5]

Tybed ai amrywiad ar yr un traddodiad oedd yr hyn a glywodd William Jones, Cilfynydd, gan fugail lleol am Ifan Gawr, dihiryn a llofrudd a oedd yn byw mewn bwthyn ar lan afon Claerddu ac yn blino trigolion yr ardal? Fe'i cofnodwyd ganddo mewn ysgrif yn y *Welsh Gazette* yn 1932, lle mae'n adrodd sut y bu i gariad un o ferched lluest Claerddu, wrth deithio adref i Gwm Elan, gael ei ddal mewn storm a'i gorfododd i ymochel mewn bwthyn gwag.[6] Yno, bu'r llanc ifanc yn dyst i Ifan Gawr yn symud corff dyn, ac er iddo gael ei erlid gan y cawr, llwyddodd i ddianc ar gefn ei gaseg a hysbysu trigolion y gymdogaeth. Ymgasglodd y rheini a phenderfynu rhoi terfyn ar fywyd y cawr a'i weithredoedd anfad. Ar ôl ei sibedu, gadawyd i'w gorff bydru mewn 'trape' neu bwll corslyd o'r enw Pwll Ifan Gawr rhwng afonydd Claerwen a Chlaerddu. Pery'r cof am Ifan Gawr ymhlith bugeiliaid yr ardal hyd heddiw, ond bod y pwll (yn wahanol i'r hyn a awgrymir yn ysgrif William Jones) wedi ei leoli islaw uniad y Ffaethnant a Nant Ffos Trosol ym mlaen afon Claerwen.[7]

Nid dyma'r unig gysylltiadau â chewri yn y cymoedd hyn. Yn *A History of the County of Brecknock*, cofnodir bod 'three stones, each about one foot high, placed triangularly' yn Aber Nant y Beddau, yn is i lawr dyffryn Claerwen, yn nodi beddau tri chawr, Owen, Milfydd a Madog, gyda'r geiriau canlynol wedi eu hysgythru ar un ohonynt:

> Mae tri bedd tribedog
> Ar Lannerch dirion feillionog,
> Lle claddwyd y tri Chawr mawr o Frecheiniog
> Owen, Milfydd, a Madog.[8]

A rhyw bedair milltir dda ymhellach i lawr yr un cwm, wrth ben uchaf cronfa Caban Coch, mae ffermdy â'r enw awgrymog Llannerchcawr, er nad wyf yn ymwybodol o unrhyw draddodiad cysylltiedig ag ef.[9]

Trown oddi wrth gewri'r ardal hon a chroesi mynydd-dir diffaith y Drygarn Fawr tua'r de i blwyf Llanddewi Abergwesyn. Yno, tua'r flwyddyn 1700, cofnododd Edward Lhwyd draddodiad lleol am 'Carreg Cethin supposed to be so called from one Rŷs Gethin a famous Herwr & since ye hold of one Moilsin as famous a Raparee'.[10] Nid yw ei lleoliad yn hysbys heddiw, ond dros y ffin ym mhlwyf Llanwrtyd, ceir cuddfan a elwid ar un adeg yn Ogof Rhys Gethin, er mai fel Twll Rhys Gethin y'i hadnabyddir bellach.[11] Ceir y cyfeiriad cynharaf ati yng nghylchgrawn *Y Gwyliedydd* yn 1827: 'Dangosir ar y tyddyn a elwir Llwyngwychwyr ... ogof Rhys Gethin, yr hwn, medd traddodiad y trigolion, oedd yspeilydd hynod.'[12] Mae'r traddodiad llafar yn yr ardal am Rhys Gethin wedi parhau ers hynny, a dadleuodd Cledwyn Fychan mai'r un person ydoedd â'r Rhys Gethin a fu'n un o gefnogwyr pybyr Owain Glyndŵr a'i wrthryfel.[13] Efallai hefyd fod modd uniaethu'r 'Moilsin' y noda Edward Lhwyd iddo ddilyn Rhys Gethin yng Ngharreg Cethin â'r bardd a'r milwr Llywelyn ab y Moel o'r bymthegfed ganrif,[14] ac mai'r un person a goffeir mewn amryw enwau lleoedd sy'n dwyn yr enw Lewsyn neu Lewsyn ap Moelyn yng nghymoedd Tywi ac Irfon.[15]

A symud ymlaen o gyfnod Edward Lhwyd, fe fagodd cymunedau gwledig mynydd-dir Elenid doreth o unigolion diwylliedig a ymddiddorai mewn hanes, llên a thraddodiadau lleol, yn hynafiaethwyr, beirdd gwlad a storïwyr. Fe'u hystyrid gan eu cyfoedion yn geidwaid eu hetifeddiaeth ddiwylliannol ac yn gof gwlad, a byddent yn trosglwyddo'u gwybodaeth ar lafar o genhedlaeth i genhedlaeth, gydag ambell un, drwy lwc, yn cofnodi ar glawr.

Un o'r rhai cynharaf y gwn i amdano oedd David (Dafydd) Harries (1747–1834) o Nantllymystyn, Cwm Dernol, ar gwr gogleddol Elenid.[16] Yno, yng Nghwmteuddwr, ac o fewn tafliad carreg i ffin Maesyfed â sir Drefaldwyn, y'i ganed ac y bu fyw am y rhan helaethaf o'i oes, cyn symud i Garno at ei ferch yn 1824. Daeth yn adnabyddus fel cerddor yn bennaf yn sgil ei anthem boblogaidd 'Pâr imi wybod dy ffyrdd', ond diogelir amryw emyn-donau ac anthemau o'i waith yn y Llyfrgell Genedlaethol. Roedd hefyd yn fardd, a dengys pennill olaf ei gerdd 'Pysgota ar lynnoedd Teifi', a luniwyd ryw ddwy flynedd ar ôl iddo symud i Garno, ei wreiddiau dwfn yn ardal Cwmteuddwr a'i hiraeth am ei gynefin:

> Os gofyn rhai o'r Cymry glân
> O ble yw'r gŵr a luniai'r gân,
> Rhowch hyn o ateb iddyn' nhwy,
> Mai Cymmerdeuddwr ydyw'r plwy',
> Ac enw'r fan y ganwyd fe
> Yw Nant Llymystyn yn ddible.[17]

Câi hefyd ei ystyried 'yn hynafiaethydd a hanesydd Cymreig rhagorol',[18] er mai prin yw'r dystiolaeth i ategu hynny gan mai ar gof ac ar lafar y cedwid ac y trosglwyddid unrhyw wybodaeth yn y cyfnod hwnnw. Serch hynny, ceir cipolwg arno fel cofnodwr mewn llawysgrif o'i eiddo sy'n cynnwys nodiadau dyddiedig am waith y fferm o ddydd i ddydd, megis cneifio a cholledion stoc.[19]

Byddai'n amhosibl ymdrin â'r ardal hon heb grybwyll Thomas Price (Carnhuanawc; 1787–1848), y polymath a aned ym Mhencaerelen, Llanfihangel Brynpabuan,[20] yn ôl dros y ffin ym Mrycheiniog. Mae'n amlwg i'r fagwraeth ddiwylliedig a dderbyniodd yno gael cryn ddylanwad arno, fel y mae'n sôn yn un o'i lyfrau nodiadau:

Brought up, as I have been, in the remote parts of the Principality, often do I dwell with pleasure upon the recollections of my infancy: when in the winter's night I sat in the circle around the fire, under the spacious chimney piece, and listened to the songs and traditions of the peasantry, or to the poetry of David ab Gwilym read by the firelight; and if but a harper should chance to visit us happy was the day, yea, I might say, earthly speaking, blessed was the time.[21]

Tra oedd Thomas Price yn ddisgybl i'r Parch. Henry Beynon yn ficerdy Llanafan-fawr, cred Alan Jobbins i'r 'garreg gerfiedig ym mynwent Llanafan Fawr o'r Esgob Afanws, sant o'r 6ed ganrif a barddoniaeth Mab y Clochydd o'r bedwaredd ganrif [ar] ddeg' iddo 'werthfawrogi ymhellach orffennol gogoneddus ei ardal'.[22] Yn ddiweddarach, pan oedd yn mynychu Ysgol Ramadeg Aberhonddu, daeth i gysylltiad â Theophilus Jones, yr hanesydd, a oedd wrthi'n paratoi ail gyfrol *A History of the County of Brecknock*, a chanlyniad hynny oedd mai Carnhuanawc a gyfrannodd y lluniau i'r gyfrol. Does ryfedd felly, gyda'r holl ddylanwadau hyn, iddo fod â diddordeb mewn hanes, henebion ac archaeoleg.

Trown nesaf i gwr gorllewinol mynydd-dir Elenid, i blwyf Llanddewi Brefi yng Ngheredigion, ac at William (Billy) Jones, y Dalar (1802–80). Amaethwr yn Nant-llwyd,[23] ger Soar-y-mynydd, oedd Billy Jones, ond yn dilyn marwolaeth ei fam, gwerthodd y fferm a symud at ei frawd, Morgan Jones, i'r Dalar-wen,[24] ychydig i'r de i gyfeiriad Ystrad-ffin. Galluogodd hynny iddo ganolbwyntio ar ei ddiddordeb ysol yn hanes a thraddodiadau'r fro. Mewn nodyn gan ei hen gyfaill, Benjamin Williams (Gwynionydd), a gyhoeddwyd yn *Yr Haul* yn dilyn ei farwolaeth, fe'i disgrifir fel:

> yr hanesydd a'r hynafieithydd lleol mwyaf yng Nghymru. Gwyddai achau prif deuluoedd y wlad, ac achau pawb o Lanymddyfri i Langeitho, &c. Gwyddai hefyd ryw fôr helaeth o hen bennillion a diarebion Cymreig nad ydynt i'w cael yn argraffedig. Yr oedd yn meddu ar fôr eang o gof nas gellir yn awr gyfarfod â'i gyffelyb.[25]

Ac mae'r cyntaf o'r ddau englyn coffa iddo yn yr un cyhoeddiad yn crynhoi cenhadaeth ei fywyd:

> Hen bethau, achau uchel, – hen gaerau,
>   A llên gwerin isel;
>   Carnau – hanes pob cornel
>   Drwy'i fywyd o hyd wnai hel.

Y trueni mawr yw na chofnododd Billy Jones ddim o'i gloddfa wybodaeth, er i sawl un bwyso'n daer arno i wneud hynny.[26] O ganlyniad, gyda'i farwolaeth, 'collwyd wmbredd o hen gyfrinion prinion iawn nad oes mo honynt mwy ar gof a chadw',[27] a bu chwith mawr ar ei ôl i drigolion ardal a oedd wedi arfer dibynnu'n helaeth arno am wybodaeth. Tebyg bod Billy Jones yn gweld ei hun fel dim mwy nag un ddolen yng nghadwyn faith y traddodiad, ac na welai'r angen i gofnodi cyn belled â'i fod wedi trosglwyddo'i wybodaeth ar lafar i'w olynwyr.

Bydd yn werth oedi yma i sôn am un arall o gymeriadau'r ardal, sef James Rhys Jones (Kilsby; 1813–89), er nad oedd yn dilyn patrwm arferol cynheiliaid y traddodiad llafar. Roedd yn ddyn hollol unigryw o ran ei ymddangosiad, ei ffordd o feddwl a'i ffraethineb, ac yn hynod o anghonfensiynol. Cafodd ei eni a'i fagu ger Llanymddyfri, ond roedd ardal Llanwrtyd yn agos iawn at ei galon am fod ei fam yn ferch Gellifelen, Cwm Irfon,[28] ac yn arbennig felly am iddo'i cholli'n ifanc. Cododd dŷ iddo'i hun ar dir y fferm honno a'i alw'n Glen View, ac yno y treuliodd flynyddoedd olaf ei fywyd.[29] Er gwaethaf ei orchymyn pendant i'w gorff gael ei roi i orffwys ar dir ei gartref, fe'i claddwyd ym mynwent eglwys Llanwrtyd, gyferbyn â Glen View.

Bu'n gweinidogaethu ac yn cadw ysgolion mewn amryw fannau, gan dreulio cyfran helaeth o'i oes yn Lloegr, ond nid yw'n ymddangos iddo aros yn hir yn unman. Mabwysiadodd yr enw Kilsby ar ôl cymryd gofalaeth eglwys mewn pentref bychan o'r enw hwnnw yn swydd Northampton. Dengys testunau a gwrthrychau ei ddarlithoedd a'i gyhoeddiadau llenyddol ei ddiddordeb yn hanes ac unigolion godre

Elenid. Mae'n werth sylwi ar ei ddull o ymchwilio ar gyfer ei ysgrif am Dafydd Jones, Caio, a gyhoeddwyd yn *Y Traethodydd* yn 1849, fel y'i amlinellir gan Vyrnwy Morgan yn ei gofiant:[30]

> Bu ganddo amryw gyfeillion ar waith yn mhlwyfi Caio a Llanwrda am amser hir yn holi yr henuriaid, ac yn casglu gwybodaeth ar hyd yr ardaloedd lle bu Dafydd Jones yn teithio ac yn byw. Dywed iddo ef ei hun fyn'd i Lanymddyfri ar ddydd marchnad yn unig er mwyn holi nifer o bersonau a fyddent yn debyg o wybod rhywbeth am dano. Cafodd benill gan un, darn o hanes gan y llall. Byddai un brawd yn ei gymeradwyo at frawd arall, a mawr y difyrwch gafodd y marchnatawyr.[31]

Rhaid bod Kilsby hefyd, felly, yn gweld pwysigrwydd tystiolaeth lafar fel ffynhonnell gwybodaeth, a'i fod yn ymhyfrydu yn y traddodiad hwnnw.

Roedd y nesaf yn y dilyniant hwn o gynheiliaid y traddodiad llafar, David Lewis Wooding (1828–91), Beulah, yn gyfaill agos i Kilsby. Derbyniodd fwy o addysg nag a oedd yn arferol yn y cyfnod, a hynny ym Meulah, Cefnllanddewi, Ffrwd-fâl, y Gelli a'r Amwythig, cyn dechrau ar brentisiaeth (na orffennodd) gyda theiliwr yn y Drenewydd. Dychwelodd yn 1845 i gynorthwyo i redeg siop groser a dillad y teulu, gan gymryd cyfrifoldeb o'r busnes yn dilyn marwolaeth ei dad yn 1861.

Roedd yn adnabyddus fel casglwr llyfrau, ac yn ôl y sôn byddai weithiau'n caniatáu i gwsmeriaid dalu am eu nwyddau gyda llyfrau. Roedd hefyd yn uchel ei barch fel hanesydd, hynafiaethydd ac achyddwr, yn enwedig yng nghantref Buallt, a byddai llawer yn troi ato am wybodaeth. Un o'i nodweddion pennaf oedd manylder, a rhoddai bwyslais ar gasglu gwybodaeth llaw gyntaf, a hynny gan aelodau o bob haen o gymdeithas. Gwyddom fod Wooding yn ymweld â Billy Jones ar ei aelwyd yn y Dalar 'i dynu o'i gof, yr hwn oedd yn ddihysbydd ymron'.[32] A rhaid nad oedd ymweliadau o'r fath yn unigryw gan fod ysgrif yn *Yr Herald Cymraeg* yn nodi y byddai 'yn ymweled ag ardaloedd Llangammarch a Llanwrtyd, ac yn treulio dyddiau i gasglu hen draddodiadau, diarhebion, a thribannau oddiar lafar gwlad'.[33] Ni chyhoeddodd unrhyw lyfrau, ac er bod *Y Bywgraffiadur* yn nodi iddo ysgrifennu 'i'r *Haul* a chyhoeddiadau eraill',[34] ni lwyddais i gael hyd i ysgrifau o'i waith. Fodd bynnag, diogelir yn y Llyfrgell Genedlaethol gopi o lyfr nodiadau o'i eiddo sy'n cynnwys achau manwl ei deulu ei hun a theulu Pen-y-crug, Llanafan-fawr, ynghyd ag 'Autobiography, Journal, and Register of local Events'.[35] Mae'n llawn gwybodaeth fanwl wedi ei chyflwyno mewn llawysgrifen gain. Os yw'r cynnwys yn unrhyw fath o adlewyrchiad o weddill ei weithiau, rhaid bod ei gasgliad papurau a gedwir yn adran llawysgrifau Llyfrgell Ganolog Caerdydd yn hynod werthfawr.

Un arall y gwyddom y byddai'n ymweld â Billy Jones, y Dalar, oedd Daniel Davies (1840–1916), brodor o Dregaron, ond un a gysylltir â'r Ton, Rhondda, am iddo dreulio rhan helaethaf ei oes yno fel 'cashier'.[36] Cafodd ei addysgu yn Ysgol Morgan Morgan, Pen-y-graig, a threuliodd beth amser wedi hynny yn cadw Ysgol Gorsneuadd, Tregaron, cyn cael ei wneud yn drafaeliwr te yn siroedd Aberteifi, Caerfyrddin a Brycheiniog.

Dyma'r cyfnod y daeth i gysylltiad â chymdeithas fugeiliol mynyddoedd Elenid, gan y byddai gofyn iddo deithio'r ardal gan letya mewn ffermdai anghysbell. Byddai bob amser yn gofalu ei fod yn aros ar aelwydydd nodedig am adrodd straeon a hanesion neu lle byddai digonedd o ddeunydd i'w ddarllen. Awgryma nodyn mewn teyrnged iddo yn *Cymru* yn 1917 ei fod yn cofnodi gwybodaeth y deuai ar ei thraws o gyfnod cynnar:

> Ces afael ymysg papurau Mr. Davies ar lyfr nodiadau neu ddau yn y rhai y gosodai ddifyniadau o lyfrau, traddodiadau am Dregaron a'r cylch a glywai ar lafar gwlad, copiau o feddargraffiadau, englynion, penhillion, dyddiadau hanes, &c. Yn y llyfrynnau hyn y ceir blaenffrwyth ei chwaeth at hanes a hynafiaeth.[37]

Dyma, felly, osod sylfaen gadarn i'w ddiddordeb yn y mynydd-dir, sylfaen a'i symbylodd i ddechrau cyhoeddi chwedlau a thraddodiadau mewn cylchgronau. Dau o'i gyhoeddiadau cynharaf oedd ysgrifau byr yn *Y Brython* yn 1861, dan y ffugenw Glan Brenig, am Gapel Maes y Betws, Llanddewi Brefi, a Ffynnon y Brodyr, Abergwesyn.[38] Chwedl onomastig yw'r ail, sy'n adrodd hanes Wiliam Pely, Aberceinciau, ym mlaen Cwm Irfon, yn cyfarfod bonheddwr gan ei ladd er mwyn ysbeilio'i arian, heb sylweddoli mai ei frawd colledig ydoedd yn dychwelyd ar ôl treulio blynyddoedd oddi cartref. Ar ôl canfod hynny, rhoddodd derfyn ar ei fywyd ei hun, a chanfuwyd cyrff y ddau gerllaw Ffynnon y Brodyr.[39]

Er i Daniel Davies gefnu ar fynydd-dir Elenid yn gymharol ieuanc, roedd 'dwndwr nentydd Tregaron ac Ystrad Ffin yn hyglyw iddo ef pan na chlywai leisiau'r torfeydd a swn y peiriannau' yng Nghwm Rhondda,[40] a'r ysfa i ysgrifennu am ei hen ardal yn parhau hanner can mlynedd yn ddiweddarach. Yn 1912, cyhoeddodd gyfres o dair erthygl helaeth yn y cylchgrawn *Cymru*, erthyglau sy'n gyforiog o wybodaeth a thraddodiadau am yr ardal.

Tywys 'Gwyllt Diroedd Ceredigion'[41] ni ar daith o Gwm Berwyn, Tregaron, drosodd i gymoedd Camddwr a Thywi, gan adrodd hanes Gwen Nant-yr-hwch o linach 'Cochiaid Tywi'; llofruddiaethau Cwm Tywi yn cynnwys Dafydd Rhys Dafydd o'r Fannog[42] yn llofruddio Ysgotiad ac yna'n rhoi diwedd ar y forwyn fach, am iddi fod yn dyst i'r weithred, cyn cuddio'i chorff y tu cefn i bistyll ar y Croesnant; a'r ddwy ogof oedd yn lloches i'r dihiryn Lewsyn ap Moelyn, un yng Nghraig Nantstalwen a'r llall yng Nghraig Irfon.[43]

Mae'r ail erthygl, 'Soar y Mynydd',[44] fel y byddid yn disgwyl, yn canolbwyntio ar hanes achos y Methodistiaid Calfinaidd yn nyffryn Camddwr, ond cawn wybod hefyd am Billy Jones, Nant-llwyd a'r Dalar, a'i achau, ac am y bardd gwlad Shelby Price o Lannerchyrfa, Cwm Irfon,[45] ynghyd ag ambell bennill o'i eiddo.

Yn y drydedd ysgrif, 'Ystrad Ffin', fe'n harweinir i lawr dyffryn Camddwr a Chwm Tywi gan enwi'r ffermydd ac olrhain achau'r trigolion.[46] Adroddir hefyd ambell draddodiad megis yr un sy'n honni mai llecyn ar y ffordd uwchlaw'r Fannog lle 'mae dyfnder dychrynllyd islaw i ni rhyngom a'r afon [Tywi], ac y mae honno yn rhedeg trwy le dyfnach eto o'n golwg ni', a ysbrydolodd William

Williams, Pantycelyn, i gyfansoddi llinellau cyntaf un o benillion yr emyn 'Cyfarwydda'm Henaid Arglwydd':

> Cul yw'r Llwybr i mi Gerdded,
> Is fy Llaw mae Dyfnder mawr,
> Mae arni Ofn yn fy Nghalon,
> Rhag i'm Troed i lithrô lawr.[47]

Dylwn dynnu sylw yma at y troednodyn sy'n ymddangos ar ddiwedd yr ail o'r erthyglau hyn, ac sy'n cydnabod '[d]yled i'r hynafiaethydd o Nant Llwyd am amryw bethau ddefnyddir yn yr ysgrifau hyn'.[48] Felly hyd yn oed os na chofnododd Billy Jones, y Dalar, ddim byd ei hun, dyma brawf iddo drosglwyddo rhywfaint o'i wybodaeth i'w ddilynwyr. Er cymaint yr wybodaeth y llwyddodd Daniel Davies i'w rhoi ar glawr yn ystod ei fywyd, mae'r ysgrif goffa iddo yn *Cymru* yn 1916 yn dal i resynu am yr hyn a gollwyd pan fu farw:

> Gymaint o wybodaeth, – am hen bregethwyr Cymru, am hen lenorion, am amaethwyr y Mynydd Bach a bugeiliaid Caron a Thywi, – fu farw gydag ef, fel y disgynnai y dail yn gawodydd adeg ei arwyl. Ond gymaint, hefyd, adawodd i'r oesoedd a ddêl o hanes bywyd glannau Teifi a chymoedd Ystrad Ffin.[49]

Un arall yr aeth ei yrfa ag ef o ardal Elenid i dde Cymru oedd Thomas Powel (1845–1922), athro Celteg y brifysgol yng Nghaerdydd. Gan fod ei fam yn ferch Pen-y-bont, Tregaron, roedd ganddo yntau hefyd gysylltiad â'r ardal honno. Fe'i ganed ar fferm Glanirfon ar gwr de-ddwyreiniol tref Llanwrtyd, a mabwysiadodd ei henw fel ffugenw ar amryw o'i gyhoeddiadau.[50] Fe'i rhestrir ymhlith y disgyblion a dderbyniodd addysg yn yr ysgol a agorodd Kilsby yn ei gartref, Glen View, yng Nghwm Irfon, o gwmpas 1856.[51] Aeth yn ei flaen wedyn i Ysgol Llanymddyfri a Choleg yr Iesu, Rhydychen. Roedd ganddo gryn ddiddordeb mewn tafodieithoedd a llên gwerin, a chyhoeddodd erthyglau ar y pynciau hynny yn *Y Cymmrodor* yn ystod cyfnod ei olygyddiaeth rhwng 1879 ac 1886. Mae'n bosibl mai ef oedd yn gyfrifol am ysgrif dan y pennawd 'The Folk-Lore of Wales' yn y cylchgrawn yn 1881, sy'n cymell y darllenwyr i ymddiddori yn y pwnc a bwrw ati i weithredu. Mynegir awydd i ffurfio adran ar dafodieithoedd o fewn Cymdeithas y Cymmrodorion, ac i gynnwys astudiaethau ar lên gwerin fel rhan ohoni. Eir ymlaen wedyn i annog darllenwyr o Gymru:

> to do all in their power to collect and secure what still remains of the popular literature of the country. And under this term we would comprehend all the unwritten literature ... of the peasant – the tales and legends that constitute his History; the songs, verses, and ballads, that form his Music and his Poetry, the proverbs that embody his Philosophy, as well as all those obervances, beliefs, and ideas which are more strictly included in the term Folk-lore ... Very much has been lost for ever, and much more will be lost, unless some special efforts be speedily made to secure what remains.[52]

Mae'r ysgrif yn manylu ynghylch pa ddeunyddiau y dylid eu casglu:

1. Tales, legends, and traditions of all kinds.
2. Songs, and poetic fragments of all kinds, not forgetting, especially as being rare, Welsh nursery rhymes, lullabys, or shoheens.
3. Old airs.
4. Folk-lore, strictly so-called, comprising old observances and customs, the superstitions, ideas, and prejudices of the common people.
5. Riddles, puzzles, and verbal tasks.
6. Formulæ used in games, with description of the games, if necessary.[53]

Mae hefyd yn gosod rheolau neu ganllawiau pendant ynghylch sut i'w cofnodi:

1. Whatever is recorded, should be given with absolute fidelity, as it fell from the narrator's mouth.
2. It should be stated where, when, and from whom, each tale, song, etc., was obtained: and if the narrator is known to be a native of another district than that in which he is found, it should be mentioned.
3. The collector should generally go to the oldest and most illiterate peasants, as these naturally preserve their traditional lore with the greatest fidelity, both as to matter and form. Such persons also speak the dialects with the greatest purity.
4. Fragments of tales, etc., should be carefully recorded; and also different versions should be given, if the variation is at all considerable.[54]

Rhaid bod hyn wedi ennyn ymateb darllenwyr gan i amryw o chwedlau, posau a thasgau llafar gael eu cyhoeddi yn rhifynnau dilynol *Y Cymmrodor*.

Tybed a ddylanwadodd yr anogaeth a'r canllawiau hyn mewn unrhyw ffordd ar y nesaf o gynheiliaid y traddodiad llafar yn yr ardal, sef Evan Jones (1850–1928), Ty'n-y-pant,[55] Llanwrtyd, yn enwedig ag ystyried iddo gael ei eni bum mlynedd ar ôl Thomas Powel, gwta filltir a chwarter o Lanirfon? Amaethwr oedd Evan Jones o ran ei alwedigaeth, ond mae'n ymddangos mai prin oedd ei ymwneud â'r anifeiliaid. Yn hytrach, ei gyfrifoldeb ef oedd cynnal a chadw gwrychoedd a chloddiau'r fferm, a thebyg bod y gorchwylion hynny'n ddigon hyblyg i'w alluogi i roi'r gorau i'w waith bob prynhawn am dri a throi i'r tŷ i ysgrifennu am hanes, traddodiadau, hynafiaethau a llên gwerin cantref Buallt.[56] Hynodrwydd Evan Jones oedd ei ysfa reddfol i gofnodi, cronicli, rhestru a chatalogio pob manylyn a ddeuai i'w sylw, ac yn ôl y sôn, byddai bob amser yn cario pensel a phapur gydag ef, rhag ofn y trawai ar rywbeth gwerth ei gofnodi.[57]

Ymddangosodd ei gyhoeddiadau cynharaf tua'r 1870au, dan yr enw *Evan Jones, Ty'n-y-pant*, a'r ffugenwau Ieuan Buallt ac Wrtydyn, ar ffurf adroddiadau am ddigwyddiadau lleol.[58] Ond buan y datblygodd gogwydd mwy llenyddol i'w gyfraniadau gyda dechrau cyhoeddi 'Y

Fynegres Farddol' yn 1887, cyfraniad at '[L]yfryddiaeth y Ganrif' yn 1893 a rhestrau o deitlau a buddugwyr cystadlaethau'r gadair yn eisteddfodau Cymru yn 1896 ac 1897, sy'n dangos yn glir ei hoffter o gasglu a rhestru.[59] Yn dilyn apêl personol gan olygydd *Cyfaill yr Aelwyd a'r Frythones*, cyhoeddwyd tri chasgliad o hwiangerddi Brycheiniog ganddo yn 1893 a 1894,[60] gyda sawl un ohonynt, yn ddigon naturiol, yn cynnwys cyfeiriadau lleol, fel y pennill hwn o'r casgliad cyntaf:

> *Chandler* coch canwylle,
> Yn byw ar Ben-y-twyn,
> Yn tori cluste'r defed,
> A nodi cluste'r wyn.[61]

Mae'n anodd peidio sylwi bod adlais o gyfarwyddiadau'r *Cymmrodor* yn nhroednodyn Evan Jones ar ddiwedd y casgliad cyntaf:

> Ysgrifenwyd yr Hwian-gerddi hyn fel y clywyd hwynt gan hen bobl Gwlad Fuallt, mor agos ag y gellais eu cofio a'u cael ar hyn o bryd. Y maent hefyd yn nhafodiaith y parth hwn o'r wlad, yn lled agos.[62]

Tuag at droad y ganrif dechreuodd ysgrifau ganddo ymddangos mewn nifer o gylchgronau ac ar rychwant eang o bynciau, yn amrywio o bortreadau o gymeriadau ei fro[63] i eiriau tafodieithol, ac o adroddiadau am dywydd eithafol i gofnodion archaeolegol.[64]

Ochr yn ochr â'r cyhoeddiadau hyn, diogelir yn Amgueddfa Werin Cymru (AWC) gasgliad anferth o dros fil o eitemau sy'n drysor o archif ar bob agwedd o fywyd gwledig cantref Buallt.[65] Cyflwynir peth o'r wybodaeth ar ffurf rhestrau, er enghraifft rhestrau o hen felinau, pentrefi, eglwysi a chestyll adfeiliedig ei ardal.[66] Yr hyn sy'n arbennig yw bod Evan Jones yn aml iawn yn nodi ffynhonnell ei wybodaeth, yn unol â galwad *Y Cymmrodor* efallai. Mewn rhestr o 'Hen Dai Adfeiliedig o'r Irfon i Gammarch', fe'i ceir nid yn unig yn nodi 'amryw' pan oedd yr wybodaeth yn wybyddus i lawer, neu 'cof' wrth gyfeirio at ddigwyddiad yn ystod ei oes ei hun, ond mae hefyd yn enwi unigolion penodol.[67] Er enghraifft, noda iddo ddysgu am Allt-ddu ar Droed yr Henriw gan ei gyfaill, 'Mr. Wooding', gŵr yr oedd ganddo edmygedd mawr ohono. Mae eraill o'r papurau ar ffurf ysgrifau byrion, megis y ddwy lawysgrif sy'n adrodd am lofruddiaethau'r Fannog, Cwm Tywi,[68] ond gydag enw'r llofrudd a'r union amgylchiadau rywfaint yn wahanol i'r hyn a gyhoeddwyd gan Daniel Davies yn *Cymru*.[69] Ychwanegir hefyd ddyddiad bras i'r digwyddiadau, a sonnir i'r man lle canfuwyd corff Anne, y forwyn, gael ei alw'n Pwll Nani fyth wedyn.

Ceir ambell eitem helaethach, er enghraifft, y traethawd sy'n portreadu'r hynafiaethydd Billy Jones, y Dalar, gan dalu teyrnged iddo am ei gyfraniad, a'r un sy'n olrhain achau Evan Jones ar ochr ei dad gan ddangos ei fod yn ddisgynnydd i Gwen Nant-yr-hwch a Chochiaid Tywi.[70] Manyla un arall ar nifer o leoliadau yng nghantref Buallt ag iddynt draddodiadau gwerin cysylltiedig.[71] Dyma'r llawysgrif sy'n sôn am yr ysbeilwyr Rhys Gethin a Lewsyn ab Moelyn gan adrodd y cof lleol amdanynt; tystiolaeth a fu'n allweddol wrth geisio cysylltu Rhys Gethin, un o gadfridogion Owain Glyndŵr, a Llywelyn ab y Moel, y bardd a'r herwr, ag ardal Buallt. Mae hefyd yn ychwanegu enw lle arall at y casgliad o enwau cysylltiedig â'r gwŷr hyn, sef astell o graig ar y llechwedd gyferbyn â Thwll Rhys Gethin o'r enw Gwely Rhys Gethin.[72]

Traethodau eisteddfodol yw rhai o'r papurau, er enghraifft, yr un am hanes addysg yn Llanwrtyd a luniwyd ar gyfer cystadleuaeth yn eisteddfod Llanwrtyd, gyda neb llai na'r Athro Thomas Powel yn feirniad.[73] Ynddo, wrth ddisgrifio'r bwrlwm mewn un dosbarth wrth i'r disgyblion ymarfer yr wyddor, dywed Evan Jones y 'gallesid meddwl fod holl blant y wlad wedi ymgasglu o'r Tri Chrugyn, i'r Tair Ffedogaid; ac o Bant Poseshwn i Bant y Panau, oll i'r un ystafell', sy'n ymddangos fel dywediad lleol i ddisgrifio pedwar ban y gymdogaeth.[74] Tebyg mai'r un lle yw'r Tri Chrugyn â'r Tri Chrugiau sy'n digwydd ar fap yr Arolwg Ordnans ar ochr ogleddol Mynydd Epynt.[75] Mewn llawysgrif arall, edrydd Evan Jones y traddodiad i dair carnedd gerrig y Tair Ffedogaid ar fynydd y Carcwm gael eu cario yno gan gawres yn ei ffedog.[76] Llecyn ar ffin plwyf Llanwrtyd ar y ffordd i gyfeiriad Cynghordy yw Pant Posesiwn,[77] ac er bod lleoliad Pant y Pannau yn ddirgelwch, mewn perthynas â'r tri enw arall, disgwyliem iddo fod rywle yng nghyffiniau Llyn Brianne.

Mae'n amlwg bod Evan Jones, erbyn degawdau cyntaf yr ugeinfed ganrif, wedi ei sefydlu ei hun fel llenor a hynafiaethydd cydnabyddedig. Dyna'r argraff a geir mewn sylwadau fel '[ll]enyddion profedig, megis ... Ieuan Buallt', ac yn nisgrifiad Dan Jenkins ohono fel un o'r 'tri chwilotwr mwyaf beiddgar a manwl y gwn i amdanynt'.[78] Felly pan ddechreuodd Undeb Cenedlaethol y Cymdeithasau Cymraeg gynnal Ysgol Wyliau Gymraeg yn Llanwrtyd yn 1918, nid oedd syndod i Evan Jones fod â rhan flaenllaw yn y gweithgareddau. Ef oedd arweinydd swyddogol yr ysgol ar ymweliadau â lleoliadau o ddiddordeb hanesyddol yng nghantref Buallt, fel yr adroddwyd yn *Cymru* yn 1919:

> Ymwelwyd, dan arweiniad Mr. Evan Jones, Ty'n y Pant, a Mr. D. A. Rees, Prifathro ysgol Llanwrtyd, â'r eglwys, y Llan-wrth-y-rhyd; Cefnbrith, cartre John Penri; Llwyneinion, Llangamarch, cartre Theophilus Evans, awdwr 'Drych y Prif Oesoedd;' yr eglwys, Llangamarch, lle gwasanaethai Theophilus a lle gorwedd ef a'i ŵyr, Theophilus Jones, hanesydd Sir Frycheiniog; a Charcwm, a'i garnedd feddrodol, cylchau derwyddol a chutiau Gwyddelod. Ar wahoddiad caredig Mr. a Mrs. Evan Jones, Ty'n y Pant, treuliwyd prynhawn yn gweled y casgliad gwerthfawr o greiriau sydd gan 'werinwr syml y bryniau' yn ei gartre, a phrynhawn addysgiadol dros ben a fu. Mae gan Wrtydyn stôr y cymerodd iddo'i oes i'w chasglu, a gwybodaeth a dawn i ddywedyd ei hanes.[79]

Ac roedd ei boblogrwydd yn amlwg mewn sylwadau yn y wasg megis, 'Hen frawd diddan yw Mr. Evan Jones (Wrtydyn). Efe yw arweinydd pererindodau yr Ysgol Wyliau, ac y mae ei wybodaeth o hanes lleol yn ddihysbydd.'[80]

Roedd hi'n hynod addas a theilwng felly mai cyfrol gan Evan Jones oedd y gyntaf i'w chyhoeddi yng nghyfres Trafodion yr Ysgol Wyliau Gymraeg yn 1925, sef *Doethineb Llafar*, casgliad o ddywediadau a diarhebion lleol. Tuag at ddiwedd y rhagymadrodd, dyfynnir o lythyr gan Evan Jones at bwyllgor yr Ysgol Wyliau, sy'n esbonio pam yr aeth ati i'w casglu:

> Teimlwn hoffter mawr at lên gwerin a chofiwn hen ddywediadau diarhebol yn rhwydd a naturiol yn lled ieuanc. Darfu i mi drysori cryn lawer yn fy nghof yn gynnar yn fy mywyd. Mewn tymor diweddarach daeth awydd ynof i ysgrifennu yr hen ddiarhebion, fel y byddent ar gael a chadw gennyf, yn enwedig rhai nad oeddynt mewn casgliadau yn barod ... Bu eu casglu yn llafur cariad i mi am lawer blwyddyn ac yn foddion i lawer ohonynt lynu yn fy nghof.[81]

Mae'n anodd iawn mesur hyd a lled cyfraniad Evan Jones, ond fe wnaeth gymwynas aruthrol â'i gymdogaeth drwy gofnodi cymaint o'i llên gwerin, ei thraddodiadau, ei henwau lleoedd, ei henebion ac yn y blaen. Heb amheuaeth, mae'r hyn a adawodd ar ei ôl wedi sicrhau iddo le nodedig ac anrhydeddus ymhlith rhengoedd hynafiaethwyr Cymru.

O Dy'n-y-pant, anelwn ryw bedair milltir a hanner i'r gogledd, i flaen cwm Camarch, ac i Ben-cae Bach a fu'n gartref i'r bugail Edward Lewis (Iorwerth Camarch; 1883–1947) am y rhan fwyaf o'i oes.[82] Er na chafodd unrhyw addysg ffurfiol, roedd yn adnabyddus yn lleol fel bardd cadeiriol, a chyhoeddwyd cerddi o'i waith mewn amryw gylchgronau a phapurau newydd.[83] Gwelir ei hoffter o'i gynefin yn glir yn y gerdd 'Ar Lannau Afon Cammarch' a ymddangosodd yn y cylchgrawn *Cymru*, lle mae'n sôn gydag anwyldeb am adfeilion bythynnod 'Lletai hir' a '[Ch]liniau Shan'.[84] Mae'n amlwg hefyd mewn ysgrif o'i eiddo a gyhoeddwyd yn *Cymru'r Plant*, sy'n rhoi disgrifiad telynegol o'r olygfa o ben y Garn Wen gerllaw ei gartref.[85]

Er nad oedd yn hynafiaethydd yn yr ystyr arferol, heb os, roedd yn gofnodwr a chroniclwr hanes cyfoes ei fro. Cyfrannai eitemau i *Faner ac Amserau Cymru* o tua 1914 ymlaen, lle'r adroddai am gladdedigaethau, gwasanaethau a chyngherddau ei fro. Byddai hefyd yn gwasanaethu ei gymuned drwy gyfansoddi penillion coffa i drigolion lleol, er enghraifft y rhai a luniodd er cof am David Jones, Brongilent, a fu farw yn 1943.[86] Roedd capel Pantycelyn, rhwng Abergwesyn a Beulah, yn agos iawn at ei galon, ac ar achlysur dathlu dau canmlwyddiant yr achos yn 1933, cyflwynodd hanes cynhwysfawr mewn cyfarfod arbennig. Nid yw'n ymddangos bod ei anerchiad y diwrnod hwnnw wedi goroesi, ond ceir darlun manwl o'i gynnwys mewn erthygl a gyhoeddwyd yn y *Brecon and Radnor Express* yr wythnos ganlynol.[87]

Bardd arall a oedd yn cydoesi ag Edward Lewis, ond a drigai y tu arall i'r mynydd ym Mlaencroesfechan, Blaencaron, oedd Richard Davies (Isgarn; 1887–1947).[88] Cyhoeddwyd detholiad o'i gerddi yn 1949, yn dilyn ei farwolaeth. Dengys y gerdd i '[Dd]erwen Tan-yr-allt' ei adnabyddiaeth o'i gynefin ei hun ar lethrau gorllewinol Elenid, ond amlygir ei adnabyddiaeth o'r ochrau dwyreiniol hefyd yn 'Cwm Elan' ac 'Yr Hen Adfeilion' – sydd yn ôl pob tebyg yn disgrifio eglwys Llanddewi Abergwesyn yng Nghwm Irfon.[89] Serch hynny, mae'n arwyddocaol bod S. M. Powell, wrth werthfawrogi ei gerddi yn y gyfrol, yn nodi:

> Fy marn i ydyw fod Isgarn yn fwy o hanesydd hyd yn oed nag o fardd. Fodd bynnag, mewn hanes lleol yr oedd ef a minnau ar dir cyffredin i ni ein dau: hwnnw ydoedd ein cwmin ni. Gwyddai ef yn fanwl iawn am helynt y mynydd a hanes y plwyf, ei deuluoedd a'i dai unnos, megis y gŵyr dyn o allu a chwilfrydedd wrth dreulio oes yn ei gwmwd cynefin. Ond yr oedd yna rywbeth mwy na hynny, sef dull gwyddonol hanesydd o fynd at lygad y ffynnon ymhlith memrynau a llawysgrifau.[90]

Cadarnheir hyn yn y cofnod amdano yn *Y Bywgraffiadur* sy'n nodi bod 'ganddo ddiddordeb dwfn mewn hanes lleol a hynafiaethau'.[91] Gwyddom iddo gyflwyno papur am Twm Sion Cati i Gymdeithas Hynafiaethwyr sir Aberteifi yn Nhregaron yn Chwefror 1926, ac iddo gael ei gyhoeddi yn nhrafodion y gymdeithas y flwyddyn ganlynol.[92] Ymhlith ei bapurau a ddiogelir yn LlGC (ond sydd heb eu catalogio), mae'n werth sylwi bod dau o'r wyth bocs yn cynnwys cymysgedd o hanes lleol a gwybodaeth achyddol, o'i gymharu â phedwar bocs o farddoniaeth. Heb os felly, mae yntau'n haeddu ei le ymhlith cynheiliaid y traddodiad.

Y gyrchfan nesaf yw fferm Pen-twyn[93] ym mhentref Abergwesyn, sef lleoliad tafarn y Grouse Inn a arferai gynnig llety i borthmyn ar eu ffordd i farchnadoedd Lloegr. Yma y treuliodd John Rees Hope (1891–1971) dros drigain mlynedd o'i oes yn ffermio, er mai ym Mhen-y-bont, yn is i lawr Cwm Irfon, y'i ganed. Ei dad-cu ar ochr ei dad oedd ym Mhen-twyn o'i flaen, a chan fod ei fam-gu ar yr un ochr yn hanu o'r Trawsnant, Cwm Tywi, nid oes ryfedd iddo ddod i feddu ar stôr o wybodaeth am yr ardal. Dyma gyfarwydd o'r hen deip oedd yn sylweddoli pwysigrwydd y traddodiad gwerinol. Roedd ganddo'i fersiwn ei hun o chwedl Ffynnon y Brodyr a oedd yn cynnwys hanes trydydd brawd a gafodd ei ladd ar y mynydd gan geffyl gwyllt, ac a goffeir mewn enw nant gyfagos, sef Ffos Hywel.[94] Yn anffodus bu John Rees Hope farw heb gofnodi dim o'i wybodaeth, ond ceir yng nghasgliad AWC recordiad ohono'n sgwrsio yn 1961 am arferion torri mawn a thyfu a chynaeafu llafur, gan fanylu ar yr offer a'r termau cysylltiedig.[95] Mae'n rhoi darlun byw o fywyd amaethyddol y mynydd-dir yn hanner cyntaf yr ugeinfed ganrif, ac yn cynnwys ambell ddywediad megis 'Dyn ar farch i hau cerch; dyn cloff i hau barlys', a 'Fel rhynion mewn rhidyll' am eira mis Ebrill, dywediadau nad ydynt i'w canfod yn llyfryn Evan Jones, Ty'n-y-pant.

Cymydog i John Rees Hope yn Abergwesyn yw'r nesaf yn y dilyniant o hynafiaethwyr gwerinol. Deuthum i adnabod Dai Jones (1906–97) yn ystod ei flynyddoedd olaf, tra roeddwn yn astudio enwau lleoedd cantref Buallt ar gyfer fy ymchwil, a chefais groeso twymgalon ar yr aelwyd ym Mrongwesyn (hen Siop Abergwesyn) ar bob ymweliad. Câi ei adnabod hefyd fel Dai Brongilent, am mai ar y tyddyn hwnnw, ychydig i'r de-orllewin o Abergwesyn, y cafodd ei eni ac y bu'n byw hyd 1946.[96] Roedd ei adnabyddiaeth o'r ardal yn ddiguro gan iddo dreulio blynyddoedd cyntaf ei yrfa yn bugeilio ar ffermydd y Fannog, Cwm Tywi,[97] a Llwynderw, Abergwesyn,[98] a'r 20 mlynedd olaf yn plannu coed ar lethrau'r un ardal i'r Comisiwn Coedwigaeth. Ar ryw ystyr, adlewyrchai ei fywyd y newid a fu yn y gymdogaeth gyda lleihad yn lefel y cyflogaeth mewn amaethyddiaeth a fforestu ar raddfa eang. Roedd yn perthyn i genhedlaeth olaf bugeiliaid cynhenid rhan ddwyreiniol mynydd-dir Elenid oedd yn parhau i ddefnyddio'r Gymraeg yn naturiol bob dydd, ac roedd yn sylweddoli'r angen i ddiogelu'r hyn oedd yn weddill o'r traddodiad llafar. Er na chafodd lawer o addysg, bu wrthi gydol ei oes yn cofnodi ac yn copïo pob math o wybodaeth gysylltiedig â chymunedau mynyddig y broydd hyn. Yn ddiweddar, llwyddais i leoli un o'i lyfrau nodiadau gydag aelod o'r teulu, ac mae'n cynnwys deunydd a gopïwyd o gofrestr plwyf, ewyllysiau, dyddiadur o ganol y bedwaredd ganrif ar bymtheg a nodiadau amrywiol, er nad yw'n amlwg bob amser beth yw'r ffynhonnell. Yn anffodus, ni wn beth yw hanes gweddill ei lyfrau nodiadau, ond mae hwn wedi ei drosglwyddo i Archifdy Powys bellach.[99]

Byddai Dai Jones yn barod iawn i rannu ei wybodaeth ag unrhyw un oedd â diddordeb, a darlithiai'n gyson i wahanol gymdeithasau ar hyd a lled y fro. Nid wyf yn ymwybodol iddo gyhoeddi unrhyw beth erioed, ond mae'n gysur gwybod bod rhywfaint o'i stôr gwybodaeth wedi ei roi ar glawr gan yr awdur, y bardd a'r hanesydd Ruth Bidgood, a ymgartrefodd yn Abergwesyn yn yr 1960au, ac sy'n cydnabod ei dyled iddo 'for constant help over many years'.[100] Unwaith eto, rydym yn ffodus bod AWC wedi recordio sawl sgwrs gyda Dai Jones rhwng 1961 ac 1976, lle mae'n trafod pynciau amrywiol megis crefftau gwledig, gorchwylion amaethyddol, arferion claddu a meddyginiaethau, gan adrodd llu o hanesion a thraddodiadau.[101] Mae'r wybodaeth a rydd yn aml yn adleisio'r hyn a gofnodwyd gan eraill o'i flaen. Er enghraifft mae'n debygol mai ffynhonnell hanes Ruth Shon Watkin[102] oedd erthygl Evan Jones yn *Cymru* neu stori Lewis Davies yn *Bargodion Hanes*,[103] ac felly bod y deunydd, i bob pwrpas, yn cael ei ailgyflwyno i'r cyfrwng llafar. Dro arall, mae'n ychwanegu ei fanylion ei hun: wrth gyfeirio at y dibyn gerllaw'r Fannog y dywedir iddo ysbrydoli Pantycelyn i lunio'r geiriau 'Cul yw'r Llwybr i mi Gerdded', sonia iddo fod yn dyst i sgwrs rhwng ei feistr, Evan Davies, y Fannog, a masnachwr gwlân o Dremadog. Roedd y masnachwr yn ofni mynd â'i gerbyd heibio'r fan oherwydd geiriad yr emyn, ond anogodd y meistr ef i gymryd cysur yn llinellau nesaf y pennill:

>Yn dy Law y gallai sefyll,
>Yn dy Law y dof i'r lan,

> Yn dy Law fyth ni ddiffygiaf,
> Er nad ydwyf fi ond gwan.[104]

Mewn cyfweliad arall, sonia Dai Jones am Ianto Siôn Ifan, gof a fyddai'n pedoli gwartheg y porthmyn a letyai ym Mhen-twyn, gan adrodd rhigwm amdano o waith Shelby Price, rhigwm a glywodd gan ei hen gymydog John Rees Hope:

> Ma gan Ianto Siôn Ifan glampen o siop,
> Y ddaear yn waelod a'r wybren yn dop.
> Mae'n anferth o faint o led ac o hyd,
> Mi gredaf yn wir mai hi yw'r mwya'n y byd.[105]

Gan Dai Jones y cefais wybod am *Gocyn Benja* neu *Gocyn Felix*, carnedd fechan wedi ei lleoli heb fod ymhell o gopa'r Drygarn Fach. Fe'i codwyd gan ŵr o'r enw Benjamin Felix oedd yn byw yn y Trallwm, Abergwesyn,[106] er na lwyddais i gael rhagor o wybodaeth gan Dai Jones yn ei gylch ar y pryd. Ond yn un o gyfweliadau AWC, mae'n datgelu bod Benjamin Felix yn bencampwr am sbaddu ŵyn a cheffylau, ac y byddai holl ffermydd yr ardal yn galw am ei wasanaeth.[107]

Ar un o'm hymweliadau â Bronwesyn, cefais fenthyg gan Dai Jones gopi llawysgrif o benillion a luniwyd gan Daniel Jones, Llannerchyrfa, i afon Gwesyn. Mae'n disgrifio'i chwrs o'i tharddle, nid nepell o gopa'r Drygarn Fawr, hyd at ei huniad ag Irfon islaw pentref Abergwesyn, gan nodi amryw o enwau lleoedd ar hyd y daith. Un o'r enwau hynny yw *Neidfa*, sef, fel y mae'r enw'n ei awgrymu, cwymp dŵr bychan, wedi ei leoli'n agos at flaen y cwm. Yn anffodus, gan fod Dai Jones mewn gwth o oedran erbyn hynny, roedd hi'n anodd iawn iddo roi lleoliad manwl i mi ar fap moel.

Gor-nai i Daniel Jones, awdur y penillion i afon Gwesyn, oedd T. Harri Jones (1921–65), y bardd a hanai o Gwmcrogau, Llanafan-fawr.[108] Er na ellir dadlau ei fod yn perthyn i'r un traddodiad gwerinol, mae'n enghraifft arall ddiamheuol o'r berthynas glòs rhwng trigolion y broydd hyn a'u milltir sgwâr. Derbyniodd Harri Jones ei addysg yn ysgolion Llanafan-fawr a Llanfair-ym-Muallt, ac yn y brifysgol yn

Aberystwyth, er i'r rhyfel dorri ar draws ei astudiaethau gan olygu na raddiodd hyd 1947.[109] Cafodd hi'n anodd canfod gwaith mewn prifysgol yn y Deyrnas Unedig, felly ymfudodd i Awstralia yn 1959, lle daeth yn adnabyddus fel bardd ac ysgolhaig. Roedd yn hynod ymwybodol o ddylanwad ei fro enedigol ar ei fywyd, a châi ei lethu gan hiraeth amdani, fel yr amlygir mewn cyfeiriadau at leoliadau nodedig yn nhirlun bro ei febyd megis bryncyn amlwg Allt y Clych. Ei genhedlaeth ef oedd y gyntaf o deulu ei dad i beidio â siarad Cymraeg. Blinai hynny ef yn fawr, ac mae'r golled a deimlai o'r herwydd i'w chlywed yn y llinellau:

> The old names still resound
> For me of farms, men, ponies, dogs,
> The old names that are all that I possess
> Of my own language, proud then
> And prouder now to call myself only
> Young Crogau, old Crogau's grandson.[110]

Dychwelwn at y traddodiad llafar gan droi i gwr gogleddol mynydd-dir Elenid ac i Gwmteuddwr, Maesyfed. Er nad oedd Tommy Hughes (1918–2003), Aberglanhirin,[111] yn medru'r Gymraeg, mae yntau'n haeddu lle anrhydeddus yn y dilyniant o gynheiliaid. Ym Mlaengwynolwyn, Llysdinam, Brycheiniog, y'i ganed, ond ar ôl cyfnodau yn byw yn ardal y Bontnewydd-ar-Wy a Llanwrthwl, symudodd i fugeilio yng nghartref tylwyth ei fam yn Aberglanhirin yn 1949. Ni chefais y fraint o'i gyfarfod, ond deallaf ei fod yn eithriadol nodedig ac unigryw oherwydd ei gof rhyfeddol. Fe'i disgrifiwyd gan Erwyd Howells fel

> a man with a sense of belonging. Every acre of his surroundings meant something, or had a tale to tell. His sense of observation was beyond belief. He would see or hear something once and it would always be retained in his mind and, in a twinkling, he could recall these facts from so long ago with great accuracy … Tommy was the most interesting, amazingly informed individual that I have ever met

… He was the last person of this calibre, to have retained these facts and tales and saved them from going into oblivion.[112]

Roedd yn ddiarhebol hefyd am ei wybodaeth o nodau clustiau defaid yr ardal. Wrth gwrs, byddai dysgu adnabod nodau clustiau holl ffermydd cymdogaeth yn rhan o hyfforddiant unrhyw fugail, a pho fwyaf o nodau oedd ar ei gof, mwyaf y parch tuag ato fel bugail.[113] A byddai Tommy Hughes gyda'r uchaf ei barch, heb os.

Dychwelwn tua rhan ddeheuol Elenid ac at Bryan Watkins (1936–2012), Llwyngwychwyr, Llanwrtyd,[114] un a fu'n byw gydol ei oes mewn gwahanol fannau ar hyd glannau afon Irfon. Fe'i magwyd yn Gwesyn Cottages, Abergwesyn, ond derbyniodd ei addysg yn Llanwrtyd a Llanfair-ym-Muallt. Wedi gadael yr ysgol yn 15 oed, aeth i weithio i Ben-twyn, Abergwesyn. Mae'n amlwg mai yno, wrth draed John Rees Hope, y meithrinwyd ei ddiddordeb yn nhraddodiadau'r mynydd-dir, ac y mowldiwyd ef yn un o gynheiliaid nesaf y traddodiad hwnnw. Yn ei theyrnged iddo ar ddydd ei angladd, nododd Mrs Susan Price: 'It was here [Pen-twyn] that Bryan learnt a great deal about the Gwesyn and Irfon Valleys and with his excellent memory, he retained that knowledge.'[115] O ganlyniad, meddai ar 'a wealth of knowledge about the area, its people and characters past and present', a olygai ei fod yn 'an invaluable help to his friends and neighbours at times of the sheep gatherings'.

Ac yntau wedi treulio cyfran helaeth o'i fywyd yn byw ac yn ffermio yn Llwyngwychwyr, roedd yn ymwybodol iawn o'r traddodiad llafar a oedd yn cysylltu Rhys Gethin â'r ardal, ac o'r enwau lleoedd cysylltiedig. Ef a awgrymodd y gallasai Bedd Owen neu Ben Bedd Owen[116] ar fynydd Cefn Gwair, Llanwrtyd, fod yn dynodi bedd Owain Glyndŵr.[117] Drwyddo ef hefyd y deuthum i ddeall arwyddocâd yr enw Tonc Padelli am agen yng Nghraig Irfon. Byddai gwartheg a oedd yn pori yno yn yr haf yn dueddol o fynd mewn i'r agen ar ôl y blewyn glas, a chan mai cyndyn iawn yw buwch o fagio yn ei hôl, byddai'n hawdd iawn iddynt gael eu dal yn gaeth yno. Felly byddid yn gosod hen badelli i hongian ar raff yn groes i'r fynedfa fel bod eu sŵn yn taro yn erbyn ei gilydd yn dychryn y gwartheg a'u cadw draw.[118] Yn ei theyrnged, soniodd Mrs Price hefyd am awydd Bryan Watkins i drosglwyddo'i wybodaeth i'r genhedlaeth nesaf. Roedd hynny i'w weld yn glir yn y teithiau cerdded cymunedol a arweinid ganddo, pan fyddai trigolion o bob oedran yn ymuno. Fe'i hamlygir hefyd mewn recordiadau o gyfweliadau a wnaed gydag ef ar gyfer Canolfan Treftadaeth Llanwrtyd, lle mae'n trafod hen gymeriadau Abergwesyn, yn cynnwys Iorwerth Camarch, John Rees Hope, Benjamin Felix a Dai Jones, ac yn ymhyfrydu yng nghysylltiadau Rhys Gethin â'i gartref ef ei hun yn Llwyngwychwyr. Agorwyd y Ganolfan Treftadaeth yn 2016 mewn hen gapel yn nghanol Llanwrtyd, ac mae'n adrodd hanes y dref gan roi sylw i ganfyddiad y ffynhonnau, dyfodiad y rheilffordd a'i datblygiad fel cyrchfan wyliau, yn ogystal â'r newidiadau mewn amaethyddiaeth, a llawer mwy.[119] Mae eglurder a phroffesiynoldeb yr arddangosfeydd ac ymdrechion clodwiw y gwirfoddolwyr i'w canmol, ac mae hi'n sicr yn ganolfan gwerth ymweld â hi.

Clof y sylwadau hyn gydag aelod arall o gymuned Llanwrtyd y ceir recordiad ohono'n trafod hanes yr ardal yn y ganolfan, sef y diweddar John Williams (1924–2020), 'Nefyn', Llanwrtyd, neu Wncwl John i Marged, brawd ei mam. Un o frodorion Cwm Irfon oedd yntau, wedi ei fagu yn Alltwinau,[120] er mai ym Mrynhynog,[121] i'r deorllewin o dref Llanwrtyd, y treuliodd y rhan fwyaf o'i oes. Roedd yn berson cyhoeddus a gyfrannodd yn helaeth i fywyd ei gymuned, gan gefnogi popeth a gynhelid yn y dref. Câi ei ystyried yn lleol yn dipyn o hanesydd, ac roedd ganddo gryn ddiddordeb yn nheuluoedd yr ardal ac mewn hel achau. Fel cymaint o'r cynheiliaid o'i flaen, ymddiddorai yntau mewn dywediadau a choelion tywydd, ac mae Marged wedi sôn droeon sut y byddai wrth ei fodd yn adrodd esboniadau gwerin am darddiad ac ystyron enwau lleoedd.

Byddai'n hawdd uniaethu'r holl unigolion a drafodwyd yma â disgrifiad T. Llew Jones o geidwad hen gof ardal:

> Y person hwnnw fyddai'n gwybod hen hanes yr ardal, hen chwedlau, hen arferion a hen goelion y fro. Y person hwnnw hefyd fyddai'n gallu olrhain achau pobl ac yn gwybod hynt a helynt yr achau hynny 'nôl ymhell iawn weithiau ... pobl sy'n cadw'n fyw gyfoeth cof y

gorffennol sef yr hen draddodiadau sydd wedi dod i lawr o dad i fab ac o fam i ferch dros y canrifoedd.[122]

Yn ddi-os, fe fagodd mynydd-dir gwledig Elenid fwy na'i siâr o gynheiliaid y traddodiad llafar, gydag amryw heb dderbyn ond ychydig iawn o addysg. Mae'n hadnabyddiaeth ni o'r talp hwn o ddaear, ei llên gwerin a'i thraddodiadau, yn llawer cyfoethocach heddiw oherwydd i'r unigolion hynny gymryd eu cyfrifoldeb o ddifrif.

Nodiadau

1 Rwy'n ddyledus i staff Llyfrgell Genedlaethol Cymru, staff Amgueddfa Werin Cymru, Mrs Susan Price, Ms Eurwen Roberts, Ann Parry Owen, Gareth Bevan a Cledwyn Fychan am eu cymorth wrth lunio'r erthygl hon.
2 Meic Stephens (gol.), *Cydymaith i Lenyddiaeth Cymru* (Caerdydd: Gwasg Prifysgol Cymru, 1997), t. 332.
3 Fy nghyfieithiad i; am y Lladin gwreiddiol, gw. John Morris (gol.), *Nennius: British History and the Welsh Annals* (London and Chichester: Phillimore, 1980), t. 83 (§73).
4 Cyfeirnod grid yr Arolwg Ordnans SN940646. Yn y bennod hon rhoddir cyfeirnod grid ar gyfer pob enw lle. Sylwer bod R. J. Thomas, 'Cysylltiad Arthur â Gogledd Ceredigion', BBCS, 8 (1935–7), 124–5, yn holi ai i Ros Gaffallt, nid nepell o fferm Maen Arthur, Pont-rhyd-y-groes, 14 milltir tua'r gorllewin ar draws mynydd-dir Elenid, y cariwyd y garreg.
5 Lucy Toulmin Smith (gol.), *The Itinerary in Wales of John Leland in or about the Years 1536–1539* (London: George Bell and Sons, 1906), t. 119.
6 William Jones, 'Ifan Gawr: Tynged Lleidr Penffordd ym Mro Anial Llynnoedd Teifi', *Welsh Gazette*, 1 Medi 1932, 6.
7 SN819711. Fe'i cofnodir fel 'Pwll Ifan-mawr' ar fapiau diweddar yr Arolwg Ordnans ond ni wn am unrhyw ffynhonnell arall sy'n ategu'r ffurf honno.
8 SN852653. Theophilus Jones, *A History of the County of Brecknock*, 2 gyf. (Brecknock: William and George North, 1805–9), cyf. I, t. 85. Mae un o'r meini hyn i'w weld bellach ger ffermdy Nantybeddau (SN853661) wedi i'r diweddar Evan Price ei symud i ddiogelwch tua'r 1950au cyn i ddŵr cronfa Claerwen foddi'r lleoliad gwreiddiol.
9 SN902614.
10 Edward Lhwyd, *Parochialia*, 3 rhan (London: Cambrian Archæological Association/Charles J. Clark, 1909–11), cyf. III, t. 50.
11 SN861492.
12 'Hanes Plwyf Llanwrtyd', *Y Gwyliedydd*, 5 (1827), 231–5 (232). Mae'n bosibl mai Rowland Williams, un o'r personiaid llengar, oedd yr awdur.

13   Cledwyn Fychan, *Pwy Oedd Rhys Gethin?   Yr Ymchwil am Gadfridog Owain Glyndŵr* (Aberystwyth: Cymdeithas Lyfrau Ceredigion, 2007), tt. 32–40.
14   Cledwyn Fychan, 'Llywelyn ab y Moel a'r Canolbarth', LlC, 15 (1987–8), 289–307 (293–7); Fychan, *Pwy Oedd Rhys Gethin?*, tt. 32–4.
15   Cam Lewsyn ar afon Irfon (SN841549); Ogof Lewsyn ap Moelyn neu Ystafell Lewsyn yng Nghraig Nantstalwen (SN808567); a Thwll Lewsyn ap Moelyn neu Ystafell Lewsyn ap Moelyn yng Nghraig Irfon (o gwmpas SN845548).
16   SN906747.
17   F. G. Payne, *Crwydro Sir Faesyfed*, 2 gyf. (Llandybïe: Christopher Davies, 1966–8), cyf. II, t. 132.
18   [I. Foulkes], *Geirlyfr Bywgraffiadol o Enwogion Cymru* (Liverpool: I. Foulkes, 1870), t. 460.
19   Llsgr. LlGC 574E.
20   SN994539.
21   Jane Williams, *The Literary Remains of the Rev. Thomas Price, Carnhuanawc*, 2 gyf. (Llandovery: William Rees; London: Longman and Co., 1854–5), cyf. II, t. 6.
22   Alan Jobbins, *Gwlad Carnhunanawc (Thomas Price): Yr Arwr Oesol* (Caerdydd: Cymdeithas Carnhuanawc, [?2004]), t. 2. Bardd o Fôn, yn ôl pob tebyg, oedd Mab Clochyddyn, y golygir ei waith yn GGrG, tt. 87–112. Yn Robert Williams, *Enwogion Cymru* (Llandovery: William Rees, 1852), t. 303, dywedir, 'MAB (Y CLOCHYDDYN,) ... In a manuscript of Edward Llwyd's, preserved in the Ashmolean Museum at Oxford, he is said to have been a native of the parish of Llanavan Vawr, in Breconshire.'
23   SN783524.
24   SN789491.
25   *Yr Haul*, 24 (1880), 440.
26   Yn cynnwys D[aniel] Davies, gw. 'Soar y Mynydd', *Cymru*, 42 (1912), 255.
27   Evan Jones, 'Cwm Towi: un o haneswyr y Cwm', Llsgr. Amgueddfa Werin Cymru (AWC o hyn ymlaen) 1793/75, 13.
28   SN866482.
29   SN867480. Adwaenir Glen View heddiw fel Kilsby.
30   [Kilsby Jones], 'Dafydd Jones, o Gaio', *Y Traethodydd*, 5 (1849), 370–87.
31   Vyrnwy Morgan, *Kilsby Jones* (Wrexham: Hughes and Son, [?1890]), tt. 278–9.
32   Jones, 'Cwm Towi', 5.
33   *Yr Herald Cymraeg*, 19 Gorffennaf 1904, 4.
34   Gw. *https://bywgraffiadur.cymru/article/c5-WOOD-LEW-1828* (cyrchwyd 13 Ebrill 2025).
35   LlGC facs 631. Mae'r llawysgrif wreiddiol mewn dwylo preifat.
36   Trafodir Daniel Davies yn Menna Davies, 'Traddodiad llenyddol y Rhondda' (traethawd PhD heb ei gyhoeddi, Prifysgol Cymru, Aberystwyth, 1981), tt. 114–20.
37   M. H. Jones, 'Daniel Davies, Ton', *Cymru*, 53 (1917), 23.
38   Glan Brenig [Daniel Davies], 'Capel Eglwysig Maes y Bettws', 'Ffynnon y Brodyr, Abergwesyn', *Y Brython*, 4 (1861), 422–3. Ffermdy gerllaw ei gartref yn Nôl-dre, Tregaron, oedd Glanbrenig.

39 SN846544.
40 'Gyda Chwympiad y Dail', *Cymru*, 51 (1916), 203–4 (204).
41 D[aniel] Davies, 'Gwyllt Diroedd Ceredigion', *Cymru*, 42 (1912), 197–204.
42 SN808512.
43 Gweler n. 15.
44 D[aniel] Davies, 'Soar y Mynydd', *Cymru*, 42 (1912), 252–6.
45 SN836556.
46 D[aniel] Davies, 'Ystrad Ffin', *Cymru*, 42 (1912), 300–4.
47 Davies, 'Ystrad Ffin', 302; W. Williams, *Caniadau* (Caerfyrddin: Ev. a Da. Powell, 1762), t. 106. Sylwer bod Tom Beynon, *Golud a Mawl Dyffryn Tywi* (Caernarfon: Argraffdy'r Methodistiaid Calfinaidd, 1936), t. 104, yn hawlio mai wrth basio Pwll Uffern Gothi, ar ei ffordd i Langeitho, y cyfansoddodd William Williams y llinellau hyn.
48 Davies, 'Soar y Mynydd', 256.
49 'Gyda Chwympiad y Dail', 204.
50 SN896462.
51 Morgan, *Kilsby Jones*, t. 92.
52 *Y Cymmrodor*, 4 (1881), 155–9, 250–4 (156).
53 *Y Cymmrodor*, 4 (1881), 157–8.
54 *Y Cymmrodor*, 4 (1881), 158–9.
55 SN895483.
56 Glyn E. Jones, *Evan Jones (1850–1928), Ty'n-y-pant – Hynafiaethydd*, Darlith Eisteddfodol y Brifysgol, Eisteddfod Genedlaethol Cymru Bro Dinefwr 1996 (Caerdydd: Cofrestrfa Prifysgol Cymru, 1996), t. 3.
57 Tâp AWC 3321 (gwybodaeth o Jones, 'Evan Jones', 3).
58 E.e. eisteddfod Llanwrtyd yn *Cerddor y Tonic Sol-ffa*, 6 (1874), 8, a gŵyl de Hen Gapel y Gelynnos yn *Y Gwladgarwr*, 25 Ebrill 1879, 6.
59 'Y Fynegres Farddonol: Sef Casgliad o Gyfrolau Barddonol Cymreig, a Gyhoeddwyd o'r Flwyddyn 1800 hyd 1885', *Y Geninen*, 5 (1887), 186–92; 'Llyfryddiaeth y Ganrif ... O Lyfrgell Wrtydyn', *Cyfaill yr Aelwyd a'r Frythones*, 2 (1893), 422–4; 'Eisteddfodau Cadeiriol y flwyddyn 1896', *Cymru*, 12 (1897), 147; 'Eisteddfodau Cadeiriol 1897', *Cymru*, 14 (1898), 84.
60 'Hwian-Gerddi ... Sir Freicheiniog, *Cyfaill yr Aelwyd a'r Frythones*, 2 (1893), 185–6; 'Hwian-Gerddi ... Sir Frycheiniog', *Cyfaill yr Aelwyd a'r Frythones*, 2 (1893), 282; 'Hwian-Gerddi Brycheiniog', *Cyfaill yr Aelwyd a'r Frythones*, 3 (1894), 351.
61 'Hwian-Gerddi ... Sir Freicheiniog', 186; cyfeirir at Ben-twyn, Abergwesyn, gweler n. 93 isod.
62 'Hwian-Gerddi ... Sir Freicheiniog', 186.
63 'Shon Watcyn', *Cymru*, 33 (1907), 193–5. Ymddengys mai dyma gnewyllyn stori 'Ruth Shôn Watcyn', yn Lewis Davies, *Bargodion Hanes: Ystoriau i Ddiddori Plant Cymru yn Hanes eu Gwlad* (Lerpwl: Gwasg y Brython, 1924), tt. 107–19.
64 'Geiriau Brycheiniog', *Cymru*, 39 (1910), 95–6; 'Haf Gwlyb 1816', *Cymru*, 29 (1905), 161–2; 'Prehistoric Hearths', 'Remains of Lake Dwellings', 'Flint Manufactory', 'Roman Pottery', Arch Camb, cyf. 78, cyfres 7, cyf. 3 (1923), 153–6.

65 Llsgr. AWC 1793/1–654, 2038/1–137, 2129/1–2, 2384/1–186, 2929/1–2, 3044/1–26, a 3463/1–2. Crynhowyd y cynnwys yn Herbert Hughes (gol.), *Cymru Evan Jones: Detholiad o Bapurau Evan Jones (1850–1928), Ty'n-y-pant, Llanwrtyd* (Llandysul: Gwasg Gomer, 2009).
66 Llsgr. AWC 1793/13 ac 14. Bu rhestrau o'r math hwn yn werthfawr iawn yn fy ymchwil wrth i mi geisio rhoi lleoliad pendant i enwau lleoedd yr oedd pob ôl ohonynt wedi diflannu o'r tirlun. Er enghraifft, o wybod ar dir pa fferm yr arferai tŷ annedd sefyll, yn aml iawn roedd enw cae ar fap y Degwm yn cadw cof o'i leoliad.
67 Llsgr. AWC 1793/10.
68 'Pwll Nani', Llsgr. AWC 1793/219; 'Llofruddiaeth y Fanog, Cwm Towi', Llsgr. AWC 1793/561.
69 Davies, 'Gwyllt Diroedd Ceredigion', 202. Gan nad yw llawysgrifau Evan Jones wedi eu dyddio, mae'n amhosibl gwybod beth yw'r berthynas rhyngddynt ac erthygl Daniel Davies. Ond gwyddom i sicrwydd bod y ddau mewn cysylltiad, am fod y cyntaf o dri llythyr gan Evan Jones at Daniel Davies (LlGC: Calvinistic Methodist Archive (CMA) 1822 (2 Hydref 1899), CMA 1823 (31 Hydref 1910) a CMA 1824 (8 Ionawr 1911)) yn nodi: 'Yr ydym wedi dysgwyl am danoch bob haf er yr amser hwnw y cawsom yr anrhydedd o agor ein drws i chwi flynyddau'n ol; ac yr wyf wedi darllen eich hysgrifau tra dyddorol yn y *Cymru* dro ar ol tro.'
70 Jones, 'Cwm Towi'; 'Fy hynafiaid o ochr fy nhad', Llsgr. AWC 1793/8.
71 Llsgr. AWC 1793/117.
72 SN853501.
73 'Hanes Addusg, a'r hen Ysgolfeistri yn mhlwyf Llanwrtyd o'r amser boreuaf hyd sefydliad Ysgol y Bwrdd', [1898], Llsgr. AWC 1793/28. Cadwyd beirniadaeth yr Athro Thomas Powel yn yr archif yn ogystal (Llsgr. AWC 1793/29), ac mae'n ddiddorol ei fod yn nodi ynddi ei syndod na soniodd Evan Jones 'am yr enwocaf o'r gwyr y gellir eu cyfrif ym mhlith 'ysgolfeistri Llanwrtyd' – sef y diweddar Barchedig J. R. Kilsby Jones, yr hwn a fu yn derbyn disgyblion yn Glenview yn y blynyddoedd 1858 a 1859'.
74 Llsgr. AWC 1793/28, 10.
75 SN933437.
76 Llsgr. AWC 2384/82. SN885503.
77 SN842435.
78 *Y Geninen*, 26 (1908), clawr cefn; *Cymru*, 68 (1925), 88.
79 'Ysgol Wyliau Llanwrtyd', *Cymru*, 56 (1919), 97–8 (98).
80 *Y Darian*, 22 Awst 1918, 5.
81 Evan Jones, *Doethineb Llafar yn Bennaf fel y'i Clybuwyd yng Nghantref Buallt*, Trafodion yr Ysgol Wyliau Gymraeg (Abertawe: Thomas a Parry, 1925), t. 11.
82 SN893556.
83 E.e. *Seren yr Ysgol Sul, Baner ac Amserau Cymru, The Brecon & Radnor Express* a *Cymru*. Cafodd ei gynnwys yn Handel Jones (gol.), *Diferion Dyfri: Llên a Llun* (Rhandir-mwyn: Gwasg Llech Ddu, 2021), t. 109.
84 *Cymru*, 69 (1925), 127.

85 'Ar y Garn Wen', *Cymru'r Plant*, 22 (1913), 197–8.
86 Sef tad Dai Jones, Abergwesyn, y sonnir amdano isod. Gwybodaeth gan Eurwen Roberts, Llanfair-ym-Muallt, gor-nith Edward Lewis.
87 'Bi-Centenary. Church Among The Hills', *The Brecon and Radnor Express*, 29 Mehefin 1933, 6. Rwy'n ddiolchgar i Eurwen Roberts am y cyfeiriad.
88 SN732603.
89 [Richard Davies], *Caniadau Isgarn*, detholiad gyda rhagymadrodd gan T. H. Parry-Williams a gwerthfawrogiad gan S. M. Powell (Aberystwyth: [Llyfrgell Genedlaethol Cymru], 1949), tt. 30, 26–7, 43.
90 [Davies], *Caniadau Isgarn*, t. xx.
91 Gw. *https://bywgraffiadur.cymru/article/c2-DAVI-RIC-1887* (cyrchwyd 13 Ebrill 2025).
92 Rev. D. C. Rees, *Tregaron: Historical and Antiquarian* (Llandyssul: Gomerian Press, 1936), t. 99; R. Isgarn Davies, 'Twm Shôn Gati', *Cardiganshire Antiquarian Society Transactions*, 5 (1927), 100–7.
93 SN854527.
94 Gwybodaeth gan Cledwyn Fychan yn dilyn sgwrs â John Rees Hope ym Mawrth 1965. Ni wn union leoliad Ffos Hywel.
95 Tâp AWC 355–6.
96 SN841518.
97 Gan ddilyn ei dad yn y gwaith.
98 SN846519.
99 Archifdy Powys B/X/240.
100 Ruth Bidgood, *Parishes of the Buzzard* (Port Talbot: Goldleaf Publishing, 2000), t. 7.
101 Tâp AWC 379, 4003–4, 4670–2, 5003–7, 5045–50, 6298, 6572–3.
102 Tâp AWC 4670, 5003, 6298.
103 Gweler n. 63 uchod.
104 Williams, *Caniadau*, t. 106.
105 Tâp AWC 5003.
106 SN878542.
107 Tâp AWC 5050. Yn ddiweddar deuthum ar draws carreg fedd Benjamin Felix ym mynwent Llanfihangel Abergwesyn, sy'n cofnodi iddo farw yn 1959 yn 73 mlwydd oed.
108 SN974582.
109 Roedd yn gyd-ddisgybl ag Eluned, mam Marged, yn ysgol ramadeg Llanfair-ym-Muallt.
110 'My Grandfather Going Blind', yn Julian Croft a Don Dale-Jones (goln), *The Collected Poems of T. Harri Jones* (Llandysul: Gomer, 1977), t. 189.
111 SN887722.
112 Erwyd Howells, *Good Men and True: The Lives and Tales of the Shepherds of Mid Wales* (Aberystwyth: Erwyd Howells, 2005), tt. 215–17. Rwy'n ddiolchgar i Erwyd am rannu gwybodaeth am Tommy Hughes gyda mi.
113 Weithiau câi penillion eu llunio er mwyn hwyluso'r gwaith o'u cofio, er enghraifft yr un canlynol sy'n rhigymu nod fferm Dôl-goch, Cwm Tywi: 'Nod

Dôl-goch ar hyd yr oese / Ydoedd torri blaen y clustie; / Tac bach twt o dan y pelle, / A'r un fath o war y nese.'
114 SN863485.
115 Ar 23 Awst 2012 yn eglwys Llanwrtyd; copi trwy garedigrwydd yr awdur, Mrs Susan Price, Llanwrtyd.
116 SN868504.
117 Sylwer bod Evan Jones (Llsgr. AWC 1793/128) yn honni mai gŵr yn byw yng Ngharreg-grech, Llanddewi Abergwesyn, oedd Owen, ac iddo roi terfyn ar ei fywyd mewn digalondid ar ôl cymryd arno'i hun ormod o wair i'w gynaeafu.
118 Cymharer hyn ag esboniad Evan Jones (Llsgr. AWC 1793/117), 'Pan deflir careg i mewn i'r hagen hon, cynyrchir swn fel pe y teflir careg i badell bres, a gelwir y lle yma gan rai hen bobl – "Tonc Padelli".'
119 Gw. *http://history-arts-wales.org.uk/cy/* (cyrchwyd 13 Ebrill 2025).
120 SN859490.
121 SN860437.
122 T. Llew Jones, *Hen Gof: Ysgrifau Llên Gwerin* (Llanrwst: Gwasg Carreg Gwalch, 1996), t. 7.

J. J. GLANMOR DAVIES, CEINEWYDD

Gwen Awbery

Mae enw J. J. Glanmor Davies yn gyfarwydd i bawb sy'n gweithio ym maes tafodieithoedd y Gymraeg, oherwydd ei ddisgrifiad manwl ac arloesol o iaith lafar Ceinewydd yn sir Aberteifi. Bu'n gweithio ar yr astudiaeth hon fel myfyriwr ymchwil yn Adran y Gymraeg, Coleg y Brifysgol, Aberystwyth, ac yn 1934 cwblhawyd y gwaith, a chyflwynwyd ei draethawd. Canmolwyd safon y gwaith gan yr arholwyr, a dyfarnwyd iddo radd PhD. Dyn ifanc, brwdfrydig, felly, ar drothwy gyrfa lwyddiannus. Ond ofer ei holl gynlluniau, ac ym mis Ebrill 1935 bu farw gartref yng Ngheinewydd o'r diciâu, afiechyd oedd yn bla o hyd yn y cyfnod hwnnw cyn dyddiau penicillin. Bydd y bennod hon yn olrhain ei fywyd a'i yrfa, ac yn trafod ei gyfraniad i faes tafodieitheg y Gymraeg, gan ganolbwyntio ar ei ddefnydd o ddulliau seineg arbrofol wrth ddisgrifio nodweddion yr iaith lafar, a'i waith yn datblygu terminoleg addas ar gyfer astudio ieithyddiaeth trwy gyfrwng y Gymraeg.

Ceinewydd

Os gofynnwn pam y dewisodd Glanmor Davies dafodiaith Ceinewydd fel maes ei ymchwil, mae'r ateb yn ddigon syml. Er nad yn y Cei y ganwyd ef, symudodd i'r pentref yn ddwy flwydd oed, ac yno y treuliodd y rhan fwyaf o'i fywyd.[1]

Un o'r Cei oedd ei fam, Jane Mary Phillips, merch i saer llongau, James Phillips, yntau yn enedigol o'r Cei. Ac roedd mam ei fam,

Margaret, o bentref cyfagos Llwyndafydd. Yn wraig ifanc bu Jane Mary yn gweithio fel gwniadwraig yn ei chartref yn y Cei, ond yn 1906 fe'i gwelwn draw yng Nghwm Rhymni, yn priodi yn Nhŷ Cwrdd y Bedyddwyr, Hengoed, â Ioan Davies, glöwr ifanc o Benmaen yn sir Fynwy. Amhosib gwybod erbyn hyn sut y cyfarfu'r ddau. Un posibilwydd yw bod Ioan, yn ôl arfer y cyfnod, wedi treulio gwyliau haf yng Ngheinewydd a'u bod wedi dod i adnabod ei gilydd yno. Nodir yn y dystysgrif briodas bod cartref Jane Mary o hyd yng Ngheinewydd, ac ymddengys felly ei bod wedi symud i'r cymoedd yn unswydd i briodi. Fe ymgartrefodd y pâr ifanc yng Ngilfach Fargoed, ac yno ar 4 Mehefin 1907 y ganwyd eu mab, Glanmor.

Ond bywyd ansicr oedd i löwr yn y cyfnod hwn, ac yn 1909 lladdwyd Ioan Davies mewn damwain yn y pwll. Aeth Jane Mary, yn weddw ifanc, yn ôl i Geinewydd at ei brawd, ac yno yn 4 Field Place y bu hi a'i mab yn byw o hynny ymlaen. Roedd teulu Ioan yn medru'r Gymraeg, a Chymraeg yw iaith yr arysgrif ar ei garreg fedd ym mynwent capel yr Annibynwyr ym Mhenmaen. Ond nid oes unrhyw dystiolaeth bod Glanmor wedi ymddiddori yn nhafodiaith y de-ddwyrain, oedd mor wahanol i iaith lafar sir Aberteifi. Bu farw tad Ioan yn 1916, a'i fam yn 1925. Efallai bod y rhwymau teuluol wedi breuo yn sgil hyn, ac mai ychydig o gysylltiad a fu rhwng Glanmor Davies a'r perthnasau yn sir Fynwy. I bob pwrpas, bachgen o'r Cei oedd Glanmor, ac iaith yr ardal hon oedd ffocws ei ddiddordeb.

Coleg Prifysgol Cymru, Aberystwyth

Bu'n ddisgybl yn y Tutorial School yng Ngheinewydd, ac wedyn yn 1925 aeth i Goleg y Brifysgol yn Aberystwyth i ddilyn cwrs gradd yn Adran y Gymraeg.[2] Ochr yn ochr â'r Gymraeg, yn ôl arfer y cyfnod, bu'n astudio pynciau eraill – Lladin, hanes, athroniaeth, Groeg – er mai'r Gymraeg oedd ei brif ddiddordeb. Mae'n amlwg bod problemau wedi codi, oherwydd fe welwn yn y ffurflen sy'n cofnodi ei yrfa yn y coleg nad oedd yn bresennol yn nhymorau'r gwanwyn a'r haf yn y flwyddyn academaidd 1927–8, a'i fod yn cael ei arholi'n allanol yn 1929. Tybed ai dyma'r arwyddion cyntaf o'i broblemau gyda'i iechyd? Does dim eglurhad am ei absenoldeb yn y cofnod swyddogol, ond mae'n amlwg bod y Bwrdd Academaidd wedi derbyn bod yna resymau dilys, ac fe ganiatawyd estyniad iddo o'r terfyn amser arferol ar gyfer cwblhau cwrs gradd. Dyfarnwyd Ysgoloriaeth Cynddelw iddo, gwerth £25, ar gyfer y flwyddyn 1930–1, ac yn 1931 enillodd radd anrhydedd dosbarth cyntaf yn y Gymraeg. Nodir yn adroddiad blynyddol y coleg: 'Mr. J. J. Glanmor Davies, B.A., whose work had always been of excellent quality, obtained a very good First Class.'

O 1931 hyd at 1934 bu'n fyfyriwr ymchwil yn Adran y Gymraeg, yn gweithio ar ei astudiaeth o iaith lafar Ceinewydd. Dyfarnwyd Sir John Williams Studentship gwerth £100 iddo ar gyfer 1931–2, ac eto ar gyfer 1932–3. Yn 1933–4 gostyngodd gwerth y grant i £33 6s. 8d, hyn ar gyfer tymor yr hydref yn unig, efallai oherwydd bod ei amser fel myfyriwr olraddedig yn dod i ben. Cyfarwyddwr ei ymchwil oedd yr Athro T. H. Parry-Williams, pennaeth Adran y Gymraeg, ond mae'n ddiddorol nodi nad oedd yn gaeth i'r adran hon wrth ddatblygu ei sgiliau. Mae'n hysbys fod gan yr Athro Parry-Williams ddiddordeb mewn gwyddoniaeth, ac mae'n bosib ei fod wedi annog Glanmor Davies i fanteisio ar yr hyfforddiant technegol a oedd ar gael yn yr Adran Ffrangeg, er mwyn ehangu maes ei ymchwil a bwrw goleuni newydd ar amrywio tafodieithol yn y Gymraeg.

Aelod o staff yr adran honno oedd yr arbenigwr ar seineg arbrofol yn Aberystwyth ar y pryd, Dr Allen Burdett Thomas, ac mae Glanmor Davies yn ei draethawd yn cydnabod ei ddyled iddo wrth ddysgu sut i ddefnyddio'r offer angenrheidiol ar gyfer yr agwedd hwn ar ei waith.[3] Roedd y Dr Thomas wedi ennill diploma mewn seineg ym Mhrifysgol Paris yn ystod blwyddyn a gafodd yn rhydd o'i swydd yn 1923–4, ac roedd mewn cysylltiad agos ag Adran Seineg Coleg y Brifysgol yn Llundain. Dyma Glanmor Davies felly yn medru elwa o'r wybodaeth a'r cysylltiadau hyn, gan dderbyn hyfforddiant gan un oedd yn hyddysg yn y maes, a hefyd yn siaradwr Cymraeg a chanddo ddiddordeb i ddefnyddio'r dulliau newydd hyn ar gyfer astudio nodweddion yr iaith. Cydnabyddir pwysigrwydd y cydweithio hwn yn adroddiadau blynyddol y coleg, yn 1933 ac wedyn eto yn

1934 lle dywedir, 'The results of experiments conducted by him in the College Phonetics Laboratory, under the supervision of Dr. A. B. Thomas, have been interesting and illuminating.'

Derbyniodd Glanmor Davies ei radd PhD yn ffurfiol yn seremoni raddio mis Mehefin 1934, ac mae'n amlwg ei fod yn bwriadu bwrw ymlaen â gyrfa yn y byd academaidd, a mireinio'i sgiliau ymhellach. Ymunodd â'r *Association Phonétique Internationale* ddechrau 1934, ac yn rhifyn 45 o *Le Maître Phonétique*, cylchgrawn y gymdeithas, cyhoeddwyd erthygl fer ganddo yn cymharu tair sain: *hl* yr Islandeg, *ll* y Gymraeg, ac yn Ffrangeg yr *l* mewn geiriau fel *peuple*. Yno dadleuai fod y rhain i gyd yn seiniau gwahanol, er nad oedd ganddo dystiolaeth arbrofol i gefnogi ei safbwynt. Roedd ei ddiddordeb mewn seineg yn amlwg yn ehangach na maes y Gymraeg yn unig, ac fe fu'n rhaid iddo adael Aberystwyth i ddilyn y trywydd hwn.

Dechrau gyrfa

Ar 2 Hydref 1934 ymrestrodd Glanmor Davies fel myfyriwr yn yr Adran Seineg yng Ngholeg y Brifysgol, Llundain, gan fwriadu dilyn cwrs MA seineg a fyddai'n para tan fis Mehefin 1936.[4] Golygai hyn ddilyn cyrsiau ar seineg y Ffrangeg, yr Almaeneg a'r Saesneg, ynghyd â nifer o ieithoedd eraill, ac fe'i gwelwn hefyd yn cymryd diddordeb yn nulliau ymchwil seineg arbrofol dan gyfarwyddyd Stephen Jones, Cymro Cymraeg arall, oedd yn aelod o staff yr Adran Seineg. Yn 1935 cyhoeddwyd erthygl yn *Le Maître Phonétique* gan Stephen Jones yn cymharu drwy ddulliau seineg arbrofol union ynganiad y sain *hl* yn Islandeg ac *ll* yn Gymraeg, lle mae'n nodi, 'The following is the result of an investigation made in the Phonetics Department of University College with the help of Miss E. M. Evans, Mr. Glanmor Davies and Mr. D. B. Fry.' Dyma Glanmor Davies yn achub y cyfle yn yr Adran Seineg i ddilyn trywydd y bu'n pendroni yn ei gylch yn barod, y tro hwn gan ddatblygu tystiolaeth arbrofol i fwrw goleuni ar y pwnc. Cyhoeddwyd un erthygl arall ganddo yn *Le Maître Phonétique* ddiwedd 1935, ar broblem dechnegol parthed sut y dylid mesur agweddau gwahanol ar seiniau ffrwydrol, nid yn y Gymraeg yn benodol ond yn gyffredinol, ac yma fe'i gwelwn eto yn defnyddio tystiolaeth arbrofol i gefnogi ei ddadleuon.

Yn ôl yr ieithydd o Ffrainc, yr Athro J. Vendryes, roedd Glanmor Davies wedi treulio amser ar ôl gadael Aberystwyth yn Rhydychen ac ym Mharis hefyd. Nid yw'n glir beth fyddai wedi ei ddenu i Rydychen. Bu farw'r ysgolheigion a ddylanwadodd ar yr Athro Parry-Williams pan oedd yn fyfyriwr yng Ngholeg yr Iesu ond efallai bod cysylltiadau yno o hyd. Ym Mharis yr atyniad tebygol fyddai'r *Institut de Phonétique*, dan gyfarwyddyd yr Athro Pierre Fouché, yn enwedig pan ystyriwn fod Dr A. B. Thomas, hyfforddwr Glanmor yn Aberystwyth, wedi treulio blwyddyn ym Mharis yn y 1920au, ac mwy na thebyg yn dal â chysylltiad â chydweithwyr yno. Yn anffodus nid oes unrhyw gofnod perthnasol wedi goroesi un ai yn Rhydychen nac ym Mharis, a dyfalu yn unig yw hyn.

Gwyddom ei fod wedi ysgrifennu ym mis Gorffennaf 1934 at yr Athro J. Glyn Davies ym Mhrifysgol Lerpwl, yn y gobaith y byddai'n bosibl iddo ymrestru fel myfyriwr allanol, a chyflwyno traethawd ar hyd llafariaid yn nhafodiaith sir Aberteifi ar gyfer MA erbyn mis Mai 1935. Yn ei ateb, eglurodd yr Athro Davies nad oedd hyn yn bosibl: roedd yn rhaid i fyfyrwyr MA fyw yn agos i Lerpwl, a hefyd astudio am ddwy flynedd dan gyfarwyddyd aelod o staff y brifysgol. Nid oedd modd dyfarnu MA am draethawd yn unig o fewn blwyddyn. Awgrymodd y gellid cysylltu â'r Athro Gratton, a oedd yn dysgu seineg ac yn medru'r Gymraeg, ond yn amlwg fe benderfynodd Glanmor Davies beidio â gwneud hyn, ac yn hytrach fe aeth i Lundain.

Mae'n drawiadol ei fod yn y cyfnod hwn wedi gwneud cryn ymdrech i gyhoeddi'r deunydd a gasglwyd ar gyfer ei draethawd PhD, nid ar ffurf llyfr a fyddai'n cynnwys y deunydd i gyd, ond fel cyfres o erthyglau mewn cylchgronau academaidd. Ffocws rhai o'r rhain yw geirfa'r dafodiaith. Mae yna ddwy restr, 'Rhai o eiriau llafar Ceinewydd a'r cylch', yn rhifynnau 1934 ac 1935 o *Bwletin y Bwrdd Gwybodau Celtaidd*, y rhain yn nhrefn yr wyddor, a nodyn ar ddiwedd yr ail – 'i'w barhau' – yn dangos bod ganddo fwriad ychwanegu at y rhestri hyn. Ceir hefyd restr arall, 'Rhai Gwerineiriau Diddorol', wedi eu dewis ar sail wahanol. Mae yna restri tebyg yn rhifyn 1936 o'r cylchgrawn *Zeitschrift für celtische Philologie*, eto yn nhrefn yr wyddor, ac eto mae'n debyg ei fod wedi bwriadu ychwanegu rhestri pellach at y rhain. Mwy diddorol yw'r ffaith ei fod wedi dechrau cyhoeddi disgrifiadau manwl o nodweddion seinegol y dafodiaith, gyda thystiolaeth dulliau seineg arbrofol i gadarnhau ei ddisgrifiadau, gan ddynnu eto ar y gwaith a gyflwynwyd yn y traethawd. Cyhoeddwyd dwy erthygl o'r math hwn yn y *Zeitschrift für celtische Philologie*, eto yn 1936, y naill yn disgrifio cytseiniaid trwynol y dafodiaith a'r llall y cytseiniaid ffrwydrol. Ymddengys mewn gwirionedd ei fod wedi bwriadu cyhoeddi erthyglau pellach o'r math hwn. Sonia ei fam mewn llythyr at yr Athro T. H. Parry-Williams ei fod wedi anfon erthygl ar gytseiniaid ffrithiol y dafodiaith at *Y Cymmrodor*, ond i'r cylchgrawn ei gwrthod, gan fod y deunydd yn anaddas i'r cylchgrawn hwn, ac mae'r Athro T. H. Parry-Williams yn cyfeirio mewn nodyn llawysgrif at erthygl ar 'Assimilation and Similitude in a Cardiganshire Dialect' y bwriedid ei chyhoeddi yn *Aberystwyth Studies*. Ni ddigwyddodd hyn, ac er bod yr Athro J. Vendryes yn awgrymu y byddai erthygl arall gan Glanmor Davies yn ymddangos yn *Études Celtiques* maes o law, ni ddaeth hyn i fwcwl chwaith.

Marw'n ifanc

Daeth diwedd sydyn ar yr holl weithgarwch yma a'r gobaith am yrfa academaidd, a bu farw Glanmor Davies yn annisgwyl ar 17 Ebrill 1935, gartref yng Ngheinewydd yn 27 oed.[5] Awgryma'r dystysgrif swyddogol ei fod yn dioddef yn barod o'r diciâu, ond mai pwl sydyn o beswch gwaedlyd oedd achos uniongyrchol ei farwolaeth. Cynhaliwyd ei angladd ar 23 Ebrill yng Nghapel y Bedyddwyr, Llwyndafydd, ac fe'i claddwyd yno ym mynwent y capel. Gellir gweld ei fedd o hyd, ochr yn ochr â bedd ei dad-cu a'i fam-gu, rhieni ei fam. Pan fu farw Jane Mary Davies yn 1963, fe'i claddwyd hithau hefyd yn yr un bedd â'i mab. Nodir yn yr arysgrif bod ei dad, Ioan Davies, wedi marw yn 1909 yn 39 oed, a'i gladdu draw ym Mhenmaen, sir Fynwy.

J. J. Glanmor Davies, Ceinewydd

THE LATE DR. GLANMOR DAVIES.

J. J. Glanmor Davies (Welsh Gazette and West Wales Advertiser, 25 Ebrill 1935). Atgynhyrchwyd yma drwy ganiatâd Llyfrgell Genedlaethol Cymru.

Mae'n amlwg bod colli Glanmor Davies fel hyn wedi bod yn sioc i bawb. Bu'r Athro T. H. Parry-Williams a'r Dr A. B. Thomas yn bresennol yn yr angladd, a nodir yn adroddiad y papur lleol eu bod wedi tystio i'w ddoniau academaidd a'i ddiwydrwydd. Lluniodd yr Athro Parry-Williams englyn ar gyfer yr arysgrif ar y garreg fedd:

> Ym myd gwybod bu'n rhodio – yn fore'n
>   Fyfyriwr diflino.
> 'Roedd dysg yn ei ruddwaed o,
> Dysg yn ei fryd a'i osgo.

T. H. Parry Williams

Ceir cofnod yn adroddiad blynyddol y coleg yn 1935:

> One of our most promising researchers, Dr. J. J. Glanmor Davies, B.A., who obtained his Ph.D. degree last June, died suddenly in April. He had joined the London University School of Phonetics, and was continuing still further the researches begun by him and pursued for years at Aberystwyth. We deeply regret the loss of a thorough and enthusiastic research-worker.

Cyhoeddwyd erthygl olaf Glanmor Davies yn *Le Maître Phonétique* ddiwedd 1935, ac odani ceir y nodyn hwn gan Daniel Jones, pennaeth yr Adran Seineg, 'This article was written by Mr. Glanmor Davies in the early part of this year, just before his premature death.' Nid oes unrhyw gyfeiriad at ei farw yn *Bwletin y Bwrdd Gwybodau Celtaidd*, efallai oherwydd bod y rhestr eirfa olaf yn y wasg yn barod ac na fu cyfle i ychwanegu nodyn. Cyhoeddwyd yr erthyglau yn y *Zeitschrift für celtische Philologie* yn 1936, ac wrth ei enw fe welir y symbol † i ddynodi ei fod wedi marw cyn i'r deunydd hwn ymddangos. Ceir bywgraffiad byr ohono yn un o'r papurau lleol, y *Welsh Gazette and West Wales Advertiser*, ac fe gyhoeddwyd ysgrif goffa gan yr Athro J. Vendryes yn *Études Celtiques* yn 1937, ysgrif yn talu teyrnged iddo fel ymchwilydd ifanc disglair, ond hefyd yn mynegi nodyn mwy personol o gydymdeimlad â'i fam weddw a oedd wedi colli ei hunig blentyn.

Traethawd PhD Glanmor Davies

Rhaid troi yn awr at draethawd PhD Glanmor Davies, sef 'Astudiaeth o Gymraeg llafar ardal Ceinewydd: ei seineg gydag ymchwiliadau gwyddonol, ei seinyddiaeth a'i ffurfiant gyda geirfa lawn, a chyfeiriad at ei semanteg'. Beth yn union oedd cynnwys y traethawd hwn? A beth oedd ei gyfraniad i ddatblygiad astudiaethau tafodieithol yng Nghymru ac yn Gymraeg?

Ceir yma ddisgrifiad trylwyr iawn o iaith lafar ardal Ceinewydd. Yn gyntaf trafodir seiniau'r dafodiaith, yn llafariaid a chytseiniaid, a'r modd y mae'r seiniau unigol yn rhan o strwythur ehangach yr iaith lafar, yn creu patrymau seinegol ac yn ymgyfnewid â'i gilydd. Mae'n troi wedyn at ddisgrifio morffoleg y dafodiaith, sef y treigladau a'r gwahanol derfyniadau gramadegol a geir ar enwau, berfau ac ati yn ôl eu lleoliad yn y frawddeg. Ac er nad yw hon yn elfen ganolog yn y gwaith, mae hefyd yn amlinellu o bryd i'w gilydd sut y mae iaith yr hen a'r ifanc yn amrywio, a ffiniau daearyddol ambell nodwedd leol. I gloi, fe gawn gasgliad helaeth o eirfa ardal Ceinewydd, yn cwmpasu pob math o bynciau, o ffermio i bysgota a bywyd y môr.

Mae pob math o wybodaeth ddiddorol yn codi felly wrth ddarllen y traethawd, ond fe garwn i yma ganolbwyntio ar y ddwy elfen arloesol sydd yn nodweddu'r astudiaeth hon. Dyma'r tro cyntaf i ddisgrifiad o dafodiaith Gymraeg dynnu'n gyson ar waith labordy a seineg arbrofol wrth ddadansoddi nodweddion yr iaith lafar, i ategu tystiolaeth y glust a'r llygad. A dyma'r tro cyntaf i dafodieithegydd lunio ei ddisgrifiad yn gyfangwbl yn Gymraeg, gan greu a defnyddio geirfa dechnegol, bwrpasol i ddisgrifio ei nodweddion seinegol, yn hytrach nag ysgrifennu yn Saesneg, a defnyddio'r termau technegol Saesneg, fel ei ragflaenwyr.

Seineg arbrofol

Nid dyma'r disgrifiad cyntaf o iaith lafar ardal arbennig yng Nghymru o bell ffordd. Bu Myrddin Fardd (*Gwerin Eiriau Sir Gaernarfon*, 1907), er enghraifft, yn casglu geirfa sir Gaernarfon, a W. Meredith Morris (*A Glossary of the Demetian Dialect*, 1910) wrthi yng Nghwm Gwaun yn sir Benfro.[6] Ond diddordeb cyffredinol yn iaith a thraddodiadau'r ardaloedd dan sylw oedd gan y ddau. Pwysicach a mwy dylanwadol yn y cyd-destun hwn yw gwaith Henry Sweet ('Spoken North Welsh', 1882–4) yn Nant Gwynant, sir Gaernarfon, O. H. Fynes-Clinton (*The Welsh Vocabulary of the Bangor District*, 1913) yn ardal Bangor, eto yn sir Gaernarfon, ac Alf Sommerfelt (*Studies in Cyfeiliog Welsh*, 1925) yn y Canolbarth, yn Llanbrymair a'r cyffiniau.[7] Yma, am y tro cyntaf, fe welwn ddisgrifiadau manwl o seiniau'r dafodiaith, lle defnyddir symbolau arbenigol i gyfleu union natur y seiniau hyn. Nid yw'r tafodieithegydd bellach yn gorfod dibynnu ar addasu orgraff y

Gymraeg i gyfleu ansawdd y seiniau – mae system ar gael sydd yn annibynnol ar gonfensiynau orgraffyddol yr iaith, ac yn gwbl glir ei ergyd i'r sawl sydd yn medru darllen yr wyddor seinegol. Fe welwn fod yr union symbolau a ddefnyddir yn newid dros y blynyddoedd, ond gellir cyfieithu'n rhwydd o 'Romic notation' Henry Sweet i symbolau'r *Association Phonétique Internationale* a ddefnyddir gan O. H. Fynes-Clinton ac Alf Sommerfelt.[8]

Yn ei draethawd dilyna Glanmor Davies yr un drefn, a sgript seinegol yr *Association Phonétique Internationale* a ddefnyddir ganddo i ddisgrifio seiniau'r dafodiaith.[9] Mae yma serch hynny newid trawiadol yn y ffordd y mae'n disgrifio'r seiniau llafar. Roedd Henry Sweet ac wedyn O. H. Fynes-Clinton yn llwyr ddibynnol ar y synhwyrau wrth lunio eu disgrifiadau – yr hyn y gellid ei weld a'i glywed wrth i siaradwr ynganu sain arbennig, a'r hyn y gellid ei deimlo yn y geg wrth ynganu'r sain honno. Mae Glanmor Davies yn defnyddio'r dulliau cydnabyddedig hyn wrth ddisgrifio seiniau'r iaith lafar yng Ngheinewydd, ond mae'n mynd un cam ymhellach ac yn defnyddio tystiolaeth arbrofion seinegol i ategu ei farn. Nid oedd yn rhaid iddo ddibynnu yn unig ar dystiolaeth ei lygaid a'i glust, ond gallai droi at offer labordy a oedd yn caniatáu iddo fesur lleoliad y tafod yn y geg, a sut yr oedd patrymau anadlu yn cydblethu ag elfennau eraill yn llafar y siaradwr. Roedd ganddo nawr dystiolaeth uniongyrchol o'r hyn a oedd yn digwydd wrth i'r siaradwr gynhyrchu gwahanol seiniau. Gellid yn ogystal ddechrau deall sut yr oedd gwahanol seiniau yn llif y llafar yn dylanwadu ar ei gilydd, a sut yr oedd union natur sain yn newid yn ôl y cyd-destun.

Yr unig un o'i ragflaenwyr i fentro i'r tir newydd hwn oedd Alf Sommerfelt, ac ychydig iawn o ddefnydd a wnaeth ef o'r dulliau newydd hyn, efallai oherwydd prinder amser ac adnoddau. Yn ei lyfr *Studies in Cyfeiliog Welsh*, fe geir dwy enghraifft o *drasiad ceimograff*, sydd yn dangos gwahanol elfennau yn y llafar – pryd yn union, er enghraifft, y bu tannau'r llais yn dirgrynu, a phryd yn union yr oedd y geg ar gau neu ar agor. Roedd yr offer hwn yn gyfarwydd i arbenigwyr yn y maes, ond dyma'r tro cyntaf i ni weld ei ddefnyddio ym myd tafodieitheg y Gymraeg. Awgryma Alf Sommerfelt yn y rhagymadrodd i'w lyfr ei fod wedi arbrofi gydag offer arall hefyd, ond y ddau *drasiad* yn unig a gyhoeddwyd ac sydd wedi goroesi hyd heddiw. Dr A. B. Thomas, o'r Adran Ffrangeg yn Aberystwyth, oedd wedi cynorthwyo Alf Sommerfelt i arbrofi fel hyn yn y 1920au, a naturiol ddigon oedd ei fod wedyn yn barod i hyfforddi myfyriwr brwdfrydig fel Glanmor Davies, a'i ddysgu sut i ddefnyddio'r offer yma i fwrw goleuni ar y problemau a godai wrth geisio deall sut yr oedd gwahanol seiniau'r dafodiaith yn cael eu hynganu.

Yr offer arbrofol

Un darn o offer a ddefnyddiodd Glanmor Davies gryn dipyn yw'r *palatograff*. Plât tenau yw hwn, o liw tywyll, tebyg i offer deintyddol, sydd yn ffitio yn y geg, ac yn cuddio'r rhan uchaf o'r geg. Rhoddir haen o sialc powdwr arno cyn ei roi i mewn, ac wrth i'r siaradwr ynganu'r sain dan sylw bydd y tafod yn cyffwrdd â'r plât ac yn tynnu'r haen golau hwn i ffwrdd. Ar ôl tynnu'r *palatograff* o'r geg fe welir lle bu'r tafod yn cyffwrdd â'r plât, gan fod y sialc wedi ei dynnu i ffwrdd a lliw tywyll y plât ei hun i'w weld. Fel hyn gellir deall natur ystumiau yn y geg nad oes modd eu gweld, ac un ai tynnu ffotograff o hyn, neu ddarlunio'r canlyniad ar ddiagram a baratowyd ymlaen llaw. Enw'r llun sydd yn deillio o'r broses hon yw *palatogram*, ac mae'r *palatogram* a wnaeth Glanmor Davies o ynganiad y gytsain *t*, er enghraifft, yn dangos bod y tafod yn taro yn erbyn top y geg ychydig y tu ôl i'r dannedd. Mewn rhai ardaloedd mae'r tafod yn creu'r sain hon drwy daro yn erbyn y dannedd eu hunain, ond drwy ddefnyddio'r *palatograff* bu'n bosib profi nad yw hyn yn digwydd yng Ngheinewydd.[10]

Yr offer arall a ddefnyddiodd gryn dipyn yw'r *ceimograff*, ac mae hwn eto yn dangos agweddau ar ynganiad y sain na ellir eu gweld o'r tu allan. Offer eithaf cymhleth oedd hwn, silindr o fetal oedd yn troi ar gyflymder penodol. Drosto rhoddid haen o bapur cryf wedi ei dduo gan fwg fflam. Roedd tiwbiau gwahanol yn cysylltu'r geg, y trwyn a'r larincs â set o biniau a fyddai'n crafu'r papur wrth i'r silindr droi, gan dorri drwy'r haen ddu a gadael olion ar ffurf llinellau gwyn. Byddai'r llinellau hyn yn datgelu beth yn union oedd y gwahanol organau yn ei wneud yn ystod llif y llafar, ac un ai'n ategu neu'n gwrthbrofi'r hyn yr oedd y tafodieithegydd wedi barnu o wrando a gwylio'r siaradwr. Er enghraifft, bu cryn dipyn o ddadlau parthed y sain ar ddechrau gair fel *nhad*, sef Treiglad Trwynol *tad*. Ai cytsain ddilais sydd yma neu rywbeth arall, ac os felly, beth? Fel y noda Glanmor Davies, fe brofa'r *trasiadau ceimograff* nad un sain sefydlog yn unig sydd yma, ond dilyniant o seiniau wrth fod yr organau llafar yn symud: mae'n dechrau'n ddilais, wedyn yn troi'n lleisiol, ac mae'r pwff o awyr ar ddiwedd y sain yn gwbl leisiol. Dyma dorri'r ddadl a deall beth yn union sy'n digwydd wrth ynganu'r gair.[11]

Dyfyniadau hir o lawlyfrau Saesneg a ddefnyddir gan Glanmor Davies i egluro'r prosesau hyn, ond mae ei brofiad personol yn brigo ynghanol y disgrifiadau swyddogol. Nodir yn y dyfyniad Saesneg y gall y *palatograff* fod o fetal, *vulcanite* neu ryw ddefnydd caled arall, ac yn sydyn fe gawn yn Gymraeg gipolwg o Glanmor Davies wrthi yn y labordy: 'Un o fwlcaneit sy gennyf fi.' Yn yr un modd ynghanol y dyfyniad Saesneg o sut i baratoi'r *ceimograff*, lle dywedir bod modd duo'r papur gyda fflam nwy, fe gawn eto yn Gymraeg brofiad Glanmor Davies: 'Canhwyllau sydd gennym ni yn ein harbrofa.' Roedd yn amlwg yn teimlo ei bod yn bwysig nodi yn union beth oedd y broses, a natur y gwaith gwreiddiol a gyflawnwyd yn Aberystwyth, ac fel rhan o'r eglurhad hwn nodir mai *ceimograff* o wneuthuriad G. Boulitte, Ingénieur-Constructeur, Paris oedd ganddo, gydag amgylchedd o 26 modfedd, yn cael ei yrru gan drydan. Gallwn dybio ei fod yn awyddus i sicrhau na fyddai unrhyw gamddealltwriaeth yn codi yn y dyfodol parthed pa mor ddibynadwy oedd yr offer a ddefnyddiwyd ganddo.

Yn y traethawd mae Glanmor Davies yn cyfeirio ambell waith at ddull arall o archwilio sut yr oedd siaradwr yn ynganu seiniau, sef *radiograffiaeth*, y defnydd o offer pelydr X i greu darlun o siâp y geg a lleoliad y tafod.[12] Nid oedd modd iddo ddefnyddio'r dull hwn ei hun wrth baratoi'r traethawd, ond roedd yn amlwg yn gyfarwydd â'r broses, ac mae'n cyfeirio sawl gwaith at *radiogramau* o seiniau Cymraeg a wnaethpwyd gan Stephen Jones, yn Adran Seineg Coleg y Brifysgol yn Llundain, yn eu mysg yr *u* ogleddol a'r gytsain *ll*. Roedd Stephen Jones wedi anfon y rhain at Dr A. B. Thomas yn Aberystwyth, ac oherwydd y cyswllt hwn cafodd Glanmor Davies y cyfle i'w gweld. Roedd hefyd wedi gweld *radiogram* a wnaeth Stephen Jones o'r llafariad yn y gair Cymraeg *ton*, ac a gyhoeddwyd mewn erthygl gan Daniel Jones yn 1917.

Rywbryd ar ôl cyflwyno'r traethawd fe ddechreuodd arbrofi gyda'r dechneg hon ei hun. Mewn drafft o erthygl ganddo ar gytseiniaid ffrithiol y dafodiaith, mae yna luniau o siaradwr, mwy na thebyg Glanmor Davies ei hun; rhoddwyd cadwyn i mewn drwy drwyn y siaradwr, ac mae'n hongian i lawr i gefn y gwddf, ac mae yna ail gadwyn yn gorwedd ar y tafod. Roedd angen defnyddio cadwyni metal fel hyn i greu amlinell o'r organau llafar, gan nad yw pelydrau X yn medru dangos siâp cnawd meddal yn effeithiol. Dywedir bod y *radiogramau* hyn wedi eu tynnu dan ofal radiolegydd o Gymro, ond nid oes unrhyw wybodaeth am y lle y cyflawnwyd y gwaith hwn, ai yng Nghymru ai yn Llundain.

Roedd staff Adran Seineg Coleg y Brifysgol yn Llundain wedi arfer troi at H. Trevelyan George, radiolegydd yn Ysbyty St Bartholomew, a Chymro o Hirwaun yn wreiddiol, i greu *radiogramau* ar gyfer eu gwaith. Bu ef farw yn 1929, ac ar ôl hynny Frederick Melville oedd y radiolegydd a'u cynorthwyai. Mae'n bosib bod Glanmor Davies wedi manteisio ar y cyswllt hwn yn Llundain i greu *radiogramau*, ond nid oedd Frederick Melville yn Gymro, ac felly erys dirgelwch y 'radiolegydd o Gymro'. Y posibilrwydd arall yw ei fod wedi cael cymorth radiolegydd yn yr ysbyty yn Aberystwyth, gan fod offer pelydr-X yn eithaf cyffredin erbyn y cyfnod hwn. Yn anffodus nid oes tystiolaeth ar gael i dorri'r ddadl hon. Mae'n amlwg bod Glanmor Davies yn awyddus i ddatblygu ei sgiliau arbrofol, a dilyn y trywydd hwn ymhellach, ond ni chafodd yr erthygl ar seiniau ffrithiol y dafodiaith ei chyhoeddi, a dyma'r unig dystiolaeth sydd wedi goroesi o'i ddiddordeb yn yr agwedd hwn ar y maes.

Termau Cymraeg

Mae traethawd Glanmor Davies yn arloesol hefyd o ran y defnydd o'r Gymraeg. Ysgrifennwyd y traethawd cyfan yn Gymraeg, a thermau

Cymraeg a ddefnyddir i gyfleu'r holl gysyniadau technegol sydd eu hangen wrth ddisgrifio seineg y dafodiaith.[13] Dyma'r enghraifft gyntaf sydd gennym felly o ddefnyddio'r iaith wrth lunio disgrifiad academaidd, ieithyddol soffistigedig o dafodiaith Gymraeg. Saesneg oedd cyfrwng disgrifiadau ei ragflaenwyr. Roedd y tri wedi llwyddo i ddod yn ddigon rhugl yn y Gymraeg i fedru gwneud gwaith maes a dadansoddi'r deunydd a gasglwyd, er mai o Loegr yr oedd Henry Sweet ac O. H. Fynes-Clinton, ac Alf Sommerfelt yntau o Norwy. Ond Saesneg a ystyrid yn iaith naturiol cyfathrebu academaidd, yn sicrhau bod y cynnyrch yn ddealladwy i'r gynulleidfa ieithyddol ryngwladol a oedd ganddynt mewn golwg.

Rhaid bod Glanmor Davies yn gweld y sefyllfa'n wahanol. Wedi'r cyfan roedd yn Gymro Cymraeg, yn disgrifio'i dafodiaith ei hun. Ai'r bwriad oedd ysgrifennu ar gyfer cynulleidfa Gymraeg ei hiaith, a thynnu sylw at gyfoeth a chymhlethdod strwythur yr iaith lafar gyfarwydd? Neu a oedd hefyd ryw awydd i brofi bod yr iaith yn llawn abl i drafod y pynciau mwyaf astrus, ac nad oedd angen troi at y Saesneg o hyd? Rhaid gofyn felly o ble y cafodd Glanmor Davies y termau technegol newydd yr oedd eu hangen arno. Mae'r termau sydd ganddo yma yn cyfateb yn dwt i'r termau Saesneg a welir yng ngwaith ei ragflaenwyr a seinegwyr eraill, ac ymddengys ei fod wedi ymroi i'r dasg o lunio set o dermau addas yn Gymraeg ei hun, gan bryderu a fyddai ei ymdrechion yn dderbyniol. Mae'n cyfeirio at hyn yn y traethawd: 'Bu raid i mi yn hyn o draethawd geisio llunio neu ddyfeisio rhai termau; cynigir y rhan fwyaf ohonynt gyda phetruster gan mor hyll a simsan ydynt.' Roedd angen termau ar gyfer y gwahanol rannau o'r geg, y llwnc a'r ceudod trwynol, a hefyd ar gyfer y gwahanol ddulliau sydd o greu seiniau, yn gytseiniaid ac yn llafariaid, hyn er mwyn bod yn gwbl glir a diamwys yn ei ddisgrifiad o'r hyn oedd yn digwydd wrth i siaradwr ynganu geiriau'r dafodiaith.

Ceir trafodaeth ddiddorol ganddo o sut yr oedd wedi mynd ati i ddewis termau addas: 'Arferais dermau Cymraeg cyn belled ag y gallwn ond pan na cheid termau Cymraeg, neu pan fai'r rhain yn drwsgl a lletchwith, tynnais o adnoddau'r Saesneg.' O dro i dro mae'n cyfiawnhau ei ddewis o air Cymraeg drwy nodi y ceir hwn mewn geiriadur Cymraeg megis un Silvan Evans neu un Bodvan Anwyl, fel yn achos *clybodig* i gyfieithu 'acoustic' – 'Y mae'n ffurf dlos a chymeradwy.' Ambell waith mae'r drafodaeth yn fwy cymhleth. Wrth chwilio am derm Cymraeg fyddai'n cyfateb i 'assimilation' y Saesneg, y dewis cyntaf oedd *hafaliad*, ond fe welodd wedyn bod problem yn codi o ran y term cyfatebol 'dissimilation', gan nad oedd *dihafaliad* yn dderbyniol ganddo; cyfaddawdu felly a derbyn y pâr *cymathiad* a *dadfathiad*. Mae'n amlwg ei fod wedi pendroni cryn dipyn wrth ddewis y termau gorau. Mewn rhai achosion bu rhaid derbyn y gair Saesneg a'i addasu i batrymau sillafu'r Gymraeg – *larincs*, *glotis*, *epiglotis* – ac er ei fod yn hapus i ddefnyddio *tafod bach* ar gyfer y Saesneg 'uvula', teimla fod rhaid troi at 'y term hyll' *yflar* ar gyfer yr ansoddair Saesneg 'uvular'. Dadleuon call, rhesymegol sydd ganddo ar y cyfan felly wrth bwyso a mesur pa air i'w ddefnyddio, ond elfen o ragfarn o blaid neu yn erbyn gair arbennig yn codi o bryd i'w gilydd.

Camgymeriad, fodd bynnag, fyddai tybio bod Glanmor Davies yn gwrthwynebu defnyddio'r Saesneg pan oedd hyn yn briodol, er mwyn cyrraedd cynulleidfa ehangach nad oedd yn rhugl yn y Gymraeg. Cymraeg yw cyfrwng yr erthyglau a gyhoeddwyd yn *Bwletin y Bwrdd Gwybodau Celtaidd*, ond yn Saesneg yr ysgrifennwyd yr erthyglau a gyhoeddwyd yn y *Zeitschrift für celtische Philologie*, cylchgrawn a gyhoeddid yn yr Almaen ar gyfer ymchwilwyr o wledydd gwahanol na fyddent o angenrheidrwydd yn medru'r Gymraeg. Yn achos yr erthyglau ar gyfer *Le Maître Phonétique* fe aeth gam ymhellach, ac ysgrifennu nid yn unig yn Saesneg, ond Saesneg drwy gyfrwng symbolau seinegol, yn ôl confensiynau'r cylchgrawn hwn. Roedd yn hyblyg felly yn ei ddewis o ba iaith i'w defnyddio, yn ôl natur y cyd-destun, ac ymddengys mai o fwriad y penderfynodd ddefnyddio'r Gymraeg ar gyfer ei draethawd, a chreu geirfa addas i ddisgrifio nodweddion y dafodiaith.

Termau Cymraeg cyn Glanmor Davies ac ar ei ôl

Pe bai unrhyw amheuaeth mai Glanmor Davies ei hun a wnaeth ddyfeisio'r termau Cymraeg a ddefnyddir ganddo, yna mae troi at arfer cyfoes un o ysgolheigion mwyaf y cyfnod hwn i gymharu eu harfer yn ddigon. Cyhoeddodd yr Athro Henry Lewis ei gyfrol safonol *Datblygiad yr Iaith Gymraeg* yn 1931, ac mae'n glir o lyfryddiaeth traethawd Glanmor Davies ei fod yn gyfarwydd â'r llyfr hwn. Gwelir bod nifer o'r termau a ddefnyddir gan Henry Lewis yn debyg i'r rhai sydd gan Glanmor Davies, rhai yn dermau sylfaenol fel *cytsain*, *llafariad*, *deusain*, ac eraill yn fwy technegol eu naws, fel *cytsain laes* am 'fricative' y Saesneg, a *thaflod* am 'palate'. Ond nid bob tro o bell ffordd. Er enghraifft, *cytsain fud* sydd gan Henry Lewis ar gyfer 'stop', ond *cytsain ffrwydrol* sydd gan Glanmor Davies; *cytsain yddfol* sydd gan Henry Lewis wrth nodi lle y cynhyrchir y sain *ch* yn y geg, ond *cytsain felar* sydd gan Glanmor Davies. Nid yw Glanmor Davies felly yn derbyn geirfa Henry Lewis bob tro, ond yn hytrach mynd ati i greu set gynhwysfawr o dermau sydd, yn ei farn ef, yn addas ar gyfer y gwaith dadansoddi seinegol sydd ei angen.

Ambell waith mae yna rywfaint o orgyffwrdd. Mae Henry Lewis a Glanmor Davies ill dau yn arddel *lleisiol/dilais* ar gyfer 'voiced'/'unvoiced', ond Henry Lewis hefyd yn defnyddio *meddal* ar gyfer 'voiced' a *chalediad* ar gyfer 'devoicing'. Ymddengys bod Henry Lewis yn aml yn tueddu i gadw at dermau traddodiadol Cymraeg, fel yma yn achos *meddal*, ffurf sydd yn hen gyfarwydd o'i defnyddio dros y blynyddoedd mewn ymadroddion fel *y treiglad meddal*. Yn anffodus mae'r gair hwn yn amwys yng nghyd-destun astudiaethau ieithyddol, gan fod *y treiglad meddal* yn cwmpasu tri newid seinegol gwahanol iawn ($p/t/c > b/d/g$, $b/d/g > f/dd/$ dim, $m > f$) ac mae perygl fel canlyniad y gall defnyddio'r gair mewn disgrifiad o seineg iaith neu dafodiaith greu dryswch parthed yr union ystyr a fwriedir. Gwelir yr un duedd i ddilyn arfer traddodiadol yn nefnydd Henry Lewis o dermau fel *sain dywyll* a *sain glir* wrth drafod y llafariad orgraffyddol *y*, lle gwelir Glanmor Davies yn trafod y ddwy lafariad ar wahân, gan roi disgrifiad manwl o ynganiad y naill a'r llall; mae'r ddwy'n rhan o system llafariaid y dafodiaith, ond nid oes unrhyw bwyslais ar berthynas arbennig rhyngddynt oherwydd confensiynau orgraffyddol y Gymraeg.[14]

Cadwyd at derminoleg Henry Lewis gan ddau ymchwilydd ifanc fu'n gweithio dan ei gyfarwyddyd yn Abertawe yn y 1930au cynnar. Cyflwynodd D. G. Evans draethawd MA ar dafodiaith Cwm

Tawe yn 1930, a C. B. H. Lewis draethawd MA ar dafodiaith hen blwyf Llangatwg Castell Nedd yn 1932. Termau Henry Lewis a ddefnyddir gan y ddau, efallai o barch i'w cyfarwyddwr, ac ni wnaeth y naill na'r llall fentro i diroedd newydd.[15] Ysgrifennu ar gyfer cynulleidfa oedd yn gyfarwydd â chonfensiynau trafod gramadeg yn Gymraeg yr oedd Henry Lewis, mae'n debyg, gan ddewis geirfa a fyddai'n adnabyddus i'w ddarllenwyr. Man cychwyn gwahanol oedd gan Glanmor Davies, sef yr angen i sicrhau bod y termau a ddefnyddiai yn Gymraeg lawn mor glir a dealladwy â'r termau Saesneg a ddefnyddid gan dafodieithegwyr eraill wrth ddadansoddi patrymau seinegol yr iaith lafar. Nid oedd arfer traddodiadol ysgolheictod Cymraeg yn berthnasol; cysondeb ac eglurder oedd yr unig ystyriaethau.

Rhaid cydnabod, fodd bynnag, er bod ei waith o ran datblygu termau Cymraeg yn arloesol yn ei ddydd, nad yw ei ddewisiadau wedi para'n ddigyfnewid. Erbyn i Arwyn Watkins gyhoeddi ei gyfrol *Ieithyddiaeth* yn 1961 fe roddwyd rhai o dermau Glanmor Davies o'r neilltu. Nid *cytsain laes* sydd gan Arwyn Watkins er enghraifft ar gyfer 'fricative' ond *cytsain ffrithiol*, ac nid *cytsain rowliedig* sydd ganddo ar gyfer *r* ac *rh* ond *cytsain drawol*. Mae'r broses hon yn dal ar waith heddiw, ac os trown at y termau a gynigir yn y gyfrol arlein *Cyflwyniad i Ieithyddiaeth*, a ddarparwyd ar gyfer myfyrwyr y Coleg Cymraeg Cenedlaethol yn 2020 dan olygyddiaeth Sarah Cooper a Laura Arman, fe welwn fod newidiadau pellach wedi eu derbyn dros y blynyddoedd a'r eirfa erbyn hyn yn medru gwahaniaethu yn fanylach nag erioed rhwng seiniau gwahanol.[16] Dechrau'r broses a welir yng ngwaith Glanmor Davies, ond dechrau arbennig o bwysig a dylanwadol.

* * *

Dyma ddyn ifanc felly a wnaeth gyfraniad mawr o fewn amser byr, a gellid disgwyl y byddai wedi datblygu maes tafodieitheg y Gymraeg am flynyddoedd i ddod, gan hyfforddi myfyrwyr i'w ddilyn ac ehangu'r maes ymhellach. Colled aruthrol oedd iddo farw mor ifanc, i'w deulu wrth reswm, ond hefyd i'r byd academaidd, ac i Gymru.

Diolchiadau

Carwn gydnabod y cymorth a gefais gan nifer o bobl wrth ymchwilio i fywyd a gwaith Glanmor Davies: Julie Archer o Wasanaeth Archifau Prifysgol Aberystwyth; Michael Ashby o Adran Seineg Coleg y Brifysgol, Llundain; Robert Winkworth o Wasanaeth Archifau Coleg y Brifysgol, Llundain; Lisa Tallis o Lyfrgell y Celfyddydau ac Astudiaethau Cymdeithasol, Prifysgol Caerdydd; Cledan Davies a Rhianydd Davies o Lyfrgell Genedlaethol Cymru. Rwyf yn ddiolchgar hefyd i Lyfrgell Genedlaethol Cymru am ganiatâd i gynnwys y llun o Glanmor Davies a welir yn y papur hwn.

Atodiad: ffynonellau ar gyfer bywyd a gyrfa J. J. G. Davies

Llyfrau ac erthyglau

Davies, J. J. G., 'Rhai o Eiriau Llafar Ceinewydd a'r Cylch', BBCS 7/3 (1934), 246–57.

———, 'Rhai Gwerineiriau Diddorol (o Ardal y Cei)', BBCS, 7/3 (1934), 258–60.

———, 'welʃ *ll*, ɑislændik *hl*, frentʃ *l* in *peuple*', *Le Maître Phonétique*, 3/45 (1934), 13–14.

———, 'Rhai o Eiriau Llafar Ceinewydd a'r Cylch', BBCS, 7/4 (1935), 353–62.

———, 'ə kwestʃən rileitiŋ tu kwɔntiti', *Le Maître Phonétique*, 3/52 (1935), 64–5.

———, 'Some Dialect Forms from the District of New Quay, Cardiganshire', ZCP, 20 (1936), 293–303, 409–28.

———, 'The Nasal Consonants of a Cardiganshire Dialect', ZCP, 20 (1936), 304–14.

———, 'The Plosive Consonants of a Cardiganshire Dialect', ZCP, 20 (1936), 429–47.

Dienw, 'listə də mɑ̃ːbr', *Le Maître Phonétique*, 3/49 (1934), 28–40.

Jones, S., 'hl in aislændɪk and ll in wɛlʃ', *Le Maître Phonétique*, 3/50 (1935), 27–9.

Lewis, W. J., *New Quay and Llanarth* (Aberystwyth: Gwasg Cambria, 1987).

Vendryes, J., 'Nécrologie: John James Glanmor Davies', EC, 2/4 (1937), 415.

Papurau newyddion

'The Late Dr. J. J. Glanmor Davies: a Student of Welsh Dialect', *Welsh Gazette and West Wales Advertiser*, 25 Ebrill 1935.

'New Quay: Funeral of Dr. J. Glanmor Davies', *Cambrian News and Welsh Farmers Gazette*, 26 Ebrill 1935.

Deunydd arlein

Census of England and Wales: Enumerators' Returns (1841–1911), http://www.ancestry.co.uk.

Erthygl ar Pierre Fouché, *https://fr.wikipedia.org/wiki/Pierre Fouché*.

University College of Wales Aberystwyth, Reports submitted to the Court of Governors (1917–41), *https://archive.org*.

Deunydd heb ei gyhoeddi

Cofnod swyddogol gyrfa J. J. Glanmor Davies yng Ngholeg y Brifysgol, Aberystwyth, 1925–35, Archif Prifysgol Aberystwyth.

Cofnodion Cofrestrfa Coleg y Brifysgol, Llundain (drwy e-bost oddi wrth Robert Winckworth, 31 Gorffennaf 2015).

Davies, J. J. G., 'Astudiaeth o Gymraeg llafar ardal Ceinewydd: ei seineg gydag ymchwiliadau gwyddonol, ei seinyddiaeth a'i ffurfiant gyda geirfa lawn, a chyfeiriad at ei semanteg' (traethawd PhD heb ei gyhoeddi, Coleg Prifysgol Cymru, Aberystwyth, 1934).

——, 'The fricative consonants of a Cardiganshire dialect (drafft, dim dyddiad)', LlGC, Papurau T. H. Parry-Williams, H1.

Llythyr oddi wrth J. J. Glanmor Davies at yr Athro J. Glyn Davies (11 Gorffennaf 1934), ac ateb oddi wrth yr Athro J. Glyn Davies (13 Gorffennaf 1934), LlGC, Papurau J. Glyn Davies, 3324 ac 15330.

Llythyr oddi wrth Jane Mary Davies at yr Athro T. H. Parry-Williams (1 Gorffennaf 1935), LlGC, Papurau T. H. Parry Williams, H4.

Parry-Williams, T. H., 'Nodiadau ar ddrafft o ran o draethawd Ph. D. Glanmor Davies (d.d.), LlGC, Papurau T. H. Parry-Williams, H2.

Tystysgrifau swyddogol

Genedigaeth: Jane Mary Phillips (1877); John James Glanmor Davies (1907).

Priodas: Ioan Davies a Jane Mary Phillips (1906).

Marwolaeth: Ioan Davies (1909); J. J. Glanmor Davies (1935).

Cerrig beddi

Ioan Davies, John Davies ac Ann Davies, Mynwent Capel yr Annibynwyr, Penmaen, sir Fynwy.

John James Glanmor Davies, a Jane Mary Davies, Mynwent Capel y Bedyddwyr, Llwyndafydd, sir Aberteifi.

James a Margaret Phillips, Mynwent Capel y Bedyddwyr, Llwyndafydd, sir Aberteifi.

Nodiadau

1   Daw'r wybodaeth am deulu Glanmor Davies a'i blentyndod o'r ffynonellau canlynol: tystysgrifau geni Jane Mary Phillips (1877) a Glanmor Davies (1907); tystysgrif briodas Jane Mary Phillips ac Ioan Davies (1906); tystysgrif farwolaeth Ioan Davies (1909); cofnodion cyfrifiad Ceinewydd (1881–1911), Mynydd Islwyn (1871–91), Gelligaer (1901–11); carreg fedd Ioan Davies a'i rieni ym mynwent capel yr Annibynwyr, Penmaen, sir Fynwy; J. J. G. Davies, 'Astudiaeth o Gymraeg llafar ardal Ceinewydd: ei seineg gydag ymchwiliadau gwyddonol, ei seinyddiaeth a'i ffurfiant gyda geirfa lawn, a chyfeiriad at ei semanteg' (traethawd PhD heb ei gyhoeddi, Coleg Prifysgol Cymru, Aberystwyth, 1934), tt. v, 1.

2 Daw'r wybodaeth am ei addysg a'i yrfa fel myfyriwr yn y coleg yn Aberystwyth o'r ffynonellau canlynol: W. J. Lewis, *New Quay and Llanarth* (Aberystwyth: Gwasg Cambria, 1987), tt. 27–8; cofnod swyddogol ei amser yn y coleg; University College of Wales Aberystwyth, Reports submitted to the Court of Governors (1926–35); Davies, 'Astudiaeth o Gymraeg llafar ardal Ceinewydd', tt. iii, vii–viii; J. J. G. Davies, 'welʃ *ll*, ɑislændik *hl*, frentʃ *l* in *peuple*', *Le Maître Phonétique*, 3/45 (1934), 13–14; dienw, 'listə də mɑ̃:br', *Le Maître Phonétique*, 3/49 (1934), 28–40 (29); *Welsh Gazette and West Wales Advertiser* (25 Ebrill 1935); *Cambrian News and Welsh Farmers Gazette* (26 Ebrill 1935).

3 Ceir gwybodaeth am y Dr A. B. Thomas yn y ffynonellau canlynol: cofnodion cyfrifiad Caerfyrddin (1891–1901), Penarth (1911); University College of Wales Aberystwyth, Reports submitted to the Court of Governors (1916–41); A. Sommerfelt, *Studies in Cyfeiliog Welsh* (Oslo: I Kommission hos Jacob Dybwad, 1925), tt. v–vi; H. J. A. Fleure, 'A sketch of college history (1913–1927)', yn I. Morgan (gol.), *The College by the Sea* (Aberystwyth: The Students' Representative Council in Collaboration with the College Council, 1928), tt. 127–43 (t. 130); A. B. Thomas, 'Review of *A Welsh Phonetic Reader*', *Le Maître Phonétique*, 3/42 (1927), 26–7.

4 Daw'r wybodaeth am ei yrfa ar ôl gadael Aberystwyth o'r ffynonellau canlynol: cofnodion cofrestrfa Coleg y Brifysgol, Llundain; Stephen Jones, '*hl* in aislændɪk and *ll* in wɛlʃ', *Le Maître Phonétique*, 3/50 (1935), 27–9; Davies, 'welʃ *ll*, ɑislændik *hl*, frentʃ *l* in *peuple*', *Le Maître Phonétique*, 3/45 (1934), 13–14; J. J. G. Davies, 'Rhai o Eiriau Llafar Ceinewydd a'r Cylch', BBCS, 7/3 (1934), 246–57; J. J. G. Davies, 'Rhai Gwerineiriau Diddorol (o Ardal y Cei)', BBCS, 7/3 (1934), 258–60; J. J. G. Davies, 'Rhai o Eiriau Llafar Ceinewydd a'r Cylch', BBCS, 7/4 (1935), 353–62; J. J. G. Davies, 'ə kwestʃən rileitɪŋ tu kwɔntiti', *Le Maître Phonétique*, 3/52 (1935), 64–5; J. J. G. Davies, 'Some Dialect-Forms from the District of New Quay, Cardiganshire', ZCP, 20 (1936), 293–303; J. J. G. Davies, 'The Nasal Consonants of a Cardiganshire Dialect', ZCP, 20 (1936), 304–14; J. J. G. Davies, 'Some Dialect Forms from the District of New Quay, Cardiganshire', ZCP, 20 (1936), 409–28; J. J. G. Davies, 'The Plosive Consonants of a Cardiganshire Dialect', ZCP, 20 (1936), 429–47; J. Vendryes, 'Nécrologie: John James Glanmor Davies', EC, 2/4 (1937), 415; *https://fr.wikipedia.org/wiki/Pierre_Fouché* (cyrchwyd 13 Ebrill 2025); nodiadau llawysgrif gan T. H. Parry-Williams ar waith Glanmor Davies (LlGC, Papurau T. H. Parry-Williams, H2, d.d.); llythyr oddi wrth Glanmor Davies at yr Athro J. Glyn Davies (11 Gorffennaf 1934), ac ateb ganddo (13 Gorffennaf 1934: LlGC, Papurau J. Glyn Davies, 3324 ac 15330); llythyr oddi wrth Jane Mary Davies at yr Athro T. H. Parry-Williams (1 Gorffennaf 1935; LlGC, Papurau T. H. Parry Williams, H4); *Welsh Gazette and West Wales Advertiser* (25 Ebrill 1935); *Cambrian News and Welsh Farmers Gazette* (26 Ebrill 1935). Sylwer y rhoddir dyfyniadau o *Le Maître Phonétique*, fel yn achos Stephen Jones (1935) yma, a hefyd enghreifftiau eraill nes ymlaen yn y papur hwn, mewn sgript orgraffyddol arferol er cyfleustra, er bod y gwreiddiol mewn sgript seinegol.

5   Daw'r wybodaeth am ei farwolaeth o'r ffynonellau canlynol: tystysgrif farwolaeth Glanmor Davies (1935); University College of Wales Aberystwyth, Reports submitted to the Court of Governors (1935); carreg fedd Glanmor Davies a'i fam, a charreg fedd rhieni ei fam; nodyn gan Daniel Jones ar ddiwedd Davies, 'ə kwestʃən rileitiŋ tu kwɔntiti' ; Davies, 'Some Dialect-Forms from the District of New Quay', 428; Davies, 'The Plosive Consonants of a Cardiganshire Dialect', 447; *Welsh Gazette and West Wales Advertiser* (25 Ebrill 1935); *Cambrian News and Welsh Farmers Gazette* (26 Ebrill 1935); Vendryes, 'Nécrologie'.

6   John Jones (Myrddin Fardd), *Gwerin Eiriau Sir Gaernarfon: Eu Hystyr a'u Hanes* (Pwllheli: Richard Jones, 1907); W. Meredith Morris, *A Glossary of the Demetian Dialect of North Pembrokeshire, with Special Reference to the Gwaun Valley* (Tonypandy: Evans and Short, 1910).

7   H. Sweet, 'Spoken North Welsh', *Transactions of the Philological Society*, 19 (1882–4), 409–84, ailargraffwyd yn H. C. Wyld (gol.), *Collected Papers of Henry Sweet* (Oxford: Clarendon Press, 1913), tt. 499–574; O. H. Fynes-Clinton, *The Welsh Vocabulary of the Bangor District* (Oxford: Oxford University Press, 1913); Sommerfelt, *Studies in Cyfeiliog Welsh*.

8   Ni ellir cynnwys yma gyfrol Stephen Jones, *A Welsh Phonetic Reader* (London: University of London, 1926), er ei bod yn glir o lyfryddiaeth y traethawd bod Glanmor Davies yn gyfarwydd â hi. Nid yw'n ddisgrifiad o iaith lafar ardal benodol, ond yn hytrach yn ymgais i ddisgrifio ffurf safonol ar yr iaith a fyddai'n dderbyniol drwy Gymru gyfan. Mae'n cydnabod bodolaeth amrywiadau megis colli'r *u* ogleddol yn y de, ond rhaid derbyn nad i faes tafodieitheg fel y cyfryw y mae'r gyfrol hon yn perthyn.

9   Gweler Davies, 'Astudiaeth o Gymraeg llafar ardal Ceinewydd', 37.

10 Ceir disgrifiad o'r *palatograff* a sut i'w ddefnyddio yn nhraethawd Glanmor Davies ('Astudiaeth o Gymraeg llafar ardal Ceinewydd', 43–4), ac mae yna enghreifftiau o *balatogramau* mewn sawl lle yn y disgrifiad o seinau'r dafodiaith. Ceir *palatogram* o'r sain [t] ar d. 130. Am ddatblygiad cynnar y dechneg hon, gweler M. Ashby, 'Experimental phonetics in Britain 1890–1940' (traethawd DPhil heb ei gyhoeddi, Oxford University, 2016), 53–65.

11 Ceir disgrifiad o'r *ceimograff* a sut i'w ddefnyddio yn nhraethawd Glanmor Davies ('Astudiaeth o Gymraeg llafar ardal Ceinewydd', 40–3), ac enghreifftiau o *drasiadau ceimograff* mewn sawl lle yn y disgrifiad o seiniau'r dafodiaith. Ceir trafodaeth ar y goleuni a deflir ar ynganiad *nhad* ar dd. vii–viii, a cheir *trasiad ceimograff* o *nhad* ar d. 158. Am ddatblygiad cynnar y dechneg hon a gwaith Stephen Jones yn y maes, gweler Ashby, 'Experimental phonetics', 85–98, 288–94.

12 Ceir cyfeiriad at *radiograffiaeth* a defnydd Stephen Jones o'r dechneg hon wrth weithio ar y Gymraeg yn nhraethawd Glanmor Davies ('Astudiaeth o Gymraeg llafar ardal Ceinewydd', 45, 83); hefyd drafft o erthygl ganddo yn defnyddio'r dechneg hon (LlGC, Papurau T. H. Parry-Williams, H1, d.d.). Am waith yn y maes hwn gan staff Adran Seineg Coleg y Brifysgol, Llundain, gweler D. Jones, 'Experimental Phonetics and its Utility to the Linguist', *Proceedings of the Royal*

Institution of Great Britain, 20 (1917), 8–21; Ashby, 'Experimental phonetics', 112–16, 299–304.

13 Gweler traethawd Glanmor Davies ('Astudiaeth o Gymraeg llafar ardal Ceinewydd', 32–5) am drafodaeth ar yr ystyriaethau a oedd yn codi wrth iddo ddatblygu termau Cymraeg.

14 Gwelir termau Henry Lewis yma ac acw ym mhenodau 3 a 4 o'i gyfrol *Datblygiad yr Iaith Gymraeg* (Caerdydd: Gwasg Prifysgol Cymru, 1931). Ceir disgrifiadau seinegol o'r llafariaid sy'n cyfateb i'r *y* orgraffyddol yn nhraethawd Glanmor Davies ('Astudiaeth o Gymraeg llafar ardal Ceinewydd', 76, 86–8).

15 Gweler D. G. Evans, 'Tafodiaith Cwm Tawe' (traethawd MA heb ei gyhoeddi, Coleg Prifysgol Cymru Abertawe, 1930), tt. v–viii, a C. B. H. Lewis, 'Tafodiaith hen blwyf Llangatwg Castell Nedd' (traethawd MA heb ei gyhoeddi, Coleg Prifysgol Cymru Abertawe, 1932), 1–13.

16 Gweler T. A. Watkins, *Ieithyddiaeth: Agweddau ar Astudio Iaith* (Caerdydd: Gwasg Prifysgol Cymru, 1961), tt. 1–15, ac S. Cooper a L. Arman (goln), *Cyflwyniad i Ieithyddiaeth* (Caerfyrddin: Y Coleg Cymraeg Cenedlaethol, 2020), tt. 35–54, https://adnoddau.s3.eu-west-2.amazonaws.com/pdfs/Cyflwyniad_i_ieithyddiaeth.pdf (cyrchwyd 13 Ebrill 2025).

BYRFODDAU / ABBREVIATIONS

1. Llawysgrifau / Manuscripts

Balliol	Rhydychen, Coleg Balliol
	Oxford, Balliol College
Bangor	Bangor, Archifau a Chasgliadau Arbennig y Brifysgol
	Bangor University Archives and Special Collections
BL	Llundain, Y Llyfrgell Brydeinig
	London, British Library
BL Add	Llundain, Y Llyfrgell Brydeinig, llawysgrifau ychwanegol
	London, British Library, additional manuscripts
C	Caerdydd, Y Llyfrgell Ganolog
	Cardiff, Central Library
J	Rhydychen, Coleg yr Iesu
	Oxford, Jesus College
LlGC	Aberystwyth, Llyfrgell Genedlaethol Cymru, y prif gasgliad o lawysgrifau
Llst.	Aberystwyth, Llyfrgell Genedlaethol Cymru, casgliad Llansteffan
	Aberystwyth, National Library of Wales, Llanstephan collection
NLW	Aberystwyth, National Library of Wales, main manuscript collection
Peniarth	Aberystwyth, Llyfrgell Genedlaethol Cymru, casgliad Peniarth
	Aberystwyth, National Library of Wales, Peniarth collection
RIA	Dublin, Royal Irish Academy
TCD	Dublin, Trinity College

2. Cylchgronau / Journals

Arch Camb	*Archaeologia Cambrensis*, 1846–
BBCS	*Bwletin y Bwrdd Gwybodau Celtaidd / Bulletin of the Board of Celtic Studies*, 1921–93
CMCS	*Cambridge Medieval Celtic Studies*, 1981–93; *Cambrian Medieval Celtic Studies*, 1993–
EC	*Études Celtiques*, 1936–
LlC	*Llên Cymru*, 1950–
NLWJ	*Cylchgrawn Llyfrgell Genedlaethol Cymru / National Library of Wales Journal*, 1939–
PBA	*Proceedings of the British Academy*, 1905–
RC	*Revue Celtique*, 1870–1934
SC	*Studia Celtica*, 1966–
THSC	*Trafodion Anrhydeddus Gymdeithas y Cymmrodorion / Transactions of the Honourable Society of Cymmrodorion*, 1892/3–
YB	*Ysgrifau Beirniadol*, 1965–
ZCP	*Zeitschrift für celtische Philologie*, 1896–

3. Cyfeirlyfrau / Works of reference

DIL	*Dictionary of the Irish Language* and *Contributions to a Dictionary of the Irish Language* (Dublin, 1913–76)
eDIL	*Electronic Dictionary of the Irish Language* (*www.dil.ie*)
GPC, GPC[2]	*Geiriadur Prifysgol Cymru* (Caerdydd, 1950–2002; 2il arg. / 2nd edn (Caerdydd, 2003–); hefyd arlein / also online, *geiriadur.ac.uk*
ODCC[4]	Cross a / and Livingstone, *The Oxford Dictionary of the Christian Church*
OED	*Oxford English Dictionary* (*www.oed.com*)
RepWM	Huws, *A Repertory of Welsh Manuscripts and Scribes*
RWM	Evans, *Report on Manuscripts in the Welsh Language*

4. Testunau golygedig / Edited texts

ASCent	Bryant-Quinn, *Apocrypha Siôn Cent*
Bl BGCC	Haycock, *Blodeugerdd Barddas o Ganu Crefyddol Cynnar*
CA	Williams, *Canu Aneirin*
CDG	Johnston et al., *Cerddi Dafydd ap Gwilym*
CLlH	Williams, *Canu Llywarch Hen*
CT	Williams, *Canu Taliesin*
DE	Roberts, *Gwaith Dafydd ab Edmwnd*
DG.net	Johnston et al., *http://www.dafyddapgwilym.net*
DN	Roberts a/and Williams, *The Poetical Works of Dafydd Nanmor*
GBDd	Daniel, *Gwaith Bleddyn Ddu*
GBF	Andrews, *Gwaith Bleddyn Fardd*
GC	Daniel, *Gwaith Casnodyn*
GCBM i, ii	Jones ac/and Parry Owen, *Gwaith Cynddelw Brydydd Mawr*, i, ii
GDB	Costigan (Bosco) et al., *Gwaith Dafydd Benfras*
GDC	Daniel, *Gwaith Dafydd y Coed*
GDEp	Thomas, *Gwaith Dafydd Epynt*
GDG, GDG³	Parry, *Gwaith Dafydd ap Gwilym*, 1952/1979
GDGor	Rheinallt, *Gwaith Dafydd Gorlech*
GDID	Davies, *Gwaith Deio ab Ieuan Du*
GDLl	Richards, *Gwaith Dafydd Llwyd*
GEO	Gruffydd, *Gwaith Einion Offeiriad*
GG.net	Parry Owen et al., *http://gutorglyn.net*
GGDT	Costigan (Bosco) et al., *Gwaith Gruffudd ap Dafydd ap Tudur*
GGGr	Lewis a/and Salisbury, *Gwaith Gruffudd Gryg*
GGH	Bowen, *Gwaith Gruffudd Hiraethog*
GGLl	Ifans, *Gwaith Gruffudd Llwyd*
GGM	Howells, *Gwaith Gwerful Mechain*
GGMD i	Lewis, *Gwaith Gruffudd ap Maredudd ap Dafydd*, i
GGMD ii	Lewis, *Gwaith Gruffudd ap Maredudd ap Dafydd*, ii

Lliaws Rhith

GGMD iii	Parry Owen, *Gwaith Gruffudd ap Maredudd ap Dafydd*, iii
GGrG	Ifans et al., *Gwaith Gronw Gyriog*
GHC	Jones, *Gwaith Hywel Cilan*
GHD	Lake, *Gwaith Huw ap Dafydd*
GHDafi	Lake, *Gwaith Hywel Dafi*
GHS	Evans, *Gwaith Hywel Swrdwal a'i Deulu*
GIBH	Bryant-Quinn, *Gwaith Ieuan Brydydd Hir*
GIF	Jones ac/and Rowlands, *Gwaith Iorwerth Fynglwyd*
GIG	Johnston, *Gwaith Iolo Goch*
GIGeth	Parry Owen, *Gwaith Ieuan Gethin*
GILlF	Bryant-Quinn, *Gwaith Ieuan ap Llywelyn Fychan*
GIRh	Daniel, *Gwaith Ieuan ap Rhydderch*
GLD	Lake, *Gwaith Lewys Daron*
GLGC	Johnston, *Gwaith Lewys Glyn Cothi*
GLM	Rowlands, *Gwaith Lewys Môn*
GLMorg	Lake, *Gwaith Lewys Morgannwg*
GLlBH	Parry Owen ac/and Evans, *Gwaith Llywelyn Brydydd Hoddnant*
GLlG	Johnston, *Gwaith Llywelyn Goch*
GLlF	Bramley et al., *Gwaith Llywelyn Fardd I*
GLlLl	Jones a/and Jones, *Gwaith Llywarch ap Llywelyn*
GMB	Williams et al., *Gwaith Meilyr Brydydd*
GMBen	Lewis a/and Morys, *Gwaith Madog Benfras*
GMRh	Roberts, *Gwaith Maredudd ap Rhys a'i Gyfoedion*
GO	Bachellery, *L'oeuvre poétique de Gutun Owain*
GP	Williams ac/and Jones, *Gramadegau'r Penceirddiaid*
GPB	Edwards, *Gwaith Prydydd Breuan*
GRR	Lake, *Gwaith Raff ap Robert*
GRhGE	Evans, *Gwaith Rhys Goch Eryri*
GSC	Lake, *Gwaith Siôn Ceri*
GSDT	Ifans, *Gwaith Syr Dafydd Trefor*
GSH	Lake, *Gwaith Siôn ap Hywel*
GSRh	Jones a/and Rheinallt, *Gwaith Sefnyn a Rhisierdyn*

Byrfoddau / Abbreviations

GTP	Roberts, *Gwaith Tudur Penllyn*
HCLl	Harries, *Gwaith Huw Cae Llwyd ac Eraill*
ID	Williams, *Casgliad o Waith Ieuan Deulwyn*
LlDC	Jarman, *Llyfr Du Caerfyrddin*
LlTA	Haycock, 'Llyfr Taliesin: astudiaethau ar rai agweddau'
PKM	Williams, *Pedeir Keinc y Mabinogi*
TA	Jones, *Gwaith Tudur Aled*
TYP[4]	Bromwich, *Trioedd Ynys Prydein*

LLYFRYDDIAETH / BIBLIOGRAPHY

Aarne, Antti a/and Thompson, Stith, *The Types of the Folktale: A Classification and Bibliography*, ail adolygiad/second revision, FF Communications, no. 184 (Helsinki: Academia Scientiarum Fennica, 1961).

Aldhouse-Green, Miranda, *Caesar's Druids: Story of an Ancient Priesthood* (New Haven, CT and London: Yale University Press, 2010).

Andrews, Rhian, 'Cerddi Bygwth a Dadolwch Beirdd y Tywysogion', SC, 41 (2007), 117–36.

Andrews, Rhian M. et al. (goln/eds), *Gwaith Bleddyn Fardd a Beirdd Eraill Ail Hanner y Drydedd Ganrif ar Ddeg* (Caerdydd: Gwasg Prifysgol Cymru, 1996).

Antur, Gruffudd, '"I mewn hen ysgrifen gron": Llawysgrifau Lewys Glyn Cothi', yn/in Sara Elin Roberts, Simon Rodway ac/and Alexander Falileyev (goln/eds), *Cyfarwydd mewn Cyfraith: Studies in honour of Morfydd E. Owen* (Bangor: Cymdeithas Hanes Cymru, 2022), tt./pp. 1–20.

Ármann Jakobsson a/and Þórður Ingi Guðjónsson (goln/eds), *Morkinskinna*, 2 gyf./vols (Reykjavik: Hið íslenzka fornritafélag, 2011).

Ascham, Roger, *Toxophilus, 1544*, gol./ed. E. Arber, English Reprints, cyf./vol. III (London, 1868).

Ashby, M., 'Experimental phonetics in Britain 1890–1940' (traethawd DPhil heb ei gyhoeddi/unpublished DPhil dissertation, Oxford University, 2016).

Baccianti, S., 'The Latin connection: Geoffrey of Monmouth in Iceland', yn/in A. Byrne a/and V. Flood (goln/eds), *Crossing Borders in the Insular Middle Ages* (Turnhout: Brepols, 2019), tt./pp. 279–97.

Bachellery, Édouard (gol./ed.), *L'oeuvre poétique de Gutun Owain* (Paris: H. Champion, 1950–1).

Baillie-Grohman, Wm. A., ac/and Baillie-Grohman, F. (goln/eds), *The Master of Game by Edward, Second Duke of York: The Oldest English Book on Hunting*, gyda rhagair gan/with a preface by Theodore Roosevelt (London: Ballantyne, Hanson and Co., 1904).

Ballard, Linda-May, 'The Formulation of the Oicotype: A Case Study', *Fabula*, 24/3 a/and 4 (1983), 233–44.

Barnes, G., 'Scandinavian versions of Arthurian romance', yn/in H. Fulton (gol./ed.), *A Companion to Arthurian Literature* (Oxford: Wiley, 2009).

Bartlett, Robert, *Trial by Fire and Water: The Medieval Judicial Ordeal* (Oxford: Clarendon Press, 1986).

—, *Gerald of Wales: A Voice of the Middle Ages* (arg. newydd/new edn, Stroud: Tempus, 2006).

Bartrum, Peter C., 'Maelda Hynaf and Ednywain ap Bradwen', BBCS, 20/3 (1963), 236–9.

—, 'Pedigrees of the Welsh Tribal Patriarchs', NLWJ, 13/2 (1963), 93–146.

— (gol./ed.), *Early Welsh Genealogical Tracts* (Cardiff: University of Wales Press, 1966).

—, *A Welsh Classical Dictionary* (Aberystwyth: National Library of Wales, 1993).

Baynes, E. Neil, 'Anglesey Folklore', *Transactions of the Anglesey Antiquarian Society and Field Club* (1928), 84.

Bec, Pierre, *Vièles ou violes? Variations philologiques autour des instruments à archet du Moyen Âge, XIe–XVe siècle* (Paris: Klincksieck, 1992).

Bergin, Osborn, *Irish Bardic Poetry: Texts and Translations*, gol./ed. David Greene a/and Fergus Kelly (Dublin: Dublin Institute for Advanced Studies, 1970).

Beynon, Tom, *Golud a Mawl Dyffryn Tywi* (Caernarfon: Argraffdy'r Methodistiaid Calfinaidd, 1936).

Bidgood, Ruth, *Parishes of the Buzzard* (Port Talbot: Goldleaf Publishing, 2000).

Binchy, D. A. (gol./ed.), *Críth Gablach* (Dublin: Dublin Institute for Advanced Studies, 1941).

— (gol/.ed.), *Scél Cano meic Gartnáin* (Dublin: Dublin Institute for Advanced Studies, 1963, repr. 1975).

Bjarni, Guðnason (gol./ed.), *Danakonunga sǫgur*, Íslenzk fornrit, 35 (Reykjavík: Hið íslenzka fornritafélag, 1982).

Black, R. C., '*Breta sǫgur* from AM 544 4to: an edition and translation' (traethawd PhD heb ei gyhoeddi/unpublished PhD thesis, University of Washington, 2014).

Blamires, Alcuin (gol.), *Woman Defamed and Woman Defended: An Anthology of Medieval Texts* (Oxford: Clarendon Press, 1992).

Bloch, Howard, *Medieval Misogyny and the Invention of Western Romantic Love* (Chicago: University of Chicago, 1991).

Bollermann, Karen a/and Cary Nederman, 'John of Salisbury', yn/in *Stanford Encyclopedia of Philosophy* (2016), https://plato.stanford.edu/entries/john-salisbury/.

Bourke, Angela et al. (goln/eds), *The Field Day Anthology*, cyf./vol. IV: *Irish Women's Writing and Traditions* (Cork: Cork University Press and Field Day, 2002).

Bowen, D. J., 'Dafydd ab Edmwnd ac Eisteddfod Caerfyrddin', *Barn*, 142 (1974), 411–18.

— (gol./ed.), *Gwaith Gruffudd Hiraethog* (Caerdydd: Gwasg Prifysgol Cymru, 1990).

Bowen, Geraint, 'CLYNNOG, MORYS (or MAURICE CLENOCKE) (*c*.1525–1581), Roman Catholic theologian', *Dictionary of Welsh Biography* (London: Honourable Society of Cymmrodorion, 1959).

—, 'Roman Catholic prose and its background', yn/in R. Geraint Gruffydd (gol./ed.), *A Guide to Welsh Literature* c.*1530–1700* (Cardiff: University of Wales Press, 1997), tt./pp. 210–40.

—, *Welsh Recusant Writings* (Cardiff: University of Wales Press, 1999), tt./pp. 14–21.

Boyle, Elizabeth, *History and Salvation in Medieval Ireland* (Abingdon: Routledge, 2021).

Bradbury, Jim, *The Medieval Archer* (Woodbridge: Boydell Press, 1985).

Bradley, Ritamary, 'Backgrounds of the Title *Speculum* in Mediaeval Literature', *Speculum*, 29 (1954), 100–15.

Brady, Lindy, *The Origin Legends of Early Medieval Britain and Ireland* (Cambridge: Cambridge University Press, 2022).

Bramley, Kathleen Ann, Nerys Ann Jones, Morfydd E. Owen, Catherine McKenna, Gruffydd Aled Williams a/and J. E. Caerwyn Williams (goln/eds), *Gwaith Llywelyn Fardd I ac Eraill o Feirdd y Ddeuddegfed Ganrif*, Cyfres Beirdd y Tywysogion, II (Caerdydd: Gwasg Prifysgol Cymru, 1994).

Breatnach, Liam, 'The Caldron of Poesy', *Ériu*, 32 (1981), 45–93; 35 (1984), 189–91.

Breeze, Andrew, 'The Virgin Mary, Daughter of her Son', EC, 27 (1990), 267–83.

—, 'The Blessed Virgin's Joys and Sorrows', CMCS, 19 (summer 1990), 41–54.

—, 'Master John of St David's: A New Twelfth-century Poet?', BBCS, 40 (1993), 73–82.

—, 'Two Bardic Themes: The Virgin and Child and *AVE-EVA*', *Medium Ævum*, 63 (1994), 17–33.

—, 'Did a Woman Write the *Four Branches of the Mabinogi?*', *Studi medievali*, 38 (1997), 679–705.

—, 'The Blessed Virgin and the Sunbeam through Glass', *Celtica*, 23 (1999), 19–29.

—, *Medieval Welsh Literature* (Dublin: Four Courts Press, 1997).

—, 'Politics and the *Four Branches of the Mabinogi*', *Memoria y Civilización*, 2 (1999), 243–60.

—, 'Hywel ab Owain Gwynedd (d. 1170) and the *Four Branches of the Mabinogi*', yn/in D. Ó Baoill, Donncha Ó hAodha a/and Nollaig Ó Muraíle (goln/eds), *Saltair Saíochta, Sansaíochta agus Seanchais: A Festschrift for Gearóid Mac Eoin* (Dublin: Four Courts Press, 2017), tt./pp. 17–24.

Brewer, D. S., 'The Ideal of Feminine Beauty in Medieval Literature, Especially "Harley Lyrics", Chaucer, and Some Elizabethans', *The Modern Language Review*, 50/3 (July 1955), 257–69.

Briggs, Katharine M., *Folk Tales of Britain: Legends*, 3 cyf./vols (London: Folio Society, 2011).

Bromwich, Rachel, adolygiad o/review of Mac Cana, *Branwen Daughter of Llŷr*, Medium Aevum, 28/3 (1959), 208–9.

—, 'Some Remarks on the Celtic Sources of Tristan', THSC (1955), 32–60.

—, 'The "Tristan" poem in the Black Book of Carmarthen', SC, 14/15 (1979), 54–65.

—, *Selected Poems of Dafydd ap Gwilym* (Harmondsworth: Penguin, 1985).

—, 'The Tristan of the Welsh', yn/in Rachel Bromwich, A. O. H. Jarman a/and Brynley F. Roberts (goln/eds), *The Arthur of the Welsh: The Arthurian legend in medieval Welsh literature* (Cardiff: University of Wales Press, 1991), tt./pp. 209–29.

—, Review of Helen Fulton, *Selections from the Dafydd ap Gwilym Apocrypha*, SC, 31 (1997), 328.

—, *Trioedd Ynys Prydein* (pedwerydd arg./fourth edn, Cardiff: University of Wales Press, 2014; cyhoeddwyd yn wreiddiol yn/originally published in 1961).

Bromwich, R. a/and Simon Evans, D. (goln/eds), *Culhwch and Olwen: An Edition and Study of the Oldest Arthurian Tale* (Cardiff: University of Wales Press, 1992).

Bryan, E. J., 'Ursula in the British history tradition', yn/in J. Cartwright (gol./ed.), *The Cult of St Ursula and the 11,000 Virgins* (Cardiff: University of Wales Press, 2016), tt./pp. 119–42.

Bryant-Quinn, Paul, 'To Preserve Our Language: Gruffydd Robert and Morys Clynnog', *Journal of Welsh Religious History*, 8 (2000), 17–34.

— (gol./ed.), *Gwaith Ieuan Brydydd Hir* (Aberystwyth: Canolfan Uwchefrydiau Cymreig a Cheltaidd Prifysgol Cymru, 2000).

— (gol./ed.), *Gwaith Ieuan ap Llywelyn Fychan, Ieuan Llwyd Brydydd a Lewys Aled* (Aberystwyth: Canolfan Uwchefrydiau Cymreig a Cheltaidd Prifysgol Cymru, 2003).

— (gol./ed.), *Apocrypha Siôn Cent* (Aberystwyth: Canolfan Uwchefrydiau Cymreig a Cheltaidd, 2004).

— 'Dyddiadau a Chefndir Gruffydd Robert, Milan: Gwybodaeth Newydd', *Cylchgrawn Hanes Cymru/Welsh History Review*, 29/4 (2019), 532–61.

Burchmore, David W. (gol. a chyf./ed. and trans.), *The History of the Kings of Britain: The First Variant Version* (Cambridge, MA: Harvard University Press, 2019).

Burgwinkle, Bill, 'Medieval somatics', yn/in David Hillman and Ulrika Maude (goln/eds), *The Cambridge Companion to the Body in Literature* (Cambridge: Cambridge University Press, 2015), tt./pp. 10–23.

Bynum, Caroline Walker, *The Resurrection of the Body in Western Christianity, 200–1336* (New York: Columbia University Press, 1995).

—, *Metamorphosis and Identity* (New York: Zone Books, 2001).

Byrne, Aisling, 'From Hólar to Lisbon: Middle English Literature in Medieval Translation, *c*.1286–*c*.1550', *Review of English Studies*, 71/300 (June 2020), 452–5.

Byrne, F. J., 'Chiasmus and hyperbaton in the Annals of Ulster', yn/in M. Richter a/and J.-M. Picard (goln/eds), *Ogma: Essays in Celtic Studies in Honour of Próinséas Ní Cháthain* (Dublin: Four Courts Press, 2002), tt./pp. 54–64.

Callander, David, *Dissonant Neighbours: Narrative Progress in Early Welsh and English Poetry* (Cardiff: University of Wales Press, 2019).

Carey, John, 'Scél Tuáin Meic Chairill', *Ériu*, 35 (1984), 93–111.

—, 'Obscure Styles in Medieval Ireland', *Mediaevalia*, 19 (1996), 23–35.

— (gol. a chyf./ed. and trans.), 'The Lough Foyle Colloquy Texts: *Immacaldam Choluim Chille ind Óclaig oc Carraic Eolairg* and *Imaccaldam in Druad Brain inna Banfhátho Febuil ós Loch Fhebuil*', *Ériu*, 52 (2002), 53–87.

—, *Ireland and the Grail* (Aberystwyth Celtic Studies Publications, 2007).

—, 'Druids and Buddhists in *Ogygia*', *CMCS*, 66 (winter 2013), 79–84.

Carney, James (gol. a chyf./ed. and trans.), *Medieval Irish Lyrics* (Dublin: Dolmen Press, 1967).

—, 'The Deeper Level of Early Irish Literature', *The Capuchin Annual*, 36 (1969), 160–71.

—, 'Gas Lossa', *Éigse*, 13 (1969–70), 99–103.

Carr, Glenda, *William Owen Pughe* (Caerdydd: Gwasg Prifysgol Cymru, 1983).

Carr, Richard A., *Pierre Boaistuau's* Histoires tragiques*: A Study of Narrative Form and Tragic Vision* (Chapel Hill: University of North Carolina Press, 1979).

Carruthers, Mary, *The Book of Memory: A Study in Medieval Culture* (Cambridge: Cambridge University Press, 1990; ail arg./second edn, 2008).

—, *The Craft of Thought: Meditation, Rhetoric, and the Making of Images 400–1200* (Cambridge: Cambridge University Press, 1998).

Cartwright, Jane, *Y Forwyn Fair, Santesau a Lleianod: Agweddau ar Wyryfdod a Diweirdeb yng Nghymru'r Oesoedd Canol* (Caerdydd: Gwasg Prifysgol Cymru, 1999).

—, 'Virginity and chastity tests in medieval Welsh prose', yn/in Anke Bernau et al. (goln/eds), *Medieval Virginities* (Cardiff: University of Wales Press, 2003), tt./pp. 56–79

—, *Feminine Sanctity and Spirituality in Medieval Wales* (Cardiff: University of Wales Press, 2008).

—, 'Regionalism and identity: localizing the cult of Mary in Medieval Wales', yn/in Ana Marković a/and Trpimir Vedriš (goln/eds), *Identity and Alterity in Hagiography and the Cult of Saints* (Zagreb: Hagiotheca, 2010), tt./pp. 119–35.

—, 'Women writers in Wales', yn/in Liz Herbert McAvoy a/and Diane Watt (goln/eds), *History of British Women's Writing 700–1500* (London: Palgrave Macmillan, 2012), tt./pp. 60–71.

Chapman, Adam, '"He took me to the duke of York": Henry Griffith, a "Man of War"', yn/in Dylan Foster Evans, Barry J. Lewis ac/and Ann Parry Owen (goln/eds), *'Gwalch Cywyddau Gwŷr': Ysgrifau ar Guto'r Glyn a Chymru'r Bymthegfed Ganrif/Essays on Guto'r Glyn and Fifteenth-Century Wales* (Aberystwyth: Canolfan Uwchefrydiau Cymreig a Cheltaidd Prifysgol Cymru, 2013), tt. 103–34.

—, *Welsh Soldiers in the Later Middle Ages 1282–1422* (Woodbridge: Boydell Press, 2015).

Charles-Edwards, T. M., 'The Date of the Four Branches of the Mabinogi', THSC (1970), 263–98; adarg. yn/repr. in C. W.

Sullivan III (gol./ed.), *The Mabinogi: A Book of Essays* (New York: Garland Press, 1996), tt./pp. 19–58.

—, 'Relationship of the tractates in Latin Redaction A and B to those in Llyfr Iorwerth and Llyfr Cyfnerth', yn/in D. Jenkins a/and Morfydd E. Owen (goln/eds), *The Welsh Law of Women* (Cardiff: University of Wales Press, 1980), tt./pp. 180–5.

—, *Early Irish and Welsh Kinship* (Oxford: Clarendon Press, 1993).

—, *Early Christian Ireland* (Cambridge: Cambridge University Press, 2000).

—, 'The textual tradition of medieval Welsh prose tales and the problem of dating', in Bernhard Maier and Stefan Zimmer (eds), *150 Jahre "Mabinogion" – Deutsch-walisische Kulturbeziehungen* (Tübingen: Max Niemeyer, 2001), pp. 23–39.

—, 'The date of *Culhwch ac Olwen*', yn/in W. McLeod et al. (goln/eds), *Bile ós Chrannaibh: A Festschrift for William Gillies* (Ceann Drochaid: Clann Tuirc, 2010), tt./pp. 45–56.

—, adolygiad o/review of Tolstoy, *The Oldest British Prose Literature*, EC, 38 (2012), 340–6.

—, '*Lebor na Cert* and clientship', yn/in K. Murray (gol./ed.), *Lebor na Cert: Reassessments*, Irish Texts Society, Subsidiary Series 25 (London: Irish Texts Society, 2013).

—, *Wales and the Britons 350–1064* (Oxford: Oxford University Press, 2013).

—, 'The textual tradition of Llyfr Iorwerth revisited, or why both J. Gwenogvryn Evans and Daniel Huws may be right', yn/in Sara Elin Roberts et al. (goln/eds), *Cyfarwydd Mewn Cyfraith: Studies in Honour of Morfydd E. Owen* (Bangor: The Welsh Legal History Society, 2022), tt./pp. 21–45.

Charles-Edwards, T. M., Owen, M. E. a/and Russell, P. (goln/eds), *The Welsh King and his Court* (Cardiff: University of Wales Press, 2000).

Chotzen, Th. M., *Recherches sur la poésie de Dafydd ab Gwilym* (Amsterdam: H. J. Paris, 1927).

Cichon, Michael, 'Eros and error: gross sexual transgression in the Fourth Branch of the *Mabinogi*', yn/in Amanda Hopkins a/and

Cory James Rushton (goln/eds), *The Erotic in the Literature of Medieval Britain* (Cambridge: D. S. Brewer, 2007), tt./pp. 105–15.

Clancy, Thomas Owen (gol./ed.), *The Triumph Tree: Scotland's Earliest Poetry AD 550–1350* (Edinburgh: Cannongate, 1998).

—, 'The Real St Ninian', *Innes Review*, 52 (2001), 1–28.

—, 'Women poets in early medieval Ireland: stating the case', yn/in C. E. Meek a/and M. K. Simms (goln/eds), *The Fragility of her Sex? Medieval Irish Women in their European Contexts* (Dublin: Four Courts Press, 1996), tt./pp. 43–72.

—, 'The kingdoms of the North: poetry, places, politics', yn/in A. Woolf (gol./ed.), *Beyond the Gododdin: Dark Age Scotland in Medieval Wales* (St Andrews: Committee for Dark Age Studies, University of St Andrews, 2013), tt./pp. 153–75.

Cleary, John Martin, 'The Catholic Resistance in Wales: 1568–1678', *Blackfriars*, 38/444 (1957), 111–25.

—, 'CLYNNOG, MORGAN (1558–after 1619), seminary priest', *Dictionary of Welsh Biography* (London: Honourable Society of Cymmrodorion, 1959).

Coakley, Sarah (gol./ed.), *Religion and the Body* (Cambridge: Cambridge University Press, 1997).

Cockayne, Oswald (gol./ed.), *Leechdoms, Wortcunning, and Starcraft of Early England*, Rolls Series, 3 cyf./vols (London: Longman, 1865), archive.org/details/leechdomswortcun02cock.

Colgrave, Bertram a/and Mynors, R. A. B. (goln/eds), *Bede's Ecclesiastical History of the English People* (Oxford: Clarendon Press, 1969).

Cook, Robert a/and Tveitane, Mattias (gol. a chyf./ed. and trans.), *Strengleikar: An Old Norse Translation of Twenty-one Old French* lais (Oslo: Kjeldeskriftfondet, 1979).

Cooper, Anna J. a/and Koschwitz, Eduard (goln/eds), *Le Pèlerinage de Charlemagne* (Paris: A. Lahure, 1925).

Cooper, S. a/and Arman, L. (goln/eds), *Cyflwyniad i Ieithyddiaeth* (Caerfyrddin: Y Coleg Cymraeg Cenedlaethol, 2020), https://adnoddau.s3.eu-west-2.amazonaws.com/pdfs/Cyflwyniad_i_ieithyddiaeth.pdf.

Cormack, Margaret, *The Saints in Iceland: Their Veneration from the Conversion to 1400* (Brussels: Société des Bollandistes, 1994).

—, 'St Ursula and the 11,000 virgins in Scandinavia and Iceland in the Middle Ages', yn/in J. Cartwright (gol./ed.), *The Cult of St Ursula and the 11,000 Virgins* (Cardiff: University of Wales Press, 2016), tt./pp. 205–25.

Corthals, Johan, 'Decoding the Caldron of Poesy', *Peritia*, 24–5 (2013–14), 74–89.

Costigan (Bosco), N. G. et al. (goln/eds), *Gwaith Dafydd Benfras ac Eraill o Feirdd Hanner Cyntaf y Drydedd Ganrif ar Ddeg* (Caerdydd: Gwasg Prifysgol Cymru, 1995).

Costigan (Bosco), N. G. et al. (goln/eds), *Gwaith Gruffudd ap Dafydd ap Tudur, Gwilym Ddu o Arfon, Trahaearn Brydydd Mawr ac Iorwerth Beli* (Aberystwyth: Canolfan Uwchefrydiau Cymreig a Cheltaidd, 1995).

Cowan, Mairi, 'A contested conception: Jocelin of Furness and the local traditions about St Kentigern in twelfth-century Glasgow', yn/in Tristan Sharp (gol./ed.), *From Learning to Love: Schools, Law, and Pastoral Care in the Middle Ages: Essays in Honour of Joseph W. Goering* (Toronto: Pontifical Institute of Mediaeval Studies, 2017), tt./pp. 571–89.

Cramp S. et al. (goln/eds), *Birds of the Western Palearctic, Volume 3: Waders to Gulls* (Oxford: Oxford University Press, 1983).

Crampin, Martin, *The Medieval Tiles of Strata Florida* (Aberystwyth: Sulien, 2014).

Crick, Julia C., *The Historia Regum Britannie of Geoffrey of Monmouth IV: Dissemination and Reception in the Later Middle Ages* (Cambridge: D. S. Brewer, 1991).

Croft, Julian a/and Don Dale-Jones (goln/eds), *The Collected Poems of T. Harri Jones* (Llandysul: Gomer, 1977).

Croker, T. Crofton, *Fairy Legends and Traditions of the South of Ireland*, Part III (London: William Tegg, 1828).

Croll, J. Morris, *Style, Rhetorik, and Rhythm*, gol./ed. J. Max Patrick a/and Robert O. Evans, gyda/with John M. Wallace a/and R. J. Schoeck (Princeton: Princeton University Press, 1966).

Cross, F. L. a/and Livingstone, E. A., *The Oxford Dictionary of the Christian Church* (pedwerydd arg./fourth edn, Oxford: Oxford University Press, 2005).

Cummins, John, *The Art of Medieval Hunting: The Hound and the Hawk* (arg. newydd/new edn, Edison, New Jersey: Castle Books, 2003).

Cunningham, Bernadette, *The World of Geoffrey Keating: History, Myth and Religion in Seventeenth-Century Ireland* (Dublin: Four Courts Press, 2000).

Curley, Michael J., 'Conjuring History: Mother, Nun, and Incubus in Geoffrey of Monmouth's Historia Regum Britanniae', *Journal of English and Germanic Philology*, 114 (April 2015), 219–39.

Curtin, Jeremiah, *Tales of the Fairies and of the Ghost World, Collected from Oral Tradition in South-West Munster* (Boston: Little, Brown and Company; [London]: David Nutt, 1895).

Curtis, Kathryn, Haycock, Marged, ap Hywel, Elin a/and Lloyd Morgan, Ceridwen, 'Beirdd Benywaidd yng Nghymru', *Y Traethodydd*, 141 (1986), 12–27.

da Rold, Orietta, *Paper in Medieval England: From Pulp to Fictions* (Cambridge: Cambridge University Press, 2020).

Dale, Peter (cyf./trans.), *Poems of François Villon: The Legacy, The Testament and Other Poems* (London: Anvil Press Poetry, 2001).

Dalton, Emily, 'Animating Names. Eponyms, Etymologies, and Enchantments in the Fourth Branch of the Mabinogi', *North American Journal of Celtic Studies*, 3/2 (2019), 137–54.

Damian-Grint, Peter, *The New Historians of the Twelfth-Century Renaissance: Inventing Vernacular Authority* (Woodbridge: Boydell and Brewer, 1999).

Daniel, R. Iestyn (gol./ed.), *Gwaith Bleddyn Ddu* (Aberystwyth: Canolfan Uwchefrydiau Cymreig a Cheltaidd, 1994).

— (gol./ed.), *Gwaith Casnodyn* (Aberystwyth: Canolfan Uwchefrydiau Cymreig a Cheltaidd, 1999).

— (gol./ed.), *Gwaith Dafydd y Coed a Beirdd Eraill o Lyfr Coch Hergest* (Aberystwyth: Canolfan Uwchefrydiau Cymreig a Cheltaidd, 2002).

— (gol./ed.), *Gwaith Ieuan ap Rhydderch* (Aberystwyth: Canolfan Uwchefrydiau Cymreig a Cheltaidd, 2003).

—, 'The Date, Origin, and Authorship of "The Mabinogion" in the Light of *Ymborth yr Enaid*', *Journal of Celtic Studies*, 4 (2005), 117–52.

Darcy, Eamon, '"The footsteps of that custom ... still remaining": Medieval Memory Culture and Thomas O'Sullevane's Portrayal of the Irish Bardic Tradition', *Proceedings of the Royal Irish Academy*, 122C (2022), 203–6.

Davies, A. Eleri (gol./ed.), *Gwaith Deio ab Ieuan Du a Gwilym ab Ieuan Hen* (Caerdydd: Gwasg Prifysgol Cymru, 1992).

Davies, Benjamin, 'Gwynionydd', 'Crug Mawr, ger Aberteifi', *Y Brython*, 1 (1858), 114–15.

Davies, Catrin T. Beynon, 'Cerddi'r tai crefydd' (traethawd MA heb ei gyhoeddi/unpublished MA thesis, Prifysgol Cymru, Bangor, 1973).

Davies, Ceri, *Welsh Literature and the Classical Tradition* (Cardiff: University of Wales Press, 1995).

Davies, Daniel (Glan Brenig), 'Capel Eglwysig Maes y Bettws', 'Ffynnon y Brodyr, Abergwesyn', *Y Brython*, 4 (1861), 422–3.

—, 'Soar y Mynydd', 'Gyda Chwympiad y Dail', 'Gwyllt Diroedd Ceredigion', 'Ystrad Ffin', *Cymru*, 51 (1916), 197–204, 204, 252–6, 300–4.

Davies, Elsbeth Wendy Owen, 'Testun beirniadol o waith Hywel Rheinallt ynghyd â rhagymadrodd, nodiadau a geirfa' (traethawd MA heb ei gyhoeddi/unpublished MA thesis, Prifysgol Cymru, Aberystwyth, 1967).

Davies, J. J. G., 'Astudiaeth o Gymraeg llafar ardal Ceinewydd: ei seineg gydag ymchwiliadau gwyddonol, ei seinyddiaeth a'i ffurfiant gyda geirfa lawn, a chyfeiriad at ei semanteg' (traethawd PhD heb ei gyhoeddi/unpublished PhD thesis, Coleg Prifysgol Cymru, Aberystwyth, 1934).

—, 'Rhai o Eiriau Llafar Ceinewydd a'r Cylch', BBCS, 7/3 (1934), 246–57.

—, 'Rhai Gwerineiriau Diddorol (o Ardal y Cei)', BBCS, 7/3 (1934), 258–60.

—, 'welʃ *ll*, ɑislændik *hl*, frentʃ *l* in *peuple*', *Le Maître Phonétique*, 3/45 (1934), 13–14.

—, 'Rhai o Eiriau Llafar Ceinewydd a'r Cylch', BBCS, 7/4 (1935), 353–62.

—, 'ɔ kwestʃən rileitiŋ tu kwɔntiti', *Le Maître Phonétique*, 3/ 52 (1935), 64–5.

—, 'The Nasal Consonants of a Cardiganshire Dialect', ZCP, 20 (1936), 304–14.

—, 'The Plosive Consonants of a Cardiganshire Dialect', ZCP, 20 (1936), 429–47.

—, 'Some Dialect Forms from the District of New Quay, Cardiganshire', ZCP, 20 (1936), 293–303.

—, 'Some Dialect Forms from the District of New Quay, Cardiganshire', ZCP, 20 (1936), 409–28.

Davies, John, *Antiquae Linguae Britannicae Rudimenta* (London: John Bill, 1621).

Davies, Jonathan Ceredig, *Folk-Lore of West and Mid-Wales* (Aberystwyth: [d.c./n.p.], 1911; adarg./repr. Felinfach: Llanerch, 1992).

Davies, Lewis, *Bargodion Hanes: Ystorïau i Ddiddori Plant Cymru yn Hanes eu Gwlad* (Lerpwl: Gwasg y Brython, 1924), tt./pp. 107–19.

Davies, Menna, 'Traddodiad llenyddol y Rhondda' (traethawd PhD heb ei gyhoeddi/unpublished PhD thesis, Prifysgol Cymru, Aberystwyth, 1981).

Davies, R. R., 'The status of women and the practice of marriage', yn/in Dafydd Jenkins a/and Morfydd E. Owen (goln/eds), *The Welsh Law of Women* (Cardiff: University of Wales Press, 1980), tt./pp. 93–114.

—, *Conquest, Coexistence, and Change: Wales, 1063–1415* (Oxford: Clarendon Press, 1987).

[Davies, Richard], *Caniadau Isgarn*, gyda rhagymadrodd gan T. H. Parry-Williams a gwerthfawrogiad gan S. M. Powell (Aberystwyth: [Llyfrgell Genedlaethol Cymru], 1949).

Davies, Richard (Isgarn), 'Twm Shôn Gati', *Cardiganshire Antiquarian Society Transactions*, 5 (1927), 100–7.

Davies, Sean, *War and Society in Medieval Wales 633–1283: Welsh Military Institutions* (Cardiff: University of Wales Press, 2014).

Davies, Sioned, *Crefft y Cyfarwydd: Astudiaeth o Dechnegau Naratif yn y Mabinogion* (Caerdydd: Gwasg Prifysgol Cymru, 1995).

—— (cyf./trans.), *The Mabinogion*, Oxford World Classics (Oxford: Oxford University Press, 2007).

Davies, W. S. (gol./ed.), *Gerald of Wales: Libellus de Inuectionibus = Y Cymmrodor*, 20 (1920).

Day, Jenny, '"Ongyr gwŷr wedi gwyro" a "hëyrn ar naid": Dwy Agwedd ar Frwydro â Gwaywffyn yng Ngherddi Beirdd y Tywysogion', *Dwned*, 14 (2008), 11–47.

——, 'Arfau yn yr Hengerdd a cherddi Beirdd y Tywysogion' (traethawd PhD heb ei gyhoeddi/unpublished PhD thesis, Prifysgol Aberystwyth, 2010).

——, '"Arms of stone upon my grave": weapons in the poetry of Guto'r Glyn', yn/in Dylan Foster Evans, Barry J. Lewis ac/and Ann Parry Owen (goln/eds), *'Gwalch Cywyddau Gwŷr': Ysgrifau ar Guto'r Glyn a Chymru'r Bymthegfed Ganrif/Essays on Guto'r Glyn and Fifteenth-Century Wales* (Aberystwyth: Canolfan Uwchefrydiau Cymreig a Cheltaidd Prifysgol Cymru, 2013), tt./pp. 233–81.

——, 'Brigandines in Two Fifteenth-Century Request Poems', SC, XLVII (2013), 167–82.

——, '*Ewin o ddur, onn a ddwg*: Y Rhest Gwaywffon a'r Beirdd', *Dwned*, 25 (2019), 11–46.

de Beaulieu, Marie-Anne Polo (gol. a chyf./ed. and trans.), *Jean Gobi: Dialogue avec un Fantôme* (ail arg./second edn, Paris: Les Belles Lettres, 2004).

Dellaneva, Joann a/and Duvick, Brian, 'Introduction', yn/in G. Norton (gol./ed.), *The Cambridge History of Literary Criticism* (Cambridge: Cambridge University Press, 1999), tt./pp. 393–401.

Dimock, James F. (gol./ed.), *Giraldi Cambrensis Opera*, cyf./vol. VI (London: Longmans and Co., 1868).

Dobbie, E. V. K. (gol./ed.), *The Anglo-Saxon Minor Poems* (New York: Columbia University Press, 1942).

Dobson, E. J., 'The Hymn to the Virgin', THSC (1954), 70–124.

Donovan, P. J., 'Mydryddiaeth Canu Aneirin a Chanu Taliesin' (traethawd MA heb ei gyhoeddi/unpublished MA thesis, Prifysgol Cymru (Aberystwyth), 1975).

Dooley, Ann, *Playing the Hero: Reading the Irish Saga Táin Bó Cúailnge* (Toronto: University of Toronto Press, 2006).

Dräger, Paul 'Kolon' a/and 'Komma', yn/in Gert Ueding (gol./ed.), *Historisches Wörterbuch der Rhetorik*, cyf./vol. 4 (Darmstadt: Wissenschaftliche Buchgesellschaft, 1998), tt./pp. 1138–52 a/and 1176–9.

Dronke, Peter, *Verse with Prose from Petronius to Dante* (Cambridge, MA and London: Harvard University Press, 1994).

Dubost, Francis, *Le Conte du Graal, ou, L'art de faire signe* (Paris: H. Champion, 1998).

Eberle, Patricia J., 'The Lovers' Glass: Nature's Discourse on Optics and the Optical Design of the Romance of the Rose', *University of Toronto Quarterly*, 46 (1977), 241–62.

Edel, Doris, 'Literature and Empowerment: The Sexual Relationships in *Acallam na Senórach*', ZCP, 68 (2021), 121–66.

Edwards, Huw M., *Dafydd ap Gwilym: Influences and Analogues* (Oxford: Clarendon Press, 1996).

— (gol./ed.), *Gwaith Prydydd Breuan, Rhys ap Dafydd ab Einion, Hywel Ystorm, a Cherddi Dychan Dienw o Lyfr Coch Hergest* (Aberystwyth: Canolfan Uwchefrydiau Cymreig a Cheltaidd, 2000).

—, 'Canu serch Hywel ab Owain Gwynedd', yn/in Nerys Ann Jones (gol./ed.), *Hywel ab Owain Gwynedd: Bardd-Dywysog* (Caerdydd: Gwasg Prifysgol Cymru, 2009), tt./pp. 88–110.

—, 'Murnio marwnadau: golwg ar y ffugfarwnad yng nghyfnod y cywydd', yn/in Bleddyn Owen Huws ac/and A. Cynfael Lake (goln/eds), *Genres y Cywydd* (Talybont: Y Coleg Cymraeg Cenedlaethol, 2016), tt./pp. 71–92.

Ellis, Henry (gol./ed.), *Registrum Vulgariter Nuncupatum 'The Record of Caernarvon'* (London: G. Eyre and A. Spottiswoode, 1838).

Ernault, Emile, *L'ancien vers Breton* (Brest: Brud Nevez, 1991).

Etchingham, Colmán, 'Viking-age Gwynedd and Ireland: political relations', yn/in K. Jankulak a/and J. M. Wooding (goln/eds),

Ireland and Wales in the Middle Ages (Dublin: Four Courts Press, 2007), tt./pp. 149–67.

Evans, D. Ellis, 'Rhagarweiniad i astudiaeth o fydryddiaeth y *Gododdin*', yn/in Rachel Bromwich ac/and R. Brinley Jones (goln/eds), *Astudiaethau ar yr Hengerdd* (Caerdydd: Gwasg Prifysgol Cymru, 1978), tt./pp. 89–122.

Evans, D. G., 'Tafodiaith Cwm Tawe' (traethawd MA heb ei gyhoeddi/ unpublished MA thesis, Coleg Prifysgol Cymru Abertawe, 1930).

Evans, D. L., 'Some Notes on the History of the Principality of Wales in the Time of the Black Prince (1343–1376)', THSC (1925–6), 25–110.

Evans, D. Silvan (gol./ed.), *Celtic Remains* (London: Cambrian Archaeological Association, 1878).

Evans, D. Simon, *Buched Dewi* (Caerdydd: Gwasg Prifysgol Cymru, 1959).

— (gol./ed.), *Historia Gruffud vab Kenan* (Caerdydd: Gwasg Prifysgol Cymru, 1977).

— (gol./ed.), *The Welsh Life of St David* (Cardiff: University of Wales Press, 1988).

—, 'Iaith y llys a Beirdd y Tywysogion', yn/in Morfydd E. Owen a/ and Brynley F. Roberts (goln/eds), *Beirdd a Thywysogion: Barddoniaeth Llys yng Nghymru, Iwerddon a'r Alban* (Caerdydd: Gwasg Prifysgol Cymru, 1996), tt./pp. 60–74.

Evans, Dafydd H., 'Blodeuwedd', YB, 20 (1995), 79–89.

—, 'Cyfeiriad at Chwedl Blodeuwedd', LlC, 20 (1997), 144.

Evans, Geraint, 'A Lost Seventeenth-Century Welsh Book Rediscovered in Paris', THSC, n.s., 15 (2009), 28–39.

—, 'The Authorship of *Drych Cywybod* [? 1616]', THSC, n.s., 17 (2011), 7–15.

Evans, H. Meurig, 'Lewys Glyn Cothi (*c.*1425–*c.*1489)', *Y Traethodydd*, CLVII (2002), 15–37.

Evans, J. Gwenogvryn (gol./ed.), *The Text of the Book of Llan Dâv* (Oxford, 1893; adarg./repr. National Library of Wales, 1979).

—, *Report on Manuscripts in the Welsh Language*, 3 cyf./vols (London: Historical Manuscripts Commission, 1898–1910).

— (gol./ed.), *The Black Book of Carmarthen* (Pwllheli: cyhoeddwyd gan yr awdur/privately published, 1906).
— (gol./ed.), *The White Book Mabinogion* (Pwllheli: cyhoeddwyd gan yr awdur/privately published, 1907).
— (gol./ed.), *The Book of Taliesin* (Pwllheli: cyhoeddwyd gan yr awdur/privately published, 1910).
— (gol./ed.), *The Poetry in the Red Book of Hergest* (Llanbedrog: cyhoeddwyd gan yr awdur/privately published, 1911).
Evans-Pritchard, E. E., *The Divine Kingship of the Shilluk of the Nilotic Sudan* (Cambridge: Cambridge University Press, 1948).
Evans-Wentz, W. Y., *The Fairy-Faith in Celtic Countries* ([dim lle/n.p.]: [dim cyhoeddwr/n.p.], 1911, adarg./repr. New York: Citadel, 1990).
Falileyev, A., 'CT/PT VII, 23–24 *kat yn aber / ioed y dygyfranc adur breuer* und die frühwalisische Schlachtenkatalogtradition', yn/in S. Zimmer, R. Ködderitzsch ac/and A. Wigger (goln/eds), *Akten des zweiten deutschen Keltologen-Symposiums* (Tübingen: Max Niemeyer Verlag, 1999), tt./pp. 32–46.
Faulkes, A., 'Descent from the Gods', *Mediaeval Scandinavia*, 11 (1978–9), 92–125, fersiwn adolygedig/revised version, *http://vsnrweb-publications.org.uk/*.
Ffoulkes, W. Wynne, 'Castra Clwydiana 3', Arch Camb, new series, 3 (1850), 174–87.
Finnur Jónsson (gol./ed.), *Hauksbók: udgiven efter de arnamagnæanske håndskrifter no. 371, 544 og 675, 4° samt forskellige papirshåndskrifter* (Copenhagen: Thiele, 1892).
FitzPatrick, Elizabeth, 'The landscapes and settlements of the Uí Dhálaigh poets of Muintir Bháire', yn/in Seán Duffy (gol./ed.), *Princes, Prelates and Poets in Medieval Ireland: Essays in Honour of Katharine Simms* (Dublin: Four Courts Press, 2013), tt. 460–80.
—, '*Ollamh, biatach, comharba*: lifeways of Gaelic learned families in medieval and early modern Ireland', yn/in Liam Breatnach, Ruairí Ó hUiginn, Damian McManus a/and Katherine Simms (goln/eds), *An XIV Comhdháil Idirnáisiúnta sa Léann Ceilteach, Maigh Nuad 2011: Imeachtaí/XIV International Congress of Celtic Studies,*

Maynooth 2011: Proceedings (Dublin: Dublin Institute for Advanced Studies, 2015), tt./pp. 165–89.

Flanagan, Marie Therese, *Irish Society, Anglo-Norman Settlers, Angevin Kingship: Interactions in Ireland in the Late Twelfth Century* (Oxford: Clarendon Press, 1989).

Fleure, H. J. A., 'A sketch of college history (1913–1927)', yn/in I. Morgan (gol./ed.), *The College by the Sea* (Aberystwyth: The Students' Representative Council in Collaboration with the College Council, 1928), tt./pp. 127–43.

Fleuriot, Leon, 'Brittonica', EC, 19 (1982), 259–74.

—, 'Langue et société dans la Bretagne ancienne', yn/in Jean Balcou ac/and Yves le Gallo (goln/eds), *Histoire littéraire et culturelle de la Bretagne* (Paris: Champion, 1997), tt./pp. 7–28.

Flint, Valerie I. J., 'Honorius Augustodunensis Imago Mundi', *Archives d'histoire doctrinale et littéraire du Moyen Age*, 49 (1982), 7–153.

Flower, Robin, 'A Lost MS. of the "Clanricarde Memoirs"', *The British Museum Quarterly*, 5 (1930), 24–5.

—, 'Manuscripts of Irish Interest in the British Museum', *Analecta Hibernica*, 2 (1931), 292–340.

—, *The Irish Tradition* (Oxford: Clarendon Press, 1947).

—, *Catalogue of Irish Manuscripts in the British Museum*, III (London: British Museum, 1953).

Forbes, Alexander Penrose (gol./ed.), *Lives of S. Ninian and S. Kentigern* (Edinburgh: Edmonston and Douglas, 1874).

Ford, Patrick K. (gol./ed.), *Ystoria Taliesin* (Cardiff: University of Wales Press, 1992).

— (gol./ed.), *Math uab Mathonwy* (Belmont, MA: Ford and Baillie, 1999).

Foster, Idris, 'The Book of the Anchorite', PBA, 36 (1950), 197–226.

[Foulkes, I.], *Geirlyfr Bywgraffiadol o Enwogion Cymru* (Liverpool: I. Foulkes, 1870).

Foster Evans, Dylan, '"Y carl a'i trawai o'r cudd": Ergyd y Gwn ar y Cywyddwyr', *Dwned*, 4 (1998), 75–105.

— (gol./ed.), *Gwaith Hywel Swrdwal a'i Deulu* (Aberystwyth: Canolfan Uwchefrydiau Cymreig a Cheltaidd, 2000).

— (gol./ed.), *Gwaith Rhys Goch Eryri* (Aberystwyth: Canolfan Uwchefrydiau Cymreig a Cheltaidd Prifysgol Cymru, 2007).

Foster Evans, Dylan gyda/with Sara Elin Roberts, '"Myn Pedr, ni wn pwy ydwyd": ar drywydd Dafydd ap Gwilym', ar/on DG.net.

Frazer, James, *The Golden Bough*, 12 cyf./vols (trydydd arg./third edn, London: Macmillan and Co., 1911–15).

Fulk, R. D., Bjork, R. E. a/and Niles, J. D. (goln/eds), *Klaeber's Beowulf: Fourth Edition* (Toronto: University of Toronto Press, 2008).

Fulton, Helen (gol./ed), *Selections from the Dafydd ap Gwilym Apocrypha* (Llandysul: Gomer Press, 1996).

—, 'Cyd-destun Gwleidyddol Breudwyt Ronabwy', LlC, 22 (1999), 42–56.

—, 'Troy Story: The Medieval Welsh *Ystorya Dared* and the *Brut* Tradition of British History', *The Medieval Chronicle*, 7 (2011), 137–50.

—, 'Historiography: fictionality vs. factuality', yn/in L. Tether a/and J. McFadyen (goln/eds), *Handbook of Arthurian Romance: King Arthur's Court in Medieval European Literature* (Berlin: de Gruyter, 2017), tt./pp. 151–65.

Fychan, Cledwyn, 'Y Canu i Wŷr Eglwysig Gorllewin Sir Ddinbych', *Denbighshire Historical Society Transactions*, 28 (1979), 115–82.

—, *Pwy Oedd Rhys Gethin? Yr Ymchwil am Gadfridog Owain Glyndŵr* (Aberystwyth: Cymdeithas Lyfrau Ceredigion, 2007).

Fynes-Clinton, O. H., *The Welsh Vocabulary of the Bangor District* (Oxford: Oxford University Press, 1913).

German, Gary D., 'Breton patronyms and the British Heroic Age', yn/in Anne Hellegouarc'h-Bryce a/and Heather Williams (goln/eds), *Regards croisés sur la Bretagne et le Pays de Galles* (Brest: Centre de Recherche Bretonne et Celtique ac/and Aberystwyth: Centre for Advanced Welsh and Celtic Studies, 2013), tt./pp. 53–88.

Goetinck, Glenys, '*Pedair Cainc y Mabinogi*: Yr Awdur a'i Bwrpas', LlC, 15/3–4 (1988), 249–69.

Goodrich, Peter (ed.), *The Romance of Merlin: An Anthology* (New York and London: Garland, 1990).

Gottskálk Jensson, 'Latin hagiography in medieval Iceland', yn/in M. Goullet (gol./ed.), *Hagiographies VII* (Turnhout: Brepols, 2017), tt./pp. 875–949.

—, 'Þingeyrar Abbey in Northern Iceland: A Benedictine Powerhouse of Cultural Heritage', *Religions*, 12 (2021) 149–64.

Grabowski, K. a/and Dumville, D., *Chronicles and Annals of Mediaeval Ireland and Wales* (Woodbridge: The Boydell Press, 1984).

Green, D. H., *The Beginnings of Medieval Romance: Fact and Fiction, 1150–1220* (Cambridge: Cambridge University Press, 2002).

Greene, David a/and Frank O'Connor (goln a chyf./eds and trans.), *A Golden Treasury of Irish Poetry A.D. 600 to 1200* (London: Macmillan, 1967).

Gresham, Colin A., 'The Aberconwy Charter', Arch Camb, 94 (1939), 123–62.

—, *Eifionydd: A Study of Landownership from the Medieval Period to the Present Day* (Cardiff: University of Wales Press, 1973).

—, 'Archbishop Baldwin's Journey through Merioneth in 1188', *Cylchgrawn Cymdeithas Hanes a Chofnodion Sir Feirionnydd/Journal of the Merioneth Historical and Record Society*, 10 (1985–6), 186–204.

Griffith, T. Gwynfor, 'Italian Humanism and Welsh Prose', *Yorkshire Celtic Studies*, 6 (1953–8), 1–26.

Griffiths, John (gol./ed.), *The Two Books of Homilies Appointed to Be Read in Churches* (Oxford: University Press, 1859).

Grinsell, Leslie F., *Folklore of Prehistoric Sites in Britain* (Newton Abbot: David and Charles, 1976).

Griscom, Acton (gol./ed.), *The Historia Regum Britanniae of Geoffrey of Monmouth, with Contributions to the Study of its Place in Early British history* (London and New York: Longmans, Green, 1929).

Grooms, Chris, *The Giants of Wales* (Lewiston and Lampeter: Edwin Mellen Press, 1993).

Gropper, Stephanie, '*Breta sögur* and *Merlínússpá*', yn/in M. E. Kalinke (gol./ed.), *The Arthur of the North: The Arthurian Legend in the Norse and Rus' Realms* (Cardiff: University of Wales Press, 2011), tt./pp. 48–60.

—, 'Die Transmission der *Breta sögur* als Beispiel für verschiedene Formen der *translatio* innerhalb der mittelalterlichen isländischen Literatur', yn/in J. Glauser ac/and S. Kramarz-Bein (goln/eds), *Rittersagas: Übersetzung – Überlieferung – Transmission* (Tübingen: Francke, 2014), tt./pp. 219–37.

[Gropper] Würth, Stephanie, *Der 'Antikenroman' in der isländischen Literatur des Mittelalters: Eine Untersuchung zur Übersetzung und Rezeption lateinischer Literatur im Norden* (Basel: Helbing und Lichtenhahn, 1998).

—, 'The common transmission of *Trójumanna saga* and *Breta sögur*', yn/in A. N. Doane a/and K. Wolf (goln/eds), *Beatus Vir: Studies in Early English and Norse Manuscripts in Memory of Phillip Pulsiano* (Tempe, AZ: ACMRS, 2006), tt./pp. 297–327.

Gruffydd, R. Geraint, 'SMYTH, ROGER (1541–1625), Roman Catholic priest and Welsh translator', *Dictionary of Welsh Biography* (London: Honourable Society of Cymmrodorion, 1959).

— (gol./ed.), *Cyfres Beirdd y Tywysogion*, 7 cyf./vols (Caerdydd: Gwasg Prifysgol Cymru, 1991–6).

—, 'Dafydd Ddu o Hiraddug', LlC, 18 (1995), 205–20.

—, 'Wales's Second Grammarian: Dafydd Ddu of Hiraddug', *Proceedings of the British Academy*, 90 (1995), 1–29.

— (gol./ed.), *Gwaith Einion Offeiriad a Dafydd Ddu o Hiraddug* (Aberystwyth: Canolfan Uwchefrydiau Cymreig a Cheltaidd, 1997).

Gruffydd, W. J., *Math vab Mathonwy* (Cardiff: University of Wales Press, 1928).

— (gol./ed.), *Perl Mewn Adfyd gan Huw Lewys* (Caerdydd: Gwasg Prifysgol Cymru, 1929).

—, *Rhiannon* (Cardiff: University of Wales Press, 1953).

Guillory, John, 'Mercury's Words: The End of Rhetoric and the Beginning of Prose', *Representations*, 138 (2017), 59–86.

Gunnar Harðason a/and Stefán Karlsson, 'Hauksbók', yn/in P. Pulsiano a/and K. Wolf (goln/eds), *Medieval Scandinavia: An Encyclopedia* (New York: Garland, 1993), tt./pp. 271–2.

Guy, Ben, *Medieval Welsh Genealogy* (Woodbridge: Boydell and Brewer, 2020).

Gwyndaf, Robin, 'Fairylore: memorates and legends from Welsh oral tradition', yn/in Peter Narváez (gol./ed.), *The Good People: New Fairylore Essays* (New York: Garland, 1991; adarg./repr. Lexington: University Press of Kentucky, 1997), tt./pp. 155–95.

Hall, Mr a/and Mrs S. C., *The Book of South Wales, the Wye, and the Coast* (London: Arthur Hall, Virtue, and Co., 1861).

Halvorsen, Eyvind Fjeld, *The Norse Version of the Chanson de Roland*, Bibliotheca Arnamagnæana, 19 (Copenhagen: Munksgaard, 1959).

Hamer, Richard, *A Choice of Anglo-Saxon Verse* (London: Faber and Faber, 1970).

Hammer, Jacob (gol./ed.), Geoffrey of Monmouth, *Historia regum Britanniae: A Variant Version* (Cambridge, MA: Medieval Academy of America, 1951).

Handford, S. A. (cyf./trans.), *Caesar: The Conquest of Gaul* (Harmondsworth: Penguin, 1951).

Hardy, Robert, *The Longbow: A Social and Military History* (pedwerydd arg.,/fourth edn, Stroud: Sutton Publishing, 2006).

Harper, Sally, 'So How Many Irishmen Went to Glyn Achlach? Early Accounts of the Formation of *Cerdd Dant*', CMCS, 42 (winter 2001), 1–25.

—, *Music in Welsh Culture before 1650: A Study of the Principal Sources* (Aldershot: Ashgate, 2007).

Harries, Leslie (gol./ed.), *Gwaith Huw Cae Llwyd ac Eraill* (Caerdydd: Gwasg Prifysgol Cymru, 1953).

Harris, Meinir Elin, 'Dychwelyd at Gyfeiriadau, Termau a Chysyniadau Cyfreithiol yn y Mabinogi', *Y Traethodydd*, 158 (2003), 17–39.

Harrison, Alan, *The Irish Trickster* (Sheffield: Sheffield Academic Press, 1989).

—, *The Dean's Friend: Anthony Raymond 1675–1726, Jonathan Swift and the Irish Language* (Dublin: Edmund Burke, 1999).

Harwin, Sarah Anna, 'A study and comparison of French and Welsh texts of the story of *Gwidw*' (traethawd MA heb ei gyhoeddi/ unpublished MA thesis, University of Wales [Cardiff], 1929).

Hatto, A. T., 'Archery and Chivalry: A Noble Prejudice', *The Modern Language Review*, 35 (1940), 40–54.

Haycock, Marged, 'Llyfr Taliesin: astudiaethau ar rai agweddau', 2 gyf./2 vols (traethawd PhD heb ei gyhoeddi/unpublished PhD thesis, Prifysgol Cymru (Aberystwyth), 1983).

—, 'Llyfr Taliesin', NLWJ, 25 (1988), 357–86.

—, 'Metrical models for the poems in the Book of Taliesin', yn/in B. F. Roberts (gol./ed.), *Early Welsh Poetry: Studies in the Book of Aneirin* (Aberystwyth: National Library of Wales, 1988), tt./pp. 155–77.

—, 'Merched Drwg a Merched Da: Ieuan Dyfi v. Gwerful Mechain', YB, 16 (1990), 97–110.

— (gol./ed.), *Blodeugerdd Barddas o Ganu Crefyddol Cynnar* (Llandybïe: Barddas, 1994).

—, 'Taliesin's Questions', CMCS, 33 (summer 1997), 19–79.

—, *Where Cider Ends, There Ale Begins to Reign: Drink in Medieval Welsh Poetry*, H. M. Chadwick Lecture (Cambridge: Department of Anglo-Saxon, Norse, and Celtic, 1999).

—, 'Defnydd hyd Ddydd Brawd: rhai agweddau ar y ferch ym marddoniaeth yr Oesoedd Canol', yn/in Geraint H. Jenkins (gol./ ed.), *Cymru a'r Cymry 2000* (Aberystwyth: Canolfan Uwchefrydiau Cymreig a Cheltaidd, 2001), tt./pp. 41–70.

—, 'Between Cardiff and Cork: scholarship on medieval Welsh literature since 1963', yn/in Máire Herbert a/and Kevin Murray (goln/eds), *Retrospect and Prospect in Celtic Studies: Proceedings of the 11th International Congress of Celtic Studies held in University College, Cork, 25–31 July 1999* (Dublin/Portland, OR: Four Courts Press, 2003), tt./pp. 29–43.

—, 'Hanes Heledd hyd yma', yn/in *Gweledigaethau: Cyfrol Deyrnged yr Athro Gwyn Thomas* (Llandybïe: Barddas, 2007), tt./pp. 29–60.

— (gol./ed.), *Legendary Poems from the Book of Taliesin* (Aberystwyth: CMCS, 2007; ail arg./second edn, 2015).

— (gol. a chyf./ed. and trans.), *Prophecies from the Book of Taliesin* (Aberystwyth: CMCS Publications, 2013).

Hayes, Heledd, 'Claudio Tolomei: A Major Influence on Gruffydd Robert', *Modern Language Review*, 83/1 (1988), 56–66.

Healy, J., 'The Holy Wells of Ireland', *The Irish Monthly*, 12/128 (February 1884), 85–93.

Henken, Elissa R., *The Welsh Saints: A Study in Patterned Lives* (Cambridge: D. S. Brewer, 1991).

—, *National Redeemer: Owain Glyndŵr in Welsh Tradition* (Cardiff: University of Wales Press, 1996).

Henley, Georgia, 'Gerald's circulation and reception in Wales: the case of *Claddedigaeth Arthur*', yn/in A. Joseph McMullen a/and Georgia Henley (goln/eds), *Gerald of Wales: New Perspectives on a Medieval Writer and Critic* (Cardiff: University of Wales Press, 2018), tt./pp. 223–42.

Hennessy, W. M. (gol./ed.), *Chronicum Scotorum*, Rolls Series (London, 1866).

Herbert, Máire, 'The preface to *Amra Coluim Cille*', yn/in Donnchadh Ó Corráin, Liam Breatnach a/and Kim McCone (goln/eds), *Sages, Saints and Storytellers: Celtic Studies in Honour of Professor James Carney* (Maynooth: An Sagart, 1989), tt./pp. 67–75.

—, 'Goddess and king: the sacred marriage in early Ireland', yn/in Louise Olga Fradenburg (gol./ed.), *Women and Sovereignty*, Cosmos, cyf./vol. 7 (Edinburgh: Edinburgh University Press, 1992), tt./pp. 264–75.

Hickey, Raymond, *Dublin English: Evolution and Change* (Amsterdam: John Benjamins, 2005).

Hily, Gaël, 'Conflits au sein de familles royales: les cas d'Eochaid Feidlech et de Math', yn/in Gaël Hily et al. (goln/eds), *Deuogdonion: Mélanges offerts en l'honneur du Professeur Claude Sterckx* (Rennes: Tir, 2010), tt./pp. 335–48.

Hincks, Rhisiart, *I Gadw Mamiaith Mor Hen* (Llandysul: Gomer, 1995).

Hofmann, J. B. a/and Szantyr, Anton, *Lateinische Syntax und Stilistik* (München: C. H. Beck, 1972).

Holt, J. C., *Robin Hood* (London: Thames and Hudson, 1982).

Horgan, Frances (cyf./trans.), *The Romance of the Rose* (Oxford: Oxford University Press, 1994).

Howells, Erwyd, *Good Men and True: The Lives and Tales of the Shepherds of Mid Wales* (Aberystwyth: Erwyd Howells, 2005).

Howells, Nerys Ann (gol./ed.), *Gwaith Gwerful Mechain ac Eraill* (Aberystwyth: Canolfan Uwchefrydiau Cymreig a Cheltaidd, 2001).

—, 'Gwerful Mechain yn ei chyd-destun hanesyddol a llenyddol', yn/in Geraint H. Jenkins (gol./ed.), *Cof Cenedl XVIII* (Llandysul: Gwasg Gomer, 2003), tt./pp. 1–34.

Hughes, Herbert (gol./ed.), *Cymru Evan Jones: Detholiad o Bapurau Evan Jones (1850–1928), Ty'n-y-pant, Llanwrtyd* (Llandysul: Gwasg Gomer, 2009).

Hughes, Huw Derfel, *Hynafiaethau Llandegai a Llanllechid* (Bethesda: cyhoeddwyd gan yr awdur/privately published, 1866).

Hughes, Ian, 'The King's Nephew', in B. Maier and S. Zimmer (goln/eds), *150 Jahre "Mabinogion" – Deutsch-walisische Kulturbeziehungen* (Tübingen: Max Niemeyer, 2001), tt./pp. 55–65.

—, '*Geis, Tynghet* a *Kennedyf*', *Dwned*, 19 (2013), 11–37.

— (gol./ed.), *Math uab Mathonwy* (Dublin: Dublin Institute for Advanced Studies, 2013).

Hunter, Jerry, 'Cyd-destunoli Ymrysonau'r Cywyddwyr: Cipolwg ar "Yr Ysbaddiad Barddol"', *Dwned*, 3 (1997), 33–52.

Hurley, Gerard T., 'Buried Treasure Tales in America', *Western Folklore*, 10/3 (1951), 197–216.

Hull, Eleanor, 'The Hawk of Achill or the Legend of the Oldest Animals', *Folklore*, 43/4 (1932), 376–409.

Huws, Bleddyn Owen, 'Dyddiadau Ieuan Gethin', LlC, 20 (1997), 46–55.

—, *Y Canu Gofyn a Diolch* c.*1350*–c.*1630* (Caerdydd: Gwasg Prifysgol Cymru, 1998).

— (gol./ed.), *Detholiad o Gywyddau Gofyn a Diolch* (Abertawe: Cyhoeddiadau Barddas, 1998).

—, '"Llawer dyn ... / Â chywydd a iachawyd": Guto'r Glyn yr Iachawr', yn Dylan Foster Evans, Barry J. Lewis ac/and Ann Parry Owen (goln/eds), *'Gwalch Cywyddau Gwŷr': Ysgrifau ar Guto'r*

Glyn a Chymru'r Bymthegfed Ganrif/ Essays on Guto'r Glyn and Fifteenth-Century Wales (Aberystwyth: Canolfan Uwchefrydiau Cymreig a Cheltaidd Prifysgol Cymru, 2013), tt. 283–303.

Huws, Bleddyn Owen, 'Llythyr Gofyn gan Siôn Phylip', yn/in Erich Poppe, Simon Rodway a/and Jenny Rowland (goln/eds), *Celts, Gaels, and Britons: Studies in Language and Literature from Antiquity to the Middle Ages* (Turnhout: Brepols, 2022), tt./pp. 139–68.

Huws, Daniel, 'Leges Howelda at Canterbury', NLWJ, 19 (1975–6), 340–4, a/and 20 (1977–8), 95.

—, 'Llawysgrif Hendregadredd', NLWJ, 22 (1981–2), 1–26.

—, 'Llyfr Gwyn Rhydderch', CMCS, 21 (summer 1991), 1–37.

—, *Five Ancient Books of Wales*, H. M. Chadwick Memorial Lectures, 6 (Cambridge: Department of Anglo-Saxon, Norse, and Celtic, 1995).

—, *Medieval Welsh Manuscripts* (Cardiff: University of Wales Press, 2000).

—, *Cynnull y Farddoniaeth* (Aberystwyth: Canolfan Uwchefrydiau Cymreig a Cheltaidd Prifysgol Cymru, 2004).

—, 'Smyth, Roger [Rhosier] (1540/1–1625?), Roman Catholic priest and translator', *Oxford Dictionary of National Biography* (Oxford: Oxford University Press, 2004).

—, *A Repertory of Welsh Manuscripts and Scribes c.800–c.1800*, 3 cyf./vols (Aberystwyth: NLW, 2022).

Huws, John Owen, *Straeon Gwerin Ardal Eryri*, 2 gyf./vols (Llanrwst: Gwasg Carreg Gwalch, 2008).

Ifans, Rhiannon (gol./ed.), *Gwaith Gruffudd Llwyd a'r Llygliwiaid Eraill* (Aberystwyth: Canolfan Uwchefrydiau Cymreig a Cheltaidd, 2000).

—, (gol./ed.), *Gwaith Syr Dafydd Trefor* (Aberystwyth: Canolfan Uwchefrydiau Cymreig a Cheltaidd Prifysgol Cymru, 2005).

Ifans, Rhiannon et al. (goln/eds), *Gwaith Gronw Gyriog, Iorwerth ab y Cyriog, Gruffudd ap Tudur Goch ac Ithel Ddu* (Aberystwyth: Canolfan Uwchefrydiau Cymreig a Cheltaidd, 1997).

Isaac, Graham, 'Agweddau ar fydr yr Hengerdd', 2 gyf./2 vols (traethawd PhD heb ei gyhoeddi/unpublished PhD thesis, Prifysgol Cymru (Aberystwyth), 1992).

—, *Yr Hengerdd: Mynegeiriau Cyflawn*, CD-ROM (Aberystwyth: Adran y Gymraeg, Prifysgol Cymru, Aberystwyth, 2001).

—, '*Armes Prydain Fawr* and St David', yn/in J. Wyn Evans a/and J. M. Wooding (goln/eds), *St David of Wales: Cult, Church and Nation* (Woodbridge: The Boydell Press, 2007), tt./pp. 161–81.

Jackson, Kenneth, 'Incremental Repetition in the Early Welsh Englyn', *Speculum*, XVI (1941), 304–21.

—, 'Arthur's Battle of Breguoin', *Antiquity*, 23 (1949), 48–9.

—, *Language and History in Early Britain* (Edinburgh: University of Edinburgh Press, 1953).

—, *The International Popular Tale and Early Welsh Tradition* (Cardiff: University of Wales Press, 1961).

—, *The Gododdin: The Oldest Scottish Poem* (Edinburgh: Edinburgh University Press, 1969).

—, *A Celtic Miscellany* (ail ol./second edn, Harmondsworth: Penguin, 1971).

Jacobs, Nicholas (gol./ed.), *Early Welsh Gnomic and Nature Poetry* (London: Modern Humanities Research Association, 2012).

Jacques, Michaela, 'The reception and transmission of the Bardic Grammars in late medieval and early modern Wales' (traethawd PhD heb ei gyhoeddi/unpublished PhD thesis, Harvard University, 2020).

James, Edward, *Pregethau a osodwyd allan trwy awdurdod i'w darllein ymhob Eglwys blwyf a phob capel er adailadaeth i'r bobl annyscedig* (Llundain: Robert Parker, 1606).

Jarman, A. O. H. (gol./ed.), *Llyfr Du Caerfyrddin* (Caerdydd: Gwasg Prifysgol Cymru, 1982).

Jenkins, Dafydd, 'Llawysgrif Goll Llanforda o Gyfreithiau Hywel Dda', BBCS, 14/2 (1951), 89–104.

— (cyf./trans.), *The Law of Hywel Dda*, The Welsh Classics (Llandysul: Gomer Press, 1986).

Jenkins, Dafydd a/and Morfydd E. Owen (goln/eds), *The Welsh Law of Women* (Cardiff: University of Wales Press, 1980).

Jenkins, Geraint H. et al. (goln/eds), *The Correspondence of Iolo Morganwg*, 3 cyf./vols (Cardiff: University of Wales Press, 2007).

Jobbins, Alan, *Gwlad Carnhunanawc (Thomas Price): Yr Arwr Oesol* (Caerdydd: Cymdeithas Carnhuanawc, [?2004]).

Johansson, K. G., 'The *Hauksbók*: an example of medieval modes of collecting and compilation', yn/in Karen Pratt et al. (goln/eds), *The Dynamics of the Medieval Manuscript: Text Collections from a European Perspective* (Göttingen: V&R Unipress, 2017), tt./pp. 131–46.

—, 'Compilations, collections and composite manuscripts: some notes on the manuscript *Hauksbók*', yn/in K. Heslop a/and J. Glauser (goln/eds), *RE:writing: Medial Perspectives on Textual Culture in the Icelandic Middle Ages* (Zürich: Chronos, 2018), tt./pp. 121–42.

Johnson, Arthur, 'William Owen-Pughe and the Mabinogion', NLWJ, 10/3 (1958), 323–8.

Johnson, W. Branch, *Folktales of Brittany* (London: Methuen, 1927), tt./pp. 89–90.

Johnston, Dafydd (gol./ed.), *Gwaith Iolo Goch* (Caerdydd: Gwasg Prifysgol Cymru, 1988).

—, *Iolo Goch*, Llên y Llenor (Caernarfon: Gwasg Pantycelyn, 1989).

—, 'The Erotic Poetry of the *Cywyddwyr*', CMCS, 22 (winter 1991), 63–94.

—, 'Cywydd gan Ddisgybl Iolo Goch?', YB, XVIII (1992), 100–9.

— (gol. a chyf./ed. and trans.), *Iolo Goch: Poems* (Llandysul: Gomer Press, 1993).

— (gol./ed.), *Gwaith Lewys Glyn Cothi* (Caerdydd: Gwasg Prifysgol Cymru, 1994).

— (gol./ed.), *Gwaith Llywelyn Goch ap Meurig Hen* (Aberystwyth: Canolfan Uwchefrydiau Cymreig a Cheltaidd, 1998).

—, *Llên yr Uchelwyr: Hanes Beirniadol Llenyddiaeth Gymraeg 1300–1525* (Caerdydd: Gwasg Prifysgol Cymru, 2005).

—, '*Cyngan oll?*' *Cynghanedd y Cywyddwyr Cynnar*, Darlith Goffa J. E. Caerwyn a Gwen Williams 2006 (Aberystwyth: Canolfan Uwchefrydiau Cymreig a Cheltaidd, 2007).

—, 'Semantic Ambiguity in Dafydd ap Gwilym's "Trafferth mewn Tafarn"', CMCS, 56 (winter 2008), 59–74.

—, 'Hywel ab Owain Gwynedd a Beirdd yr Uchelwyr', yn/in Nerys Ann Jones (gol./ed.), *Hywel ab Owain Gwynedd: Bardd-Dywysog* (Caerdydd: Gwasg Prifysgol Cymru, 2009), tt./pp. 134–51.

—, '*Iaith Oleulawn*': *Geirfa Dafydd ap Gwilym* (Caerdydd: Gwasg Prifysgol Cymru, 2020).

Johnston, Dafydd et al. (goln/eds), 'Dafydd ap Gwilym.net', cyhoeddwyd yn gyntaf/first published 2007, *http://www.dafyddapgwilym.net*.

Johnston, Dafydd et al. (goln/eds), *Cerddi Dafydd ap Gwilym* (Caerdydd: Gwasg Prifysgol Cymru, 2010).

Johnston, Elva, '*Imamacaldam Choluim Chille ocus ind Óclaig*: language and authority in an early-medieval Irish Tale', yn/in E. Purcell et al. (goln/eds), *Clerics, Kings and Vikings: Essays on Medieval Ireland in Honour of Donnchadh Ó Corráin* (Dublin: Four Courts Press, 2015), tt./pp. 418–28.

Jón Sigurðsson (gol./ed.), 'Trójumanna saga ok Breta sögur', *Annaler for nordisk oldkyndighed og historie* (1848), 3–215, a/and (1849), 3–145.

Jón Þórkelsson (gol./ed.), *Diplomatarium Islandicum: fimta bindi 1330–1476* (Copenhagen a/and Reykjavík: Möller, 1899–1902).

Jonckbloet, M. (gol./ed.), *Guillaume d'Orange: chansons de geste des XIe et XIIe siècles: tome premier* (The Hague: Nyhoff, 1854).

Jones, Bedwyr Lewys, 'Siôn ap Howel ab Owain a'r *Rhetorica ad Herennium* yn Gymraeg', *LlC*, 6 (1961), 208–18.

Jones, Berwyn Prys, 'Astudiaeth gymharol o gyfundrefnau'r beirdd yng Nghymru ac Iwerddon' (traethawd MA heb ei gyhoeddi/unpublished MA thesis, Prifysgol Cymru, 1973).

Jones, D., 'Experimental Phonetics and its Utility to the Linguist', *Proceedings of the Royal Institution of Great Britain*, 20 (1917), 8–21.

Jones, Dafydd Glyn, 'Breuddwyd Rhonabwy', yn/in Geraint Bowen (gol./ed.), *Y Traddodiad Rhyddiaith yn yr Oesoedd Canol* (Llandysul: Gwasg Gomer, 1974), tt./pp. 176–95.

Jones, E. D., 'Three Fifteenth Century Peniarth Poems', *Cylchgrawn Cymdeithas Hanes a Chyfnodion Sir Feirionnydd/Journal of the Merioneth Historical Society*, 10 (1986), 157–68.

Jones, Elin M. gyda chymorth/with the help of Jones, Nerys Ann (goln/eds), *Gwaith Llywarch ap Llywelyn 'Prydydd y Moch'* (Caerdydd: Gwasg Prifysgol Cymru, 1989).

Jones, Evan, 'Y Fynegres Farddonol: Sef Casgliad o Gyfrolau Barddonol Cymreig, a Gyhoeddwyd o'r Flwyddyn 1800 hyd 1885', *Y Geninen*, 5 (1887), 186–92.

—, 'Llyfryddiaeth y Ganrif … O Lyfrgell Wrtydyn', *Cyfaill yr Aelwyd a'r Frythones*, 2 (1893), 422.

—, 'Eisteddfodau Cadeiriol y flwyddyn 1896', *Cymru*, 12 (1897), 147; 'Eisteddfodau Cadeiriol 1897', *Cymru*, 14 (1898), 84.

—, 'Hwian-Gerddi … Sir Freicheiniog', *Cyfaill yr Aelwyd a'r Frythones*, 2 (1893), 185–6, 282; 3 (1894), 351.

—, 'Shon Watcyn', *Cymru*, 33 (1907), 193–5.

—, 'Haf Gwlyb 1816', *Cymru*, 29 (1905), 161–2.

—, 'Geiriau Brycheiniog', *Cymru*, 39 (1910), 95–6.

—, 'Prehistoric Hearths', 'Remains of Lake Dwellings', 'Flint Manufactory', 'Roman Pottery', Arch Camb, cyf./vol. 78, cyfres/series 7, cyf./vol. 3 (1923), 153–6.

—, *Doethineb Llafar yn Bennaf fel y'i Clybuwyd yng Nghantref Buallt*, Trafodion yr Ysgol Wyliau Gymraeg (Abertawe: Thomas a Parry, 1925).

Jones, George Fenwick, 'The "Signs of Old Age" in Oswald von Wolkenstein's *Ich sich und hör* (Klein no. 5)', *Modern Language Notes*, 89/5 (1974), 767–86.

Jones, Geraint I. L., *Capeli Môn* (Llanrwst: Gwasg Carreg Gwalch, 2007).

Jones, Glyn E., *Evan Jones (1850–1928), Ty'n-y-pant – Hynafiaethydd*, Darlith Eisteddfodol y Brifysgol, Eisteddfod Genedlaethol Cymru Bro Dinefwr 1996 (Caerdydd: Cofrestrfa Prifysgol Cymru, 1996).

Jones, Gwyn a/and Jones, Thomas (cyf./trans.), *The Mabinogion* (London: J. M. Dent, 1949).

Jones, Handel (gol./ed.), *Diferion Dyfri: Llên a Llun* (Rhandir-mwyn: Gwasg Llech Ddu, 2021).

Jones, Howell Ll. ac/and Rowlands, E. I. (gol./eds), *Gwaith Iorwerth Fynglwyd* (Caerdydd: Gwasg Prifysgol Cymru, 1975).

Jones, Ida B., 'A Medieval Welsh Medical Treatise', EC, 7 (1955), 46–75.
Jones, Islwyn (gol./ed.), *Gwaith Hywel Cilan* (Caerdydd: Gwasg Prifysgol Cymru, 1963).
Jones, J. T., 'Gramadeg Einion Offeiriad', BBCS, 2 (1923–5), 184–200.
Jones, John 'Myrddin Fardd', *Llên Gwerin Sir Gaernarfon: Eu Hystyr a'u Hanes* (Caernarfon: Cwmni y Cyhoeddwyr Cymreig, 1908).
Jones, Kilsby, 'Dafydd Jones, o Gaio', *Y Traethodydd*, 5 (1849), 370–87.
Jones, M. H., 'Daniel Davies, Ton', *Cymru*, 53 (1917), 23.
Jones, Nerys Ann, 'Y Gogynfeirdd a'r englyn', yn/in Morfydd E. Owen a/and Brynley F. Roberts (goln/eds), *Beirdd a Thywysogion: Barddoniaeth Llys yng Nghymru, Iwerddon a'r Alban* (Caerdydd: Gwasg Prifysgol Cymru, 1996), tt./pp. 288–301.
—, 'Ffynonellau Canu Beirdd y Tywysogion', SC, 37 (2003), 81–125.
Jones, Nerys Ann ac/and Owen, Ann Parry (goln/eds), *Gwaith Cynddelw Brydydd Mawr* I a/and II, Cyfres Beirdd y Tywysogion, III a/and IV (Caerdydd: Gwasg Prifysgol Cymru, 1991, 1995).
Jones, Nerys Ann a/and Rheinallt, Erwain Haf (goln/eds), *Gwaith Sefnyn, Rhisierdyn, Gruffudd Fychan ap Gruffudd ab Ednyfed a Llywarch Bentwrch* (Aberystwyth: Canolfan Uwchefrydiau Cymreig a Cheltaidd, 1995).
Jones, Owen et al. (goln/eds), *The Myvyrian Archaiology of Wales* (ail arg./ second edn, Denbigh: Thomas Gee, 1870).
Jones, R. M., 'Hanes Llenyddiaeth Lydaweg y 15fed Ganrif', *Y Traethodydd*, 132 (1977), 90–108.
—, 'Narrative structure in medieval Welsh prose tales', yn/in C. W. Sullivan (gol./ed.), *The Mabinogi: A Book of Essays* (New York: Garland Press, 1996), tt./pp. 217–62.
Jones, Stephen, *A Welsh Phonetic Reader* (London: University of London, 1926).
—, 'ʰl in aislændık and ll in wɛlʃ', *Le Maître Phonétique*, 3/50 (1935), 27–9.
Jones, T. Gwynn, 'Bardism and Romance: A Study of the Welsh Literary Tradition', THSC (1913–14 (1915)), 205–310.
—, 'Hen Ysgolion Celtaidd', *Y Geninen*, 37 (1919), 1–8.

— (gol./ed.), *Gwaith Tudur Aled* (Caerdydd: Gwasg Prifysgol Cymru, 1926).
—, 'Ysbryd Gwido a'r Prior', BBCS, 5/2 (1930), 100–11.
Jones, T. Llew, *Hen Gof: Ysgrifau Llên Gwerin* (Llanrwst: Gwasg Carreg Gwalch, 1996).
Jones, Theophilus, *A History of the County of Brecknock*, 2 gyf./vols (Brecknock: William and George North, 1805–9).
Jones, Thomas, 'Y Tri Bedd yng Nghefn Celfi', BBCS, 8/3 (1936), 239–42.
— (cyf./trans.), *Gerallt Gymro: Hanes y Daith trwy Gymru/Disgrifiad o Gymru* (Caerdydd: Gwasg Prifysgol Cymru, 1938).
—, 'Pre-Reformation Welsh Versions of the Scriptures', NLWJ, 4/3–4 (1946), 97–114.
— (cyf./trans.), *Brut y Tywysogyon, or The Chronicle of the Princes: Peniarth MS. 20 Version* (Cardiff: University of Wales Press, 1952).
— (gol. a chyf./ed. and trans.), *Brut y Tywysogion or the Chronicle of the Princes: Red Book of Hergest Version*, University of Wales History and Law Series, 16 (Cardiff: University of Wales Press, 1955).
—, 'A sixteenth century version of the Arthurian cave legend', yn/in M. Brahmer, S. Helsztyński a/and J. Krzyżanowski (goln/eds), *Studies in Language and Literature in Honour of Margaret Schlauch* (Warsaw: PWN, [1966]), tt./pp. 175–85.
—, 'The Black Book of Carmarthen "Stanzas of the Graves"', PBA, 53 (1967), 97–137.
— (gol./ed.), *Brenhinedd y Saesson* (Cardiff: University of Wales Press, 1971).
Jones, William, 'Ifan Gawr: Tynged Lleidr Penffordd ym Mro Anial Llynnoedd Teifi', *Welsh Gazette*, 1 Medi 1932, 6.
Jones, William [Porthmadog] 'Bleddyn', *Plwyf Beddgelert, ei Hynafiaethau a'i Gofiannau* (Tremadog: Swyddfa'r Brython, 1862).
Joy, Jody, *Iron Age Mirrors: A Biographical Approach*, BAR Series 518 (Oxford: Archaeopress, 2010).
Kalinke, M. E., *King Arthur North-by-Northwest: The* matière de Bretagne *in Old Norse-Icelandic Romances*, Bibliotheca Arnamagnæana, 37 (Copenhagen: Reitzel, 1981).

—, 'The genesis of fiction in the North', yn/in J. McKinnell, D. Ashurst a/and D. Kick (goln/eds), *The Fantastic in Old Norse/Icelandic Literature: Sagas and the British Isles* (Durham: Centre for Medieval and Renaissance Studies, 2006), tt./pp. 464–78.

—, 'The Arthurian legend in *Breta sögur*: historiography on the cusp of romance', yn/in Margrét Eggertsdóttir et al. (goln/eds), *Greppaminni: rit til heiðurs Vésteini Ólasyni sjötugum* (Reykjavik: Hið íslenska bókmenntafélag, 2009), tt./pp. 217–30.

—, 'Arthur, King of Iceland', *Scandinavian Studies*, 87 (2015), 8–32.

—, *Stories Set Forth with Fair Words: The Evolution of Medieval Romance in Iceland* (Cardiff: University of Wales Press, 2017).

Kalof, Linda (gol./ed.), *A Cultural History of the Human Body in the Medieval Age* (London: Bloomsbury Academic, 2010).

Karadog, Aneirin, 'Bu'r iaith hon rhwng Brythoniaid: golwg ar y gynghanedd yn Llydaweg', yn/in Aneirin Karadog ac/and Eurig Salisbury (goln/eds), *Y Gynghanedd Heddiw* (Llandybïe: Cyhoeddiadau Barddas, 2020), tt./pp. 82–99.

Kavanagh, Seamus a/and Wodtko, Dagmar S., *A Lexicon of the Old Irish Glosses in the Würzburg Manuscript of the Epistles of St. Paul*, Mitteilungen der Prähistorischen Kommission, 45 (Vienna: Verlag der Österreichischen Akademie der Wissenschaften, 2001).

Kelly, Fergus, *A Guide to Early Irish Law* (Dublin: Dublin Institute for Advanced Studies, 1988).

—, *Early Irish Farming* (Dublin: Dublin Institute for Advanced Studies, 1997).

Kempshall, Matthew, *Rhetoric and the Writing of History, 400–1500* (Manchester: Manchester University Press, 2011).

Kenney, James F., *The Sources for the Early History of Ireland: Ecclesiastical* (Shannon: Irish University Press, 1968).

Ker, N. R., ac/and Piper, A. J., *Medieval Manuscripts in British Libraries* (Oxford: Clarendon Press, 1992).

Klausner, David, 'Statud Gruffudd ap Cynan/The Statute of Gruffudd ap Cynan', *Hanes Cerddoriaeth Cymru/Welsh Music History*, 3 (1999), 282–307.

— (gol./ed.), *Records of Early Drama: Wales* (Toronto: University of Toronto Press, 2005).

Klinck, Anne L., 'Poetic Markers of Gender in Medieval Woman's Song: Was Anonymous a Woman?', *Neophilologus*, 87 (2003), 339–59.

Klinck, Anne L. a/and Rasmusssen, A. M., *Medieval Woman's Song: A Cross-Cultural Approach* (Philadelphia: University of Pennsylvania Press, 2015).

Knott, Eleanor (gol./ed.), *The Bardic Poems of Tadhg Dall Ó hUiginn (1550–1592)*, I: *Introduction and Text* (London: Irish Texts Society, 1922).

—, *An Introduction to Irish Syllabic Poetry of the Period 1200–1600* (ail ol./second edn, Dublin: Dublin Institute for Advanced Studies, 1957).

Kobel, Chantal, 'A Descriptive Catalogue of TCD MS H 3. 18 (1337), vols 2–4, pp. 1–87: "Máel Íosa's Book"', *Celtica*, 32 (2020), 187–216.

Koch, John T., *The Gododdin of Aneirin: Text and Context from Dark-Age North Britain* (Cardiff: University of Wales Press, 1997).

Koch, John T. a/and Carey, John (goln/eds), *The Celtic Heroic Age: Literary Sources for Ancient Celtic Europe and Early Ireland and Wales* (pedwerydd arg./fourth edn, Aberystwyth: Celtic Studies Publications, 2003).

Kock, Jan, a/and Sode, Torben, 'Medieval Glass Mirrors in Southern Scandinavia and their Technique, as Still Practiced in India', *Journal of Glass Studies*, 44 (2002), 79–94.

Kölbing, E., 'Ein Bruchstück des Valvers þáttr', *Germania*, 25 (1880), 385–8.

Krapp, G. P. a/and Dobbie, E. V. K. (goln/eds), *The Exeter Book* (New York: Columbia University Press, 1936).

Krones, Hartmut a/and Dräger, Paul, 'Periode', yn/in Gert Ueding (gol./ed.), *Historisches Wörterbuch der Rhetorik*, cyf./vol. 6 (Darmstadt: Wissenschaftliche Buchgesellschaft, 2003), tt./pp. 750–65.

Krueger, Ingeborg, 'Glasspiegel im Mittelalter: Fakten, Funde und Fragen', *Bonner Jahrbücher*, 190 (1990), 233–313.

—, 'Glass-Mirrors in Medieval Times', *Annales du 12e Congrès de l'Association Internationale pour l'Histoire du Verre* (1993), 319–32.

Kuhn, S., Kurath, H. a/and Lewis, R., *Middle English Dictionary* (Ann Arbor: University of Michigan Press, 1952).

Lake, A. Cynfael (gol./ed.), *Gwaith Lewys Daron* (Aberystwyth: Canolfan Uwchefrydiau Cymreig a Cheltaidd, 1994).
— (gol./ed.), *Gwaith Huw ap Dafydd ap Llywelyn ap Madog* (Aberystwyth: Canolfan Uwchefrydiau Cymreig a Cheltaidd, 1995).
— (gol./ed.), *Gwaith Siôn Ceri* (Aberystwyth: Canolfan Uwchefrydiau Cymreig a Cheltaidd, 1996).
— (gol./ed.), *Gwaith Siôn ap Hywel* (Aberystwyth: Canolfan Uwchefrydiau Cymreig a Cheltaidd, 1996).
— (gol./ed.), *Gwaith Lewys Morgannwg*, 2 gyf./vols (Aberystwyth: Canolfan Uwchefrydiau Cymreig a Cheltaidd, 2004).
— (gol./ed.), *Gwaith Raff ap Robert* (Aberystwyth: Canolfan Uwchefrydiau Cymreig a Cheltaidd, 2013).
— (gol./ed.), *Gwaith Hywel Dafi*, 2 gyf./vols (Aberystwyth: Canolfan Uwchefrydiau Cymreig a Cheltaidd, 2015).
Landfester, Manfred, 'Ciceronianism', yn/in Hubert Cancik et al. (goln/eds), *Brill's New Pauly*, http://dx.doi.org/10.1163/1574-9347_bnp_e1307020.
Lapidge, Michael, 'The Welsh-Latin Poetry of Sulien's Family', SC, 8/9 (1973/4), 68–106.
Lavender, P., 'Merlin and the *vǫlva*', *Viking and Medieval Scandinavia*, 2 (2006), 111–39.
Le Berre, Yves (gol./ed.), *La Passion et la Résurrection bretonnes de 1530 suivies de trois poèmes* (Brest: Centre de Recherche Bretonne et Celtique, 2011).
Le Berre, Yves a/and Calvez, Ronan, *Entre le riche et le pauvre: La littérature de breton entre 1450 et 1650* (Brest: Emgleo Breiz, 2012).
Le Bihan, Hervé [Herve] (gol.), *An Dialog etre Arzur Roe d'an Bretounet ha Guynglaff /Le dialogue entre Arthur roi des Bretons et Guynglaff* (Rennes: TIR, 2013).
—, 'Notennoù diwar-benn al lec'hanv krBr. *Scoldy*, ar varzhed ha dibenn arver ar c'hlotennoù diabarzh', *Hor Yezh*, 276 (2013), 37–9.
—, 'Arthur in earlier Breton traditions', yn/in Ceridwen Lloyd-Morgan ac/and Erich Poppe (goln/eds), *Arthur in the Celtic Languages: The Arthurian Legend in Celtic Literatures and Traditions* (Cardiff: University of Wales Press, 2019), tt./pp. 281–303.

Le Menn, Gwennolé, 'Inscriptions en moyen-breton à Gourin', *Annales de Bretagne*, 79 (1972), 887–904.

—, 'La prosodie des chants en moyen breton (1350–1650)', yn/in J. Quéniart (gol./ed.), *Le Chant Acteur de l'histoire* (Rennes: Presses universitaires de Rennes, 2000), tt./pp. 13–21.

Lecoy, Félix, *Recherches sur le* Libro de Buen Amor *de Juan Ruiz* (Paris: Droz, 1938).

— (gol./ed.), *Guillaume de Lorris and Jean de Meun, Le Roman de la Rose*, 3 cyf./vols (Paris: H. Champion, 1965–70).

Lehmann, R. P. M. a/and Lehmann, W. P., *An Introduction to Old Irish* (New York: Modern Language Association of America, 1975).

Lewis, Barry J. (gol./ed.), *Gwaith Gruffudd ap Maredudd ap Dafydd*, i: *Canu i Deulu Penmynydd* (Aberystwyth: Canolfan Uwchefrydiau Cymreig a Cheltaidd Prifysgol Cymru, 2003).

—, '*Genre* a *genres* ym marddoniaeth grefyddol y Cynfeirdd a'r Gogynfeirdd' (traethawd PhD heb ei gyhoeddi/unpublished PhD thesis, Prifysgol Cymru [Aberystwyth], 2004).

— (gol./ed.), *Gwaith Gruffudd ap Maredudd ap Dafydd*, ii: *Canu Crefyddol* (Aberystwyth: Canolfan Uwchefrydiau Cymreig a Cheltaidd Prifysgol Cymru, 2005).

—, 'The Battle of Edgecote or Banbury (1469) through the Eyes of Contemporary Welsh Poets', *Journal of Medieval Military History*, 9 (2011), 97–117.

—, 'Religion and the church in Geoffrey of Monmouth', yn/in G. Henley a/and J. B. Smith (goln/eds), *A Companion to Geoffrey of Monmouth* (Leiden: Brill, 2020), tt./pp. 397–424.

—, *Nature and Art in Early Welsh Verse*, Paul Walsh Memorial Lecture 6 (Maynooth, 2021).

Lewis, Barry J. a/and Morys, Twm (goln/eds), *Gwaith Madog Benfras ac Eraill o Feirdd y Bedwaredd Ganrif ar Ddeg* (Aberystwyth: Canolfan Uwchefrydiau Cymreig a Cheltaidd Prifysgol Cymru, 2007).

Lewis, Barry J. a/and Salisbury, Eurig (goln/eds), *Gwaith Gruffudd Gryg* (Aberystwyth: Canolfan Uwchefrydiau Cymreig a Cheltaidd Prifysgol Cymru, 2010).

Lewis, C. B. H., 'Tafodiaith hen blwyf Llangatwg Castell Nedd' (traethawd MA heb ei gyhoeddi/unpublished MA thesis, Coleg Prifysgol Cymru Abertawe, 1932).

Lewis, Ceri W., 'The court poets: their function, status and craft', yn/in A. O. H. Jarman a/and Gwilym Rees Hughes (goln/eds), *A Guide to Welsh Literature*, i (Cardiff: University of Wales Press, 1976), tt./pp. 123–56.

Lewis, E. A. a/and Davies, J. Conway (goln/eds), *Records of the Court of Augmentations Relating to Wales and Monmouthshire* (Cardiff: University of Wales Press, 1954).

Lewis, Edward, 'Ar Lannau Afon Cammarch', *Cymru*, 69 (1925), 127.

Lewis, G. ac/and Williams, R. (cyf./trans.), *The Book of Taliesin: Poems of Warfare and Praise in an Enchanted Britain* (London: Penguin, 2019).

Lewis, Henry (gol./ed.), *Chwedleu Seith Doethon Rufein o Lyfr Coch Hergest* (Caerdydd: Gwasg Prifysgol Cymru, 1925).

—, 'Diarhebion ym Mheniarth 17', BBCS, 4 (1927–9), 1–17.

—, 'Credo Athanasius Sant', BBCS, 5/3 (1930), 193–203.

—, *Datblygiad yr Iaith Gymraeg* (Caerdydd: Gwasg Prifysgol Cymru, 1931).

— (gol./ed.), *Brut Dingestow* (Caerdydd: Gwasg Prifysgol Cymru, 1942).

—, *Yr Elfen Ladin yn yr Iaith Gymraeg* (Caerdydd: Gwasg Prifysgol Cymru, 1943).

Lewis, Henry a/and Diverres, P. (goln/eds), *Delw y Byd (Imago Mundi)* (Caerdydd: Gwasg Prifysgol Cymru, 1928).

Lewis, Henry a/and Pedersen, Holger, *A Concise Comparative Celtic Grammar* (ail ol./second edn, Göttingen: Vandenhoeck and Ruprecht, 1961).

Lewis, Henry, Roberts, Thomas ac/and Williams, Ifor (goln/eds), *Cywyddau Iolo Goch ac Eraill* (ail arg./second edn, Caerdydd: Gwasg Prifysgol Cymru, 1937).

Lewis, Saunders, 'Pwyll Pen Annwfn', LlC, 9 (1967), 230–3.

—, 'Manawydan fab Llyr', *Y Traethodydd*, 532 (1969), 137–42.

—, 'Math fab Mathonwy', *Y Traethodydd*, 533 (1969), 185–202.

—, 'Branwen', YB, 5 (1970), 30–43.

—, *Meistri'r Canrifoedd*, gol./ed. R. G. Gruffydd (Caerdydd: Gwasg Prifysgol Cymru, 1973).

—, 'The tradition of Taliesin', yn/in A. R. Jones a/and G. Thomas (goln/eds), *Presenting Saunders Lewis* (Cardiff: University of Wales Press, 1973), tt./pp. 145–53.

Lewis, Timothy and Bruce, J. D. (goln/eds), 'The Pretended Exhumation of Arthur and Guinevere', RC, 33 (1912), 432–51.

Lewis, W. J., *New Quay and Llanarth* (Aberystwyth: Gwasg Cambria, 1987).

Lhwyd, Edward, *Parochialia*, 3 rhan/parts (London: Cambrian Archæological Association/Charles J. Clark, 1909–11).

Lindahl, Carl, Owens, Maida Owens a/and Harvison, C. Renée (goln/eds), *Swapping Stories: Folktales from Louisiana* (Jackson: University Press of Mississippi, 1997).

Lindberg, David C. (gol. a chyf./ed. and trans.), *John Pecham and the Science of Optics: Perspectiva Communis* (Madison: University of Wisconsin Press, 1970).

Lindsay, W. M. (gol./ed.), *Isidori Hispalensis Etymologiarvm sive Originvm libri XX*, 2 gyf./vols (Oxford: Clarendon Press, 1911).

Lindow, John, 'Swedish Legends of Buried Treasure', *Journal of American Folklore*, 95 (1982), 254–79.

Lloyd, Howel W., 'Welsh Books Printed Abroad in the Sixteenth and Seventeenth Centuries', *Y Cymmrodor*, 4 (1881), 25–69.

Lloyd, J. E., *A History of Wales*, 2 gyf./vols (trydydd arg./third edn, London: Longmans, Green and Co., 1939).

Lloyd Jones, J., *Geirfa Barddoniaeth Gynnar Gymraeg* (Caerdydd: Gwasg Prifysgol Cymru, 1931–63).

—, 'The Court Poets of the Welsh Princes', PBA, 34 (1948), 167–97.

Lloyd-Morgan, Ceridwen, 'Crossing the borders: literary borrowing in medieval Wales and England', yn/in Ruth Kennedy a/and Simon Meecham-Jones (goln/eds), *Authority and Subjugation in the Writing of Medieval Wales* (New York: Palgrave Macmillan, 2008), tt./pp. 159–73.

Lloyd-Morgan, Ceridwen a/and Sara Elin Roberts, 'In the undergrowth: *llwyn a pherth* and sexual deviancy in medieval Wales', yn/in Liz Herbert McEvoy a/and Sue Niebrzydowski (goln/eds), *Speaking Internationally: Women's Literary Culture and the*

Canon in the Global Middle Ages (Cambridge: D. S. Brewer, 2023), tt./pp. 261–75.

Llwyd, Alan (gol.), *50 o Gywyddau Dafydd ap Gwilym* (Abertawe: Gwasg Christopher Davies, 1980).

Lorian, Alexandre, *Tendances stylistiques dans la prose narrative française au XVI*^e *siècle* (Paris: Éditions Klincksieck, 1973).

Loth, J., 'Contributions à l'étude des romans de la Table Ronde', RC, 32 (1911), 403–13.

—, 'Le Mabinogi de Math vab Mathonwy d'après W. J. Gruffydd et la méthode en Celto-mythologie', RC, 46 (1929), 272–300.

Louis-Jensen, Jonna (gol./ed.), *Trójumanna saga: The Dares Phrygius Version*, Editiones Arnamagnæanæ, A 9 (Copenhagen: Munksgaard, 1981).

—, '*Breta sǫgur*', yn/in P. Pulsiano a/and K. Wolf (goln/eds), *Medieval Scandinavia: An Encyclopedia* (New York: Garland, 1993), tt./pp. 57–8.

— (gol./ed.), *Hulda: de norske kongers sagaer 1030–1155, efter AM 66 fol.* (Copenhagen, in press/ar ddod).

Luft, Diana, 'The Meaning of *Mabinogi*', CMCS, 62 (winter 2011), 57–79.

—, 'Lewis Morris and the *Mabinogion*', *eBLJ* (*British Library Journal*) (2012), Article 3.

Lynch, Peredur, 'Yr awdl a'i mesurau', yn/in Brynley F. Roberts a/and Morfydd E. Owen (goln/eds), *Beirdd y Tywysogion: Barddoniaeth Llys yng Nghymry, Iwerddon a'r Alban* (Caerdydd: Gwasg Prifysgol Cymru, 1996), tt./pp. 258–87.

Lysaght, Patricia, 'Fairylore from the midlands of Ireland', yn/in Peter Narváez (gol./ed.), *The Good People: New Fairylore Essays* (New York: Garland, 1991; adarg./repr. Lexington: University Press of Kentucky, 1997), tt./pp. 22–46.

Mac Airt, S. (gol. a chyf./ed. and trans.), *The Annals of Inisfallen* (Dublin: Dublin Institute for Advanced Studies, 1951).

Mac Airt, S. a/and Mac Niocaill, G. (gol. a chyf./eds and trans.), *The Annals of Ulster (to A.D. 1131)* (Dublin: Dublin Institute for Advanced Studies, 1983).

Mac Cana, Proinsias, *Branwen Daughter of Llŷr: A Study of the Irish Affinities and of the Composition of the Second Branch of the Mabinogi* (Cardiff: University of Wales Press, 1958).

—, 'On Celtic Word-Order and the Welsh "Abnormal" Sentence', *Ériu*, 24 (1973), 90–120.

—, 'The Rise of the Later Schools of *Filidhecht*', *Ériu*, 25 (1974), 126–43.

—, *The Mabinogi*, Writers of Wales (Cardiff: University of Wales Press, 1992).

—, 'Syntax and Style in Middle Welsh Prose: Notes on Periphrasis and Epitaxis', *Celtica*, 23 (1999), 157–68.

—, 'Ireland and Wales in the Middle Ages: an overview', yn/in Karen Jankulak a/and Jonathan M. Wooding (goln/eds), *Ireland and Wales in the Middle Ages* (Dublin: Four Courts Press, 2007), tt./pp. 17–45.

McCone, Kim, *Pagan Past and Christian Present in Early Irish Literature* (Maynooth: Department of Old Irish, National University of Ireland, Maynooth, 1990).

McKenna, Catherine A., *The Medieval Welsh Religious Lyric: Poems of the Gogynfeirdd, 1137–1282* (Belmont, MA: Ford and Bailie, 1991).

—, 'Revising Math: Kingship in the Fourth Branch of the Mabinogi', CMCS, 46 (2003), 95–117.

—, 'Performing Penance and Poetic Performance in the Medieval Welsh Court', *Speculum*, 82/1 (2007), 70–96.

—, '"What Dreams May Come Must Give Us Pause": *Breudwyt Ronabwy* and the Red Book of Hergest', CMCS, 58 (winter 2009), 69–99.

McKenna, Lambert (gol./ed.), *The Book of Magauran* (Dublin: Dublin Institute for Advanced Studies, 1947).

McManus, Damian, 'The bardic poet as teacher, student and critic: a context for the grammatical tracts', yn/in Cathal G. Ó Háinle a/and Donald E. Meek (goln/eds), *Unity in Diversity: Studies in Irish and Scottish Gaelic Language, Literature and History* (Dublin: The School of Irish, Trinity College, 2004), tt./pp. 97–123.

McNamara, M., 'Tradition and creativity in early Irish Psalter study', yn/in P. Ní Chatháin a/and M. Richter (goln/eds), *Irland und*

Europa. Die Kirche im Frühmittelalter. Ireland and Europe. The Early Church (Stuttgart: Klett-Cotta, 1984), tt./pp. 338–89.

Marshall, Susan, 'Illegitimacy and sanctity in the twelfth-century Lives of St Kentigern', yn/in Clare Downham (gol./ed.), *Jocelin of Furness: Proceedings from the 2011 Conference* (Donington: Shaun Tyas, 2013), tt./pp. 67–90.

Matonis, A. T. E., 'Nodiadau ar Rethreg y Cywyddwyr', *Y Traethodydd* (Gorffennaf, 1978), 155–67.

—, 'The Welsh Bardic Grammars and the Western Grammatical Tradition', *Modern Philology*, 79 (1981), 121–45.

—, 'Problems relating to the composition of the Welsh bardic grammars', yn/in A. T. E. Matonis a/and Daniel F. Melia (goln/eds), *Celtic Language, Celtic Culture: A Festschrift for Eric P. Hamp* (Van Nuys, CA: Ford and Bailie, 1990), tt./pp. 273–91.

Marsh, David, 'Cicero in the Renaissance', yn/in Catherine Steel (gol./ed.), *The Cambridge Companion to Cicero* (Cambridge: Cambridge University Press, 2013), tt./pp. 306–17.

Matasović, Ranko (gol./ed.), *Etymological Dictionary of Proto-Celtic* (Leiden: Brill, 2008).

Mehtonen, 'Speak, fiction: the rhetorical fabrication of narrative in Geoffrey of Monmouth', yn/in P. A. Agapitos ac/and L. B. Mortensen (goln/eds), *Medieval Narratives between History and Fiction: From the Centre to the Periphery of Europe, c.1100–1400* (Copenhagen: Museum Tusculanum, 2012), tt./pp. 81–101.

Melchior-Bonnet, Sabine, *The Mirror: A History*, cyf./trans. Katharine H. Jewett (New York: Routledge, 2001); cyf./trans. from *Histoire du miroir* (Paris: Imago, 1994).

Melia, Daniel F., 'Parallel Versions of "The Boyhood Deeds of Cuchulainn"', *Forum for Modern Language Studies*, 10/3 (1974), 211–26.

Ménard, Philippe, 'La baguette magique au Moyen Âge', yn/in Ambroise Queffélec a/and Maurice Accarie (goln/eds), *Mélanges de langue et de littérature médiévales offerts à Alice Planche*, 2 gyf./vols (Paris: Les Belles Lettres, 1984), tt./pp. 339–46.

Meyer, Kuno (gol. a chyf./ed. and trans.), *Hibernica Minora, Being a Fragment of an Old-Irish Treatise on the Psalter* (Oxford: Clarendon Press, 1894).
— (gol./ed.), *Liadain and Cuirithir: An Irish Love-Story of the Ninth Century* (London: Nutt, 1902).
—, 'A Religious Poem', *Ériu*, 3 (1907), 13–15.
Meyer, Kuno a/and Nutt, Alfred (goln/eds), *The Voyage of Bran*, 2 gyf./ vols (London: Nutt, 1895–7).
Migne, J.-P. (gol./ed.), a/and ProQuest Information Learning Company (corff sy'n rhoi'r adnodd ar gael/issuing body), *Patrologia Latina Database* (Ann Arbor, MI: ProQuest, 1996).
Millersdaughter, Katherine, 'The Geopolitics of Incest: Sex, Gender and Violence in the Fourth Branch of the Mabinogi', *Exemplaria*, 14/2 (2002), 271–316.
Minois, George, *History of Old Age* (Chicago: University of Chicago Press, 1989).
Monfasani, John, 'The Ciceronian controversy', yn/in G. Norton (gol./ed.), *The Cambridge History of Literary Criticism* (Cambridge: Cambridge University Press, 1999), tt./pp. 393–401.
Montgomery, Scott B., *St. Ursula and the Eleven Thousand Virgins of Cologne: Relics, Reliquaries and the Visual Culture of Group Sanctity in Late Medieval Europe* (Bern: Peter Lang, 2010).
Morgan, T. J., *Y Treigladau a'u Cystrawen* (Caerdydd: Gwasg Prifysgol Cymru, 1952).
Morris, D. Caradog, 'Oes a Gwaith yr Esgob Richard Davies', *Cymru*, 72 (1927), 104–8.
Morris, John (gol./ed.), *Nennius: British History and the Welsh Annals* (London and Chichester: Phillimore, 1980).
Morris, Robert Prys, *Cantref Meirionydd: Ei Chwedlau, ei Hynafiaethau, a'i Hanes* (Dolgellau: E. W. Evans, 1890).
Morris, W. Meredith, *A Glossary of the Demetian Dialect of North Pembrokeshire, with Special Reference to the Gwaun Valley* (Tonypandy: Evans and Short, 1910).
Morris-Jones, John, *A Welsh Grammar* (Oxford: Clarendon Press, 1913).
—, 'Taliesin', *Y Cymmrodor*, 28 (1918), 1–290.

—, *Cerdd Dafod* (Rhydychen: Gwasg Clarendon, 1925).

—, *Welsh Syntax: An Unfinished Draft* (Cardiff: University of Wales Press, 1931).

Morris-Jones, John a/and Rhys, John (goln/eds), *The Elucidarium, and Other Tracts in Welsh*, Anecdota Oxoniensia: Mediaeval and Modern Series, 6 (Oxford: Clarendon Press, 1894).

Mortensen, L. B., 'The status of the "mythical" past in Nordic Latin historiography', yn/in P. A. Agapitos ac/and L. B. Mortensen (goln/eds), *Medieval Narratives between History and Fiction: From the Centre to the Periphery of Europe, c.1100–1400* (Copenhagen: Museum Tusculanum, 2012), tt./pp. 103–39.

Murphy, Gerard, *Early Irish Lyrics* (Oxford: Clarendon Press, 1956).

—, *Early Irish Metrics* (Dublin: Royal Irish Academy, 1961).

Murphy, Gerard a/and Wulff, Winifred, *Catalogue of Irish Manuscripts in the Royal Irish Aacdemy*, fasciculus XVIII (Dublin and London: Royal Irish Academy, 1936).

Murray, K., *The Early Finn Cycle* (Dublin: Four Courts Press, 2017).

Nagy, J. F., 'Oral Life and Literary Death in Medieval Irish Tradition', *Oral Tradition*, 33 (1988), 368–80.

Neuendorff, Dagmar, 'Überlegungen zu *comma*, *colon* und *periodus* in den Predigten Bertholds von Regensburg', yn/in Anne Betten a/and Claudia M. Riehl, *Neuere Forschungen zur historischen Syntax des Deutschen: Referate der Internationalen Fachkonferenz Eichstätt 1989* (Tübingen: Max Niemeyer, 1990), tt./pp. 393–405.

Ní Bhrolcháin, Muireann, 'Máel Ísu Úa Brolcháin', yn/in Seán Duffy (gol./ed.), *Medieval Ireland: An Encyclopedia* (New York and London: Routledge, 2005), tt./pp. 307–8.

Nic Cárthaigh, Emma, 'Surviving the flood: revenants and antediluvian lore in medieval Irish texts', yn/in K. Cawsey and J. Harris (goln/eds), *Transmission and Transformation in the Middle Ages – Texts and Contexts* (Dublin: Four Courts Press, 2007), tt./pp. 40–64.

Nic Dhonnchadha, Aoibheann, 'The Medical School at Aghnamacart, Queen's County', *Ossory, Laois and Leinster*, 2 (2006), 11–43.

Ní Dhonnchadha, Máirín, 'Women in the medieval poetry business', yn/in Ailbhe Darcy a/and David Wheatley (goln/eds), *A History* of *Irish Women's Poetry* (Cambridge: Cambridge University Press, 2021), tt./pp. 40–5.

Nitecki, Alicia K., 'Figures of old age in fourteenth-century English literature', yn/in Michael M. Sheehan (gol./ed.), *Aging and the Aged in Medieval Europe* (Toronto: Pontifical Institute of Medieval Studies, 1990).

Norden, Eduard, *Die antike Kunstprosa vom VI. Jahrhundert v. Chr. bis in die Zeit der Renaissance*, cyf./vol. I (Leipzig: Teubner, 1898).

North, R. a/and Bintley, M. D. J. (goln/eds), *Andreas: An Edition* (Liverpool: Liverpool University Press, 2016).

Nurmio, S., 'Middle Welsh -*awr*: The case of the lost plural suffix', SC, 48 (2014), 139–70.

Ó Broin, Brian, 'Ó Dálaigh Family', yn/in John T. Koch (gol./ed.), *Celtic Culture: A Historical Encyclopedia* (Santa Barbara, CA, Denver, CO and Oxford: ABC-CLIO, 2006), tt./pp. 1374–5.

O'Connor, Ralph, 'Searching for the Moral in Bruiden Meic Da Réo', *Ériu*, 56 (2006), 117–43.

—, 'Compilation as Creative Artistry: A Reassessment of "Narrative Inconsistency" in *Togail Bruidne Da Derga*', CMCS, 65 (summer 2013), 1–48.

Ó Corráin, Donnchadh, 'Legend as critic', yn/in T. Dunne (gol./ed.), *The Writer as Witness: Literature as Historical Evidence* (Cork: Cork University Press, 1987), tt./pp. 23–38.

—, *Clavis Litterarum Hibernensium*, 3 cyf./vols (Turnhout: Brepols, 2017).

Ó Dúshláine, Tadhg, 'Corkery's Critique on *Caoine Airt Uí Laoire*', *Proceedings of the Harvard Celtic Colloquium*, 25 (2005), 292.

—, 'Critique Uí Chorcora ar "Chaoine Airt Uí Laoire"', yn/in Eoin Mac Cárthaigh a/and Jürgen Uhlich (goln/eds), *Féilscríbhinn do Chathal Ó Háinle* (Indreabhán: Cló Iar-Chonnacht, 2012), tt./pp. 591–609.

O'Grady, Standish Hayes, *Silva Gadelica*, 2 gyf./vols (London: Hayes and Norgate, 1892).

—, *Catalogue of Irish Manuscripts in the British Museum*, I (London: Printed for the Trustees of the British Museum, 1926).

Ó hAodha, Donncha, 'An Bhairdne i dTús a Ré', *Léachtaí Cholm Cille*, 24 (1994), 9–20.

Okamoto, Hiroki, '"Wassail" and History in the Middle English Romance *Havelok the Dane*', *The Japan Society for Medieval English Studies*, 29 (2014), 51–68.

O'Keeffe, J. G. (gol./ed.), *Buile Śuibhne* (Dublin: Dublin Institute for Advanced Studies, 1931).

— (gol./ed.), 'Dál Caladbuig and Reciprocal Services between the Kings of Cashel and Various Munster States', yn/in J. Fraser, P. Grosjean a/and J. G. O'Keeffe (goln/eds), *Irish Texts*, fasc. i (London: Sheed and Ward, 1931), §§1–7.

O'Mara, Veronika a/and Paul, Suzanne (goln/eds), *Repertorium of Middle English Prose Sermons*, 4 cyf./vols (Turnhout: Brepols, 2007).

Ó Murchadha, Diarmuid, 'Was the O'Neill-McCarthy Letter of 1317 a Forgery?', *Irish Historical Studies*, 23 (1982–3), 61–7.

Ó Néill, Pádraig P., 'The Old Irish Treatise on the Psalter', *Ériu*, 30 (1979), 148–64.

—, *Biblical Study and Medieval Gaelic History*, Quiggin Lectures, 6 (Cambridge: Department of Anglo-Saxon, Norse and Celtic, 2003).

O'Rahilly, Cecile (gol./ed.), *Táin Bó Cúalnge from the Book of Leinster* (Dublin: Dublin Institute for Advanced Studies, 1967).

— (gol./ed), *Táin Bó Cúailnge: Recension I* (Dublin: Dublin Institute for Advanced Studies, 1976).

O'Reilly, Barry, 'Now You See It, Now You Don't: Irish Legends of Buried Treasure', *Béaloideas*, 62–3 (1994–5), 199–209.

Ó Riain, Pádraig (gol./ed.), *Corpus Genealogiarum Sanctorum Hiberniae* (Dublin: Dublin Institute for Advanced Studies, 1985).

—, *A Dictionary of Irish Saints* (Dublin: Four Courts Press, 2011).

O Riordain, Michelle, *Irish Bardic Poetry and Rhetorical Reality* (Cork: Cork University Press, 2007).

O'Sullivan, Sean (gol. a chyf./ed. and trans.), *Folktales of Ireland* (Chicago: University of Chicago Press, 1966).

Owen, Ellis, 'Llen Gwerin Dolwyddelan', *Cymru*, 26 (1904), 53–60.

Owen, Morfydd E., *Golwg Bardd Cymreig yr Oesoedd Canol ar Gymdeithas: Drych yr Oes Haearn* (Machynlleth: Ymddiriedolaeth y Tabernacl, 1992).

—, 'Royal propaganda: stories from the law-texts', yn/in T. M. Charles-Edwards et al. (goln/eds), *The Welsh King and His Court* (Cardiff: University of Wales Press, 2000), tt./pp. 224–54.

Owen[-Pughe], William, *A Dictionary of the Welsh Language*, 2 gyf./vols (London: E. and T. Williams, 1803).

Owens, B. G., Roberts, Rh. F. ac/and McDonald, R. W., *A Catalogue of the Cwrtmawr Manuscripts presented and bequeathed by John Humphreys Davies*, volume II: *MSS 251–500* (Aberystwyth: National Library of Wales, 1993).

Owst, G. R., *Preaching in Medieval England: An Introduction to Sermon Manuscripts of the Period c.1350–1450* (Cambridge: Cambridge University Press, 1926).

Padel, O. J., 'Geoffrey of Monmouth and the Development of the Merlin Legend', CMCS, 51 (2006), 37–65.

Parkes, Malcolm B., *Pause and Effect: An Introduction to the History of Punctuation in the West* (Aldershot: Scolar Press, 1992).

Parry, John Jay (gol./ed.), *Brut y Brenhinedd: Cotton Cleopatra Version* (Cambridge, MA: Mediaeval Academy of America, 1937).

Parry, R. Gwynedd, *Y Gyfraith yn ein Llên* (Caerdydd: Gwasg Prifysgol Cymru, 2019).

Parry, Rhian, *Cerdded y Caeau* (Talybont: Y Lolfa, 2022).

Parry, Thomas (ed.), *Rhosier Smyth, Theater du mond (Gorsedd y Byd)* (Caerdydd: Gwasg Prifysgol Cymru, 1930).

— (gol./ed.), *Gwaith Dafydd ap Gwilym* (Caerdydd: Gwasg Prifysgol Cymru, 1952).

—, 'Gruffudd Hiraethog (bu farw 1564)', *Y Bywgraffiadur Ar Lein*, https://bywgraffiadur.cymru/ (1953).

—, 'The Welsh Metrical Treatise Attributed to Einion Offeiriad', PBA, 47 (1961), 177–95.

— (gol./ed.), *Gwaith Dafydd ap Gwilym* (trydydd arg./third edn, Caerdydd: Gwasg Prifysgol Cymru, 1979).

—, *Hanes Llenyddiaeth Gymraeg hyd 1900* (pedwerydd arg./fourth edn, Caerdydd: Gwasg Prifysgol Cymru, 1979).

Parry-Jones, *Welsh Legends and Fairy Lore* (London: Batsford, 1953; adarg./repr. New York: Barnes and Noble, 1992).

Parry Owen, Ann, 'Rhieingerdd Efa ferch Madog ap Maredudd: Cynddelw Brydydd Mawr a'i Cant', YB, 14 (1988), 77–8.

—, 'Canu Arwyrain Beirdd y Tywysogion', YB, 24 (1998), 44–59.

— (gol./ed.), *Gwaith Gruffudd ap Maredudd, iii: Canu Amrywiol* (Aberystwyth: Canolfan Uwchefrydiau Cymreig a Cheltaidd, 2007).

—, 'Gramadeg Gwysanau (Archifdy Sir y Fflint D/Gw 2082)', LlC, 33 (2010), 1–31.

— (gol./ed.), *Gwaith Ieuan Gethin* (Aberystwyth: Canolfan Uwchefrydiau Cymreig a Cheltaidd, 2013).

—, *Geirfâu'r Fflyd (1632–3) John Jones, Gellilyfdy* (Caerdydd: Gwasg Prifysgol Cymru, 2023).

Parry Owen, Ann ac/and Evans, Dylan Foster (goln/eds), *Gwaith Llywelyn Brydydd Hoddnant, Dafydd ap Gwilym, Hillyn ac Eraill* (Aberystwyth: Canolfan Uwchefrydiau Cymreig a Cheltaidd, 1996).

Parry Owen, Ann et al. (gol./eds), 'Gwefan Guto'r Glyn', cyhoeddwyd yn gyntaf yn/first published in 2012, http://gutorglyn.net.

Parry-Williams, T. H., *The English Element in Welsh* (London: Honourable Society of Cymmrodorion, 1923).

Parsons, K., 'Radiant maidens and butchered brides: finding St Ursula in Icelandic literature', yn/in J. Cartwright (gol./ed.), *The Cult of St Ursula and the 11,000 Virgins* (Cardiff: University of Wales Press, 2016), tt./pp. 227–43.

Patzuk-Russell, R., 'The Legend of Pallas's Tomb and its Medieval Scandinavian Transmission', *Journal of English and Germanic Philology*, 118 (2019), 1–30.

Payne, F. G., *Crwydro Sir Faesyfed*, 2 gyf./vols (Llandybïe: Christopher Davies, 1966–8).

Pendergrast, Mark, *Mirror Mirror: A History of the Human Love Affair with Reflection* (New York: Basic Books, 2003).

Pennar, Meirion (cyf./trans.), *Taliesin Poems* (Felinfach: Llannerch, 1988).

Petrovskaia, Natalia I. (gol./ed.), *Delw y Byd: A Medieval Welsh Encyclopedia*, MHRA Library of Medieval Welsh Literature (Cambridge: MHRA, 2020).

Pickett, Joseph P. (gol./ed.), *American Heritage Dictionary of the English Language* (pedwerydd arg./fourth edn, Boston, MA: Houghton Mifflin, 2000).

Pierce, T. Jones, 'Medieval Cardiganshire – a study in social origins', yn/in T. Jones Pierce, *Medieval Welsh Society: Selected Essays*, gol./ed. J. Beverley Smith (Cardiff: University of Wales Press, 1972), tt./pp. 318–23.

Piggott, Stuart, *The Druids* (Harmondsworth: Penguin, 1968).

Plummer, Charles (gol./ed.), *Vitae Sanctorum Hiberniae*, 2 gyf./vols (Oxford: Clarendon Press, 1910).

Poole, R. (gol./ed.), '*Merlínusspá* I' and '*Merlínusspá* II', yn/in M. Clunies Ross (gol./ed.), *Poetry in Fornaldarsögur*, Skaldic Poetry of the Scandinavian Middle Ages, 8 (Turnhout: Brepols, 2017), tt./pp. 38–189.

Poppe, E., 'Deception and Self-Deception in "Fingal Rónáin"', *Ériu*, 47 (1996), 137–51.

—, 'Adaption und Akkulturation: Narrative Techniken in der mittelkymrischen *Ystorya Bown de Hamtwn*', yn/in Erich Poppe a/and Hildegard L. C. Tristram (goln/eds), *Übersetzung, Adaptation und Akkulturation im insularen Mittelalter* (Münster: Nodus Publikationen, 1999), tt./pp. 305–17.

—, 'The Matter of Troy and Insular Versions of Dares's *De Excidio Troiae Historia*', *Beiträge zur Geschichte der Sprachwissenschaft*, 19/2 (2009), 252–98.

—, 'The Translation of Morphological Descriptions in Gruffydd Robert's Sixteenth-Century Welsh Grammar', *Beiträge zur Geschichte der Sprachwissenschaft*, 30 (2020), 143–64.

—, 'The Structure and Source of Roger Smyth's *Gorsedd y Byd* (1615)', SC, 55 (2021), 179–83.

—, 'How Much Syntactic Complexity Could Sixteenth-Century Welsh Cope with? The Case of Maurice Kyffin's *Deffynniad Fydd Eglwys Loegr* (1595)', ZCP, 69 (2022), 227–60.

Poppe, Erich a/and Sackmann, Raphael, 'Syntax and Style in Roger Smyth's Early-Modern Welsh Paratexts (1609–1612), *Zeitschrift für celtische Philologie*, 71 (2024), 285–325.

Porter, Roy, 'History of the Body', yn/in Peter Burke (gol./ed.), *New Perspectives on Historical Writing* (Oxford: Oxford University Press, 1991).

Powel, Thomas [?], 'The Folk-Lore of Wales', *Y Cymmrodor*, 4 (1881), 155–9, 250–4.

Price, Angharad, 'Welsh humanism after 1536', yn/in Geraint Evans a/and Helen Fulton (goln/eds), *The Cambridge History of Welsh Literature* (Cambridge: Cambridge University Press, 2019), tt./pp. 176–93.

Pritchard, W., Pentraeth, 'Anglesey Folklore', *Transactions of the Anglesey Antiquarian Society and Field Club* (1914), 35–70.

Procter, Francis a/and Wordsworth, Christopher (goln/eds), *Breviarium ad usum insignis ecclesiae Sarum*, 3 cyf./vols (Cantabrigia, 1879).

Pryce, Huw, 'Lawbooks and Literacy in Medieval Wales', *Speculum*, 75 (2000), 29–67.

— (gol./ed.), *The Acts of Welsh Rulers 1120–1283* (ail arg./second edn, Cardiff: University of Wales Press, 2010).

—, *Writing Welsh History from the Early Middle Ages to the Twenty-First Century* (Oxford: Oxford University Press, 2022).

Putter, A., 'Finding Time for Romance: Mediaeval Arthurian Literary History', *Medium Ævum*, 63 (1994), 1–16.

Rackham, Oliver, *Ancient Woodland: Its History, Vegetation and Uses in England* (London: Edward Arnold Ltd, 1980).

Reck, Regine, *The Aesthetics of Combat in Medieval Welsh Literature* (Rahden: Marie Leidorf, 2010).

Rees, D. C., *Tregaron: Historical and Antiquarian* (Llandyssul: Gomerian Press, 1936).

Rees, J. Seymour, 'Teithiau yn Sir Frycheiniog', *Brycheiniog*, 1 (1955), 127–54.

Reeve, M., 'The Transmission of the *Historia Regum Britanniae*', *Journal of Medieval Latin*, 1 (1991), 73–117.

Reeve, Michael (gol./ed.) a/and Wright, Neil (cyf./trans.), *Geoffrey of Monmouth, History of the Kings of Britain* (Woodbridge: Boydell and Brewer, 2007).

Rheinallt, Erwain Haf (gol./ed.), *Gwaith Dafydd Gorlech* (Aberystwyth: Canolfan Uwchefrydiau Cymreig a Cheltaidd Prifysgol Cymru, 1997).

Rhys, Guto, *AmrywIAITH: Blas ar Dafodieithoedd Cymru* (Llanrwst: Gwasg Carreg Gwalch, 2020).

Rhys, John, *Celtic Folklore, Welsh and Manx*, 2 gyf./vols (Oxford: Clarendon Press, 1901).

—, 'All Around the Wrekin', *Y Cymmrodor*, 21 (1908), 1–62.

Rhys, John ac/and Evans, J. Gwenogvryn (goln/eds), *The Text of the Bruts from the Red Book of Hergest* (Oxford: Clarendon Press, 1890).

Richards, Melville, *Cystrawen y Frawddeg Gymraeg* (Caerdydd: Gwasg Prifysgol Cymru, 1938).

— (gol./ed.), *Breudwyt Ronabwy* (Caerdydd: Gwasg Prifysgol Cymru, 1948).

— (gol./ed.), *Cyfreithiau Hywel Dda yn ôl llawysgrif Coleg yr Iesu VII* (ail arg./second edn, Caerdydd: Gwasg Prifysgol Cymru, 1990).

Richards, W. Leslie (gol./ed.), *Gwaith Dafydd Llwyd o Fathafarn* (Caerdydd: Gwasg Prifysgol Cymru, 1964).

Rinas, Karsten, *Theorie der Punkte und Striche: Die Geschichte der deutschen Interpunktionslehre* (Heidelberg: Winter, 2017).

Ringler, William, '*Poeta nascitur non fit*: Some Notes on the History of an Aphorism', *Journal of the History of Ideas*, 2 (1941), 497–504.

Roach, W. ac/and Ivy, R. H. (goln/eds), *The Continuations of the Old French Perceval of Chrétien de Troyes*, 5 cyf./vols (Philadelphia: University of Pennsylvania Press, 1949–71).

Robert, Jörg, 'Die Ciceronianismus-Debatte', yn/in Herbert Jaumann (gol./ed.), *Diskurse der Gelehrtenkultur in der Frühen Neuzeit: Ein Handbuch* (Berlin and New York: De Gruyter, 2011), tt./pp. 1–54.

Roberts, Askew a/and Woodall, Edward, *Gossiping Guide to Wales (North Wales and Aberystwyth)*, Popular edition (Oswestry: Woodall, Minshull, Thomas; London: Simpkin Marshall, 1907).

Roberts, Brynley F. (gol./ed.), *Gwassanaeth Meir* (Caerdydd: Gwasg Prifysgol Cymru, 1961).
—, 'Llythyrau John Lloyd at Edward Lhuyd', NLWJ, 17/1 (1971), 88–114.
— (gol./ed.), *Brut y Brenhinedd: Llanstephan MS. 1 Version* (Dublin: Dublin Institute for Advanced Studies, 1984).
—, 'Where were the Four Branches of the Mabinogi written?', yn/in J. F. Nagy (gol./ed.), *The Individual in Celtic Literatures* (Dublin: Four Courts Press, 2001), tt./pp. 61–75.
— (gol./ed.), *Breudwyt Maxen Wledic* (Dublin: Dublin Institute for Advanced Studies, 2005).
—, *Edward Lhwyd c.1660–1709: Naturalist – Antiquary – Philologist* (Cardiff: University of Wales Press, 2022).
Roberts, Enid (gol./ed.), *Gwaith Maredudd ap Rhys a'i Gyfoedion* (Aberystwyth: Canolfan Uwchefrydiau Cymreig a Cheltaidd Prifysgol Cymru, 2003).
Roberts, Hilda A. E., *Legends and Folk lore of North Wales* ([dim lle/n.p.]: Collins, 1931).
Roberts, John, *Llanfairfechan, fel yr Oedd, fel y Mae, fel y Dylai Fod* (Llanfairfechan: [dim cyhoeddwr/n.p.], 1902).
Roberts, Richard Glyn, 'Achau Llafaredd', *Dwned*, 15 (2009), 33–56.
— (gol./ed.), *Diarhebion Llyfr Coch Hergest* (Aberystwyth: CMCS, 2013).
Roberts, Sara Elin, 'Addysg Broffesiynol yng Nghymru yn yr Oesoedd Canol: Y Beirdd a'r Cyfreithwyr', LlC, 26 (2003), 1–17.
—, 'Dafydd ap Gwilym, ei Ewythr a'r Gyfraith', LlC, 28 (2005), 100–14.
—, '"By the authority of the devil": the operation of Welsh and English law in medieval Wales', yn/in Ruth Kennedy a/and Simon Meecham-Jones (goln/eds), *Authority and Subjugation in the Writing of Medieval Wales* (New York: Palgrave Macmillan, 2008), tt./pp. 85–97.
— (gol./ed.), *The Legal Triads of Medieval Wales* (Caerdydd: Gwasg Prifysgol Cymru, 2011).
—, 'Seeking the middle-aged woman in medieval Wales', yn/in Sue Niebrzydowski (gol./ed.), *Middle-Aged Women in the Middle Ages* (Cambridge: D. S. Brewer, 2011), tt./pp. 25–36.

—, *The Growth of Law in Medieval Wales*, c.*1100*–c.*1500* (Woodbridge: Boydell and Brewer, 2022).

Roberts, Sara Elin a/and James, Christine (goln/eds), *Testunau o Gyfraith Hywel* (Caergrawnt: Seminar Cyfraith Hywel, 2015).

Roberts, Thomas (gol./ed.), *Gwaith Dafydd ab Edmwnd* (Bangor: The Welsh Manuscripts Society, 1914).

— (gol./ed.), *Gwaith Tudur Penllyn ac Ieuan ap Tudur Penllyn* (Caerdydd: Gwasg Prifysgol Cymru, 1958).

Roberts, Thomas a/and Williams, Ifor (goln/eds), *The Poetical Works of Dafydd Nanmor* (Cardiff: University of Wales Press, 1923).

Robbins, Harry W. a/and Charles W. Dunn (goln/eds), *The Romance of the Rose* (New York: E. P. Dutton and Co., 1962), tt./pp. 9–10.

Robinson, Ian, *The Establishment of Modern English Prose in the Reformation and the Enlightenment* (Cambridge: Cambridge University Press, 1998).

Rodway, Simon, 'The Date and Authorship of *Culhwch ac Olwen*: A Reconsideration', CMCS, 49 (summer 2005), 21–44.

—, 'The Where, Who, When and Why of Medieval Welsh Prose Tales: Some Methodological Considerations', SC, 41 (2007), 47–89.

—, *Dating Medieval Welsh Literature: Evidence from the Verbal System* (Aberystwyth: CMCS Publications, 2013).

—, 'Ailystyried y Bardd Celtaidd: Defodau Urddo a Dulliau Cyfansoddi', *Dwned*, 21 (2015), 11–47.

—, 'Dychan "Celtaidd"?', *Dwned*, 23 (2017), 79–120.

—, 'Awen yr Ymadawedig: Dau Gyfeiriad ym Marddoniaeth Wiliam Llŷn', *Dwned*, 25 (2019), 79–89.

—, 'New Light on Rhys's *Lectures on Welsh Philology*', CMCS, 77 (summer 2019), 3–16.

Rowe, E. A., 'Literary, Codicological, and Political Perspectives on *Hauksbók*', *Gripla*, 19 (2008), 51–76.

Rowland, Jenny, '"Englynion Duad"', *Journal of Celtic Studies*, 3 (1981), 59–87.

—, 'The Prose Setting of the Early Welsh *Englynion Chwedlonol*', *Ériu*, 36 (1985), 29–43.

—, *Early Welsh Saga Poetry: A Study and Edition of the* Englynion (Cambridge: D. S. Brewer, 1990).

—, 'Warfare and Horses in the Gododdin and the Problem of Catraeth', CMCS, 30 (winter 1995), 13–40.

—, *Ailystyried y Canu Mawl Cynnar* (Aberystwyth: Canolfan Uwchefrydiau Cymreig a Cheltaidd, 2016).

—, 'Trystan and Esyllt', yn/in Ceridwen Lloyd-Morgan a/and Erich Poppe (goln/eds), *Arthur in the Celtic Languages* (Cardiff: University of Wales Press, 2019), tt./pp. 51–63.

Rowlands, Eurys I., 'Saethu Cyllyll', LlC, 6 (1960–1), 109–10.

—, Adolygiad ar/Review of Rachel Bromwich, *Trioedd Ynys Prydein*, LlC, 6/3–4 (1961), 247.

— (gol./ed.), *Gwaith Lewys Môn* (Caerdydd: Gwasg Prifysgol Cymru, 1975).

—, 'Bardic Lore and Education', BBCS, 32 (1985), 143–55.

Ruddock, Gilbert, 'Prydferthwch Merch yng Nghywyddau Serch y Bymthegfed Ganrif', LlC, 11 (1971), 140–75.

—, *Dafydd Nanmor*, Llên y Llenor (Caernarfon: Gwasg Pantycelyn, 1992).

Rüdiger, Angelika Heike, 'Writing Britain's Celtic History in the Nineteenth Century: The Study of Folk Tradition by Sir John Rhŷs', *Studia Celto-Slavica*, 10 (2019), 77–110.

Russell, Paul, 'Swydd, swyddog, swyddwr: office, officer and official', yn/in T. M. Charles-Edwards, Morfydd E. Owen a/and Paul Russell (goln/eds), *The Welsh King and his Court* (Cardiff: University of Wales Press, 2000), tt./pp. 281–95.

— (gol./ed.), *Vita Griffini Filii Conani* (Cardiff: University of Wales Press, 2005).

—, *Reading Ovid in Medieval Wales* (Columbus: Ohio State University Press, 2017).

—, 'Translating Saints: the Latin and Welsh Versions of the Life of St David', yn/in David N. Parsons a/and Paul Russell (goln/eds), *Seintiau Cymru, Sancti Cambrenses: Astudiaethau ar Seintiau Cymru/ Studies in the Saints of Wales* (Aberystwyth: Canolfan Uwchefrydiau Cymreig a Cheltaidd, 2022), tt./pp. 101–18.

Ryan, John, 'The Welsh Translation of the Catechism of St Peter Canisius', *Journal of the Welsh Bibliographical Society*, 11/3–4 (1975), 224–32.

Salesbury, William, *Oll Synnwyr pen Kembero ygyd* (London, 1547), ar gael ar ProQuest/available from the ProQuest platform.

Schade, Richard, Teubner, Bernhard a/and Tateo, Francesco, 'Ciceronianismus', yn/in Gert Ueding (gol./ed.), *Historisches Wörterbuch der Rhetorik*, cyf./vol. 2 (Darmstadt: Wissenschaftliche Buchgesellschaft, 1994), tt./pp. 225–48.

Scherschel, Ricarda, 'Non-finite subordination strategies in Middle Welsh: a corpus-based study of preposition or particle *yn* and the verbal noun' (traethawd PhD heb ei gyhoeddi/unpublished PhD thesis, University of Marburg, 2020), DOI: *10.17192/ z2021.0088*.

Schnepel, Burkhard, 'Continuity Despite and Through Death: Regicide and Royal Shrines among the Shilluk of Southern Sudan', *Africa*, 61/1 (1991), 40–70.

Schrijver, Peter, 'Middle and Early Modern Breton', yn/in Elmar Ternes (gol./ed.), *Brythonic Celtic – Britannisches Keltisch: From Medieval British to Modern Breton* (Bremen: Hempen Verlag, 2011), tt./pp. 359–425.

Schumacher, Stefan, 'An Edition and Analysis of Book of Aneirin B.39 (Including Preliminary Chapters on the Grammar and Poetics of Early Welsh Poetry)', ZCP, 64 (2018), 299–420.

Scot, A. B. a/and Martin, F. X., *Gerald of Wales: Expugnatio Hibernica: The Conquest of Ireland* (Dublin: Royal Irish Academy, 1978).

Scully, Robert, '"He May be a Father to the Soul that is a Son to the Body": Robert Southwell (1561–95) and Divided Family Loyalties in the English and Catholic Reformations', *Journal of Jesuit Studies*, 9 (2022), 511–29.

Shahar, Shulamith, 'The old body in medieval culture', yn/in Sarah Kay a/and Miri Rubin (goln/eds), *Framing Medieval Bodies* (Manchester: Manchester University Press, 1996), tt./pp. 160–86.

—, *Growing Old in the Middle Ages* (London: Routledge, 1997).

Sharpe, Richard, 'Humfrey Wanley, Bishop John O'Brien, and the Colophons of Mael Brigte's Gospels', *Celtica*, 29 (2017), 251–92.

Sharpe, Richard a/and Davies, John Reuben, 'Rhygyfarch's *Life of St David*', yn/in J. Wyn Evans a/and Jonathan M. Wooding (goln/eds), *St David of Wales: Cult, Church and Nation* (Woodbridge: Boydell, 2007), tt./pp. 107–55.

Sheehan, Sarah, 'Matrilineal Subjects: Ambiguity, Bodies, and Metamorphosis in the Fourth Branch of the *Mabinogi*', *Signs: Journal of Women in Culture and Society*, 34/2 (2009), 319–42.

Simms, Katharine, 'Literacy and the Irish Bards', yn/in Huw Pryce (gol./ed.), *Literacy in Medieval Celtic Societies* (Cambridge: Cambridge University Press, 1998), tt./pp. 238–58.

Simonin, Michel (gol./ed.), *Pierre Boaistuau, Le théâtre de monde (1558)* (Genève: Librairie Droz, 1981).

——— (gol./ed.), *Pierre Boaistuau, Bref discours de l'excellence et dignité de l'homme (1558)* (Genève: Librairie Droz, 1982).

Sims-Williams, Patrick, 'A Riddling Treatment of the "Watchman Device" in *Branwen* and *Togail Bruidne Da Derga*', SC, 12/13 (1977/8), 83–117.

—, 'The evidence for vernacular Irish influence on early medieval Welsh literature', yn/in D. Whitelock et al. (goln/eds), *Ireland in Mediaeval Europe: Studies in Memory of Kathleen Hughes* (Cambridge: Cambridge University Press, 1982), tt./pp. 235–57.

—, 'Cú Chulainn in Wales: Welsh Sources for Irish Onomastics', *Celtica*, 21 (1990), 620–33.

—, 'The Submission of Irish Kings in Fact and Fiction: Henry II, Bendigeidfran, and the Dating of *The Four Branches of the Mabinogi*', CMCS, 22 (winter 1991), 31–61.

—, Adolygiad ar/Review of Kim McCone, *Pagan Past and Christian Present in Early Irish Literature*, *Éigse*, 29 (1996), 179–96.

—, 'Clas Beuno and the Four Branches of the Mabinogi', yn/in B. Maier a/and S. Zimmer (goln/eds), *150 Jahre "Mabinogion" – Deutsch-walisische Kulturbeziehungen* (Tübingen: Max Niemeyer, 2001), tt./pp. 111–27.

—, *The Celtic Inscriptions of Britain* (Oxford: The Philological Society, 2003).

—, 'Medieval Irish literary theory and criticism: 1. Poetic theory', yn/in A. Minnis ac/and I. Johnson (goln/eds), *The Cambridge History* of *Literary Criticism*, cyf./vol. II: *The Middle Ages* (Cambridge: Cambridge University Press, 2005), tt./pp. 291–301.

—, *The Iron House in Ireland*, H. M. Chadwick Memorial Lectures, 16 (Cambridge: Department of Anglo-Saxon, Norse, and Celtic, 2006).

—, *Irish Influence on Medieval Welsh Literature* (Oxford: Oxford University Press, 2011).

—, 'Celtic Civilization: Continuity or Coincidence?', CMCS, 64 (winter 2012), 1–45.

—, 'Variation in Middle Welsh Conjugated Prepositions: Chronology, Register and Dialect', *Transactions of the Philological Society*, 111/1 (March 2013), 1–50.

—, 'The Welsh versions of Geoffrey of Monmouth's "History of the Kings of Britain"', yn/in A. Harlos ac/and N. Harlos (goln/eds), *Adapting Texts and Styles in a Celtic Context: Interdisciplinary Perspectives on Processes of Literary Transfer in the Middle Ages* (Münster: Nodus, 2016), tt./pp. 53–74.

— (gol./ed.), *Liber Coronacionis Britanorum: A Medieval Welsh Version of Geoffrey of Monmouth*, 2 gyf./vols (Aberystwyth: CMCS, 2017).

— (gol./ed.), *Buchedd Beuno* (Dublin: Dublin Institute for Advanced Studies, 2018).

—, 'Sandhi *h* after third-person pronouns in Middle Welsh', *Celtica*, 34 (2022), 60–86.

Skinner, John, *Ten Days' Tour through the Isle of Anglesea, December 1802*, Arch Camb Supplement (July 1908), 64–6.

Slotkin, Edgar, 'The Fabula, Story, and Text of *Breuddwyd Rhonabwy*', CMCS, 18 (winter 1989), 89–113.

Smith, J. Beverley, 'Dynastic Succession in Medieval Wales', BBCS, 33 (1986), 199–232.

—, 'Historical Writing in Medieval Wales: The Composition of *Brenhinedd y Saesson*', SC, 42 (2008), 55–86.

Smith, Llinos Beverley, 'Fosterage, Adoption and God-Parenthood: Ritual and Fictive Kinship in Medieval Wales', *Cylchgrawn Hanes Cymru/Welsh History Review*, 16 (1992–3), 1–35.

—, 'Olrhain Anni Goch', YB, 19 (1993), 107–27.

Smith, Lucy Toulmin (gol./ed.), *The Itinerary in Wales of John Leland in or about the Years 1536–1539* (London: George Bell and Sons, 1906).

Smyth, Rosier, *Crynnodeb o adysc Cristnogaul, a Dosparth catholic [...]* (Paris, 1609) [copi digidol ar gael trwy ProQuest/digital copy available on the ProQuest platform, *https://www.proquest.com*].

—, *Opus catechisticum D. Petri Canisii theologi ex Societate Iesu. Sef yu: Sum ne grynodeb o adysc Gristionogaul, a dosparth Catholic [...]* (Paris, 1611), *http://hdl.handle.net/10107/5339816*.

Sommerfelt, A., *Studies in Cyfeiliog Welsh* (Oslo: I Kommission hos Jacob Dybwad, 1925).

Spiewok, Wolfgang (gol./ed.), *Das Tristan-Epos Gottfrieds von Strassburg* (Berlin: Akademie Verlag, 1989).

Stacey, Robin Chapman, *Law and the Imagination in Medieval Wales* (Philadelphia: University of Pennsylvania Press, 2018).

Stahl, William H. (gol. a chyf./ed. and trans.), *Macrobius, Commentary on the Dream of Scipio* (New York: Columbia University Press, 1952).

Stanciu, R. R., 'Attitudes towards paganism in medieval Irish and Old Norse texts of the Trojan War' (traethawd PhD heb ei gyhoeddi/unpublished PhD thesis, University of Cambridge, 2015).

Stefán Karlsson, 'Aldur Hauksbókar', *Fróðskaparrit*, 13 (1964), 114–21.

Stephens, Meic (gol./ed.), *Cydymaith i Lenyddiaeth Cymru* (Caerdydd: Gwasg Prifysgol Cymru, 1997).

Stephens, Roy, 'Gwaith Wiliam Llŷn' (traethawd PhD heb ei gyhoeddi/unpublished PhD thesis, Prifysgol Cymru [Aberystwyth], 1983).

Stephenson, David, 'Nefydd Hardd and the Killing of Idwal ab Owain Gwynedd', CMCS, 6 (winter 1983), 63–6.

—, 'The "Resurgence" of Powys in the Late Eleventh and Early Twelfth Centuries', *Anglo-Norman Studies*, 30 (2008), 182–95.

—, 'Welsh Chroniclers' Accounts of the Mid-Twelfth Century', CMCS 56 (winter 2008), 45–57.

Stokes, Whitley, *On the Calendar of Oengus* (Dublin: Royal Irish Academy, 1880).

—, 'The Prose Tales in the Rennes Dindshenchas', RC, 15 (1894), 272–336, 418–84.

— (gol./ed.), *Féilire Óengusso Céli Dé: The Martyrology of Oengus the Culdee* (London: Henry Bradshaw Society, 1905).

Stokes, Whitley a/and John Strachan (goln/eds), *Thesaurus Palaeohibernicus*, 2 gyf./vols (Cambridge: Cambridge University Press, 1901–3; adarg./repr. Dublin: Dublin Institute for Advanced Studies, 1975).

Stolt, Birgit, 'Redeglieder, Informationseinheiten: *Cola* und *commata* in Luthers Syntax', yn/in Anne Betten a/and Claudia M. Riel (goln/eds), *Neuere Forschungen zur historischen Syntax des Deutschen: Referate der Internationalen Fachkonferenz Eichstätt 1989* (Tübingen: Max Niemeyer, 1990), tt./pp. 379–92.

Strickland, Matthew a/and Robert Hardy, *The Great Warbow: From Hastings to the Mary Rose* (ail arg./second edn, Yeovil: Haynes Publishing, 2011).

Strutt, Joseph, *The Sports and Pastimes of the People of England* (argraffiad newydd wedi ei ehangu a'i gywiro gan/new edn enlarged and corrected by J. Charles Cox, London: Methuen and Co., 1801).

Stubbs, W. (gol./ed.), *Gesta Henrici II* (formerly attributed to Benedict of Peterborough), Rolls Series (London, 1867).

Sturzer, Ned, 'Inconsistencies and Infelicities in the Welsh Tales: Their Implications', SC, 37 (2003), 127–42.

Sullivan, C. W., 'Inheritance and Lordship in *Math*', in C. W. Sullivan (gol./ed.), *The Mabinogi: A Book of Essays* (New York: Garland Press, 1996), tt./pp. 347–66.

Svanhildur Óskarsdóttir, 'Universal history in fourteenth-century Iceland: studies in AM 764 4to' (traethawd PhD heb ei gyhoeddi/ unpublished PhD thesis, University College London, 2000).

—, 'The transmission of *Historia regum Britannie* in Iceland in the context of universal history', yn/in H. Tétrel ac/and G. Veysseyre (goln/ eds), *L'Historia regum Britannie et les 'Bruts' en Europe*, 2 gyf./vols (Paris: Classiques Garnier, 2015–18), cyf./vol. 1, tt./pp. 233–45.

Svendsen, Stefan, *Allegory Transformed: The Appropriation of Philonic Hermeneutics in the Letters to the Hebrews*, Wissenschaftliche Untersuchungen Zum Neuen Testament, 2. Reihe (Tübingen: Mohr Siebeck, 2009).

Sverrir Jakobsson, 'Hauksbók and the Construction of an Icelandic World View', *Saga-Book of the Viking Society*, 31 (2007), 22–38.

Sweet, H., 'Spoken North Welsh', *Transactions of the Philological Society*, 19 (1882–4), 409–84, ailarg. yn/repr. in H .C. Wyld (gol./ed.), *Collected Papers of Henry Sweet* (Oxford: Clarendon Press, 1913), tt./pp. 499–574

Tétrel, H., 'La *Saga des Bretons*: naissance et exploitation du mythe arthurien dans les compilations pseudo-historiques de Scandinavie', yn/in D. Huë a/and C. Ferlampin-Acher (goln/eds), *Enfances arthuriennes: actes du 2ᵉ colloque arthurien de Rennes, 6–7 mars 2003* (Orléans: Paradigme, 2006), tt./pp. 299–311.

—, 'Arthur et le géant aux barbes: genèse et circulation européenne d'un épisode fondateur', yn/in M. Coumert and H. Tétrel (goln/eds), *Histoires des Bretagnes 1: mythes fondateurs* (Brest: CRBC, 2010), tt./pp. 167–81.

—, 'Trojan Origins and the Use of the *Æneid* and Related Sources in the Old Icelandic *Brut*', *Journal of English and Germanic Philology*, 109 (2010), 490–514.

—, 'La Traitement des paragraphes 80 à 88 de l'*Historia regum Britannie* dans le "Brut" islandais', EC, 42 (2016), 185–211.

—, 'The Old Icelandic "Brut"', in G. Henley a/and J. B. Smith (goln/eds), *A Companion to Geoffrey of Monmouth* (Leiden: Brill, 2020), tt./pp. 469–74.

— (gol. a chyf./ed. and trans.), *La Saga des Bretons: étude, édition et traduction des* Breta Sögur *islandaises* (Paris: Classiques Garnier, 2021).

Thomas, A. B., 'Review of *A Welsh Phonetic Reader*', *Le Maître Phonétique*, 3/42 (1927), 26–7.

Thomas, Ceinwen H., *Tafodiaith Nantgarw* (Caerdydd: Gwasg Prifysgol Cymru, 1993).

Thomas, D. R., *The Life and Work of Bishop Davies & William Salesbury with an Account of Some Early Translations into Welsh of the Holy Scriptures and the Prayer Book* (Oswestry: Caxton Press, 1902).

Thomas, Graham C. G. a/and Huws, Daniel, *Summary Catalogue of the Manuscripts of South Glamorgan Libraries, Cardiff Central Library* commonly referred to as the 'Cardiff MSS' (Aberystwyth: National Library of Wales, 1994).

Thomas, Gwyn (cyf./trans.), *Yr Aelwyd Hon: Diweddariadau o Hen Farddoniaeth Gymraeg* (Llandybïe: Llyfrau'r Dryw, 1970).

—, *Y Traddodiad Barddol* (Caerdydd: Gwasg Prifysgol Cymru, 1976).

—, *Dafydd ap Gwilym: Y Gŵr sydd yn ei Gerddi* (Aberystwyth: Cyhoeddiadau Barddas, 2013).

Thomas, Isaac, *Y Testament Newydd Cymraeg 1551–1620* (Caerdydd: Gwasg Prifysgol Cymru, 1976).

Thomas, Owen (gol./ed.), *Gwaith Dafydd Epynt* (Aberystwyth: Y Ganolfan Uwchefrydiau Cymreig a Cheltaidd Prifysgol Cymru, 2002).

Thomas, Peter Wynn, 'Middle Welsh Dialects: Problems and Perspectives', BBCS, 40 (1993), 17–50.

—, *Gramadeg y Gymraeg* (Caerdydd: Gwasg Prifysgol Cymru, 1996).

—, 'Haenau Breudwyt Maxen: Ymarferiad mewn Archaeoleg Destunol', YB, 23 (1997), 73–99.

—, 'Tystiolaeth Beirdd y Tywysogion a'r Uchelwyr', *Dwned*, 15 (2009), 11–32.

Thomas, R., *History and Identity in Early Medieval Wales* (Cambridge: Boydell, 2022).

Thomas, R. a/and Callander, D., 'Reading Asser in Early Medieval Wales', *Anglo-Saxon England*, 46 (2017), 115–45.

Thomas, R. J., 'Cysylltiad Arthur â Gogledd Ceredigion', BBCS, 8 (1935–7), 124–5.

Thomas, W. Jenkin, *The Welsh Fairy Book* (London: T. Fisher Unwin, 1907; adarg./repr. Cardiff: University of Wales Press, 1995).

Thomson, David, 'Cistercians and Schools in Late Medieval Wales', CMCS, 3 (summer 1982), 76–80.

— (gol./ed.), *An Edition of the Middle English Grammatical Texts* (New York and London: Garland Publishing, 1984).

Thomson, R. L. (gol./ed.), *Pwyll Pendeuic Dyuet*, Mediaeval and Modern Welsh Series, 1 (Dublin: Dublin Institute for Advanced Studies, 1957).

— (gol./ed.), *Owein, or Chwedyl Iarlles y Fynnawn*, Mediaeval and Modern Welsh Series, 4 (Dublin: Dublin Institute for Advanced Studies, 1975).

—, 'Amser ac agwedd yn y Cynfeirdd', yn/in Rachel Bromwich ac/and R. Brinley Jones (goln/eds), *Astudiaethau ar yr Hengerdd* (Caerdydd: Gwasg Prifysgol Cymru, 1978), tt./pp. 179–207.

Thompson, Stith, *Motif-Index of Folk-Literature*, 6 chyf./vols (adolygwyd a helaethwyd/rev. and enl. edn, Bloomington: Indiana University Press, 1955–8).

Thorpe, Lewis (cyf./trans.), *The Journey Through Wales and the Description of Wales* (Harmondsworth: Penguin, 1978).

Thurneysen, Rudolf (gol./ed.), 'Mittelirische Verslehren', yn/in W. Stokes ac/and E. Windisch (goln/eds), *Irische Texte*, 4 cyf./vols (Leipzig: S. Hirzel, 1880–1909).

—, *An Old Irish Reader* (Dublin: Dublin Institute for Advanced Studies, 1949).

Tierney, J. J., 'The Celtic Ethnography of Posidonius', *Proceedings of the Royal Irish Academy*, 60C (1959–60), 189–275.

Tolstoy, N., *The Oldest British Prose Literature: The Compilation of the Four Branches of the* Mabinogi (Lampeter: Mellen Press, 2009).

Toner, Gregory, 'Authority, Verse and the Transmission of *Senchas*', *Ériu*, 55 (2005), 59–84.

Tristram, Hildegard L. C., *Early Insular Preaching: Verbal Artistry and Method of Composition*, Sitzungsberichte, Österreichische Akademie der Wissenschaften, Philosophisch-Historische Klasse, 623 (Wien: Verlag der Österreichischen Akademie der Wissenschaften, 1995).

Turville-Petre, Gabriel, *Origins of Icelandic Literature* (Oxford: Clarendon Press, 1953).

Unger, C. R. (gol./ed.), *Stjorn* (Kristiania: Feilberg og Landmarks forlag, 1862).

Valente, Roberta L., 'Gwydion and Aranrhod: crossing the borders of gender in *Math*', yn/in C. W. Sullivan (gol./ed.), *The Mabinogi: A Book of Essays* (New York: Garland Press, 1996), tt./pp. 331–45.

van Hamel, A. G., 'The Old-Norse Version of the Historia Regum Britanniæ and the Text of Geoffrey of Monmouth', EC, 1/2 (1936), 197–247.

Vendryes, J., 'Nécrologie: John James Glanmor Davies', EC, 2/4 (1937), 415.

von Tischendorf, Constantin (gol./ed.), *Evangelia Apocrypha: Adhibitis Plurimis Codicibus Graecis Et Latinis Maximam Partem Nunc Primum Consultis Atque Ineditorum Copia Insignibus*, ATLA Historical Monographs Collection, Series 1 (13th Century to 1893) (Lipsiae: H. Mendelssohn, 1876).

Wade-Evans, A. W. (gol./ed.), *Welsh Medieval Law* (Oxford: Clarendon Press, 1909).

—, *Vitae Sanctorum Britanniae et Genealogiae* (Cardiff: University of Wales Press, 1944).

Welsh, Andrew, 'Doubling and Incest in the *Mabinogi*', *Speculum*, 65/2 (1990), 344–62.

Walsh, Paul, *Gleanings from Irish Manuscripts* (ail arg./second edn, Dublin: At the Sign of the Three Candles, 1933).

Walsham, Alexandra, '"Wholesome Milk and Strong Meat": Peter Canisius's Catechisms and the Conversion of Protestant Britain', *British Catholic History*, 32/3 (2015), 293–314.

Ward, G., *Cities of God* (London: Routledge, 2000).

Watkins, Calvert, *How to Kill a Dragon: Aspects of Indo-European Poetics* (Oxford: Oxford University Press, 1995).

Watkins, T. A., *Ieithyddiaeth: Agweddau ar Astudio Iaith* (Caerdydd: Gwasg Prifysgol Cymru, 1961).

Weber, Robert a/and Gryson, Roger (goln/eds), *Biblia sacra iuxta vulgatam versionem* (pumed arg./fifth edn, Stuttgart: Deutsche Bibelgesellschaft, 2007).

Weiler, Björn, 'Historical writing in Europe, *c*.1100–1300', yn/in Ben Guy et al. (goln/eds), *The Chronicles of Medieval Wales and the March* (Turnhout: Brepols, 2020), tt./pp. 33–67.

Weiser, David K., *The Prose Style of John Jewel* (Salzburg: Institut für englische Sprache und Literatur, 1973).

Weiss, Judith (gol./ed.), Wace, *Roman de Brut: A History of the British* (ail arg./second edn, Exeter: University of Exeter Press, 2002).

—, 'The text of Wace's *Brut* and how it is treated by its earliest manuscripts', yn/in H. Tétrel ac/and G. Veysseyre (goln/eds), *L'Historia regum Britannie et les 'Bruts' en Europe*, 2 gyf./vols (Paris: Classiques Garnier, 2015–18), cyf./vol. 2, tt./pp. 83–101.

Westwood, J. O., *Lapidarium Walliae* (Oxford, 1879; adarg./repr. Felinfoel: Llanerch Press, 1993).

Whaley, D. (gol./ed.), *Poetry from the Kings' Sagas 1: From Mythical Times to c.1035*, Skaldic Poetry of the Scandinavian Middle Ages 1 (Turnhout: Brepols, 2012).

Whitfield, Niamh, 'Dress and accessories in the Early Irish tale "The Wooing of Becfhola"', yn/in R. Netherton a/and G. R. Owen-Crocker (goln/eds), *Medieval Clothing and Textiles*, cyf./vol. 2 (Woodbridge: The Boydell Press, 2006), tt./pp. 1–34.

Wiliam, Aled Rhys (gol./ed.), *Llyfr Iorwerth* (Cardiff: University of Wales Press, 1960).

Williams, Benjamin, nodyn yn/note in *Yr Haul*, 24 (1880), 440.

Williams, David, 'The Carmelites in medieval Wales', yn/in Iestyn Daniel (gol./ed.), *Cofio John FitzGerald* (Llandysul: Gwasg Gomer, 2010), tt./pp. 100–7.

Williams, G. J., 'Eisteddfod Caerfyrddin', *Y Llenor*, 5 (1926), 94–102.

—, 'Gramadeg Gutun Owain', BBCS, 4 (1927–9), 207–21.

— (gol./ed.), *Gramadeg Cymraeg gan Gruffydd Robert yn ôl yr Argraffiad y Dechreuwyd ei Gyhoeddi ym Milan yn 1567* (Caerdydd: Gwasg Prifysgol Cymru, 1939).

—, *Llythyrau at Ddafydd Jones o Drefriw (1708–1785)*, supplement to *NLWJ*, 3 (1943).

—, 'Leland a Bale a'r Traddodiad Derwyddol', LlC, 4 (1956–7), 15–25.

—, 'The History of Welsh Scholarship', SC, 8/9 (1973–4), 195–219.

Williams, G. J. ac/and Jones, E.J. (gol./eds), *Gramadegau'r Penceirddiaid* (Caerdydd, 1934).

Williams, G. J., adolygwyd gan/revised by Paul Bryant-Quinn, 'ROBERT, GRUFFYDD (*c.* 1527–1598) priest, grammarian and poet', *Dictionary of Welsh Biography*, fersiwn arlein/online version (2019), https://biography.wales/article/s12-ROBE-GRU-1522.

Williams, Glanmor, *The Welsh Church from Conquest to Reformation* (ail arg./second edn, Cardiff: University of Wales Press, 1976).

Williams, Gruffydd Aled, 'Cywydd Iolo Goch i Rosier Mortimer: Cefndir a Chyd-destun', LlC, 22 (1999), 57–95.

—, 'The literary tradition to *c*.1560', yn/in J. Beverley Smith a/and Llinos Beverley Smith (goln/eds), *History of Merioneth*, cyf./vol. II (Cardiff: University of Wales Press, 2001), tt./pp. 507–628.

Williams, Hugh, *Christianity in Early Britain* (Oxford: Clarendon Press, 1912).

Williams, Ifor (gol./ed.), *Casgliad o Waith Ieuan Deulwyn* (Bangor: Bangor Welsh Manuscripts Society, 1909).

—, 'Awdl i Rys ap Gruffudd gan Einion Offeiriad', *Y Cymmrodor* (1916), 125–6.

—, 'Y Cyfoesi a'r Afallennau yn Peniarth 3', BBCS 4 (1927–9), 112–29.

— (gol./ed.), *Pedeir Keinc y Mabinogi* (Caerdydd: Gwasg Prifysgol Cymru, 1930).

— (gol./ed.), *Gwyneddon MS 3* (Caerdydd: Gwasg Prifysgol Cymru, 1931).

—, 'Bellum Cantscaul', BBCS, 6 (1931–3), 351–4.

—, 'ysgawl', BBCS, 7 (1933–5), 34.

— (gol./ed.), *Canu Llywarch Hen* (Caerdydd: Gwasg Prifysgol Cymru, 1935).

—, 'Moliant Dinbych Penfro', THSC (1940), 66–83.

—, *Lectures on Early Welsh Poetry* (Dublin: Dublin Institute for Advanced Studies, 1944).

—, 'gnis', BBCS, 13/4 (1950), 193–4.

— (gol./ed.), *Armes Prydein o Lyfr Taliesin* (Caerdydd: Gwasg Prifysgol Cymru, 1955).

— (gol./ed.), *Canu Taliesin* (Caerdydd: Gwasg Prifysgol Cymru, 1960).

— (gol./ed.), *Canu Aneirin* (Caerdydd: Gwasg Prifysgol Cymru, 1961).

— (gol./ed.), *Armes Prydein*, fersiwn Saesneg gan/English version by Rachel Bromwich (Dublin: Dublin Institute for Advanced Studies, 1972).

Williams, Ifor a/and Thomas Roberts (goln/eds), *Cywyddau Dafydd ap Gwilym a'i Gyfoeswyr* (ail arg./second edn, Caerdydd: Gwasg Prifysgol Cymru, 1935).

Williams, Jane, *The Literary Remains of the Rev. Thomas Price, Carnhuanawc*, 2 gyf./vols (Llandovery: William Rees, London: Longman and Co., 1854–5).

Williams, J. E. Caerwyn (gol./ed.), 'Ystorya Titus Aspassianus', BBCS, 9 (1939), 221–30.

—, *Traddodiad Llenyddol Iwerddon* (Caerdydd: Gwasg Prifysgol Cymru, 1958).

—, 'Tudur Aled (*fl.* 1480–1526)', *Y Bywgraffiadur Ar Lein*, https://bywgraffiadur.cymru/ (1959).

—, '*L'Enfant Sage* ac *Adrian et Epictitus* yn Gymraeg', BBCS, 19/4 (1962), 259–95; 20/1 (1962), 17–28.

—, 'Medieval Welsh religious prose', yn/in *Proceedings of the Second International Congress of Celtic Studies 1963* (Cardiff: University of Wales Press, 1966), tt./pp. 65–97.

—, 'Rhyddiaith grefyddol Cymraeg Canol', yn/in Geraint Bowen (gol./ed.), *Y Traddodiad Rhyddiaith yn yr Oesau Canol* (Llandysul: Gwasg Gomer, 1974), tt./pp. 312–408.

—, *Geiriadurwyr y Gymraeg yng Nghyfnod y Dadeni* (Caerdydd: Amgueddfa Genedlaethol Cymru, 1983).

Williams, J. E. Caerwyn, Lynch, Peredur I. a/and Gruffydd, R. Geraint (goln/eds), *Gwaith Meilyr Brydydd a'i Ddisgynyddion, ynghyd â Dwy Awdl Fawl Ddienw o Ddeheubarth* (Caerdydd: Gwasg Prifysgol Cymru, 1994).

Williams, Mark, *Ireland's Immortals: A History of the Gods of Irish Myth* (Princeton: Princeton University Press, 2016).

—, 'Magic and marvels', in Geraint Evans and Helen Fulton (goln/eds), *The Cambridge History of Welsh Literature* (Cambridge: Cambridge University Press, 2019), pp. 52–72.

—, *The Celtic Myths That Shape the Way We Think* (London: Thames and Hudson, 2021).

Williams, Mary (gol./ed.), 'Llyma Vabinogi Iessu Grist', RC, 33 (1912), 182–228.

Williams, Myriah Jean, 'Studies in the Black Book of Carmarthen' (traethawd PhD heb ei gyhoeddi/unpublished PhD thesis, University of Cambridge, 2017).

Williams, N. J. A., 'Some Irish plant names', yn/in Donnchadh Ó Corráin, Liam Breatnach a/and Kim McCone (goln/eds), *Sages, Saints and Storytellers: Celtic Studies in Honour of Professor James Carney* (Maynooth: An Sagart, 1989), tt./pp. 449–62.

Williams, Robert, *Enwogion Cymru* (Llandovery: William Rees, 1852).

Williams, Robert a/and Jones, G. Hartwell (goln a chyf./eds and trans.), *Selections from the Hengwrt Manuscripts* (London: T. Richards, 1876).

Williams, Rowland [?], 'Hanes Plwyf Llanwrtyd', *Y Gwyliedydd*, 5 (1827), 231–5.

Williams, Stephen J. (gol./ed.), *Ffordd y Brawd Odrig* (Caerdydd: Gwasg Prifysgol Cymru, 1929).

— (gol./ed.), *Ystorya de Carolo Magno* (Caerdydd: Gwasg Prifysgol Cymru, 1968).

Williams, Stephen J. a/and Powell, J. Enoch (goln/eds), *Cyfreithiau Hywel Dda yn ôl Llyfr Blegywryd* (Caerdydd: Gwasg Prifysgol Cymru, 1961).

Williams, Stephen W., 'Archaeological Notes and Queries', Arch Camb, 6 (1889), 266–67.

—, *The Cistercian Abbey of Strata Florida: Its History and an Account of the Recent Excavations Made on the Site* (London: Whiting, 1889).

Williams, W. (Pantycelyn), *Caniadau* (Caerfyrddin: Ev. a Da. Powell, 1762).

Williams, W. Llewelyn, 'Welsh Catholics on the Continent', THSC (1901–2), 46–144.

—, *The Making of Modern Wales: Studies in the Tudor Settlement of Wales* (London: Macmillan and Co., 1919).

Willis, David W. E., *Syntactic Change in Welsh: A Study of the Loss of Verb-Second* (Oxford: Clarendon Press, 1999).

Winward, Fiona, 'Some Aspects of the Women in *The Four Branches*', CMCS, 34 (winter 1997), 77–106.

Wmffre, Iwan, *The Place-Names of Cardiganshire* (Oxford: BAR, 2004).

Woolf, Rosemary, *The English Religious Lyric in the Middle Ages* (Oxford: Oxford University Press, 1968).

Wright, Neil (gol./ed.), *The Historia Regum Britanniae of Geoffrey of Monmouth II: The First Variant Version: A Critical Edition* (Cambridge: D. S. Brewer, 1988).

Wulff, Winifred a/and Kathleen Mulchrone, *Catalogue of Irish Manuscripts in the Royal Irish Academy*, Fascicle X (Dublin: Royal Irish Academy, 1933).

Youngs, Deborah, *The Life Cycle in Western Europe, c.1300–c.1500* (Manchester: Manchester University Press, 2006).

Zeiser, Sarah, 'Performing a Literary Paternity Test: "Bonedd yr Arwyr" and the Fourth Branch of the "Mabinogi"', *Proceedings of the Harvard Celtic Colloquium*, 28 (2008), 200–15.

Ziemann, Katherine, 'The Gast of Gy', i ymddangos/forthcoming.

Zimmer, Stefan, *Studies in Welsh Word-Formation* (Dublin: Dublin Institute for Advanced Studies, 2000).

MYNEGAI/INDEX

Aber Meweddus 260
Aberconwy (abaty) 268
Aberhonddu 70
Abermarlais 82, 98
Abertanad 88
Abisag 271, 278
acen mewn mydryddiaeth Gymraeg 44–6
Adriatig 73
Addaon 140
Áed Úa Conchobair 248
Ælfryth gwraig Edgar 167
Ælfwine esgob Caer-wynt 168
aethnen 76
Æthelfrith 48
'Afallennau Myrddin' 85
Aghnamacart 14
Agnoman 430, 433–5
Angharad mam Rhydderch ab Ieuan Llwyd 110
Aided Diarmata 429
Aided Muirchertaig 429
Aifft, Yr 133, 156
airecht 245
aithechthúath 247, 249
Alban, Yr 81
Alclut 55, 59, 61
Alecsander Fawr 175
Alexanders saga 459
amwysedd mewn barddoniaeth 114–15, 117, 144, 160
Anarawd ap Rhodri 420
Andreas Capellarius 218
Aneirin Gwawdrydd 125
Anian II, Esgob Llanelwy 262
Anna mam Mair 138

Annals of Inisfallen 246
Annals of Ulster 420, 425
Anni Goch 163–4, 166, 168, 175
apocryffa 130, 164
Apuleius 298
Aranrhod ferch Dôn 263–91 *passim*
   Aranrhod and Abisag 270–2, 279
   Aranrhod in two variant versions 267–70
   reconstruction of the tale of Aranrhod 272–3
Arberth 243–4
Ardudwy 274, 277
'Ardwyre Reget' 39–66 *passim*
Arfon 251, 260–4, 269, 272, 274, 277–8, 280
   Arfon origin for *Math* 279–80
'Armes Prydein Vawr' 420
Ars Amatoria 219–20
Ars Versificatoria 213
Arthur 74, 455, 469–82, 502, 504, 525
Association Phonétique Internationale 556
atalnodi yn Llyfr Taliesin 43
arwyreaf, arwyrain 104
Ascham, Roger (*Toxophilus*) 69, 75
Áth Clíath 241
Augustine, St *see* Awstin
Aurelius 454
awdl 23–8, 42, 131, 145, 147
awdl i Dduw 131, 133–4, 147–8, 151, 157–8
'Awdl sanctaidd am ddiwedd dyn a'i gorff' 216
Awstin 225, 440, 443

Bald's Leechbook 516
Balliol 353, 186
Baltig 73
Banbri (brwydr) 88, 92
Bangor 1 186, 192
bardd 18
barz 6
bathu termau 565–9
Beda 119, 463
Beibl 164, 175, 439–40, 442–4, 476, 506, 517
   Caniad Solomon 155
   Hebreaid / Hebrews 431
   Luc 133
   Psalmau / Psalms 431, 433
Beirdd y Tywysogion 104–5
Bendigeidfran 238, 244–5, 247–50
   building of a house in Ireland for Bendigeidfran 244–50
Bernicia 48
Beuno 251, 260
'Book of St Beuno' 278
Bible *see* Beibl
BL Add. 14866 276
BL Add. 14896 167
BL Add. 14911 275
BL Add. 14931 260
BL Add. 14967 'Llyfr Edward ap Roger' 334
BL Harley 3859 267
Bleddyn Ddu 136, 147–50, 157, 300
Bleddyn Fardd, 'Marwysgafn' 135–8
Blodeuwedd 263, 267–9
Boaistuau, Pierre 379, 381, 388, 390–1, 397, 399–400, 409
Boccacio 180
Bodwrda, Wiliam 403
bollt, bolltau 76–7
Branwen 234, 238–40, 244–7, 250, 259, 262
Bremenium 55
Brenhinedd y Saesson 167–8
Breta sǫgur 451–97 *passim*

Breuddwyd Rhonabwy 259, 292–328 *passim*
   breuddwyd 'dream' in other Red Book texts 293
Breuddwyd Macsen 293
Brian Boru 238
brigawn 88
Bron yr Erw (brwydr) 270
Brut y Brenhinedd 167–8, 175, 297–9, 459, 463
Brut y Tywysogion 251, 299
Brutus 452, 457–8
Brynach 509
Buallt 523–52 *passim*
Buchedd Beuno 262
Buchedd Dewi 348
bwa (arf) 67–75, 90, 92–3
bwa croes 69–70, 77
bwa hir 69–70
bwcled 88

Cadell ap Rhodri 420
Caer Aranrhod 264
Caerdydd 87
Caerllion-ar-Wysg 474
Caerunhwch 261
Caer-wynt 168
Cairell mac Muiredaig 428, 430, 432, 435, 438
campau (Y 24 Camp) 78, 80
Canisius, Petrus 380, 382, 400–1
Canu Heledd 141, 411
Canu Llywarch Hen 36, 141
Canu Taliesin 39–41
Cardiff MS 2.40 276
Cardiff MS 2.634 197
Cardiff MS 3.4 'Llyfr Elis Gruffydd' 334
Cardiff MS 4.22 335
Cardiff MS 4.720 336
carpe diem 219
Carreg Camwr (possible place-name) 26, 32
Casnodyn 11, 141, 144–8, 150, 300
Castell Powis 506

Cathbad 265
Cefnllys 165
Celtic Remains 274
Ceredigion 105, 143, 191
cethlydd 111
Chaucer 180
Chrétien de Troyes 451, 483
  Le Conte du Graal 319
  Parceval 454
  Yvain 304
Chronicum Scotorum 248
Cicero 382–3, 403–5
Claddedigaeth Arthur 309
'Claf Abercuawg' 28
cleddyf 68, 81, 92
Clement (St) 431
clîar 11–12
Clynnog Fawr 251–2, 260–3, 270, 272, 274
Clynnog, Morgan 381–2
Clynnog, Morys 382, 394, 402
Cnepyn Gwerthrynion 251
cod 19
Coleg Prifysgol Cymru, Aberystwyth 553–7, 560
Coleg y Brifysgol yn Llundain 555–6, 560, 565
Colum Cille 433, 436–7
Columba *see* Colum Cille
Comrac Liadaine ocus Cuirithir 428
Constantine 454–5
Constantinople 475
Contemptus mundi 218
corn (defnydd) 73, 75
Coverdale, Miles, *A Spyrytuall and most Precious Perle* 403–4
Crist 86, 128–30, 132–7, 140–6, 148–9, 151–4, 156, 160, 169, 175, 434–5, 438–43
Críth Gablach 247
Croesoswallt 70, 88
Crog Caer 150
Crog Caerfyrddin 105
Cú Choigríche mhac Mheic Con Í Chléirigh 11

Cú Chonnacht na scoile Ua Dálaigh 13
Cú Chulainn 265
Culhwch ac Olwen 241, 311
  date of 236
Cwm Hir 506
Cwrtmawr 315 335–6
Cwrtnewydd, Y 79
cyfarchafael 149
cyfarwyddyd 260, 262, 280
'Cyfoesi Myrddin a Gwenddydd ei chwaer' 315
Cyfraith Hywel 110, 163–81 *passim*, 249, 259–63
  alternative tales in three law texts 260–2
Cyffin, Sieffrai 88
cynghanedd 7
'Cyngor y Bioden' 221
Cyheig 23–5, 28
cyhydedd naw ban 29
cylch and dating of the Four Branches 241–4
cymeriad 43
cymeriad geiriol 29
Cynan (cymeriad) 74
Cynddelw Brydydd Mawr 33, 36, 54, 106, 161, 183
Cynhaethwy 274–7
Cynog (sant) 77–8
cyseinedd 42–3
cywarch 74
cywydd 104
cywydd to the owl 263, 269
cywydd attributed to Tudur Aled naming Aranrhod 270

dadolwch 28–30
Dafydd (Brenin Beiblaidd) 271–3, 431–2
Dafydd ab Edmwnd 11, 80, 89, 183–5, 195–8, 200, 203–4, 392
Dafydd ap Gwilym 13, 68, 70, 72, 76–8, 89, 103–26 *passim*, 165–6, 170, 174, 177, 218–27 *passim*,

269, 300, 305, 316, 318, 505, 528
Dafydd ap Ieuan (abad Glyn-y-groes) 69, 200
Dafydd ab Ieuan (ap Llywelyn) 86
Dafydd ap Siencyn 82
Dafydd ap Siôn 70, 87
Dafydd Ddu Hiraddug 138, 186, 216
Dafydd Epynt 77–8, 98, 184
Dafydd Gorlech 71, 82
Dafydd Llwyd ap Gruffudd 88
Dafydd Llwyd ap Tudur 83
Dafydd Llwyd o Fathafarn 165, 170, 175–6
Dafydd Nanmor 83–4, 123, 199
Dafydd Rhys Dafydd 532
Dafydd Trefor, Syr 79–80
Dafydd Ysgrifennydd 261, 280
Dál Cais 238
Dál Caladbuig 247–50
Daniel ap Sulien 251
Dares Phrygius 299, 459
David (Biblical King) *see* Dafydd (Brenin Beiblaidd)
Davies, Daniel 531–3, 537
Davies, J. Glyn 557
Davies, J. J. Glanmor 553–75
Davies, John *(Dictionarium Duplex)* 78
Davies, Richard (esgob) 21
Davies, Richard (Isgarn) 540
De La Perrière, Guillaume 397–8
De Spiritu Guidonis 329–77 *passim*
Degannwy 268
Deheubarth 243
Delw y Byd 307–8, 318
derwyddon 4–5
Dewi Sant 115, 154, 177
Diarmait Mac Carthaig 246
Diarmait Mac Maíl na mBó 238
Diarmait Mac Murchada 238, 248
'Difregwawd Taliesin' 132
Digant ap Dôn 268
digrif 113, 117–18
Dinas, sir Benfro 106
Dinas Basing (abaty) 179

Dinbych (arglwyddiaeth) 121
Domnall Mór Ua Briain 246
Dôn 243
Donnshléibe Ua hEochada 250
Douai 380
druids *see* derwyddon
'Drych, Y' 316
Drych eil Kibdar 311–12
drych in medieval Welsh texts (to 1400) 293–328 *passim*
Dublin *see* Dulyn
Dulyn 244–6, 248
Dumbarton *see* Alclut
Duperron, Jacques Davy 380
dychan 106–7
dydd y Farn 132, 137, 146–7, 169
Dyfed 263, 273, 274, 276
Dyfrig, St 268
Dyffryn Clwyd 103
Dylan Ail Ton 264–5, 267, 273

East Anglia 48
Edgar brenin Lloegr 167–8
Edgcote 88
Edith gwraig Edward Gyffeswr 167–8
edling 242–3
'Edmyg Dinbych' 29
Ednyfed Fychan 106
Edward Gyffeswr 167–8
Edward Ferthyr, brenin Lloegr 167
Edward I 91
Edward II 81
Edward III 81, 104, 119
Efa 133, 153–6
Efrog (Caerfrog) 72
englyn 23–8, 131, 145–7
englyn milwr 23
englyn tair llinell 24, 141
englyn, three-line *see* englyn tair llinell
'Englynion Duad' 160
'Englynion y Beddau' 252, 275, 278–9
'Englynion y Clywaid' 140
'Englynion y Misoedd' 79
Eidal, Yr 382
Eiddig 89, 109–10, 114, 170–1

Mynegai / Index

Einion ap Gruffudd, Llechwedd
   Ystrad 198
Einion ap Gwalchmai 98
Einion ap Gwgon 85
Einion Offeiriad 80–1, 185–90,
   192–4, 197–8, 202–4, 212, 215
'Eiry Mynydd' 141
Eisteddfod Caerfyrddin 185, 189,
   194–8, 200, 203–4, 208
Elenid 523–52 *passim*
Elidir Mwynfawr 260
Elidir Sais 143
Elis, Syr Siôn 72
Elucidarium 303
Emrys Wledig 262
Enlli 72, 90
Éoganachta 247
Espwys ab Espwch 262
Esyllt 23, 25
Ethelred, brenin Lloegr 167
Eutun, Owain 72
Eutun, Siôn 77
Eutun, Wiliam 69

Faustus, St 268
Fenni, Y (priordy) 71
Fingál Ronáin 433
Finnia of Mag Bile 427–49 *passim*
Folklore *see* Llên Gwerin
Fouché, Pierre 557
Foulkes, Humphrey 508
Froissart, Jean 225
Fychan, Tomas, ap Watgyn 199, 205
Fychan, Watgyn, Brodorddyn 86–8, 92
Fflandrys 91
Fflint, Y 98; sir y Fflint 196
Ffordd y Brawd Odrig 175
Ffrainc 79, 81, 86, 118–19
François Villon 218–19

Gabriel 144, 153
'Gas lossa' 411–25 *passim*
Gautier de Châtillon 459
genre 25–6, 30, 68, 76, 89, 91, 106,
   114, 122, 130, 154

Geoffrey o Vinsauf 213
Geoffrey of Monmouth *see* Sieffre o
   Fynwy
George, H. Trevelyan 565
Gerallt Gymro (Giraldus Cambrensis)
   67, 72–3, 80, 90–1, 242, 268, 509
   Speculum Ecclesiae 295, 309, 317–18
Gesta Regum Britannie 478
Gilfaethwy ap Dôn 242–3, 264, 273
Gloria 133
Glyn Aeron 105, 143, 191, 204
Glyn-y-groes (abaty) 69, 186, 198, 200
gnome, gnomic 36
gofyn a diolch (math o ganu) 68–9
'Gododdin, Y' 7, 41, 47, 54–5,
   59–60, 85
Gormlaith 411
Gottfried von Strassburg 179
Gráinne 411
gramadegau barddol 127–9, 153,
   185–9, 212, 215–16
Gramadeg Gwysanau 183–4
Grawys, Y 131
Gregori Fawr (pab) 119
Gruffudd ab Adda 76
Gruffudd ab yr Ynad Coch 126
Gruffudd ab Ieuan (ap Llywelyn
   Fychan) 12
Gruffudd ap Cynan 10, 250, 272
   Life of 272
Gruffudd ap Dafydd ap Tudur 93
Gruffudd ap Gwrgenau 306, 317–18
Gruffudd ap Maredudd ap Dafydd
   81, 126, 136, 150–5, 207, 392
Gruffudd ap Meredudd 88
Gruffudd ap Nicolas 194, 197–8, 203
Gruffudd ap Rhys 250
Gruffudd Bola 345
Gruffudd Gryg 70, 115, 213
Gruffudd Hiraethog 11–13, 73,
   198, 394
Gruffudd Llwyd 138, 169
Gruffydd, Elis 508
Guillaume de Lorris 223, 310–11
Gunnlaugr Leifsson 456–7

Guto'r Glyn 68, 70–2, 77, 79–80, 86, 88–90, 165, 192–4, 196–200, 203–5, 249
Gutun Owain 69–70, 75, 77, 82–3, 176, 179, 195–8, 203–4
Gwalchmai ap Meilyr 19, 33, 105, 134, 140
Gwales, feast at 259
Gwallog Hir 278
Gwanas 275–6, 279–80
Gwasanaeth Mair 158
gwawd 117
gwayw 115
gwaywffon 68, 81, 91–2
'Gweith Argoet Llwyfein' 39, 44, 57
Gweledigaeth 293
Gwenllian ferch Gruffudd 250
Gwent 67
Gwerful Mechain 163–81 *passim*, 214
Gwern 248
Gweryd 260
gwestfa, gwestfâu 243
Gwilym ab Ieuan Hen 98
gwladaid 114
gwlf, gwlw 95
Gwrgi (Gwrgi Gwastra) 274–6, 278–80
gwrthseisnigrwydd 86, 88, 92
Gwydion ap Dôn 242–3, 263–91 *passim*
Gwyddelyn 116–17
gwylanod mewn barddoniaeth 64
Gwynedd 85, 103, 116, 118–19, 189, 243, 251, 260, 265, 268–9, 420
Gwyneddon 3 270
gwyniaith 15
Gwŷr Arfon 260–2, 280, 278, 280
Gwyrthiau Mair 305–6
gwyryfdod 128, 156

haearn poeth 167–8
Hafart, Siancyn 70–1
Hafod 16 medical treatise 38

Hafod 26 224
Hákon Hákonsson 457, 465
Harlech 87, 238, 244, 259
Harri Gruffudd 79–80
Harri II (Henry II) 233, 245, 248
Harri VII (Harri Tudur) 82
Harri VIII 69
Harries, David (Dafydd) 527
Haukr Erlendsson 453, 455, 465, 467, 474, 479, 485
Hauksbók 453, 456, 460–2, 465–7, 470, 472, 474, 479
hela 69, 76–80
Heilyn (possible personal name) 27, 29, 33
Hendregadredd, Llawysgrif 104–5, 108, 110, 131, 142–3, 145, 236
Henffordd 86, 163, 166
Henri ap Gwilym 84
Herbert, Wiliam, iarll Penfro (m./d. 1469) 82–4, 87–8, 92
Herbert, William (Iarll Cyntaf Penfro, *c*.1501–70) 402
Herbert, Wiliam, Colbrwg 98
Herstin Hogl 106, 108, 117
Hipocrates 215
Historia Brittonum 458, 523–4
History of the County of Brecknock, A 525, 528
Honorius Augustodunensis 303, 308
Hope, John Rees 541, 543, 545–6
Hopgyn ap Tomas 189, 202–3
Horas 170
hoyw 110–11
Hrabanus Maurus 443
Hughes, Tommy 544–5
Hulda 476
Huw ap Dafydd 12
Huw Cae Llwyd 87
Hwitnai, Robert 84
Hywel ab Einion 88
Hywel ab Owain Gwynedd, 'Gorhoffedd Hywel' 32, 108, 161, 183
Hywel Cilan 83

Hywel Dafi 201, 204
Hywel Fychan 140, 189
Hywel Rheinallt 72, 90
Hywel Swrdwal 12, 86–8, 90, 92
Hywel Ystorm 300

Iago ap Beli 262
Iâl 83
Idno Hen 260
Idris Gawr 261
Iesu *gw.* Crist
'Iesu a Mair a'r Cynhaeaf Gwyrthiol' 133–4, 138
Ieuan ap Gwilym Fychan 88
Ieuan ap Hywel Swrdwal 86–7, 92, 191, 203
Ieuan ap Phylip 165
Ieuan ap Rhydderch 78, 191–3, 202–5
Ieuan Brydydd Hir 212
Ieuan Deulwyn 82
Ieuan Dyfi 163, 166–9, 175
Ieuan Ddu ap Dafydd ab Owain o Frycheiniog 217
Ieuan Fedyddiwr 156
Ieuan Gethin (bardd) 191
Ieuan Gethin o'r Rhiwlas 83
Ieuan Llwyd, Glyn Aeron 143
Ieuan Llwyd ab y Gargam 189, 202–3
Ieuan Llwyd Brydydd 88
Ifan Gawr 525
Ifor Bach 502, 504
Ifor Hael 76, 104, 121
Ignatius, St 439
Ilias Latina 459
Imago Mundi 307–8
Immacaldam Choluim Chille 433–4, 436
incest 268–9
incremental repetition 140
Institut de Phonétique 557
Iolo Goch 103–26 *passim*, 137–8, 154–6, 165, 177, 213, 225, 305, 316, 318
Iorwerth ap Llywelyn ap Tudur 262, 280

Iorwerth ap Madog 260, 262–3
Iorwerth Fynglwyd 198–9, 388
Isidore o Seville 439, 476
Italy *see* Eidal, Yr
Ithel ap Robert 104, 121
Ithel Ddu 113–18
'Ivoned Omnez' 6
Iŵl Cesar, *De bello gallico* 4

James, Edward, *Llyfr yr Homiliau* 407–8
Jean de Meun 312
Jesus Christ *see* Crist
Jewel, John 404
Joab 271
John o Gaersallog, John of Salisbury 214
Johns, David, Llanfair Dyffryn Clwyd 275–6, 279
Jones, Evan, Ty'n-y-pant 535–9, 542
Jones, Dai 541–3, 546
Jones, Daniel, Llannerchyrfa 543
Jones, James Rhys (Kilsby) 529–30
Jones, John, Gellilyfdy 73, 195–7
Jones, Stephen 556, 564–5
Jones, T. Harri 543–4
Jones, William, Cilfynydd 525
Jones, William (Billy), y Dalar 528–9, 531–3, 537
Joseff 133, 438
Julius Caesar *see* Iŵl Cesar
Juvencus (englynion) 34

'Kadeir Kerrituen' 263, 270
Keating, Geoffrey 2
Kings of Tara 238, 249
Kyffin, Maurice 407
'Kyssul Adaon' 140, 142

Lady Gregory 513
Landolfus Sagax 463
Le Roman de la Rose 223, 310, 312–13, 318–19
Leland, John 3, 525

Les Quinze joies de mariage 180
'Les Regrets de la Belle Heaulmière' 218–19
Leth Cuinn 238
Lewis, Edward (Iorwerth Camarch) 539–40, 546
Lewsyn ap Moelyn 532, 537
Lewys Daron 11–12
Lewys, Huw, *Perl mewn Adfyd* 403–4
Lewys Glyn Cothi 69–71, 74, 77–8, 82–5, 87–9, 165, 176, 184, 194, 197–9, 203, 205, 280
Lewys Môn 204, 269–71, 273, 276–7, 279
Lewys Morgannwg 183, 198
Lewis o Langatwg, Syr 71
Lhwyd, Edward 526
Liffey 241, 244
Lippard, John 163
Lodewyk van Velthem 91
looking glasses in medieval texts 306–8

Llanelwy 380
Llanfeuno 260
Llanforda, Llawysgrif 261–2, 280
Llansadwrn, sir Gaerfyrddin 185, 202
Llansteffan 2 181
Llansteffan 3 127–9, 186, 333
Llansteffan 28 196, 203
Llansteffan 200, 'Llyfr Melangell' 329, 333, 346–7
Llassar 241
lledr 75
Llên Gwerin 499–552 *passim*
Lleu Llawgyffes 243, 264–7
LlGC 873B (Wrecsam 2) 334–5
LlGC 3049D 201
LlGC 3055D (Mostyn 159) 335
LlGC 9164B 336
llin (defnydd) 74
llinyn bwa 74
Lloegr 53, 67, 73, 118–19, 163, 167, 176

llwyfen (pren) 72–3
llwyn 165–6
Llydaw 5–8
Llyfr Aneirin 300
Llyfr Blegywryd 172–4
Llyfr Coch Hergest 108, 127–31, 140, 144, 148, 150, 153, 156, 186, 189–90, 203, 237, 259, 463
Llyfr Coch Talgarth 140, 181
Llyfr Du Basing 179
Llyfr Du Caerfyrddin 10–11, 23–5, 28, 131, 236, 275, 279–80
Llyfr Gwyn Rhydderch 105, 236–7, 259
Llyfr Iorwerth 237, 262, 264, 266
Llyfr Llandaf 37
Llyfr Taliesin 39, 57, 41–2, 53, 58, 131, 141, 264, 270, 299–300
Llyn y Morynion 263
Llywarch ap Llywelyn, Prydydd y Moch 263, 268, 312, 315–16
Llywelyn ab Iorwerth 85, 106, 263, 268
Llywelyn ab Iorwerth Genealogies 267–9
Llywelyn ab y Moel 526, 537
Llywelyn ap Gutun 175–6, 349
Llywelyn Fychan 105
Llywelyn Goch ap Meurig Hen 103–5, 112–13, 116, 122

Mab y Clochyddyn 125
Mabinogi Iesu Grist 302–3, 308
Mabinogion 233–91 *passim*, 502
Mac Aodhagáin, Park, Galway 14
Macrobius, *Commentary on the Dream of Scipio* 294, 300
Madog ap Gwallter 135–6
Madog ap Maredudd 242
Madog ap Selyf 345
Madog Benfras 225, 316
Máel Ísu Úa Brolcháin 418
Mael Pendefyg 262, 280
Maeldaf Hynaf 260–2, 280
Maelgwn Gwynedd 260, 262

Maelor 72
Maentwrog 274, 278, 280
Maesyfed 165
Mair, Y Forwyn 127–62 *passim*, 191, 438
March (Mark) 23, 25
Maredudd ap Rhys 70–1, 89, 183
Marie de France 475
marwnad 26
'Marwnad Cynddylan' 34
'Marwnat Dylan Eil Ton' 263–4
Mary Rose 68, 75
Master of Game, The 96
Math uab Mathonwy (chwedl) 242, 251, 259–91 *passim*
   discrepancies in the extant text 263–7
   new variant version 274–9
   primitive version of story of Math and Aranrhod 277–8
Math fab Mathonwy 242–3, 263–91 *passim*
Math Hen 269–70
Mathau, Robert (Meisgyn) 12
Mathgauyn 270
Matholwch 235, 238–40, 245, 247, 250
Mathon 270
Matthew o Vendôme 213
'Meckyt Meir mab yn y bru' 140–2, 151
Meirionydd 112, 261–2, 279–80
Melville, Frederick 565
memento mori 216
Memoirs of the Marquis of Clanricarde 1
'Men of the North' 260
Menwyd ap Rhirid 262
'Merched Llanbadarn' 300
Meredudd ap Hywel 70, 84
Meredudd ap Morgan 83
Merfynion 420
Merlínusspá 456, 458
Mesca Ulad 259
metre 415–18, 423–4
Milan 382

mirrors in the Middle Ages 310–14
   in *Cyfraith Hywel* 314–15
   in medieval Wales 314–17
Moel Esgidion 261–2
Morfudd 105, 218–27 *passim*
'Morfudd yn Hen' 218–27 *passim*
Morgan ap Tomas Llwyd, Cantref Mawr 201
Morgan, John, of Matching 276
Morgannwg 189, 191, 202
Morkinskinna 475
Morris, Lewis 274, 276–7
Mortimer, Rhosier 104, 118–21
Munster 250
mydryddiaeth Lydaweg 6–8
mydryddiaeth Llyfr Taliesin 43–6
Myrddin 512
Möðruvellir 457

Nanheudwy 80
Neville, Richard, iarll Warwig 88
Newgate Prison 382
Nudd Hael 175

'O arffed myged' 142–4
odl enerig 29, 42
Ofydd, Ovid 219, 459
'Oianau Myrddin' 300
Óláfr Tryggvason 456
optical science in the Middle Ages 312–13
Origen 431
Ormr Snorrason 455
Ormsbók 455, 460, 465–6
O'Sullivan, Thomas 1–2
Owain Glyndŵr 104–5, 108, 121, 504, 526, 537, 545
Owain Gwynedd 105–6, 242
Owain Lawgoch 502, 504
Owein (chwedl) 74, 78, 80, 236, 304
Owen-Pughe, William 274, 276

'Pa Ffurf y Moler Pob Peth' 215
'Pais Dinogad' 97
palatograff 563–4

pall 147
papur 176–7
paradocsau y Forwyn Fair 135, 140
Parcrhydderch 105
Paris 380, 382, 393–4, 401, 557
Parry-Williams, T. H. 555, 557–9
Partholón 428, 433
Patrick 430, 432
Paul, St 442
Pedair Cainc y Mabinogi 233–91
   passim, 297, 299
   authorship 250–1
Pendaran Dyfed 265
Peniarth 6 259
Peniarth 7 237
Peniarth 14 237
Peniarth 20 128–30, 186
Peniarth 28 237
Peniarth 29 260–1
Peniarth 30 261
Peniarth 32 261
Peniarth 40 165, 176
Peniarth 50 177
Peniarth 57 205
Peniarth 191 329, 334, 346–7
Penmynydd 81, 104
Pennardd 260–1, 264, 274, 280
penteulu 242–3
Peredur (chwedl) 78, 80
   textual history 237
Pererindod Siarlymaen 301–2
Petrarch, 'Secretum' 225
Plant Dôn o Arfon 268–9
Plant Math ap Mathonwy 267–9
plu 74
Poetria Nova 213
Pomponius Mela 4
Posidonios 4
poten wen 19
Powel, David (*Historie of Cambria*) 10
Powel, Thomas 533–5, 537
Powys 54–5, 59–60
Price, Shelby 532, 543
Price, Thomas (Carnhuanawc)
   527–8

Prifysgol Lerpwl 557
Privileges of the Men of Arfon 260
proest 29, 42
Proffwydoliaeth Sibli Ddoeth 293
Proll, Y 189–92, 203
Pryd y Mab 214
Pryderi 244, 263, 265, 273, 274,
   275, 277–8
   place names explaining variants
      of death of Pryderi 278
Prydydd Breuan, Y 215
Prydydd Bychan 85
Pum Llawenydd y Forwyn Fair
   147–9, 157
punctus 43
Pwyll Pendefig Dyfed 244
Pwyll Pendeuic Dyuet (chwedl) 297,
   299

Philip Fychan 87
Phylip ap Morgan 121
Phylip Brydydd 306

querelle des femmes 163
Quintilian 440

Rædwald 48
Raff ap Robert 11–12
Rath 250
Regnante Domino 468
Richard fitz Gilbert 248
Risteard Ó Conchubhair 14
Robert ab Ifan, Brynsiencyn 195
Robert ap Dafydd 80
Robert, Gruffydd 380, 382–4, 387–8,
   394, 400, 402, 404–5
Robin Hood 82
Roger of Howden 246–7
Rome *see* Rhufain
Rómverja sǫgur 459

Rheged 47–50, 52–62 *passim*
Rhiannon 244
rhieingerdd 108
Rhirid Flaidd 54

Rhisiart ap Rhys 183, 198
Rhisiart II 119
Rhisiart III 82
Rhodri Mawr 420
Rhonwen 175
rhuddfoawg 105–6
Rhuddlan Teifi 244
Rhufain 380, 382
Rhun ap Maelgwn Gwynedd 260
'Rhybudd y Brawd Du' 220
Rhydychen 191–2, 557
Rhydderch ab Ieuan Llwyd 104–5, 108, 110, 121
Rhyfel Can Mlynedd 67, 92
Rhyfeloedd y Rhosynnau 92
Rhygyfarch ap Sulien 67, 251
Rhys abad Ystrad Fflur 192, 196, 198–9, 203–4
Rhys ap Cynfrig Coch 78
Rhys ap Dafydd Llwyd 84
Rhys ap Dafydd o Flaen-tren 194, 199
Rhys ap Gruffudd, Syr 80–1, 185–6, 189, 202
Rhys ap Gruffudd (Yr Arglwydd Rhys) 106, 242–3
Rhys ap Maredudd 69
Rhys ap Siôn o Lyn-Nedd 388
Rhys ap Tomas ab Einion 140
Rhys ap Tomas, Syr 82
Rhys Gethin 526, 537, 545–6
Rhys Goch Eryri 77–8, 169
Rhys Wyn ap Llywelyn 197
rhyme, generic *see* odl enerig

saeth, saethau, saethyddiaeth 67–101 *passim*
Salbri, Meistr Siôn 69, 76
Salbri, Tomas Ieuanc 82
Salesbury, William 8, 201, 394
Sanas Chormaic 430, 440
Sbaen 73, 84
scál 10
Scél Tuáin meic Chairill do Finnen Maige Bile 427–49 *passim*

schola mortis 20
sea imagery 26–7, 29, 32
seineg 553–75 *passim*
Seint Greal, Y 298, 305
'Sêr, Y' 316–7
Serglige Con Culainn 429
sgoilteach 8, 14
sidan 75
Sieffre o Fynwy 298, 451–97 *passim*
Simeon o Glynnog 252
Siôn ap Dafydd 88
Siôn ap Dafydd Llwyd, abad Glyn-y-groes 198
Siôn ap Hywel 12
Siôn Cent 170, 175, 216
Siôn Ceri 12
Siôn Dafydd Rhys 261
skoldi 5–6, 8
Smyth, Roger
  Gorsedd y Byd 379–409
  gweithiau eraill / other works 380, 383, 395–7, 402
Southwell, Robert 380, 401
sovereignty 419–20
Speculum principis 306
'A Sprig of Herb' *see* Gas lossa
St Asaph (town) *see* Llanelwy
Statud Gruffudd ap Cynan 9–10, 12
Statud Rhuddlan 171
Stjórn 476
Strengleikar 475
Sulien 251
Svanhildur Óskarsdóttir 454

taeogion 249
Táin Bó Cúailgne 4, 12, 263, 429
  Recension I 259
Tairdelbach 246
Tair Rhamant, Y 236, 241
Taliesin 56–8, 141, 260
targedau (saethu) 78–9
tawddgyrch cadwynog 183–209 *passim*
teach na scoile 14
tech midchúarta 247, 249–50
teulu 242–3

teuluwr, teuluwas 112–13
Thomas, Allen Burdett 555, 557, 559, 563–4
'Three Sons of Gilfaethwy the Deceitful, The' 279
Timaeus 4
Togail Bruidne Dá Derga 238, 429
Tomas ap Gruffudd ap Nicolas 70, 84, 98
Tomas ap Hopgyn ap Tomas 190, 202
Tomas, apostol 138
Tomas ap Rhys 83
Tomas Derllys 71, 74–5, 89–90
Traeth Maelgwn 261–2
trais yn erbyn merched 166
translation 379–409 *passim*
Trecastell 81
Tri Gŵr Doeth 135, 148, 154, 156
tri lleturithawc 311
Trioedd 259, 312
troediog 263, 270, 280
Trójumanna saga 453–97 *passim*
trwm ac ysgafn 29
Trystan 23–38 *passim*, 458–9
  Tristrams saga ok Ísóddar 458
  Tristrams saga ok Ísǫndar 459
Tuán mac Cairill 427–49 *passim*
túarastal 250
Tuatha Dé 435–6
Tudur Aled 11–12, 69, 75–6, 78, 165, 198–9, 204, 279
Tudur, Edmwnd 85
Tudur Fychan ap Goronwy 81, 104, 106, 126
Tudur Penllyn 71, 74, 89, 98
Tudur, Siasbar 84, 199
Twm Siôn Cati 540
Twrog 278
Tylwyth Teg, Y 500, 502–3
Tywyn, Y 83

ubi sunt? 47
Uí Néill 249
Ulph 47, 49–54, 57–62

Ulpius 52–4
Ulster 121, 250, 428–9, 434, 443
Unhwch Unarchen 261–2, 280
Urien Rheged 47–62, 82
Ursula 452, 467–9
Uther Pendragon 262, 280, 455

Valvens þáttr 454, 479
Villon, François 170
Vincent of Beauvais 295, 309–10, 318, 469
Vindicta Salvatoris 301
Virgil 459
visum, in Macrobius's classification of dreams 294, 300–1, 317

Wace, *Roman de Brut* 451–97 *passim*
Wanley, Humfrey 2
Waterford 245–6, 248
Watkins, Bryan 545–6
White Lady, The 505–6
Wiliam ap Tomas Fychan 78
Wiliam Llŷn 198–9, 204
Wiliems, Thomas, Trefriw 224
Williams, Benjamin (Gwynionydd) 528
Williams, John 546
Williams, William, Pantycelyn 532–3
Wooding, David Lewis 530–1, 537
Wuffing, Wuffingas 48
Wulf 47, 52–4
Wulf and Eadwacer 415, 423

Ymborth yr Enaid 214, 251, 345
Ynysforgan 191, 202
'Ysbail Taliesin' 41–2
Ysbryd Glân 133, 156
Ysbryd Gwido a'r Prior 329–77 *passim*
  awduraeth y cyfieithiad 344
  crynodeb hanes Gwido a'r Prior 330–1
  cydberthynas y testunau 336–8
  cyd-destun y cyfieithiad 347–9
  dyddiad 345
  llawysgrifau 332–6
  man cyfieithu 346–7

tarddell 339–44
ysgawl 10
ysgol 9–13 *passim*
Ysgol Amwythig MS 11 329, 332, 346–9
ysgoldy 6, 8–9
ysgolion barddol 1–21 *passim*, 184

Ystoria Lucidar 303, 308
Ystorya Titus Aspassianus 301
Ystrad Fflur (abaty) 85, 192, 196, 198, 203, 205
yw (pren) 70–3
Þingeyrar 456–7, 473